南水北调中线一期工程文物保护项目

湖北省考古发掘报告集

第 6 号

湖北南水北调工程考古报告集

（第六卷）

湖 北 省 文 物 局
湖 北 省 移 民 局
南水北调中线水源有限责任公司

编著

科学出版社
北 京

内 容 简 介

本书共收录南水北调中线一期工程湖北丹江口库区田野考古发掘简报14篇。丹江口库区是长江、黄河流域古代文化相互交流、碰撞、整合的重要过渡地带，考古发掘表明，这里保存着从旧石器时代、新石器时代、夏商周直到宋元明清的各时代文化遗存。

本书作为湖北丹江口库区第五部考古报告集，将为该地区古代历史文化的研究起到积极的推动作用。

本书可供考古学、历史学研究者，以及大专院校相关专业的师生和考古爱好者阅读、参考。

图书在版编目（CIP）数据

湖北南水北调工程考古报告集. 第6卷/湖北省文物局，湖北省移民局，南水北调中线水源有限责任公司编著. —北京：科学出版社，2015. 2

（南水北调中线一期工程文物保护项目. 湖北省考古发掘报告集；第6号）

ISBN 978-7-03-043443-2

Ⅰ. ①湖… Ⅱ. ①湖… ②湖…③南… Ⅲ. ①南水北调-水利工程-考古发掘-发掘报告-湖北省 Ⅳ. ①K872.630.5

中国版本图书馆CIP数据核字（2015）第030582号

责任编辑：王光明 / 责任校对：钟 洋

责任印制：肖 兴 / 封面设计：陈 敬

科学出版社 出版

北京东黄城根北街16号

邮政编码：100717

http：//www.sciencep.com

中国科学院印刷厂 印刷

科学出版社发行 各地新华书店经销

*

2015年2月第 一 版 开本：889 × 1194 1/16

2015年2月第一次印刷 印张：24 1/2 插页：22

字数：785 000

定价：268.00元

（如有印装质量问题，我社负责调换）

Collections of Reports on the Cultural Relics Conservation
in the South-to-North Water Diversion Project
Hubei No. 6

Collections of Reports on the Archaeological Excavation in the South-to-North Water Diversion Project, Hubei
VI

Cultural Heritage Bureau of Hubei Province
Resettlement Bureau of Hubei Province
Mid-route Source of South-to-North Water Transfer Corp. Ltd

Science Press
Beijing

目　录

丹江口果茶场Ⅱ旧石器遗址发掘简报

中国科学院古脊椎动物与古人类研究所

一、序　　言

丹江口库区是我国南水北调中线工程的水源区，其北依秦岭东延余脉，南濒大巴山系的武当山，中有汉水自西向东流过。在更新世期间这里一直处于稳定的亚热带环境下，动植物繁盛，适合古人类的生存与繁衍，是南北方古人类迁徙和文化交流的关键地带[1, 2]。淅川人、云阳人、梅铺猿人、郧县人等重要人类化石以及旧石器遗存的发现[3~8]，显示了该地区在中国古人类和旧石器考古学研究中的重要地位。

为配合国家南水北调中线库区工程建设，中国科学院古脊椎动物与古人类研究所南水北调考古队在李超荣的带领下，分别于1994年和2004年在库区进行了系统的旧石器野外调查。两次调查共发现旧石器旷野地点91处，并采集到一批手镐、手斧、薄刃斧等具有阿舍利技术特征的重型工具，为重新认识和评价中国乃至东亚地区旧石器文化提供了重要的材料[9~12]。从2006年开始，该考古队开始对库区旧石器遗址进行抢救性发掘[13~15]。果茶场Ⅱ旧石器遗址发现于2004 年的野外调查1)，2009 年4~5月进行了发掘，揭露面积500平方米，出土一定数量的石制品。本文对此次发掘情况和初步研究成果进行报道。

二、遗址地貌、地层与发掘概况

丹江口库区位于秦岭东段的南秦岭构造带，地理范围包括鄂西北的郧县盆地、均县盆地以及豫西南的李官桥盆地等。由于受到早期燕山运动的影响，这些盆地沿区内断裂带（两郧断裂、淅川断裂等）方向大体呈北西—南东向的长条形展布并普遍接受了晚白垩纪和第三纪红色岩系地层沉积，汉水及其支流丹江分别自西向东及自北向南从盆地中流过[16, 17]。

果茶场Ⅱ 旧石器遗址位于湖北省丹江口市习家店镇果茶场村，地貌上属于汉水上游左岸第三级阶地，地理坐标为北纬34° 42′ 38″，东经111° 08′ 12″，海拔150~155 米（图一）。由于第四纪以来间歇性的新构造抬升运动和河流侵蚀作用，汉水在遗址区域发育了多级河流阶地，并在阶地上堆积了第四纪河流相及山麓洪积的陆源碎屑沉积[16~18]。地貌调查初步探明该区共发

1）　中国科学院古脊椎动物与古人类研究所南水北调考古队. 丹江口水利枢纽大坝加高工程水库淹没区古生物与古人类地点保护专题报告. 2004.

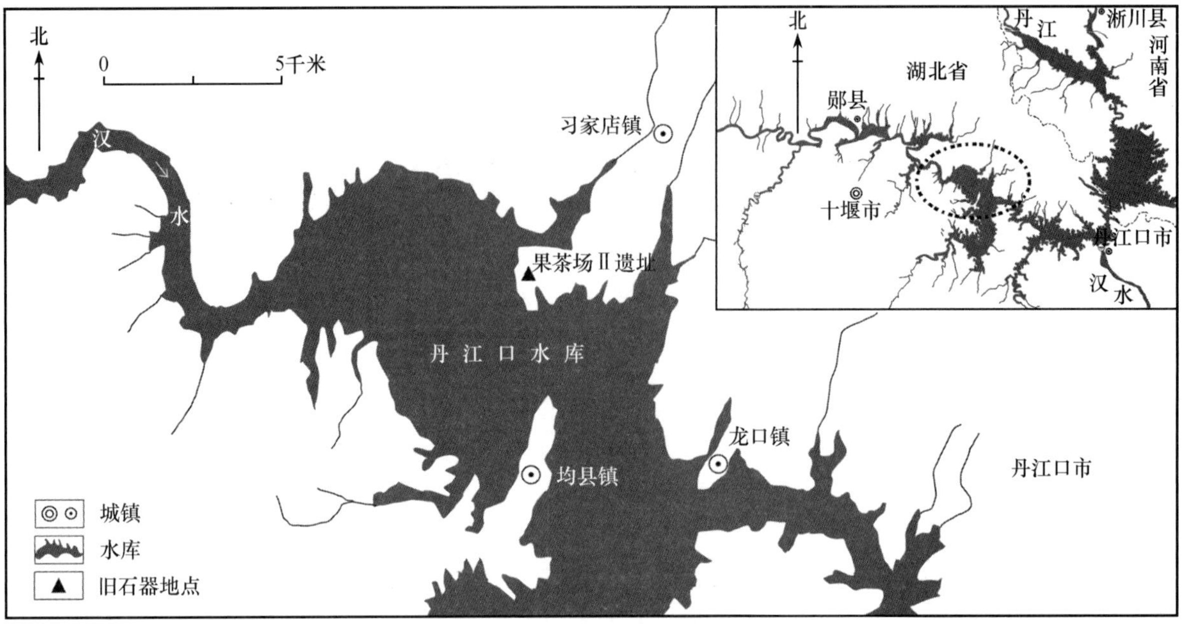

图一　果茶场Ⅱ遗址地理位置示意图

育四级河流阶地：第一级阶地为堆积阶地，目前已被水淹没；第二级阶地为堆积阶地，阶地面海拔在140米以下，高出水库未修建之前的河床15米左右；第三级阶地为基座阶地，堆积物由砾石层和红黏土组成，厚度达20米以上，该级阶地在汉水两岸分布广泛，被后期流水侵蚀而多呈垄岗状；第四级阶地为基座阶地，阶地面海拔在195米以上，阶地主要由基座和上浮零星砾石组成[13]。

经过对遗址区详细的勘察，考古队选定一处石制品出露丰富的地区进行发掘。按照通用的考古发掘布方方法，沿地形走势布设了20 个5米×5米的探方（图二）。为了详细观察和划分遗址地层，考古队在紧临探方发掘处，另外开挖了一条深3、宽1.75米的探沟，并对探沟地层进行了详细的划分和描述（图三）。地层沉积自上而下依次为：

第1 层：现代土壤层，黄红色黏土，略带黑色，结构疏松，厚0.3米。

第2 层：褐红色黏土层，强烈氧化，出土石制品，厚0.3米。

第3 层：红色黏土层，含钙质结核，出土石制品，厚0.2米。

第4 层：褐红色黏土层，略带黄色，含锰质薄膜，出土石制品，厚0.5米。

第5 层：棕黄色黏土层，含锰质薄膜，出土石制品，厚0.5米。

第6 层：棕红色网纹红土层，含较多的锰质薄膜，发育少量的灰白色网纹，出土石制品，厚0.5米。

第7 层：棕红色网纹红土层，含锰质薄膜，发育较多灰白色的垂直网纹，出土石制品，未见底。

三、石制品分析

此次发掘共出土石制品132 件，其中石锤9 件，石核14 件，石片69 件（完整石片51 件、不

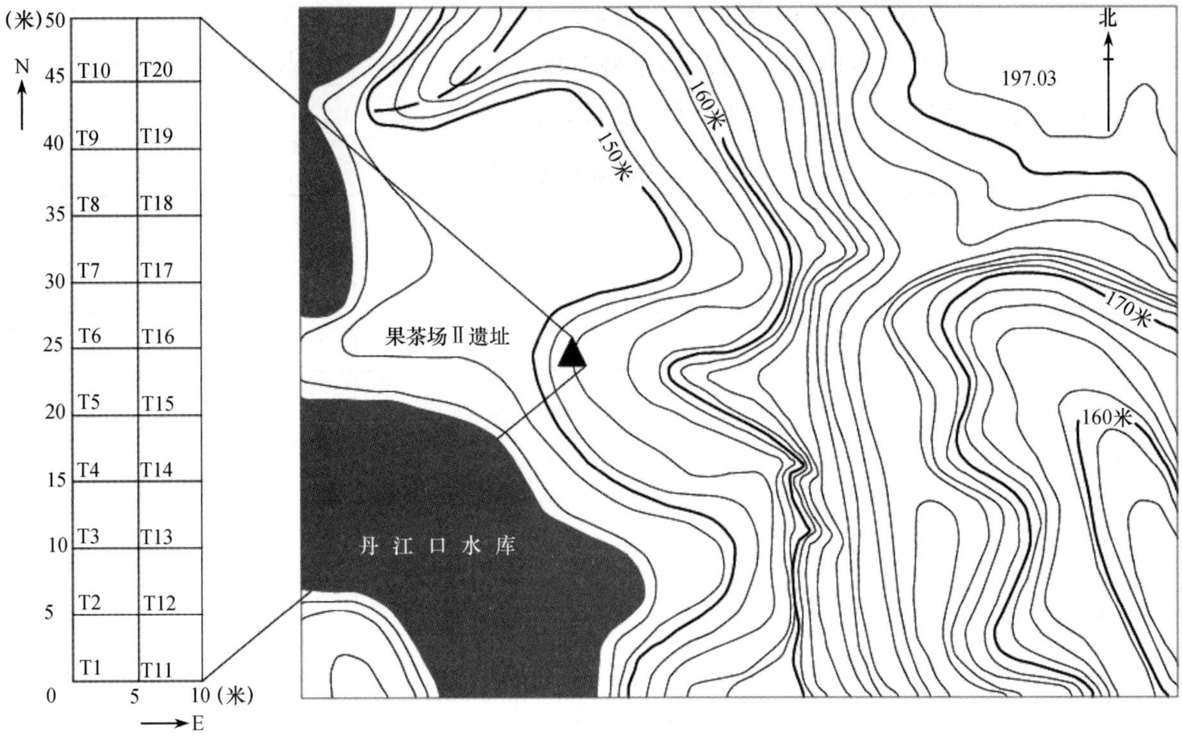

图二　果茶场Ⅱ遗址所在区域等高线（等高距2米）分布及布方平面图

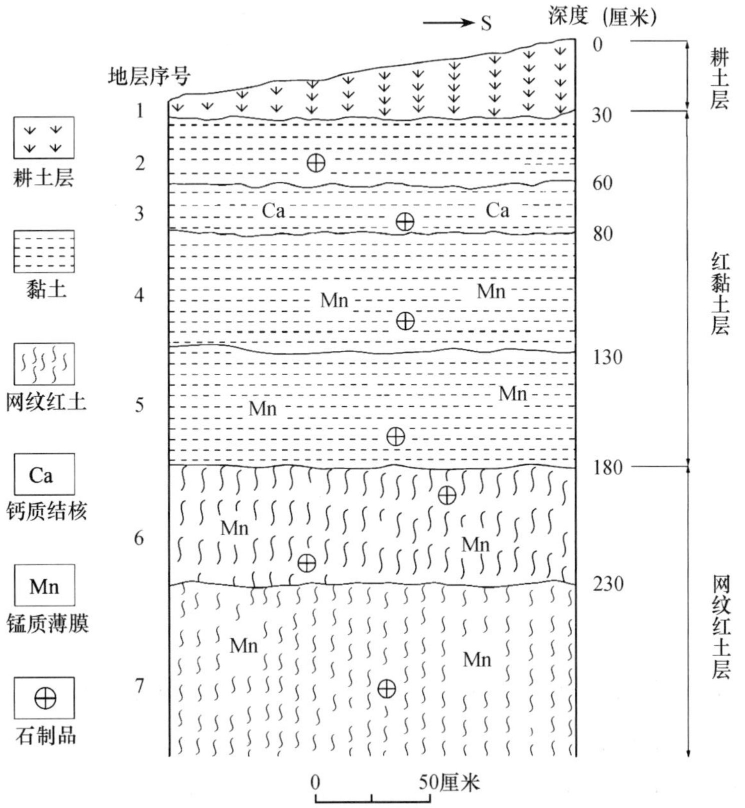

图三　果茶场Ⅱ遗址地层剖面图

完整石片8 件、碎屑10 件），石器22 件（刮削器13 件、砍砸器5 件、手镐1件、手斧3 件），断块18 件。此外还有砾石18 件。石制品原料中脉石英的有104 件，占78.79%；硅质灰岩13件，占9.85%；凝灰岩12 件，占9.09%；砂岩3 件，占2.27%（表一）。

表一　石制品类型与原料统计

类型	原料				总计	比例/%
	脉石英	硅质灰岩	凝灰岩	砂岩		
石锤	8	0	0	1	9	6.82
石核	12	1	1	0	14	10.61
石片	61	3	5	0	69	52.26
石器						
刮削器	10	2	1	0	13	9.85
砍砸器	0	2	2	1	5	3.79
手镐	0	1	0	0	1	0.76
手斧	0	1	2	0	3	2.27
断块	13	3	1	1	18	13.64
总计	104	13	12	3	132	100

依标本的最大直径可将石制品分为微型（＜20毫米）、小型（20～50毫米）、中型（50～100毫米）、大型（100～200毫米）和巨型（≥200毫米）5 级[19]，标本总体上以小型和中型为主，分别占43.86% 和37.72%。对不同类型石制品的大小统计显示，石核、完整石片和断块以中型和小型居多，未见微型和巨型标本；石器则包括了除微型外的各类尺寸（表二）。

表二　石制品大小的分类统计

类型	20～50毫米	50～100毫米	100～200毫米	≥200毫米
石锤	0	6	3	0
石核	3	7	4	0
完整石片	37	12	2	0
石器	5	6	8	3
断块	5	12	1	0
总计	50	43	18	3
比例/%	43.86	37.72	15.79	2.63

1. 石锤

石锤9 件，平均长93.56、宽78.56毫米，平均重568克，石锤形状多呈椭圆形。打击疤痕在石锤一端的有5 件，两端均有打击疤痕的2 件，周边具有打击疤痕的2 件。石锤尺寸和重量适中，适于单手持握，应是使用锤击法（单手）或砸击法剥片的证据。

DJ-GCCⅡ-7，原料为脉石英砾石，长89、宽77、厚58毫米，重518克，椭圆形，打击痕迹集中，疤痕较深（图四，1）。

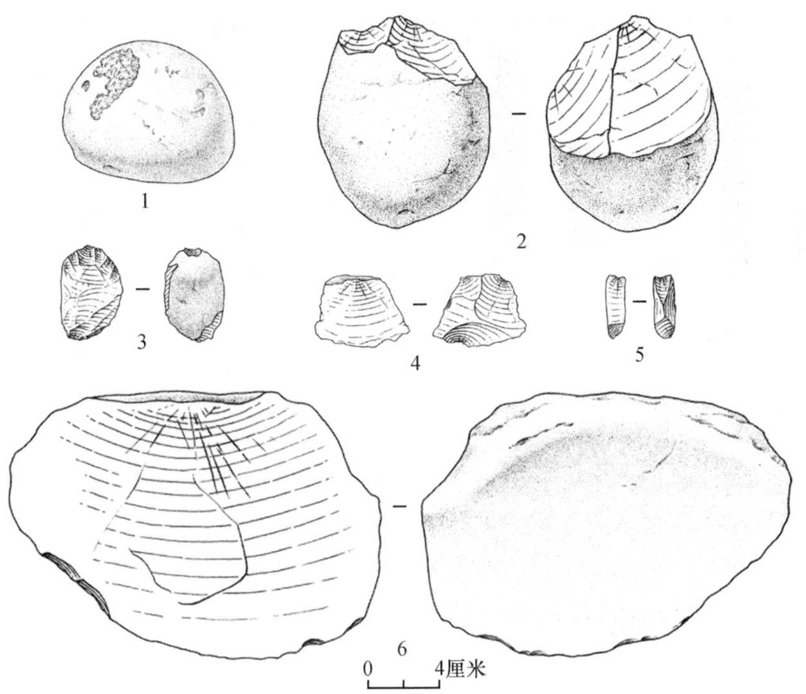

图四 石锤、石核、石片

1. 石锤（DJ-GCCⅡ-7） 2. 双台面锤击石核（DJ-GCCⅡ-97） 3. 砸击石核（DJ-GCCⅡ-93）
4. Ⅲ型石片（DJ-GCCⅡ-89） 5. Ⅵ型石片（DJ-GCCⅡ-140） 6. Ⅰ型石片（DJ-GCCⅡ-32）

2. 石核

石核14件，尺寸以中小型为主，平均长73.64、宽71.93、厚48.21毫米，平均重463克，其中锤击石核12 件，砸击石核2 件（均为脉石英原料）。锤击石核中，单台面的有5 件，双台面的有4 件，多台面的有3 件。片疤数量在3～4 个的石核最多，占71.43%。片疤多呈不规则形。石核上保留自然面最少的为10%，最多为95%，平均为49%。

DJ-GCCⅡ-93：砸击石核，脉石英原料，长44、宽26、厚21毫米，重32克，台面角70°。可见两层片疤，最大片疤长34、宽20毫米；最小片疤长26、宽24毫米。保留25% 自然面（图四，3）。

DJ-GCCⅡ-97：双台面锤击石核，脉石英原料，长96、宽73、厚60毫米，重520克，最大台面角120°，最小台面角110°。采用锤击法进行交互剥片，可见4 个片疤，最大片疤长55、宽42毫米；最小片疤长18、宽23毫米。保留85% 自然面（图四，2）。

3. 石片

石片69 件，其中完整石片51件，不完整石片8 件，碎屑（＜20毫米）10 件，碎屑的平均长12.56、宽9.61、厚5.72毫米，平均重仅为1.21克。根据石片台面和背面特征，可将遗址中的完整石片分为六类[20]，其中Ⅰ型石片（自然台面，自然背面）2 件，Ⅱ型石片（自然台面，部分自然背面与部分石片疤背面）5件，Ⅲ型石片（自然台面，石片疤背面）15件，Ⅳ

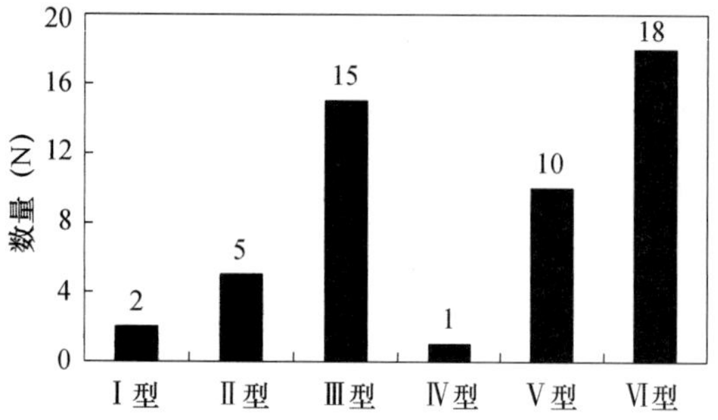

图五　完整石片类型统计

型石片（人工台面，自然背面）1件，Ⅴ型石片（人工台面，部分自然背面与部分石片疤背面）10件，Ⅵ型石片（人工台面，石片疤背面）18件（图五）。可以看出，人工台面（主要为素台面）的比例（56.86%）稍大于自然台面（43.14%）；石片疤背面的比例（64.70%）远大于自然背面（5.88%），同时也大于部分自然背面与部分石片疤背面的比例（29.42%）。

石片尺寸总体上以小型为主，平均长32.75、宽29.29、厚12.48毫米，平均重37.65克。剥片主要采用锤击法，同时含有少量砸击脉石英石片，凝灰岩石片的长度均大于100毫米，石片角均大于120°，可能为碰砧法剥片的产品，显示另一种剥片技术。多数石片可见清晰的打击点，但半锥体、放射线和同心波多不显著。脉石英石片（45件）的石片角峰值区间在90°～100°，平均值为92°。

DJ-GCCⅡ-32：Ⅰ型石片，凝灰岩原料，长138、宽202、厚30毫米，重800克，石片角122°，打击点和半锥体清楚，可能为碰砧法产品，石片边缘有破损痕迹（图四，6）。

DJ-GCCⅡ-89：Ⅲ型石片，脉石英原料，长40、宽51、厚12毫米，重24克，石片角102°，打击点和半锥体清楚，背面有3个片疤，显示双向打击，石片边缘轮廓呈扩张型（图四，4）。

DJ-GCCⅡ-140：Ⅳ型石片，脉石英原料，长33、宽11、厚10毫米，重4克，石片角70°，打击点和半锥体不清楚，石片背面有片疤相交而成的纵的背脊，可引导剥取长形石片；长在宽的两倍以上，两侧边近似平行；远端有碎屑剥落的痕迹，为砸击技术产品（图四，5）。

4. 石器

石器共计22件，包括轻型和重型两类。轻型刮削器的数量最多，有13件，重型石器主要有砍砸器（5件）、手镐（1件）和手斧（3件）。

（1）刮削器

DJ-GCCⅡ-61：原料为脉石英，石片毛坯，长25、宽26、厚8毫米，重4克，单直刃缘，从一侧边向腹面单向加工，修疤3个，刃缘长25、宽8毫米，刃角60°（图六，1）。

DJ-GCCⅡ-111：原料为脉石英，石片毛坯，长41、宽41、厚14毫米，重22克，单凹刃缘，从一侧边向背面单向加工，修疤2个，刃缘长26、宽10毫米，刃角65°（图六，2）。

（2）砍砸器

DJ-GCCⅡ-58：原料为硅质灰岩，砾石毛坯，长148、宽78、厚42毫米，重502克，刃缘采用交互加工，刃口可见11个连续的修疤，刃缘形态呈S形，长148毫米，刃角65°～75°，保留20%自然面（图六，3）。

DJ-GCCⅡ-73：原料为凝灰岩，砾石毛坯，长264、宽136、厚48毫米，重263克，从一端

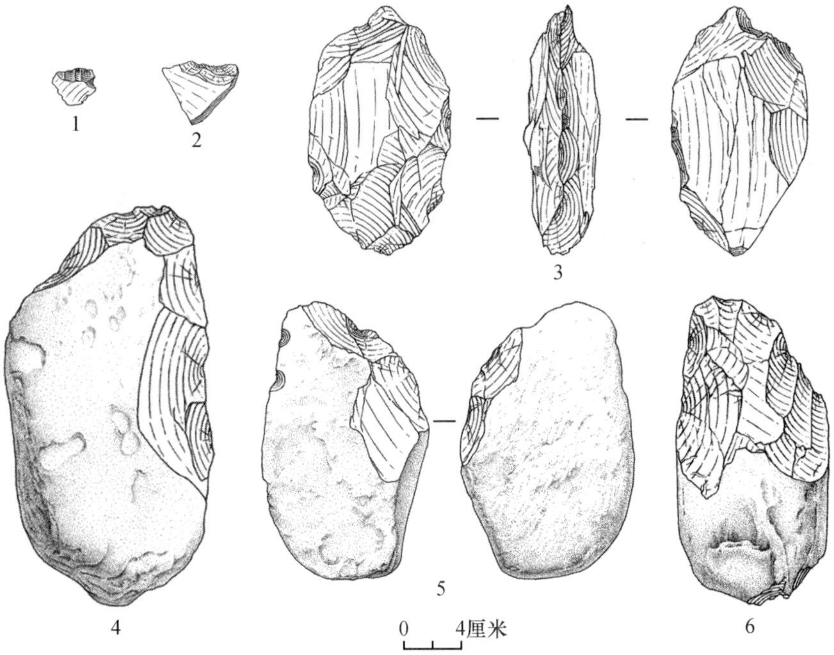

图六 刮削器、砍砸器、手镐

1、2. 刮削器（DJ–GCCⅡ–61、DJ–GCCⅡ–111） 3～5. 砍砸器（DJ–GCCⅡ–58、DJ–GCCⅡ–73、DJ–GCCⅡ–98） 6. 手镐（ DJ–GCCⅡ–139）

和一侧边向腹面加工，刃口可见6 个连续的修疤，刃缘为凸直刃组合，有中等程度的磨蚀，器身保留80% 自然面（图六，4）。

DJ-GCCⅡ-98：原料为凝灰岩，扁平砾石毛坯，长180、宽106、厚33毫米，重766克，刃缘采用交互加工，在远端形成一倾斜状的刃口，刃缘长135毫米，刃角45°,有中等程度磨蚀（图六，5）。

（3）手镐

DJ-GCCⅡ-139：原料为硅质灰岩，砾石毛坯，长186、宽98、厚61毫米，中宽94毫米，3/4处宽70毫米，重1320克，宽长、厚长、厚宽指数分别为52.69、32.80、62.24，加工主要集中在远端，可见7个连续的修疤，远端形态呈弧形，尖角（两侧刃缘在远端的夹角）92° ，尖刃角（腹面与背面在远端的夹角）50°，保留75% 自然面（图六，6）。

（4）手斧

DJ-GCCⅡ-15：原料为硅质灰岩，石片毛坯，长120、宽97、厚49毫米，近端到最大宽的长度为41毫米，中宽83毫米，3/4 宽74毫米，宽长、厚长、厚宽指数分别为80.83、40.83、50.52，重578克，在两侧边进行交互加工，刃缘曲折，修疤分布连续，可统计的修疤14 个，远端有残缺，可能是使用所致，保留5% 自然面（图七，1；图八，1）。

DJ-GCCⅡ-47：原料为凝灰岩，石片毛坯，劈裂面上可见留下的疤痕，长146、宽80、厚63毫米，近端到最大宽的长度为46毫米，中宽66毫米，3/4 宽51毫米，宽长、厚长、厚宽指数分别为54.79、43.15、78.75，重664克，一侧边为交互加工，另一侧边平坦腹面为台面向背面

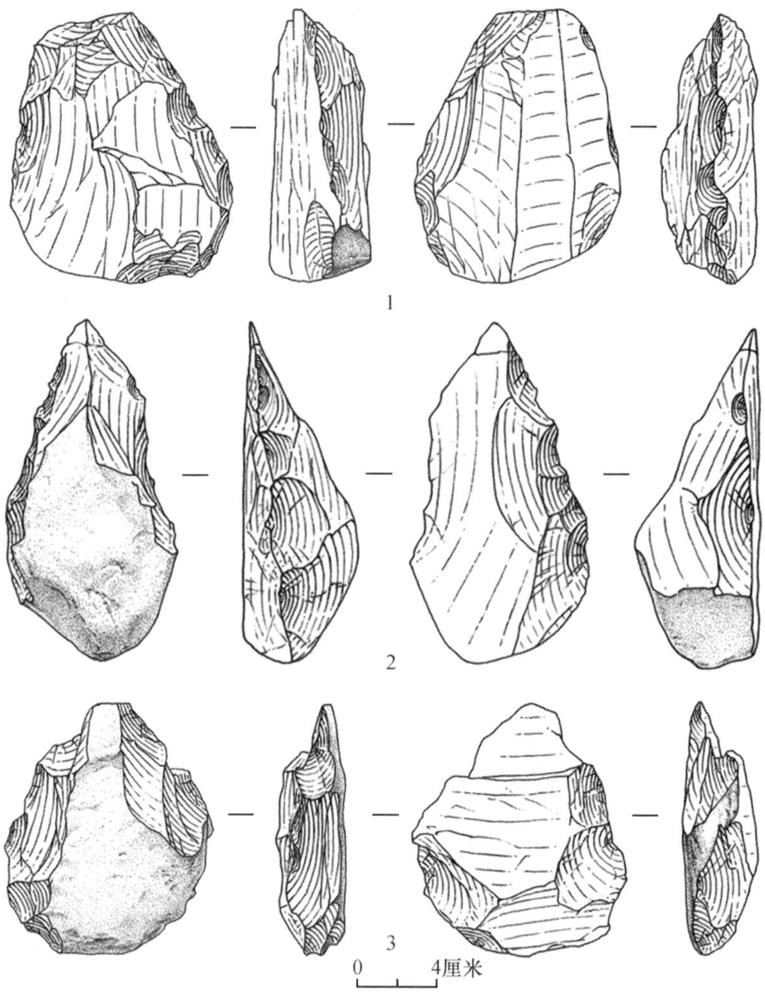

图七 手斧
1. DJ-GCCⅡ-15 2. DJ-GCCⅡ-47 3. DJ-GCCⅡ-77

加工，刃缘曲折，修疤分布连续，可统计的修疤18 个，器身横截面和远端轮廓呈三角形，尖部有残缺，可能是使用所致，保留30% 自然面（图七，2；图八，2）。

DJ-GCCⅡ-77：原料为凝灰岩，石片毛坯，长108、宽85、厚29毫米，近端到最大宽的长度为52毫米，中宽80毫米，3/4 宽为55毫米，宽长、厚长、厚宽指数分别为78.70、26.85、34.12，重296克，在两侧边进行交互加工，同时在近端由背面向劈裂面进行加工，可能为便于手握；刃缘曲折，修疤分布连续，可统计的修疤14 个，刃缘磨蚀较为严重，保留25% 自然面（图七，3；图八，3）。

综合来看，刮削器毛坯主要以小型石片为主，占92.31%，加工以单面单向为主，平均修疤数量少；砍砸器和手镐主要以砾石为毛坯直接加工而成；手斧均以石片为毛坯，采用两面加工，平均修疤数量最多（表三）。石器刃角整体上呈正态分布，峰值区间在55°~75° 。石器毛坯长度、刃缘长度与加工深度三者之间互为正相关关系，即对于多数标本来说，尺寸越大，其刃缘越长，刃口加工也越深。而刃角与毛坯长度、刃缘长度和加工深度之间不具有相关性。

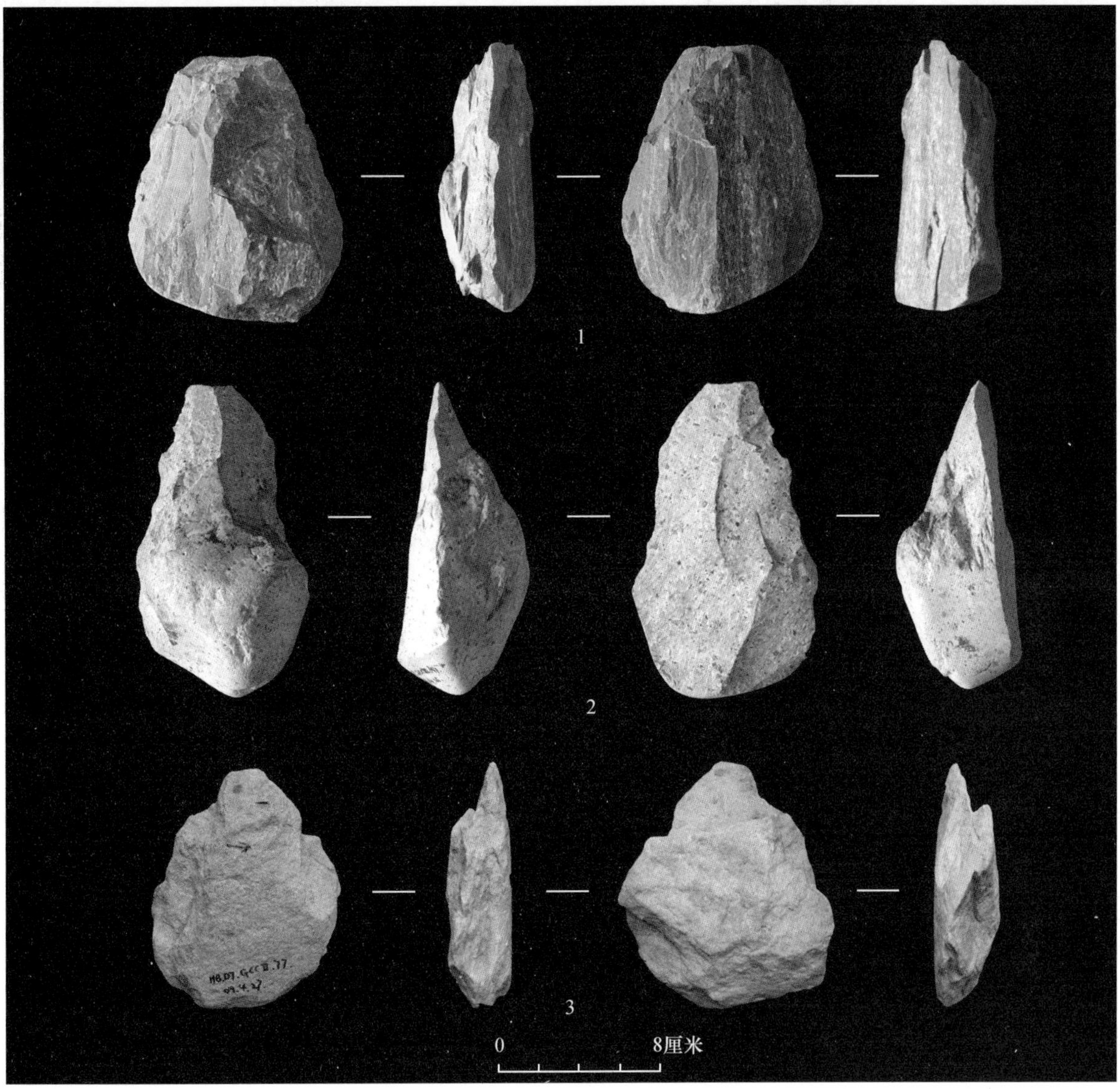

图八　手斧

1. DJ-GCCⅡ-15　2. DJ-GCCⅡ-47　3. DJ-GCCⅡ-77

表三　各类石器修疤数量统计

石器类型	标本数量	平均修疤数量	标准偏差
刮削器	13	2.3	1.1
砍砸器	5	6.4	2.9
手镐	1	7	0
手斧	3	15.3	2.3

5. 断块

18 件，脉石英原料的有13 件，占72.22%；平均长53.50、宽37.42、厚27.07毫米，平均重82.06克。均保留有自然面，其中自然面比例最大为70%，最小为10%，平均42%。

6. 未受打击的砾石

砾石18件，脉石英的有7件，硅质灰岩9件，砂岩2件，砾径在100毫米以下的有15件，占83.30%。砾石在遗址中呈分散的分布状态，没有明显的集中区域。

四、结　语

1. 石制品特征

（1）打制石器的原料主要选用磨圆度较高的河卵石，岩性包括脉石英、硅质灰岩、凝灰岩、砂岩等。在石锤、石核、石片和断块中，脉石英占有较高比例，达85.45%；各类石器中，轻型刮削器主要以脉石英原料为主，占76.92%，而重型类石器主要采用硅质灰岩和凝灰岩原料，两者比例达88.89%。

（2）石制品共计132件，其中石锤9件，石核14件，石片69件，石器22件，断块18件；石器类型有刮削器、砍砸器、手镐、手斧。遗址中还出土未受打击的砾石18件。

（3）石核有锤击和砸击两类，其中锤击石核的数量最多，占85.71%，锤击石核中利用率较低的简单石核（单台面和双台面石核）占75%。石片主要以Ⅲ型和Ⅵ型为主，表明多数石片为次级剥片产品，剥片主要采用锤击法，此外砸击法和碰砧法也有使用。

（4）石器中刮削器绝大多数以小型石片为毛坯，加工主要采用单面单向方式，修疤数量少。砍砸器和手镐主要以砾石为毛坯直接加工而成。手斧均采用石片毛坯，其在平面上主要为多向加工，同时在空间上不断旋转以进行两面加工，修疤数量多。石器加工采用硬锤法，修疤较深，刃缘多不规整。

2. 遗址年代

果茶场Ⅱ遗址位于汉水左岸第三级阶地，遗址上部地层为强烈氧化的红色黏土层，含钙质结核与锰质薄膜，下部发育网纹红土，构成一套完整的红壤土风化壳。网纹红土作为第四纪期间广泛分布于我国南方的一套古土壤，其在发育的最盛期（气候最湿热期）可分布到秦岭以南地区[21，22]。遗址位于网纹红土分布的北界，黄土—古土壤序列的研究表明，S4～S5是我国第四纪气候史上的极端湿热期，最有利于在遗址区形成具网纹红土的红色风化壳[23，24]。据此初步认为遗址的年代大致为中更新世。

3. 考古学意义

丹江口库区以往发现的手斧、手镐、薄刃斧等重型工具大多为地表采集，缺乏确切的地层依据。在各类石制品的比例与组成方面，也往往由于调查采集方法的局限以及人为选择因素的影响，很难获得完整的遗址文化面貌信息。果茶场Ⅱ遗址的发掘和初步研究在一定程度上弥补了这方面的不足。在有确切地层依据的前提下，果茶场Ⅱ遗址的研究较完整的揭露了石制品组合的特征，丰富了对中国南北过渡区域旧石器文化面貌和特点的认识，同时也为进一步探讨早期人类在汉水流域的行为活动与适应策略提供了重要的材料。

致谢：果茶场Ⅱ遗址的抢救性发掘由湖北省文物局南水北调办公室安排和资助，得到湖北省文物局、十堰市文物局、丹江口市文体局以及丹江口市习家店镇文化站等单位领导与同仁的大力支持和协助；中国科学院古脊椎动物与古人类研究所许勇参加了发掘并绘制石制品线图；北京中国地质大学程捷合作完成了遗址的采样、地层划分与描述工作，高鹏、赵宪福参加了遗址发掘与标本整理。

执 笔：李 浩 李超荣 KATHLEEN Kuman

参考文献

[1] 薛祥煦，张云翔，毕延，等.秦岭东段山间盆地的发育及自然环境变迁.北京：地质出版社，1996：1～66.

[2] 张森水.河南省旧石器考古.见：洛阳市文物工作队编，叶万松主编.洛阳考古四十年——1992年洛阳考古学术研讨会论文集.北京：科学出版社，1996：51～75.

[3] 吴汝康，吴新智.河南淅川的人类牙齿化石.古脊椎动物与古人类，1982，20（1）：1～9.

[4] 邱中郎，许春华，张维华，等.南召发现的人类和哺乳类化石.人类学学报，1982，（2）：109～117.

[5] 许春华.湖北郧县猿人化石地点的发掘.见：中科院古脊椎所编.古人类论文.北京：科学出版社，1978：175～177.

[6] 李天元，王正华，李文森，等.湖北省郧县曲远河口化石地点调查与试掘.江汉考古，1991，（2）：1～14.

[7] 小空山联合发掘队.1987年河南南召小空山旧石器遗址发掘报告.华夏考古，1988，（4）：1～15.

[8] 李占扬，柴中庆.河南西峡小洞发现旧石器.中原文物，1992，（2）：116.

[9] 李超荣，冯兴无，李浩.1994年丹江口库区调查发现的石制品研究.人类学学报，2009，28（4）：337～354.

[10] 李超荣.丹江口库区发现的旧石器.中国历史博物馆馆刊，1998，（1）：4～12.

[11] 李超荣.在中国出土的手斧.见：裴基同，李延哲.东北亚细亚旧石器研究.韩国涟川郡汉阳大学文化财研究所，2002：29～38.

[12] 李浩，李超荣，冯兴无.2004年丹江口库区调查发现的石制品.人类学学报，2012，31（2）：113～126.

[13] 裴树文，关莹，高星.丹江口库区彭家河旧石器遗址发掘简报.人类学学报，2008，27（2）：95～110.

[14] 周振宇，王春雪，高星.丹江口北泰山庙旧石器遗址发掘简报.人类学学报，2009，28（3）：246～261.

[15] 牛东伟，马宁，裴树文，等.丹江口库区宋湾旧石器地点发掘简报.人类学学报，2012，31（1）：11～23.

[16] 陈晋镳，武铁山，张鹏远，等.全国地层多重划分对比研究（10）——华北区区域地层.武汉：中国地质大学出版社，1997：135～153.

[17] 中国科学院地理研究所，水利部长江水利委员会汉江工作队.汉江流域地理调查报告.北京：科学出版社，1957：9～48.

［18］ 沈玉昌. 汉水河谷的地貌及其发育史. 地理学报，1956，22（4）：295 ~ 323.

［19］ 卫奇.《西侯度》石制品之浅见. 人类学学报，2000，19（2）：85 ~ 96.

［20］ Toth, N .The Oldowan reassessed：A close look at early stone artifacts. Journal of Archaeological Science, 1985, 12：101 ~ 120.

［21］ 尹秋珍，郭正堂. 中国南方的网纹红土与东亚季风的异常强盛期. 科学通报，2006，51（2）：186 ~ 193.

［22］ 袁宝印，夏正楷，李保生，等. 中国南方红土年代地层学与地层划分问题. 第四纪研究，2008，28（1）：1 ~ 13.

［23］ 杨浩，赵其国，李小平，等. 安徽宣城风成沉积——红土系列剖面ESR 年代学研究. 土壤学报，1996，33（3）：293 ~ 300.

［24］ 赵景波，顾静，杜娟. 关中平原第5 层古土壤发育时的气候与土壤水环境研究. 中国科学（D 辑），2008，38（3）：364 ~ 374.

丹江口红石坎Ⅰ旧石器地点发掘简报

中国科学院古脊椎动物与古人类研究所

一、引　　言

1994年冬，中国科学院古脊椎动物与古人类研究所受长江水利委员会的委托，组建了南水北调水利工程库区文物考古队，在地方文物部门的配合下对南水北调先期工程丹江口水库淹没区进行了旧石器、古人类和古脊椎动物化石的调查。本次调查共发现旧石器遗址和地点52处（其中1处在淹没区外），古脊椎动物化石地点19处（其中7处与旧石器属同一地点）[1，2]。红石坎Ⅰ旧石器地点是其中之一。该地点隶属于湖北省丹江口市均县镇八腊庙村一组，地理坐标北纬32°43′05″，东经111°06′04″，海拔约155米（图一），发现石制品38件；初步估计，文化遗物的分布面积在25000平方米以上，文化层厚度约3～4米。2004年对该地点复查时，遗址大部分被水淹没，未发现文化遗物。

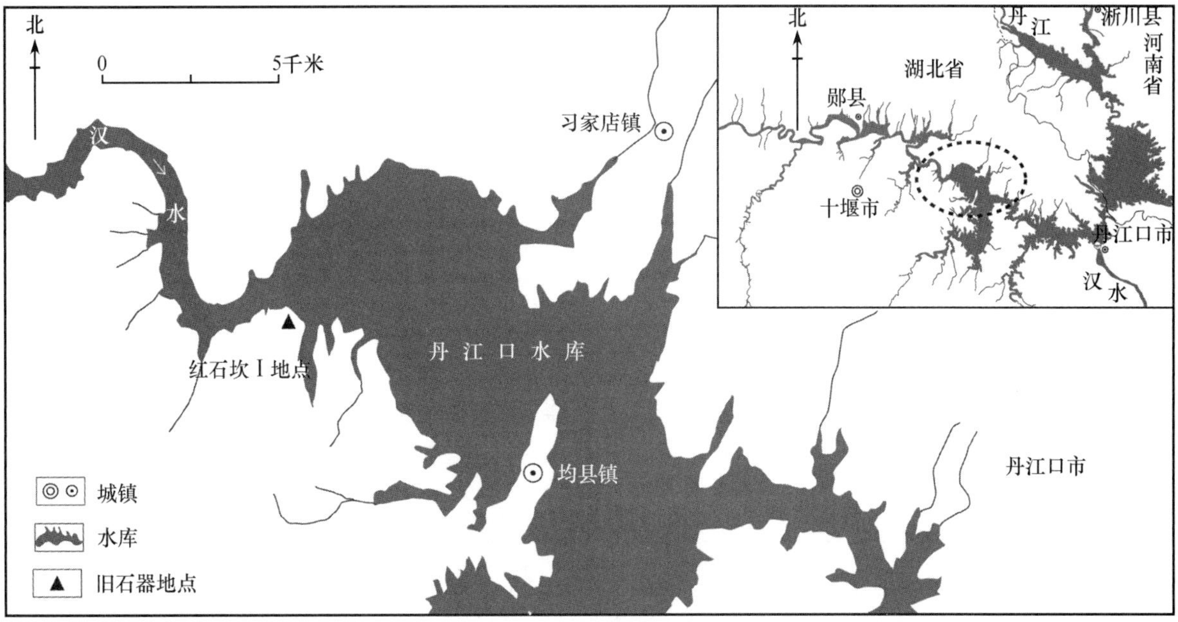

图一　红石坎Ⅰ地点地理位置示意图

2008 年10 月，根据湖北省文物局南水北调办公室的工作安排，中国科学院古脊椎动物与古人类研究所南水北调考古队在十堰市文物局与丹江口市文体局的大力协助下对该地点进行了抢救性发掘。发掘分3 个区布方（每个探方5米×5米），在A 区布方8 个（200平方米），B 区12 个（300平方米），C区1 个（25平方米），总揭露525平方米。发掘出土石制品136 件，地表采集石制品22 件。本文是对这次发掘成果的简要报道。

二、地貌地层

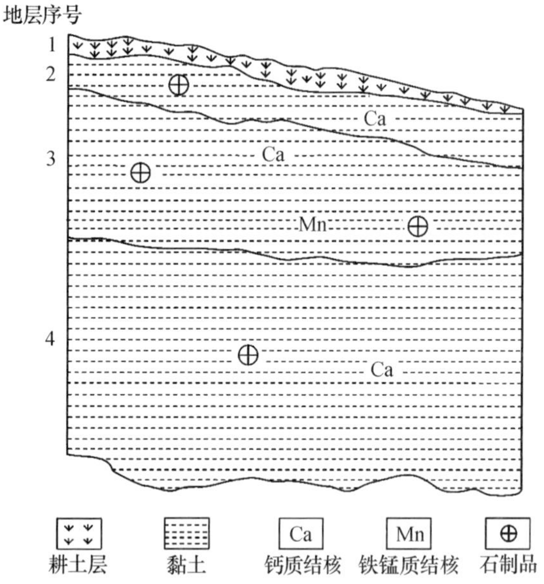

图二　红石坎Ⅰ地点地层剖面图

红石坎Ⅰ地点埋藏于汉江右岸的第3级阶地。石制品分布在现今地表下约0～1.5米的地层中，海拔150～155米。地层剖面（C 区西壁）由上至下为（图二）：

（1）耕土层：夹少量全风化、半风化的砂砾石，该层植物根系发育；厚0.04～0.10米。

（2）暗黄色黏土层：有较疏松的钙质胶结，含少量石制品；厚0.1～0.2米。

（3）黄褐色黏土层：较疏松的钙质胶结，含褐色铁锰质小结核，颜色、粒度、成分都比较均一，为主要石制品出土层位；厚0.28～0.46米。

（4）褐黄色黏土层：疏松的钙质胶结，黏结性较上层好，可见0.02米的钙质结核，含少量石制品，未见底；厚 0.7～0.8米。

三、发掘石制品

从原生地层中发现石制品136 件，类型有备料、人工石块、石锤、石核、石片、碎屑和石器；其中石器（27 件）包括刮削器和砍砸器；原料主要是脉石英、硅质灰岩和凝灰岩（表一）。

表一　考古发掘与地表采集石制品类型与原料对照表

类型 / 原料	考古发掘（136）									采集品（22）					总计
	备料	石锤	石核	石片	人工石块	刮削器	凹缺刮	砍砸器	碎片	石核	石片	手镐	凹缺刮	碎片	
石英岩		1	2	1	1	2									7
脉石英	4	1	7	33	9	7	2	1	12	6	6	1	1	1	91

续表

类型 / 原料	考古发掘（136）									采集品（22）					总计
	备料	石锤	石核	石片	人工石块	刮削器	凹缺刮	砍砸器	碎片	石核	石片	手镐	凹缺刮	碎片	
硅质灰岩	4	1	1	10	4	4		4		2	2	1			33
砂岩	2	2	1			1									6
板岩	1				1										2
凝灰岩	3			7	1			6			2				19
总计	14	5	11	51	16	14	2	11	12	8	10	2	1	1	158

1. 备料

14 件。原型均为河流砾石。原料以脉石英、硅质灰岩、凝灰岩为主，约占总数的78.6%。最重的2880克，最轻的10克；重在500克以下的有11 件，500～1000克的2件，1000～1500克的1件；多数小于500克，约占78.6%。

2. 石核

计11 件, 包括单台面者9 件、双台面者1 件和刃状台面者1 件。

石核重都在500克以下，最重的480克，最轻的15克。石料有脉石英（7 件）、石英岩（1件）、硅质灰岩（1件）、砂岩（2件）。长度集中在40～120毫米，共计9件，占到了81.8%。

石核上保留有不同程度的天然面，其中50%以上的占72.7%。每件上都有1 层片疤，最多的4 个，最少的1 个。1个片疤的有4 件，2个的有2件，3个的有2件，4个的3件。共计26 个片疤，呈三角形的9个，长方形的2个，梯形的1个和不规则形的14个；片疤比较深的20个，中等深度的6个；片疤形状规则的占46%，不规则形的54%。以上分析表明，打片比较随意，石核的利用率较低。

（1）单台面石核

9 件。HB-DJ-HSK-Ⅰ-115以石英岩砾石为素材，重480克，长135、宽93、厚42毫米，保留45%的天然面。台面为天然台面，打击点清楚，台面角在80°～120°。剥片面上有4 个石片疤，片疤层数为1层，三角形片疤2个，尺寸分别是长88、宽23毫米，长135、宽58毫米；长方形片疤1个，长116、宽35毫米；不规则形片疤1个，长128、宽41毫米。

（2）双台面石核

1 件。HBDJ-HSK-Ⅰ-53以脉石英砾石为素材，重165克，长63、宽53、厚55毫米，保留35%的天然面。台面一个为天然台面，一个为打制台面，打击点清楚，台面角在95°～110°。剥片面上共有2 个片疤。

（3）砸击石核

1 件。HB-DJ-HSK-Ⅰ-4 以脉石英砾石为素材，重15克，长35、宽25、厚18毫米，最大石核角为115°，最小石核角95°。核体留有4 个片疤，保留有15% 的天然面。

3. 石片

51 件。包括天然台面、素台面、打制台面和刃状台面4 种类型。完整石片38 件、石片远端6 件、中段1 件、左裂片3 件、右裂片3 件。

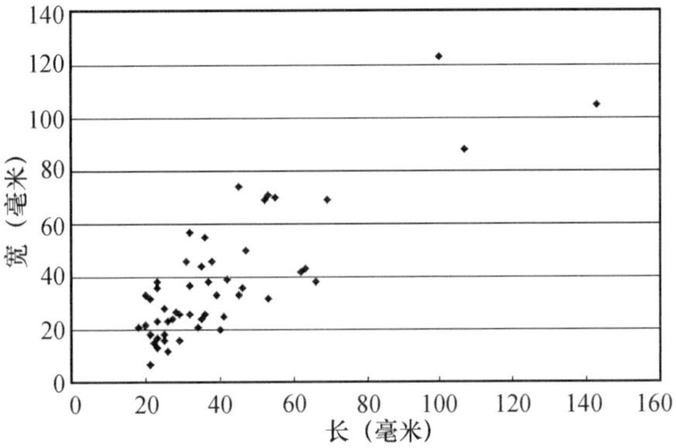

图三　考古发掘石片长宽分布图

石片重全部在500克以下，最重的500克，最轻的1克。100克以下的占多数，其中0～20克的33件、21～40克的9件、41~60克的4件、61~80克的1件、81~100克的1件。100克以上的3 件。石片厚度最厚38毫米，最薄的5毫米，在0～20毫米的44件和21～40毫米的7件（图三）。

（1）天然台面石片

40 件。HB-DJ-HSK-Ⅰ-95 以凝灰岩为原料，完整石片，长143、宽105、厚21毫米，重355克。石片角83°。打击点、半椎体清楚。背面无天然面保留，是最大的一件石片。

（2）素台面石片

7 件。HB-DJ-HSK-Ⅰ-52 以凝灰岩为原料，完整石片，长55、宽70、厚15毫米，重50克。石片角145°。打击点、半椎体清楚。背面保留5%的天然面。HB-DJ-HSK-Ⅰ-136 以脉石英为原料，完整石片，长28、宽27、厚10毫米，重15克。石片角105° 。打击点清楚，半椎体不清楚。背面无天然面保留。

（3）刃状台面石片

4 件。HB-DJ-HSK-Ⅰ-128 以脉石英为原料，完整石片，长22、宽15、厚7毫米，重2克。上端石片角55°、下端55°。打击点清楚。背面无天然面保留。

4. 人工石块

16 件。具有人工痕迹但难以归入他类的块状标本。形状多不规则。人工石块重量和尺寸不一。最重的225克，最轻的2克，在3～55克的14件。大多数的标本都保留天然面。

5. 碎屑

共12 件。碎屑是剥片或修理石器时产生的，一般长度小于10毫米的碎片。砾石石器工业中，石制品个体较大，我们将小于20毫米的碎片称之为碎屑。重量都在1～2克。5 件标本保留有不同程度的天然面，范围在15%～40%，其他7件未保留天然面。碎屑的存在表明，这里可能存在剥片和石器加工等活动。

6. 石器

27件。类型包括刮削器、凹缺刮器、砍砸器三种。刮削器包括单直刃、单凸刃、单凹刃和盘状四类，占石器的多数。数量其次的是砍砸器，也分凸刃和直刃两类。

（1）刮削器

14件，约占51.8%。

素材采用石片的10件、石块的3件和砾石的1件。加工程度深度的1件、中度的9件、浅度的4件。修整部位在一端的6件、侧边的7件、周边的1件。向背面加工的11件、向腹面的2件和交互加工的1件。除3件标本未保留自然面外，11件标本保留不同程度的自然面，其中10件在50%以下。

单直刃刮削器　6件。HB-DJ-HSK-Ⅰ-92以硅质灰岩为原料，以石片为素材。长65、宽43、厚26毫米，重80克。在一侧边由背面向腹面加工成直刃，刃缘长32、宽12毫米，刃角为92°。器身保留30%的自然面。

单凸刃刮削器　4件。HB-DJ-HSK-Ⅰ-99以脉石英为原料，以石片为素材。长38、宽30、厚15毫米，重20克。在一端由背面向腹面加工成凸刃，刃缘长50、宽10毫米，刃角为50°。器身保留15%的自然面（图四，1；图五，1）。

单凹刃刮削器　3件。HB-DJ-HSK-Ⅰ-114以脉石英为原料，以石片为素材。长46、宽43、厚13毫米，重20克。在一侧边由背面向腹面加工成凹刃，刃缘长28、宽6毫米，刃角为75°。器身无自然面保留。

盘状刮削器　1件。HB-DJ-HSK-Ⅰ-126以脉石英为原料，以石块为素材。长41、宽46、厚27毫米，重45克。周边交互加工成盘状刃口，刃缘长120、宽24毫米，刃角为78°。器身保留有30%的自然面（图四，2；图五，2）。

（2）凹缺刮器

2件。约占7%。

原料全部为脉石英，素材全部为石片。HB-DJ-HSK-Ⅰ-57以脉石英为原料，以石片为素材。长35、宽22、厚8毫米，重5克。在一侧边向背面加工成凹缺刃，刃缘长15、宽5毫米，刃角为60°。器身无自然面保留。

（3）砍砸器

11件。约占41.2%。

素材采用石片的5件、砾石的5件和石核的1件。加工程度深度的2件、中度的7件、浅度的2件。修整部位在一端的5件、一侧边的5件、两侧边的1件。向背面加工的5件、向腹面的3件和交互加工的3件。保留不同程度的自然面，其中50%以上的5件，50%以下的6件。

凸刃砍砸器　8件。HB-DJ-HSK-Ⅰ-41以凝灰岩为原料，以砾石为素材。长130、宽128、厚59毫米，重955克。在一端向背面加工成凸刃，刃缘长180、宽51毫米，刃角为75°。

图四　石器

1. 单凸刃刮削器（HB-DJ-HSK-Ⅰ-99）　2. 盘状刮削器（HB-DJ-HSK-Ⅰ-126）
3、4. 凸刃砍砸器（HB-DJ-HSK-Ⅰ-82、HB-DJ-HSK-Ⅰ-78）

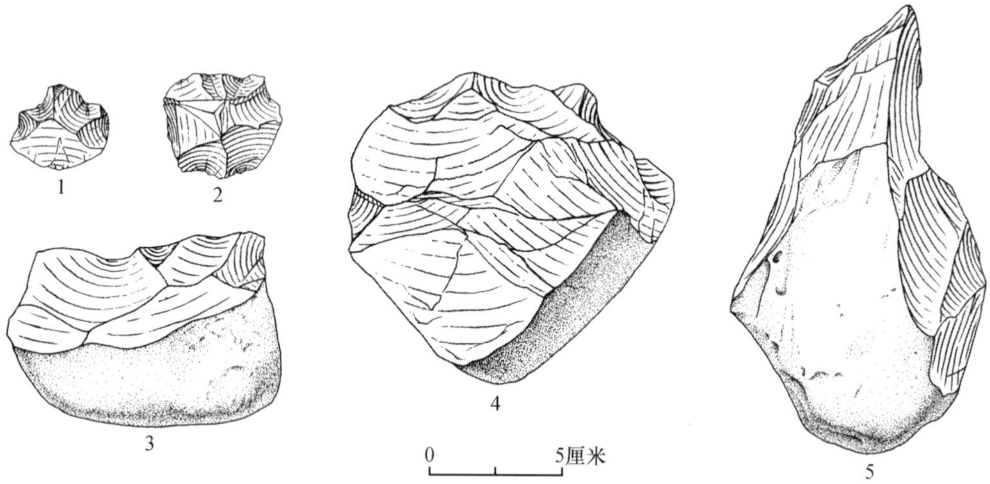

图五　石器

1. 单凸刃刮削器（HB-DJ-HSK-Ⅰ-99）　2. 盘状刮削器（HB-DJ-HSK-Ⅰ-126）　3. 直刃砍砸器（HB-DJ-HSK-Ⅰ-135）
4. 凸刃砍砸器（HB-DJ-HSK-Ⅰ-41）　5. 手镐（HB-DJ-HSK-Ⅰ-CJ-16）

刃缘左侧加工较好，刃缘较锐；右侧有阶梯状断口，刃缘较钝。器身保留有70% 的自然面（图五， 4）。HB-DJ-HSK-Ⅰ-82 也是用凝灰岩制作的凸刃砍砸器。（图四，3）HB-DJ-HSK-Ⅰ-78是一件用石英岩加工的凸刃砍砸器（图四，4）。HB-DJ-HSK-Ⅰ-121 以硅质灰岩为原料，砍砸器，以石片为素材。长94、宽84、厚34毫米，重282克。在一侧边向腹面加工成凸刃，刃缘长62、宽25毫米，刃缘角72°。器身保留有50%的天然面。这件标本可以和2件硅质灰岩完整石片拼合为一件砾石（图六），出自T12和T13两个探方。两件石片分别是HB-DJ-HSK-Ⅰ-113和HB-DJ-HSK-Ⅰ-120；前者长32、宽57、厚10毫米，重18克，石片角83°，天然台面，背面保留有5%的自然面；后者长107、宽88、厚38毫米，重494克。石片角123°，天然台面，背面全为自然面。

直刃砍砸器　3 件。HB-DJ-HSK-Ⅰ-135 以凝灰岩为原料，以砾石为素材。长103、宽73、厚35毫米，重350克。在一侧边向背面加工成直刃，刃缘长90、宽30毫米，刃角为65°。器身右侧断裂。保留有75%的自然面（图五，3）。

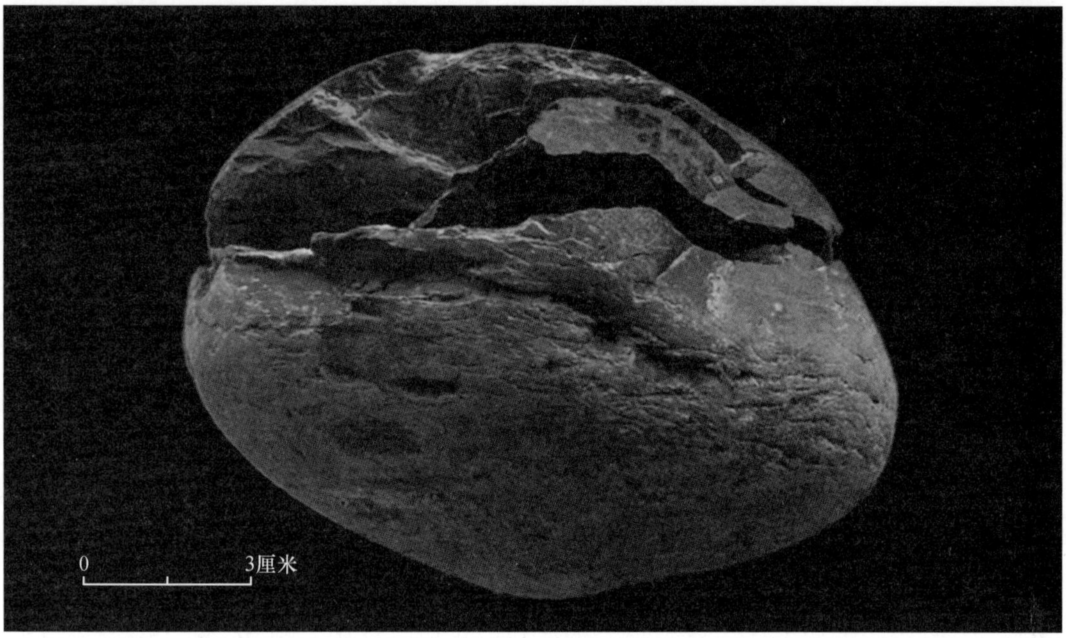

图六 三件石制品的拼合
（由下至上为HB-DJ-HSK-Ⅰ-120、HB-DJ-HSK-Ⅰ-113、HB-DJ-HSK-Ⅰ-121）

四、采集石制品

地表采集石制品有22件，类型有石核、石片、碎屑、手镐、凹缺刮器。

1. 石核

8件。单台面石核4件，双台面石核4件。

（1）单台面石核

4件。HB-DJ-HSK-ⅠCJ-3以硅质灰岩为原料，以砾石为素材。长195、宽130、厚73毫米，重2245克。保留有85%的砾石面。剥片采用锤击法。台面为天然台面，打击点清楚，台面角在75°左右。剥片面上有3个石片疤，不连续，片疤层数为2层，三角形片疤1个，长61、宽40毫米；长方形片疤1个，长83、宽55毫米；不规则形片疤1个，长41、宽61毫米。

（2）双台面石核

4件。HB-DJ-HSK-ⅠCJ-1以脉石英为原料，以砾石为素材。长116、宽110、厚83毫米，重1280克。保留有30%的砾石面。剥片采用锤击交互法。台面为天然、打制台面结合，打击点清楚，台面角在120°~105°。剥片面上有12个石片疤，连续，片疤层数为1层。

2. 石片

10件。包括天然台面、素台面2种类型。完整石片7件、石片远端1件和近端2件。

石片的重量，最重的650克，最轻的5克，6~649克的8件。石片最长的156毫米，最短的长

16毫米，17～155毫米的8件。石片宽度最宽174毫米，最窄21毫米，22～173毫米的8件。石片厚度最厚24毫米，最薄的5毫米，6～23毫米的8 件。

石片角最大的134°，最小的70°。71°～133° 的8 件。在石片背面无天然面的有7 件、保留天然面的3 件。

（1）天然台面石片

7 件。HB-DJ-HSK-ⅠCJ-13 采自地层，以脉石英为原料。完整石片。长43、宽34、厚15毫米，重25克。石片角100°。打击点、半锥体清楚。背面无自然面保留。

（2）素台面石片

2 件。HB-DJ-HSK-ⅠCJ-22 以硅质灰岩为原料。完整石片。长34、宽23、厚8毫米，重5克。石片角93°。打击点、半锥体清楚。背面无天然面保留。

3. 碎屑

1 件。HB-DJ-HSK-ⅠCJ-21 以石英岩为原料。长15、宽16、厚8毫米，重1克。背面保留20% 的天然面。

4. 石器

3 件。类型包括凹缺刮器、手镐两种。

（1）凹缺刮器

1 件。HB-DJ-HSK-ⅠCJ-19采自地表，以脉石英为原料，以石片为素材。长28、宽28、厚12毫米，重10克。在一侧边打击一个片疤形成一个凹刃，刃长13、宽4毫米，刃角73°。器身无自然面保留。

（2）手镐

2 件，都以砾石为素材。HB-DJ-HSK-ⅠCJ-16采自地表，以硅质灰岩为原料，以砾石为素材。长170、宽97、厚48毫米，重740克。在两侧边向腹面加工成一个匀称的三角形手镐。左侧边为凸刃，刃长150、宽50毫米，刃缘角为95°；右侧边为凹刃，刃长131、宽54毫米，刃缘角为82°。横截面为梯形，中宽74毫米，3/4 宽44毫米。尖刃角为68°。器身保留有75%的天然面（图五，5）。

依据石制品的原料、类型和技术特点对比分析，采集石制品和发掘发现的石制品有相同的文化内涵，因此本文把它们视为同一文化的产物。

五、讨论与结语

1. 遗址的年代和性质

黄培华等根据沈玉昌等的研究结果把汉水的第4 级和第3 级阶地归于中更新世[3, 4]。李超荣等在丹江口库区的调查报告中将汉水的第4级阶地和第3级阶地出土的石制品归在旧石器早期[5]。红石坎Ⅰ旧石器遗址位于汉江右岸的第3级阶地，我们推测遗址的地质学时代是中更新世，其考古学年代应属于旧石器时代早期。

考古发掘出土的石制品磨蚀程度很低，较多的碎片以及拼合标本的存在，说明遗址堆积属于原生堆积。出土的石制品除了较多的石核、石片和石器外，还有备料、石锤、碎片等，我们推测古人类可能在此进行剥片和石器加工等活动。

2. 石制品的特点

拼合标本的存在表明，该地点的石制品属原地埋藏。

（1）原料以脉石英、硅质灰岩、凝灰岩为主，石英岩、板岩、砂岩也占一定比例。素材基本以河流砾石为主。

（2）石制品类型包括备料、石锤、石核、石片、石器、人工石块和碎片，既有大型的也有小型的。

（3）锤击法为剥片的主要方法，偶见砸击法。打片方式以单向打片为主，不对石核台面进行修正，锤击交互打片占一定比例，石片多处于初级剥片的阶段，对原料的利用率比较低。

（4）石器毛坯以石片为主，占64%；砾石、石核、石块为毛坯的占46%。

（5）石器组合简单，刮削器、砍砸器是主要类型，此外还有凹缺刮器、手镐等。既有大型的，也有小型的。

（6）石器由锤击加工而成，较简单；大多数标本向一面加工，向背面加工为主，交互加工和向腹面也占一定比例。

上述特点表明红石坎Ⅰ旧石器地点的石器组合既具有中国北方石片工业的特征，也具有南方砾石工业的特征[6～14]，具有南北方石器工业过渡地区的特征。

丹江口库区红石坎Ⅰ旧石器地点1994 年调查发现石制品38 件，其中有手斧、薄刃斧和砍砸器等重型工具，有的手斧标本就出自地层。此次虽然未在发掘地层发现手斧、薄刃斧和手镐，但是调查和发掘的标本为研究阿舍利时期的文化和探讨早期人类在汉水流域的行为活动与适应策略提供了新的重要材料。

致谢：发掘工作是在湖北省文物局南水北调办公室领导小组统一安排和资助下进行的。我们的工作得到湖北省文物局、十堰市文物局、丹江口市文物局和均县镇文化站等单位领导与考古人员的大力支持。参加野外发掘的人员还有中国科学院古脊椎动物与古人类研究所的许勇和中国地质大学的董漫华。文中绘图由许勇完成。作者在此一并致谢。

执　笔：李超荣　李　锋　李　浩

参考文献

［1］ 黄学诗，郑绍华，李超荣，等. 丹江库区脊椎动物化石和旧石器的发现与意义. 古脊椎动物学报，1996，34（3）：228～234.

［2］ 李超荣，李锋，李浩. 丹江口红石坎Ⅰ旧石器地点. 见：湖北省文物局主编. 湖北南水北调工程重要考古发现Ⅱ. 北京：文物出版社，2010：14～18.

［3］ 沈玉昌. 汉水河谷的地貌及其发育史. 地理学报，1956，22（4）：295～323.

［4］ 黄培华，李文森. 湖北郧县曲远河口地貌、第四纪埋藏地层和埋藏环境. 江汉考古，1995（2）：83～86.

［5］ 李超荣. 丹江水库区发现的旧石器. 中国历史博物馆馆刊，1998（1）：4～12.

［6］ 张森水. 管窥新中国旧石器考古学的重大发展. 人类学学报，1999，18（3）：193～214.

［7］ 李超荣，张双权. 丹江口双树旧石器地点. 见：湖北省文物局主编. 湖北南水北调工程重要考古发现Ⅰ. 北京：文物出版社，2007：20～23.

［8］ 裴树文，关莹. 丹江口彭家河旧石器地点. 见：湖北省文物局主编. 湖北南水北调工程重要考古发现Ⅰ. 北京：文物出版社，2007：24～28.

［9］ Li Chaorong. The Culture of the Paleolithic at Danjiang Reservoir in China. In: Matsufuji, Kazuto ed. Loess-Paleosol and Paleolithic Chronology in East Asia. Japan: Xiongshange Publishing House，2008: 163～171.

［10］ 方启，陈全家. 丹江口杜店旧石器地点. 见：湖北省文物局主编. 湖北南水北调工程重要考古发现Ⅱ. 北京：文物出版社，2010：19～24.

［11］ 陈全家，方启. 丹江口黄家湾旧石器地点. 见：湖北省文物局主编. 湖北南水北调工程重要考古发现Ⅱ. 北京：文物出版社，2010：25～29.

［12］ 王法岗，成胜泉. 丹江口黄沙河口旧石器地点. 见：湖北省文物局主编. 湖北南水北调工程重要考古发现Ⅱ. 北京：文物出版社，2010：30～32.

［13］ 李超荣，冯兴无，李浩. 1994年丹江口库区调查发现的石制品研究. 人类学学报，2009，28（4）：337～354.

［14］ 李浩，李超荣，冯兴无. 2004年丹江口库区调查发现的石制品. 人类学学报，2012，31（2）：113～126.

丹江口杜店遗址发掘报告

吉林大学边疆考古研究中心

一、地貌地质概况

杜店旧石器遗址位于汉江右岸的Ⅲ级冲积阶地前缘，海拔150米左右。

汉江在丹江口市境内的流域阶地共分四级。其中，河床、河漫滩、Ⅰ、Ⅱ级阶地均被丹江口水库所淹没，目前仅出露Ⅲ、Ⅳ级阶地和夷平面（图一）。Ⅲ级阶地为冲积阶地，上部为棕黄色黏土层，下部为棕红色黏土层。Ⅳ级阶地为基座阶地，阶地上部为河流冲积物，下部为白垩纪红层。冲积物又分为两层，上层为厚度大于2米的砂砾石层（图版一，1），其中砾石磨圆较好，多呈浑圆状，球度较高；分选也好，砾径大多在3～5厘米，最大的砾径达10厘米。砾石成分较为复杂，多为白色石英岩、石英砂岩、脉石英、黑色的硅质岩、角岩和条带状片脉岩。下层为厚薄不一的黄色细砂层（图版一，2），厚者大于1米，薄者小于10厘米。

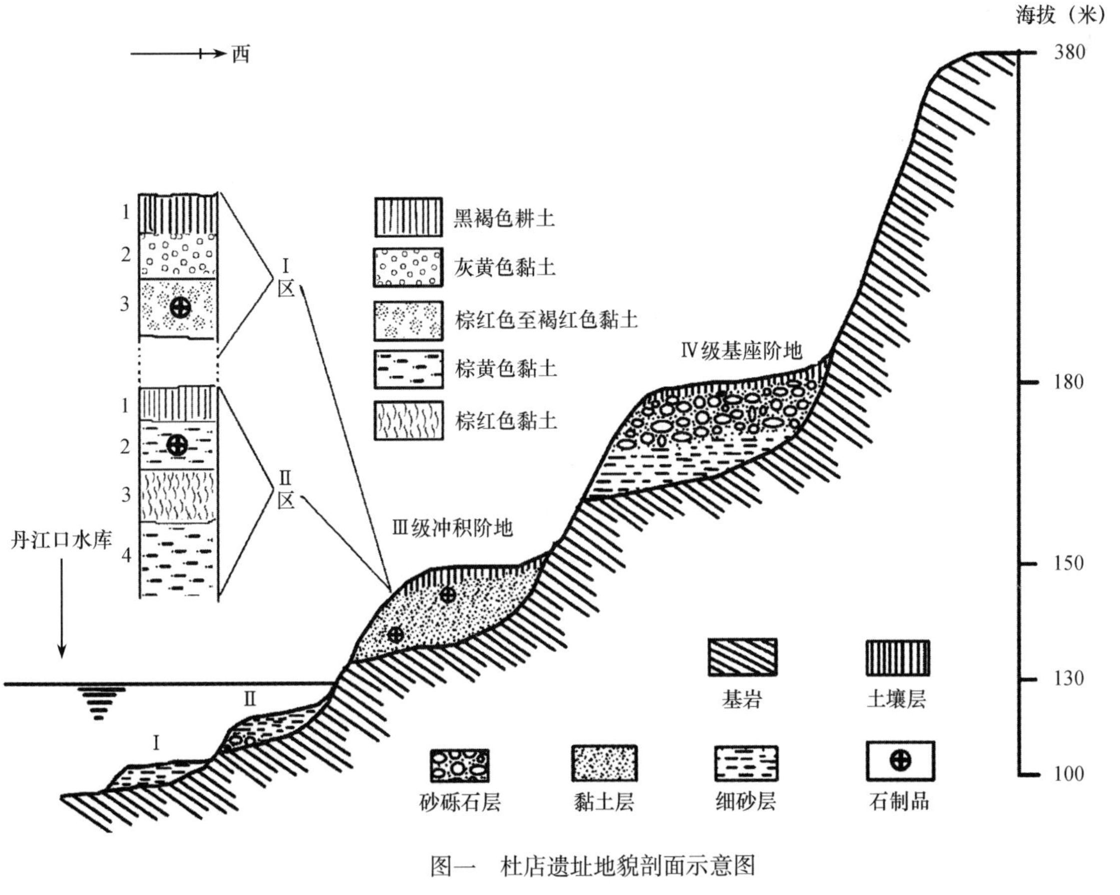

图一　杜店遗址地貌剖面示意图

构成夷平面和Ⅳ级阶地的基座均为白垩纪红层——紫红色的细砂岩、粉砂岩、泥岩和局部夹有分选、磨圆均欠佳的白色石英。该红层厚于南阳—郧阳中生代盆地的一部分。在盆地中的河南西峡、湖北郧县均发现了大量的恐龙蛋化石。该红层是在一种温热—干燥的环境下的产物，科学研究表明当时白垩纪年平均气温比现在高10℃，也许这种高温的环境下使恐龙蛋不能孵化，而造成恐龙绝灭。白垩纪地层产状近于水平，地层倾角一般在5°～10°，地层倾向东南。

丹江口地区新生代以来新构造运动一直处在间歇性上升阶段，使该区形成了五级层状地貌，同时也反映出该区有五次构造运动上升和稳定。新近纪是一个新构造运动相对稳定的时期，形成高度在380米左右的分布较广的夷平面。其表面为在江家沟附近的几个山头基本在同一高度（图版一，3）。新近纪末受喜马拉雅造山运动的影响，有一次较剧烈的新构造运动上升期，上升幅度达200米。在早更新世新构造运动又处于一个相对稳定时期，形成了Ⅳ级基座阶地，早更新世末又有一次新构造运动上升，上升幅度为30米左右。在中更新世也有一次较长时期新构造运动稳定和下降时期，形成了分布较广的Ⅲ级冲积阶地。

杜店遗址共分为上、下两个文化层，Ⅱ区缺失上部文化层，上部文化层分布在褐色黏土层中，地层时代为晚更新世，距今13万～1万年，考古时代为旧石器时代晚期。下部文化层分布在褐红色黏土层中，地层时代为中更新世，距今70万～13万年，考古时代为旧石器时代早期。

二、发掘概况

杜店遗址行政区划属于湖北省丹江口市均县镇杜店村（图二），属于南水北调中线工程的淹没区范围。遗址保存尚好，地势西高东低，由于丹江口水库水位上涨时曾多次被淹没，目前地表呈现为布满漂浮物、水生垃圾的荒滩。1994年与2004年曾对该遗址进行过调查，在地表采集到过石器。2008年春，吉林大学边疆考古研究中心对该遗址进行了正式发掘（编号：08DD）。本年度的发掘分为两个发掘区进行，其中Ⅰ区发掘基点为东经111°06′32.2″，北纬32°41′1.5″，布5米×5米的探方16个，方向为正方向，发掘面积为400平方米；Ⅱ区发掘基点为东经111°06′30.7″，北纬32°40′56.3″，布5米×5米的探方8个，方向为326°，发掘面积200平方米。

Ⅰ区与Ⅱ区的表土层为现代荒滩，地层中包含有生活垃圾、植物根茎等，还含有少量瓦片与陶片。Ⅰ区第2层为明清时期地层，出有青花瓷片等。第3层为旧石器时期地层，所有石器均出于此地层。Ⅱ区第2层下均为旧石器时期地层，全部石器均出于第2层。主要的遗迹为明清时期的墓葬7座。旧石器时期遗址一处，对其用途的解释倾向为石器加工场。主要遗物为明清时期的钱币、陶片、瓷器、铜饰等，旧石器时期的石核、石片、工具等共计240多件。

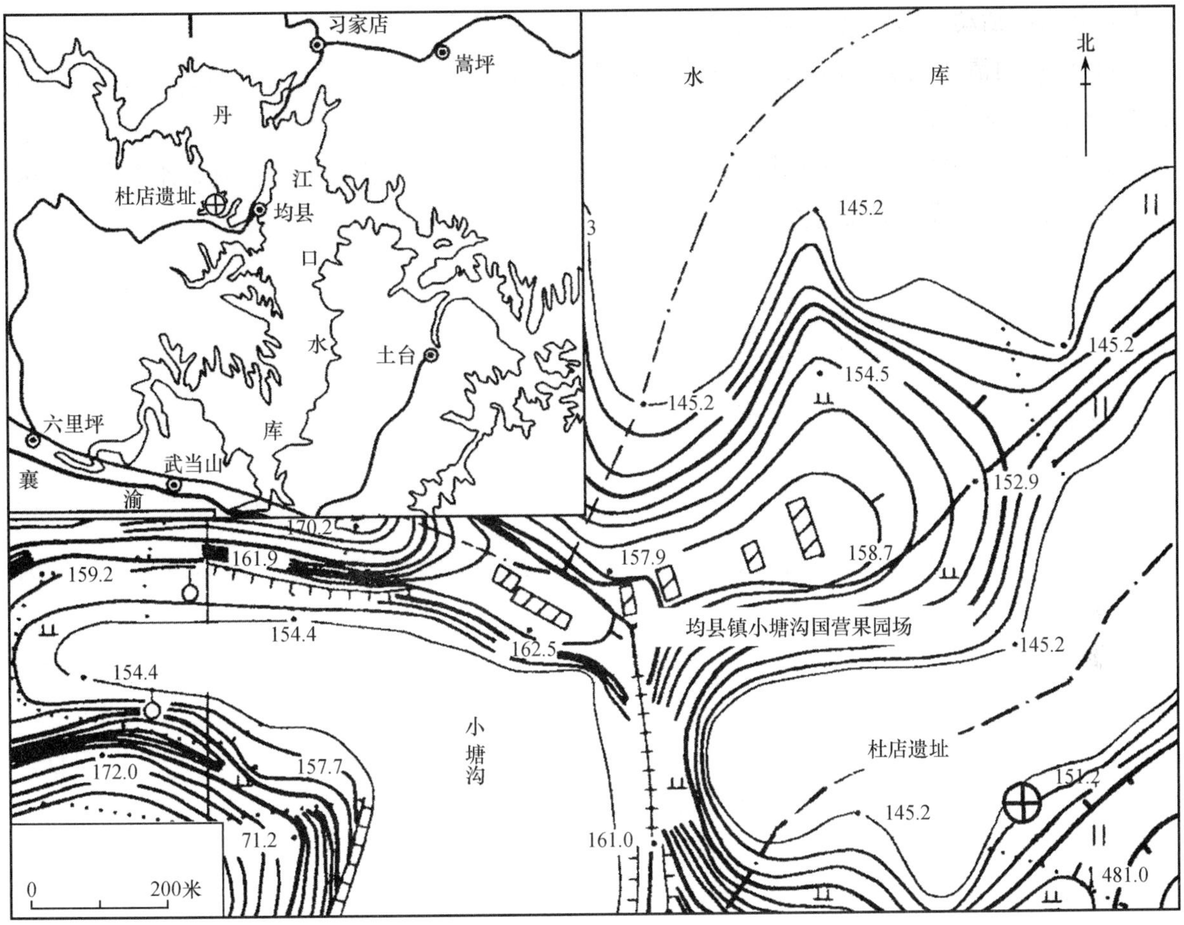

图二　杜店遗址地理位置示意图

三、Ⅰ区地层及遗物

（一）地层

Ⅰ区的地层以T1的东壁为例加以说明（图三）：

第1层：耕土层，厚5～10厘米，黑褐色，包含少量陶片、瓦片，并夹杂有杂草根茎。为自

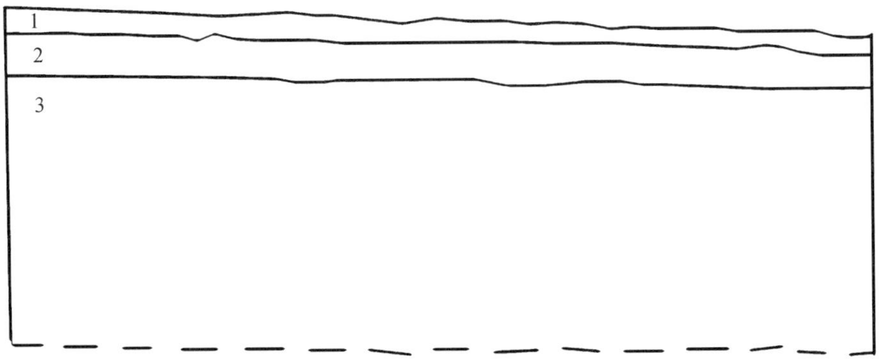

图三　Ⅰ区T1东壁剖面图

然堆积和人类活动共同形成，遍布全方。

第2层：明清文化层，厚13～20厘米，灰黄色黏土层，质地致密，包含少量石块。为人类活动形成，遍布全方。

第3层：旧石器时代晚期文化层，未到底，包含石器，因下部已不见出有石器故而停止发掘。为人类活动形成，遍布全方。

（二）遗物

1. 铜钱

铜钱均出自第2层。

ⅠT14②：1，圆形方孔铜钱。孔、缘均有凸棱，字迹清晰，为“元丰通宝”。直径25.44、孔边长6、厚0.84毫米（图四，1）。

ⅠT14②：2，圆形方孔铜钱。孔、缘均有凸棱，字迹不清。直径24.1、孔边长6.34、厚1毫米（图四，2）。

ⅠT14②：3，圆形方孔铜钱。孔、缘均有凸棱，字迹清晰，为“景德元宝”。直径24.14、孔边长5.6、厚0.9毫米（图四，3）。

ⅠT14②：4，圆形方孔铜钱。孔、缘均有凸棱，字迹清晰，为“宋元通宝”。直径24.9、孔边长5.4、厚0.88毫米（图四，4）。

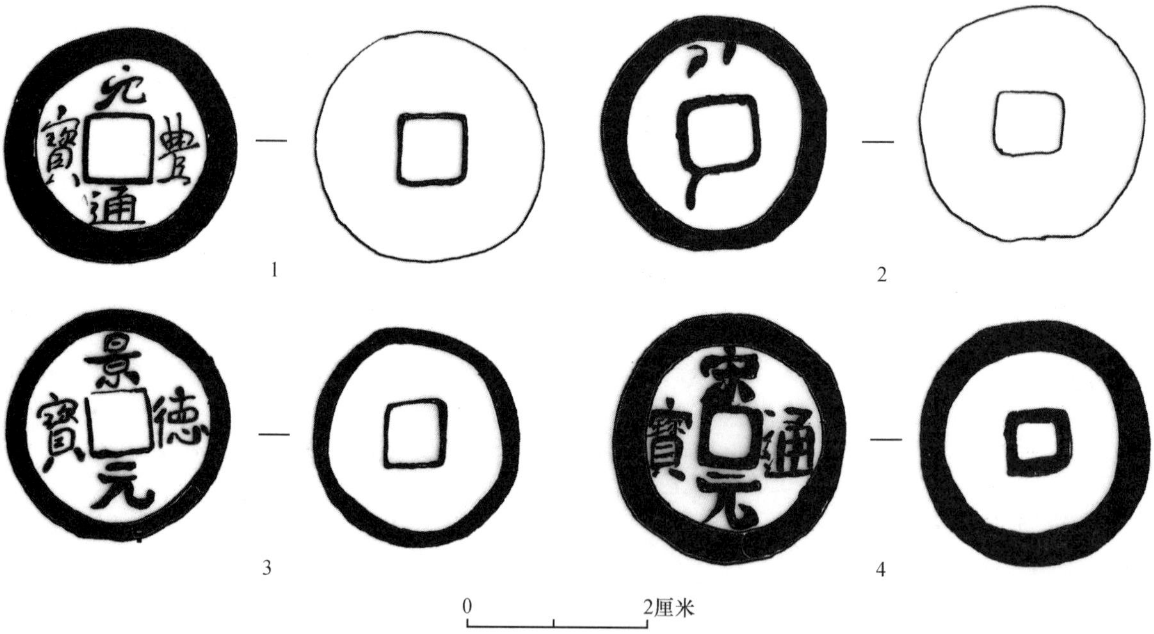

图四　Ⅰ区第2层出土铜钱

1. ⅠT14②：1　2. ⅠT14②：2　3. ⅠT14②：3　4. ⅠT14②：4

2. 陶器

陶器出自第2层。

ⅠT12②：2，陶罐。红褐色陶胎，素面。平底，微鼓腹，直口，带单把，已残。器高13.6、口径7.3、底径8.4厘米。年代为明清（图五，1）。

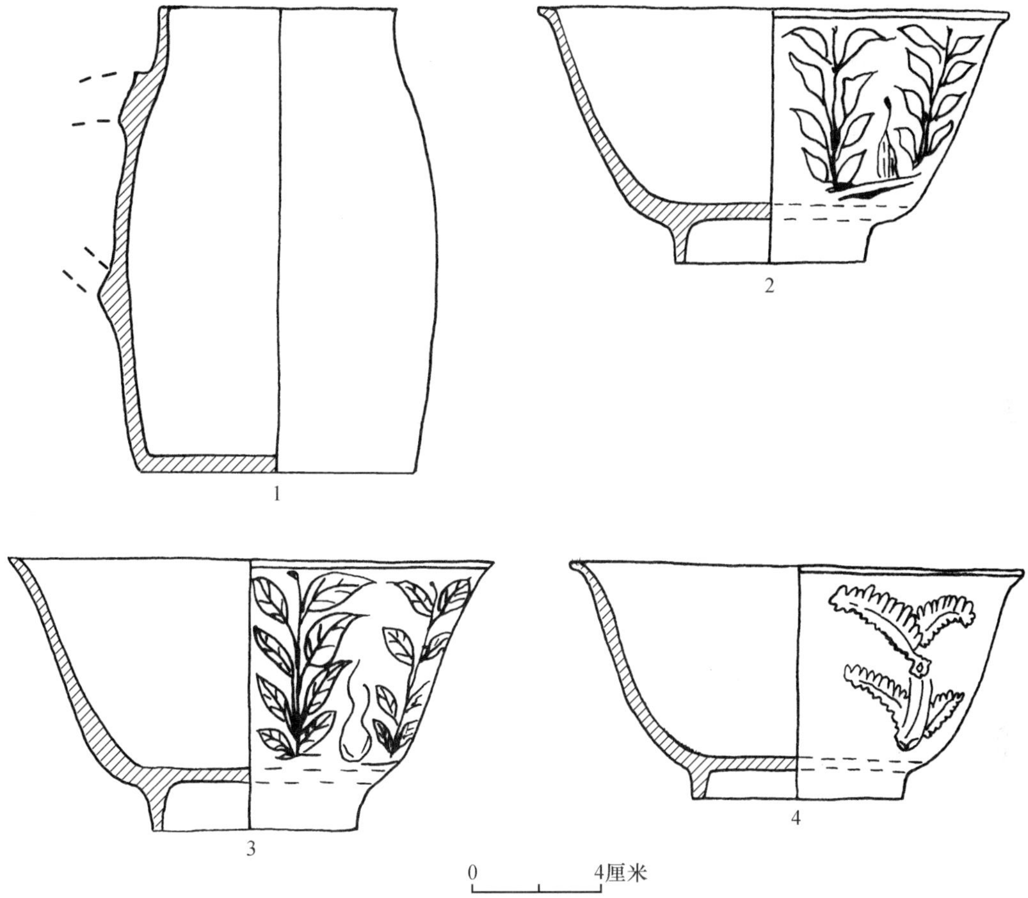

图五　Ⅰ区第2层出土器物

1. 陶罐（ⅠT12②：2）　2～4. 瓷碗（ⅠT6②：1、ⅠT6②：2、ⅠT12②：1）

3. 瓷器

瓷器均出自第2层。

ⅠT6②：1，瓷碗。白地青花，有开片。圈足底，直腹微鼓，圆唇，侈口。底部及外壁有动植物图案。器高7.6、口径15.2、底径6.2厘米。年代为明清（图五，2）。

ⅠT6②：2，瓷碗。白地青花，有开片。圈足底，圆唇，侈口。底部及外壁有动植物图案。器高8、口径15.2、底径6.4厘米。年代为明清（图五，3）。

ⅠT12②：1，瓷碗。白地青花。圈足底，直腹微鼓，侈口，圆唇。底部及外壁有动植物图案。器高7、口径14.4、底径6.4厘米。年代为明清（图五，4）。

4. 石器

全部石器都出自第3层，包括：石核、完整石片、断片、断块、第二类工具（第二类工具是指第一次剥落的石片，不经过第二步加工，而直接使用者，即使用石片）和第三类工具。现将其中发现的部分石器介绍如下：

（1）石核

石核分为锤击石核、砸击石核和楔形石核。

ⅠT11③：5，锤击石核。原料是石英岩，台面颜色为浅黄色，内部为亮白色，整体略接近锥形，体积较小。长4、宽2.6、厚1.8厘米，重0.014千克。台面为自然台面，台面角88°，打击点稍显，剥片面相对较平，底端形成一个钝尖（图七，1）。

ⅠT13③：1，锤击石核。为单台面双工作面石核，原料为石英岩，表皮颜色为浅黄色，内部为亮白色和浅褐色相间。整体形状大致呈三角体，台面形状呈等腰三角形，为自然台面，较为平坦，剥片面可清楚看到打击点和放射线。石核整体长7.7、宽5.8、高4.2厘米，重0.156千克。台面长7.7、宽5.8厘米，台面角分别为72°、80°（图六，4；图版二，2）。

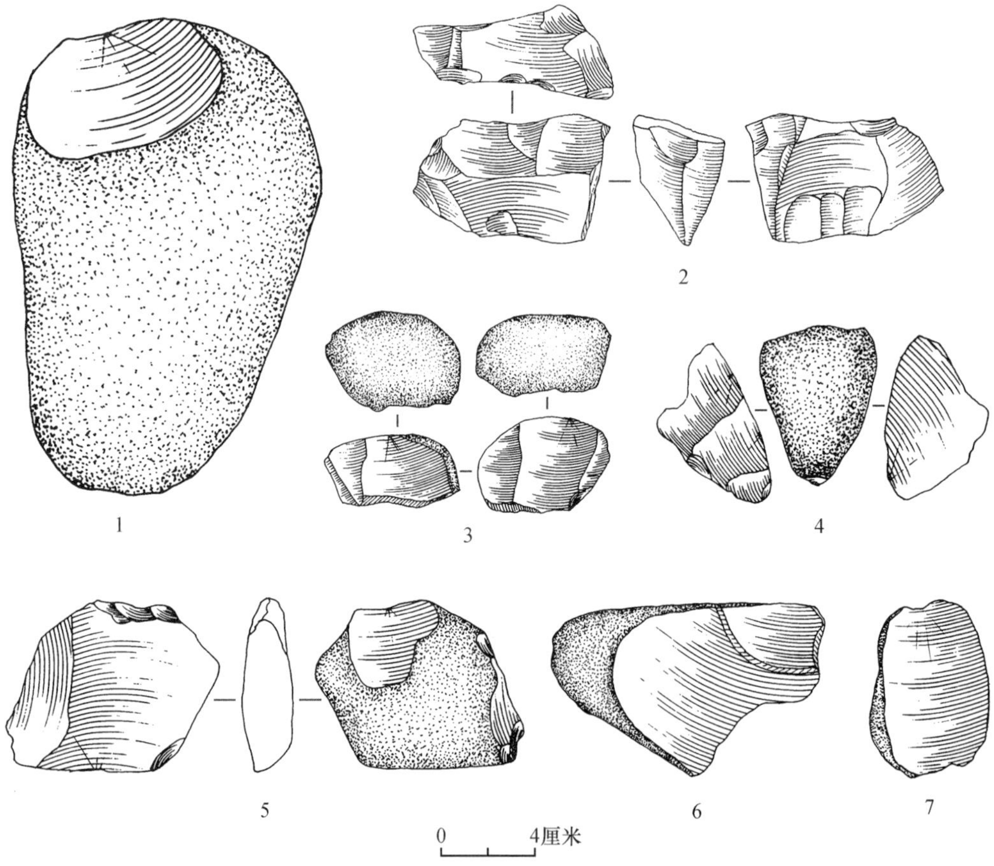

图六　Ⅰ区第3层出土石核

1. ⅠT13③：2　2. ⅠT11③：1　3. ⅠT13③：4　4. ⅠT13③：1　5. ⅠT5③：3　6. ⅠT10③：8

ⅠT13③：4，锤击石核。双台面。原料为石英岩，表皮颜色为黄褐色，内部颜色为亮白色和褐色相间。由卵圆小砾石进行打片，两个台面其实即是砾石的两侧边，剥片面上打击点清晰，隐约可见放射线。石核整体略呈椭圆形。长5.8、宽4.7、高2.9厘米，重0.121千克。台面1长3.5、宽2.5厘米，台面角84°；台面2长2.8、宽2.9厘米，台面角89°（图六，3）。

ⅠT5③：3，砸击石核。原料为角岩，节理较为发育。有砾石面，灰白色，内部为黑褐色，局部有细腻结晶。整体呈不规则形。长9.2、宽7.1、厚2.1厘米，重0.16千克。该石核砸击点明显，可以清楚地看到向正面和背面劈裂的疤痕，底端支点也有明显的因受力而形成的疤痕。劈裂面较平，背面为砾石面。石核左端可以见到有向正面和背面锤击修理的疤痕（图六，5）。

ⅠT8③：4，砸击石核。原料为角岩，有砾石面，通体呈红褐色，夹杂有细腻结晶。整体近似舌形，一端已残断。残长4、宽3.4、高2厘米，重0.035千克。该石核为扁平砾石砸击形成，刃状台面，有明显的砸击后形成的凹坑。支点可明显见到受力而向正面和背面劈裂的疤痕。从疤痕残段来分析，该石核是在砸击后断的（图七，6）。

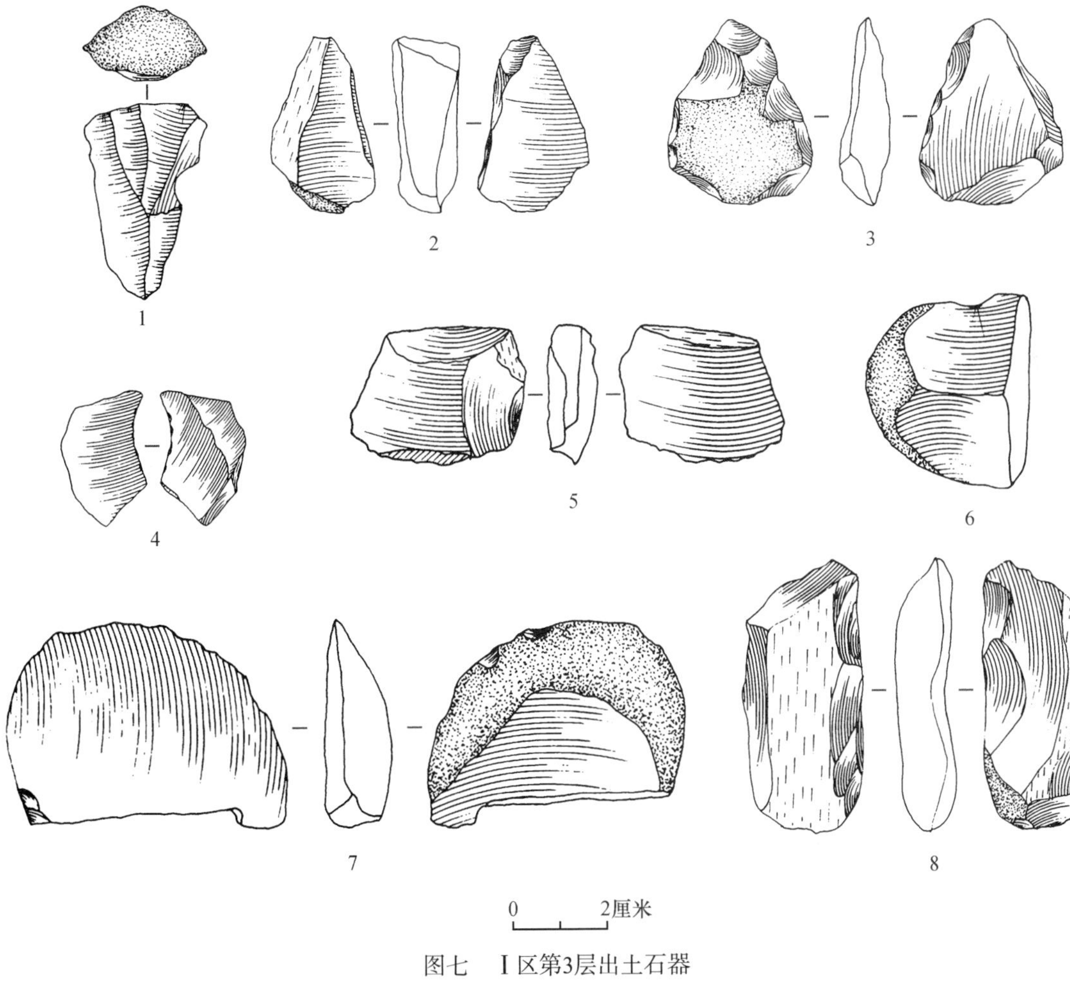

图七 Ⅰ区第3层出土石器

1、6. 石核（ⅠT11③：5、ⅠT8③：4） 2. 雕刻器（第三类工具）（ⅠT11③：4） 3. 尖状器（第三类工具）（ⅠT16③：5） 4、7. 刮削器（第二类工具）（ⅠT8③：7、ⅠT11③：6） 5. 完整石片（ⅠT11③：8） 8. 刮削器（第三类工具）（ⅠT4③：8）

ⅠT10③：8，砸击石核。原料为细砂岩，节理较为发育。有砾石面，通体呈黄褐色。整体呈不规则形，纵向断裂。长12.3、宽7.3、厚3.1厘米，重0.275千克。砾石台面，台面长11.2、宽1.9厘米，台面角为98°。采用锐棱斜向砸击法剥片，打击点明显，在打击点下有一突出的棱，呈半圆形。石核右侧有一内凹弧形新疤，背面为不平整的节理面（图六，6）。

ⅠT13③：2，砸击石核。为锐棱斜向砸击，原料为石英砂岩，表皮颜色为褐色，内部为黄褐色夹杂黑褐色。整体体积较大，以大扁平砾石的较平坦的一侧作为台面进行剥片，仅剥片一片，剥片面内凹，在剥片面远端有一凹槽，打击点清楚，可以判断其为锐棱斜向砸击。石核形状不规则。长19.4、宽12.5、高5.5厘米，重1.753千克。台面为自然台面，台面长19.4、宽12.5厘米，台面角83°（图六，1；图版二，1）。

ⅠT15③：4，砸击石核。原料为角岩，颜色为黑色，形状不规则，一端残断，形成一个断面，另一端可清晰地看到砸击点和砸击形成的凹窝，并且有向两侧崩裂的石片疤。残长5.4、宽3.7、厚2厘米，重0.047千克。

ⅠT16③：7，砸击石核。原料为角岩，颜色灰黑色，节理比较发育。整体形状不规则，是由扁平砾石进行砸击剥片，砸击点清楚，因砸击受力向两侧，两侧有大小不等的多层疤痕，但因石料不理想，剥片不很成功。长7.7、宽6.5、厚1.8厘米，重0.116千克。

ⅠT16③：8，砸击石核。原料为角岩，表皮颜色红褐色夹灰黑色，内部灰褐色夹黑色，节理很发育。整体形状接近平行四边形。长8.9、宽4.9、厚2.2厘米，重0.127千克。砸击痕迹明显，砸击处产生凹窝，两侧均有剥片，因节理发育，剥片沿节理面破裂，只在边棱处保留砾石面。

ⅠT16③：11，砸击石核。原料为角岩，表皮颜色为灰色，内部为灰色和黑褐色相间。整体形状呈长条形，一面平坦，一面略有凸起，两端砸击，均有崩裂的碎片，剥片较小，在一端还形成凿子形刃口。长7.1、宽3.1、厚2.8厘米，重0.062千克。

ⅠT11③：1，楔形石核。原料是角岩，颜色是黑色，石核形状为楔形，是细石叶楔形石核的粗糙版，基本轮廓已具备，台面经过打制修理，以底缘控制剥片走向，但从剥片面来看，已有数个剥片，似乎剥片不很理想，或者是此件石核的初始阶段。石核长7.1、宽3、高4.6厘米，重0.063千克，台面长5.6、宽3.1厘米，台面角110°（图六，2）。

（2）完整石片

发现数量较少，均为砸击石片。

ⅠT14③：2，石片。原料为闪长岩，颜色为灰色，形状接近扇形。长9.6、宽6.2、厚3.3厘米，重0.152千克。台面为自然台面，台面角102°，打击点不清楚，但根据其背面部分砾石面和边缘薄锐的情况分析推测应该为石片，边缘曲折薄锐，台面处较微厚重。

ⅠT11③：8，石片。原料为石英岩，颜色为亮白色夹有红褐色。台面为节理面。打击点不很明显，石片整体较为厚钝。整体形状呈平行四边形。长3.6、宽2.7、厚1.1厘米，重0.016千克，石片角115°（图七，5）。

ⅠT2③：4，石片。原料为角岩，节理较为发育。通体黑色，有细腻结晶。由扁平砾石垂直砸击而成，刃状台面，打击点明显，底端有崩损痕迹。石片长7.4、宽4.9、厚1.2厘米，重

0.054千克（图六，7）。

（3）第二类工具

Ⅰ T2③：3，刮削器，凸刃。原料为角岩，节理发育不明显。通体呈黑色。整体呈近似长方形。长7.5、宽6.2、厚1.9厘米，重0.126千克。为石片加工而成，背面为砾石面，较平。刃缘呈弧形，由石片的三个边组成，背面锤击加工，较锐薄，右侧有一处向背面崩落的疤。刃缘长10.5厘米，刃缘角为78°，局部有崩损疤痕，推测为使用所致。底端也经锤击修理整形，便于把握。

Ⅰ T11③：6，刮削器，凸刃。原料为砂岩，颜色为红褐色，毛坯为石片的远端，断片正面很平坦，背面略凸，有一个深而大的疤。刃缘是直接利用石片边缘薄锐进行使用，可看到明显的因使用而导致的碎疤和小凹窝，刃缘较弧。石器整体形状不规则。长6.2、宽4.4、厚1.5厘米，重0.057千克，刃缘长10.2厘米，刃角42°（图七，7）。

Ⅰ T8③：7，刮削器，凹刃。原料为石英岩，色泽亮白。该刮削器为一断片加工而成，整体呈不规则形。长3、宽1.9、厚0.7厘米，重0.005千克。正面不平整，中间有一条棱脊；背面较平。刃缘内凹，较锐薄，可见连续的细小修理疤痕。刃缘长2.1厘米，刃缘角为31°。从刃缘的崩损痕迹，难以分辨是修理所致还是使用所致。底端也经正面向背面修理，便于把握（图七，4）。

（4）第三类工具

砍砸器　共6件，类型多样。

Ⅰ T2③：7，砍砸器。原料为脉石英。有砾石面，呈红褐色，内部有亮白斑块，夹杂较粗的结晶。整体呈近似三角形，背面较平，为一扁平砾石纵向打击断裂而成。长6.8、宽4.9、厚3厘米，重0.11千克。刃缘较平，长7.8厘米，刃缘角为72°。由背面锤击加工，修理疤较大；右侧有一个由正面向背面锤击加工的疤痕。刃缘局部有崩损痕迹，但不好确定为使用所致。器物底端未经修理，为平滑的砾石面，较好把握。

Ⅰ T9③：3，砍砸器。原料为角岩，节理发育不明显。有砾石面，通体呈黑褐色，局部有亮白色石英斑块。整体呈不规则形，由长条形砾石断块加工而成。长11.9、宽6.1、厚4.9厘米，重0.315千克。刃缘较钝，有向两面劈裂的疤痕，一侧有较大劈裂，推测为使用所致。刃缘长11.0厘米，刃缘角为76°。其他部位均未见明显的修理痕迹。

Ⅰ T13③：6，砍砸器。单凹刃。原料为砂岩，颜色为土黄色。整体形状基本呈梯形。长9.8、宽7.7、厚2.9厘米，重0.359千克，刃缘长8.7厘米，刃角51°。石器正面为节理面，背面为砾石面，均较平坦，加工方式为正向，修理也较简单，刃缘稍凹，底端是断面。

Ⅰ T15③：1，砍砸器，单凸刃。原料主要是角岩，还有部分是石英砂岩，表皮颜色是黄褐色和灰黑色相夹。石器由砾石加工，正面较平，背面较凸，背面夹有一层石英砂岩，正向加工，刃缘较凸，刃缘最凸处为石英砂岩刃缘，其余为角岩刃缘。整体形状近椭圆形。长10.3、宽7.3、厚2.9厘米，重0.243千克，刃缘长10.5厘米，刃角47°（图八，6；图版二，5）。

Ⅰ T16③：9，砍砸器，单凸刃。原料为石英砂岩，颜色为黑灰色，砾石面有条带状纹理。由扁平长条形砾石加工，加工粗糙，刃缘也不齐整，修理也较随意，可能与石料不理想也有关

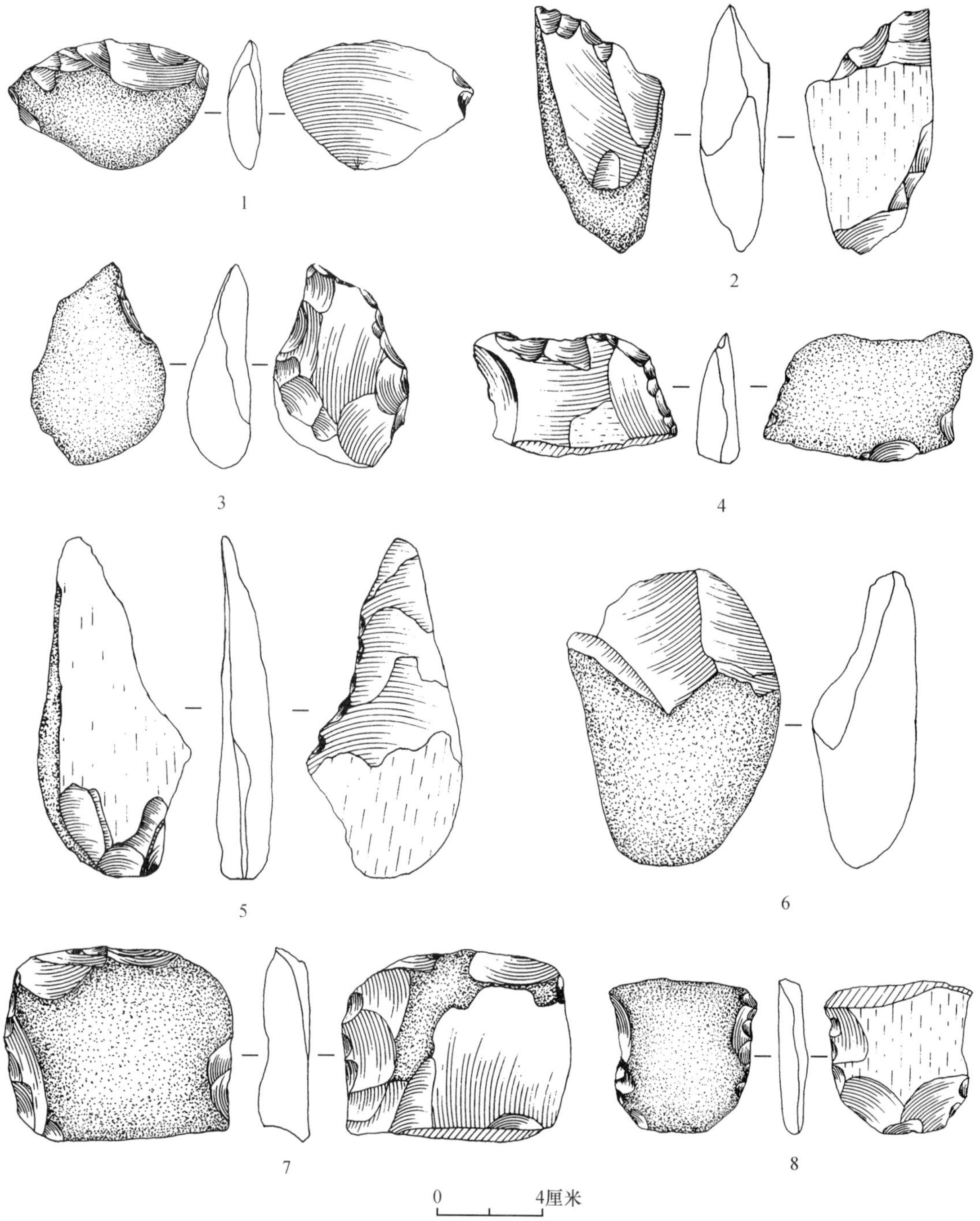

图八　Ⅰ区第3层出土第三类工具

1、2、4、5、7、8. 刮削器（ⅠT12③：4、ⅠT12③：3、ⅠT7③：1、ⅠT9③：1、ⅠT14③：7、ⅠT14③：6）
3. 尖状器（ⅠT9③：2）　6. 砍砸器（ⅠT15③：1）

系。整体形状呈扁平的半椭圆形。长8.8、宽5.7、厚2.1厘米，重0.177千克，刃缘长6.6厘米，刃角85°。

ⅠT16③：10，砍砸器，残。原料为砂岩，部分颜色为灰色，部分呈红褐色。该石器由砾石加工，刃缘处横向断裂，已看不到刃缘，但从整体器形和与其他类似石器对比可以推定其为砍砸器。整体形状不规则。残长8、宽6、厚2.8厘米，重0.164千克。

尖状器　共6件，原料多为角岩。

ⅠT3③：1，尖状器。原料为花岗细晶斑岩。通体呈灰褐色，有细腻结晶。整体呈近似三角形，为一扁平石片毛坯加工而成。长5.2、宽5.3、厚1.1厘米，重0.034千克。器物两侧边经错向加工而成，尖角为88°，较钝，有残断痕迹，推测为使用所致。器物底端未经修理，呈不平齐的刃状，不好把握。

ⅠT6③：6，尖状器。原料为角岩，节理较为发育。通体呈黑褐色，夹杂有乳白色条纹。整体呈三角形。长6.1、宽4、厚1.5厘米，重0.04千克。该尖状器为砾石断块加工而成，左侧棱经由向背面和正面加工，右侧棱由背面向正面加工而成。尖残，残断部分背面和正面均有崩损痕迹，推测为使用所致。底端由砾石面和破裂面组成，未经修理。

ⅠT9③：2，尖状器，尖残。原料为角岩，节理较为发育。有砾石面，灰白色，内部呈黑褐色。整体呈不规则形，长7.6、宽5.1、厚2.3厘米，重0.083千克。背面不平整，正面为不平整破裂面。左侧棱有由向正面和背面修理的疤痕，右侧棱有由背面向正面修理的疤痕。尖残，难以推测其形态。底端由较多砾石面和破裂面组成，较好把握（图八，3；图版二，3）。

ⅠT11③：3，尖状器。原料是角岩，颜色为黑色，形状类似于凹底箭头，正面有一条纵脊，背面是节理面，非常平坦，尖状器左侧边缘修理细致，疤痕小而连续，右侧边缘是直接使用边，非常薄锐。底端也略有修整，应该是为修形。长4.1、宽3.1、厚1.2厘米，重0.015千克，尖角51°。

ⅠT14③：1，尖状器。原料为角岩，表皮颜色为黑褐色，内部为黑色。毛坯应该是扁平砾石，尖状器底端和右侧都是断面，右侧边仅保留一小段。加工方式主要为正向加工，左侧边有较小但连续的修疤，夹角较钝。形状不规则。长6.5、宽6.6、厚2.9厘米，重0.158千克，尖角98°。

ⅠT16③：5，尖状器。原料为石英砂岩，颜色为灰褐色，整体形状接近三角形。长3.8、宽3、厚0.9厘米，重0.011千克。器体较小，表面风化较为严重，疤痕棱脊不很清晰，修理较为细致，底端也稍有修整（图七，3）。

刮削器　目前发现可分为单刃、双刃和复刃，其中单刃又可分为直刃、凸刃和凹刃几种，列举如下：

ⅠT4③：8，刮削器，直刃。原料为角岩，节理较为发育，通体呈黑色，有细腻结晶。整体呈长条形。长5.3、宽2.4、厚1.1厘米，重0.02千克。该刮削器正面较平，背面为一节理面。刃缘平直，交互加工而成。在右侧断裂面残存有由背面向正面锤击修理的疤痕，该刮削器应为残端部分。刃缘残长4.8厘米，刃缘角57°。底端为一节理面，未经修理（图七，8）。

ⅠT4③：2，刮削器，直刃。原料为角岩，有节理发育。通体黑褐色，局部有灰白色斑条，夹杂有细腻结晶。整体呈舌形。长6.5、宽5.6、厚1.3厘米，重0.05千克。该刮削器为一石片近端，正面较平，背面为砾石面和疤。刃缘长5.6厘米，刃缘角32°，平直，较锐薄，由背面向正面锤击修理而成。可以明显见到因使用而崩损的痕迹。右侧边经修理，由背面锤击加工。底端由正面向背面修理，平直，较好把握。

ⅠT7③：4，刮削器，直刃。原料为角岩，节理较为发育。有砾石面，灰白色，内部呈黑褐色。该刮削器整体呈不规则形，背面为扁平砾石面，正面不平整，中间有一条棱脊。长5、宽3.6、厚1.1厘米，重0.025千克。刃缘较直，锐薄，长3.2厘米，刃缘角为42°。刃缘有连续的向正面和背面修理疤痕，局部有凹裂，推测为使用所致。底端为砾石面和破裂面组成，未经修理。

ⅠT12③：3，刮削器，直刃。原料为角岩，颜色为黑色。形状基本呈钝角三角形，加工方式为反向加工，锤击修理，修理疤痕深浅、大小不一致，形成一条斜直的刃缘。正面较平坦，背面略凸，保留部分砾石面。石器长8.9、宽4.5、厚2.4厘米，重0.108千克（图八，2）。

ⅠT1③：1，刮削器，凸刃。原料为石英砂岩，含有细腻结晶。以灰白色为主，夹杂有黄褐色斑块。整体呈扇形。长6.5、宽4.3、厚1.6厘米，重0.045千克。为石片加工而成，背面为砾石面，较平。刃缘呈弧形，由背面锤击加工而成，较锐薄，长7.8厘米，刃缘角为47°，有连续的崩损疤痕，推测为长期使用所致。底端也经锤击修理，正反两面加工，以正向加工为主。

ⅠT3③：2，刮削器，凸刃。原料为角岩，有节理发育。有砾石面，灰白色，内部呈黑色。整体呈不规则三角形。长4.1、宽3.8、厚1.4厘米，重0.025千克。为石片加工而成，正面较平，背面有砾石面和疤。刃缘呈弧形，由石片砾石面和石片正面组成，背面锤击加工，较钝。刃缘长3.9厘米，刃缘角为53°，看不出崩损疤痕。底端也经锤击修理成弧形，便于把握。

ⅠT5③：1，刮削器，凸刃。原料为石英砂岩，有砾石面，红褐色，内部呈黑褐色，含有细腻结晶，节理较为发育。整体呈不规则形。长8.2、宽7.2、厚3.1厘米，重0.175千克。该刮削器为砾石断块修理而成，正面不平，背面有砾石面、节理面和疤。右侧有剥片痕迹，左侧有由正面向背面修理的疤痕。刃缘呈弧形，较钝，由背面向正面锤击修理而成，局部有因使用而崩损的疤痕。刃缘长8.8厘米，刃缘角62°。底端也经由正面向背面进行修理，较好把握。

ⅠT6③：5，刮削器，凸刃。原料为角岩，有砾石面，红褐色，内部呈黑褐色，节理较为发育。整体呈不规则舌形。长7.7、宽3.9、厚1.6厘米，重0.053千克。该刮削器为砾石断块修理而成，正面不平，中间有一条棱脊，背面为砾石面。右边有断裂而形成的疤痕，左边和上部为弧形刃缘，较锐薄，由背面向正面锤击修理而成，局部疤不连续，难以分辨因使用而崩损的疤痕。刃缘长10.6厘米，刃缘角55°。底端也经背面向正面进行修理，较好把握。

ⅠT7③：1，刮削器，凸刃。原料为角岩，有砾石面，红褐色，内部呈黑褐色。节理较为发育。整体略呈平行四边形。长6.4、宽4.1、厚1.1厘米，重0.062千克。该刮削器为砾石断块修理而成，刃缘呈弧形，较锐薄，长9.25厘米，刃缘角为35°，由背面向正面锤击修理而成，疤痕较小而密。在刃缘可以明显看到因使用而形成的疤痕，广泛分布于刃缘，应为长期使用所致。底端由砾石面和破裂面组成，未经修理（图八，4；图版二，6）。

ⅠT7③：2，刮削器，凸刃。原料为角岩，有砾石面，整体呈黑褐色，夹杂有细腻结晶。整体呈扇形。长8、宽4.9、厚2.1厘米，重0.102千克。该刮削器为扁平砾石断块加工而成，背面为平整砾石面，正面为较平破裂面。刃缘呈弧形，向背面和正面加工而成，较锐薄。刃缘长6.2厘米，刃缘角为46°。刃缘难以分辨使用痕迹。底端有砾石面和破裂面组成，未经修理，但较好把握。

ⅠT7③：3，刮削器，凸刃。原料为角岩，通体呈黑褐色。该刮削器整体呈扇形，为较薄断块修理而成，正面和背面均较平整。长4.2、宽3.4、厚1.2厘米，重0.013千克。刃缘呈弧形，较锐薄，有连续的向背面和正面修理的疤痕，难以分辨因使用而崩损的痕迹。刃缘长4.5厘米，刃缘角39°。底端一侧也经修理，另一侧为未经修理的破裂面，两侧边相夹成一个角。

ⅠT7③：6，刮削器，凸刃。原料为闪长岩，有砾石面，整体呈红褐色，夹杂大量黑色斑点，含有细腻结晶，节理较为发育。整体略呈扇形。长5.9、宽4.9、厚1.4厘米，重0.043千克。该刮削器为砾石断块修理而成，正面较平，背面有砾石面和节理面。刃缘呈弧形，较锐薄，由背面向正面锤击修理而成，局部有因使用而崩损的痕迹。刃缘长10.5厘米，刃缘角43°。底端由破裂面和砾石面构成，未经修理。

ⅠT9③：8，刮削器，凸刃。原料为角岩，节理较为发育。有砾石面，黄褐色，内部黑褐色，夹杂有细腻结晶。整体呈舌形。长6.5、宽4.5、高0.9厘米，重0.043千克。正面为节理面，较平；背面为较平整的砾石面和疤痕。刃缘呈弧形，由正面向背面修理而成，较薄锐，长7.4厘米，刃缘角为33°。在刃缘可明显见到因使用而形成的崩损痕迹。

ⅠT10③：3，刮削器，凸刃。原料为砂岩。有砾石面，通体呈灰白色。该刮削器为一长条形扁圆砾石斜向断裂加工而成，整体呈近似三角形。长6.9、宽5、厚2.7厘米，重0.113千克。刃缘突出呈弧形，由正面向背面用锤击法修理而成。局部有崩损痕迹，但难以确定为使用痕迹。刃缘长5.8厘米，刃缘角为47°。底端为砾石面，未经修理，但未经把握。

ⅠT15③：6，刮削器，凸刃。原料为细晶岩，颜色为灰白色。形状不规则。长6.4、宽3.9、厚1.5厘米，重0.035千克，刃缘长7.5厘米，刃角47°。此件石器采用正向加工，锤击修理，修理出来的刃缘较凸，修疤较为连续，但因石料原因，疤痕棱脊磨损风化严重，另外底部也有修形痕迹。

ⅠT12③：4，刮削器，凸刃。原料为角岩，表皮颜色为黄褐色，内部为黑色，该石器是由石片加工而成，石片是锐棱斜向砸击石片，打击点清楚，放射线明显，石片中部有一条微微凸起的棱。石器修理较为精致，修疤大小不一，但都较浅平，刃缘稍弧，刃缘处还有细碎疤，可能是长期使用产生的痕迹。整体形状大致呈贝壳形。长7.4、宽4.5、厚1.2厘米，重0.053千克，刃缘长8.7厘米，刃角40°（图八，1）。

ⅠT4③：6，刮削器，凹刃。原料为角岩，有节理发育。有砾石面，通体黑褐色，局部有红褐色斑条，夹杂有细腻结晶。整体近似方形。长7.3、宽6.4、厚1.8厘米，重0.094千克。该刮削器正面较平，背面有砾石面和疤。刃缘内凹，较锐，长6厘米，刃缘角36°，正向和反向都有加工痕迹。难以确定有因使用而形成的疤痕。底端由砾石面和正面组成，局部有由正面向背面加工的疤痕，较锐（图版二，4）。

ⅠT9③：1，刮削器，凹刃。原料为角岩，节理较为发育。有砾石面，黄褐色，内部呈黑灰色。整体呈不规则形。长12.4、宽5.7、厚2厘米，重0.12千克。该刮削器背面为较平整的节理面，正面有较多修形而形成的疤痕，很不平整。刃缘内凹成弧形，较锐薄，有由背面向正面加工而形成细密连续的修理疤痕。刃缘长9.2厘米，刃缘角为39°。在刃缘难以分辨出使用痕迹。底端由砾石面和节理面组成，未经修理（图八，5）。

ⅠT14③：6，刮削器，双刃，直凹刃。原料为砂岩，颜色为黄褐色，该件石器毛坯是石片近端断片，主要采用反向加工，直接将断片的两侧边加工成刃缘，一条为凹刃，一条为直刃，刃缘修理较为细致，疤痕清晰，其余还保留原来断片特征，两面均较平坦，石片很薄，形状略呈长方形。长5.5、宽5.2、厚0.9厘米，重0.032千克，刃缘长分别为3.9、5.5厘米，刃角分别为50°、37°（图八，8）。

ⅠT14③：7，刮削器，复刃。原料为细砂岩，颜色青灰色，该石器毛坯应该也是断片，正向加工和反向加工均有采用，修理较为精细，具有多层修疤，疤痕大小深浅相差较大，疤痕棱脊清晰，修理出三个刃缘，有一刃缘残断，三个刃缘均为直刃。整体形状基本呈长方形。长7.1、宽5.8、厚1.6厘米，重0.117千克，刃缘长分别为4.6（残）、4.4、4.2厘米，刃角分别为45°、55°、62°（图八，7；图版二，8）。

雕刻器　仅1件。

ⅠT11③：4，雕刻器，屋脊形。原料是石英岩，颜色为亮白色。整体形状接近三角形，毛坯为石片，石片背面有一条垂直的纵脊，这和石片一个侧边形成一个节理的斜面，在此斜面向另一侧打一片，形成一个刃口，成为雕刻器的刃口。长3.9、宽2.3、厚1.4厘米，重0.013千克，刃角40°（图七，2）。

四、Ⅱ区地层及遗物

（一）地层

Ⅱ区的地层以T2西壁剖面为例加以说明（图九）：

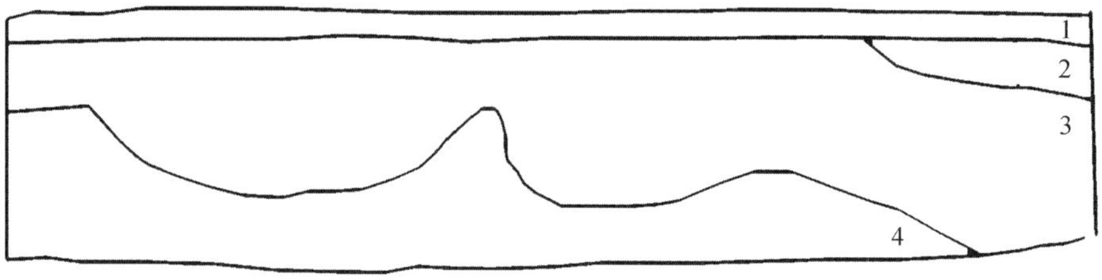

图九　Ⅱ区T2西壁剖面图

第1层：耕土层，厚约10厘米，黑褐色，并夹杂有杂草根茎及人类生活垃圾。为自然堆积和人类活动共同形成，遍布全方。

第2层：旧石器时代文化层，厚约0～40厘米，棕黄色黏土，土质坚硬，中间夹杂少量青灰色淤泥土，包含石器。为人类活动形成，遍布全方。

第3层：古土壤层，厚约0～60厘米，棕红色，质地坚硬。

第4层：旧石器时代文化层，棕黄色黏土，土质坚硬，遍布全方，未见石器出土而停止发掘，因而未见底。

（二）遗物

本区所发现文化遗物均为出自第2层中的旧石器文化石制品，包括砾石、石核、完整石片、断片、断块和第三类工具。

（1）石核

本区所发现的石核分为锤击石核与砸击石核。

ⅡT5②：3，石核。原料为石英岩，表皮颜色为黄褐色，内部为亮白色和浅褐色相间。此件石核为双台面石核，一个台面完整，另一台面残，均以较平的砾石面作为台面进行剥片，剥片较为理想，打击点清楚，隐约可见放射线，剥片很完整。整体形状不规则。长9.1、宽7.4、厚4.6厘米，重0.358千克，残台面长7.2、宽4.1厘米，台面角68°，完整台面长9.1、宽5.3厘米，台面角60°（图一〇，3）。

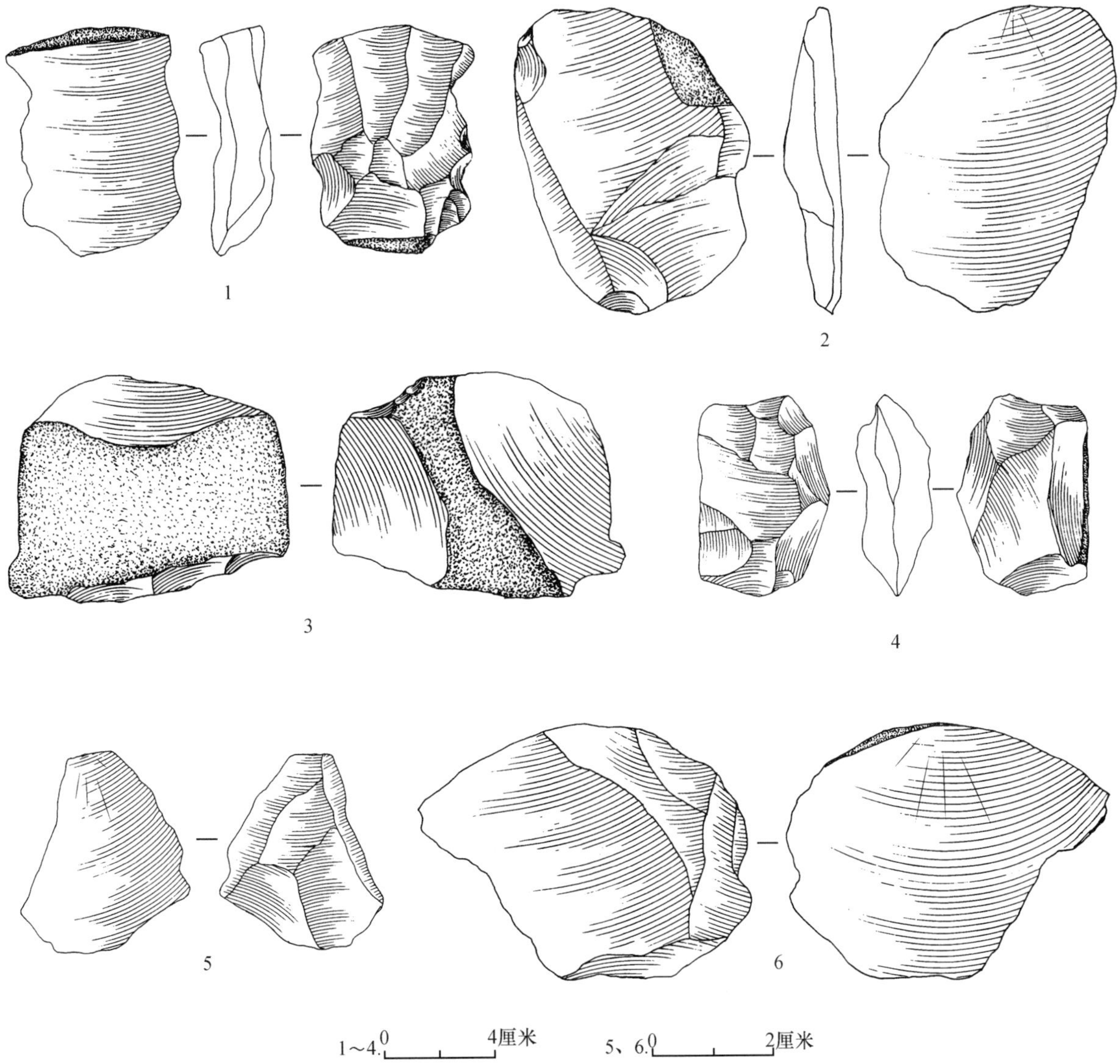

图一〇 杜店遗址Ⅱ区第2层出土石器

1、2、5、6. 完整石片（ⅡT5②：2、ⅡT8②：1、ⅡT6②：5、ⅡT6②：1）

3、4. 石核（ⅡT5②：3、ⅡT2②：1）

ⅡT8②：3，石核。以石英岩为原料，表皮颜色是灰黄色和褐色相间，内部是黑褐色和暗白色相夹杂。石核台面为打制台面，以扁平砾石侧棱打片，后又以劈裂面为台面进行剥片。石核整体扁平，不呈形状。长14.9、宽11.4、高2.8厘米，重0.627千克，台面长9.2、宽3.9厘米，台面角75°。

ⅡT8②：4，石核。以石英砂岩为原料，黄褐色和黑褐色相间，节理比较发育。石核有两个台面，一个以砾石自然面作为台面，另一个以砾石侧棱作为台面。形状不规则。长10.8、宽8、高3.4厘米，重0.392千克，台面1长10.8、宽7.8厘米，台面角79°，台面2长4.3、宽1.3厘米，台面角85°。

ⅡT2②：1，砸击石核。原料为石英岩，颜色为乳白色和褐色相间。整体形状呈不规则长方形。长6.7、宽4.6、厚2.5厘米，重0.085千克。石核两端是因砸击剥片形成的相对较平直的边缘，且可以清楚看到砸击点和因砸击导致的边缘处细碎疤痕。石核仅两侧边保留少量砾石面，正面和背面布满大小不一、深浅不等的疤痕（图一〇，4）。

（2）完整石片

石片分为锤击石片和砸击石片。

ⅡT4②：1，锤击石片。原料为花岗斑岩，颜色主要是灰色。形状基本接近椭圆。因石料原因，除打击点清楚以外，同心波和放射线均不明显，线状台面。整体形态中间厚边缘薄。长5.3、宽5.8、厚1.5厘米，重0.047千克。

ⅡT5②：2，石片。原料为角岩，表皮颜色为灰白色，内部为黑色。为锤击石片，台面为自然台面，打击点较清晰，其余石片特征都不明显，形状不规则。长5.1、宽7、厚2.3厘米，重0.078千克。

ⅡT7②：2，石片。原料为石英岩，表皮为浅黄色，内部为亮白色。形状略呈长方形。长7.5、宽5.6、厚2厘米，重0.107千克。石片为锤击石片，自然台面，石片角96°，打击点清楚，劈裂面不平滑，有节理突起，背面布满石片疤，仅在末端保留一点砾石面（图一〇，1）。

ⅡT7②：3，石片。原料为石英岩，表皮为浅黄色，内部为亮白色和浅褐色相间。形状略呈圆形。长6.4、宽6.9、厚2厘米，重0.119千克。石片为锤击石片，自然台面，石片角105°，打击点清楚，半锥体微凸，放射线隐约可见，石片台面和侧缘保留砾石面，劈裂面较平滑，背面布满疤痕，另有节理断裂。

ⅡT8②：1，石片。以花岗细晶斑岩为原料，呈灰色，有斑晶。形状不规则。长11、宽7.8、厚1.9厘米，重0.156千克。石片为锤击石片，线状台面，打击点清楚，放射线隐约可见。劈裂面较平坦，背面疤痕棱脊清晰（图一〇，2）。

ⅡT6②：1，砸击石片。原料为石英岩，颜色呈褐色，保留少许自然台面，石片打击点清楚，放射线也可以看见，石片一侧边较薄，另一侧边较厚，背面全疤。整体形状不规则。长5、宽4.2、厚2.1厘米，重0.042千克（图一〇，6）。

ⅡT6②：3，砸击石片。原料为石英砂岩，颜色为浅黄色。整体形状略呈斜体形梯形。长4.1、宽3.6、厚1.2厘米，重0.023千克。石片台面为自然台面，打击点集中，半锥体略凸，不见同心波和放射线，背面有一条斜长的纵脊，腹面较为平坦，近端较厚，边缘较薄。

ⅡT6②：5，砸击石片。原料为石英岩，颜色呈亮白色。形状不规则。长3.1、宽2.7、厚1.3厘米，重0.014千克。石片打击点不集中，其余特征也不很明显，腹面较平坦，背面有2条棱脊组成人字形。石片远端和左侧边较薄锐，右侧边较厚钝（图一〇，5）。

ⅡT8②：6，砸击石片。原料是脉石英，颜色乳白色夹有灰黄色。形状不规则。长10.5、宽7.5、厚4.9厘米，重0.442千克。石片较厚重，砾石台面，台面角74°，打击点较清楚，劈裂面不平滑，背面全砾石面。

（3）第三类工具

砍砸器　数量较多，均为单刃。

ⅡT1②：1，砍砸器，单直刃。以细晶岩为原料，颜色主要为灰色，石器上部部分保留红褐色染渍。整体形状呈不规则长板状。长21.5、宽10.9、厚4.2厘米，重1.132千克，刃缘长14.7厘米，刃角61°。加工方式，正向和反向均有采用，锤击修理。石器正面和背面均较平坦，因石料原因，修理看上去不规整，但刃缘仍较平直。

ⅡT2②：2，砍砸器，单凸刃。原料是石英岩，表皮颜色为黄褐色，内部为白色和褐色相间的颜色。整体器形较小且不规则。长6.5、宽4.2、厚3.8厘米，重0.126千克，刃缘长7厘米，刃角76°。器体由卵圆砾石打制而成，砾石面上有少许自然凹坑，因石料较差，加工粗糙，修理痕迹不明显，刃角较钝。

ⅡT3②：2，砍砸器，单凹刃。原料为长石石英砂，颜色为土黄色。形状基本近圆形。长9.2、宽10.6、厚3.7厘米，重0.439千克。石器为扁平砾石打了一片形成一个刃口，后对其进行修理，加工方式为正向加工，修理为锤击修理（图一一，2）。

ⅡT3②：5，砍砸器，单凸刃。原料为角岩，表皮颜色为灰黑色，内部为黑色。整体形状呈等腰三角形。长13.4、宽15.4、厚6.6厘米，重1.377千克，刃缘长17.2厘米，刃角53°。该件石器由大砾石加工，背面较平，由背面向正面加工，刃缘弧度较小，较平齐，刃口处有因使用而导致的碎小疤痕。

ⅡT4②：3，砍砸器，单凸刃。原料是石英岩，表皮是灰黑色，内部黑色为主。节理比较发育。整体形态较小，呈扇形。长7.2、宽7.7、厚2.1厘米，重0.136千克。此件石器是由扁平砾石加工，刃缘一半薄锐一半厚钝，且不平齐，正向加工，锤击法修理刃缘，最多达5层疤痕。薄锐刃缘有崩损疤痕，推测为使用痕迹（图一一，3）。

ⅡT4②：4，砍砸器，直刃。原料为石英砂岩，呈黄褐色，内部有细腻结晶。整体形状基本呈梯形。长10、宽7.3、厚3厘米，重0.306千克，刃缘长7.4厘米，刃角70°。石器由扁平砾石加工，刃缘较为厚钝，刃口疤痕磨损严重，正面和背面均有修理，为锤击修理，底端也有修理，是为修形所形成的疤痕（图一一，1）。

ⅡT4②：6，砍砸器，单直刃。原料是角岩，表皮颜色以灰黑色为主，内部除黑色角岩以外还有条带状白色石英岩。形状近椭圆形。长10.8、宽10、厚5.9厘米，重0.778千克，刃缘长8厘米，刃角57°。石器由两面均较平的砾石加工，正向加工出一个斜直的刃口，刃缘较平直，略有锤击修理痕迹。底端较浑圆厚重，是为砾石面，便于把握。

手斧　虽在发掘区附近采集到了手斧，但在地层中仅发现了手斧的毛坯。

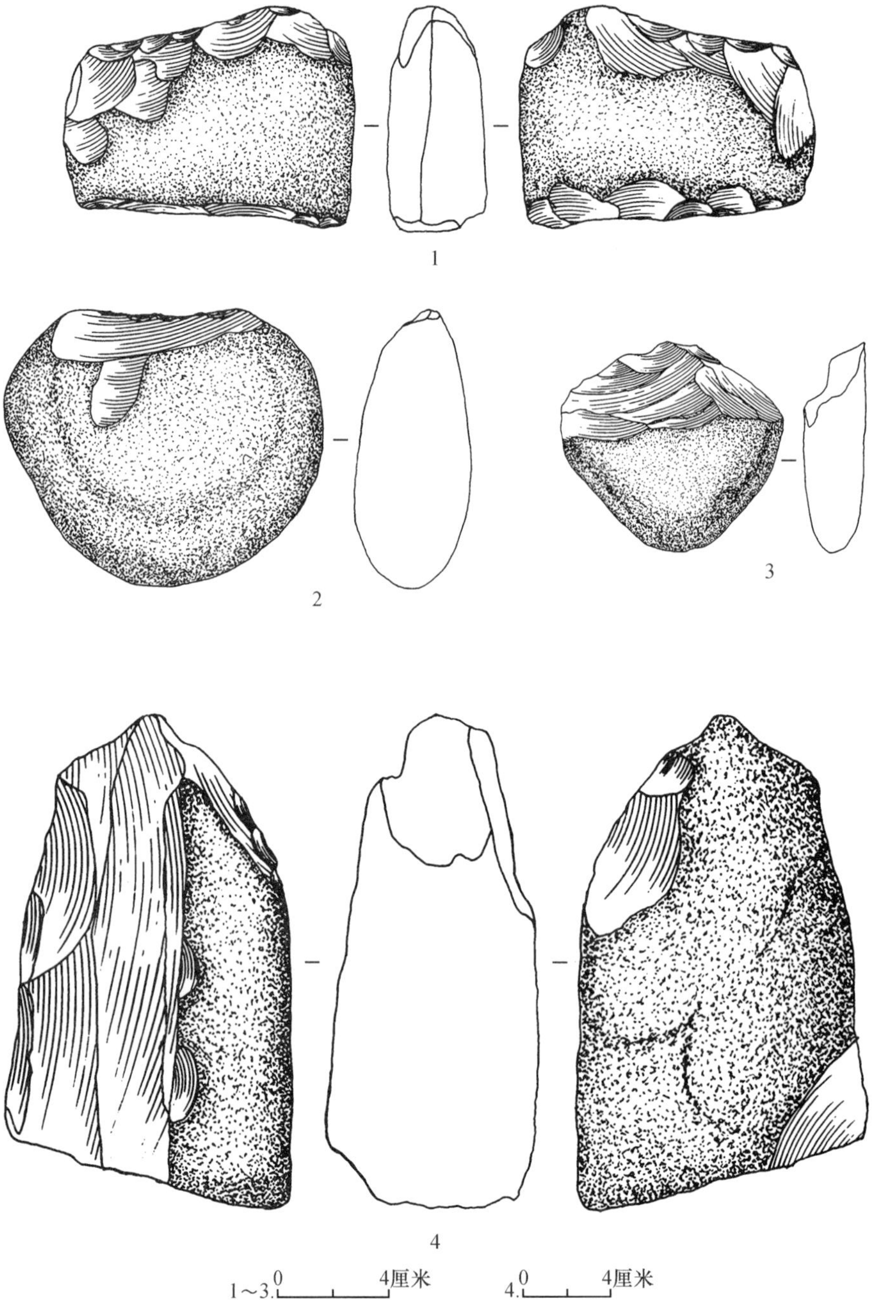

图一一　杜店遗址Ⅱ区第2层出土第三类工具

1～3. 砍砸器（ⅡT4②：4、ⅡT3②：2、ⅡT4②：3）　4. 手斧（ⅡT3②：1）

ⅡT3②：1，手斧毛坯。原料是角岩和条带状石英岩，表皮颜色为灰褐色，内部是黑色和乳白色相夹杂。形状不规则。长19.8、宽13、厚8.9厘米，重2.455千克，一侧边沿节理面修理，另一侧边较短，修理疤痕清楚，基本具备手斧雏形的要求（图一一，4）。

刮削器　仅发现2件，分为单凸刃与双直刃。

ⅡT5②：1，刮削器，单凸刃。原料为石英，颜色是亮白色。形状不规则。长3.3、宽3.3、厚1.6厘米，重0.023千克，刃缘长4厘米，刃角49°。石器由较厚的石片加工而成，有点类似于圆头刮削器，刃缘略弧，修理较规整，底端还保留一点原来石片的自然台面（图一二，1）。

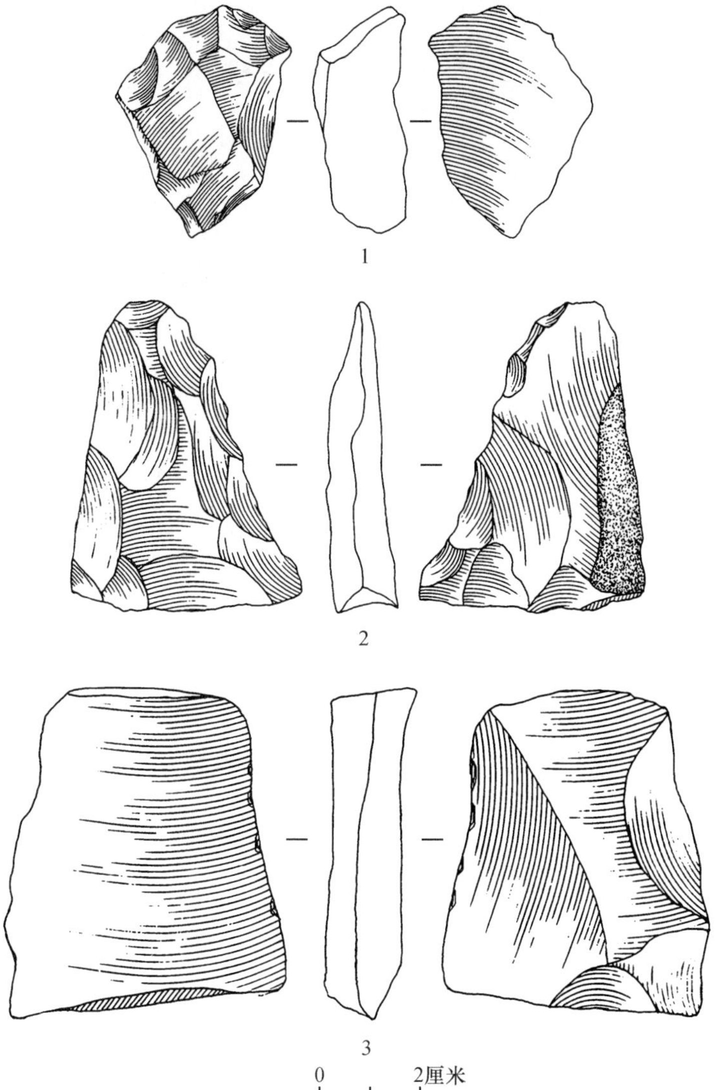

图一二 杜店遗址Ⅱ区第2层出土第三类工具
1、3. 刮削器（ⅡT5②：1、ⅡT4②：7） 2. 尖状器（ⅡT8②：5）

ⅡT4②：7，刮削器，双直刃。原料是石英岩，颜色是白色和褐色相夹杂。形状呈梯形。长6.2、宽5.1、厚1.4厘米，重0.056千克，左刃缘长5.9厘米，刃角32°，右刃缘长5.2厘米，刃角28°。石器由锤击石片的近端断片直接加工，一侧边为石片原有边缘，直接使用，有明显使用痕迹，是为使用边。另一侧边有硬锤锤击修理的疤痕，是为修理边（图一二，3）。

尖状器 仅发现1件。

ⅡT8②：5，尖状器。原料是角岩，颜色黑色。形状接近直角三角形。长6.2、宽4.7、厚1.2厘米，重0.036千克，尖角52°。器身加工比较精致，修理也很规整，由扁平的石片对向加工，锤击修理，修理出一条直刃和一条凹刃相夹成一个尖，尖略微钝，底端横向断裂（图一二，2）。

五、遗迹及遗物

（一）墓葬

本次发掘明清时期墓葬共7座，人骨及随葬品的保存情况都不理想。现将情况介绍如下：

Ⅰ M1　明清时期土坑竖穴墓。人骨保存差，为一成年男性。方向265°。葬具应为木棺。墓口与墓底均长130、宽90厘米，墓口和墓底长均为已发掘长，该墓有极少部分向西延伸至Ⅰ T3东隔梁内。在墓室底部发现有防腐用的硝灰。发现的遗物有：

Ⅰ M1：1，铁镞。尖部较圆钝，有铤，已残。残长10.5、宽2厘米。锈蚀严重（图一三，2）。

Ⅰ M1：2，铁镞。尖部较锋利，有铤，已残。残长11.8、宽2厘米。锈蚀严重（图一三，1）。

Ⅰ M1：3，圆形方孔铜钱。孔、缘均有凸棱，字迹不清。直径24.5、孔边长5.7、厚1.26毫米（图一三，5）。

Ⅰ M1：4，圆形方孔铜钱。字迹不清，一侧有编织物（可能是衣服）印痕。直径24.9、孔边长5.4、厚1.32毫米（图一三，4）。

Ⅰ M1：5，铁棺钉。菱形，由钉帽和钉身组成，锈蚀严重。其中一枚长13.5、直径0.6厘米（图一三，3）。

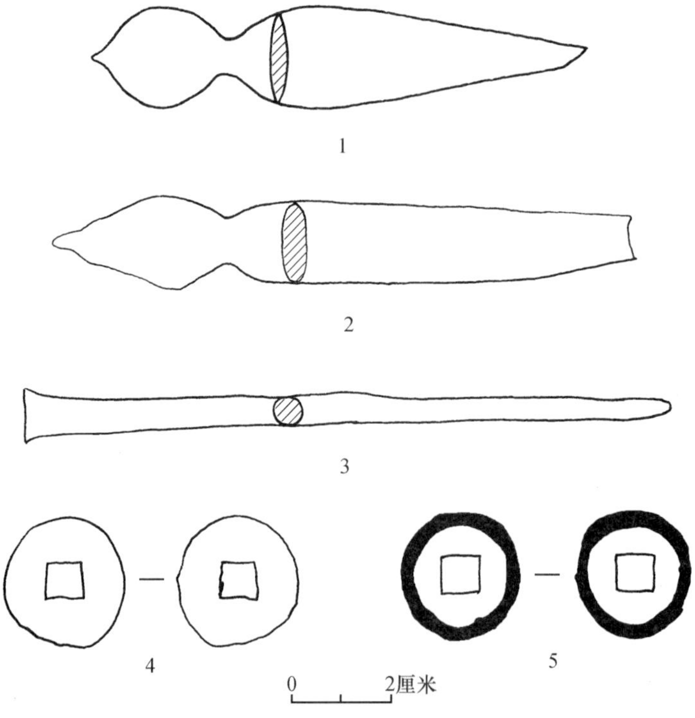

图一三　杜店遗址M1出土遗物

1、2. 铁镞（Ⅰ M1：2、Ⅰ M1：1）　3. 铁棺钉（Ⅰ M1：5）

4、5. 铜钱（Ⅰ M1：4、Ⅰ M1：3）

ⅠM2 明清时期土坑竖穴墓，人骨残破严重，仰身直肢，性别、年龄不详，方向265°，葬具应为木棺，墓口与墓底均长170、宽100厘米。在墓中发现有大量硝灰。发现的遗物有：

ⅠM2：1，铁棺钉。亚腰形，一端呈圆形，一端呈柳叶形，整体呈片状，中间厚，四周薄。长10.7、宽1.9、厚0.5厘米。根据与ⅠM5：2相对比，推测其可能连接棺盖与侧棺板。锈蚀严重。

ⅠM3 明清时期土坑竖穴墓。人骨保存差，为一老年男性。方向270°。葬具应为木棺。墓口与墓底均长168、宽64厘米，墓口和墓底长均为已发掘长，该墓有极少部分向西延伸至T9东隔梁内。在墓室底部发现有防腐用的硝灰和炭化物。发现的遗物有：

ⅠM3：1，圆形方孔铜钱。孔、缘均有凸棱，字迹不清，正面只能看清"通"字。直径27.54、孔边长5、厚1.3毫米（图一四，3）。

ⅠM3：2，圆形方孔铜钱。孔、缘均有凸棱，字迹不太清晰，正面为"□熙通宝"，应为"康熙通宝"。直径26.88、孔边长5.5、厚1毫米（图一四，1）。

ⅠM3：3，圆形方孔铜钱。孔、缘均有凸棱，字迹不清，根据第一个字的部分笔画判断，此钱可能是"康熙通宝"。直径27.4、孔边长5.38、厚1.22毫米（图一四，2）。

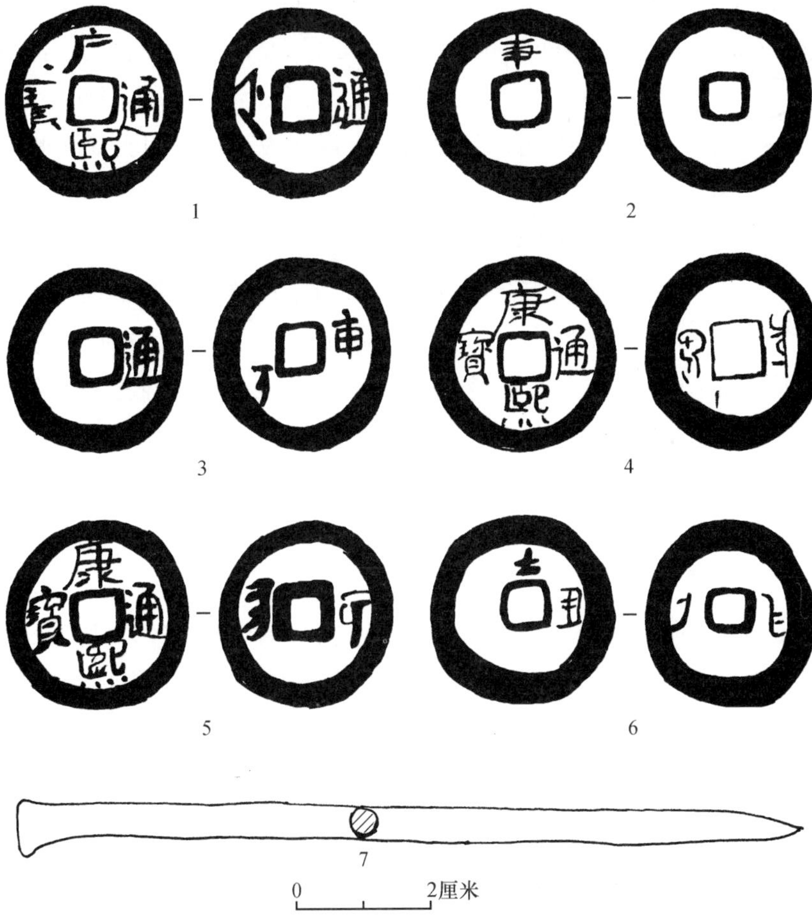

图一四 杜店遗址M3出土遗物

1～6. 铜钱（ⅠM3：2、ⅠM3：3、ⅠM3：1、ⅠM3：6、ⅠM3：5、ⅠM3：4）

7. 铁棺钉（ⅠM3：7）

Ⅰ M3：4，圆形方孔铜钱。孔、缘均有凸棱，字迹不清。直径27.26、孔边长4.88、厚1毫米（图一四，6）。

Ⅰ M3：5，圆形方孔铜钱。孔、缘均有凸棱，字迹清晰，为“康熙通宝”。直径27.1、孔边长4.94、厚1毫米（图一四，5）。

Ⅰ M3：6，圆形方孔铜钱。孔、缘均有凸棱，字迹清晰，为“康熙通宝”。直径27.6、孔边长6、厚0.9毫米（图一四，4）。

Ⅰ M3：7，铁棺钉。由钉帽和钉身组成，锈蚀严重。其中一枚长11.9、直径0.5厘米（图一四，7）。

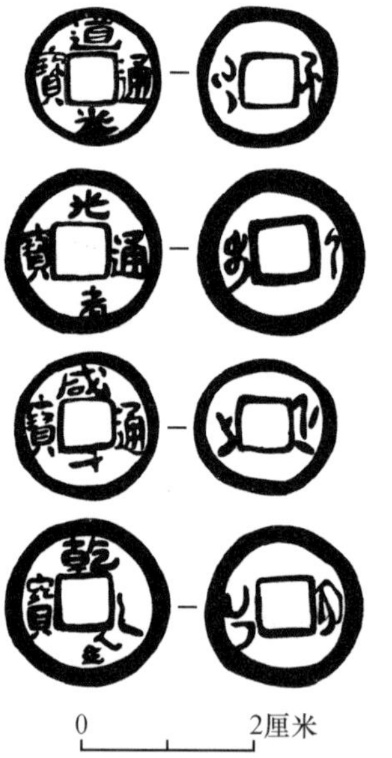

图一五　杜店遗址M3出土铜钱

Ⅰ M3：8，圆形方孔铜钱一串，共25枚，根据锈蚀粘在一起的形状，判定为一串，钱均较小。其中“乾隆通宝”1枚，孔、缘均有凸棱，直径18.7、孔边长5.12、厚0.9毫米。“道光通宝”2枚，其中1枚孔、缘均有凸棱，直径16.72、孔边长4.92、厚0.6毫米。“咸丰通宝”3枚，其中1枚孔、缘均有凸棱，直径17、孔边长5.4、厚0.7毫米。“光绪通宝”1枚，孔、缘均有凸棱，直径19.3、孔边长5.6、厚0.4毫米。另外18枚字迹不清（图一五）。

Ⅰ M4　明清时期土坑竖穴墓。人骨保存差，仰身直肢，为一男性。方向255°。葬具应为木棺。墓口与墓底均长200、宽70厘米。在墓室发现大量硝灰，有炭化板灰痕迹，头部两侧有瓦片。发现的遗物有：

Ⅰ M4：1，圆形方孔铜钱。孔、缘均有凸棱，字迹清晰，为“乾隆通宝”。直径23.5、孔边长5.1、厚1.26毫米。

Ⅰ M4：2，圆形方孔铜钱。孔、缘均有凸棱，字迹清晰，为“嘉□通宝”，根据残笔判断，应为“嘉庆通宝”。直径25.4、孔边长5.08、厚1.08毫米。

Ⅰ M4：3，圆形方孔铜钱，锈蚀较严重，孔、缘均有凸棱，字迹不太清晰，但可以辨认为“嘉庆通宝”。直径24.12、孔边长5.2、厚1.34毫米。

Ⅰ M4：4，圆形方孔铜钱。孔、缘均有凸棱，字迹清晰，为“乾隆通宝”，锈蚀较严重。直径23.8、孔边长5.3、厚1.22毫米。

Ⅰ M4：5，圆形方孔铜钱。残存两片，可拼合。孔、缘均有凸棱，字迹不太清晰，为“嘉□通宝”，根据残笔判断，应为“嘉庆通宝”。直径23.6、孔边长5.1、厚1毫米。

Ⅰ M4：6，圆形方孔铜钱。孔、缘均有凸棱，字迹清晰，为“乾隆通宝”。直径24.3、孔边长4.86、厚1.2毫米。

Ⅰ M4：7，圆形方孔铜钱。字迹不清。直径17.3、孔边长5.22、厚1.1毫米。

Ⅰ M4：8，铁棺钉。楔形，顶端有折角，底端为凿状，锈蚀严重。长11.3、中间剖面宽0.6、厚0.6厘米。

Ⅰ M5　明清时期土坑竖穴墓。人骨保存差，仰身直肢，为一25岁左右女性。方向270°。葬具应为木棺。墓口与墓底均长120、宽86厘米。墓口和墓底长均为已发掘长，该墓有极少部分向西延伸至T12东隔梁内。木棺葬，木棺已完全朽烂，木质较坚硬。木棺所有棺板由棺钉钉在一起，木棺底部有棺环，侧棺棺板与棺盖板由铁片连接。棺可能是漆棺，颜色推测为红色但已褪色。棺内有硝灰。发现的遗物有：

ⅠM5：1，铁棺环。锈蚀严重，由铁钉和棺环两部分组成。棺环外直径 9.6、内直径7.9厘米，铁棺环本身直径1.4厘米。棺钉与棺环的连接因锈蚀看不清楚。棺钉由铁帽和钉身组成，钉身长12.36厘米，呈锥形，基座呈正方形，边长2厘米。

ⅠM5：2，铁棺钉。菱形，锈蚀严重。为连接棺盖与侧棺板的铁片，已弯曲，剖面呈箭状。长13.2、宽2.8、厚0.3厘米。

ⅠM6　明清时期土坑竖穴墓。人骨保存差，仰身直肢，成年，性别不详。方向283°。葬具应为木棺，木棺已完全朽烂，棺板由棺钉在一起。棺内有硝灰，棺底下有近10厘米的沙土。墓口与墓底均长220、宽60～70厘米。在墓室发现大量硝灰，有炭化板灰痕迹，头部两侧有瓦片。发现的遗物有：

ⅠM6：1，陶盆。灰褐色陶胎，素面。内置口沿，鼓腹微折，平底。器高8.6、口径22.8、底径16厘米。年代为明清。

ⅠM6：2，铁棺钉。菱形，由钉帽和钉身组成。锈蚀严重。其中一枚长8.35、直径0.3厘米。

ⅠM7　明清时期土坑竖穴墓。人骨保存差，仰身直肢，25～30岁，女性。方向255°。木棺葬，已完全朽烂，发现有锈蚀严重的棺钉。头部两侧有瓦片；棺内有硝灰和棺板残留痕迹（已炭化）。墓口与墓底均长220、宽60～70厘米。发现的遗物有：

ⅠM7：1，圆形方孔铜钱。字迹不太清晰，为“乾隆通宝”。直径24.4、孔边长4.62、厚1.2毫米。

ⅠM7：2，圆形方孔铜钱。孔、缘均有凸棱，字迹清晰，为“乾隆通宝”。直径25.3、孔边长4.8、厚0.9毫米。

ⅠM7：3，圆形方孔铜钱。孔、缘均有凸棱，字迹清晰，为“乾隆通宝”。直径25.1、孔边长4.44、厚1毫米。

ⅠM7：4，圆形方孔铜钱。孔、缘均有凸棱，字迹不清。直径22.7、孔边长4.99、厚1.7毫米。

ⅠM7：5，圆形方孔铜钱。孔、缘均有凸棱，字迹不太清晰，为“□隆通□”，应为“乾隆通宝”。直径25.3、孔边长4.8、厚1毫米。

ⅠM7：6，铁棺钉。楔形，顶端有折角，底端为凿状。锈蚀严重。长8.9、中间剖面宽0.6、厚0.5厘米。

（二）遗迹

ⅠYJ1　位于Ⅰ区中部偏南，东西向呈长条形分布于ⅠT14和ⅠT10两个探方偏北部，并向西延伸至ⅠT6东隔梁内一部分，位于第3层上。总体呈不规则长条形，东部略向南弧曲。长约

986、宽22～122厘米，系由石块叠压构成，错落有致。遗迹摆放呈长条形，且石块多经打击，可以肯定人为的痕迹；在遗迹发现有极少量石屑；遗迹成弧形长条形，但并不闭合，石块有的直立或侧立，可以排除房址和路的可能性；遗迹中石块朝向不一致，特别是立着的石块，可以排除流水形成的可能性。

我们将全部石块采集后分析表明：①岩性分析：角岩64件，占石块总数的16%；石英34件，占石块总数的8%；石英砂186件，占47%；砂岩108件，占27%；页岩5件，占1.5%；长石斑岩2件，占0.5%。②摆放方式：直立9件，占2%；平立365件，占91%；斜立25件，占7%。③石块大小：1级146件，占37%；2级207件，占52%；3级46件，占12%。④石块分类：砾石31件，占7%；工具21件，6%；断块348件，占87%。

对这一结果再进行进一步分析：①岩性与石块分类：砾石岩性为角岩的6件，占20%；石英的5件，占17%；石英砂岩的11件，占37%；砂岩的8件，占26%；页岩的0件，长石斑岩的0件。工具类岩性为角岩的8件，占40%；石英的8件，占40%；石英砂的4件，占20%；其他的均为0。断块岩性为角岩的50件，占14%；石英的21件，占6%；石英砂岩的171件，占50%；砂岩的100件，占29%；页岩的5件，占1%。②岩性与石块大小：1级石块为角岩的29件，占20%；石英的19件，占13%；石英砂的54件，占35%；砂岩的42件，占30%；页岩的1件，长石斑岩的1件，两者共占2%。2级石块为角岩的24件，占12%；石英的12件，占6%；石英砂的119件，占57%；砂岩的47件，占23%；页岩的2件，长石斑岩的1件，共占2%。3级石块为角岩的11件，占24%；石英的3件，占6%；石英砂的12件，占26%；砂岩的18件，39%；页岩的9件，占20%；长石斑岩的0件。

从摆放方式来看，遗迹石块有立放着的，其占石块总数的2%。虽然这个比例不大，但是这种现象的存在较好地说明了遗迹的人为因素。

从以上统计数据来看，遗迹所含石块为角岩、石英岩、石英砂岩等质地细腻、较为坚硬的占石块总数的71%，虽然角岩有较多结理，但相对于砂岩等，还是较好的打制石器的材料；另外，从岩性与石块分类来看，工具类其岩性为角岩、石英和石英砂岩的占工具类总数的100%；断块其岩性为角岩、石英和石英砂岩的占断块总数的70%。可见当时生活在此地的古人类对岩性的认识程度，能够选择较好的适合打制石器的石料。对比整个遗址，工具类其岩性为角岩、石英和石英砂岩的也占大多数，更可证明此点。同时我们在遗址周围调查时也发现有较多的石英、角岩和石英砂岩，可见当时古人类对本地资源的开发和利用。

从岩性的角度来讲，角岩、石英和石英砂相对于砂岩、页岩等，是较为容易利用来打制石器的。从工具类岩性分析比较就可以看出：这三类岩石在工具类中的比重之和是100%。发掘者曾用角岩、石英、石英砂和砂岩进行过打片试验对比，发现在打片的过程中，砂岩碎裂的比例要远远大于其他三类岩石。这一点也从遗迹中得到了验证。在1级石块即最大径小于5厘米者，砂岩占了较大比例，与砂岩在整个遗迹中的比重值相当。也就是说，砂岩基本上是不成型的。同时我们也可以发现，砾石类砂岩所占比例也是和其所在所有石块中的比例相当。我们可以相信，当时人们把这些石料带过来，并对其进行了打片，从实践当中发现了这些岩石的优劣。角岩、石英和石英砂岩等他们的砾石和断块的存在，也恰恰说明，当时人们把砾石带来并进行打片的有力证据。砾石的存在是一种石料预备的行为，或者也是上一次打片完成后剩下的石料；而断块的存在，则是石器加工的最有力证据。

值得注意的是，遗迹中石制工具的存在，其占石块总数的6%。这个比例并不大，但这正符合石器加工场的性质。好的打制完成的工具被带走，但也不排除遗留下来的工具，但这毕竟是少数。

综上所述，我们认为，这个遗迹应该是一个当时生活在丹江沿岸的古代居民的一个石器加工场。发现的遗物如下：

ⅠYJ1：1，刮削器，单直刃。原料为角岩，颜色以黑色为主。由一片扁平石片加工而成，刮削器刃缘较曲折，略有残损，底端也有修理，推测是为修形和便于把握而进一步加工处理。形状基本呈长方形。长11、宽4.9、厚0.9厘米，重0.087千克，刃缘长9.6厘米，刃角51°。

ⅠYJ1：2，尖状器。原料是石英砂岩，颜色黑褐色。形状不规则。长7.4、宽5.6、厚0.9厘米，重0.053千克，尖角86°。由石片毛坯加工，正向加工，将石片的两侧边加工出两条修理边，形成一个比较钝的尖角。正面较平坦，只在两侧边修疤处有两条棱脊，背面全砾石面（图一六，5）。

ⅠYJ1：3，刮削器，单凸刃。原料是石英岩，颜色呈深褐色。此件刮削器是由一片石片直接使用，属于第二类工具，利用石片远端锋利的边缘作为刃缘，刃缘处明显看见有细小疤痕，是为使用痕迹。石片正面比较内弧，背面略凸，保留部分砾石面，整体形状呈龟背状。长3.5、宽2.4、厚0.8厘米，重0.013千克，刃缘长4.8厘米，刃角26°。

ⅠYJ1：4，石片。原料是石英岩，颜色为白色夹有浅淡的红褐色。此件石片是典型的砸击石片，劈裂面内弧明显，石片远端呈断口状，有崩落的碎小疤痕，背面全是砾石面，比较凸，整体形状呈勺形。长8.1、宽3.5、厚2.5厘米，重0.093千克（图一六，6）。

ⅠYJ1：5，尖状器。原料是角岩，表皮呈现黑褐色条纹，内部颜色为黑色。由石片加工而成，正向加工，加工非常精致、对称，正面正中有条纵脊，左侧缘是为修理边，修疤连续且均匀，右侧是为使用边，隐约可见细碎使用疤痕，两侧边均略弧，相夹成一角度较小的尖刃角。尖状器底端也有修整，推测是作为修形便于装柄。整体形状和矛非常相似。长9.3、宽3.7、厚1.4厘米，重0.057千克，尖角32°（图一六，4）。

ⅠYJ1：6，刮削器，复刃。原料是砂岩，颜色是灰色夹有黄褐色，层理结构比较明显。此件石器可看作是半成品，可能因为石料原因加工不理想而废弃，有三个刃口，两个直刃一个凸刃，加工方式有正向也有反向，修理不够规整。形状不规则。长7.7、宽6.8、厚1.2厘米，重0.094千克，刃缘长分别为6.5、5.3、7.8厘米，刃角分别为47°、63°、55°（图一六，1）。

ⅠYJ1：7，断块。原料是石英岩，颜色是亮白色和浅黄色夹杂。形状不规则。长4.8、宽3.8、厚2.7厘米，重0.094千克。

ⅠYJ1：8，刮削器，单直刃。原料是细晶岩，颜色灰白色夹有褐色。形状略呈平行四边形，由扁平砾石直接打片加工，正向加工，锤击修理，形成一条平直的刃缘，刃缘处又有修理的小疤。除刃口之外全部保留砾石原来的形态。长8.5、宽5.5、厚1.7厘米，重0.123千克，刃缘长6.4厘米，刃角45°。

ⅠYJ1：9，钻具。以石英为原料，颜色为乳白色。整体形状略呈三角形。长4.3、宽3.3、厚1.7厘米，重0.021千克。体积较小，底端略有修整，推测是为修形，正面较平，背面较凸，利用正面的两条边缘和背面的两条棱脊构成截面略呈方形的钻尖，尖部稍有残损，四条棱脊上用放大镜可观察到顺时针使用形成的微小浅平的疤痕（图一六，2；图版二，7）。

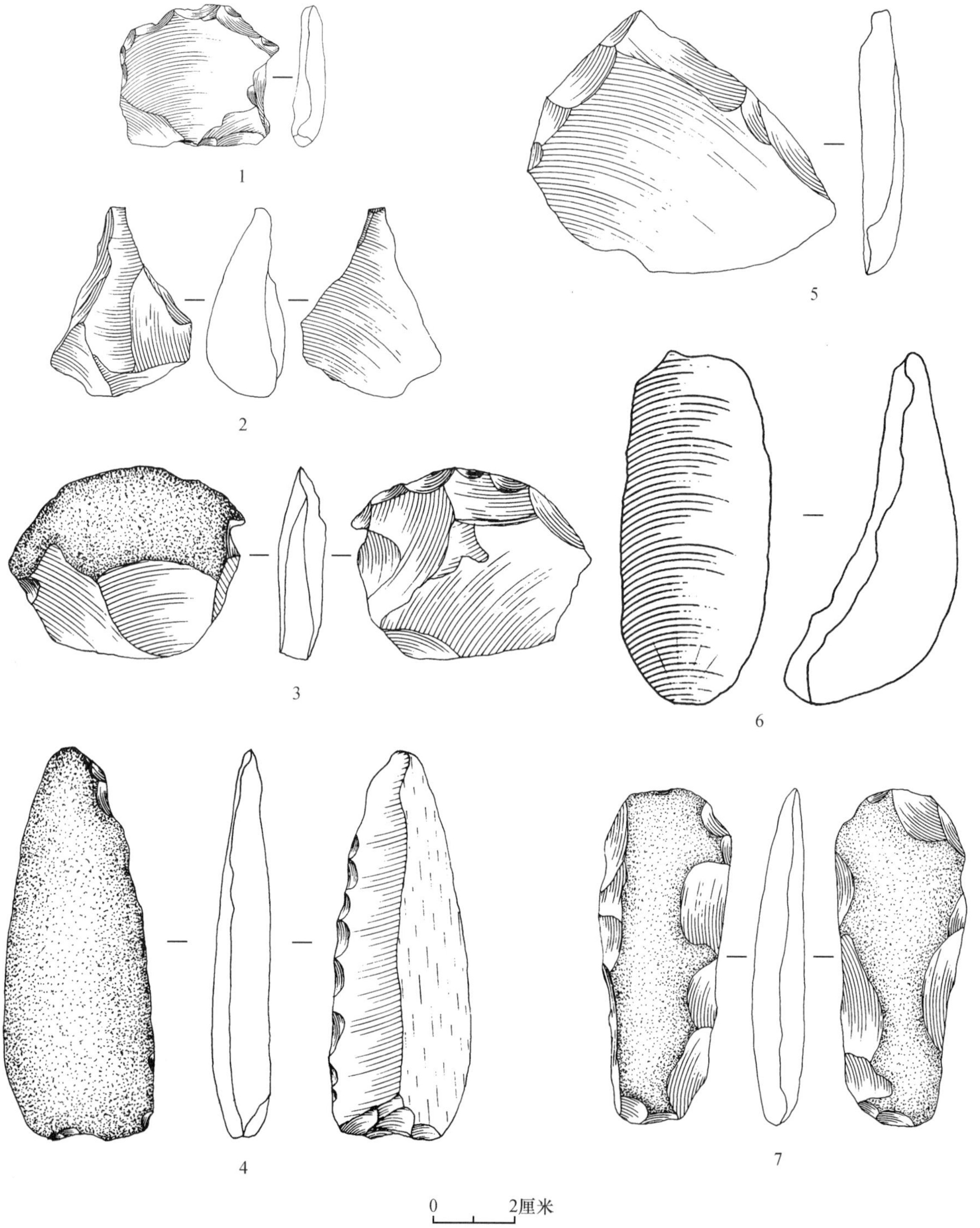

图一六 杜店遗址ⅠYJ1出土石器

1、3. 刮削器（ⅠYJ1：6、ⅠYJ1：16） 2. 钻具（ⅠYJ1：9） 4、5. 尖状器（ⅠYJ1：5、ⅠYJ1：2）
6. 石片（ⅠYJ1：4） 7. 端刮器（ⅠYJ1：17）

ⅠYJ1：10，断块。以石英岩为原料，颜色为亮白色。整体形状不规则。长4.3、宽3.8、厚3厘米，重0.051千克。

ⅠYJ1：11，刮削器，单直刃。原料是角岩，表皮颜色是灰褐色，内部是黑色。由断片加工，在断片侧边修理出一条平直的刃缘。修疤细碎连续，但因石料不很理想，修理看上去仍很粗糙。整体形状不规则。长5.2、宽5、厚1厘米，重0.025千克。

ⅠYJ1：12，断块。以石英岩为原料，表皮颜色为红褐色，内部颜色为亮白色。整体形状不规则。长4.8、宽3.7、厚2.3厘米，重0.043千克。

ⅠYJ1：13，断片。原料为角岩，表皮颜色是灰色，内部颜色是黑色。形状不规则，从边缘保留部分砾石面以及边缘较薄可判断其为远端断片。长6.6、宽4.6、厚1.1厘米，重0.034千克。

ⅠYJ1：14，断块。以石英岩为原料，表皮颜色为灰白色，内部颜色为亮白色。整体形状不规则。长4.1、宽2.9、厚1.9厘米，重0.022千克。

ⅠYJ1：15，断块。以石英岩为原料，表皮颜色为红褐色，内部颜色为亮白色夹杂红褐色。整体形状不规则。长6.4、宽4.9、厚2.9厘米，重0.092千克。

ⅠYJ1：16，刮削器，单凸刃。原料是角岩，表皮颜色为暗红色，内部颜色为黑色。形状大体呈椭圆形。长6、宽4.7、厚1.2厘米，重0.045千克，刃缘长7.2厘米，刃角57°。加工毛坯为石片，背面还保留部分砾石面，以石片远端加工成刃缘，刃缘较弧，修理较为细致，疤痕连续且大小均匀（图一六，3）。

ⅠYJ1：17，端刮器（圆头刮削器）。以泥岩为原料，颜色为青灰色。略呈长条形，属于那种长身圆头器形。长7.8、宽3.1、厚1.3厘米，重0.052千克，刃缘长4厘米，刃角36°。由扁平砾石加工，加工方式有正向也有反向，修理出相对较直的两侧边，修疤连续，但大小深浅不一，刃部借原本较薄的边缘略有修理。正面和反面均较平坦，保留部分砾石面（图一六，7）。

ⅠYJ1：18，刮削器，单凸刃。原料为角岩，表皮颜色为灰色，内部为黑色。形状不规则。长6.2、宽3.4、厚1厘米，重0.033千克，刃缘长7.1厘米，刃角28°。由石片加工，采用正向加工，锤击修理，刃缘较曲折，修疤较连续，疤痕较浅，正面略微凸，背面较平，半疤半砾面。

ⅠYJ1：19，砍砸器，单凸刃，属于第二类工具。原料为石英砂岩，表皮颜色为红褐色，内部为灰褐色。形状基本呈扇形。长10.7、宽7.1、厚2.3厘米，重0.231千克，刃缘长10.6厘米，刃角47°。此件石器为大石片直接使用，石片沿节理面劈裂，形成较为锋利的刃缘，刃缘处有明显砍砸使用而形成的深浅不一的大小疤痕，且远端较为厚重。正面很平，为节理面，背面略弧，为全砾石面。

ⅠYJ1：20，刮削器，单凸刃，属于第二类工具。原料为石英砂岩，颜色为黑灰色。形状不规则，长9.2、宽5.8、厚1厘米，重0.055千克，刃缘长9.9厘米，刃角53°。此件石器为石片直接使用，石片近远端有凸棱，可能为锐棱斜向砸击石片，刃缘稍弧，有使用产生的细碎疤痕。正背面均稍平，背面仅有一片疤，剩余是砾石面。

六、采　集　品

在Ⅰ区和Ⅱ区还分别采集了若干石制品。

Ⅰ区采集品仅4件。

ⅠC：1，砍砸器，单直刃。原料是石英岩，表皮颜色黄白相间，内部为亮白色。整个形状略呈三角形。长7.1、宽7.3、厚6.8厘米，重0.24千克，刃缘残长6.8厘米，刃角48°。器身为从刃缘纵向断裂，从残余器体来看，正面较凸，背面为平坦的砾石面，刃缘加工较为粗糙，由背面向正面加工，使用锤击法修理刃口。

ⅠC：2，砍砸器，单凸刃。原料为花岗斑岩，表皮颜色为黄褐色，内部为青灰色。砾石面可见少量斑晶。整体形状呈扇形，是为大石片直接使用，在刃缘处有细小凹坑，背面明显可以看到因使用而崩落的细碎浅平疤痕。器身底端较厚重，逐渐过渡到刃缘越来越薄锐。长13.1、宽12.8、厚5.6厘米，重0.7千克，刃缘长15.6厘米，刃角47°（图一七，1）。

ⅠC：3，石锤。原料为角岩，颜色为黑褐色，层理结构较发育，一侧还保留节理面。整体形态为长条形。长9.2、宽3.5、厚2.9厘米，重0.115千克。此件石锤为两端石锤，两端均有因锤击而形成的多层疤痕，疤痕大小深浅不一，且石锤体积较小，推测其为锤击修理石锤（图一七，3）。

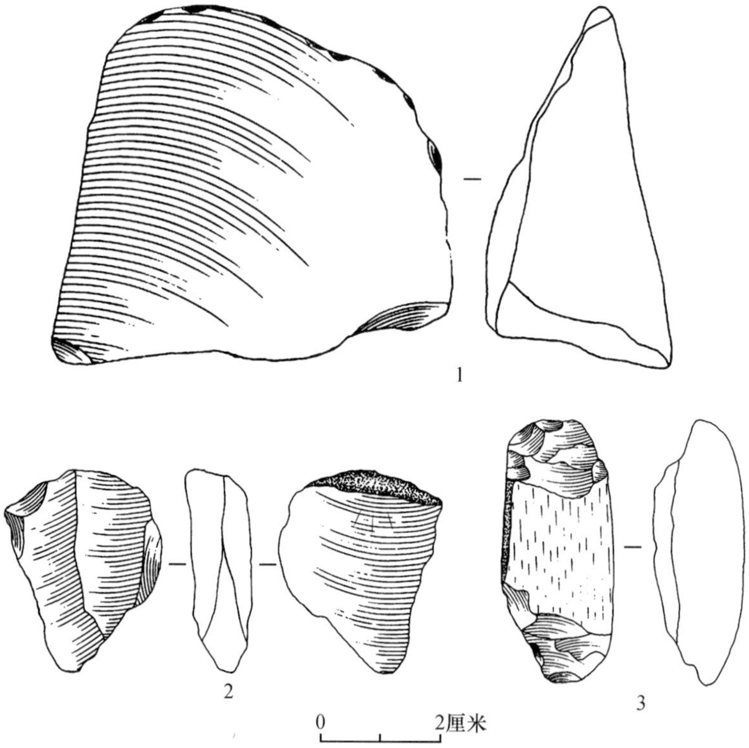

图一七　杜店遗址Ⅰ区采集石器

1. 砍砸器（ⅠC：2）　2. 石片（ⅠC：4）　3. 石锤（ⅠC：3）

ⅠC：4，石片，锤击石片。原料为石英岩，色泽亮白。形状略呈三角形。长6.7、宽5.3、厚2.1厘米，重0.065千克，石片角73°。台面为自然台面，打击点集中，半锥体浅平，同心波和放射线不明显。背面有纵向的一条棱脊将背面分为2个疤，腹面中间也有一条纵向的棱脊，石片沿棱脊走向处相对较厚，边缘薄锐（图一七，2；图版二，9）。

Ⅱ区的采集品相对要丰富些，尤其是采集到了几件很典型的手斧，结合在Ⅱ区地层中发掘到手斧的毛坯，再次证明了该遗址的重要性。

ⅡC：1，手斧。原料为花岗细晶岩，表面有少量孔隙，石料表面呈灰白色，内部出露部分黑褐色。为典型手斧，器形较大，尖刃略有残缺，整体形状近龟背形。长17.7、宽13、厚6.8厘米，重1.285千克。整体形制非常规整，正向加工，两面均有修理，背面较凸，腹面相对较平坦，修理疤痕连续且均匀，加工精致，且经过长期使用，修疤棱脊已有不同程度磨损（图一八，6）。

ⅡC：5，手斧。原料为角岩，不纯，颜色主要为黑色，夹有斑驳灰白色条理，结理明显，保留砾石面有线状层理结构。为典型手斧，器形较小，整体形状很规整。长15.7、宽9.9、厚3.6厘米，重0.595千克，尖角44°。两面均有修理，背面略凹，腹面相对较平坦，保留部分结理面，修理疤痕不很连续，疤痕较深且大，系锤击修理（图一八，8）。

ⅡC：12，手斧。原料为石英岩，表面有少量灰白色胶结，石料表面呈灰白色，内部出露部分灰褐色。为典型手斧，器形较小，尖刃残缺，整体形状近梨形，底部较厚大，向上逐渐变薄变窄。残长9.6、宽9.9、厚4.4厘米，重0.49千克，尖角残缺。加工方式为错向加工，锤击修理，两侧和底端修理非常规整，适于把握，修疤错落有致（图一八，3）。

ⅡC：17，手斧。原料为角岩，颜色以黑褐色夹有灰黄色为主。整体形状不很规则，保留大部分砾石面，一侧边较长，另一侧边较短，底端浑圆厚重。加工方式为正向加工，修理方法是锤击修理。器形不很规整。长16.5、宽9.7、厚7.6厘米，重1.495千克，尖角89°（图一八，7）。

ⅡC：3，砍砸器，单直刃。原料为角岩，色泽呈黑灰色，层理结构明显，表面呈现部分长条形凹坑。整体器形近半圆形。长13.3、宽9.7、厚3.4厘米，重0.6千克，刃缘长12.6厘米，刃角为57°。为扁平砾石打制而成，保留大部分砾石面，仅一侧打制成平直刃缘，刃口较钝。加工方式为正向，锤击修理（图一八，4）。

ⅡC：4，砍砸器，单凸刃。原料为闪长岩，颜色为灰色。整体形制比较规整，呈三分之一圆。长13.9、宽11、厚2.1厘米，重0.385千克，刃缘长21.6厘米，刃角57°。该件石器为大石片直接加工而成，正向加工为主，也有几处反向加工，系硬锤锤击修理，疤痕深浅大小不一。背面和腹面均较平坦，刃缘弧度较大（图一八，5）。

ⅡC：6，砍砸器，单直刃。原料为石英岩，色泽暗白发黄，表皮还保留少量黑灰色沁渍。整体形状不规整，看起来较厚重。长11.4、宽10、厚6.4厘米，重0.845千克，刃缘长10.9厘米，刃角77°。由砾石直接加工而成，背面向正面加工，背面较凸，正面较平，刃缘比较平齐，刃角很钝。

ⅡC：9，砍砸器，单直刃。原料为石英岩，表皮颜色为暗黄色，内部主要是暗白色夹有少量暗黄色。形状不规整且残，从刃缘中间断裂。残长8.2、宽5.9、厚5.1厘米，重0.29千克，

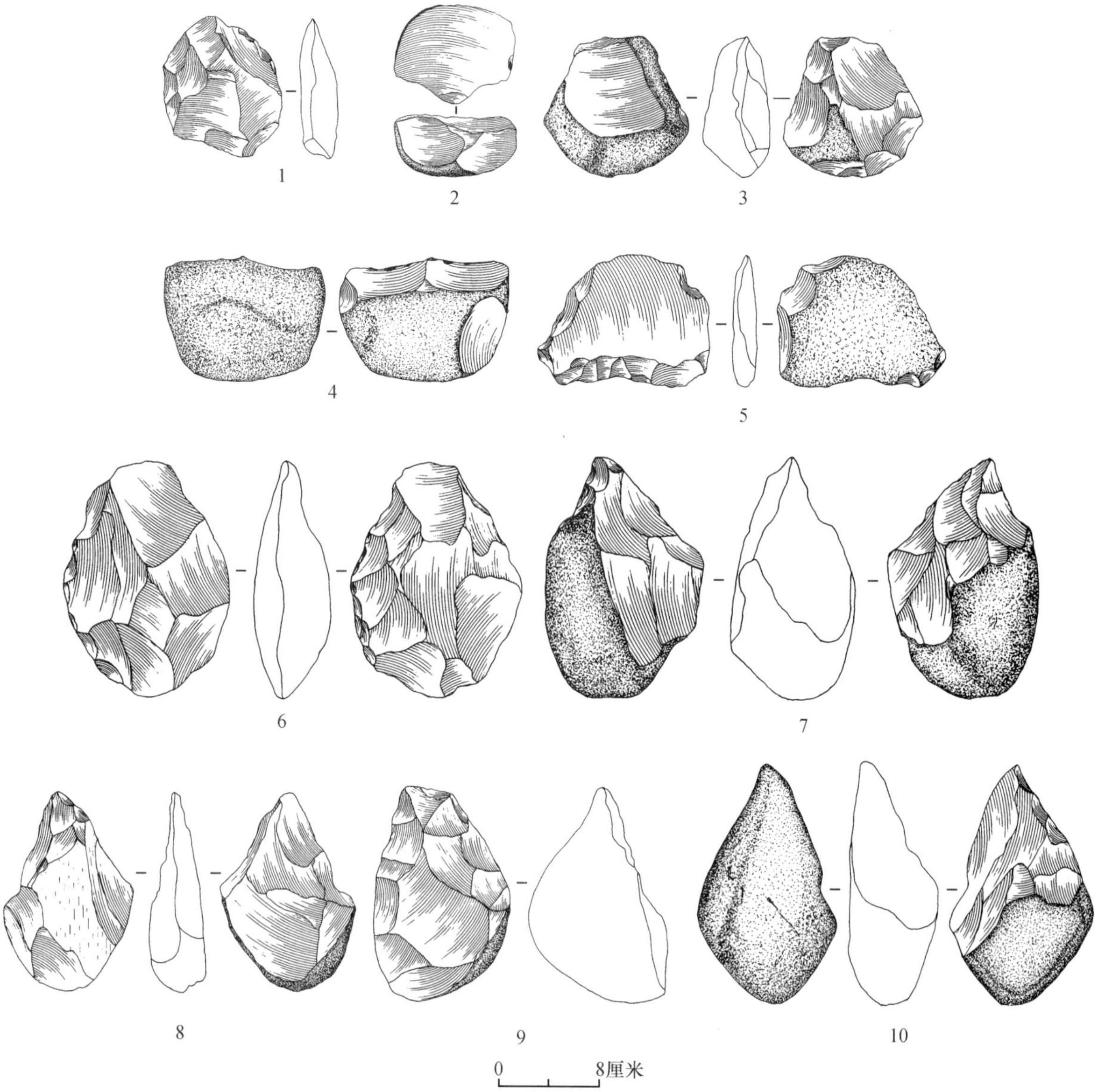

图一八　杜店遗址Ⅱ区采集石器

1. 尖状器（ⅡC：15）　2. 石核（ⅡC：11）　3、6～8. 手斧（ⅡC：12、ⅡC：1、ⅡC：17、ⅡC：5）
4、5. 砍砸器（ⅡC：3、ⅡC：4）　9、10. 手镐（ⅡC：16、ⅡC：13）

刃缘残长5.4厘米，刃角75°。由砾石直接加工，背面向正面加工，加工较粗糙，刃缘相对平直，刃角较钝。

ⅡC：14，砍砸器，单凸刃。以石英砂岩为原料，颜色为灰褐色，表面有少量孔隙。整体形状呈平行四边形。长14.3、宽10.6、厚5.6厘米，重0.83千克，刃缘长9.7厘米，刃角64°。系砾石直接加工，正面较凸，背面较平坦，刃缘弧度较小，在刃口处有崩落的细碎浅平疤痕，推测是长期砍砸使用的结果。

ⅡC：8，砍砸器，单直刃。原料为石英岩，表皮颜色暗黄，内部亮白夹有黄色纹理。整体形状近三角形，器形较小。长8.5、宽6.1、厚3.7厘米，重0.215千克，刃缘长6.5厘米，刃角78° 。由砾石直接加工而成，锤击修理，刃缘较曲折，刃角较钝，刃口略有损耗，系使用痕迹。

ⅡC：18，砍砸器，单凸刃。原料为石英岩，表皮颜色以黄褐色为主，内部是亮白色夹黄褐色。整体形状接近椭圆。长10.8、宽9.6、厚5.6厘米，重0.705千克，刃缘长10厘米，刃角64° 。石器由砾石直接加工，主要是两个剥片形成一个稍带尖刃的刃口，在刃缘处有崩落的细碎疤痕。底端是砾石面，有数个自然凹窝，底部浑圆厚重，便于把握。

ⅡC：13，手镐。以角岩为原料，颜色为黑色，节理略有发育。系用较扁平的砾石加工而成，正向加工。一侧边为薄锐的直接打片所形成的边，为使用边，有细碎的疤痕；另一侧为修理边，修理疤痕齐整连续。背面为略有隆起的全砾石面。整体形制非常规整，典型的手镐器形。长16.3、宽10.9、厚5.6厘米，重0.965千克，尖角60° （图一八，10）。

ⅡC：16，手镐。原料为石英砂岩，颜色是黑褐色，夹杂有黄褐色条带状层理结构。整体形体呈三角体。长14.1、宽9、厚9.8厘米，重1.23千克。由厚重的大砾石打制而成，截面呈直角三角形，两侧边修理齐整、均匀，修疤较深，是为锤击法修理。尖角残，可能是使用过程中残损（图一八，9）。

ⅡC：15，尖状器。原料为闪长岩，颜色是灰色，表面有土色状胶结。整体形状接近椭圆。长10.6、宽9.2、厚2.6厘米，重0.345千克，残尖角94° 。由大石片直接加工，由背面向劈裂面加工，锤击修理。两个修理边修理均较粗糙，修疤较大，一侧边有明显因使用而形成的小而不很连续的薄锐疤痕，尖角略有残损，角度较大（图一八，1）。

ⅡC：2，石核。原料为石英砂岩，颜色为褐色。整体形状近椭圆形。长15.9、宽12.3、高5.4厘米，重1.17千克。台面长15、宽12.3厘米，台面角78° 。该石核剥片仅一片，剥片面亦呈椭圆形，放射线痕迹清晰，台面为砾石面，较平坦，打击点处有3～4处凹坑，似不易剥片而多次打击所致。

ⅡC：7，石核。原料为角岩。表皮颜色为灰黄色，内部为黑灰色。整体形状近直角三角形。长11.5、宽8.1、厚6.2厘米，重0.595千克。台面长9.8、宽7.3厘米，台面角66° 。台面为砾石面，非常平，打击点处有多处打击的痕迹，台面和剥片面间的棱脊不明显，似剥片不理想所致。

ⅡC：10，石核。原料是角岩，表皮为褐色，夹有三条黄灰色条带纹，内部为黑色。整体形状呈不规则等腰三角形。长7.7、宽6.5、厚4.5厘米，重0.3千克。台面长7.7、宽6.5厘米，台面角83° 。台面为砾石台面，较平，打击点处有崩落的小疤痕一个，剥片仅一片，剥片面不规整，保留有部分节理面，系剥片不理想而废弃。

ⅡC：11，石核。原料是石英岩，质地较纯，表皮为灰白色，内部为亮白色。形状不规则。长8.5、宽7.4、厚4.4厘米，重0.39千克。打制台面，台面长7.9、宽6.5厘米，台面角80° 。系卵圆砾石打片作为台面后进行剥片，打制出来的台面较平坦，剥片完整，是石英岩原料中较为理想的石核（图一八，2）。

七、结　语

杜店遗址的发掘，不但是南水北调工程文物保护工作的重要组成部分，而且为填补汉江流域的考古学资料做出了重要贡献。

遗址所出土明清时期的遗迹、遗物为丰富该遗址的文化面貌，重新认知地层堆积情况提供了重要帮助。

遗址中所出土的旧石器时代石制品较为丰富，而且两个发掘区分别代表了旧石器时代早期到旧石器时代晚期的不同文化堆积，为我们认识杜店遗址的文化面貌提供了最为直接的证据，而大量的遗物可与周边的不同遗址所出土文化遗物相互比较印证，从而为这一地区旧石器时代文化传承、社会形态、生业方式、环境变迁等提供了重要的佐证。

遗址中手斧的发现也为很多关于东西方文化交流的论点提供了第一手资料。

由于受到水土流失和南水北调工程蓄水的种种影响，有些文化层受到了破坏而影响到了发掘，对此我们还是感到有些遗憾。

附记：参加本次发掘和整理工作的人员有吉林大学边疆考古研究中心的陈全家教授、方启、贺存定、吉林大学地球科学学院的程新民教授、吉林大学文学院的刘扬、高霄旭、张萌、丹江口市博物馆的龚红欣，在此对他们表示由衷的感谢。

绘　图：贺存定　刘　扬　高霄旭　张　萌

执　笔：陈全家　方　启　程新民

附表一　ⅠYJ1统计分析表

编号＼项目	岩性	摆放方式	1级	2级	3级	砾石	断块	工具
ⅠYJ1：1	1	平	√					
ⅠYJ1：2	1	平			√	√		
ⅠYJ1：3	1	平		√		√		
ⅠYJ1：4	2	平	√				√	
ⅠYJ1：5	2	平	√				√	
ⅠYJ1：6	3	平		√			√	
ⅠYJ1：7	3	平		√			√	
ⅠYJ1：8	1	平		√			√	
ⅠYJ1：9	2	平	√				√	
ⅠYJ1：10	4	平		√			√	
ⅠYJ1：11	3	平	√				√	
ⅠYJ1：12	3	平	√				√	
ⅠYJ1：13	3	平		√			√	
ⅠYJ1：14	1	平		√			√	
ⅠYJ1：15	3	平	√				√	
ⅠYJ1：16	3	平		√			√	
ⅠYJ1：17	4	平		√			√	
ⅠYJ1：18	3	平		√			√	
ⅠYJ1：19	3	平		√			√	
ⅠYJ1：20	3	平		√			√	
ⅠYJ1：21	3	平		√			√	
ⅠYJ1：22	1	平	√				√	
ⅠYJ1：23	4	平	√				√	
ⅠYJ1：24	3	平		√			√	
ⅠYJ1：25	4	平		√			√	
ⅠYJ1：26	4	平					√	
ⅠYJ1：27	2	平	√				√	
ⅠYJ1：28	3	平		√			√	
ⅠYJ1：29	1	平		√				√
ⅠYJ1：30	4	平		√			√	
ⅠYJ1：31	4	平	√	√			√	
ⅠYJ1：32	4	平					√	
ⅠYJ1：33	5	平		√			√	
ⅠYJ1：34	4	平	√				√	
ⅠYJ1：35	1	平			√		√	
ⅠYJ1：36	5	平	√				√	
ⅠYJ1：37	3	平		√			√	

续表

项目 编号	岩性	摆放方式	1级	2级	3级	砾石	断块	工具
ⅠYJ1：38	3	平		√			√	
ⅠYJ1：39	4	平		√			√	
ⅠYJ1：40	3	平		√			√	
ⅠYJ1：41	3	平		√			√	
ⅠYJ1：42	1	平	√				√	
ⅠYJ1：43	1	平	√				√	
ⅠYJ1：44	3	平		√			√	
ⅠYJ1：45	4	平	√				√	
ⅠYJ1：46	4	平		√			√	
ⅠYJ1：47	1	平		√			√	
ⅠYJ1：48	4	斜			√		√	
ⅠYJ1：49	3	斜		√			√	
ⅠYJ1：50	1	平		√			√	
ⅠYJ1：51	3	平		√			√	
ⅠYJ1：52	4	平	√				√	
ⅠYJ1：53	1	平			√		√	
ⅠYJ1：54	3	立		√			√	
ⅠYJ1：55	3	平		√			√	
ⅠYJ1：56	3	平		√			√	
ⅠYJ1：57	3	平		√			√	
ⅠYJ1：58	3	平			√		√	
ⅠYJ1：59	1	平			√		√	
ⅠYJ1：60	1	平			√		√	
ⅠYJ1：61	3	平		√			√	
ⅠYJ1：62	3	平			√		√	
ⅠYJ1：63	3	立		√			√	
ⅠYJ1：64	3	平	√				√	
ⅠYJ1：65	3	平	√				√	
ⅠYJ1：66	3	斜		√		√		
ⅠYJ1：67	3	平			√		√	
ⅠYJ1：68	3	平		√			√	
ⅠYJ1：69	3	平		√			√	
ⅠYJ1：70	1	平	√				√	
ⅠYJ1：71	3	平		√			√	
ⅠYJ1：72	4	平	√				√	
ⅠYJ1：73	1	平	√				√	
ⅠYJ1：74	3	平			√		√	

续表

编号＼项目	岩性	摆放方式	1级	2级	3级	砾石	断块	工具
Ⅰ YJ1 : 75	1	平	√				√	
Ⅰ YJ1 : 76	3	平	√				√	
Ⅰ YJ1 : 77	5	平		√			√	
Ⅰ YJ1 : 78	4	平		√			√	
Ⅰ YJ1 : 79	3	平	√				√	
Ⅰ YJ1 : 80	3	平	√				√	
Ⅰ YJ1 : 81	4	平	√				√	
Ⅰ YJ1 : 82	4	平	√				√	
Ⅰ YJ1 : 83	1	平	√				√	
Ⅰ YJ1 : 84	1	平	√				√	
Ⅰ YJ1 : 85	3	平	√				√	
Ⅰ YJ1 : 86	1	平	√				√	
Ⅰ YJ1 : 87	3	平	√				√	
Ⅰ YJ1 : 88	4	平			√		√	
Ⅰ YJ1 : 89	3	平		√			√	
Ⅰ YJ1 : 90	4	平			√		√	
Ⅰ YJ1 : 91	4	立		√			√	
Ⅰ YJ1 : 92	3	平		√			√	
Ⅰ YJ1 : 93	4	平	√				√	
Ⅰ YJ1 : 94	3	平	√				√	
Ⅰ YJ1 : 95	4	平	√				√	
Ⅰ YJ1 : 96	3	平		√			√	
Ⅰ YJ1 : 97	1	平	√				√	
Ⅰ YJ1 : 98	3	平	√				√	
Ⅰ YJ1 : 99	4	平		√		√		
Ⅰ YJ1 : 100	4	平		√			√	
Ⅰ YJ1 : 101	4	平		√			√	
Ⅰ YJ1 : 102	4	平		√			√	
Ⅰ YJ1 : 103	4	斜		√		√		
Ⅰ YJ1 : 104	4	平			√		√	
Ⅰ YJ1 : 105	3	平			√		√	
Ⅰ YJ1 : 106	1	平		√			√	
Ⅰ YJ1 : 107	4	平			√		√	
Ⅰ YJ1 : 108	4	平			√		√	
Ⅰ YJ1 : 109	3	平		√			√	
Ⅰ YJ1 : 110	4	平	√				√	
Ⅰ YJ1 : 111	3	平		√		√		

续表

编号＼项目	岩性	摆放方式	1级	2级	3级	砾石	断块	工具
Ⅰ YJ1：112	3	平		√			√	
Ⅰ YJ1：113	3	平	√				√	
Ⅰ YJ1：114	3	平	√				√	
Ⅰ YJ1：115	4	平			√		√	
Ⅰ YJ1：116	4	平	√				√	
Ⅰ YJ1：117	4	平			√		√	
Ⅰ YJ1：118	1	平	√			√		
Ⅰ YJ1：119	4	平		√			√	
Ⅰ YJ1：120	4	立		√			√	
Ⅰ YJ1：121	1	平			√		√	
Ⅰ YJ1：122	3	平		√			√	
Ⅰ YJ1：123	3	平	√				√	
Ⅰ YJ1：124	1	平	√				√	
Ⅰ YJ1：125	4	平	√				√	
Ⅰ YJ1：126	3	平		√			√	
Ⅰ YJ1：127	3	平	√				√	
Ⅰ YJ1：128	3	平		√			√	
Ⅰ YJ1：129	1	平	√				√	
Ⅰ YJ1：130	3	平	√				√	
Ⅰ YJ1：131	4	平		√			√	
Ⅰ YJ1：132	1	平	√				√	
Ⅰ YJ1：133	3	平		√			√	
Ⅰ YJ1：134	4	平	√				√	
Ⅰ YJ1：135	1	平			√		√	
Ⅰ YJ1：136	3	平		√			√	
Ⅰ YJ1：137	4	平	√				√	
Ⅰ YJ1：138	3	平	√				√	
Ⅰ YJ1：139	3	平	√				√	
Ⅰ YJ1：140	4	平	√				√	
Ⅰ YJ1：141	4	平		√		√		
Ⅰ YJ1：142	4	平		√			√	
Ⅰ YJ1：143	3	平	√				√	
Ⅰ YJ1：144	3	平		√			√	
Ⅰ YJ1：145	4	平		√			√	
Ⅰ YJ1：146	3	平		√			√	
Ⅰ YJ1：147	4	平			√		√	
Ⅰ YJ1：148	3	平		√			√	

续表

编号＼项目	岩性	摆放方式	1级	2级	3级	砾石	断块	工具
ⅠYJ1：149	1	平	√				√	
ⅠYJ1：150	4	平	√				√	
ⅠYJ1：151	4	平	√				√	
ⅠYJ1：152	4	平	√				√	
ⅠYJ1：153	4	平	√				√	
ⅠYJ1：154	3	平		√			√	
ⅠYJ1：155	3	平		√			√	
ⅠYJ1：156	3	平	√				√	
ⅠYJ1：157	3	立		√			√	
ⅠYJ1：158	4	平		√			√	
ⅠYJ1：159	1	平	√				√	
ⅠYJ1：160	3	平			√	√		
ⅠYJ1：161	3	平	√				√	
ⅠYJ1：162	4	平			√		√	
ⅠYJ1：163	1	平			√		√	
ⅠYJ1：164	2	平	√				√	
ⅠYJ1：165	1	平		√			√	
ⅠYJ1：166	1	平		√			√	
ⅠYJ1：167	3	平		√		√		
ⅠYJ1：168	4	斜		√			√	
ⅠYJ1：169	4	立		√			√	
ⅠYJ1：170	3	斜		√			√	
ⅠYJ1：171	4	平	√				√	
ⅠYJ1：172	3	平		√			√	
ⅠYJ1：173	4	平			√	√		
ⅠYJ1：174	3	平	√				√	
ⅠYJ1：175	3	平		√			√	
ⅠYJ1：176	3	平		√			√	
ⅠYJ1：177	3	平	√				√	
ⅠYJ1：178	1	平		√			√	
ⅠYJ1：179	1	平	√				√	
ⅠYJ1：180	4	平			√		√	
ⅠYJ1：181	3	平	√				√	
ⅠYJ1：182	3	平			√		√	
ⅠYJ1：183	3	斜		√			√	
ⅠYJ1：184	4	平		√			√	
ⅠYJ1：185	4	平		√		√		

续表

编号＼项目	岩性	摆放方式	1级	2级	3级	砾石	断块	工具
ⅠYJ1：186	4	平	√				√	
ⅠYJ1：187	3	平		√			√	
ⅠYJ1：188	3	立		√			√	
ⅠYJ1：189	3	平	√				√	
ⅠYJ1：190	3	立		√			√	
ⅠYJ1：191	3	立		√			√	
ⅠYJ1：192	3	平		√			√	
ⅠYJ1：193	3	平		√			√	
ⅠYJ1：194	5	平			√		√	
ⅠYJ1：195	5	平			√		√	
ⅠYJ1：196	4	平		√			√	
ⅠYJ1：197	3	平		√			√	
ⅠYJ1：198	3	平	√				√	
ⅠYJ1：199	3	平	√				√	
ⅠYJ1：200	1	斜	√				√	
ⅠYJ1：201	4	平			√		√	
ⅠYJ1：202	3	斜		√			√	
ⅠYJ1：203	4	平		√			√	
ⅠYJ1：204	4	平	√				√	
ⅠYJ1：205	3	平			√			√
ⅠYJ1：206	3	平		√			√	
ⅠYJ1：207	1	平	√			√		
ⅠYJ1：208	3	平		√			√	
ⅠYJ1：209	3	斜		√			√	
ⅠYJ1：210	3	平	√				√	
ⅠYJ1：211	2	平		√			√	
ⅠYJ1：212	3	平		√			√	
ⅠYJ1：213	3	平		√			√	
ⅠYJ1：214	4	平		√		√		
ⅠYJ1：215	3	平		√			√	
ⅠYJ1：216	3	平	√				√	
ⅠYJ1：217	3	平	√				√	
ⅠYJ1：218	4	平		√			√	
ⅠYJ1：219	3	平	√				√	
ⅠYJ1：220	2	平	√				√	
ⅠYJ1：221	3	斜		√			√	
ⅠYJ1：222	3	平		√			√	

续表

编号＼项目	岩性	摆放方式	1级	2级	3级	砾石	断块	工具
I YJ1：223	3	平	√				√	
I YJ1：224	3	平		√			√	
I YJ1：225	1	平	√				√	
I YJ1：226	4	平		√			√	
I YJ1：227	4	平	√				√	
I YJ1：228	3	平	√				√	
I YJ1：229	3	平		√			√	
I YJ1：230	4	平	√				√	
I YJ1：231	2	平			√		√	
I YJ1：232	2	平	√				√	
I YJ1：233	4	平			√		√	
I YJ1：234	2	平	√				√	
I YJ1：235	3	平		√			√	
I YJ1：236	3	平		√		√		
I YJ1：237	3	平	√				√	
I YJ1：238	4	平		√			√	
I YJ1：239	1	斜		√			√	
I YJ1：240	3	平		√			√	
I YJ1：241	2	平		√			√	
I YJ1：242	4	平		√			√	
I YJ1：243	3	平	√				√	
I YJ1：244	4	平		√			√	
I YJ1：245	2	平	√			√		
I YJ1：246	3	平	√				√	
I YJ1：247	3	平		√			√	
I YJ1：248	4	平		√			√	
I YJ1：249	2	平	√			√		
I YJ1：250	4	平		√			√	
I YJ1：251	3	平		√			√	
I YJ1：252	1	平		√			√	
I YJ1：253	1	平	√				√	
I YJ1：254	4	斜		√			√	
I YJ1：255	3	斜		√				√
I YJ1：256	4	平	√				√	
I YJ1：257	3	平		√			√	
I YJ1：258	2	平		√			√	
I YJ1：259	1	平	√				√	

续表

编号　项目	岩性	摆放方式	1级	2级	3级	砾石	断块	工具
ⅠYJ1：260	1	斜		√			√	
ⅠYJ1：261	2	平	√				√	
ⅠYJ1：262	3	平		√			√	
ⅠYJ1：263	1	平	√				√	
ⅠYJ1：264	2	平	√				√	
ⅠYJ1：265	3	平		√			√	
ⅠYJ1：266	3	平		√		√		
ⅠYJ1：267	4	平		√			√	
ⅠYJ1：268	4	平	√				√	
ⅠYJ1：269	3	斜			√		√	
ⅠYJ1：270	4	平	√				√	
ⅠYJ1：271	1	平		√			√	
ⅠYJ1：272	3	平		√			√	
ⅠYJ1：273	3	平	√				√	
ⅠYJ1：274	3	平	√			√		
ⅠYJ1：275	4	平	√			√		
ⅠYJ1：276	1	平		√		√		
ⅠYJ1：277	3	斜		√			√	
ⅠYJ1：278	1	平	√				√	
ⅠYJ1：279	3	平	√			√		
ⅠYJ1：280	4	平	√				√	
ⅠYJ1：281	3	平		√			√	
ⅠYJ1：282	2	平		√		√		
ⅠYJ1：283	1	平		√			√	
ⅠYJ1：284	3	平	√				√	
ⅠYJ1：285	4	平			√		√	
ⅠYJ1：286	3	平		√			√	
ⅠYJ1：287	3	平		√			√	
ⅠYJ1：288	4	平	√				√	
ⅠYJ1：289	1	平		√			√	
ⅠYJ1：290	3	平	√				√	
ⅠYJ1：291	3	平	√				√	
ⅠYJ1：292	4	平	√				√	
ⅠYJ1：293	3	平			√		√	
ⅠYJ1：294	3	平		√			√	
ⅠYJ1：295	4	平	√				√	
ⅠYJ1：296	4	平		√			√	

续表

编号＼项目	岩性	摆放方式	1级	2级	3级	砾石	断块	工具
ⅠYJ1：297	3	平		√			√	
ⅠYJ1：298	3	平		√			√	
ⅠYJ1：299	3	平		√			√	
ⅠYJ1：300	4	平		√			√	
ⅠYJ1：301	3	斜		√			√	
ⅠYJ1：302	4	平		√			√	
ⅠYJ1：303	4	斜		√			√	
ⅠYJ1：304	1	平			√		√	
ⅠYJ1：305	3	平		√			√	
ⅠYJ1：306	3	平	√				√	
ⅠYJ1：307	3	平		√			√	
ⅠYJ1：308	3	平		√			√	
ⅠYJ1：309	4	平		√			√	
ⅠYJ1：310	4	平			√		√	
ⅠYJ1：311	1	平			√		√	
ⅠYJ1：312	3	平		√			√	
ⅠYJ1：313	3	平		√			√	
ⅠYJ1：314	3	平	√				√	
ⅠYJ1：315	3	平		√			√	
ⅠYJ1：316	1	平		√			√	
ⅠYJ1：317	2	平	√				√	
ⅠYJ1：318	2	平	√			√		
ⅠYJ1：319	4	平		√			√	
ⅠYJ1：320	3	平		√			√	
ⅠYJ1：321	4	平	√				√	
ⅠYJ1：322	4	平	√				√	
ⅠYJ1：323	3	斜	√			√		
ⅠYJ1：324	4	斜	√				√	
ⅠYJ1：325	3	平	√				√	
ⅠYJ1：326	4	平		√			√	
ⅠYJ1：327	3	平		√			√	
ⅠYJ1：328	4	平		√			√	
ⅠYJ1：329	4	平	√				√	
ⅠYJ1：330	4	平	√				√	
ⅠYJ1：331	3	平		√			√	
ⅠYJ1：332	3	平		√		√		
ⅠYJ1：333	2	平	√				√	

续表

编号 \ 项目	岩性	摆放方式	1级	2级	3级	砾石	断块	工具
Ⅰ YJ1：334	3	斜		√			√	
Ⅰ YJ1：335	3	平	√				√	
Ⅰ YJ1：336	3	平	√				√	
Ⅰ YJ1：337	3	平		√			√	
Ⅰ YJ1：338	3	平	√				√	
Ⅰ YJ1：339	3	平		√			√	
Ⅰ YJ1：340	3	平		√			√	
Ⅰ YJ1：341	1	平		√			√	
Ⅰ YJ1：342	4	平		√			√	
Ⅰ YJ1：343	4	平	√				√	
Ⅰ YJ1：344	3	平		√			√	
Ⅰ YJ1：345	3	平		√			√	
Ⅰ YJ1：346	2	平	√				√	
Ⅰ YJ1：347	3	平			√		√	
Ⅰ YJ1：348	1	平		√			√	
Ⅰ YJ1：349	1	平		√			√	
Ⅰ YJ1：350	4	平	√				√	
Ⅰ YJ1：351	1	平			√	√		
Ⅰ YJ1：352	2	平		√		√		
Ⅰ YJ1：353	4	斜		√			√	
Ⅰ YJ1：354	3	平		√			√	
Ⅰ YJ1：355	3	平		√			√	
Ⅰ YJ1：356	3	平		√			√	
Ⅰ YJ1：357	6	平		√			√	
Ⅰ YJ1：358	3	平		√			√	
Ⅰ YJ1：359	6	平	√				√	
Ⅰ YJ1：360	3	平	√				√	
Ⅰ YJ1：361	2	平	√				√	
Ⅰ YJ1：362	3	平		√			√	
Ⅰ YJ1：363	3	平		√			√	
Ⅰ YJ1：364	3	平	√				√	
Ⅰ YJ1：365	3	平					√	
Ⅰ YJ1：366	3	平	√				√	
Ⅰ YJ1：367	2	平	√				√	
Ⅰ YJ1：368	4	平			√		√	
Ⅰ YJ1：369	3	平		√			√	
Ⅰ YJ1：370	3	平		√			√	

续表

编号＼项目	岩性	摆放方式	1级	2级	3级	砾石	断块	工具
ⅠYJ1：371	3	平		√			√	
ⅠYJ1：372	4	平	√				√	
ⅠYJ1：373	4	平			√	√		
ⅠYJ1：374	3	平			√	√		
ⅠYJ1：375	3	斜		√			√	
ⅠYJ1：376	4	平	√				√	
ⅠYJ1：377	1	平		√			√	
ⅠYJ1：378	3	平		√			√	
ⅠYJ1：379	3	平		√			√	
ⅠYJ1：380	3	斜		√			√	
ⅠYJ1：381	2	平	√				√	
ⅠYJ1：382	3	平	√				√	
ⅠYJ1：383	2	平		√			√	
ⅠYJ1：384	1	平	√					√
ⅠYJ1：385	1	平	√					√
ⅠYJ1：386	1	平	√					√
ⅠYJ1：387	1	平	√					√
ⅠYJ1：388	1	平		√				√
ⅠYJ1：389	2	平		√				√
ⅠYJ1：390	3	平		√				√
ⅠYJ1：391	2	平			√			√
ⅠYJ1：392	2	平		√				√
ⅠYJ1：393	2	平		√				√
ⅠYJ1：394	2	平		√				√
ⅠYJ1：395	2	平			√			√
ⅠYJ1：396	1	平		√				√
ⅠYJ1：397	3	平		√				√
ⅠYJ1：398	2	平		√				√
ⅠYJ1：399	2	平		√				√

注：岩性中1为角岩，2为石英，3为石英砂，4为砂岩，5为页岩，6为长石斑岩。1级为5厘米以下，2级为5～10厘米，3级为10厘米以上。共有17处叠压关系。

附表二　杜店遗址石制品分类测量统计表

分类 项目	石核			石片				断块	砾石	一类工具	二类工具		三类工具							
				完整		断片														
	锤击	砸击	楔形	锤击	砸击	横向	纵向			石锤	砍砸器	刮削器	手斧	手镐	尖状器	刮削器	砍砸器	钻具	端刮器	雕刻器
长度（厘米）	10.43	7.84	7.10	6.25	7.75	4.57	6.78	5.13	6.85	9.2	11.9	5.72	15.86	15.2	6.68	7.02	10.7	4.3	7.8	3.9
宽度（厘米）	8.41	5.14	3.00	5.23	4.20	3.74	4.48	3.52	5.65	3.5	9.95	4	11.1	9.95	5.03	4.84	8.55	3.3	3.1	2.3
厚度（厘米）	4.38	2.28	4.60	2.08	1.85	0.814	1.52	2.07	2.9	2.9	3.95	1.21	6.26	7.7	1.42	1.53	4.25	1.7	1.3	1.4
重量（千克）	0.57	0.116	0.06	0.096	0.072	0.023	0.038	0.05	0.26	0.115	0.45	0.042	1.26	0.35	0.082	0.067	0.481	0.02	0.05	0.015
刃缘长（厘米）											10．6	6.91		16.3	76.28	5.52	9.87		4	
刃角（°）											47	37.36		61		46.31	62.6		36	40
尖角（°）															76.3					
台面长×宽（厘米）	6.60×4.08	11.22×1.93	5.60×3.10						10.7×8.6											
台面角（°）	78.4	98	110																	
石片角（°）				90.08																
总　计	11	8	1	13	2	7	5	83	2	1	2	9	5	2	10	24	21	1	1	1
百分比（%）	5.26	3.82	0.47	6.22	0.95	3.34	2.39	39.7	0.95	0.47	0.95	4.3	2.39	0.95	4.78	11.48	10	0.47	0.47	0.47

注：表格中测量数据为均值。

附表三　石制品原料统计表

分类 / 项目	石核			石片				断块	砾石	一类工具	二类工具		三类工具								总计	百分比（%）
	锤击	砸击	楔形	完整		断片				石锤	砍砸器	刮削器	手斧	手镐	尖状器	刮削器	砍砸器	钻具	端刮器	雕刻器		
				锤击	砸击	横向	纵向															
石英岩	6	1		7	1	3	2	45				2	1			1	6			1	76	36.4
角岩	2	6	1	1	1	2	2	19		1		4	3	1	6	14	5				68	32.5
石英砂岩	3			1				11			1	2		1	2	1	3				25	12.1
石英						1		3								1		1			6	2.87
脉石英				1				2	1								1				5	2.39
砂岩												1				3	2				6	2.87
细晶岩						1		2								2	1				6	2.87
闪长岩				1											1	1	1				4	1.91
花岗岩								1													1	0.47
花岗细晶斑岩				2							1		1		1		1				6	2.87
细砂岩		1														1					2	0.95
长石石英砂岩																	1				1	0.47
细粒石英砂岩							1														1	0.47
泥岩																			1		1	0.47
泥质页岩									1												1	0.47
总计	11	8	1	13	2	7	5	83	2	1	2	9	5	2	10	24	21	1	1	1	209	100
百分比（%）	5.26	3.82	0.47	6.22	0.95	3.34	2.39	39.7	0.95	0.47	0.95	4.3	2.39	0.95	4.78	11.48	10	0.47	0.47	0.47	100	100

丹江口柴家庄墓群发掘简报

北京师范大学历史学院

柴家庄墓群是南水北调中线工程2011年度考古项目，受湖北省文物局委托，北京师范大学考古队于2011年9～10月对其进行了勘探和抢救性发掘。

柴家庄墓群位于湖北省丹江口市浪河镇柴家庄村（中心坐标东经111° 15′ 40.1″，北纬32° 26′ 14.2″，海拔151～1173米），地处浪河镇西北2.5千米的丹江口水库南端、G70（福银高速）与G316国道之间，东北距丹江口市25千米（图一）。

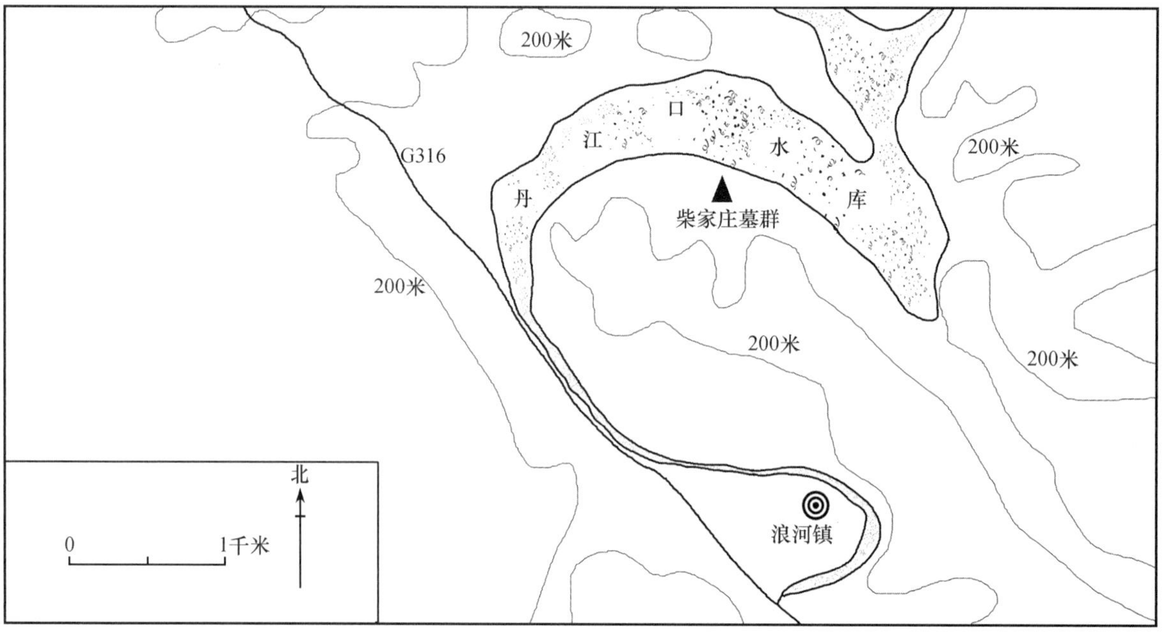

图一　柴家庄墓群位置示意图

该墓群位于柴家庄村的河滩与山地之间的谷地，地势由南向北倾斜，此处在20世纪70年代曾经大规模田地改造，原始地貌变化很大，因此原有遗存遭到严重破坏。2011年9月初，考古队进驻柴家庄墓群工地后，对方圆2千米左右的范围进行了大面积的勘探，其中重点勘探面积约2万平方米，发现11座墓葬和小规模周代遗址，根据勘探情况布方10个（10米×10米），分为A、B、C三个发掘区（图二）。墓葬大部分已残，个别仅存墓底，出土遗物稀少；周代遗址位于地貌变化最大的部位，仅存极小部分地层和零星陶片，未发现遗迹单位。本墓群的田野工作持续近1个月，现将主要收获简报如下：

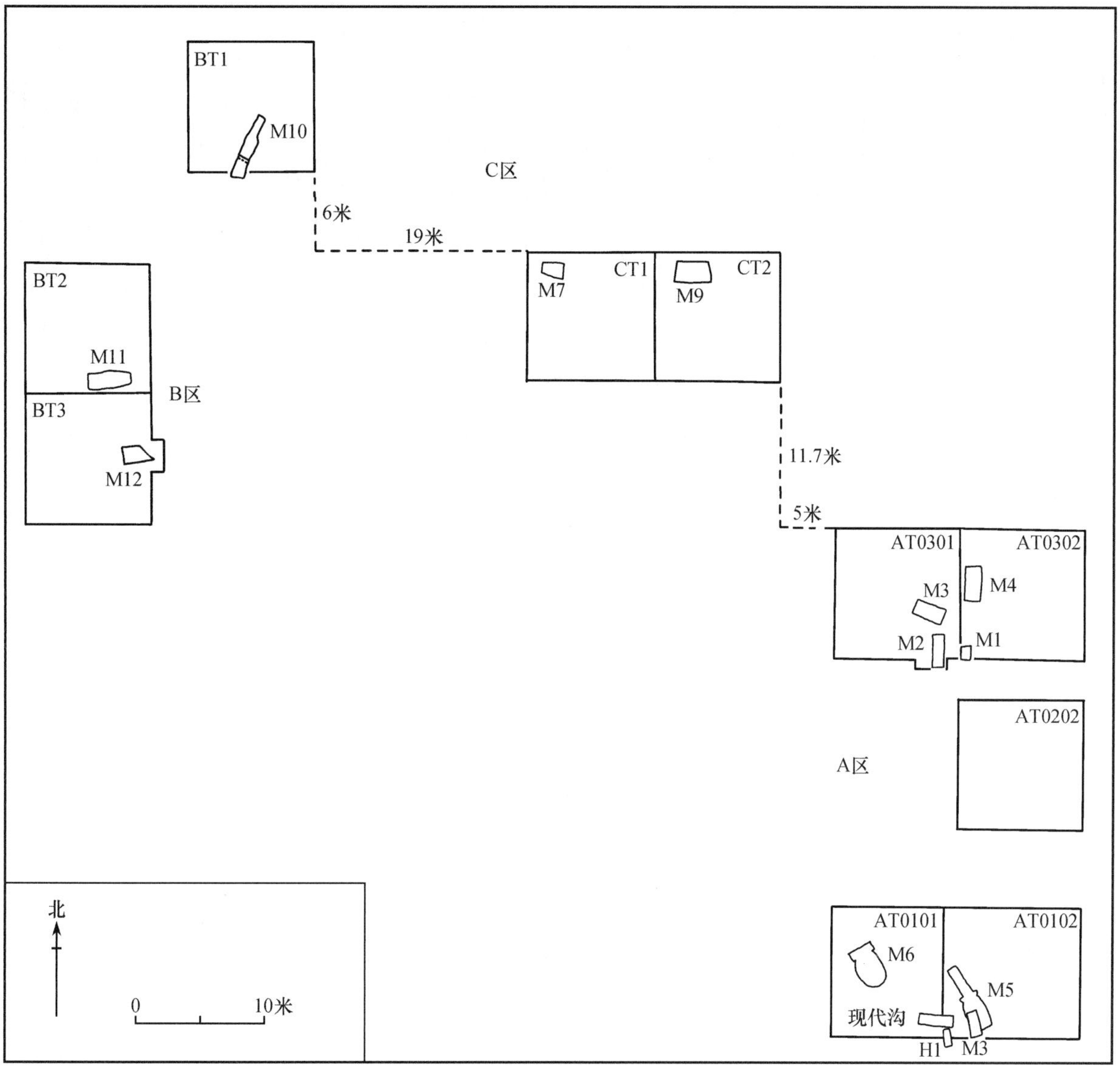

图二　柴家庄墓群探方及遗迹分布图

一、遗　　迹

柴家庄墓群共清理灰坑1个、墓葬11座，皆残（图二）。

1. 灰坑

H1　位于发掘区的东南部探方AT0101与AT0102内，开口近长方形，南北长136、东西宽75厘米，圜底，最深处31厘米。填土为黄灰色疏松土质，底部有一层厚约1厘米的草木灰，出有大量石块，上有不规则的红色印迹，无法辨识，另出有几块灰色绳纹陶片，推测年代为周代，但有晚期遗物扰入（图三）。

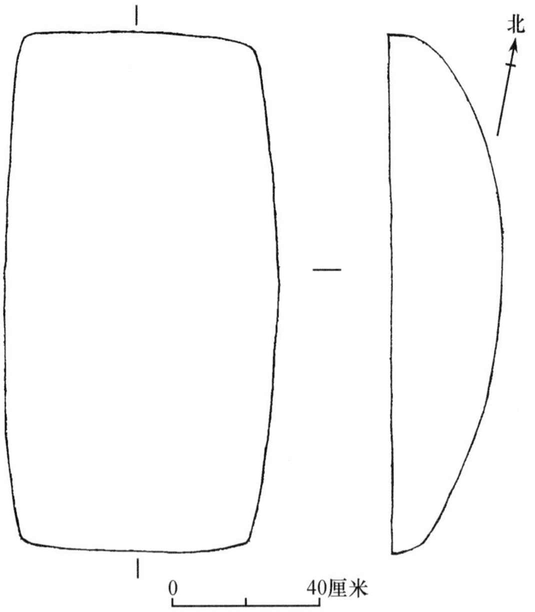

图三　H1平、剖面图

2. 墓葬

共清理11座墓葬，包括土坑墓和砖室墓两种，部分墓葬破坏严重。根据形制与结构的差异，可分为以下四型。

（1）A型：长方形单室砖墓

1座（M7）。残损严重，墓坑长120、宽160、深50～155厘米，直壁，平底，方向15°。墓壁为砖砌，砌法较为杂乱，墓底有错缝平砌的铺地砖。墓葬填土为疏松的灰褐色土，杂有少量板瓦碎片，未见随葬品和骨架，也未见棺木痕迹，推测为迁葬墓（图四）。

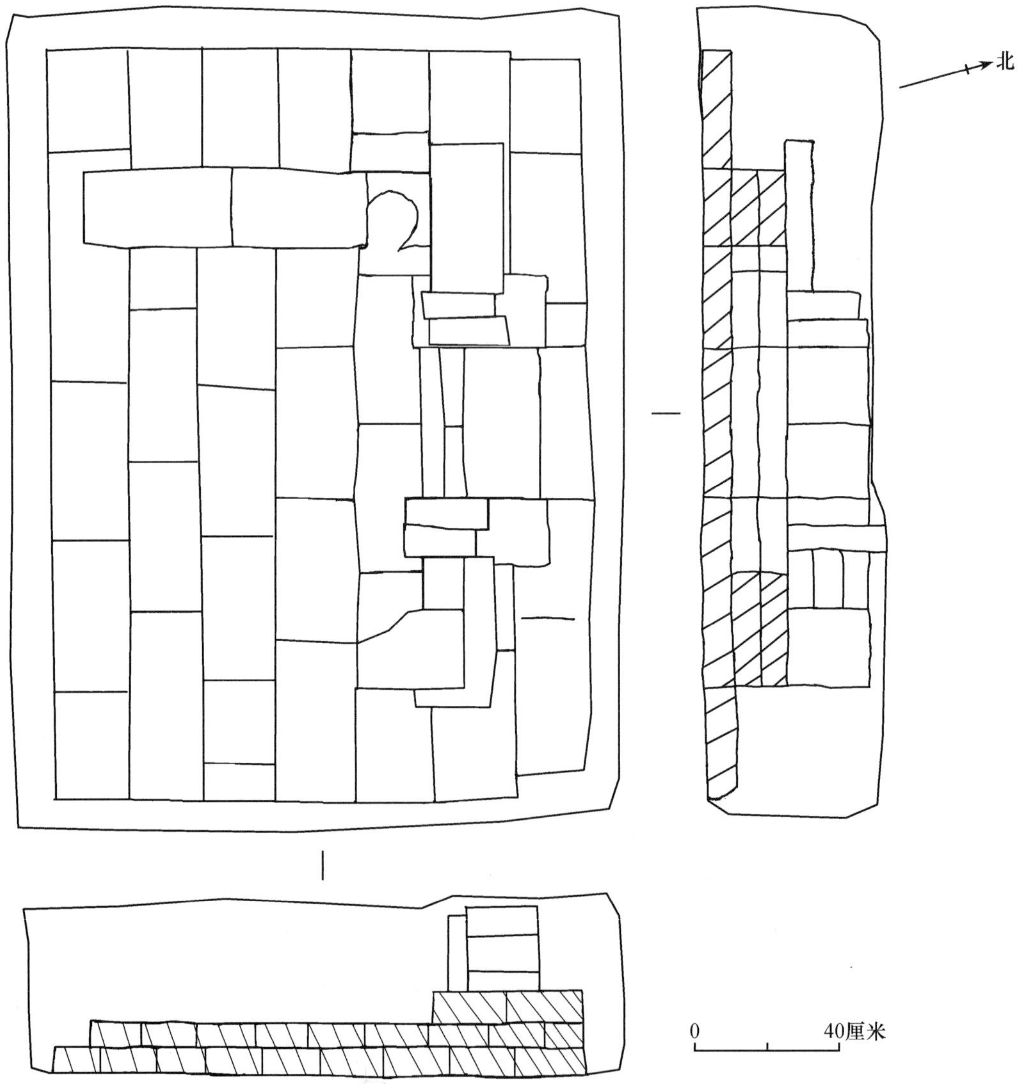

图四　M7平、剖面图

（2）B型：椭圆形单室砖墓

2座（M5、M6）。以M5为例。全长622厘米，由墓道、甬道及墓室组成。墓道位于墓室北部，长300、宽130厘米，底部开有长约270厘米的排水沟。甬道长64厘米，券顶已坍塌，一端有封门。墓室长258厘米，略呈椭圆形，东西最宽150厘米。墓顶已坍塌。墓底有铺地砖，铺地砖上有一层近30厘米的澄江泥，留有棺木腐痕，长170、宽70厘米，人骨架已朽烂不可见。东、西两壁均为从铺地砖往上错缝平砌，在距底部12厘米处各开有两个壁龛，高14、宽28、进深4厘米，壁龛上方以两块砖平砌形成假窗；北侧假窗上饰有缠枝花卉纹；东壁砌有栌斗式的仿木结构；西壁被M9打破，也应砌有类似的仿木结构。南壁以两块砖竖砌形成仿木门，门柱上有波浪形纹饰。墓葬被扰动严重，仅出有一小碗（图五）。M6与M5相邻，位于陡坎上，残存墓室和部分甬道，形制与M5相似，墓顶已毁，推测为穹隆顶，仅出有一陶罐。

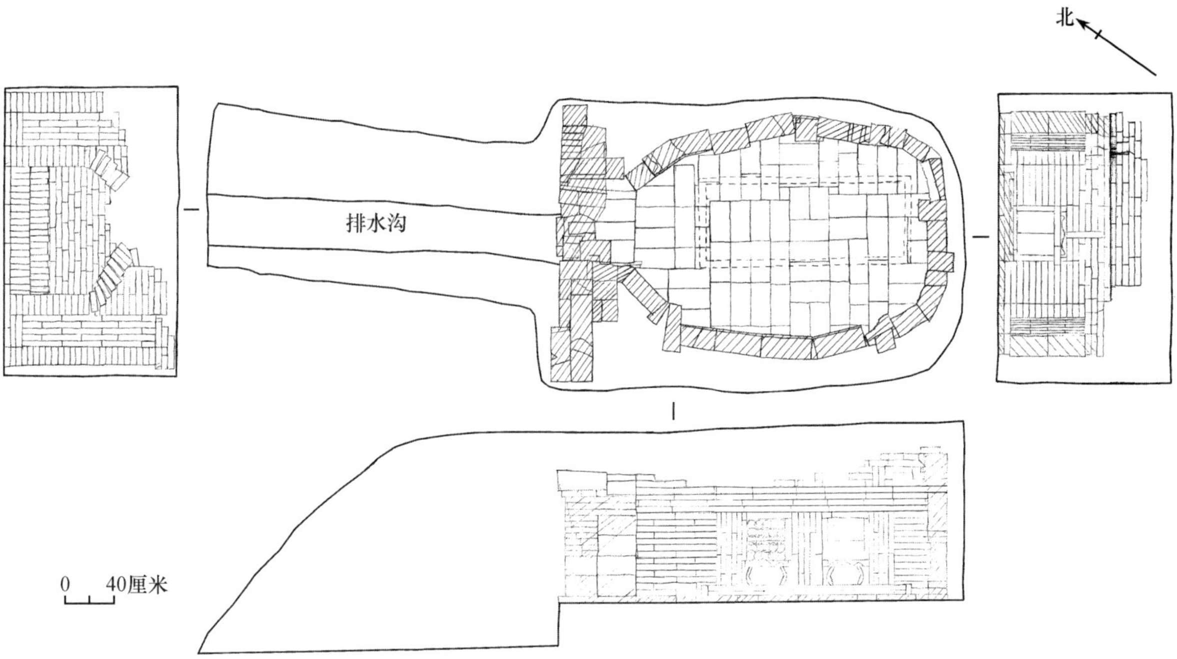

图五　M5平、剖面图

（3）C型：砖椁墓

1座（M10）。是一类特殊形制的简陋砖室墓，即除以砖砌筑墓壁外，还以砖平铺成墓顶，而不是砖砌券顶。M10由墓室和墓道组成，墓室长为216、宽86～98厘米，墓道长174、宽60～80厘米，方向为203°。墓内为灰褐色疏松填土，未见棺痕及骨架，无随葬品（图六）。

（4）D型：土坑墓

7座。形制大略相同，为长方形土坑竖穴墓，大多已被破坏，仅余部分骨架以及棺板朽灰痕迹。以M9为例。墓圹大致呈长方形，长210、宽80～90、深76～90厘米，方向195°。墓底有棺木腐痕，长190、宽52～60厘米，棺内头部有7块枕瓦，足部有垫瓦。人骨已朽，仅留若干破碎的腿骨。此外，出有棺钉若干枚和少量铜钱，其中有一枚康熙通宝（图七）。M1、M2、M3、M4、M11、M12与此类似。

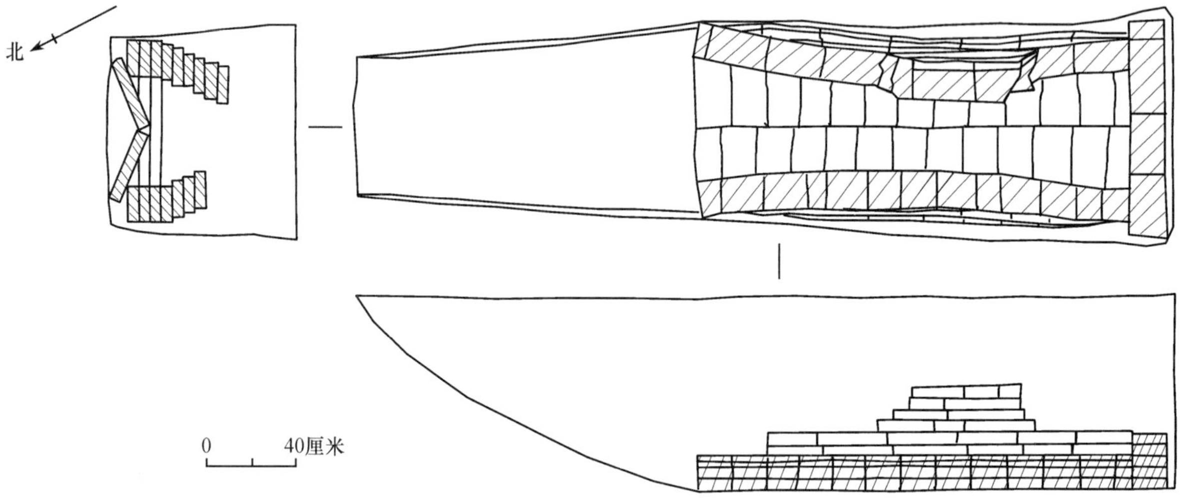

图六　M10平、剖面图

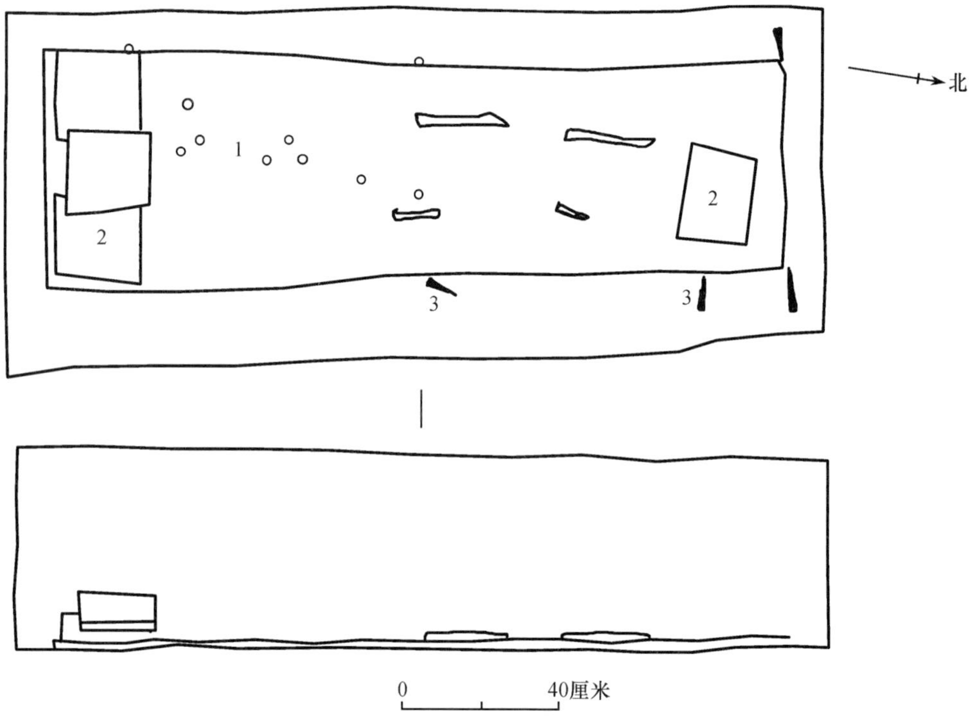

图七　M9平、剖面图
1. 铜钱　2. 板瓦　3. 棺钉

二、遗　　物

柴家庄墓群发现墓葬数量较少，且大多破坏严重，出土遗物稀少，仅发现极少陶瓷器和铜钱等。

1. 陶器

共3件。包括陶罐和陶碗。

陶罐 2件。M6：1，灰陶。方唇，短直颈，溜肩，斜弧腹，平底。口径13.6、高15.7、底径10厘米（图八，1）。AT0101：3，红陶。圆唇，短颈，溜肩，斜弧腹，平底。口径10、底径8.2、高16.5厘米（图八，2）。

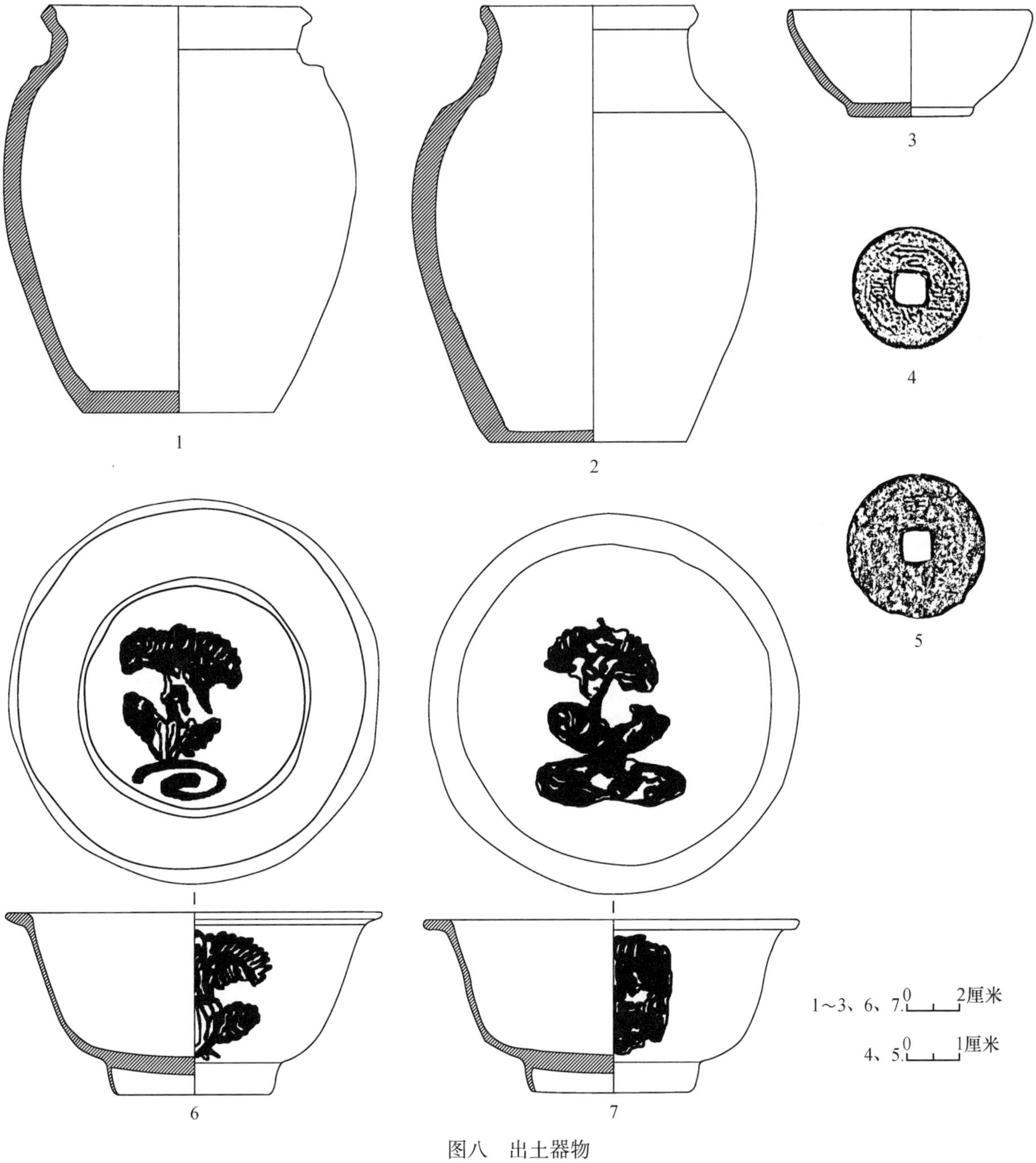

图八 出土器物

1、2. 陶罐（M6：1、AT0101：3） 3. 陶碗（M5：1） 4. 元丰通宝（M2：1）
5. 康熙通宝（M9：1） 6、7. 青花瓷碗（AT0101：1、AT0101：2）

陶碗　1件（M5：1）。假圈足，敛口，灰陶。素面。口径9.5、底径4.5、高4.3厘米（图八，3）。

2. 青花瓷碗

共2件。皆圈足，敞口，折沿，弧腹。胎为白色，施白釉，釉色泛青，饰有花草纹。AT0101：1，口径14.6、高7.2、足径6、圈足高1.3厘米（图八，6）。AT0101：2，口径14.6、高7、足径5.5、圈足高1.4厘米（图八，7）。

3. 铜钱

共20枚，主要出自M9。包括2种钱文：元丰通宝，如M2：1，直径2.3、孔径0.6厘米（图八，4）；康熙通宝，如M9：1，直径2.7、孔径0.6厘米（图八，5）。

三、墓葬年代

柴家庄墓群墓葬数量少且出土物稀少，也没有纪年物，只能根据墓葬形制及个别器物特征进行大致的年代判断。

M5、M6为椭圆形单室砖墓，有较复杂的仿木结构，这是典型的宋墓形制，墓中出土的灰陶罐和碗也呈宋代造型的特征，因此推测此二墓为宋墓。另外，土坑墓中的M2出土了元丰通宝，也可能为宋墓。

M10为简陋的砖椁墓，虽然无任何随葬品出土，但在本次发掘的另一个墓群（六里坪镇蒿口墓群）里发现了同类墓葬，出土了典型的唐代前期青瓷盘口壶、碗、杯等物，因此推测此墓也属于唐墓。

M7为残损严重的单室砖墓，无任何随葬品出土，但从墓葬形制来看，是较典型的东汉墓葬。

其他墓葬均为竖穴土坑墓，葬具皆已不存，无随葬品，很难判断年代，但根据M9所出康熙通宝及板瓦等迹象推测，这批墓葬应该属明清时代。

领　队：李梅田
发　掘：乔　峡　陈昊雯　邢延彪　韦　凯
　　　　郭的非　石明忠　张贵跃　赵　进
执　笔：李梅田　乔　峡　陈昊雯　马　玮　郭的非

附表　柴家庄墓群遗葬一览表

编号	类型	墓葬尺寸（长×宽-高）（厘米）	随葬品	年代
M1	长方形土坑墓	墓圹：102（残）×80–26（残）		明清
M2	长方形土坑墓	墓圹：250×90–23（残）	元丰通宝	宋代
M3	长方形土坑墓	墓圹：260×140–50（残）		明清
M4	长方形土坑墓	墓圹：278×128–37（残）		明清
M5	椭圆形单室砖墓	墓道：300×130	陶碗	宋代
		甬道：64×65–95（残）		
		墓室：258×150–100（残）		
M6	椭圆形单室砖墓	墓室：266×212–163（残）	陶罐	宋代
M7	长方形单室砖墓	墓室：120×160–55（残）		汉代
M9	长方形土坑墓	墓圹：210×90–90（残）	康熙通宝	明清
M10	砖椁墓	墓道：174×80		唐代
		墓室：216×98–80（残）		
M11	长方形土坑墓	墓圹：214×136–80（残）		明清
M12	长方形土坑墓	墓圹：244（残）×146–90（残）		明清

丹江口蒿口墓群考古发掘简报

北京师范大学历史学院

蒿口墓群是南水北调中线工程丹江口库区的考古发掘项目之一，受湖北省文物局委托，北京师范大学考古队于2011年10月至2012年7月，对该墓群进行了抢救性发掘。

蒿口墓群位于丹江口水库西南端，隶属丹江口市六里坪镇蒿口村，武当山西麓，西北距十堰市约20千米，东距丹江口市约45千米。墓群中心位于福银高速（G70）与G316国道交汇处北侧，地理坐标为东经111°03′11.3″，北纬32°31′51.0″，海拔152～160 米。墓群所在地曾在20世纪70年代经过大规模土地平整，原地势为自西南向东北倾斜，现为平坦的民居和耕地，经勘探，在地势较高的西南部，墓葬埋藏较浅，而东北部毗邻丹江口水库处，墓葬多在今地表以下3～5米（图一）。

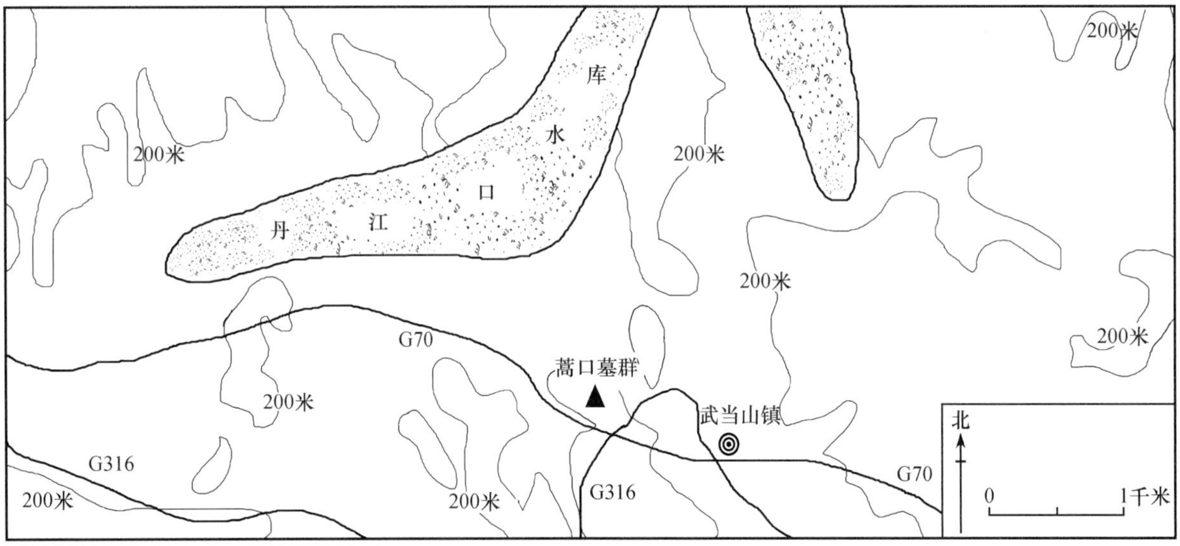

图一　蒿口墓群位置示意图

2010年，秦始皇兵马俑博物馆曾对蒿口墓群进行抢救性发掘，清理墓葬20余座，本次在其发掘区东部布方。田野发掘分为两个阶段：第一阶段为2011年10～12月，基本探明本墓群的墓葬分布情况，并清理了少量墓葬，年底因丹江口水库蓄水而暂停；第二阶段为2012年4～7月，对已探明墓葬进行了清理，完成了计划发掘任务，后因武当山国际旅游港项目施工取土致使大量墓葬暴露，报请湖北省文物局批准后，增加了抢救性发掘面积。两阶段的发掘历时6个月，共开10米×10米探方60个，探沟2条，发掘总面积近7000平方米，清理墓葬47座、窑址3处、灰坑1个（图二）。现将本次发掘的主要收获简报如下：

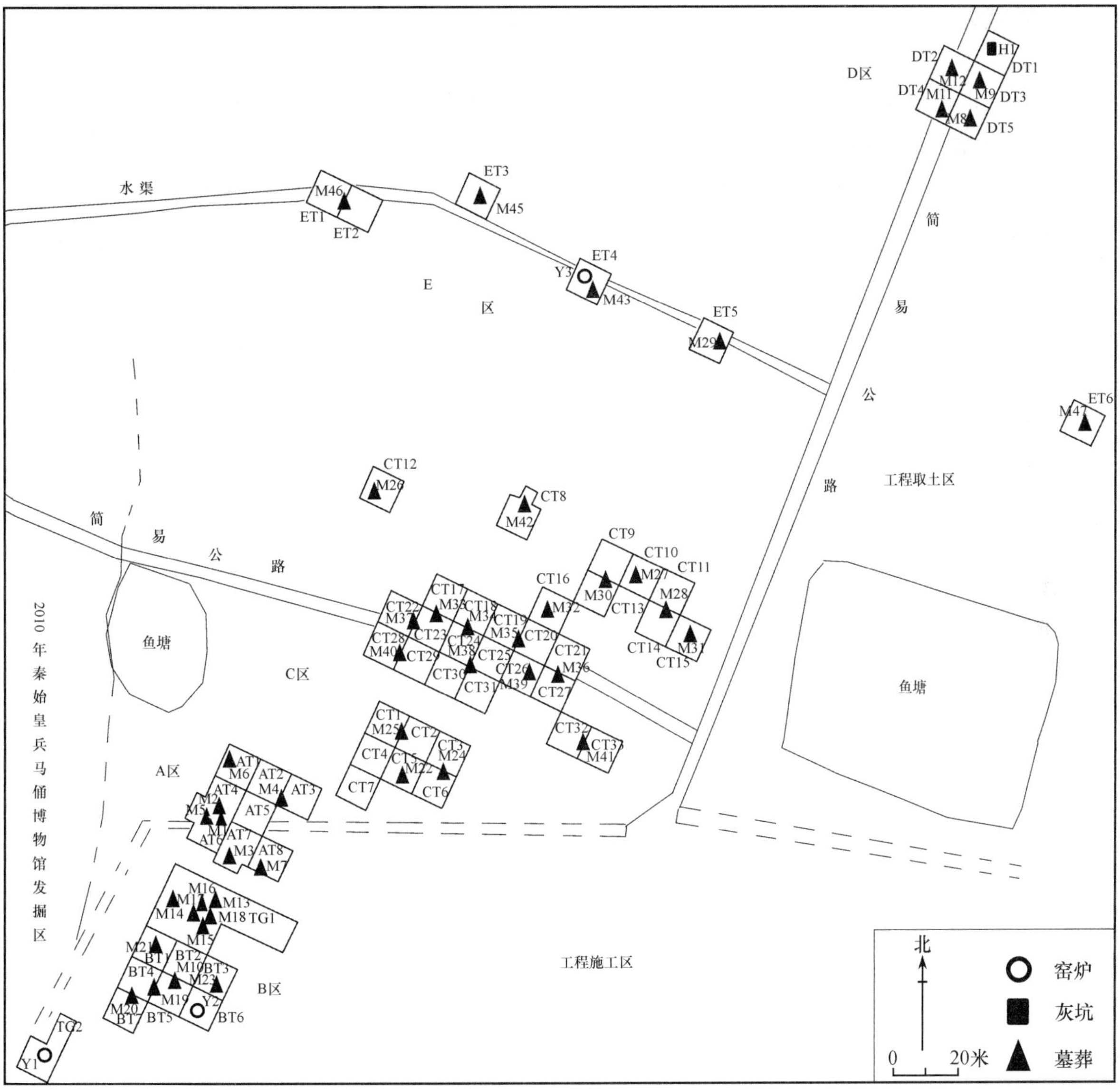

图二 蒿口墓群探方及遗迹分布图

一、遗　　迹

蒿口墓群共清理墓葬47座、窑址3处、灰坑1个，由于灰坑已被破坏殆尽，主要介绍墓葬和窑址情况如下：

（一）墓葬

蒿口墓群的墓葬分布密集，但由于历史上田地改造、道路建设等原因，地貌变化较大。墓群南部由于原始地势较高，地貌变化不大，多为南水北调工程之前的居民区，墓葬埋藏较浅，但破坏也较大（A、B、C区）；墓群北部多被田地改造时的垫土和丹江口水库淤沙覆盖，墓葬埋藏较深，所受破坏亦小（D、E区）。已清理的47座墓葬包括砖室墓和土坑墓两种类型。

1. 砖室墓

36座。根据墓室数目和结构的不同，可分为单室砖墓、前后室砖墓和多室砖墓三型。

（1）A型：单室砖墓

一般由斜坡墓道和长方形券顶墓室组成，个别有甬道，墓室形状以长方形为主，也有不太规则的梯形平面，有的墓道偏于墓室一侧，形成所谓“刀形”平面；也有的墓葬并非券顶，而是以砖平铺成墓顶，形成所谓“砖椁”。根据以上形制和结构上的差异，此型墓葬又可分为三亚型。

Aa型　单室券顶墓。有的墓葬地面后部高于前部，形成放置棺和随葬品的“棺床”。共25座（M1、M2、M5、M6、M8、M9、M10、M11、M12、M13、M14、M15、M16、M17、M27、M28、M29、M30、M31、M32、M33、M34、M39、M43、M47）。以M47、M8、M6、M30为例。

M47　墓顶及墓室上部已毁，墓室长370、宽270厘米，东壁已毁，西壁残高72厘米，错缝平砖顺砌，墓砖内侧有菱形纹。墓室前部有封门砖，仅余一层，墓室底部有铺地砖，对缝平铺。墓向10°。墓室北部有斜坡墓道，残长140、宽120厘米。出土仓、灶、井、釜、磨等模型明器及其陶瓮、陶罐等（图三）。

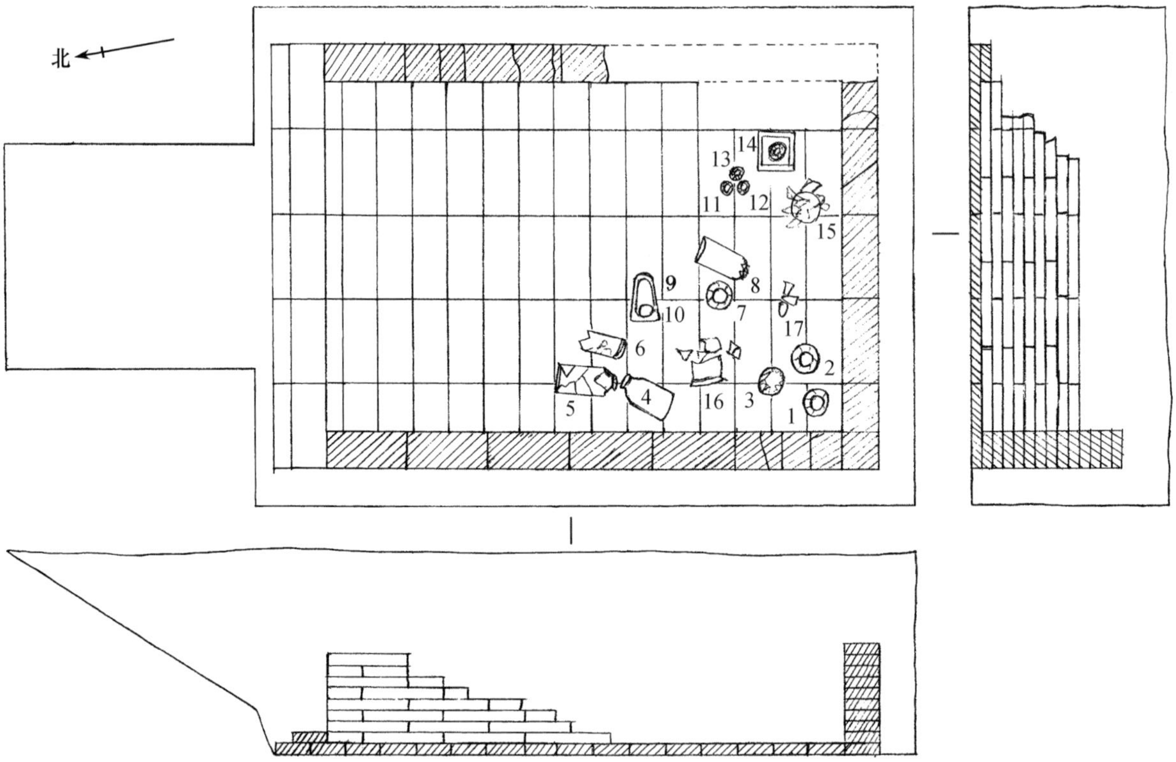

图三　M47平、剖面图

1～8. 陶仓　9. 陶灶　10、16. 陶井　11～13. 陶罐　14. 陶碓　15. 陶瓮　17. 铁块

M8 墓室长440、宽180、券顶高206厘米，墓向310°，墓室西部已坍塌。墓壁以“三顺一丁”方式砌筑，墓底有铺地砖，呈“人”字形铺砌。墓砖内侧面有涡纹。墓道位于墓室西部，残长10、宽130厘米。出有盘口壶、碗、杯等青瓷器以及壶、杯、豆等青铜器（图四）。

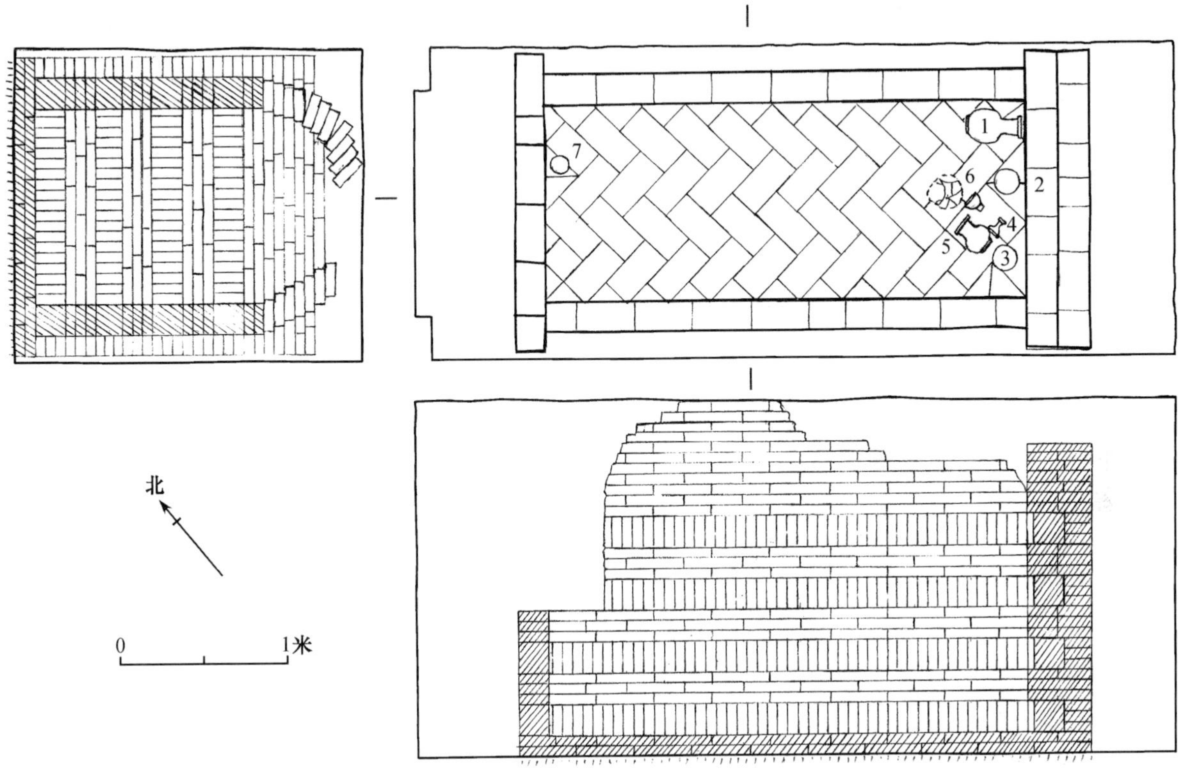

图四 M8平、剖面图

1. 青瓷盘口壶 2、3. 青瓷碗 4. 铜豆 5. 铜唾盂 6. 铜杯 7. 青瓷杯

M6 墓室长318、宽228、残高278厘米，墓壁为错缝平砖顺砌，北壁有两个壁龛，墓室前部有铺地砖，错缝平铺，后部墓底为夯土，无铺地砖，后部棺床高30厘米。墓室东部为长约800厘米的斜坡墓道，墓向115°，在墓室后部放置随葬品，有仓、灶、釜、甑、磨、圈等陶模型明器及陶罐、鼎、瓮等容器，并出有大泉五十、小泉直一等铜钱（图五）。

M30 墓室长342、宽176、残高90厘米。墓室后部有棺床，高54厘米。墓壁为单砖错缝平砌，墓底有铺地砖对缝平铺。墓室北部有斜坡墓道，长78厘米。随葬陶器较为丰富，有陶瓮、陶仓、陶磨、陶圈等，并出有铜釜以及五铢钱（图六）。

Ab型 刀形墓。7座（M18、M36、M37、M38、M40、M41、M45）。由墓道、甬道和墓室组成，甬道和墓道偏于墓室的一侧，与墓室的一壁平齐，整座墓室平面形如刀；个别墓葬后部有砖砌的棺床。以M18、M36为例。

M18 斜坡墓道长306、宽172厘米，甬道长146、宽132厘米，券顶已毁，一端有封门，呈“人”字形堆砌，残高108厘米。墓室呈长方形，长334、宽210厘米，墓室后部有棺床。甬道和墓室底部有“人”字形铺地砖，墓壁错缝平砖顺砌，一侧有菱形花纹。墓向123°。出有陶仓、陶锺、陶圈等器物，均置于墓室前部（图七）。

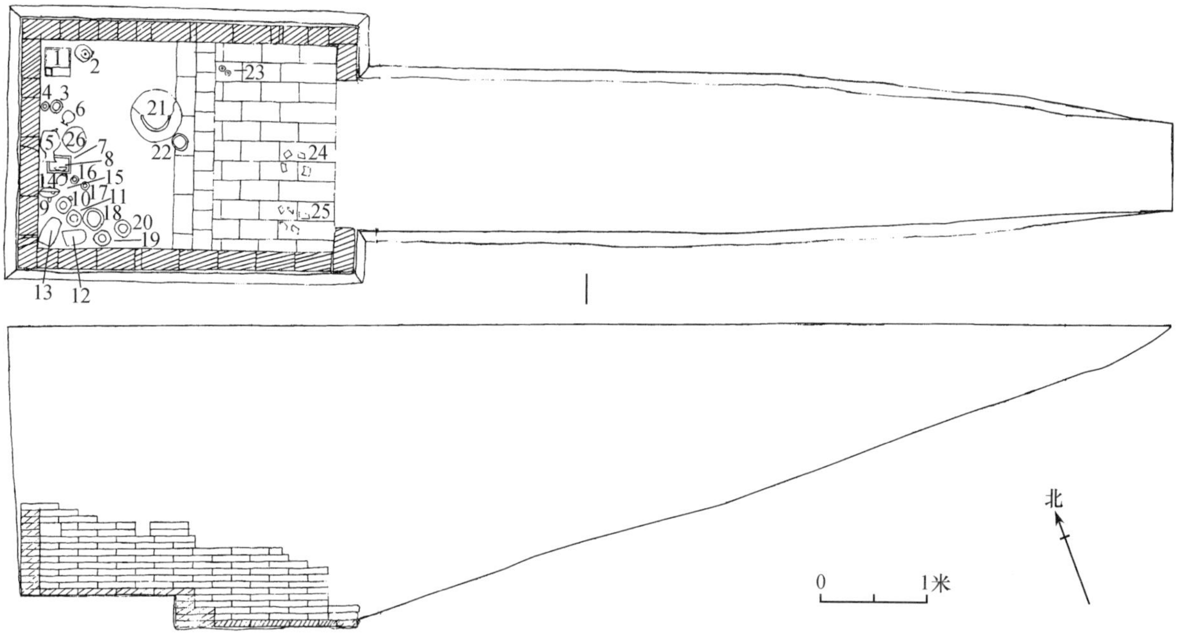

图五　M6平、剖面图

1. 陶圈　2. 陶磨　3. 陶井　4、16、17. 陶釜　5. 陶锺　6. 陶壶　7. 陶灶　8、14、15、22. 陶甑　9. 陶鼎　10～13、19、20. 陶仓　18. 陶罐　21、24、25. 陶瓮　23. 铜钱　26. 铜釜

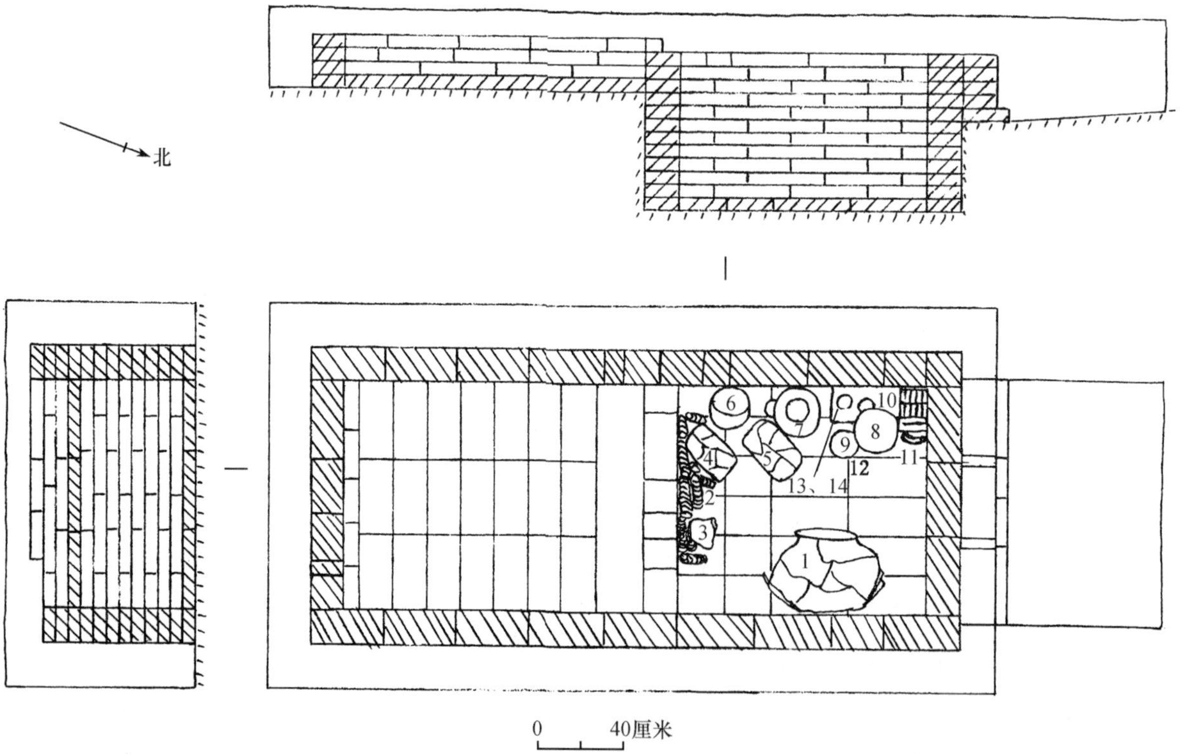

图六　M30平、剖面图

1. 陶瓮　2. 铜钱　3. 铁块　4～6. 陶仓　7. 陶磨　8. 铜釜　9. 陶井　10. 陶灶　11. 陶圈　12. 陶盂　13、14. 陶甑

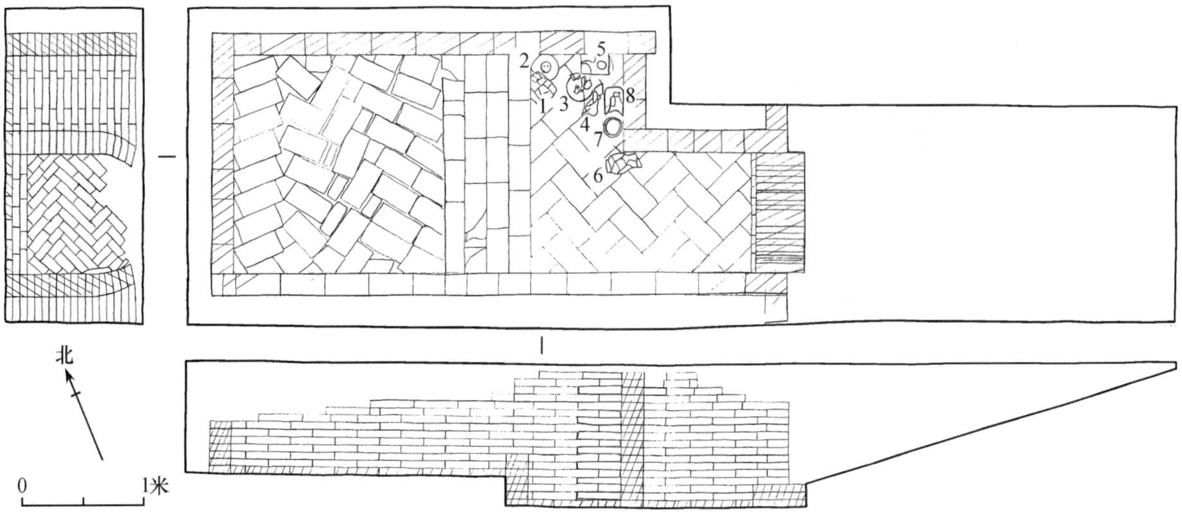

图七　M18平、剖面图

1、8. 陶仓　2. 陶磨　3. 陶圈　4、6. 陶锺　5. 陶鸡　7. 陶井

M36　斜坡墓道长266、宽136厘米，甬道长156、宽134厘米，封门为对缝平砖顺砌，两侧甬道壁错缝平砖顺砌，底部有铺地砖。墓室长354、宽268厘米，顶部已坍塌，墓壁错缝平砖顺砌，墓底有铺地砖。墓向203°　。出有陶鸡、陶猪、陶罐及五铢钱（图八）。

Ac型　砖椁墓。3座（M3、M7、M44）。墓葬规模较小，没有墓道，墓顶以砖平铺而成。以M7为例。

M7　墓室长294、宽172、深57厘米；墓底有铺地砖，呈“人”字形；四壁从铺地砖往上两层为平砖顺砌，第三层为竖砌，从第四层开始再向上平砖顺砌至顶。墓向120°　。墓内残留有少量骨架。出有盘口壶等青瓷器及五行大布铜钱（图九）。

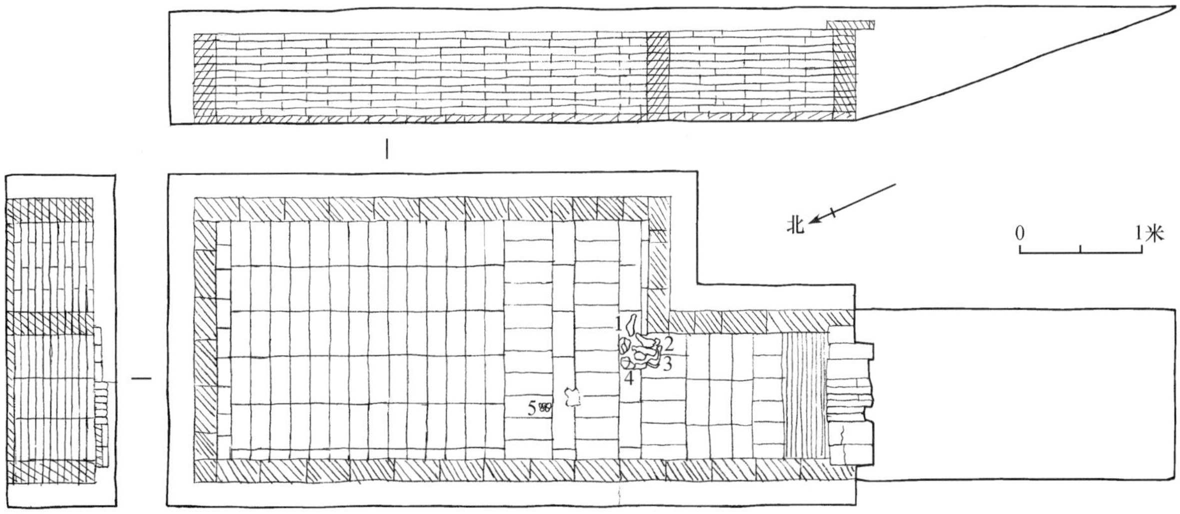

图八　M36平、剖面图

1、2. 陶鸡　3. 陶猪　4. 陶罐　5. 铜钱

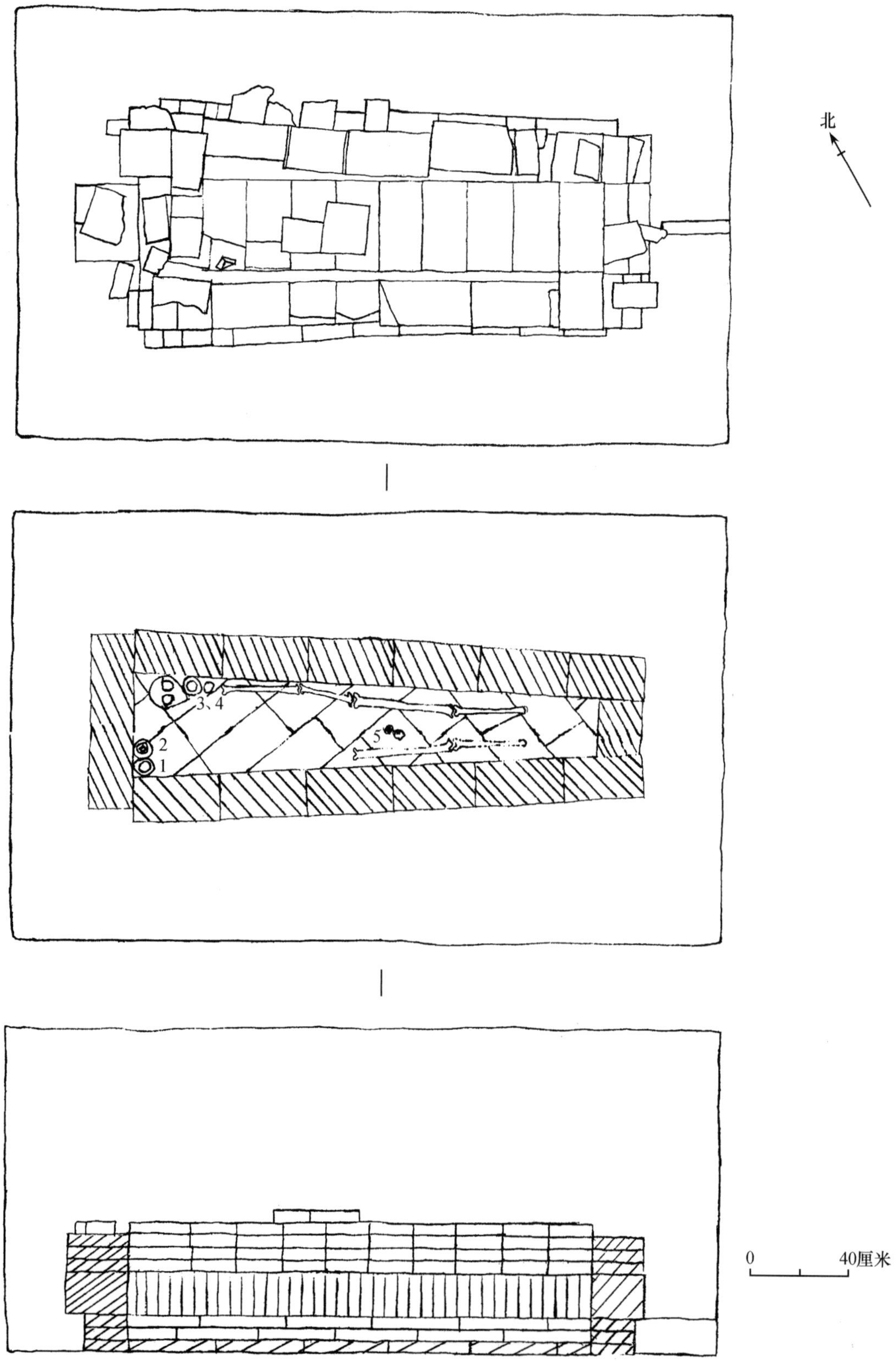

图九　M7平、剖面图

1. 青瓷碗　2. 青瓷盘口壶　3、4. 陶碗　5. 铜钱

M3、M44与M7形制相似，也出有青瓷器。

（2）B型：前后室砖墓

2座（M35、M46）。均为前堂横列式墓葬，呈“中”字形，由墓道、甬道、前室、后室组成。以M35为例。

M35　斜坡墓道长360、宽104厘米，甬道长218、宽148厘米，券顶，封门呈“人”字形堆砌。前室长196、宽420厘米，后室长310、宽220厘米，前后室之间有一小门相通。甬道及墓室四壁均为错缝平砖顺砌，有铺地砖，墓顶已毁，形制不明。墓砖内侧有菱形花纹。墓向108°。出有陶狗、陶锤、陶仓、陶灶、陶井等（图一〇）。

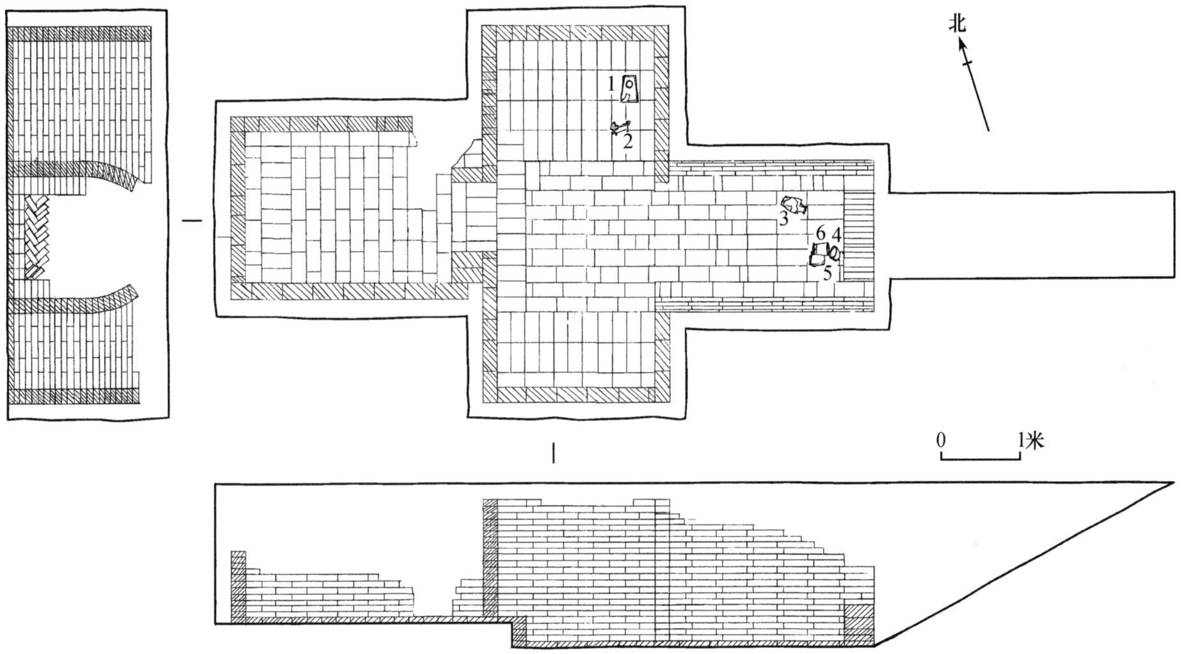

图一〇　M35平、剖面图

1. 陶灶　2. 陶狗　3. 陶锺　4、6. 陶仓　5. 陶井

（3）C型：多室砖墓

仅1座（M42）。由双墓道、一前室、双后室组成。两斜坡墓道形制相同，长184、宽86厘米，前室长188、宽400厘米，前室较后室低42厘米，两后室形制相同，长162、宽122厘米，两室之间墓壁上开有梯形孔，前室与后室四壁均为错缝平砖顺砌，底部有铺地砖。墓砖一侧有菱形纹，未见随葬品（图一一）。

2. 土坑墓

9座。主要分布于墓群B区和C区（M4、M19、M20、M21、M22、M23、M24、M25、M26），形制大略相同，为长方形土坑竖穴墓，大多埋藏较浅，破坏严重，仅余部分骨架以及棺板朽灰痕迹，极少随葬品，个别随葬青花瓷碗、陶罐、铜钱等物。以M20为例。

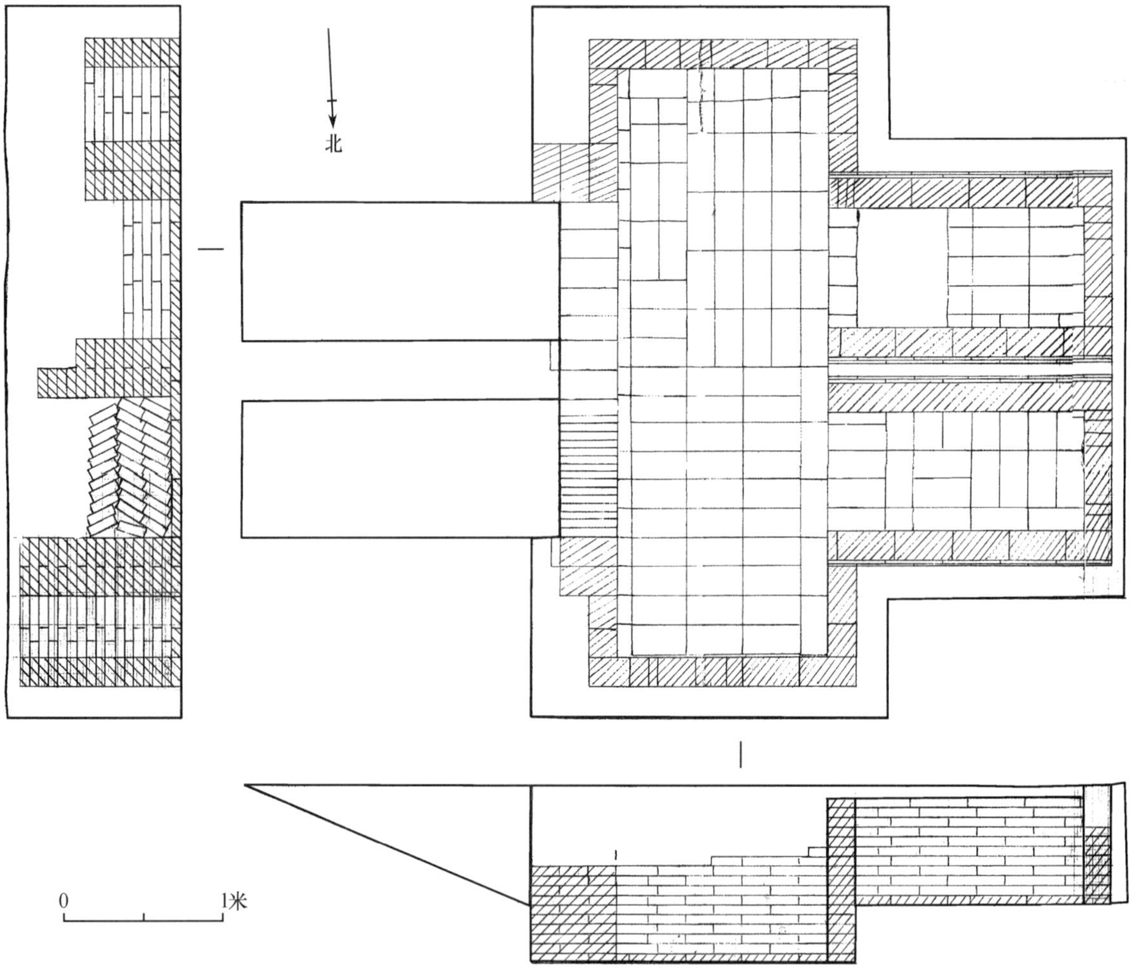

图一一　M42平、剖面图

M20　长方形竖穴土坑墓，墓口长250、宽102、残深80厘米。墓坑内可见朽烂的棺木痕迹，为单棺，长186、宽64厘米，仅残存少量肢骨，头向略偏北。棺内北端置铜钗1件（图一二）。

（二）窑址

蒿口墓群共发现3座窑址（Y1、Y2、Y3），均为馒头形砖窑，其中Y2保存较为完整，由火门、火膛、窑室、烟囱等部分组成。火门呈弧形，现长100、宽80～100、高120厘米，火门内填土包含有草木灰、碎石等，火门外出有“嘉平二年”、“嘉平六年”纪年砖。火膛位于火门与窑床之间，呈椭圆形，长70、宽120厘米。窑室位于火膛后部，较火膛高86厘米，基本呈方形，长240、宽 242厘米，上部已破坏，残存窑壁高130厘米，因火烧呈蓝色，窑床上残留有大量未烧成的砖坯。三道烟囱分别位于窑室后壁的中部和两侧，截面为长方形，垂直于窑床，长23、宽30、残高75厘米（图一三）。

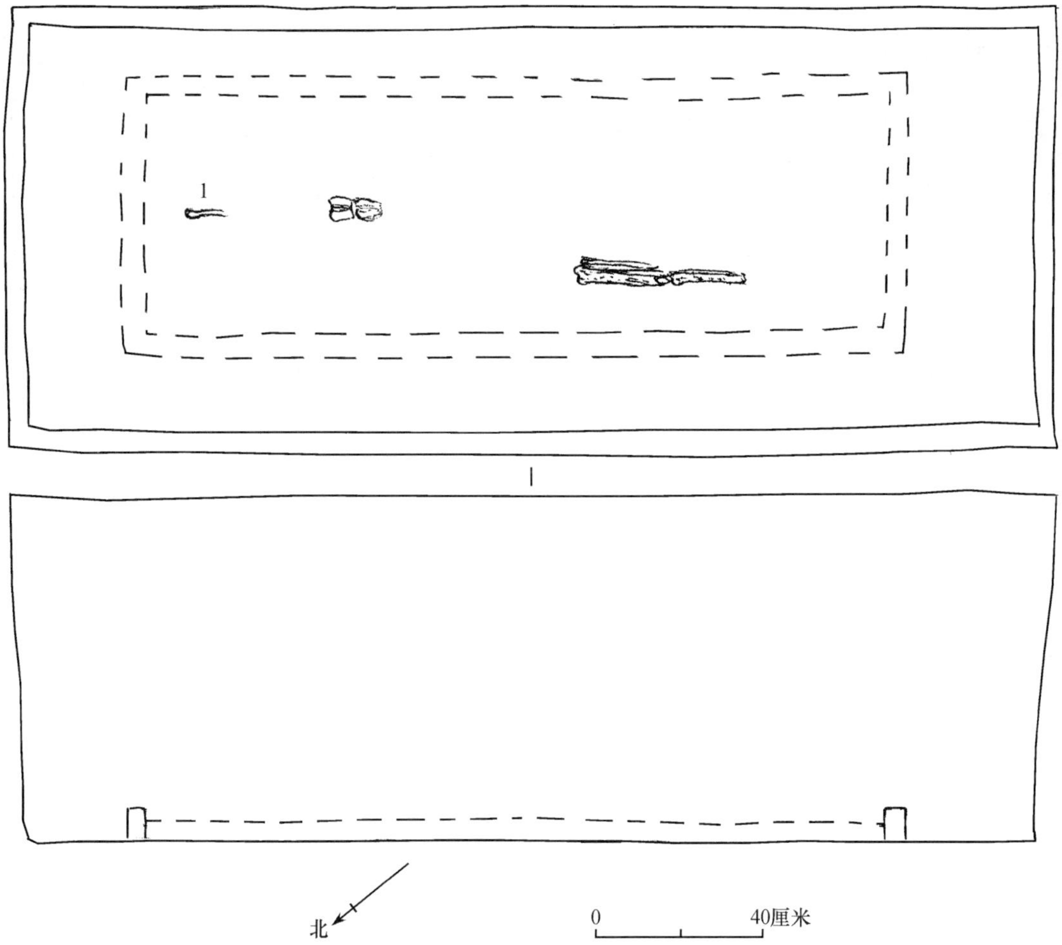

图一二　M20平、剖面图
1. 铜钗

二、出土遗物

（一）瓷器

出土瓷器共15件，皆为青瓷器，器形有碗、钵、杯、盘口壶、罐等。

碗　6件。根据足部的差异，可分为二型。

A型　1件。平底。M45：1，口微敛，斜弧腹，平底。胎为白色偏灰，器表青釉，釉不及底。口径9、高4.1厘米（图一四，1）。

B型　5件。假圈足。敞口微敛，斜腹。白色胎，器表施青釉，釉不及底。M8：3，红褐色胎，上部施白色化妆土后施青釉，釉色偏黄。口径15.5、高6厘米（图一四，2）。

钵　3件。斜直壁，假圈足，腹较深。M45：3，白色胎，器身施青釉，釉不及底，口沿处有褐点花纹，碗内底部有支钉痕迹。口径16.3、高6.5厘米（图一四，3）。

杯　2件。斜腹较深，假圈足。M11：1，底略内凹，圈足外撇。灰色胎，器表施青釉，釉

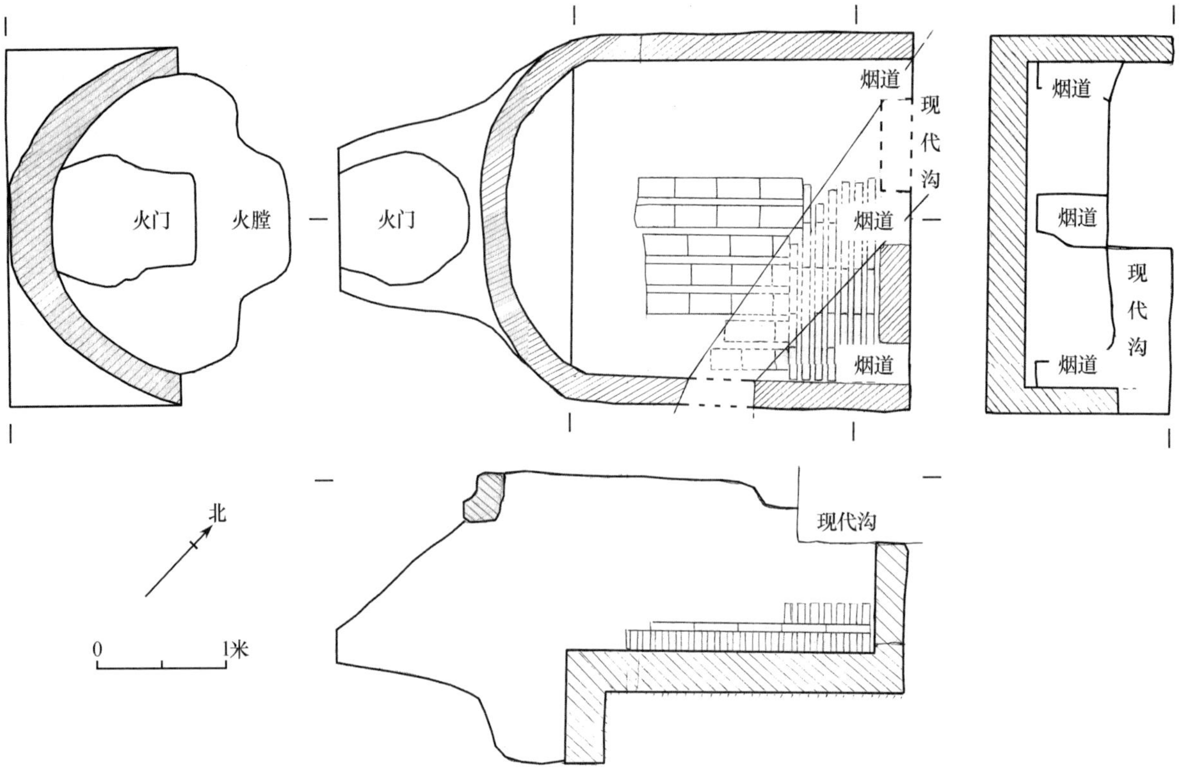

图一三　Y2平、剖面图

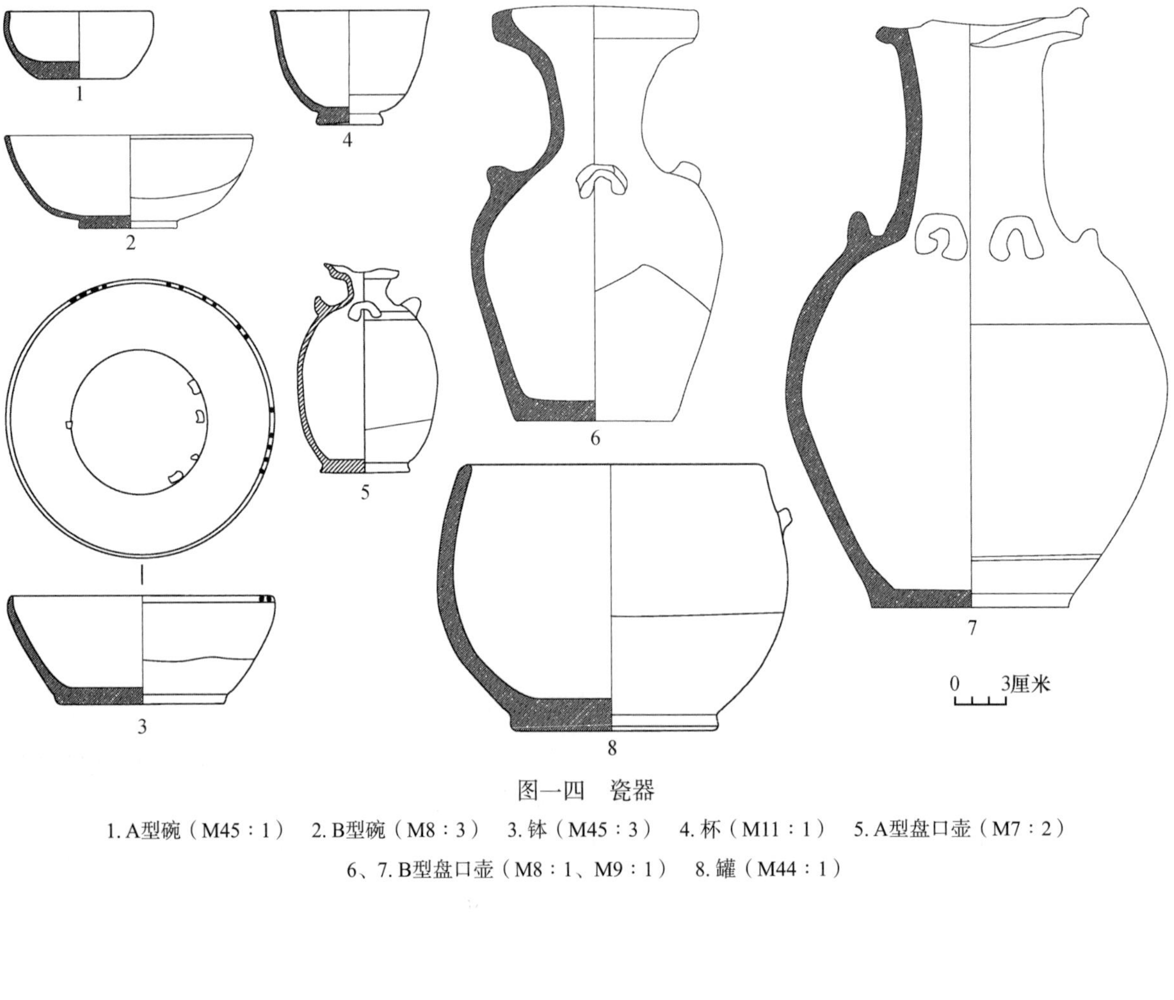

图一四　瓷器

1. A型碗（M45：1）　2. B型碗（M8：3）　3. 钵（M45：3）　4. 杯（M11：1）　5. A型盘口壶（M7：2）
6、7. B型盘口壶（M8：1、M9：1）　8. 罐（M44：1）

色偏黄，有青褐色斑点，釉不及底。口径10、高7厘米（图一四，4）。

盘口壶　3件。根据腹部的变化，可分为二型。

A型　1件。弧腹。M7：2，浅盘口，溜肩、平底，肩部有四个桥形系，并饰有两道凹弦纹。胎为白色，施青釉，釉不及底。高13厘米（图一四，5）。

B型　2件。斜腹。M8：1，盘口，长颈，圜肩，平底，肩部有四个桥形系。胎为白色，施青釉，釉不及底。高26厘米（图一四，6）。M9：1，盘口，直颈，圜肩，平底，肩部三组六个系。胎为白色，上半部施青釉。高37厘米（图一四，7）。

罐　1件。M44：1，敛口，鼓腹，假圈足，上腹部有三系。胎白色，器表上部施青釉，釉色偏黄。口径19、高16厘米（图一四，8）。

（二）陶器

出土陶器包括实用器、模型明器和陶塑动物。实用器有碗、罐、锺、壶、瓮、鼎、盂等，模型明器有仓、灶、井、圈、磨、甑、釜、碓、器盖等，陶塑动物有鸡、狗、猪等。

碗　3件。灰陶。弧腹，平底。根据有无假圈足，可分为二型。

A型　2件。平底，敞口。M7：3，平底略内凹，底部刻划“土”字。口径9、高5厘米（图一五，1）。

B型　1件。假圈足。M1：1，口径9、高3.2厘米（图一五，2）。

罐　15件。根据腹部造型和器表装饰，可分为三型。

A型　8件。双耳绳纹罐。灰陶。带双耳，折沿，方唇，直颈，平底内凹。腹部饰绳纹。根据器腹深浅，可分为二亚型。

Aa型　4件。斜腹瘦长，且腹部逐渐加深。可分为二式。

Ⅰ式　2件。M33：3，口径16、高31厘米（图一五，3）。

Ⅱ式　2件。斜腹逐渐变深。M14：2，口径13、高27厘米（图一五，4）。

Ab型　4件。圆弧腹。M14：3，口径17.2、高31厘米（图一五，5）。

B型　5件。鼓腹罐。不带双耳。根据口部变化，可分为二亚型。

Ba型　3件。灰陶。敛口，鼓腹，平底。M6：18，口沿下有三个小孔。口径13、高10.5厘米（图一五，6）。

Bb型　2件。灰陶。直口，圆唇，鼓腹，平底。M47：11，口径8.8、高9厘米（图一五，7）。

C型　2件。球腹罐。灰陶。肩部饰二系或四系。M45：4，敛口，圆腹，平底，肩部带三系。口径12.5、高12.5厘米（图一五，8）。

锺　4件。浅盘口，长颈，鼓腹。可分为二型。

A型　1件。M6：5，红陶。圈足。肩部刻有两个铺首，颈部饰有两道弦纹。口径13、高26厘米（图一五，9）。

B型　2件。M18：4，灰陶。方唇，溜肩，平底，下腹内收。口径17、高24厘米（图一五，10）。

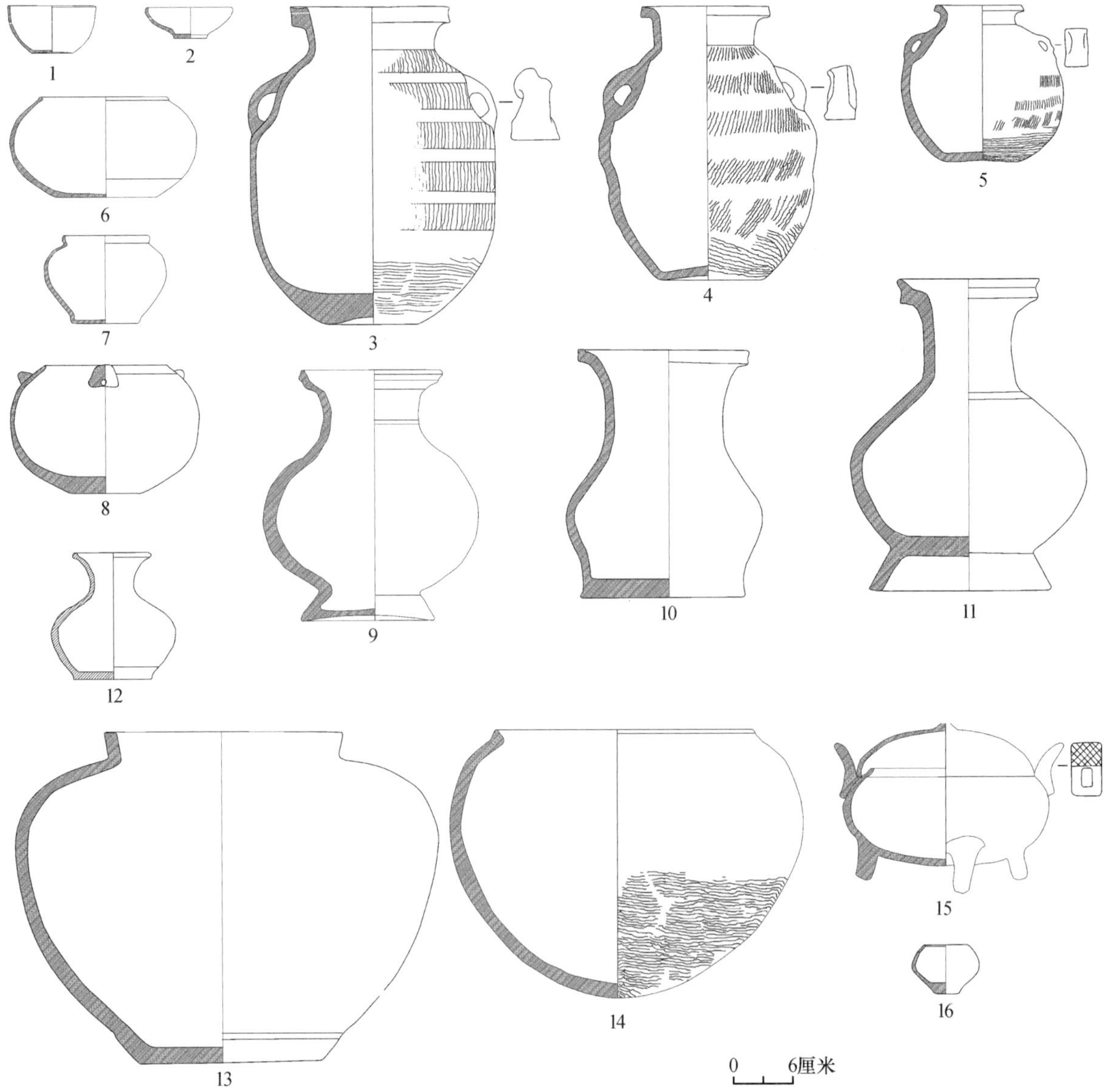

图一五　陶实用器

1. A型碗（M7：3）　2. B型碗（M1：1）　3. Aa型罐Ⅰ式罐（M33：3）　4. Aa型Ⅱ式罐（M14：2）　5. Ab型罐（M14：3）　6. Ba型罐（M6：18）　7. Bb型罐（M47：11）　8. C型罐（M45：4）　9. A型锺（M6：5）　10. B型锺（M18：4）　11. C型锺（M35：3）　12. 壶（M6：6）　13. A型瓮（M37：2）　14. B型瓮（M6：25）　15. 鼎（M6：9）　16. 盂（M30：12）

C型　1件。M35∶3，红陶。溜肩，鼓腹，圈足外撇。口径14.4、高30.5厘米（图一五，11）。

壶　1件。喇叭口。M6∶6，灰陶。束颈，溜肩，鼓腹，平底。口径7.5、最大腹径11.8、高13厘米（图一五，12）。

瓮　6件。灰陶。根据底部的变化，可分为二型。

A型　5件。平底罐。M37∶2，直口。底部饰两道弦纹。口径24、高33厘米（图一五，13）。

B型　1件。圜底罐。M6∶25，敛口。腹部及底部有绳纹。口径24、高27厘米（图一五，14）。

鼎　1件。M6∶9，红陶。敛口，鼓腹，圜底，两侧各有一个长方形耳，耳外撇，饰有网格纹，下有三足，另带有一灰陶圆形器盖。口径14、高17厘米（图一五，15）。

盂　1件。M30∶12，灰陶。敛口，鼓腹，下腹斜收，平底。口径4、高5厘米（图一五，16）。

仓　24件。根据颈部造型的差异，可分为二型。

A型　16件。无颈，敛口。M6∶19，褐陶。圜肩，斜直腹略鼓，带一仓盖。口径7、高27、底径15厘米（图一六，1）。

B型　8件。短颈，敞口，圜肩，斜腹略弧。M29∶2，口径8.2、底径15、高23厘米（图一六，2）。M6∶12，器表饰弦纹。口径7.5、高25厘米（图一六，3）。

灶　6件。根据整体造型的差异，可分为二型。

A型　1件。平面形状近梯形。M47∶9，灰陶。单灶孔，一侧有圆形烟囱，一侧有梯形灶门，灶上有一小罐。长23、高7.5厘米（图一六，4）。

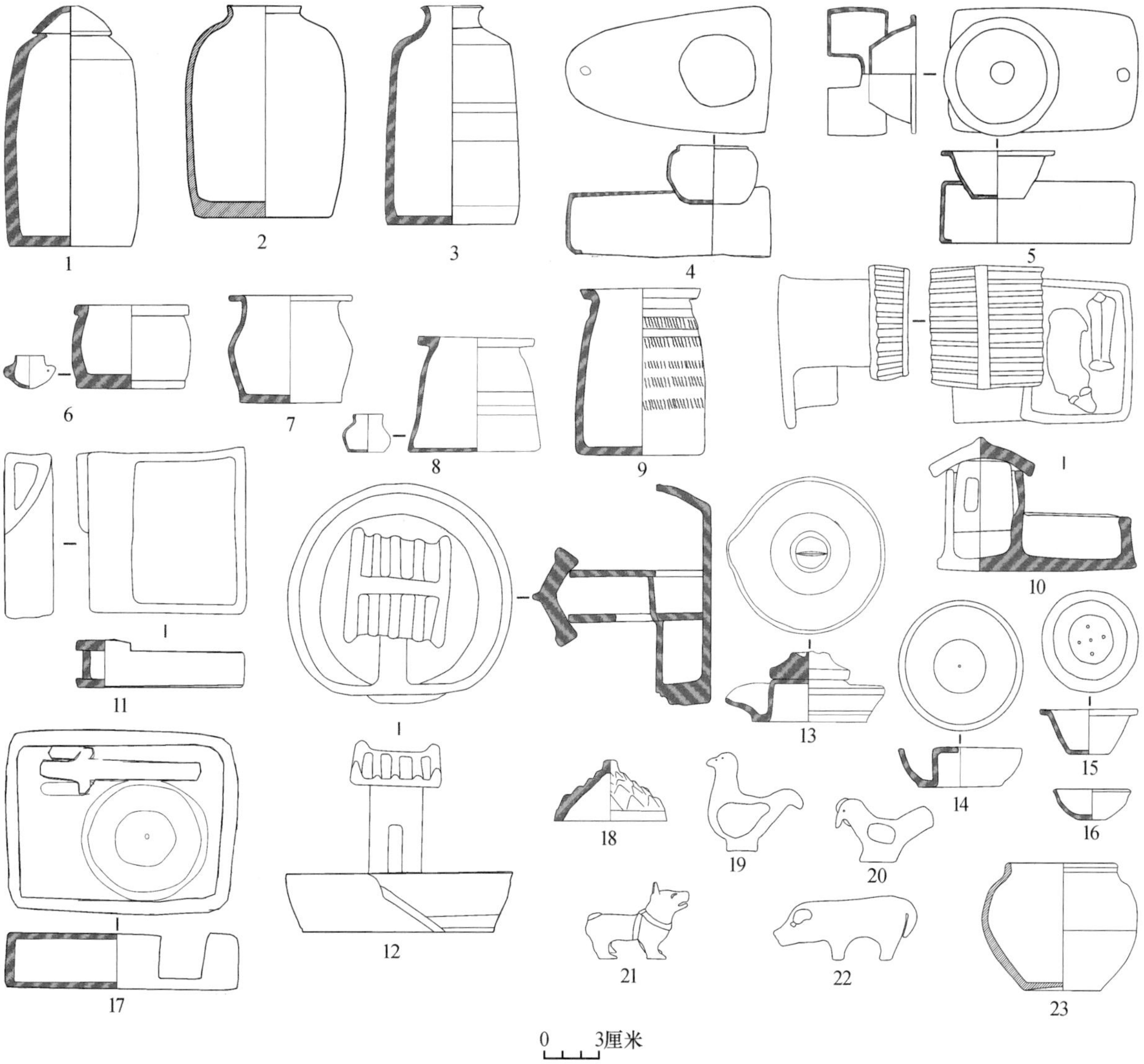

图一六　陶模型明器及陶塑动物

1. A型仓（M6∶19）　2、3. B型仓（M29∶2、M6∶12）　4. A型灶（M47∶9）　5. B型灶（M6∶7）　6. A型Ⅰ式井（M30∶9）　7. A型Ⅱ式井（M18∶7）　8. B型Ⅰ式井（M47∶16）　9. B型Ⅱ式井（M35∶5）　10. A型Ⅰ式圈（M30∶11）　11. A型Ⅱ式圈（M15∶3）　12. B型圈（M40∶3）　13. Ⅰ式磨（M6∶2）　14. Ⅱ式磨（M15∶5）　15. A型甑（M29∶4）　16. B型甑（M30∶13）　17. 碓（M47∶14）　18. 器盖（M29∶6）　19、20. 鸡（M29∶9、M18∶5）　21. 狗（M15∶2）　22. 猪（M36∶3）　23. 釜（M6∶16）

B型　5件。平面形状近长方形。M6：7，褐陶。单灶孔，一侧有长方形灶门，另一侧灶面上有一圆形烟囱，灶孔上有一甑。长22、高10.5厘米（图一六，5）。

井　7件。灰陶或褐陶。折沿，方唇，平底。根据腹部造型的差异，可分为二型。

A型　4件。鼓腹较浅。可分为二式。

Ⅰ式　2件。M30：9，直腹略鼓。口径13、高9厘米。井内有一小罐，小罐直口，鼓腹，圜底，带两耳（图一六，6）。

Ⅱ式　2件。鼓腹略折。M18：7，褐陶。口径10.6、高11厘米（图一六，7）。

B型　3件。斜腹较深，且斜腹逐渐加深。可分为二式。

Ⅰ式　2件。M47：16，井身饰弦纹。口径15.5、高15厘米。内有一小罐，直口，鼓腹。口径3.3、高4厘米（图一六，8）。

Ⅱ式　1件。M35：5，器身饰绳纹和弦纹。口径13.5、高18厘米。内有一小罐，敞口，圆唇，鼓腹。口径2.7、高3.2厘米（图一六，9）。

圈　6件。根据建筑物造型的不同，可分为二型。

A型　4件。平面近长方形，一侧有斜坡状楼梯。可分为二式。

Ⅰ式　3件。陶楼为两面坡或四面坡式，圈内有猪或羊等牲畜。M30：11，灰陶。圈总长22、高5.4厘米。圈内有两猪，一卧一站立，陶楼高13厘米，屋顶为两面坡式，内置厕（图一六，10）。

Ⅱ式　1件。无陶楼。M15：3，红陶。长18、高5.5厘米（图一六，11）。

B型　2件。平面形状近圆形。M40：3，直径24厘米。一侧有阶梯状楼梯，楼梯经由一长条形桥与圈中部陶楼相连，陶楼屋顶呈两面坡式，楼高20.2厘米（图一六，12）。

磨　5件。灰陶或红陶。磨身内空，与磨盘连体。可分为二式。

Ⅰ式　4件。磨盘较浅，下扇面高出盘口，由双扇磨扣合而成，磨盖中央有一圆形漏斗。M6：2，灰陶。直径18、高8厘米（图一六，13）。

Ⅱ式　1件。下扇面与盘口平齐。M15：5，红陶。口径14、高4.5厘米（图一六，14）。

甑　7件。灰陶。平底，底部有小孔。可分为二型。

A型　6件。折沿，方唇，斜腹。M29：4，口径11、高5厘米（图一六，15）。

B型　1件。敞口，斜弧腹。M30：13，口径8.7、高3.3厘米（图一六，16）。

釜　3件。灰陶。鼓腹，平底。M6：16，口径6、高7厘米（图一六，23）。

碓　1件。M47：14，灰陶。平面呈长方形，内有一圆形磨盘、一水碓。长26、高6.5厘米（图一六，17）。

器盖　2件。M29：6，灰陶。斗笠状，盖面布有凸起三角鳞状纹。直径12、高8厘米（图一六，18）。

鸡　6件。灰陶或红陶。呈站立状。M29：9，灰陶。长11、高10.5厘米（图一六、19）。M18：5，红陶。长11、高7厘米（图一六，20）。

狗　2件。红陶。昂首向上，双耳竖直，短尾卷曲，颈部及腹部系绳。素面。模制。M15：2，长23、高16.6厘米（图一六，21）。

猪　1件。M36：3，灰陶。呈立姿，尾自然下垂。模制。身长16、高7厘米（图一六，22）。

（三）铜器

出土铜器包括釜、唾盂、豆、杯、钗、腰带等，另有铜钱若干。

铜釜　3件，其中1件完整，2件残。M30：8，口外撇，折沿，斜腹，圜底。口径22、高10厘米（图一七，1）。

铜杯　1件。M8：6，敞口，弧腹，平底，高圈足外撇。口径11.5、高9厘米（图一七，2）。

铜唾盂　1件。M8：5，盘口，竖颈，鼓腹，平底，假圈足，有一圆形壶盖。盖上饰有凸弦纹。口径8、高11厘米，盖直径9.5、高2.3厘米（图一七，3）。

铜豆　1件。M8：4，敞口，斜弧腹，豆柄呈喇叭状。口径9.5、高9.5厘米（图一七，4）。

铜钗　2件。M9：2，残长16.5厘米（图一七，5）。

铜腰带　1件。M11：2，共分为4段。总长8、宽2.5厘米（图一七，6）。

铜钱　以五铢数量最多，大多锈蚀粘连，但部分钱文清晰可辨，一般直径2.5、孔径1厘米（图一八，1）。货泉若干，一般直径2.2、孔径0.8厘米（图一八，2、3）。大泉五十1枚，出自M6，锈蚀较甚，可辨钱文为篆书。直径2.8、孔径1厘米（图一八，4）。五行大布1枚，出自M7，锈蚀较甚，钱文依稀可辨。直径2.5、孔径0.7厘米（图一八，5）。开元通宝1枚，出自M9。直径2.5、孔径0.7厘米（图一八，6）。M6另出土有小铜钱若干，钱文锈蚀难以辨认，直径约1.5厘米，应为小泉直一。

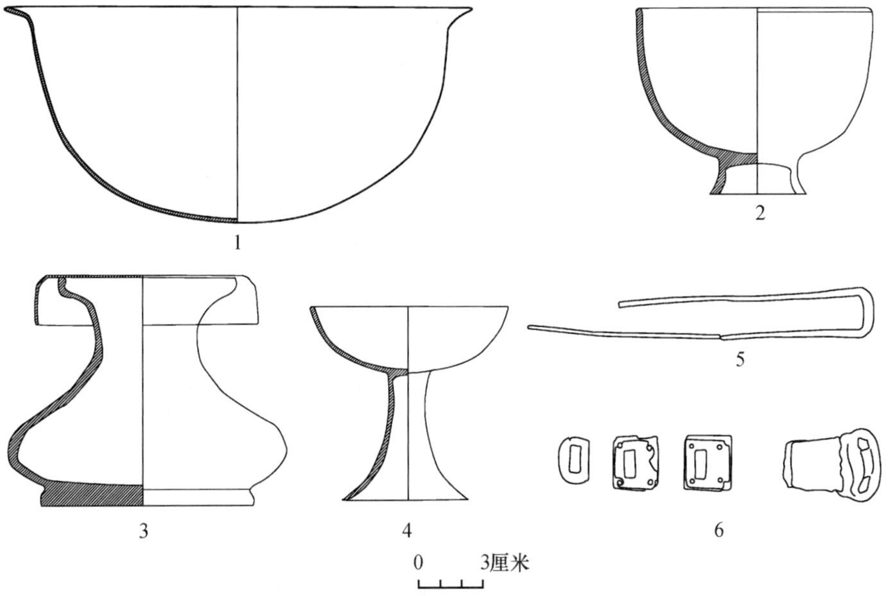

图一七　铜器

1. 釜（M30：8）　2. 杯（M8：6）　3. 唾盂（M8：5）　4. 豆（M8：4）　5. 钗（M9：2）　6. 腰带（M11：2）

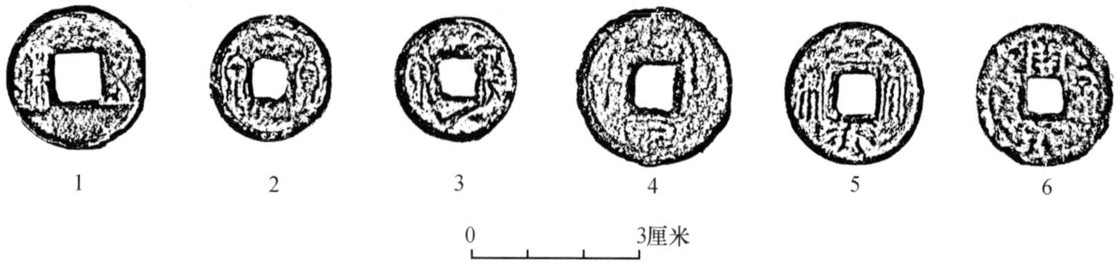

图一八　铜器拓片

1. 五铢（M30：2）　2、3. 货泉（M33：1、M38：1）　4. 大泉五十（M6：23）　5. 五行大布（M7：5）　6. 开元通宝（M9：3）

三、结　　语

1. 墓葬年代

本次清理的墓葬分布集中，形制较为丰富，但未发现纪年材料，根据墓葬形制与随葬品组合的关系，可分为四组。

第一组：均为单室砖墓，以Aa型砖室墓（单室券顶墓）为主，也有少量Ab型砖室墓（刀形墓），典型墓例如M5、M6、M29、M30、M33、M38、M47等。随葬品主要包括瓮、壶、鼎、双耳罐等器皿，仓、灶、圈、磨、井等模型明器，以及陶鸡等陶塑动物。其中，M6出有铜钱大泉五十和小泉直一，M33、M38出有货泉，均为新莽时期货币。M6的墓葬形制也与宜昌包金头M2、襄樊贾巷M13[1]等相似，将本组所出圈、仓、井等模型明器与邻近地区东汉墓葬[2]随葬品对比，推断本组墓葬的年代为东汉早中期。

第二组：包括部分Aa型砖室墓（单室券顶墓）、大部分Ab型砖室墓（刀形墓），以及B、C型砖室墓（前后室砖墓和多室砖墓）。典型墓例如M13、M14、M15、M18、M27、M31、M32、M34、M35、M36、M37、M40、M41、M42、M46等。主要随葬品有双耳罐以及仓、灶、圈、磨、井等模型明器，陶鸡、陶狗等陶塑动物的数量明显增多，此外，陶瓮、陶鼎以及青铜釜不再出现，大量出土五铢钱。本组墓葬中的Aa型墓，在墓葬形制和随葬品组合上多与邻近地区东汉中晚期墓葬相似，如房县M2有“本初元年”纪年[3]，“本初”为东汉质帝年号（公元146年）；此外，B、C型墓葬即“前堂横列式墓葬”，根据《洛阳烧沟汉墓》的研究[4]，出现年代当在汉代较晚阶段。

此外，在Y2发现了“嘉平二年”、“嘉平六年”纪年砖，此“嘉平”可能是曹魏齐王的年号，从地域上来看，曹魏在嘉平年间（公元249～254年）曾统治丹江口地区，隶属于曹魏控制下的荆州。以Y2为代表的3座砖窑位于墓葬区，所烧青砖与本组墓葬的墓砖并无显著差别，可能本组中的部分墓葬所用墓砖正是出自这几座砖窑。因此，本组墓葬的年代大致在东汉中晚期至三国时期。

第三组：包括部分Aa型砖室墓（单室券顶墓）和Ab型砖室墓（刀形墓），以及全部Ac型砖室墓（砖椁墓），典型墓例如M1、M3、M7、M8、M9、M11、M16、M39、M44、M45等。随葬品以盘口壶、碗、钵、杯等青瓷器为主，也有少量陶碗以及铜锸、腰带饰件等，其中M8、M11所出青瓷杯、M45所出青瓷碗和钵、M7、M8、M9所出青瓷盘口壶等均为深灰色胎，青釉釉色偏黄，应当为盛唐时期洪州窑的产品；M44出土的玉璧底碗也是典型盛唐青瓷器造型。此外，M7出有北周五行大布，M9出有开元通宝也进一步提供了佐证，因此推测本组墓葬年代当为唐代前期。

第四组：均为土坑竖穴墓，形制相似，如M19、M20、M21、M22、M23、M24、M25等，墓葬规模较小，几无随葬品，墓内仅余棺木腐痕，推出为明清时期墓葬。

以上四组分别代表了蒿口墓群的四个时期，墓葬数量以东汉时期最多，唐代墓葬次之，明清时期墓葬最少。

2. 相关问题的讨论

（1）蒿口墓群的年代以东汉为主（可延至三国时期），墓葬形制和随葬品组合的变化基本反映了东汉时期墓葬文化演变的一般规律。墓葬形制由较单一的单室券顶墓向多样化方向发展，逐渐出现了前堂横列式的多室墓，墓葬形制的变化可能反映了丧葬仪式的变化，如多室墓的前堂部位可能是墓内祭奠的场所。东汉时期随葬品组合的最显著变化是陶鼎等仿铜礼器逐渐消失，以仓、井、灶等模型明器随葬更加普遍。

（2）蒿口墓群的唐代墓葬数量虽然不多，墓葬形制也是比较简单的单室砖墓和砖椁墓，但仍出土了一批精致的青瓷器，青瓷盘口壶、碗、钵、杯等器物从造型和装饰看，都是典型的洪州窑产品，这是唐代六大青瓷名窑之一的洪州窑瓷器在江西以外的重要发现[5]。在洪州窑鼎盛的唐代前期，洪州窑青瓷曾作为当地“土贡”输入都城长安，而汉江水道正当洪州窑产品经由长江转运关中的要道之上，蒿口墓群洪州窑青瓷器的发现，或许反映了唐代的南北交通路线可能不仅只有经由中原一途。

领　队：李梅田
发　掘：乔　峡　陈昊雯　邢延彪　韦　凯
　　　　马　玮　郭的非　石明忠　张贵跃
　　　　赵　进　田亚洲　毋正通
执　笔：李梅田　陈昊雯　乔　峡　马　玮　郭的非

注　释

［1］长办库区处红花套考古工作站：《湖北宜昌前坪包金头东汉、三国墓》，《考古》1990年第9期，第815页；襄樊市文物考古研究所：《襄樊贾巷墓地发掘报告》，《襄樊考古文集》第一辑，科学出版社，2007年，第299页。

［2］襄樊市考古队：《襄樊市高庄墓群发掘报告》，《江汉考古》1990年第4期，第61页。

［3］湖北省博物馆：《湖北房县的东汉、六朝墓》，《考古》1978年第5期，第301页。

［4］洛阳区考古发掘队：《洛阳烧沟汉墓》，科学出版社，1959年。

［5］权奎山：《洪州窑瓷器流布初探》，《中国历史文物》2008年第3期，第4页。

附表　蒿口墓群墓葬一览表

编号	类型	墓葬尺寸（长×宽-高）（厘米）	随葬品	年代推断
M1	砖室墓Aa	墓室：226×（56～78）-35（残）	陶碗	唐代前期
M2	砖室墓Aa	土圹：226×110-8（残），墓室残	无	东汉中晚期至三国
M3	砖室墓Ac	墓室：304×138-55	青瓷碗；铜钱	唐代前期
M4	土坑墓	土圹：190×130-88（残）	无	明清
M5	砖室墓Aa	墓道：880×310 墓室：350×282-174（残）	铜釜	东汉早中期
M6	砖室墓Aa	墓道：800×139 墓室：318×228-278（残）	陶罐、锺、壶、瓮3、鼎、仓6、灶、井、圈、磨、甑4、釜3；铜釜、大泉五十、小泉直一	东汉早中期
M7	砖室墓Ac	墓室：294×172-57	青瓷碗、盘口壶；陶碗2；五行大布	唐代前期
M8	砖室墓Aa	墓道：10（残）×130 墓室：440×180-206（残）	青瓷碗2、杯、盘口壶；铜杯、唾盂、豆	唐代前期
M9	砖室墓Aa	墓道：64（残）×174 墓室：310×143-146	青瓷盘口壶；铜钗、开元通宝	唐代前期
M10	砖室墓Aa	土圹：330×210-32（残），墓室残	无	东汉早中期
M11	砖室墓Aa	墓室：276×（85～98）-144	青瓷杯；铜腰带	唐代前期
M12	砖室墓Aa	土圹：110×180-30（残），墓室残	无	东汉早中期
M13	砖室墓Aa	墓道：310×110 墓室：372×144-48（残）	无	东汉中晚期至三国
M14	砖室墓Aa	墓道：340×150 甬道：120×132-114（残） 墓室：372×208-102（残）	陶罐3	东汉中晚期至三国
M15	砖室墓Aa	墓道：320×144 墓室：342×108-72（残）	陶罐2、圈、磨、狗、鸡	东汉中晚期至三国
M16	砖室墓Aa	墓室：246×80-31（残）	青瓷钵	唐代前期
M17	砖室墓Aa	土圹：316×140-20（残），墓室残	无	东汉早中期
M18	砖室墓Ab	墓道：306×172 甬道：146×132-108（残） 墓室：334×210-108（残）	陶锺2、仓2、井、圈、磨、鸡	东汉中晚期至三国
M19	土坑墓	土圹：276×（80～86）-70（残）	无	明清
M20	土坑墓	土圹：250×102-80（残）	铜钗	明清
M21	土坑墓	土圹：316×120-72（残）	无	明清
M22	土坑墓	土圹：268×102-70（残）	无	明清
M23	土坑墓	土圹：245×94-64（残）	无	明清
M24	土坑墓	土圹：250×100-80（残）	无	明清
M25	土坑墓	土圹：276×110-80（残）	无	明清
M26	土坑墓	土圹：284×130-70（残）	无	明清
M27	砖室墓Aa	墓室：338×134-77（残）	无	东汉中晚期至三国

续表

编号	类型	墓葬尺寸（长×宽-高）（厘米）	随葬品	年代推断
M28	砖室墓Aa	墓道：262×132 墓室：396×148-90（残） 耳室：136×90-82（残）	无	东汉早中期
M29	砖室墓Aa	墓道：232×124 墓室：262×160-60（残）	陶罐、仓3、圈、磨、灶、甑、器盖2、鸡2；五铢	东汉早中期
M30	砖室墓Aa	墓道：78（残）×112 墓室：342×176-90（残）	陶盂、瓮、仓3、井、圈、磨、灶、甑2；铜釜、五铢；铁块	东汉早中期
M31	砖室墓Aa	墓道：68（残）×106 墓室：281×138-12（残）	无	东汉中晚期至三国
M32	砖室墓Aa	墓道：160×90 墓室：304×127-36（残）	无	东汉中晚期至三国
M33	砖室墓Aa	墓道：210×90 墓室：370×120-73（残）	陶罐2；五铢、货泉	东汉早中期
M34	砖室墓Aa	墓道：220×124 墓室：350×155-66（残）	无	东汉中晚期至三国
M35	砖室墓B	墓道：360×104 甬道：218×148-154（残） 前室：196×420-172（残） 后室：310×220-81（残）	陶锺、仓2、灶、井、狗	东汉中晚期至三国
M36	砖室墓Ab	墓道：226×136 甬道：156×134-81（残） 墓室：354×268-74（残）	陶罐、猪、鸡2；五铢	东汉中晚期至三国
M37	砖室墓Ab	墓道：260×145 甬道：110×145-112（残） 墓室：390×230-112（残）	陶瓮；五铢	东汉中晚期至三国
M38	砖室墓Ab	墓道：182×138 甬道：158×142-90（残） 墓室：390×256-66（残）	五铢、货泉	东汉早中期
M39	砖室墓Aa	墓室：284×131-23（残）	无	唐代前期
M40	砖室墓Ab	墓道：120（残）×110 甬道：120×144-72（残） 墓室：340×200-60（残）	陶罐、灶、圈、井；五铢	东汉中晚期至三国
M41	砖室墓Ab	墓道：304×132 甬道：176×96-49（残） 墓室：498×242-105（残）	无	东汉中晚期至三国
M42	砖室墓C	墓道：184×86 前室：188×400-96（残） 后室：162×122-61（残）	无	东汉中晚期至三国
M43	砖室墓Aa	墓室：170（残）×100-42（残）	无	唐代前期
M44	砖室墓Ac	墓室：280×（100～120）-50（残）	青瓷碗、罐	唐代前期

续表

编号	类型	墓葬尺寸（长×宽-高）（厘米）	随葬品	年代推断
M45	砖室墓Ab	甬道：82×98–102（残） 墓室：328×158–124（残）	青瓷碗2、钵；陶罐	唐代前期
M46	砖室墓B	墓道：410×180 甬道：180×180–119（残） 前室：320（残）×350–6（残） 后室：360×110（残）–6（残）	五铢	东汉中晚期至三国
M47	砖室墓Aa	墓道：140（残）×120 墓室：370×270–72（残）	陶罐3、瓮、仓8、灶、井2、碓；铁块	东汉早中期

郧县黑家院遗址发掘简报

湖北省文物考古研究所

黑家院遗址位于郧县安阳镇小河村二组，地处汉江支流龙门河左岸阶地龙门川上，地理坐标为东经111° 04′ 324″ ，北纬32° 49′ 63.7″，海拔159米。遗址东南距龙门堂遗址约2千米，东北距李营墓群约1千米（图一）。

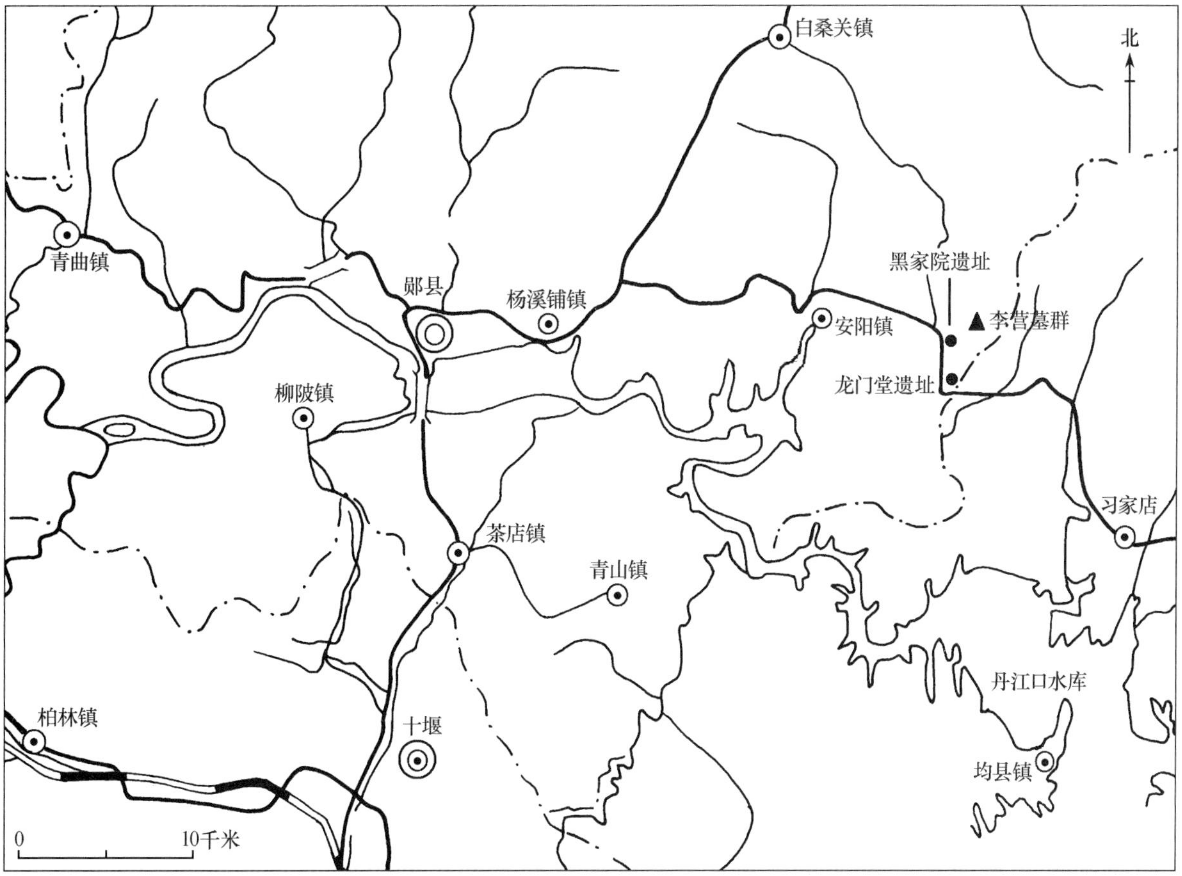

图一　黑家院遗址位置示意图

2006年12月至2007年6月，湖北省文物考古研究所为配合南水北调丹江口库区文物保护工作，对黑家院遗址进行了两次发掘，布5米×5 米探方75个，发掘面积总计1875平方米（编号07YH）。该遗址以新石器时代遗存为主体，有少量东周、汉代及明清遗存（图二；图版三，1）。

由于遗址晚期遗存未见地层堆积，遗迹破坏殆尽，遗物基本不见，故本简报主要将黑家院遗址新石器时代遗存简报如下：

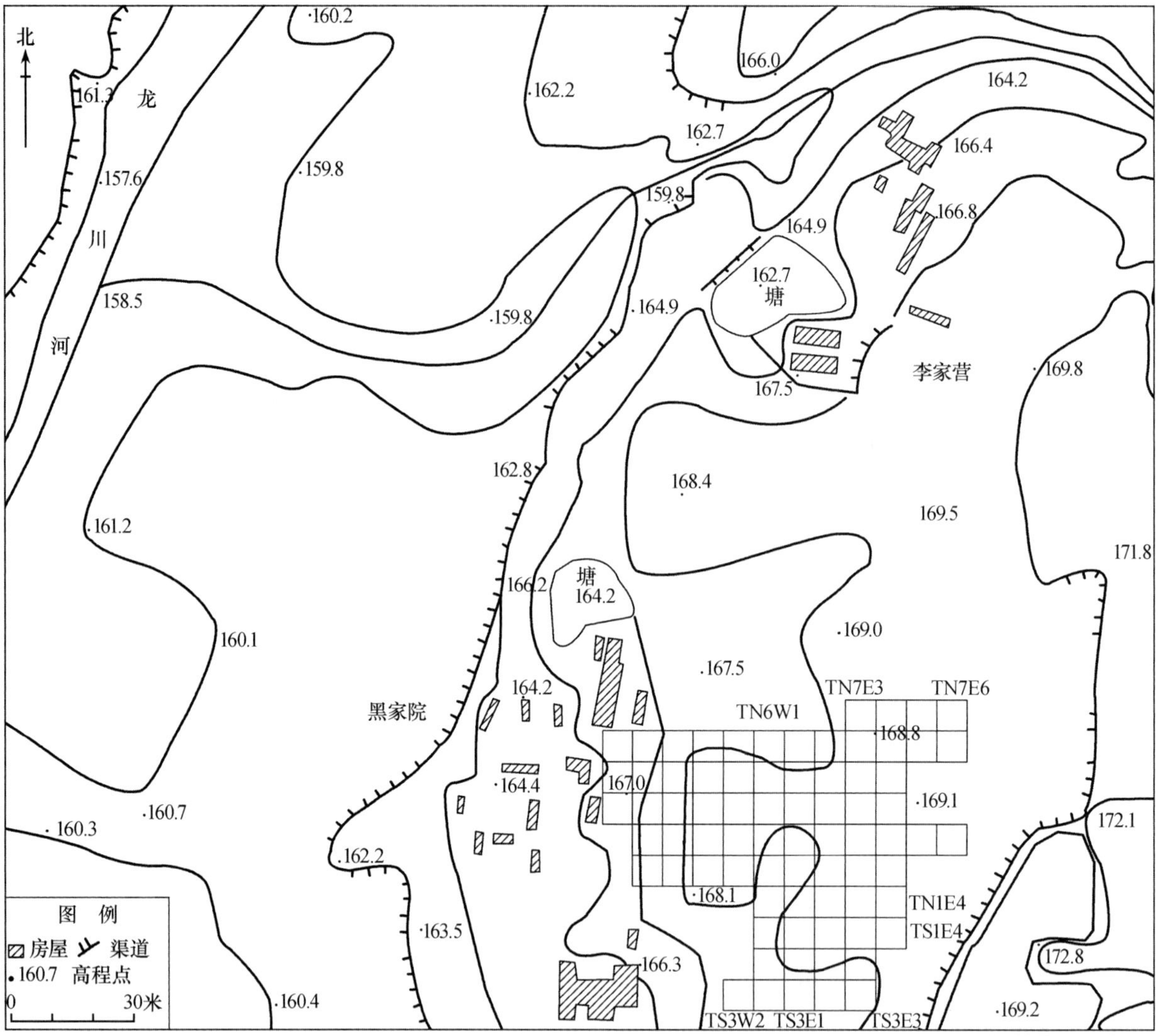

图二　黑家院遗址地形及探方分布示意图

一、地层堆积

黑家院遗址东高西低，地层堆积北厚南薄。以TN7E3东壁为例，堆积层次分为5层，从上至下依次为：

第1层：耕土层，褐黄色细沙土，结构疏松，厚14～20厘米。本层包含较多植物根茎、近现代砖瓦块、碎瓷片、陶片等。

第2层：扰土层，黄褐色黏土，结构较疏松，深14～20、厚5～15厘米。该层包含物较少，主要有夹砂红、黑陶及泥质灰陶片等，可辨器形有罐、鼎、钵、纺轮等。开口于第2层下遗迹有F16。

第3层：黑褐色黏土层，夹杂少量红烧土颗粒，结构较致密，主要分布在探方北部，深28～30、最厚处约76厘米。该层出土陶片丰富，以夹砂红、褐陶为主，泥质红、灰陶次之，极少量磨光黑陶；纹饰以素面为主，绳纹次之，另有少量篮纹、划纹、凸棱、凹弦纹、附加堆纹及交错压印纹等；可辨器形有鼎、钵、罐、盆、杯、豆、缸、瓮、纺轮等。此外，该层出土石器较多，以磨制为主，少量打制；可辨器形有斧、锛、凿、钺、刀、镞、佩饰及砺石等。

第4层：褐灰色黏土层，夹杂少量黄土和红烧土块，结构较致密，主要分布在探方东北部，深20～74、最厚处约28厘米。该层出土较多陶片，以夹砂灰褐陶为主，泥质红、灰陶次之；纹饰以素面为主，少量绳纹、凸棱、凹弦纹、附加堆纹等；可辨器形有鼎、罐、壶、杯、器盖等。另发现少量石器，可辨器形有斧、凿等。

第5层：灰色黏土层，结构较疏松，主要分布在探方北部，深60～100、最厚处约18厘米。本层出土陶片较少，主要有夹砂红、褐陶和泥质红陶等，纹饰有弦纹、绳纹、附加堆纹等，可辨器形有鼎、罐、钵、盆等。

此层下即为生土（图三）。

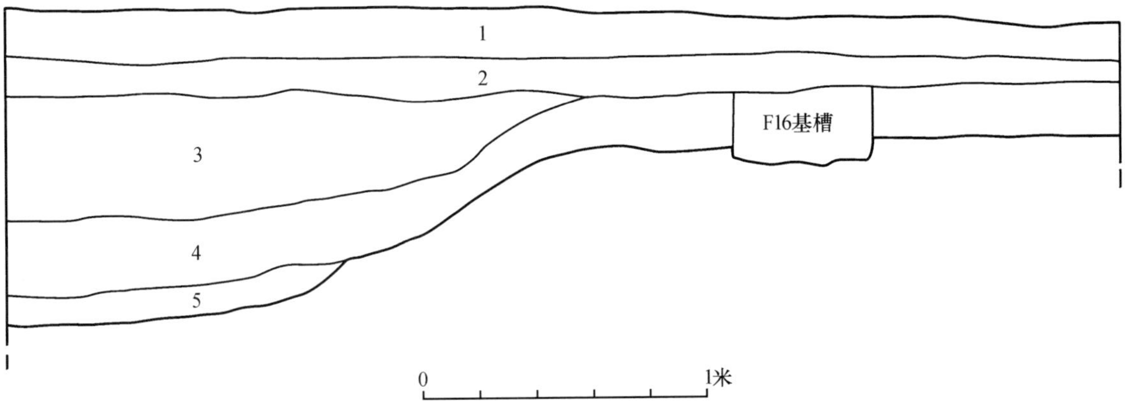

图三　TN7E3东壁剖面图

二、遗　　迹

黑家院遗址新石器时代发现遗迹种类主要有房址、灰沟、灰坑等，多保存不佳，破坏较严重。

1. 房址

发现22座，仅残存部分基槽和墙体。房屋除一座为不清晰半圆形外，其余均为方形，分为单间房、双间房及多间房三类；建筑方式均为平地挖槽栽柱起建。

（1）单间房

F10　位于整个发掘区中部，北邻F9，开口于第2层下，距地表深约30厘米。平面呈长方形，复原长约304、宽约192厘米。室内居住面为厚约20厘米红烧土层，结构致密，平整光滑；房屋四周基槽破坏严重，除西边留有缺口未闭合，其余三边均相互连通，单条平面呈长条形，宽14～20、残深约20厘米，内填黄色夹褐斑粉沙土；槽内较规整地分布着10个柱洞，平面均近圆形，直径14～20、残深19～30厘米，直壁，平底（表一）。门道位于西基槽缺口处，宽约64厘米，表面为一薄层红烧土面。室内堆积均为房屋倒塌废弃堆积，未有遗物出土（图四）。

表一 F10发现柱洞登记表

（单位：厘米）

洞号	D1	D2	D3	D4	D5	D6	D7	D8	D9	D10
直径	16	14	15	14	20	14	10～18	16～19	16	16
深度	30	20	20	28	20	19	19	19	24	20

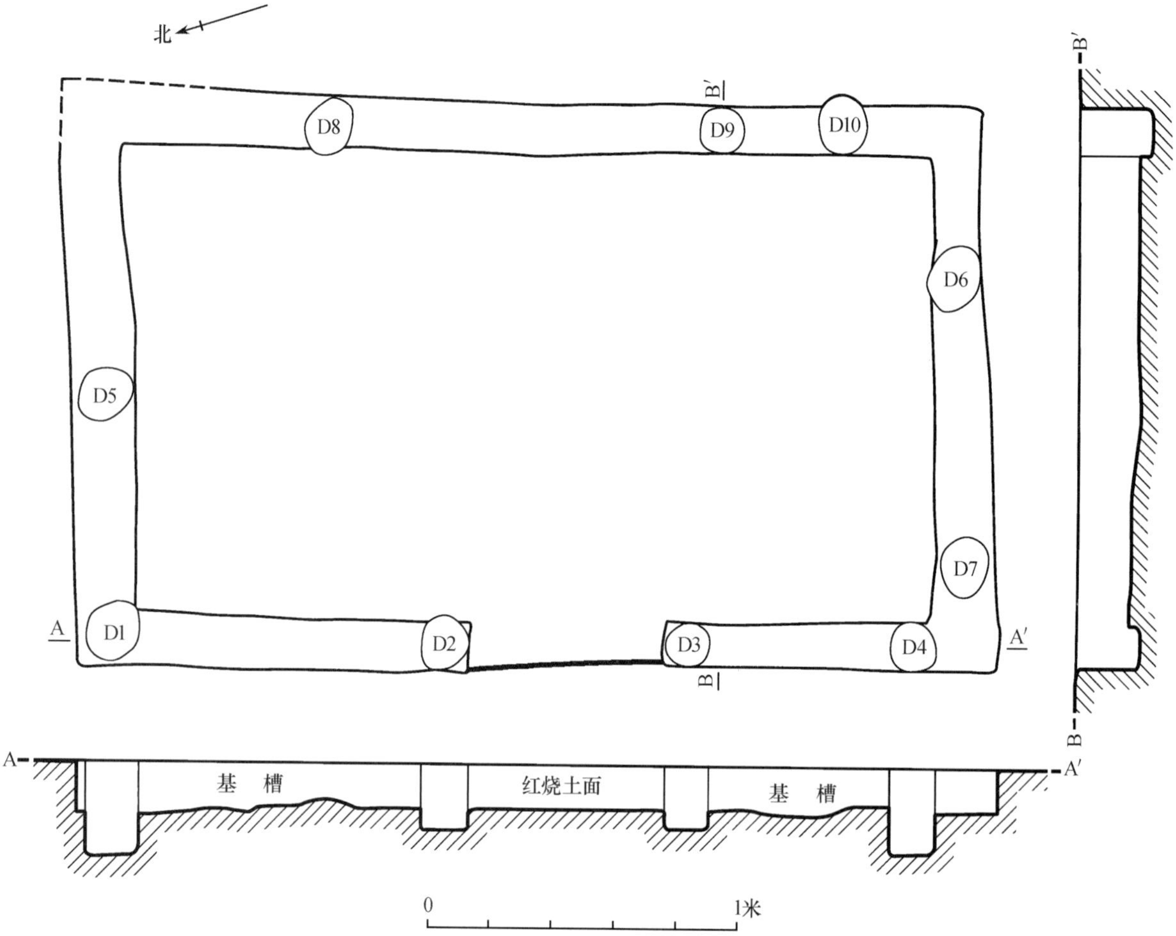

图四 F10平、剖面图

（2）双间房

F3 位于整个发掘区西北部，西北邻F2，东北邻F4，开口于第3层下，距地表深约50厘米。平面近圆角长方形，复原长约900、宽约460厘米，南北分为二间，单间呈长方形，北室明显小于南室。室内地面用黄灰黏土铺垫，结构较致密，厚约8厘米；活动面均为红烧土结面，厚约2厘米，应为人类长期活动所致；房屋四周基槽均毁，仅存室内中北部一道隔墙基槽，宽20～36、残深约22厘米，内填黄色夹褐斑粉沙土。屋内共发现柱洞14个，较规律地由北向南、由东向西呈四排五列分布，柱洞近圆形，直径18～46、残深14～26厘米，直壁，平底，其中D1、D4～D7、D9、D12发现柱础（表二）。未发现门道。室内堆积均为房屋倒塌废弃堆积，未有遗物出土（图五）。

表二　F3发现柱洞登记表　（单位：厘米）

洞号	D1	D2	D3	D4	D5	D6	D7	D8	D9	D10	D11	D12	D13	D14
直径	34	24	26	22	46	26	28	26	34	18	18	24	20	22
深度	20	18	14	16	20	18	12	26	14	20	26	16	20	20

（3）多间房

F16　位于整个发掘区东北部，东邻F22，南邻F23和F17，西邻F14，开口于第2层下，距地表深20～36厘米，打破第4层，其南部被M2打破。平面呈品字形，方向200°，复原长约706、宽约588厘米，南北分为二大间，其中南室又东西分为二小间。室内地面用黄土铺垫，墙体用黄土加红烧土块构筑，厚50、残高8～12厘米，隔墙残高5～10厘米；基槽平面呈长条形，宽约50、深约20厘米，基槽内用红烧土块加黄土填实；共发现柱洞3个，平面近圆形，直径14～28、深20～25厘米，直壁，平底，内均置有柱础。室外门道位于房屋南墙中段，复原宽约80厘米；室内门道2个，一个位于北室东南，宽70厘米，另一个位于南室中部，但被M2打破，宽度不详。F16北室东南角发现一椭圆形砾石，面平，高出室内地面约20、直径18～26厘米，推测为室内工作面。F16室内堆积较薄，为黄褐色黏土夹杂零星红烧土块，结构较疏松；出土遗物较少，主要有夹砂红陶、泥质红、灰陶片及少量石器，可辨器形有陶鼎、陶钵、陶罐、陶环、石斧等。F16室外地面较平坦，和F14、F15及F23的室外活动面连为一体（图六）。

F22　位于整个发掘区东北部，西邻F16，南邻F14、F15，开口于第2层下，距地表深30～40厘米。平面呈田字形，复原长约860～880、宽约750～800厘米，分为四间（Ⅰ～Ⅳ室），各间近长方形，北部二间较南部略小。室内地面南部为一片黄色垫土，结构较致密，厚约30厘米；东北部为红烧土层，结构致密，厚约20～30厘米；墙体由草拌泥烧制而成，较坚固。F22破坏严重，北半部残存部分外墙及内墙基槽，其中，外墙基槽宽50～60、深20～40厘米，内墙基槽宽40～50、深20～30厘米；南半部发现柱洞16个，平面均近圆形，大部分为直壁，平底，少数为弧壁，圜底，内均置有柱础。由于房基破坏严重，未发现室外门道；室内门道有三处，分别位于Ⅲ室南墙中段、西墙北段及Ⅳ室南墙西端，宽度在60～80厘米。F22出土遗物较为丰富，并且每个单室发现遗物种类有所区别，推测应为功能区分所致。其中，Ⅱ室西北部发现一处用石块铺起的工作平台，其下用浅褐色黏土填实，并出土有6件小件，包括石凿、石斧、石刀及石饰、陶环等，推测该室为生产区；Ⅲ室西北角发现一处红烧土堆及红烧土坯，西南角发现若干动物骨骼，推测该室为加工食物区；其余二室发现遗物较零碎，功能不详。受发掘面积限制，F22室外活动面范围不明（图七）。

2. 灰沟

发现5条，平面形状均呈长条形。

G1　位于发掘区西北部，东邻F5，南邻H13，开口于第3层下，距地表深40～48厘米，西端被H10打破，并打破H4。平面略呈长条形，东西长约450厘米，东端宽152、深16厘米，西端

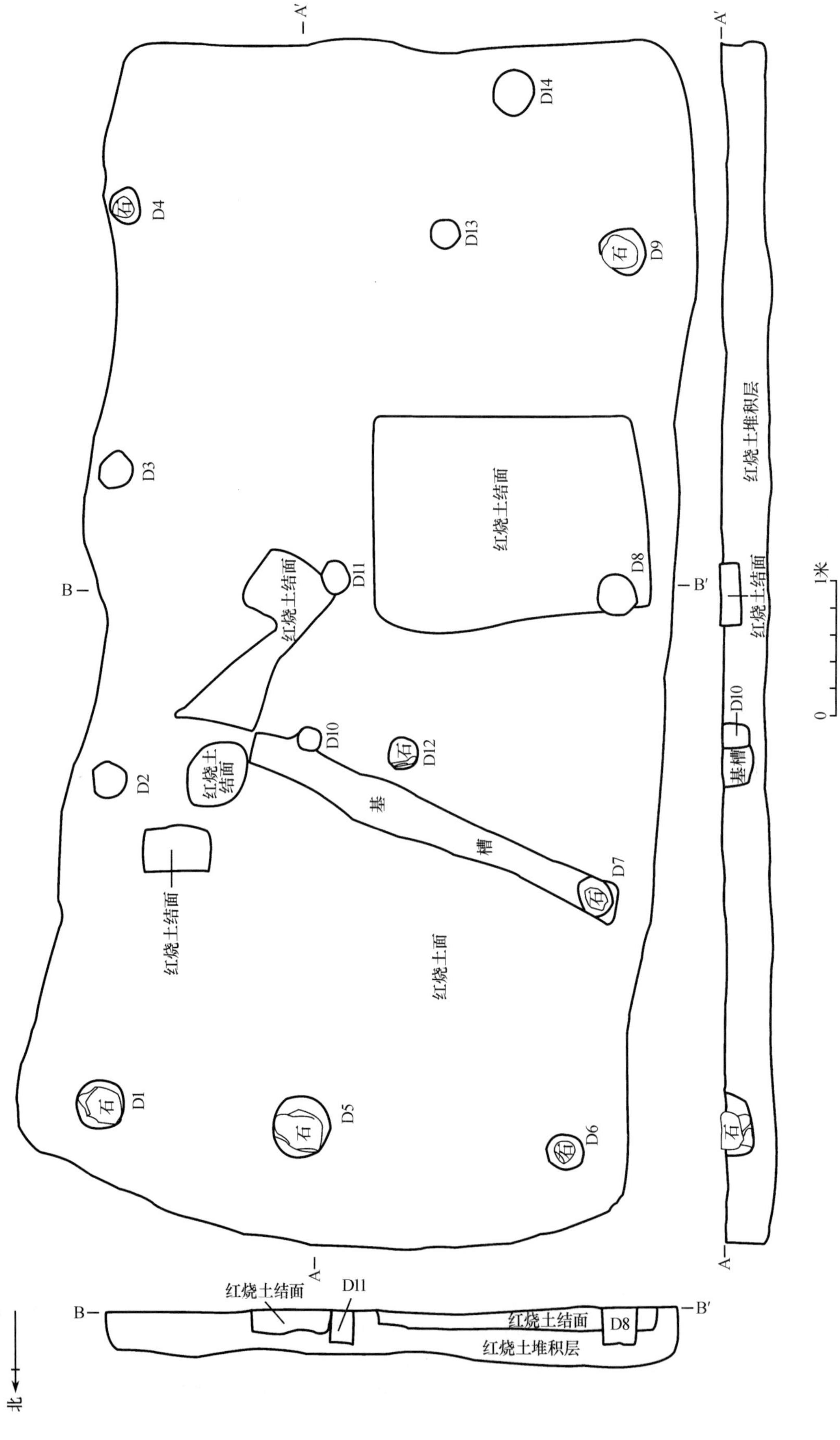
A′
A
B
B′
D1
D2
D3
D4
D5
D6
D7
D8
D9
D10
D11
D12
D13
D14
石
红烧土结面
红烧土面
红烧土堆积层
基
槽
基槽
0
1米
北

图五　F3平、剖面图

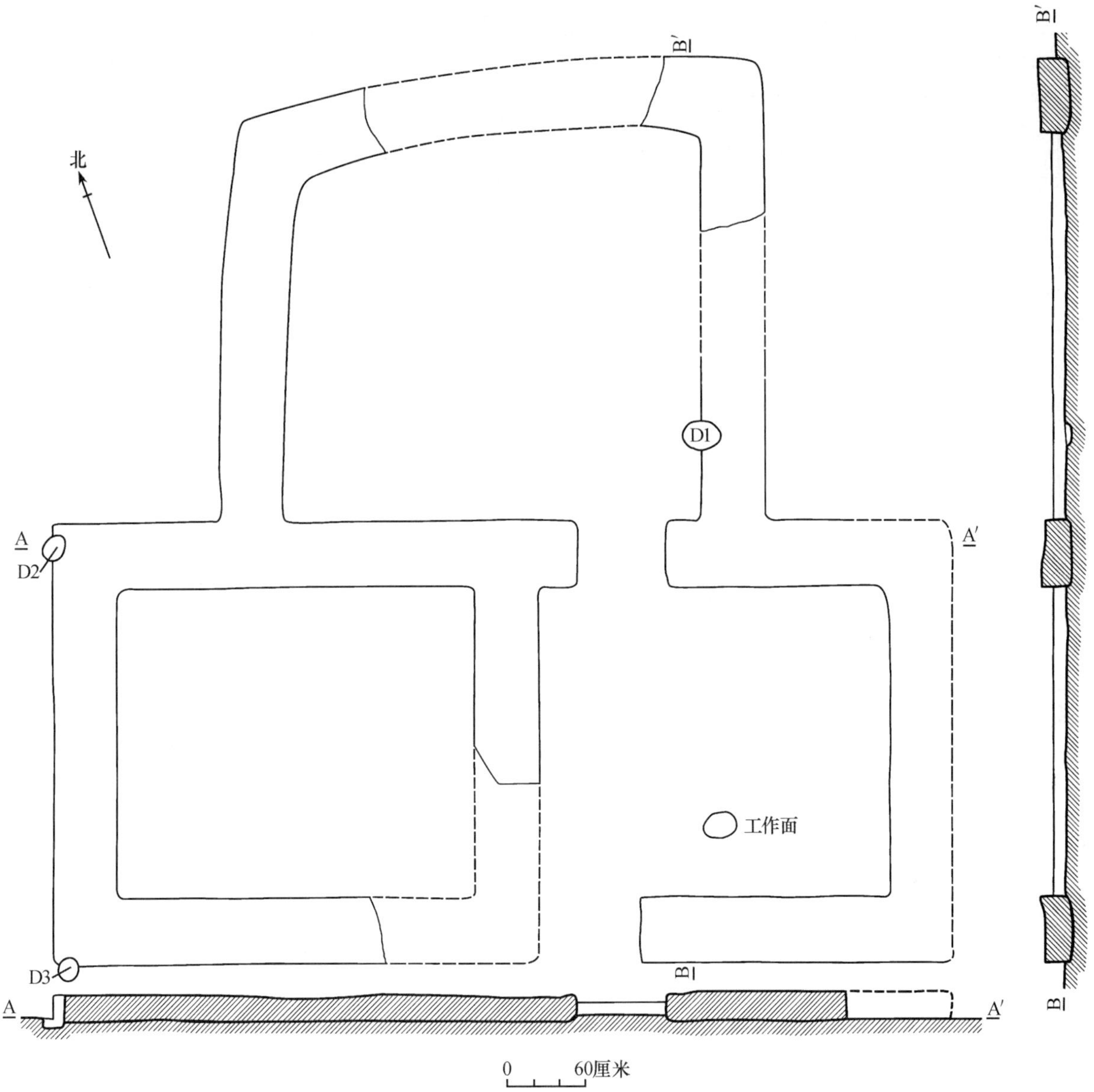

图六　F16平、剖面图

宽60、深40厘米。直壁微斜，底部由东向西倾斜，壁面与底面未发现加工痕迹。沟内填土为黑灰黏土，夹杂较多红烧土颗粒，结构疏松。出土较多陶片，以夹砂黑陶为主，夹砂褐陶次之；纹饰大部分为素面；可辨器形有罐、鼎、杯等（图八）。

3. 灰坑

发现12个，有椭圆形、长方形、方形、梯形及不规则形五种。

H20　位于整个发掘区东南部，北邻F19，西邻H21，开口于第3层下，距地表深约70厘米，打破生土，并被H21打破。平面呈不规则椭圆形，东西长约560、南北宽约390、深约60厘米，弧壁，底面坑洼不平，北部坑壁略有加工痕迹。坑内堆积分为2层：第1层，灰褐色黏土，

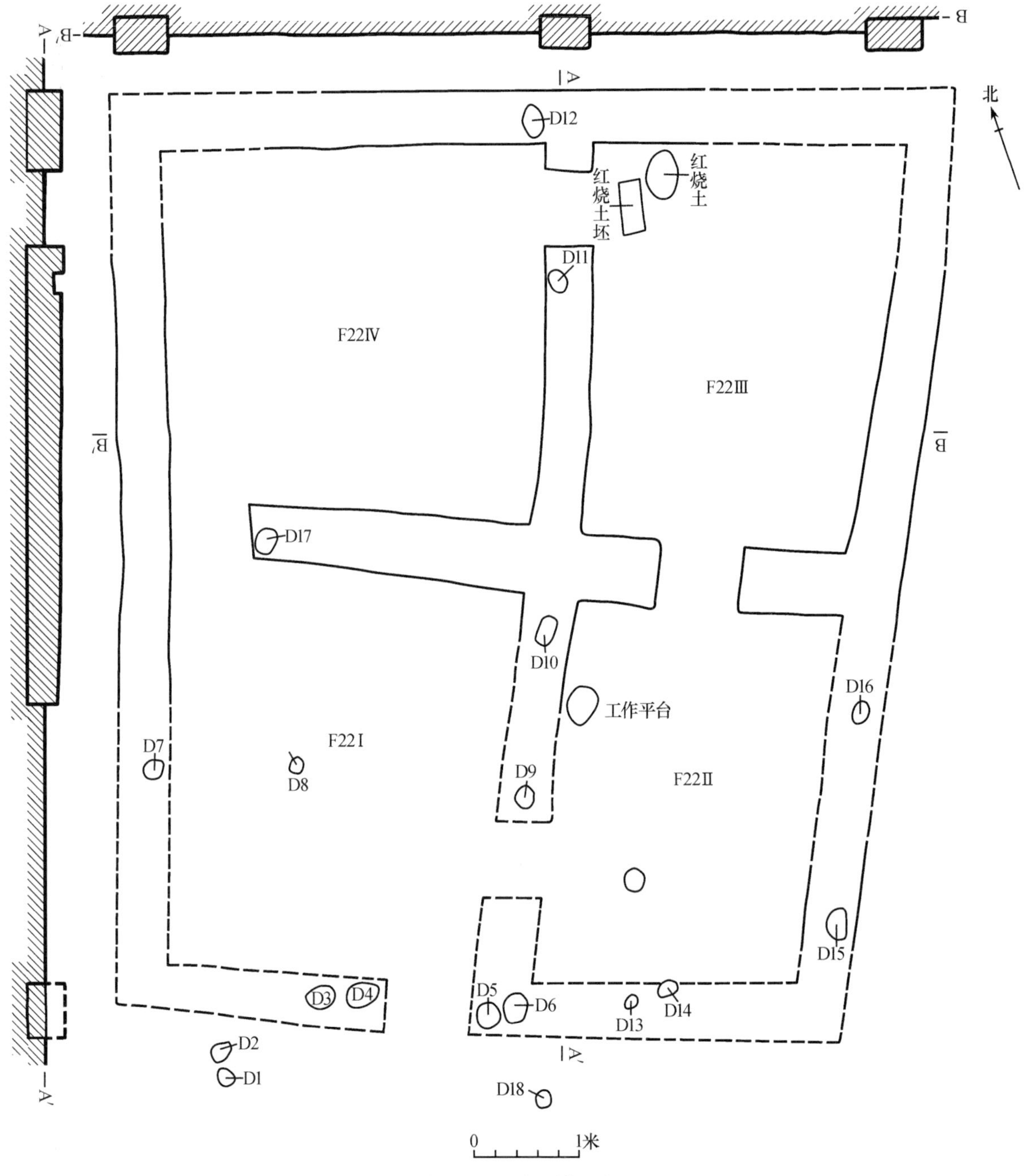

图七　F22平、剖面图

夹杂红烧土块，土质疏松；第2层，黑色黏土，夹杂红烧土颗粒，土质疏松。出土遗物较丰富，以夹砂褐陶为主，泥质灰陶次之；纹饰以素面为主，少量弦纹、捺窝纹；可辨器形有鼎、罐、盆、器盖、纺轮等（图九）。

H10　位于整个发掘区西北部，开口于第3层下，距地表深46～56厘米，打破G1。平面呈圆角梯形，斜壁，平底；坑口长约156、宽70～92厘米，坑底长约152、宽66～89厘米，深约10厘米；壁面及底面未见明显加工痕迹。坑内堆积分为2层：第1层，厚2～6厘米，褐灰色黏土，夹杂红烧土颗粒，土质较疏松；该层出土少量陶片，以泥质红陶为主，伴有泥质灰陶、夹砂

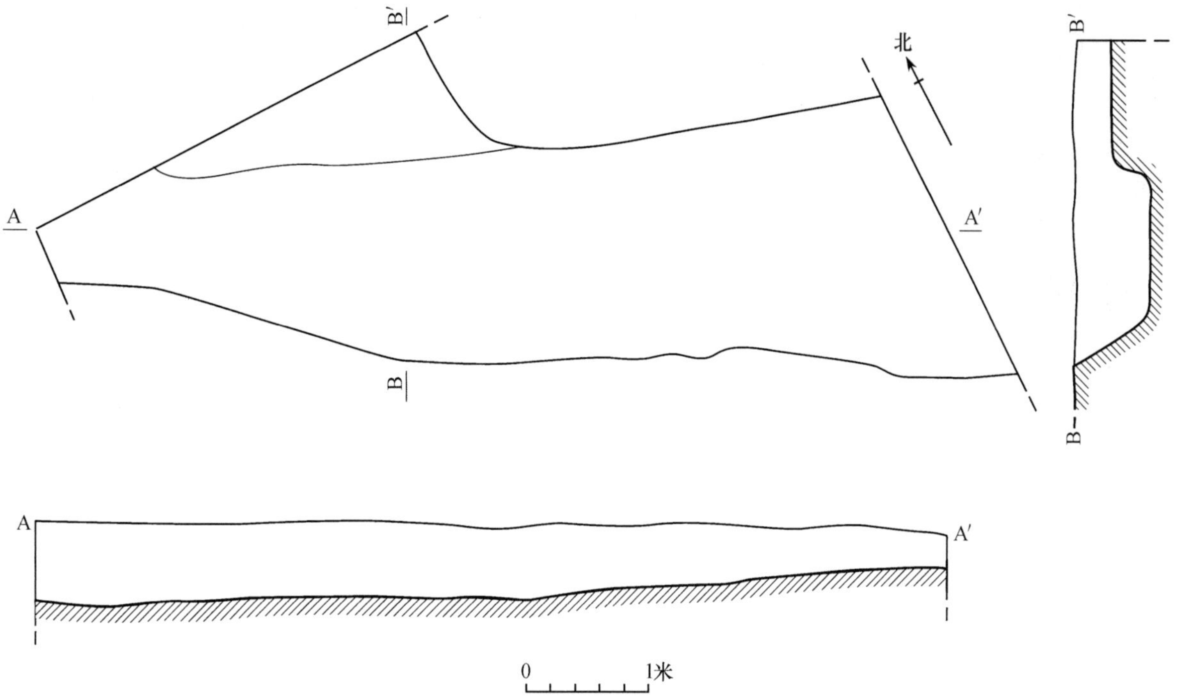

图八　G1平、剖面图

黑陶等，纹饰以素面为主，可辨器形有罐、杯等。第2层，厚6～8厘米，黄褐色沙土，土质疏松；该层基本无包含物（图一〇）。

H15　位于整个发掘区东北部，东邻F14，南邻F17，开口于第2层下，距地表深20～25厘米，打破第4层。平面呈圆角长方形，长约173、宽约128、深44～50厘米；坑壁上部斜直，下部陡直，坑底近平，壁面经加工，平整光滑。坑内堆积分为2层：第1层，厚38～44厘米，黑灰色黏土，夹杂红烧土颗粒，土质较疏松；该层出土少量素面夹砂及泥质红陶片，可辨器形有鼎、罐、钵等。第2层，厚5～6厘米，黄色沙土，土质疏松，未发现包含物。由于H15临近房址，且坑底铺沙，坑壁修整平直，推测其用途为蓄水坑（图一一）。

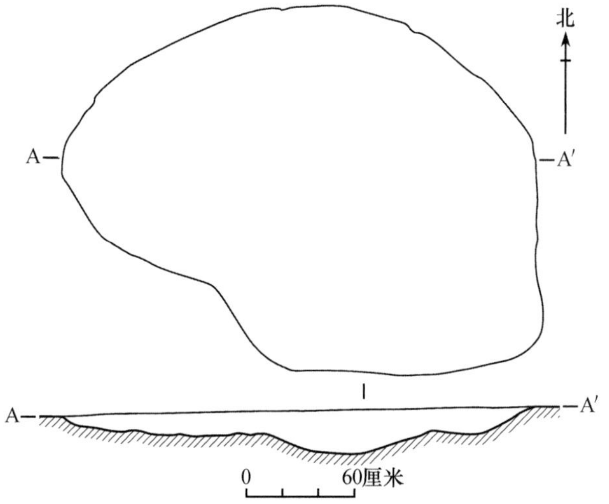

图九　H20平、剖面图

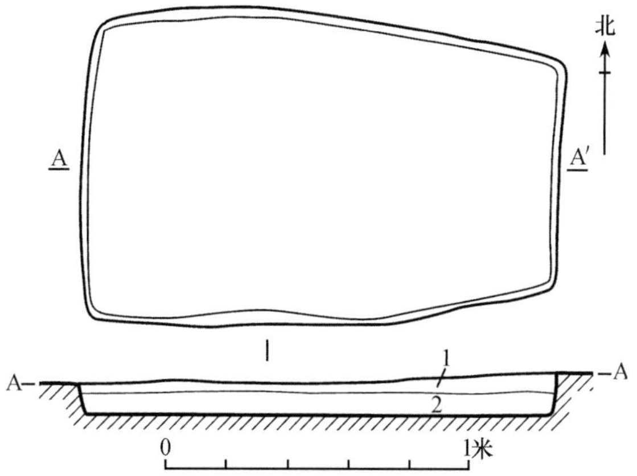

图一〇　H10平、剖面图

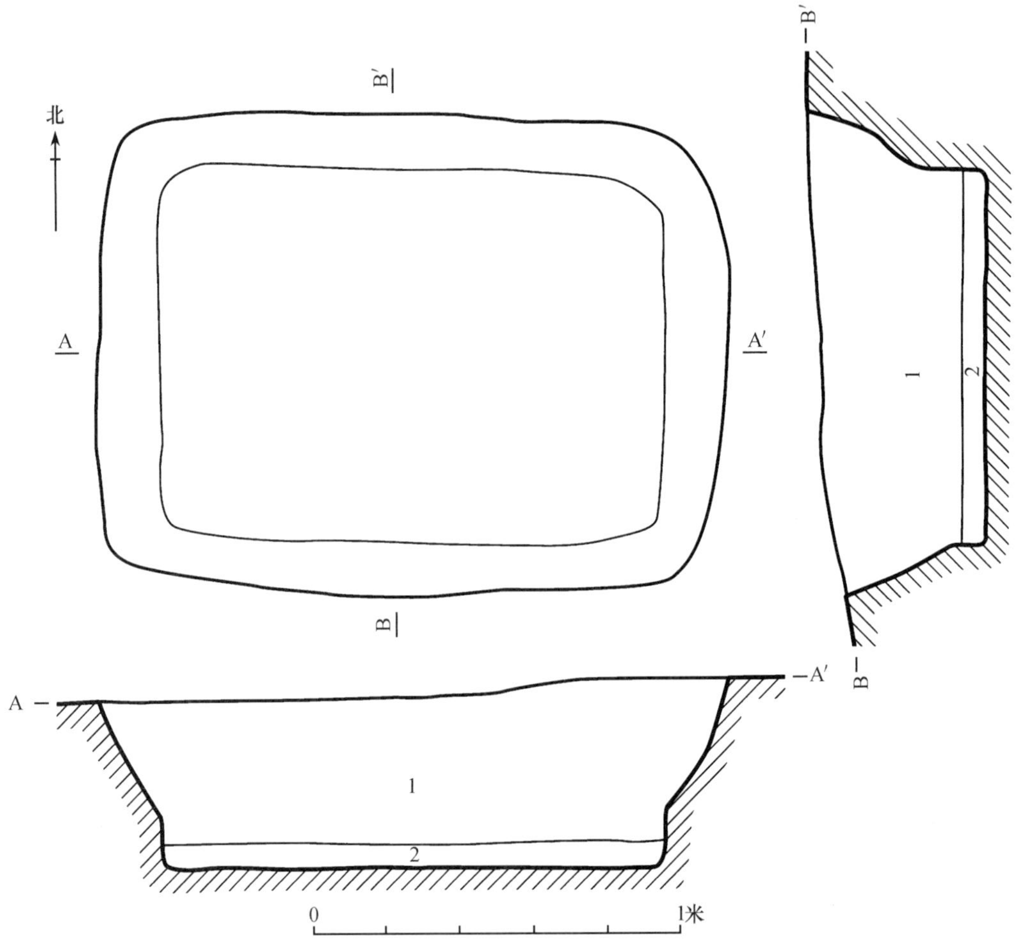

图一一　H15平、剖面图

三、遗　物

黑家院遗址新石器时代出土遗物包括陶器、石器、动物骨骼等。

1. 陶器

以泥质灰陶为主，占21.74%；夹砂褐陶次之，占20.19%；少量磨光黑陶。纹饰以素面为主，占86.65%；弦纹次之，占6.65%；少量绳纹、篮纹、划纹、附加堆纹、捺窝纹、交错压印纹及一些组合纹饰（图一二）。主要器形有鼎、罐、钵、盆、杯、豆、瓮、器盖、纺轮等。

鼎　7件。按器身形态分为二型。

A型　4件。盆形鼎。依口、沿变化分为二式。

Ⅰ式　1件。敛口，略仰折沿，沿面有数道凹槽。H20：12，泥质灰陶，红胎。弧腹，下残。腹部可见一道凸棱。复原口径38、残高7.6厘米（图一三，5）。

Ⅱ式　3件。形制基本同上式，平折沿。TN3W4③：12，夹细砂灰陶。弧腹，下残。

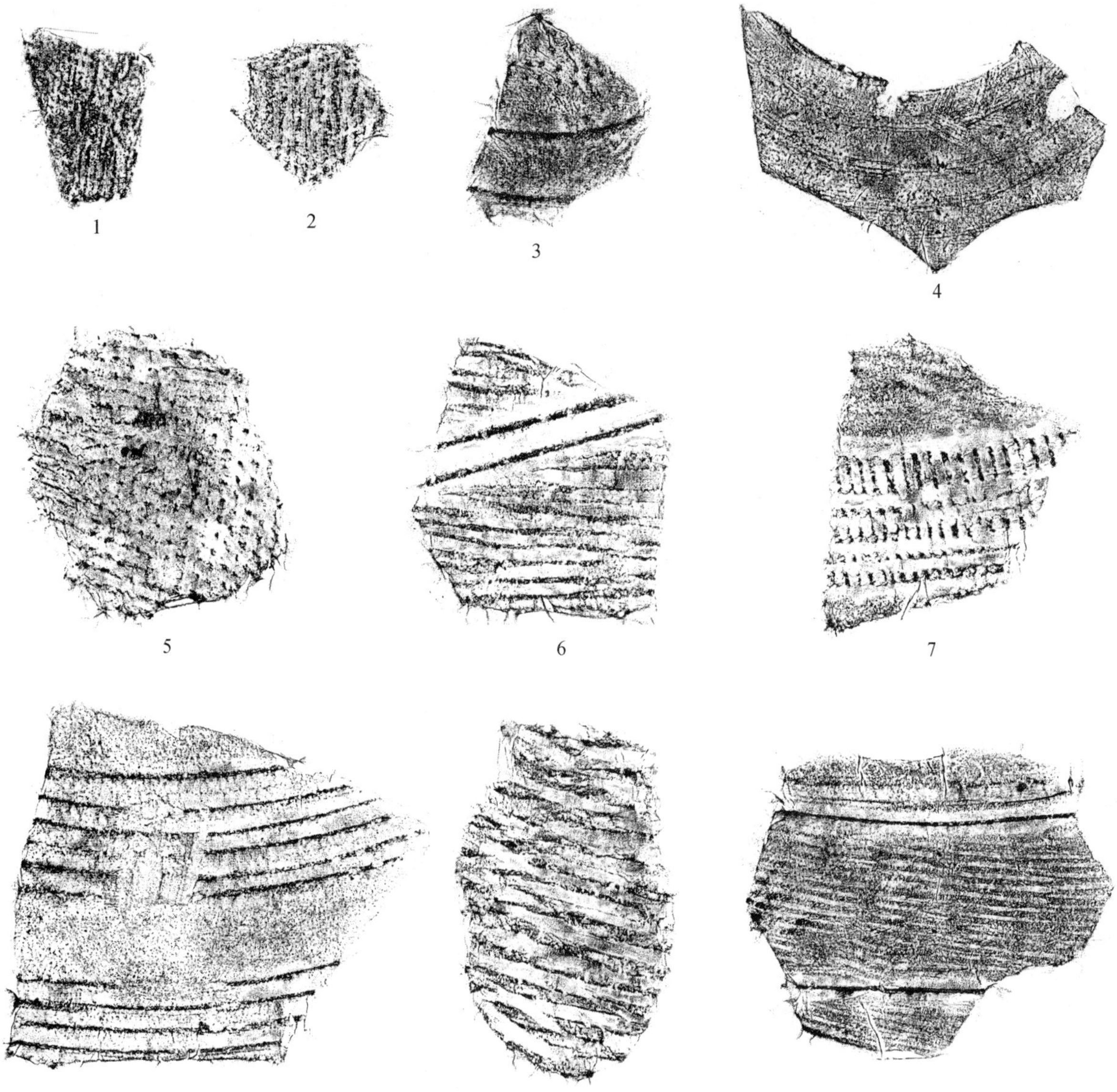

0 3厘米

图一二 黑家院遗址出土陶片纹饰标本

1. 细绳纹（TN6E5⑤：9） 2. 粗绳纹（TN7E3④：11） 3. 凸棱及乳钉纹（TN6W5③：7） 4. 成组凹弦及划纹（TN6W5③：8） 5. 交错粗绳纹（TN6E6③：7） 6. 凸棱及细篮纹（TN3W3③：21） 7. 齿状附加堆纹（G5：4） 8. 凸棱纹（TN3E3③：1） 9. 粗篮纹（G5：5） 10. 凸棱及篮纹（TN5W6③：4）

上腹饰一道凸棱。复原口径44、残高6.4厘米（图一三，1）。TN3W4③：17，夹砂灰陶。溜肩，弧腹微鼓，下残。腹部饰横行粗篮纹。复原口径42、残高14.4厘米（图一三，7）。TN2W3③：8，夹砂红胎黑皮陶。上腹较直，下残。腹上饰一道凸棱。复原口径44、残高8.8厘米（图一三，3）。

B型 3件。罐形鼎。敞口，仰折凹沿，弧腹。TN6E5③：4，夹砂红褐陶。方唇，沿内缘尖突，溜肩，上腹较直，下残。肩部饰两道较宽浅凹弦纹。复原口径30、残高6.8厘米

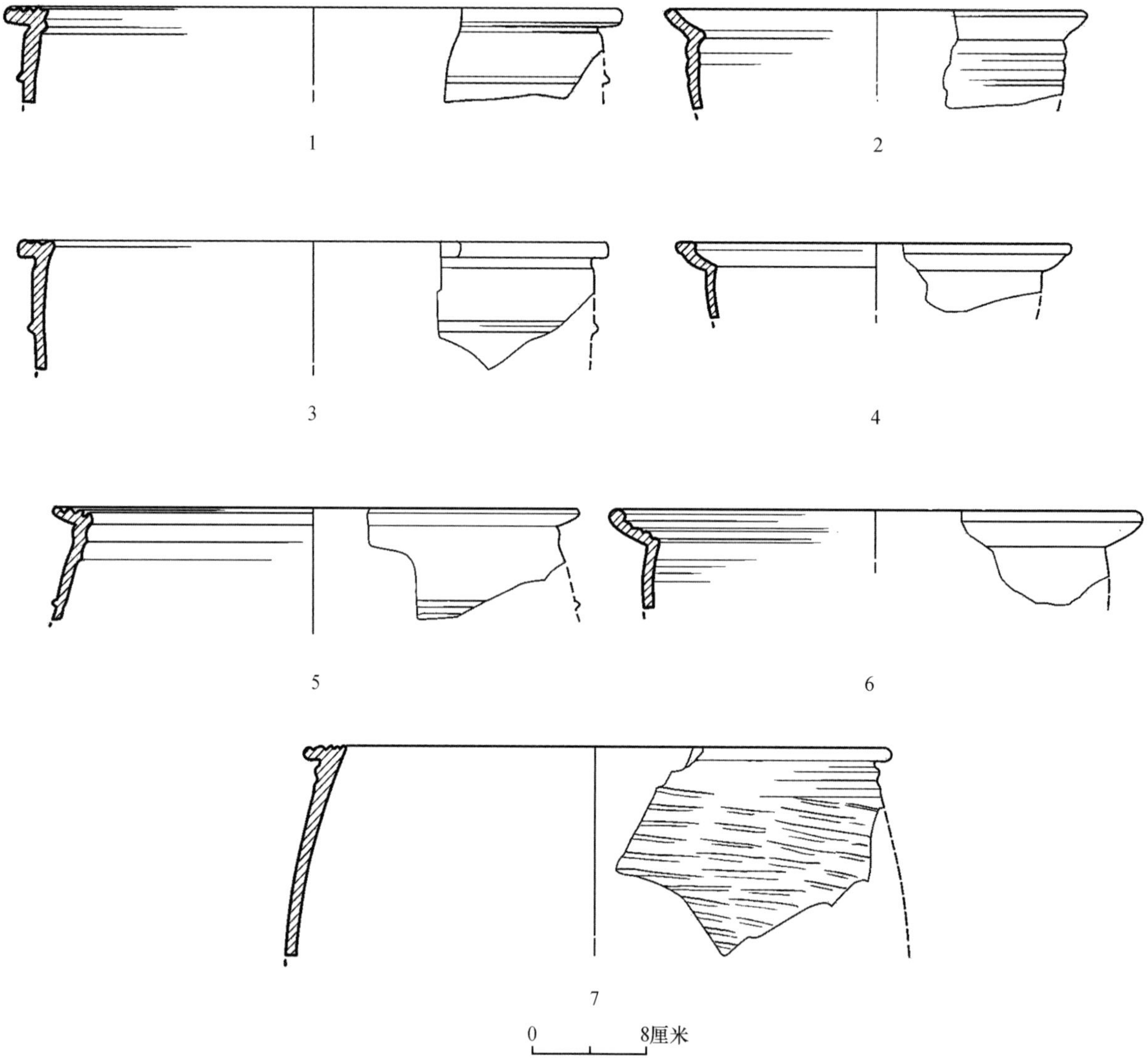

图一三　黑家院遗址出土陶鼎

1、3、7. A型Ⅱ式（TN3W4③：12、TN2W3③：8、TN3W4③：17）　2、4、6. B型（TN6E5③：4、TN7E3③：10、F20：1）　5. A型Ⅰ式（H20：12）

（图一三，2）。TN7E3③：10，夹砂褐陶。下腹及底、足残。素面。复原口径28、残高5.2厘米（图一三，4）。F20：1，夹砂灰陶，红胎，器内有轮制痕。溜肩，下残。素面。复原口径38、残高6.8厘米（图一三，6）。

鼎足　11件。按平面形状分为四型。

A型　7件。倒梯形扁平实足。按足面形态分为二亚型。

Aa型　5件。足面内凹。TN1E1③：10，夹粗砂红陶。足尖微外撇。素面。宽4.6～8、残高11.4厘米（图一四，1）。TN3W4③：21，夹粗砂红陶。足尖略外撇。足跟处饰一捺窝。宽4.2～7.2、残高9.2厘米（图一四，3）。TN4W3③：5，夹砂橙黄陶。足尖较直。足两缘饰波形捺窝，足面中部竖行链状附加堆纹。宽5.2～8.8、残高9.2厘米（图一四，4）。TN6W1②：2，夹砂红陶。足尖略外撇。足两缘饰波形捺窝。宽4～9.6、残高8.4厘米（图一四，5）。

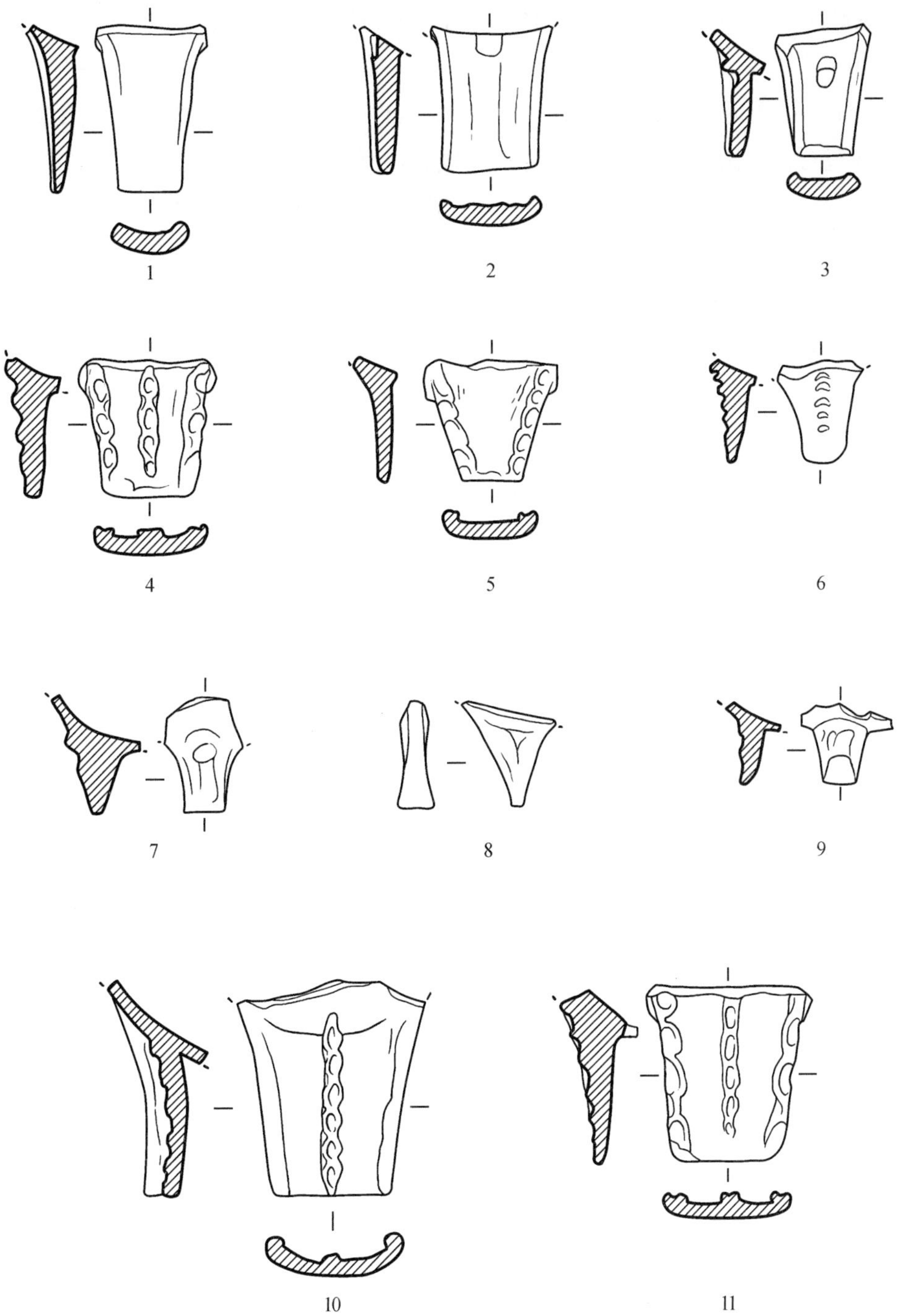

图一四 黑家院遗址出土陶鼎足

1、3～5、10. Aa型（TN1E1③：10、TN3W4③：21、TN4W3③：5、TN6W1②：2、H20：17） 2. B型（TN5E2④：8） 6、11. Ab型（TN6E2②：2、TN5E1④：3） 7、9. C型（TN6E6③：6、TN6W5③：5） 8. D型（TN1E1③：8）

H20：17，夹砂红陶。足尖外撇。足面中部竖行一列链状附加堆纹。宽8～13.2、残高14.8厘米（图一四，10）。

Ab型　2件。足面近平。TN5E1④：3，夹粗砂红陶。足尖略残，微外撇。足两缘饰波形捺窝，足面中部竖行链状附加堆纹。宽6.4～12、残高12厘米（图一四，11）。TN6E2②：2，夹砂红陶。足尖圆滑，微外撇。足面中部竖行一列捺窝。宽2.4～6、残高7.2厘米（图一四，6）。

B型　1件。长方形扁平实足。TN5E2④：8，夹粗砂红陶。足尖较直。足跟处饰一近方形捺窝。宽6.8～8.8、残高10厘米（图一四，2）。

C型　2件。凿形实足，足跟处饰一较浅捺窝。TN6E6③：6，夹砂褐陶。扁平足，足尖较直。宽3.2～5.6、残高8厘米（图一四，7）。TN6W5③：5，夹砂灰陶。足尖略外撇。宽2.4～4、残高5.6厘米（图一四，9）。

D型　1件。鸭嘴形实足。TN1E1③：8，夹砂红陶。侧装扁平，足尖外撇。素面。宽0.8～6.8、残高7.4厘米（图一四，8）。

罐　20件。均为侈口。按沿部形态分为二型。

A型　14件。仰折凹沿。按唇部形态分为四亚型。

Aa型　6件。方唇内勾，外缘上翘。TN7E3⑤：1，夹砂黄褐陶，器内有轮制痕。唇面有凹槽，弧肩，下残。肩上部略饰一道凹弦纹。复原口径26、残高6厘米（图一五，6）。TN6E5⑤：4，夹砂褐陶。弧肩，下残。肩上饰两道凹弦纹。复原口径40、残高6.5厘米（图一五，1）。TN7E3④：2，夹细砂灰褐陶。弧肩，鼓腹，下残。素面。复原口径24、残高8.8厘米（图一五，12）。TN6E6④：2，夹砂橙黄陶。鼓肩，下残。肩部先饰两道凹弦纹，其下竖行细绳纹。复原口径26、残高5.2厘米（图一五，9）。TN7E3③：2，泥质灰陶。溜肩，弧腹，下残。下腹饰一道凸棱。复原口径30、残高17.2厘米（图一五，3）。TN6W2②：4，夹砂红胎黑皮陶。束颈，下残。素面。复原口径38、残高7.2厘米（图一五，2）。

Ab型　3件。平方唇。TN6E5⑤：2，夹粗砂红褐陶。腹及以下均残。素面。复原口径22、残高3.2厘米（图一五，7）。TN6E6④：5，夹细砂灰陶。肩部略鼓，下残。肩上饰三道凹弦纹。复原口径20、残高5.2厘米（图一五，5）。TN6W2②：5，夹砂红陶。鼓腹，下残。肩上饰两道凹弦纹，腹上饰一道凸弦纹。复原口径28、残高8厘米（图一五，4）。

Ac型　4件。圆唇。TN7E3⑤：2，夹砂灰陶。鼓肩，下残。肩部饰附加堆纹。复原口径14、残高9.6厘米（图一五，13）。TN7E3⑤：3，夹砂褐陶，器内有轮制痕。弧肩，下残。素面。复原口径22、残高6.8厘米（图一五，10）。TN7E3④：4，夹砂褐陶。鼓肩，下残。素面。复原口径14、残高6厘米（图一五，11）。TN1E1③：2，夹粗砂红陶。鼓肩，下残。素面。复原口径24、残高6.4厘米（图一五，8）。

Ad型　1件。方唇外斜。TN3W3③：3，泥质灰陶。微束颈，溜肩，下残。素面。复原口径28、残高7.2厘米（图一六，2）。

B型　6件。卷沿，圆唇。按颈部形态分为二亚型。

Ba型　3件。短颈。TN5E1④：1，夹粗砂橙黄陶。鼓肩，下残。素面。复原口径28、残高5.6厘米（图一六，3）。TN2W3③：5，泥质灰陶，整体器形较小。鼓腹，下残。素面。复原

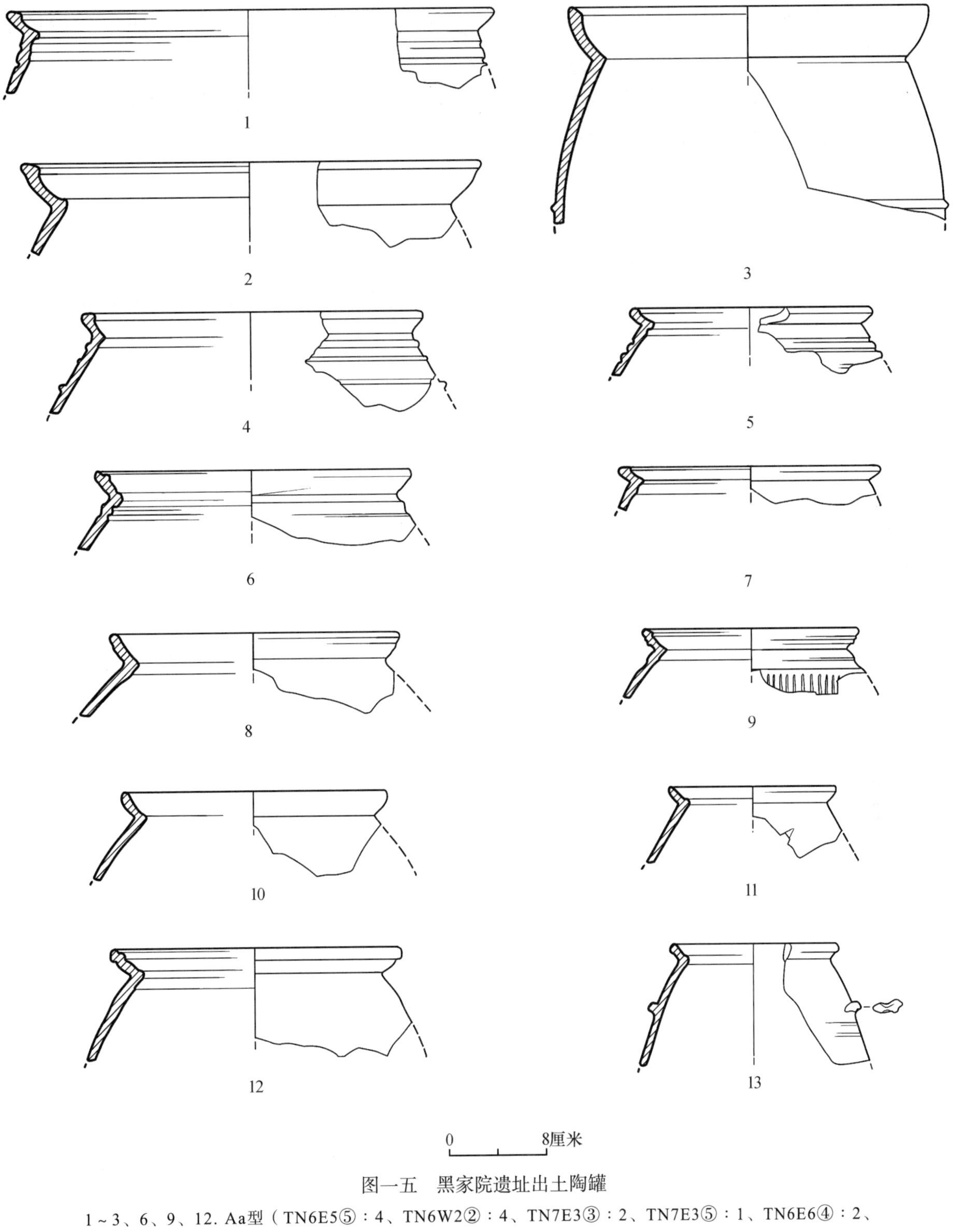

图一五 黑家院遗址出土陶罐

1～3、6、9、12. Aa型（TN6E5⑤：4、TN6W2②：4、TN7E3③：2、TN7E3⑤：1、TN6E6④：2、TN7E3④：2） 4、5、7. Ab型（TN6W2②：5、TN6E6④：5、TN6E5⑤：2） 8、10、11、13. Ac型（TN1E1③：2、TN7E3⑤：3、TN7E3④：4、TN7E3⑤：2）

口径8、残高3.2厘米（图一六，12）。F16：2，泥质灰陶。弧肩微鼓，下残。素面。复原口径14、残高4厘米（图一六，11）。

Bb型　3件。长颈。TN3E1④：1，夹粗砂褐陶。唇角内勾，沿面微凹，溜肩，下残。素面。复原口径40、残高6.8厘米（图一六，1）。TN4W5③：3，夹粗砂红陶。唇角内勾，鼓肩，下残。素面。复原口径24、残高5.6厘米（图一六，5）。TN4W5③：4，夹粗砂红陶。唇角内勾，沿面略凹，下残。素面。复原口径26、残高4.8厘米（图一六，4）。

高领罐　5件。均为侈口。按唇部形态分为二型。

A型　3件。厚圆唇。TN7E3④：1，泥质橙黄陶。肩及以下残。领下部饰一周链状附加堆纹。复原口径16、残高6厘米（图一六，7）。TN6E6④：1，夹砂灰陶。广肩，下残。肩部饰两道凹弦纹和一道凸弦纹。复原口径12.8、残高6厘米（图一六，9）。TN3W4③：13，泥质灰陶，器内有轮制痕。广肩，下残。素面。复原口径12、残高5.6厘米（图一六，8）。

B型　2件。方唇。TN6W2②：7，泥质灰陶。广肩，下残。素面。复原口径12、残高6.4厘米（图一六，10）。TN6W1②：1，泥质灰陶。唇面有一道凹槽，广肩，下残。肩上饰三道凸弦纹。复原口径12、残高8.4厘米（图一六，6）。

瓮　9件。按口部形态分为二型。

A型　2件。敞口。依颈部变化分为二式。

Ⅰ式　1件。束颈。TN5E2④：1，夹粗砂红陶，厚胎。圆唇，广肩，腹部及底残。颈下饰一周链状附加堆纹，肩上饰六道凸棱。复原口径36、残高10厘米（图一七，1）。

Ⅱ式　1件。高领。F15：9，夹砂红陶。厚圆唇，广肩，腹部及底残。肩上饰数道凸弦纹。复原口径24、残高12厘米（图一七，3）。

B型　7件。敛口。依唇、肩部变化分为二式。

Ⅰ式　4件。圆唇，鼓肩，深腹。TN5E2④：7，夹粗砂灰陶。下腹及底残。上腹近口处饰一周附加堆纹。复原口径20、残高10.4厘米（图一七，2）。TN2W3③：10，夹砂黑皮陶。敛口，方唇，下腹及底残。肩部贴塑链状附加堆纹。复原口径32、残高5.6厘米（图一七，7）。TN1E2③：4，夹砂灰陶。下腹及底残。肩部饰数道凹弦纹和几道不规则附加堆纹。复原口径10、残高4厘米（图一七，4）。F15：25，泥质橙黄陶。下腹及底残。肩上贴塑附加堆纹和三道凸弦纹。复原口径32、残高9.2厘米（图一七，5）。

Ⅱ式　3件。方唇，贴塑口沿，溜肩，深腹。TN6E5③：5，夹粗砂灰陶。下腹及底残。肩部饰一道凹弦纹。复原口径28、残高6.8厘米（图一七，13）。TN1E2③：2，泥质灰陶。贴塑口沿。下腹及底残。素面。复原口径22、残高6厘米（图一七，6）。TN6W4②：5，夹砂红陶。下腹及底残。素面。复原口径34、残高7.2厘米（图一七，9）。

盆　19件。按口部形态分为二型。

A型　5件。侈口。依沿、唇及腹部变化分为三式。

Ⅰ式　2件。仰折凹沿，唇外缘上翘，弧腹微鼓。TN6E5⑤：3，夹砂灰陶。圆唇，下残。口沿下饰三道凹弦纹。复原口径22、残高4厘米（图一七，14）。TN6E2④：1，夹砂黑陶。方唇，下残。上腹部饰六道凹弦纹。复原口径28、残高5.6厘米（图一七，10）。

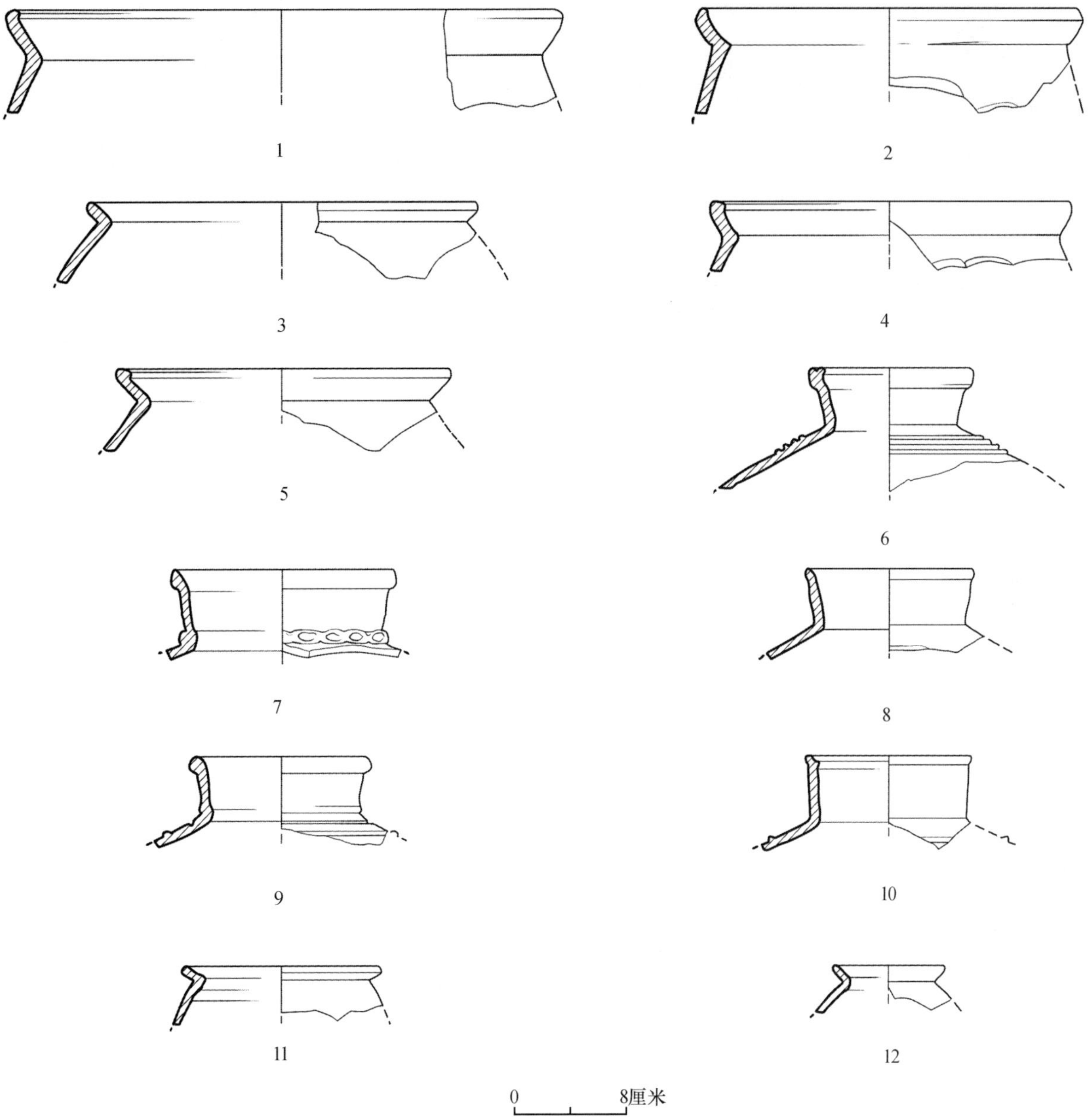

图一六 黑家院遗址出土陶罐、陶高领罐

1、4、5. Bb型罐（TN3E1④：1、TN4W5③：4、TN4W5③：3） 2. Ad型罐（TN3W3③：3） 3、11、12. Ba型罐（TN5E1④：1、F16：2、TN2W3③：5） 6、10. B型高领罐（TN6W1②：1、TN6W2②：7） 7～9. A型高领罐（TN7E3④：1、TN3W4③：13、TN6E6④：1）

Ⅱ式 1件。仰折凹沿，唇外缘微翘，斜腹。F15：28，夹砂灰陶。方唇，下残。上腹部饰四道凹弦纹。复原口径38、残高6.4厘米（图一七，11）。

Ⅲ式 2件。仰折沿，沿面微凸，弧腹。TN6E5③：7，泥质红陶。尖圆唇，下残。素面。复原口径28、残高4.4厘米（图一七，12）。TN3W4③：4，泥质灰陶。方唇，下残。素面。复原口径32、残高7.6厘米（图一七，8）。

B型 14件。敛口。按沿、唇部形态分为四亚型。

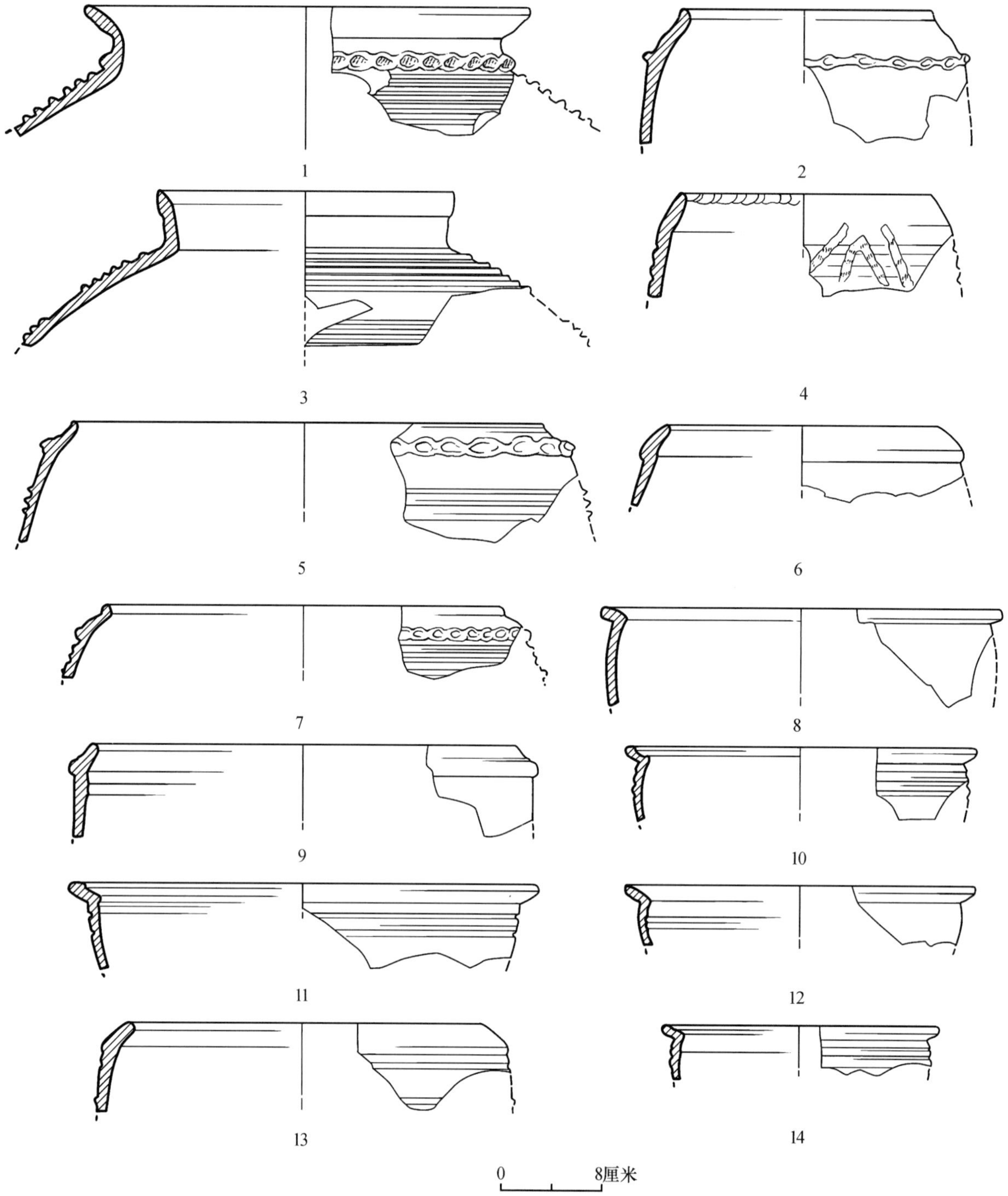

图一七　黑家院遗址出土陶瓮、陶盆

1. A型Ⅰ式瓮（TN5E2④：1）　2、4、5、7. B型Ⅰ式瓮（TN5E2④：7、TN1E2③：4、F15：25、TN2W3③：10）　3. A型Ⅱ式瓮（F15：9）　6、9、13. B型Ⅱ式瓮（TN1E2③：2、TN6W4②：5、TN6E5③：5）　8、12. A型Ⅲ式盆（TN3W4③：4、TN6E5③：7）　10、14. A型Ⅰ式盆（TN6E2④：1、TN6E5⑤：3）　11. A型Ⅱ式盆（F15：28）

Ba型　5件。窄沿，沿面略凸。依沿缘及腹部变化分为三式。

Ⅰ式　1件。沿外缘微上翘，深腹。TN6E5⑤：5，泥质红陶，器表施红衣，现已大部脱落。圆唇，下残。复原口径30、残高3.2厘米（图一八，2）。

Ⅱ式　2件。沿外缘微垂，深弧腹。TN4W6③：3，泥质橙黄陶。圆唇，下残。素面。复原口径30、残高6厘米（图一八，13）。TN1E2③：3，泥质红陶，器表施红衣，已大部脱落。方唇，下残。复原口径30、残高4.8厘米（图一八，4）。

Ⅲ式　2件。沿外缘微垂，浅斜弧腹。TN6E6③：5，泥质红胎黑皮陶。圆唇，下残。素面。复原口径28、残高5.6厘米（图一八，10）。TN6W2②：9，泥质红陶。方唇，下残。素面。复原口径32、残高7.6厘米（图一八，11）。

Bb型　3件。宽沿，沿面略凸，外缘微垂。依腹部变化分为二式。

Ⅰ式　2件。深弧腹。TN2W3③：12，泥质红陶。方唇，下残。素面。复原口径28、残高7.2厘米（图一八，6）。TN1E1③：4，泥质红陶，器表施红衣。圆唇，下残。复原口径28、残高6厘米（图一八，8）。

Ⅱ式　1件。浅斜腹。F15：26，泥质红陶。方唇，下残。沿面上饰五道凹弦纹。复原口径40、残高10厘米（图一八，3）。

Bc型　3件。厚圆唇，深腹。TN6E6④：6，泥质灰陶。下腹及底残。素面。复原口径24、残高4.8厘米（图一八，12）。TN3W3③：7，泥质灰陶。下腹及底残。素面。复原口径22.4、残高5.2厘米（图一八，14）。F15：6，泥质褐陶。上腹部贴塑鸡冠状器鋬，平底微凹。素面。口径31.76、底径8.96、通高17.32厘米（图一八，5；图版三，2）。

Bd型　3件。方唇，器表贴塑器鋬。TN3W4③：3，夹砂红胎黑皮陶。弧曲腹，鋬手位于上腹近口处，呈鸡冠状，外缘上翘，下残。素面。复原口径26、残高5.6厘米（图一八，7）。TN2W2③：6，夹砂褐陶。弧腹，鋬手位于上腹近口处，呈鸡冠状，下残。唇面有一道凹槽。复原口径28、残高5.6厘米（图一八，9）。F15：22，泥质红陶。口下贴塑泥条成粗凸棱，其上对称做下钩状器鋬，弧曲腹，下残。素面。复原口径32、残高6.8厘米（图一八，1）。

红顶钵　5件。依口、腹部变化分为二式。

Ⅰ式　3件。直口，尖圆唇，弧腹较深。TN6E5⑤：6，泥质灰陶，红顶，器内有轮制痕。下腹及底残。素面。复原口径22、残高6厘米（图一九，1）。F15：7，泥质灰陶，红顶。口沿不规整，平底微凹。素面。口径14.8、底径4.56、通高5.48厘米（图一九，3；图版三，3）。F15：8，泥质灰陶。底残。素面。复原口径20、残高7.6厘米（图一九，2）。

Ⅱ式　2件。敞口，尖圆唇，斜腹较浅。TN7E3③：14，泥质灰陶。底残。素面。复原口径22、残高5.6厘米（图一九，4）。TN5W4③：2，泥质灰陶。底残。素面。复原口径22、残高6厘米（图一九，5）。

豆　9件。均为口沿。按口、唇及腹部形态分为三型。

A型　7件。敞口，圆唇，侈沿，斜腹。TN7E3⑤：4，泥质灰陶。复原口径24、残高4厘米（图一九，6）。TN7E3④：7，泥质灰陶。复原口径28、残高5.6厘米（图一九，11）。

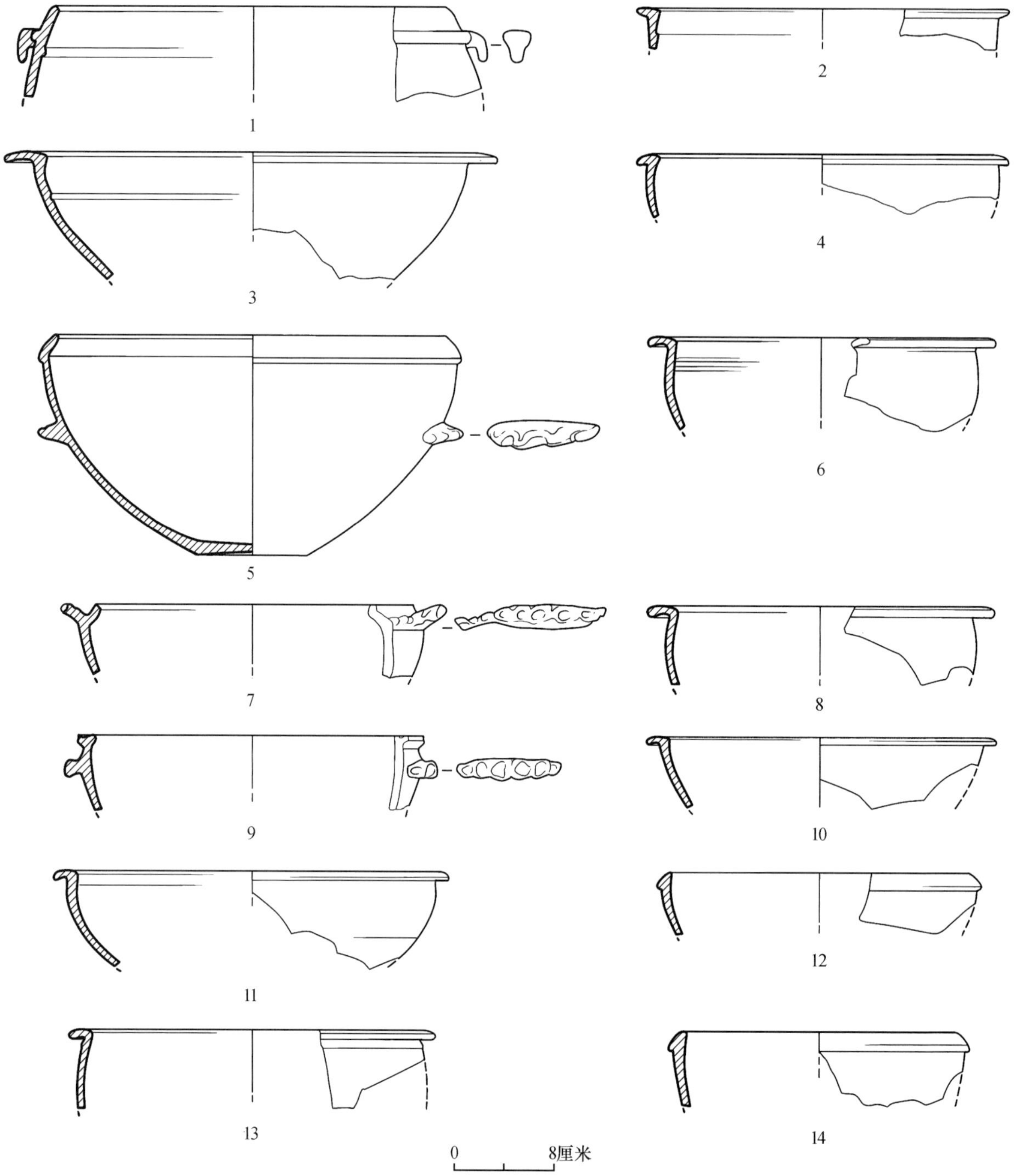

图一八　黑家院遗址出土陶盆

1、7、9. Bd型（F15：22、TN3W4③：3、TN2W2③：6）　2. Ba型Ⅰ式（TN6E5⑤：5）　3. Bb型Ⅱ式（F15：26）　4、13. Ba型Ⅱ式（TN1E2③：3、TN4W6③：3）　5、12、14. Bc型（F15：6、TN6E6④：6、TN3W3③：7）　6、8. Bb型Ⅰ式（TN2W3③：12、TN1E1③：4）　10、11. Ba型Ⅲ式（TN6E6③：5、TN6W2②：9）

图一九 黑家院遗址出土陶红顶钵、陶豆、陶器盖

1～3. Ⅰ式红顶钵（TN6E5⑤：6、F15：8、F15：7） 4、5. Ⅱ式红顶钵（TN7E3③：14、TN5W4③：2）
6～11、17. A型豆（TN7E3⑤：4、TN5W4③：3、F15：27、TN7E6③：3、TN2W2③：8、TN7E3④：7、TN5E2④：5）
12. B型豆（TN7E3④：5） 13. C型豆（TN3W4③：16） 14～16、20. A型器盖（F15：5、TN6E4②：1、TN6E4②：2、H20：5）
18、19. B型器盖（TN6E6③：1、TN2W3③：13）

TN5W4③：3，泥质灰陶。腹部器表刻有“×”形符号。复原口径20、残高4.8厘米（图一九，7）。F15：27，泥质红陶。复原口径24、残高4.8厘米（图一九，8）。TN5E2④：5，泥质灰陶，器表磨光。复原口径34、残高7.2厘米（图一九，17）。TN7E6③：3，泥质灰陶。腹饰一周凸棱。复原口径22、残高7.6厘米（图一九，9）。TN2W2③：8，泥质灰陶。上腹较小。复原口径28、残高6.6厘米（图一九，10）。

B型　1件。侈口，圆唇，口下一道浅槽，浅腹。TN7E3④：5，泥质黑陶。复原口径22、残高7.2厘米（图一九，12）。

C型　1件。侈口，方唇，口下微束，弧腹。TN3W4③：16，泥质灰陶。上腹饰一道浅凸棱。复原口径20、残高4.8厘米（图一九，13）。

器盖　6件。按盖钮形态分为二型。

A型　4件。花边形圈钮。H20：5，夹砂灰陶。盖面弧隆，盖缘外侈，圆唇。素面。钮径7.6、口径27.68、高9.92厘米（图一九，20；图版四，1）。F15：5，泥质灰陶。盖面斜侈，圆唇。素面。钮径3.1、口径9.6、高3.4厘米（图一九，14）。TN6E4②：1，夹粗砂褐陶，器形较小。盖面斜侈，圆唇。素面。钮径3.8、口径7.6、高2.8厘米（图一九，15）。TN6E4②：2，夹粗砂褐陶，器形较小。盖面弧隆外侈，圆唇。素面。钮径2.4、口径7.2、高2.8厘米（图一九，16）。

B型　2件。圆形圈钮。TN6E6③：1，泥质灰陶。盖面斜弧，盖缘外敞，圆唇。素面。钮径3.6、口径6.6、高4.2厘米（图一九，18）。TN2W3③：13，泥质黄褐陶。细柄，盖面较斜直，圆唇。素面。钮径3.2、口径6.8、残高4.6厘米（图一九，19；图版四，2）。

敞口杯　2件。TN2W2③：1，泥质白陶。尖圆唇，斜腹，凹底。素面。口径7.6、底径3、高5厘米（图二〇，14；图版四，3）。TN3E3②：1，夹砂灰陶。方唇，斜直腹，平底微凹。素面。口径8、底径3.8、高6.5厘米（图二〇，10）。

高柄杯　3件。高柄均残。TN7E3③：15，夹细砂红陶。直口，方唇，腹微外斜。唇面饰一道凹弦纹，杯身饰刻划纹，底饰一周链状附加堆纹。口径5.6、残高7厘米（图二〇，11）。TN7E3③：16，泥质橙黄陶。直口，方唇，外缘微翘，腹微鼓外斜。杯身饰细刻划纹，杯底贴塑一周锯齿状附加堆纹。口径6.4、残高6.8厘米（图二〇，12）。TN6W2②：1，泥质红陶。侈口，圆唇，窄沿微凹，垂腹。通腹饰划纹。口径9.2、残高9.6厘米（图二〇，15）。

纺轮　11件。按剖视形态分为三型。

A型　2件。扁平薄片状。TN3E4④：1，泥质橙黄陶。中心略凸。直径3.4～3.9、厚0.6厘米（图二〇，1）。TN5E4③：1，泥质黑陶。直径3.8、厚0.2～0.5厘米（图二〇，2）。

B型　7件。扁平圆饼状。按侧边缘形态分为二亚型。

Ba型　4件。侧边缘尖突。TN3E4④：2，泥质灰陶，略残。直径2.9、厚0.8厘米（图二〇，16）。TN7E3③：1，泥质橙黄陶。中心略凸。直径3.8、厚0.6～0.8厘米（图二〇，3）。TN2W3③：1，泥质红陶。直径4.2、厚0.65厘米（图二〇，4）。F15：4，泥质红陶。直径3.8、厚1厘米（图二〇，5）。

Bb型　3件。侧边缘圆弧。TN2W2③：2，泥质灰陶。直径4、厚0.7厘米（图二〇，6）。

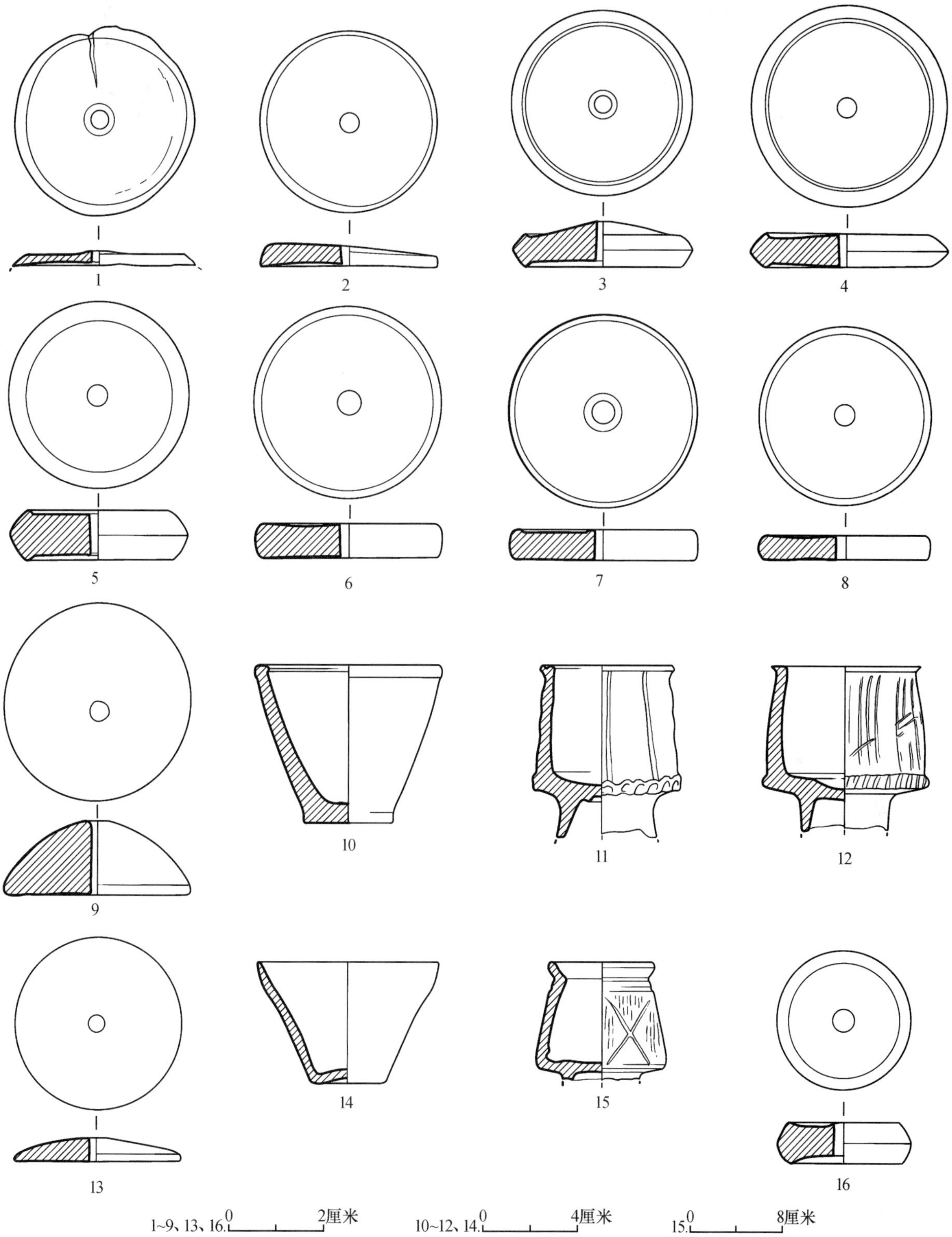

图二〇　黑家院遗址出土陶杯、陶纺轮

1、2. A型纺轮（TN3E4④：1、TN5E4③：1）　3～5、16. Ba型纺轮（TN7E3③：1、TN2W3③：1、F15：4、TN3E4④：2）　6～8. Bb型纺轮（TN2W2③：2、H20：1、H20：3）　9、13. C型纺轮（TN6E4③：1、TN3W4③：1）　10、14. 敞口杯（TN3E3②：1、TN2W2③：1）　11、12、15. 高柄杯（TN7E3③：15、TN7E3③：16、TN6W2②：1）

H20：1，泥质红陶，表面施红衣，已大部脱落。直径4、厚0.6厘米（图二〇，7）。H20：3，泥质灰陶。直径3.7、厚0.5厘米（图二〇，8）。

C型　2件。馒头状，一面隆起，一面扁平。TN6E4③：1，夹细砂红褐陶。直径4、厚1.5厘米（图二〇，9）。TN3W4③：1，泥质橙黄陶。直径3.6、厚0.15～0.5厘米（图二〇，13）。

2. 石器

以磨制为主，部分通体磨光，极为精美；少量打制石器，常见多次打击加工痕迹。器类以生产工具为大宗，并有少量兵器和装饰品。可辨器形有斧、锛、凿、钺、矛、镞、砺石及佩饰等。

（1）生产工具

主要有斧、锛、凿及砺石。

斧　3件。器形厚重，多用灰岩打制而成，少量硅质岩和砂岩；刃部磨制，多为双面凸弧刃，少量扁平宽刃。TN2E1④：1，硅质岩。磨制，双面刃。肩及两侧保留大量疤坎，刃部使用后较钝。高11.7、肩宽4.8、腰宽6.4、刃宽6.2、厚3厘米，重434克（图二一，1）。TN1E2③：5，硅质岩。利用石核石片加工打磨而成，两侧为原始石皮，见打击点，肩部较薄，双面刃。高10.8、宽6.5、厚2.3厘米，重228克（图二一，2）。TN3E3②：2，硅质岩，通体磨光。两侧及顶保留疤坎，双面刃，刃微弧凸。高8.2、肩宽3、刃宽4.2、厚1.5厘米，重102克（图二一，5）。

锛　4件。器形较石斧轻巧，多用砂岩先打后磨而成，少量灰岩及硅质岩；刃部磨光，多为扁平单面刃，少量凸弧刃。TN6E4③：8，硅质岩。底面及刃部磨制，背面保留石皮，单面刃。残高5.6、宽3.5、刃宽3厘米，重34克（图二一，10）。TN4W4③：1，粉砂岩，通体磨光。单面刃，两侧有加工疤痕。高7.8、肩宽3、刃宽2.5、厚1.2厘米，重59克（图二一，6）。TN3W3③：16，灰岩。利用石片打制，仅刃部磨制。背面保留石皮，单面刃。高5.9、肩宽2.5、刃宽3.4、厚1.2厘米，重35克（图二一，9）。TN2W3③：16，流纹岩，近通体磨光。局部保留疤坎，单面刃。高6.8、肩宽1.4、腰宽2、刃宽2.9、厚0.8厘米，重35克（图二一，11）。

凿　4件。石质多为砂岩，少量灰岩、斑岩等。多呈圭形，体型细长，大部通体磨光。两侧对称成尖呈双面刃，刃缘窄平。TN7E3④：9，灰岩，通体磨光。两侧微残，顶端见打击疤痕，双面刃。高8.4、宽2.8、厚1.3厘米，重58克（图二一，7）。TN3W4③：28，泥岩，通体磨光。顶部略残，双面刃。高10.6、宽3、厚1.2厘米，重64克（图二一，3）。F15：1，灰岩，整体磨光。两侧见疤坎，有烧烤痕迹，部分疤痕呈爆裂状，双面刃。高8.8、肩宽1.2、腰宽2.6、刃宽2、厚1.5厘米，重49克（图二一，8）。F22：5，斑岩，利用扁平条形河砾磨制。大部分保留原始石皮，两侧对称成尖，双面刃。高8.9、宽3、厚1.2厘米，重51克（图二一，4）。

砺石　2件。TN2W1②：1，砂岩。有三面磨面，其中侧面较平，一面为凹面，另一面为五

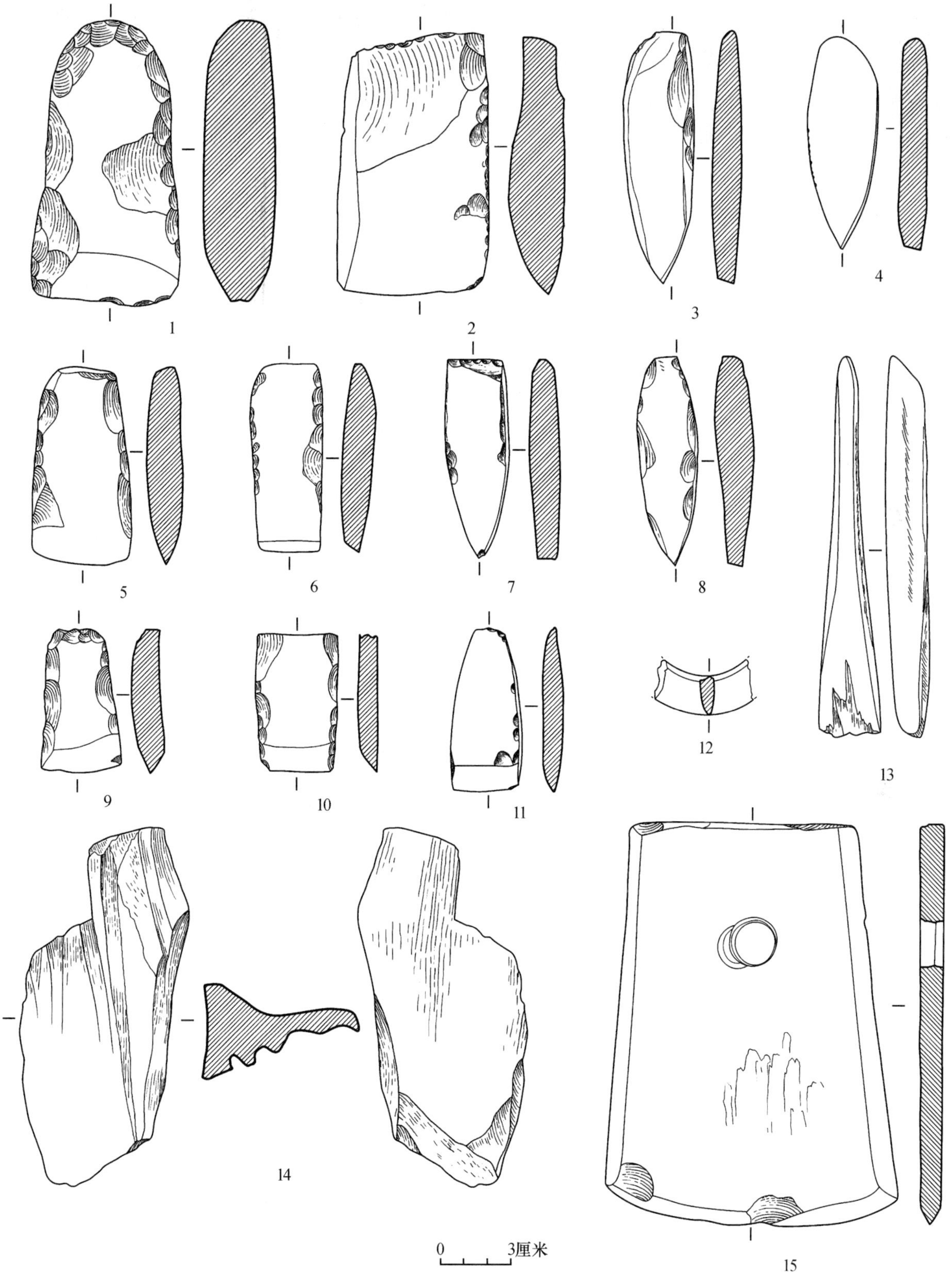

图二一 黑家院遗址出土石器

1、2、5. 斧（TN2E1④：1、TN1E2③：5、TN3E3②：2） 3、4、7、8. 凿（TN3W4③：28、F22：5、TN7E3④：9、F15：1） 6、9～11. 锛（TN4W4③：1、TN3W3③：16、TN6E4③：8、TN2W3③：16） 12. 璜（F16：5） 13、14. 砺石（TN1E2②：1、TN2W1②：1） 15. 钺（TN3W3③：18）

道凹槽磨痕。长15、宽6.5、厚4厘米，重253克（图二一，14）。TN1E2②：1，砂岩，条状砺石，顶、底分为平面及磨痕，左侧面微凹，右侧面见两道凹槽。长15.9、宽2.6、厚1.8厘米，重84克（图二一，13）。

（2）兵器

主要有钺、矛及镞。

钺　2件。TN3W3③：18，灰岩。平肩，凸弧刃，两侧较薄，两面较平滑。刃部有使用痕迹。器身上部对钻一孔，孔旁有一未完成钻孔痕。高16.7、肩宽9.8、刃宽12.7、厚1、孔径1.7厘米，重393克（图二一，15；图版四，5）。TN3W4③：27，云母片岩，通体磨光。仅存肩部残片，对钻一孔。残高7.8、残宽9.5、厚0.75、孔径1.2厘米，重190克（图二二，1）。

矛　1件。硅质岩，通体磨光。尖刃，右侧单面刃。中部偏下有一对称凹口，疑做捆绑木柄使用，便于投掷。F23：1，长11.8、宽2.8、厚0.5厘米，重34克（图二二，2）。

镞　2件。均为精磨，小巧、锋利。TN7E3③：23，白色硅质岩，磨制精细。平面呈宽叶形，中脊微弧，两翼薄且对称凸弧成尖，铤残。通长5.7、残铤长0.4、宽3.1、厚0.6厘米，重10克（图二二，3；图版四，6）。TS1E1②：1，云母片岩，利用条状碎石磨制。平面呈菱形，镞尖、铤残。残长6、宽1.5、厚0.6厘米，重9克（图二二，4）。

（3）装饰品

均为佩饰，主要有双孔佩和璜。

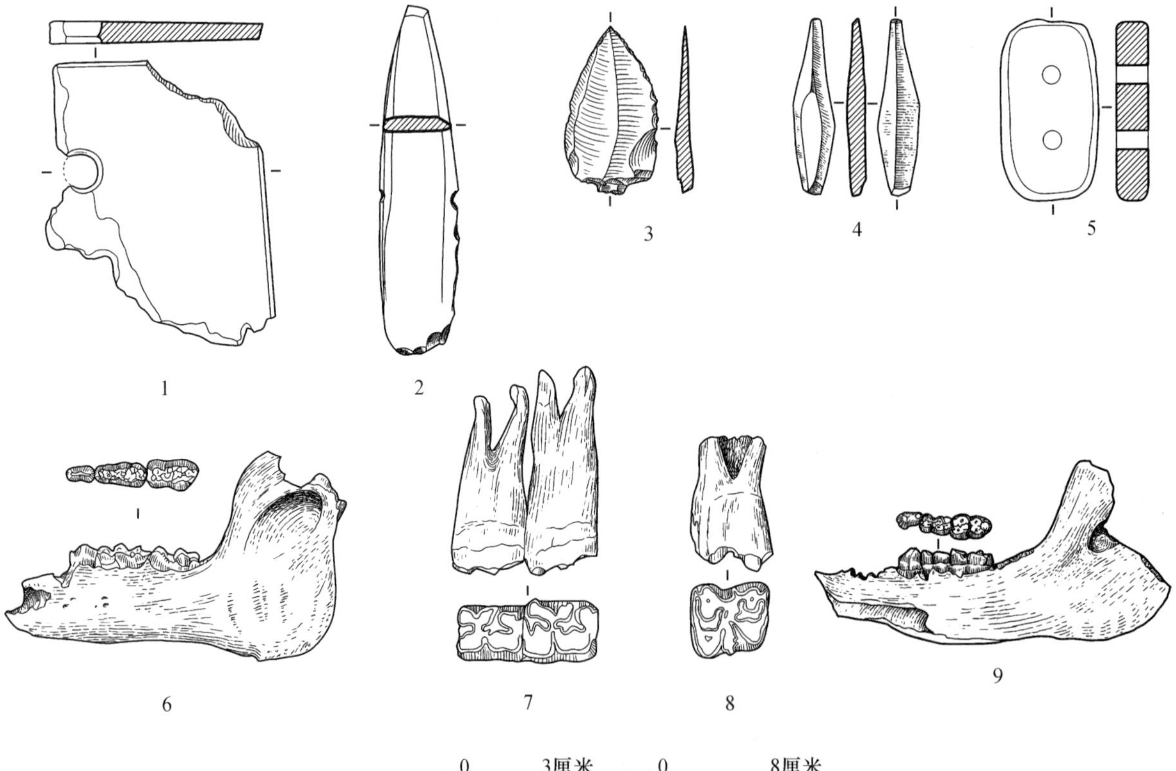

图二二　黑家院遗址出土石器、动物骨骼标本

1. 石钺（TN3W4③：27）　2. 石矛（F23：1）　3、4. 石镞（TN7E3③：23、TS1E1②：1）　5. 石双孔佩（TN5W3②：1）　6、9. 猪下颌骨（TN3W3③：19、TN3W3③：20）　7. 马牙（TN2W5②：1）　8. 牛牙（TN2W4③：1）

双孔佩 1件。TN5W3②：1，变质岩。扁平圆角长方形，管钻二孔。长6.1、宽3.4、厚1.1厘米，重42克（图二二，5；图版四，4）。

璜 1件。F16：5，硅质岩，通体磨光。条状弧形，两端残，截面近等腰三角形。残长4.3、宽1.6、厚0.6厘米，重10克（图二一，12）。

3. 动物骨骼

可辨种属的有蚌、螺、牛、猪、马等。

猪下颌骨 2件。TN3W3③：19，猪左下颌。残长11.6、宽7厘米（图二二，6）。TN3W3③：20，猪右下颌。残长16.2、宽8厘米（图二二，9）。

牛牙 1件。TN2W4③：1，牛上M1。残长4.5、宽2.8厘米（图二二，8）。

马牙 1件。TN2W5②：1，马左上M1、M2。残长6.8、宽5厘米（图二二，7）。

四、结 语

根据出土陶片的陶质、陶色及器形分析，黑家院遗址现存新石器时代遗存较单纯，基本均为鄂西北朱家台文化类型，其年代应与淅川下王冈屈家岭文化一期遗存[1]、郧县青龙泉屈家岭文化早期遗存[2]、郧县大寺屈家岭文化遗存[3]、均县朱家台晚期仰韶文化遗存一致[4]，为仰韶时代最晚段，大体相当于江汉地区屈家岭文化早期阶段。典型单位为遗址的第3～5层堆积，以及H20、F15、F16等相关遗迹。

遗址仅有极零碎新石器时代晚期晚段遗物出土，未能知晓该遗址这一时段的全貌，本简报遗物类型学分析及遗址分期亦未涉及。

黑家院遗址发掘的重要意义在于，它首先丰富了鄂西北地区仰韶时代晚期朱家台文化类型的实物资料；其次众多该时期房址的揭露，也为这一地区本时期聚落形态的研究提供了较为翔实的材料。

附记：该遗址由武仙竹负责发掘，后期整理工作由胡文春负责，参加整理的有闻磊、程飞、杨红艳、周世本、陈安宁。

修　　复：杨红艳
石器绘图：陈安宁
陶器绘图、描图：符德明
器物照相：胡文春
执　　笔：闻　磊　胡文春　杨　燕

注　释

[1] 河南省文物研究所、长江流域规划办公室考古队河南分队：《淅川下王冈》，文物出版社，1989年。

[2] 中国社会科学院考古研究所：《青龙泉与大寺》，科学出版社，1991年。

[3] 中国社会科学院考古研究所：《青龙泉与大寺》，科学出版社，1991年。

[4] 中国社会科学院考古研究所长江工作队：《湖北均县朱家台遗址》，《考古学报》1989年第1期。

郧县郭家院遗址发掘简报

湖北省文物考古研究所

郭家院遗址位于郧县安阳镇西堰村四组，西南距西堰村委会约300米，西临细峪河，分布于郭家院南北两侧的台地上。中心坐标东经111° 00′ 43.56″，北纬32° 50′ 60″，海拔170～180米（图一）。

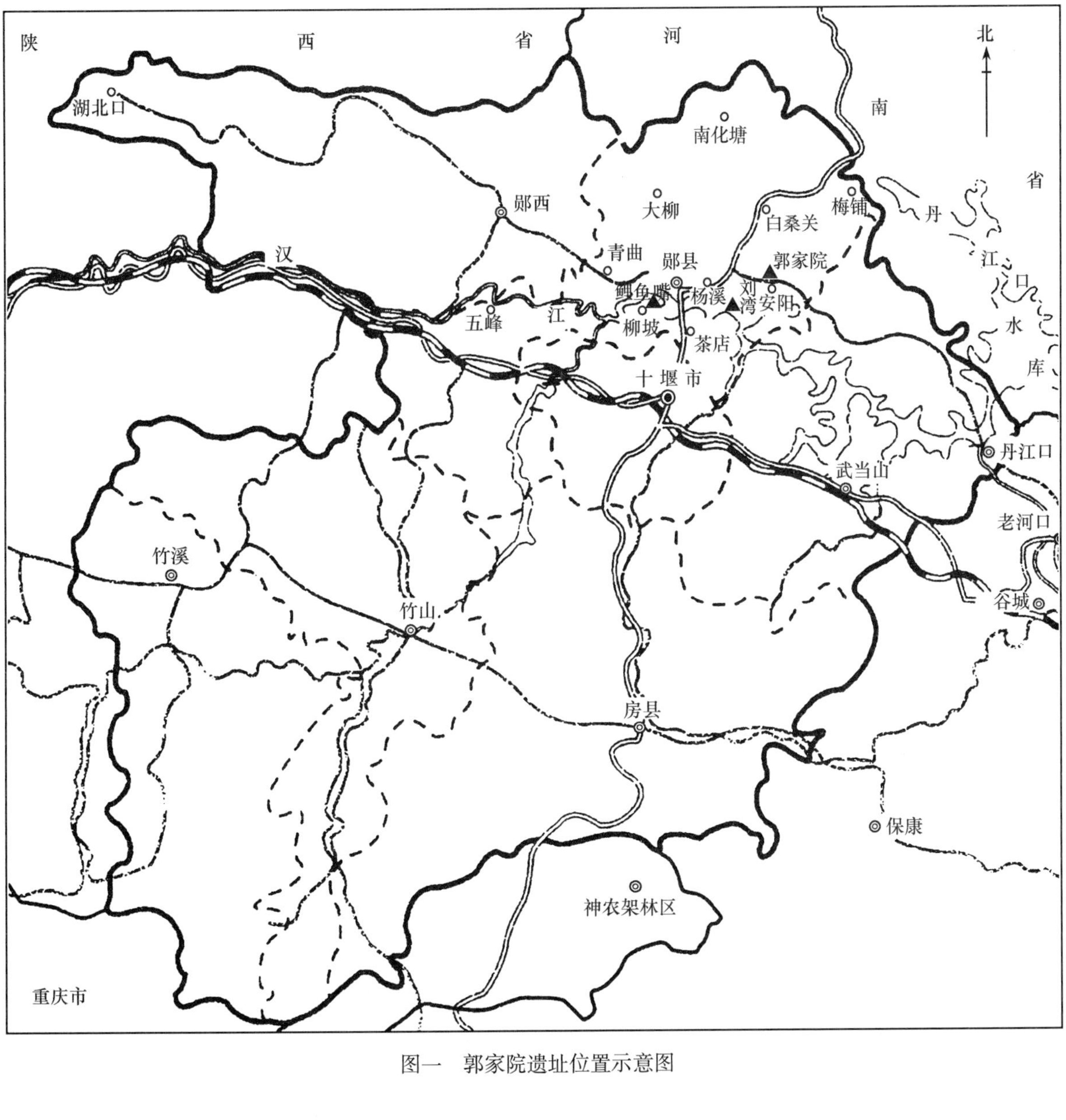

图一　郭家院遗址位置示意图

此遗址于1982年湖北省文物普查时发现，后于1986年、1994年、2004年多次复查。为配合南水北调工程，湖北省文物考古研究所对该遗址进行了抢救性发掘。2006年11月至2007年1月进行了第一次发掘，在遗址东部布5米×5米探方24个，加上扩方面积，共发掘650平方米。

2007年11月～2008年4月进行了第二次发掘，在遗址西部布5米×5米探方73个，扩方25平方米，发掘面积1850平方米。两次共计发掘2500平方米（图二；图版五，1）。

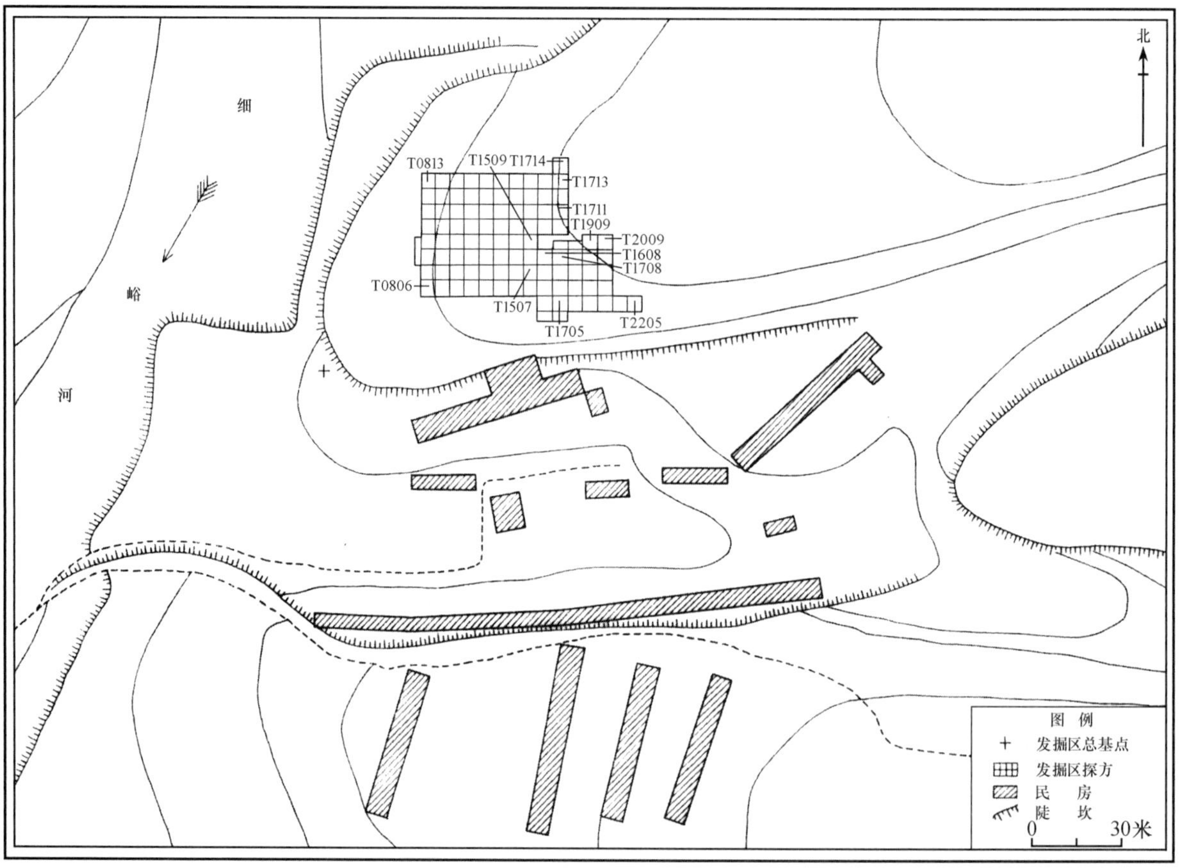

图二　郭家院遗址地形及探方位置图

一、地层堆积

遗址的东西部地层差别较大，东部地层堆积较厚，保存状况较好。西部地层堆积较浅而且遭扰乱，破坏较严重；中部局部区域遭扰乱，破坏最为严重。下面分别以T1905北壁和T1212南壁为例加以介绍。

1. T1905北壁

T1905第1～3层为现代扰乱层，第4层为六朝时期文化层，第5～7层为新石器时代文化层。

第1层：厚15～20厘米。灰褐色，土质较松散，呈块状。该层分布于整个探方。包含有现代砖瓦片等。

第2层：深约15～20、厚10～25厘米。褐黄土，土质较硬，呈块状。该层分布于整个探方。包含有现代砖瓦片。

第3层：深27～35、厚0～27厘米。褐灰土夹锈斑，土质较硬，呈块状。该层分布于整个探方的二分之一。包含有铁片及青花瓷片。

第4层：深30～62、厚0～70厘米。灰黑土，土质较硬，呈块状。该层分布于整个探方的八分之七。包含物丰富，陶器可辨器形有鼎、罐、红顶碗、盘、钵、杯、擂钵等；多为素面，纹饰有弦纹、附加堆纹。石器有斧、锛、凿等。

第5层：深30～100、厚0～40厘米。褐灰土，夹有大量的红烧土块。该层呈坡斜分布于探方内中部至西壁，约占整个探方的二分之一，西高东低。包含有许多早期碎陶片、石器等。陶片可辨器形有红顶碗、鼎足、盆、罐、钵等；多为素面，纹饰仅见弦纹与附加堆纹。石器有斧、锛。

第6层：深37～102、厚0～35厘米。黑灰土，土质较硬，呈块状。该层呈斜坡状，西高东低，分布于探方内中部至西壁，约占整个探方的二分之一。包含有许多早期碎陶片、石器、骨器等。陶片可辨器形有红顶碗、罐、鼎、钵、盘等；多为素面，纹饰仅见附加堆纹与弦纹。

第7层：深60～101、厚5～25厘米。黄花土，土质较硬，呈块状。西高东低呈斜坡状分布于整个探方。包含有许多早期碎陶片，可辨器形有碗、鼎、罐、钵等（图三）。

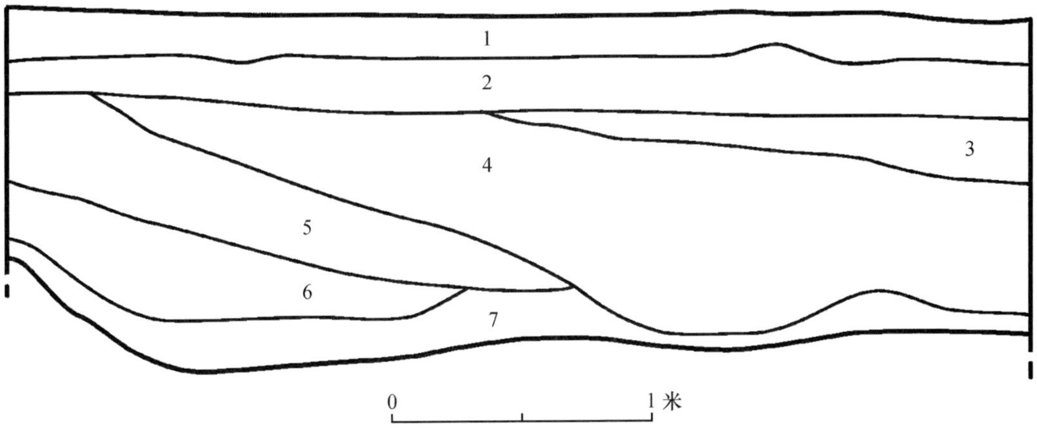

图三　T1905北壁剖面图

2. T1212南壁

T1212第1层为现代耕土层，第2～4层为新石器时代文化层。

第1层：厚5～15厘米。耕土层，灰褐色土，土质较疏松。包含有少量现代砖瓦片、植物根茎和少量早期陶片。

第2层：深15～45、厚10～30厘米。灰黄土，土质较松软，夹有少量红烧土粒。包含有较多陶片，以泥质陶为主，夹砂陶次之；可辨器形有罐、瓮和红陶钵。此层下有H10。

第3层：深25～65、厚10～20厘米。灰黑色土，夹有草木灰、红烧土和少量石块。包含有较多陶片，可辨器形有罐、钵、鼎等。此层下有W6、H27、H37、H48、H50、H51。

第4层：深30～80、厚5～15厘米。黄花土，夹有红烧土、草木灰、少量石块。陶片较少，以泥质黑陶、红陶为主，少量夹砂陶；可辨器形有罐、钵、鼎等（图四）。

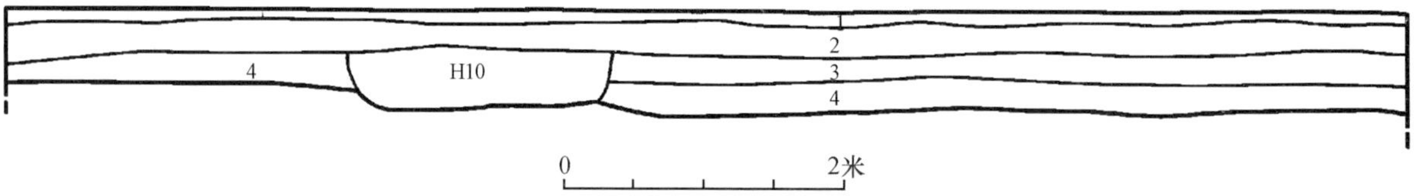

图四 郭家院T1212、T1213南壁剖面图

二、新石器时代遗迹与遗物

（一）遗迹

新石器时代遗迹有房址、灰坑、沟、瓮棺（图五；图版五，2）。

1. 房址

房址共有27座，可以分为圆形和方形两种。

（1）圆形房址

14座。

F9　位于T1410中北部和T1411南部，开口于第3层下，打破生土。平面形状为圆形。外径320、内径260厘米。房址平面上残存房屋建筑遗迹有墙基、柱洞和居住地面。墙基为房屋墙体基槽残迹，基槽为圆形，宽30、深30厘米，基槽内填土为灰褐色，夹少许红烧土及草木屑。发现柱洞5个，直径15～20、残深16～40厘米，直壁，平底，填土为灰褐土夹红烧土块。居住面垫有一层灰黄色夹褐斑的土，没有夯打痕迹。未发现门道。包含物有少许陶片，可辨器形有钵、罐、平底器等残片（图六）。

F24　位于T0808中北部，部分门道延伸到T0809中，开口于第4层下，被F22叠压，打破生土。平面形状呈圆形，外直径为260厘米，门朝正北方向。房址残存遗迹有墙基、柱洞、灶、居住地面和房门。基槽宽25～40、深20～30厘米，填土为烧土块及草木灰。柱洞发现3个，直径10～30、深20～30厘米。居住面垫土为一层黄灰土，土质结构紧密，较硬，可能有经过夯打，厚约7厘米。灶可能在门口处，门口有大量烧土块。门朝正北方向，门道较长，长约130、宽约65厘米，内填有大量烧土块，且有一石板。房内填大量红烧土块及草木灰，土质坚硬。出土罐口沿残片、钵等，陶片以红陶为主（图七）。

（2）方形房址

13座。

F4　跨4个探方T1406、T1407、T1506、T1507，位于T1406东北部、T1506西北部、T1407东南部及T1507南部，开口于第2层下，被H23打破，打破F11及生土。平面形状大体为方形，

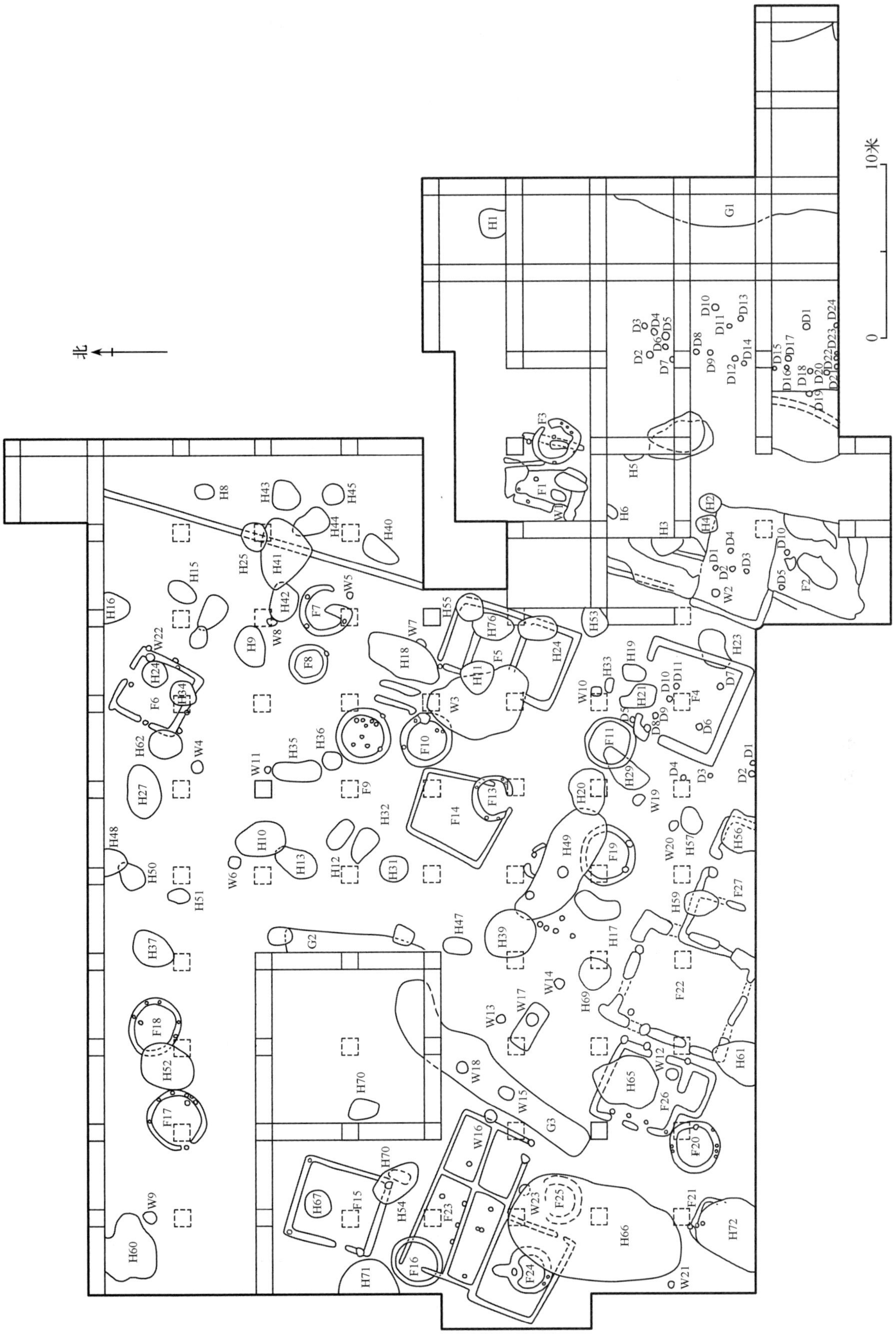

图五 郭家院遗址遗迹分布图

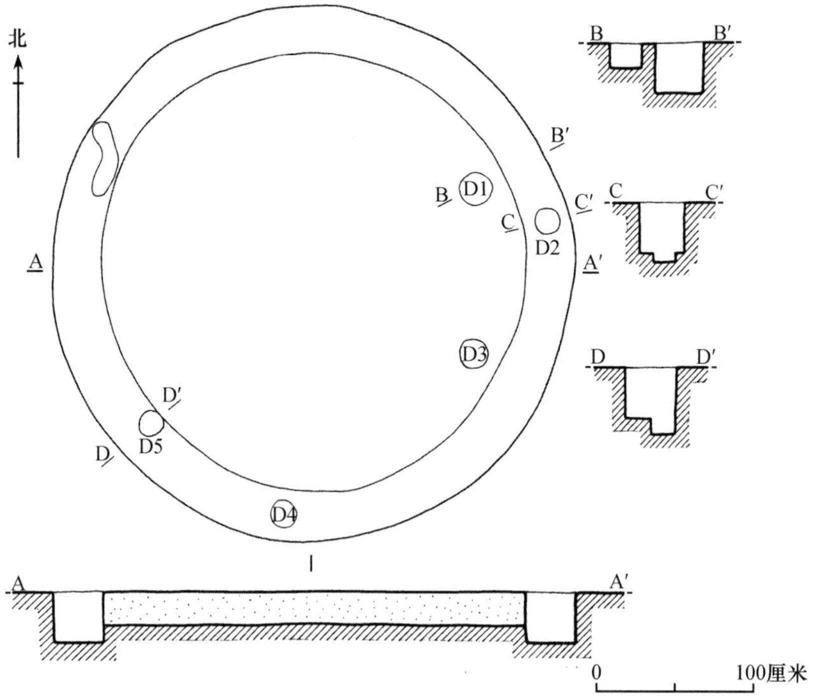

图六　F9平、剖面图

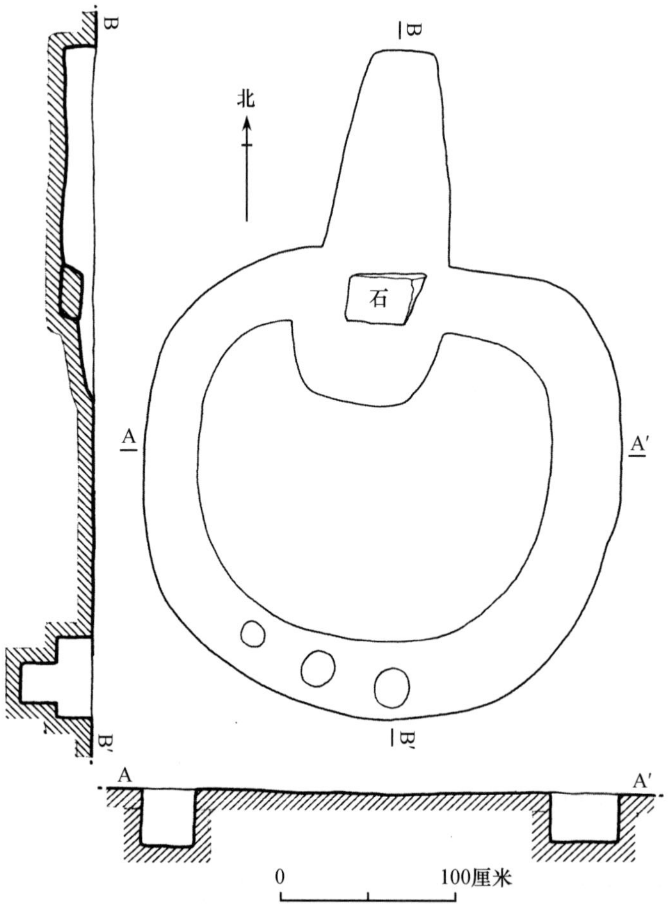

图七　F24平、剖面图

东墙基外长约635、南墙基外长约600、西墙基外长约530、北墙基外长570、门宽约65厘米，东北—西南向。

F4　为地面式建筑，先挖基槽后立柱，再将基槽填实，其后建墙等。房址平面上残存房屋建筑遗迹有墙基、柱洞、红烧土面、居住地面和房门。墙基为房屋墙体基槽残迹，依据残留墙基来看，基槽宽40～55厘米。基槽近乎直壁，底部较平，深浅不一，东部浅，残深20厘米，西部深，残深45厘米。基槽内填土以红烧土为主，夹有灰黑土及炭屑，土质较硬。解剖时出土有夹砂红陶罐口沿。西北角处发现一处柱洞，直径约35、深32厘米，直壁，平底，而且墙基没有连上，因而推测为门道。在房址北部有一层厚约10厘米的灰黄土垫土（图八）。

F14　位于T1309内，部分延伸进T1310内，东北角延伸到T1409西北部，开口于第3层下，打破F13至生土。墙基北长400、南长430、东长360、西长500厘米，门宽65厘米，方向180°。

房址残存遗迹有墙基、红烧土面、居住地面和房门。墙基为房屋墙体基槽残迹，基槽宽25～30、深20厘米，基槽内保存有较硬的红烧土。居住面为红烧土硬面，土质较硬，分布于全部房内。长430、宽400、厚约10～15厘米。在房屋南侧发现大量木炭灰土层，厚约5厘米。由墙基构成房屋1间和房门1处，先挖基槽后用烧土、黏土混合筑墙，门道处垫土没有经过火烧。发现陶鼎、陶杯、石器各1件（图九）。

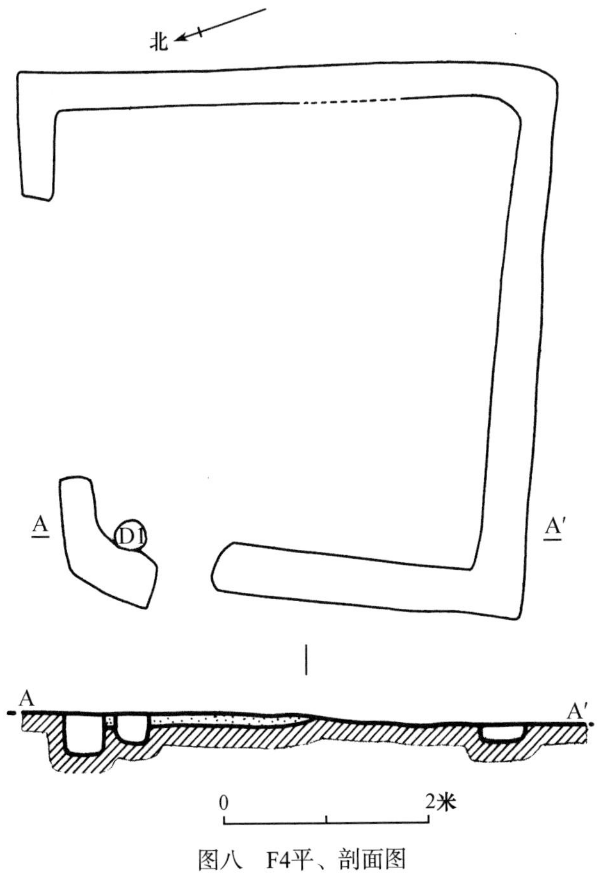

图八　F4平、剖面图

图九　F14平、剖面图

2. 灰坑

灰坑有73个，有圆形、椭圆形、方形和不规则形四种。

（1）圆形灰坑

16个。

H67　位于T0911西部，部分延伸进T0811东隔梁，开口于第4层下，打破生土，开口距地表深60厘米。坑口平面呈圆形，有一圈宽约20厘米的烧土，斜直壁，平底。坑口直径140、深67厘米。填土为黄褐土，含有红烧土块及草木灰，土质较松。出土陶片较少，以泥质灰陶和红陶为主，可辨器形有钵口沿等（图一〇）。

H50　位于T1213东部，开口于第3层下，被H48打破，打破第4层和生土，坑口距地表深55～60厘米。坑口平面近似圆形，东北角被H48打破，直壁，平底。东西径长165、南北径长155、深20厘米。填土为黑灰土，夹有草木灰、红烧土和少量石块，结构紧密，土质坚硬。出土物大多为泥质红陶和泥质黑陶，陶胎较薄，少数夹砂灰陶；有红顶钵、高领罐等器物片；纹饰以素面为主，少数弦纹（图一一）。

H60　位于T0813中部偏北，小部分延伸到北隔梁内，开口于第3层下，打破第4层和生土，开口距地表深28～30厘米。坑口平面呈不规整圆形，从H60的剖面看，其西边为斜壁，较缓，其东边壁上斜下直，较陡。坑底呈坡状，西高东低，坡度较缓，略有起伏。东西径长384、南北径长310、深50～62厘米。填土为黑褐土，土质紧密坚硬，呈块状。包含物有少量的石块、植物根、草木灰和烧土粒。出土遗物陶片较多，陶质以泥质陶为主，夹砂陶少量；陶色以红陶、灰陶较多，黑陶少许；纹饰以素面为主，少量弦纹和绳纹；可辨器形有红陶夹砂鼎

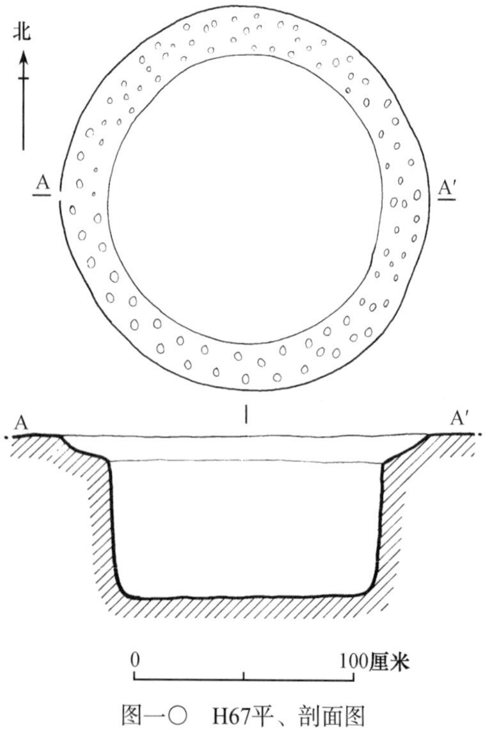

图一〇　H67平、剖面图

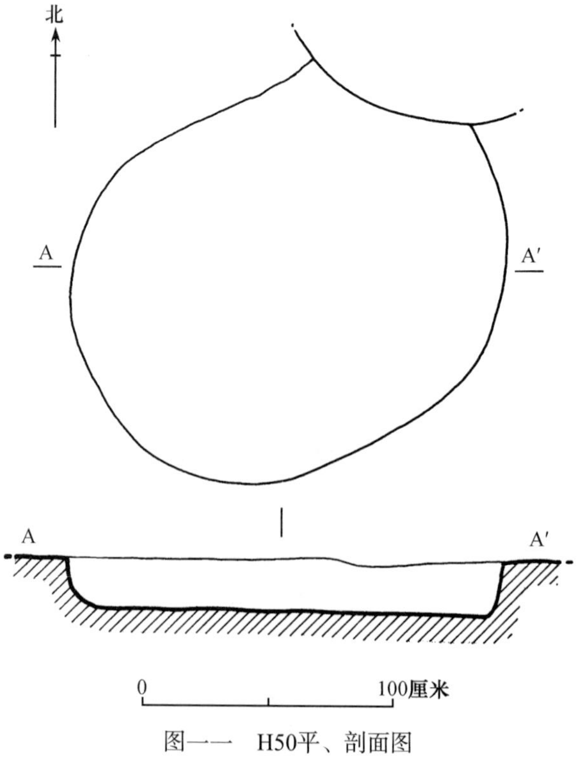

图一一　H50平、剖面图

足、瓮、罐、碗钵等残片（图一二）。

H34　位于T1412、T413、T1512、T1513探方交接处，开口于第2层下，打破F6，开口距地表29厘米。坑口平面呈近圆形，壁较直且为自然剥落面，有抹平痕迹，坑底较为平坦。直径180、深84厘米。填土为红土，夹有零星草木灰、部分红烧土块及石块。主要器形有红顶钵、折沿罐、敛口瓮、平底罐等器物残片（图一三）。

（2）椭圆形灰坑

37个。

H71　位于T0810西部，大部分延伸进西面，开口于第4层下，打破生土，开口距地表60～80厘米。坑口平面呈椭圆形，斜弧壁，坑底为弧形。长径360、深50厘米。填土为黑土，夹有大量保存较好的草木灰，土质较软。出土陶片较少，以泥质褐陶为主，可辨器形有罐、钵、环（图一四）。

H65　位于T1007中部偏北，部分延伸到T1007北隔梁下，开口于第3层下，打破生土，开

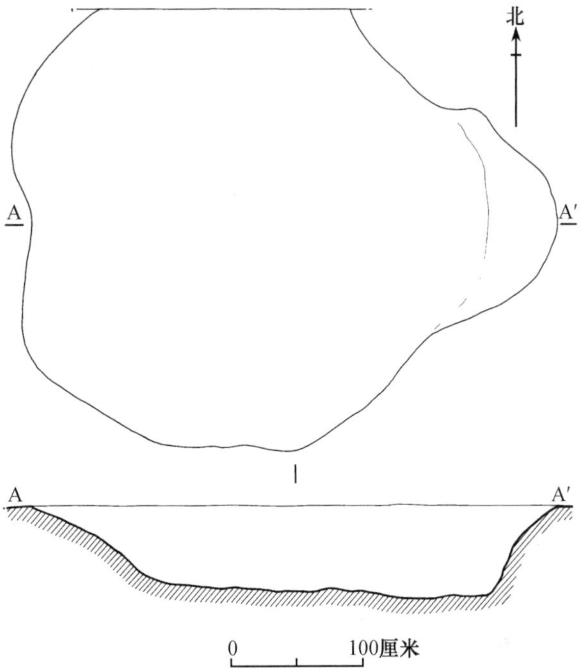

图一二　H60平、剖面图

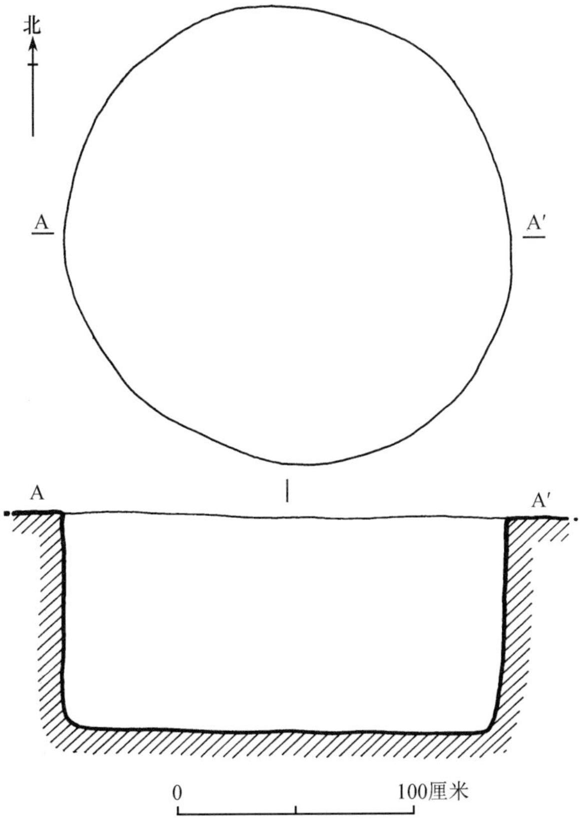

图一三　H34平、剖面图

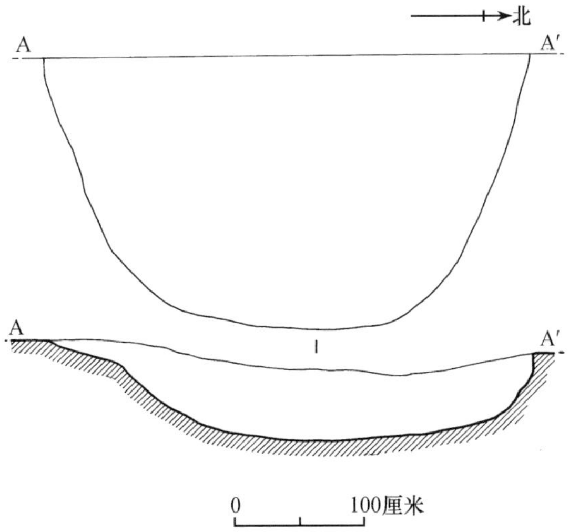

图一四　H71平、剖面图

口距地表50厘米。坑口平面呈不规则椭圆形，壁稍倾斜内收，底部东高西低。坑口南北长径380、东西短径300厘米，底部南北长300、东西宽250、深50厘米。填土为黑灰土，含大量草、烧土等杂物，土质松散、较湿。出土陶片少量，有泥质陶与夹砂陶两种；陶色红陶多于灰陶，褐陶次之；器形有敛口瓮、圈足器、折沿罐、鼎足。另有少量残石斧（图一五）。

H9　位于T1512探方的东南部，开口于第2层下，打破第3层和生土。开口距地表深20～25厘米。坑口平面近圆形，坑壁倾斜，略呈锅底状。坑口直径近250、坑底直径170、深35厘米。填土为黑灰土，包含有大量红烧土块、草木灰、少量石块等，土质紧密。出土物有红顶钵口沿及腹部、折沿罐口沿、罐底部、镂孔圈足、敛口瓮口沿等残片（图一六）。

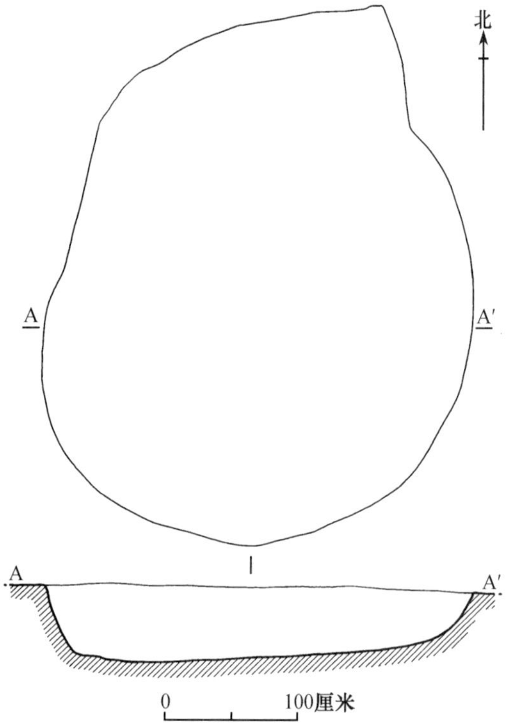

图一五　H65平、剖面图

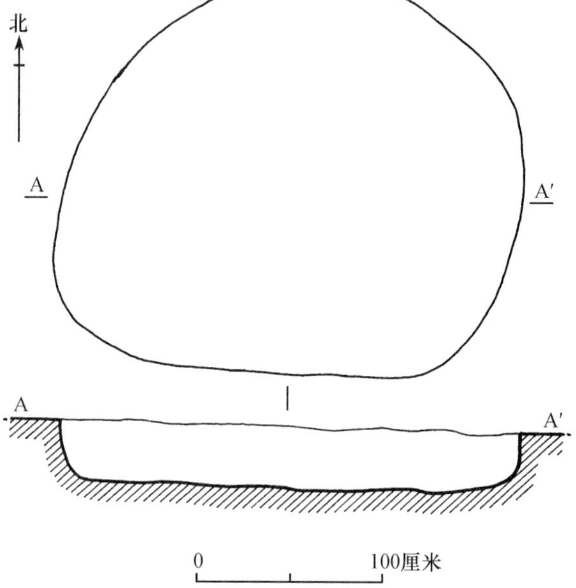

图一六　H9平、剖面图

H24　位于T1508东部偏北，部分被T1508东隔梁所压，开口于第2层下，打破F5及生土，开口距地表深20～25厘米。坑口平面呈椭圆形，南北长径232、东西短径152、深34～50厘米。坑壁上端较直，其下斜壁内收；西壁有部分近乎直壁。坑底略为倾斜状，南浅北深。填土以红烧土为主，伴有灰黑土，夹有炭屑，土质坚硬。在坑底有很薄的一层炭屑层。出土物以夹砂陶为主，夹砂褐陶施黑衣，夹砂灰陶施红衣，纹饰可见有同心凸弦纹；泥质陶占少数，大多为灰胎红衣，器形有钵，纹饰多为素面，少量见有凸弦纹。石器有石斧（图一七）。

（3）方形灰坑

7个。

H70　位于T0910中部偏南，开口于第4层下，打破生土，开口距地表深65厘米。坑口平面呈长方形，长136～140、宽65、深16～20厘米。坑壁一边为直壁，一边为斜直壁。填土为灰褐色，土质松软，距坑口6～10厘米填有一层红烧土堆积，夹有少量草木灰。坑内出土有陶环、

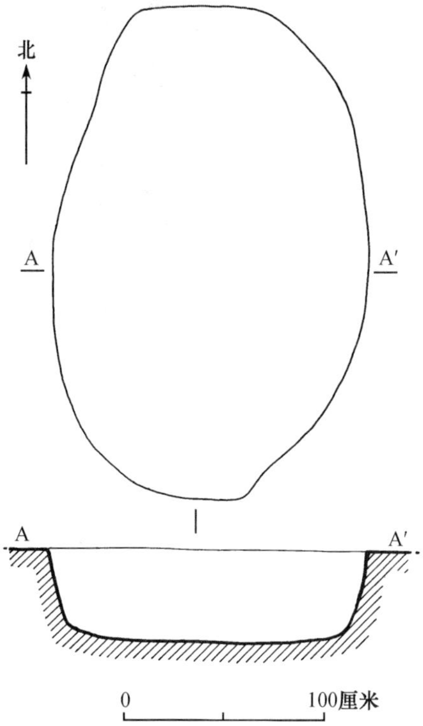

图一七　H24平、剖面图

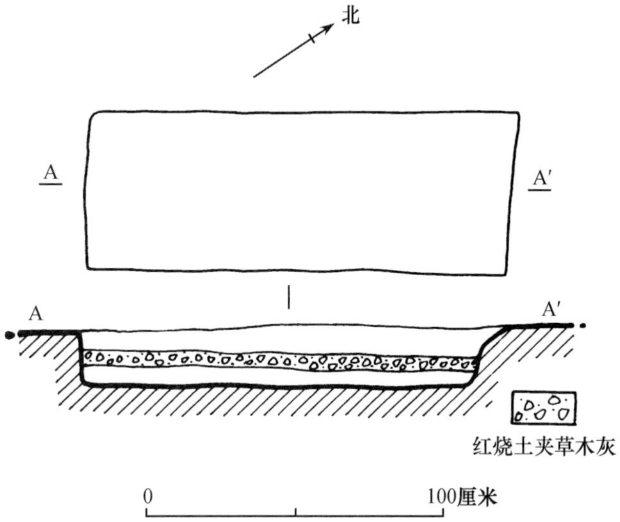

图一八　H70平、剖面图

猪牙等（图一八）。

（4）不规则形灰坑

13个。

H10　位于T1311北部，一部分被T1311北隔梁所压，延伸进T1312南部，开口于第2层下，打破H12、第4层和生土，开口距地表深30～35厘米。坑口平面呈椭圆形，坑壁呈斜壁，坑底呈斜平底，北高南低。南北长径280、东西短径198、深30～52厘米。填土为黑灰土，夹有草木灰、红烧土和少数石块，结构紧密，土质坚硬。包含物大多数为泥质黑陶和红陶，少数夹砂灰陶，主要器形有高领罐、圈足器、碗、红顶钵、折沿罐等器物残片（图一九）。

H18　位于T1510和T1509北隔梁内，开口于第2层下，打破第3层与W7，开口距地表深23厘米。坑口平面形状呈不规则椭圆形，斜直壁，坑底不平，南浅北深。南北径长474、东西径长230、深18～73厘米。填土为黑灰土，夹有红烧土粒、草木灰，土质较硬，距坑口35厘米中部有一层红烧土堆积，厚3～5厘米。出土较多陶片，陶质有泥质陶和夹砂陶两种，主要器形有罐、鼎、钵、杯、器盖、环等；在坑底发现略经火烧过的兽骨（图二〇）。

3. 沟

沟共有3条（G1～G3）。

G3　位于T0908东部、T1008西北部、T1009中东部、T1110西南部以及T1010东南部，开口于第4层下，打破生土，距地表深100厘米。平面呈不规则长条形，宽窄不一，长14.6、宽

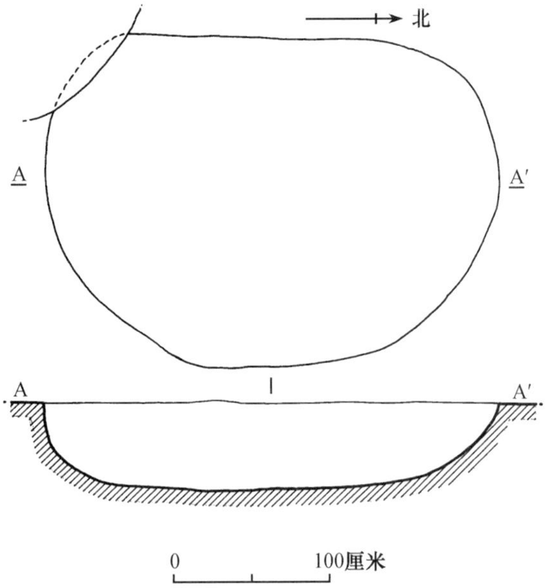

图一九　H10平、剖面图

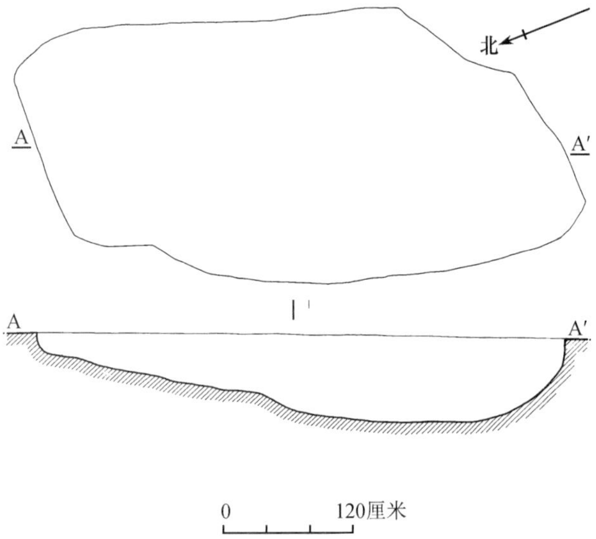

图二〇　H18平、剖面图

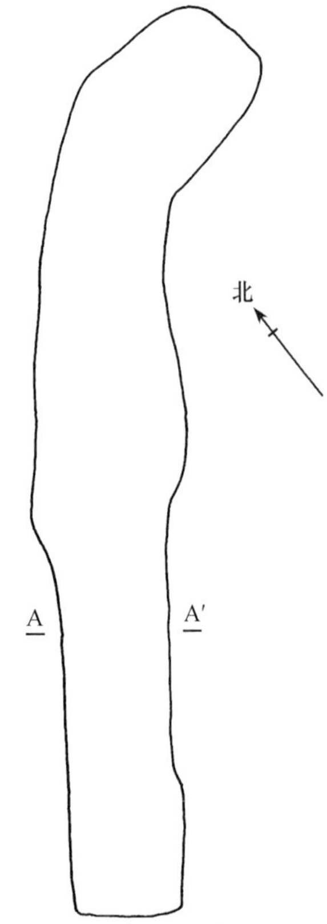

图二一　G3平、剖面图

0.9～1.25、深0.33～0.4米。沟边东部高，西边低，且东壁较陡，西壁较平缓。沟底较平，西南略高于东北，为西南至东北流向。填土为灰黑色，夹有大量草木灰、红烧土块及少许石块等，土质结构较紧密。包含物有少量陶片、石器和动物骨骼。陶片以夹砂褐陶为主，泥质黑陶、红陶次之；器形有鼎、罐、缸、钵、盆、纺轮、环。石器有环、斧等（图二一）。

4. 瓮棺

瓮棺共有23座。

W23　位于T0908西北部，开口于第4层下，打破生土。平面呈圆形，坑壁较规整。直径56、深20厘米。填黑土，夹有草木灰及少许红烧土颗粒，土质疏松。葬具由2件陶罐组成，其中一件缺少口沿，套在另一瓮棺之上，底部朝上；下面一件正放，罐内有头盖骨（图二二）。

W6　位于T1312西南部，开口于第3层下，打破第4层和生土，开口距地表深35～40厘米。平面呈椭圆形，壁较直，底部呈斜平底，西高东低。长径68、短径64、残深24～28厘米。填土为黑灰土，包含少量红烧土块、草木灰及零星石块，结构紧密，土质坚硬。葬具1件陶罐（图二三）。

W9　位于T0813东部，开口于第3层下，打破第4层和生土，开口距地表深30～40厘米。平面呈椭圆形，坑壁较直，底部呈弧形。长径70、短径50、残深22厘

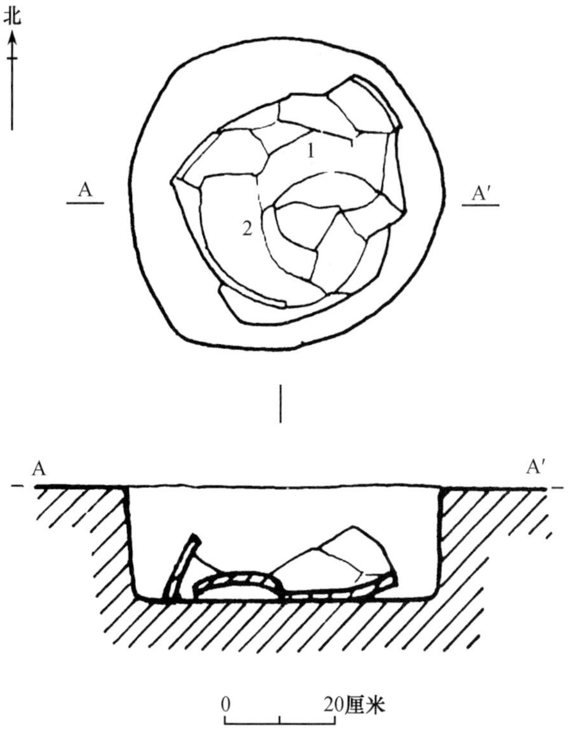

图二二　W23平、剖面图

1、2. 陶罐

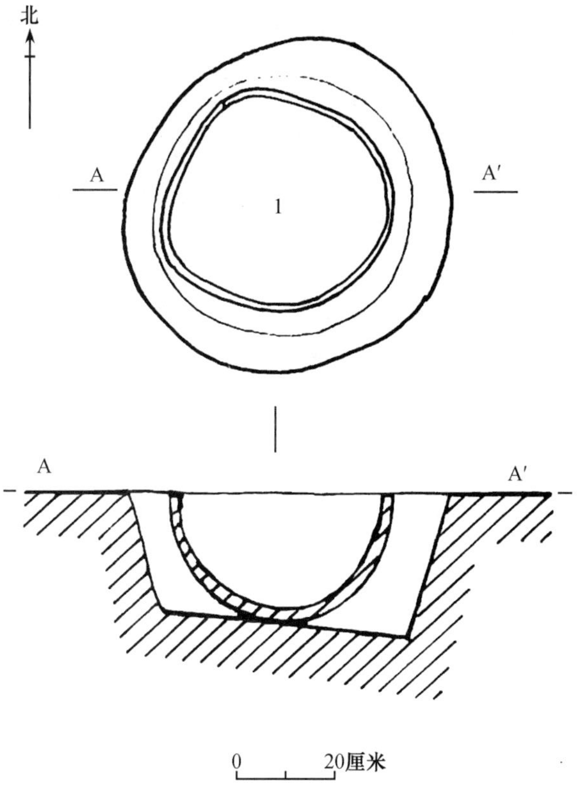

图二三　W6平、剖面图

1. 陶罐

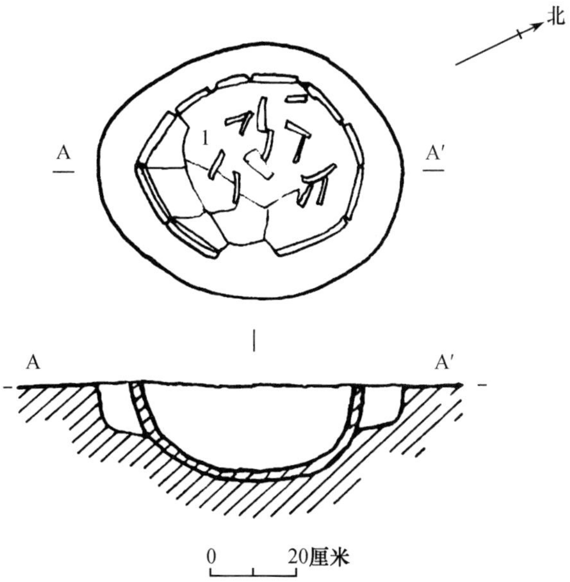

图二四　W9平、剖面图

1. 陶罐

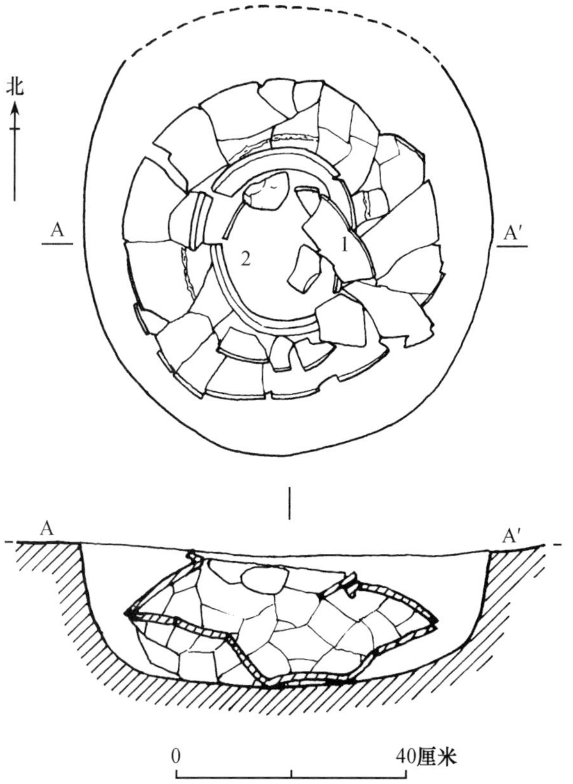

图二五　W16平、剖面图

1. 陶器盖　2. 陶瓮

米。坑内填土灰褐色，夹有少许红烧土粒。葬具1件陶罐，罐破碎，其口沿向南倾倒，在罐内发现数块小残骸骨头（图二四）。

W16　位于T1009的西部，局部叠压在T0909北隔梁下，开口于第3层下，打破第4层和生土，开口距地表深52厘米。平面呈圆形，壁较直，底略平。直径70、深24厘米。填土为灰黑色，包含有草木灰、红烧土粒等。葬具由2件陶器组成，竖放，器盖上压两块小石头，在瓮棺底部发现有小儿碎骨（图二五）。

W20　位于T1307南部，部分被T1306北隔梁所压，开口于第3层下，打破生土，开口距地表深50厘米。平面呈椭圆形，直壁，平底。长径70、短径50、深95厘米。坑内填有烧土、木炭灰。葬具为1件夹砂褐陶罐与带流盆组合一体，水平横放（图二六）。

W8　位于T1312西南部，开口于第2层下，打破第3层和生土，开口距地表深35～40厘米。平面呈椭圆形，壁较直，斜平底，西高东低。东西长60、南北宽40～60、深40厘米。填土为黑灰土，包含少量红烧土块、草木灰及零星石块，结构紧密，土质坚硬。葬具1件陶罐，罐下有动物骨骼（图二七）。

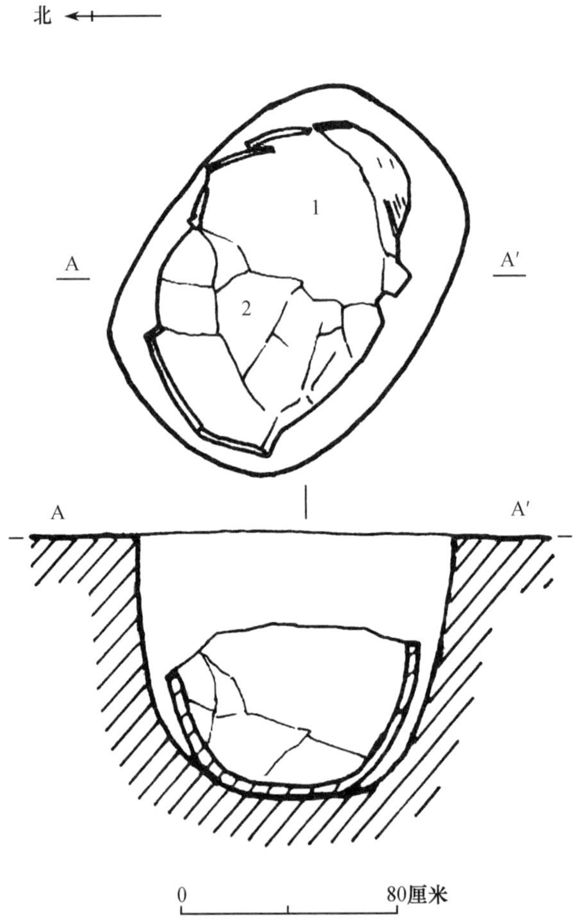

图二六　W20平、剖面图

1. 陶带流盆　2. 陶罐

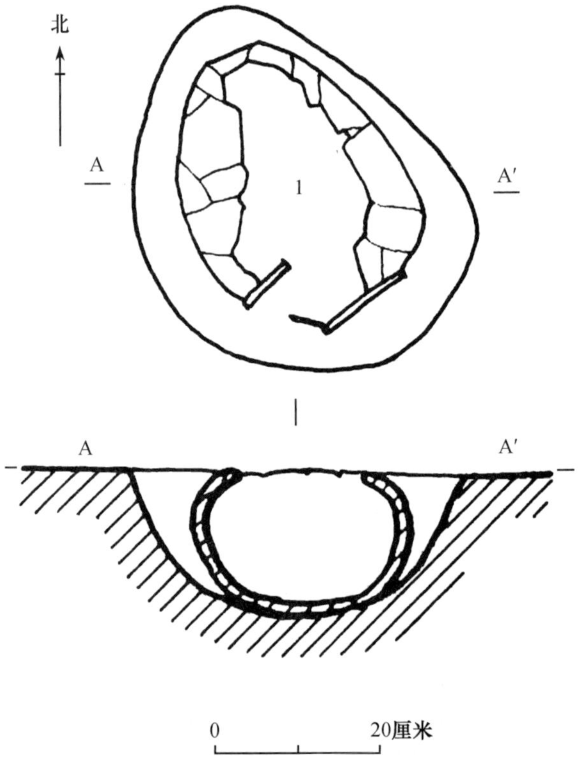

图二七　W8平、剖面图

1. 陶罐

（二）遗物

新石器时代遗物有陶器、石器和骨器，石质箭镞和骨器发现甚少，本文不作介绍。

1. 陶器

陶器以夹砂陶为主，据不完全统计，占59.79%，其中夹砂褐陶占40.57%，夹砂红陶占11.71%，夹砂灰陶占7.51%；泥质陶只占40.21%，其中泥质灰陶占23.76%，泥质红陶占10.86%，泥质黑陶占5.59%。纹饰多为素面，占91.43%，弦纹占5.33%，细篮纹占1.09%，粗篮纹占1.01%，另外还有方格纹、戳印纹、附加堆纹、乳钉纹等（图二八～图三一）。

鼎　10件。多为口沿，可复原的只有一件，据口沿分为四型。

A型　6件。鼎身呈罐形。分二式。

Ⅰ式　4件。器较小，腹壁较直。T1212④：4，泥质黑陶。敛口，圆唇，外折沿，器沿略内凹，束颈，鼓腹，残。素面。残高3.2、复原口径10厘米（图三二，1）。T1012④：12，夹砂灰陶。口微敛，圆唇，外折沿，束颈，斜肩，鼓腹，残。素面。残高5.6、复原口径10、腹径11.2厘米（图三二，2）。T0806④：7，夹砂褐陶。直口，圆唇，折沿，腹壁略外鼓。沿上饰一周凹弦纹，腹部饰三周凹弦纹。残高6.4、复原口径16厘米（图三二，3）。T1012④：24，夹砂褐陶。为罐形小鼎，侈口，口较大，微鼓腹，平底，三足直，鼎足残。素面。足上部有凹窝。残高6.4、口径10.4、底径5.6厘米（图三二，4；图版六，1）。

Ⅱ式　2件。器形较大，口较小，折沿，斜肩。T1212③：2，夹砂灰陶。敛口，圆唇，窄折沿，束颈。残高5.4、复原口径14厘米（图三二，5）。T1008③：17，夹砂黑陶。敛口，圆唇，束颈。素面。残高4.4、复原口径11厘米（图三二，6）。

B型　2件。鼎身呈盆形。分二式。

Ⅰ式　1件。上折沿。H66：30，夹砂褐陶。直口圆唇，折沿，腹壁略内收，残。腹上饰一周戳印纹。残高6.4、复原口径20厘米（图三二，7）。

Ⅱ式　1件。折平沿。H66：31，夹砂褐陶。直口，圆唇，平沿，深直腹，腹壁略外鼓，残。腹上饰两道凸弦纹。残高7、复原口径18厘米（图三二，8）。

C型　1件。有颈，斜肩。T0808④：12，泥质黑陶。口微敛，圆唇，折沿，束颈，斜肩，残。素面。残高3.2、复原口径14厘米（图三二，10）。

D型　1件。器形较大，凹口。H18：10，夹砂灰陶。口微敛，尖唇，宽沿外折，束颈，深直腹，底残。素面。残高6、复原口径32厘米（图三二，9）。

鼎足　27件。分二型。

A型　16件。平面呈梯形。分三亚型。

Aa型　6件。倒梯形凹面足。T1012③：4，夹砂褐陶。两侧饰有浅按窝纹的波形纹。残高7.6厘米（图三三，1）。T1612③：11，夹砂褐陶。两侧饰波形按窝纹，足根饰一个大的按窝纹，内侧留有指纹痕。残高8.6厘米（图三三，2）。T1212③：5，夹砂红陶。面两侧饰竖

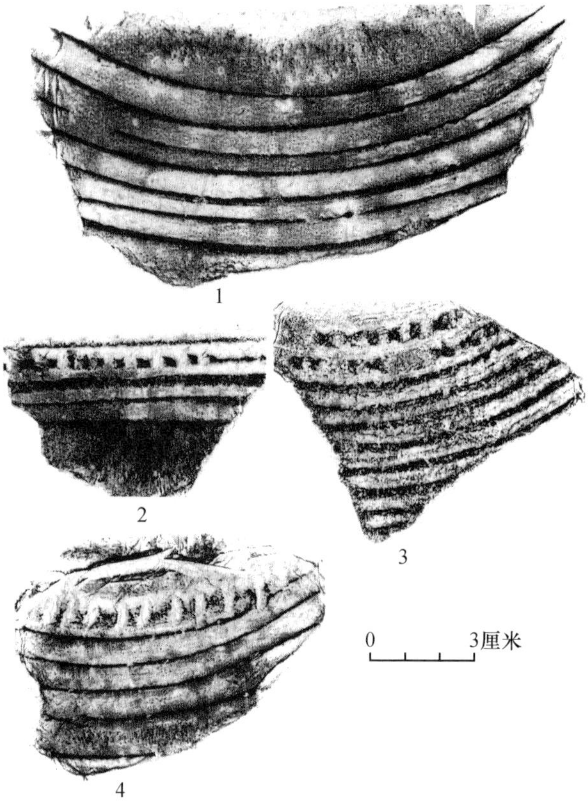

图二八　纹饰拓片

1. 凸弦纹（T1612③：5-2）　2. 小乳钉纹与弦纹（T1212③：24）
3. 大乳钉纹与弦纹（T1008③：20）　4. 凸弦纹与附加堆纹（T1210③：9-2）

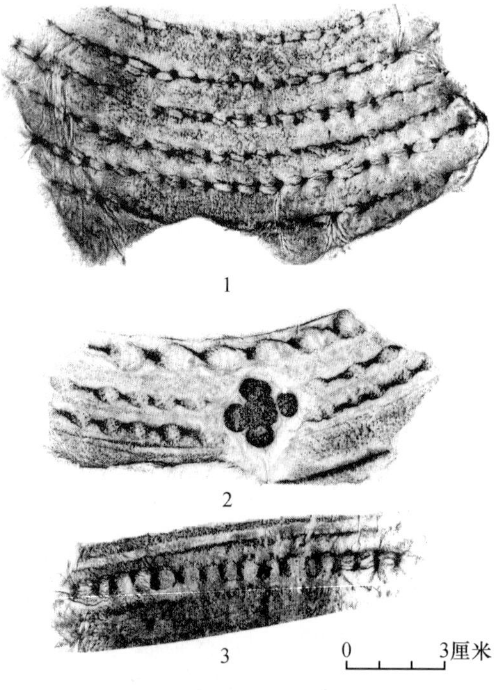

图二九　纹饰拓片

1. 链形附加堆纹（T1612③：6-2）　2. 附加堆纹与梅花纹（T0806③：27）　3. 附加堆纹与弦纹（G2：5-2）

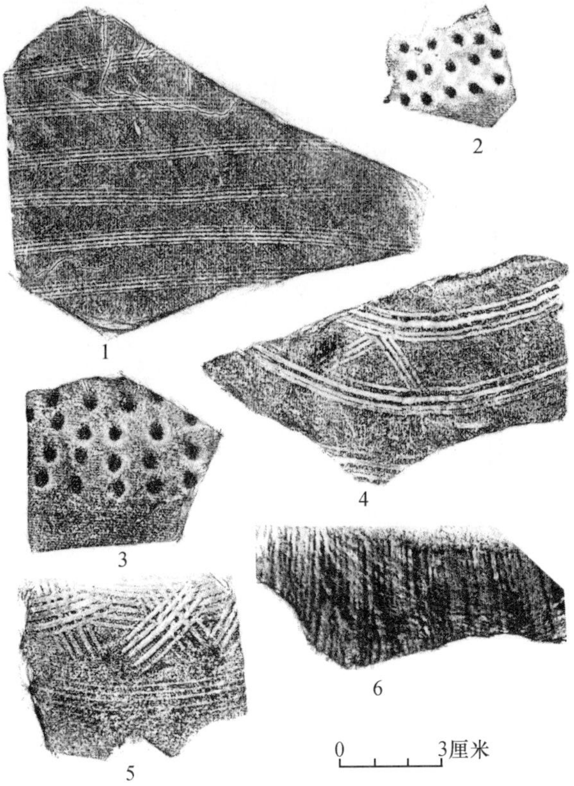

图三〇 纹饰拓片

1. 细弦纹（T1208③：21） 2、3. 戳印纹与凸弦纹（T0810④：17-2、T1008③：16-2）
4. 弦纹与三角纹（T0810③：11） 5. 交错篮纹与弦纹（T1012④：25） 6. 细篮纹（T0812②：4-2）

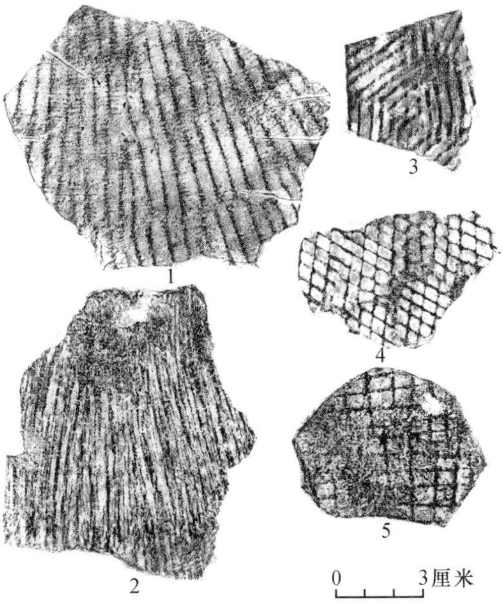

图三一 纹饰拓片

1. 粗篮纹（T1212③：23） 2. 细篮纹（T1212②：4） 3. 交错篮纹（H66：41）
4、5. 方格纹（T1012④：26、T1212③：22）

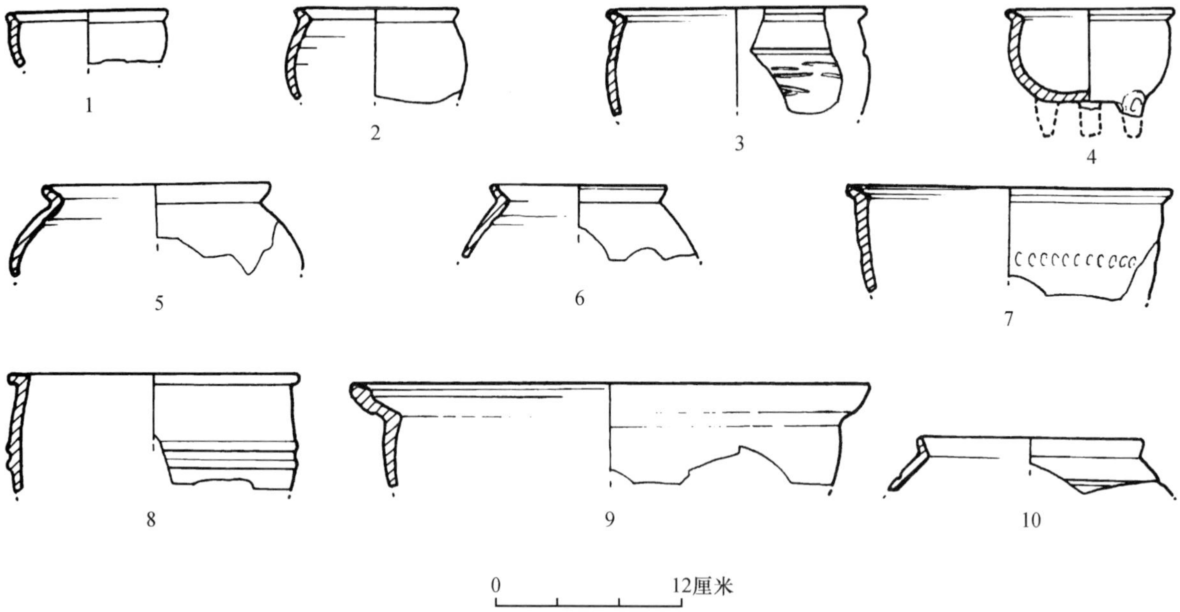

图三二　陶鼎

1～4. A型Ⅰ式（T1212④：4、T1012④：12、T0806④：7、T1012④：24）　5、6. A型Ⅱ式（T1212③：2、T1008③：17）　7. B型Ⅰ式（H66：30）　8. B型Ⅱ式（H66：31）　9. D型（H18：10）　10. C型（T0808④：12）

条状波形纹。残高9.2厘米（图三三，3）。T1408②：2，夹砂红陶。两侧饰波形纹。残高8厘米（图三三，4）。H41：2，夹砂褐陶。两侧饰按窝状波形纹。残高7.6厘米（图三三，5）。T0808②：2，夹砂红陶。根部饰三个按窝纹，竖向排列。残高6厘米（图三三，6）。

Ab型　9件。倒梯形扁平足。T0810④：11，夹砂褐陶。残高6.4厘米（图三三，7）。T0810④：12，夹砂褐陶。饰三竖条波形纹。残高7.8厘米（图三三，8）。T1208③：4，夹砂褐陶。两边附加细泥条，饰成竖向波形纹。残高7.6厘米（图三三，9）。T1010③：12，夹砂褐陶。平面呈扁平倒梯形。饰三条波形附加堆纹。残高13.6厘米（图三三，10）。T0806③：3，夹砂褐陶。饰三条波状附加堆纹。残高10厘米（图三三，11）。T1010③：13，夹砂褐陶。平面呈扁平梯形。饰两条波形附加堆纹。残高10厘米（图三三，12）。H18：2，夹砂褐陶。足根饰一段泥条，上有三个按窝纹，组成波形纹。残高6厘米（图三三，13）。T1012③：5，夹砂灰陶。扁条长方形。中间饰有一个竖向泥条，上饰波形纹。残高6厘米（图三三，14）。H66：27，夹砂褐陶。两侧饰有波形纹。残高4.4厘米（图三三，15）。

Ac型　1件。正梯形扁平足。T0808④：9，夹砂褐陶。足正面上窄下宽，足底平。残高8.8厘米（图三三，16）。

B型　11件。平面呈方形。分三亚型。

Ba型　7件。长方形扁平足。T1012④：6，夹砂褐陶。两侧饰有三对浅按窝纹，呈竖向排列。残高8.4厘米（图三四，1）。T0812④：4，夹砂褐陶。足根起棱，中部有一圆窝，上饰一个戳印纹。残高7.8厘米（图三四，2）。T1012④：9，夹砂褐陶。足根饰两个按窝纹，呈竖向排列。残高8.4厘米（图三四，3）。T1206③：1，夹砂红陶。从足根到足底饰有五个戳印纹，呈竖向排列。残高6厘米（图三四，4）。T1208③：5，夹砂褐陶。足根饰一个圆按窝纹。残高

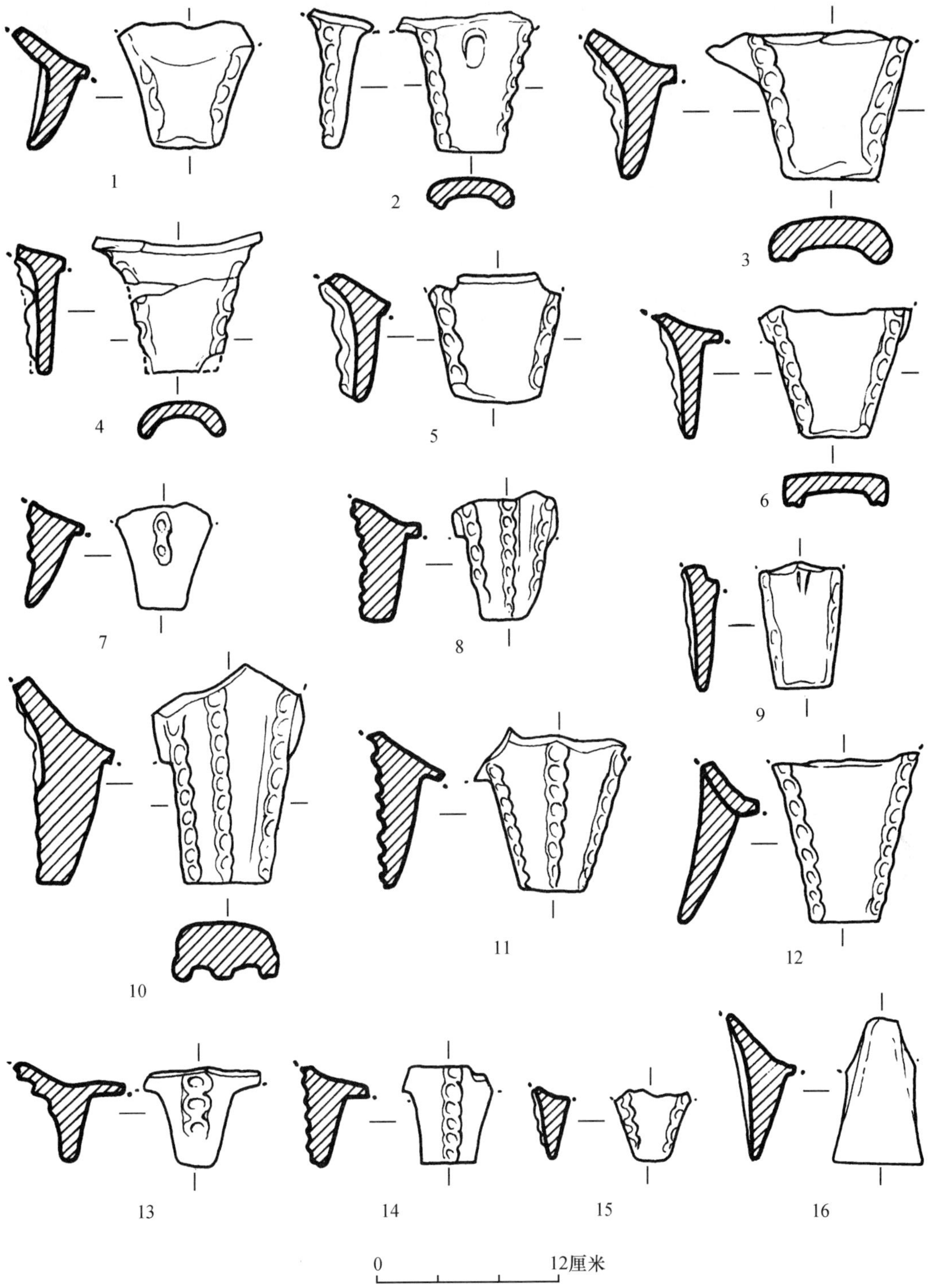

图三三　陶鼎足

1～6. Aa型（T1012③：4、T1612③：11、T1212③：5、T1408②：2、H41：2、T0808②：2）
7～15. Ab型（T0810④：11、T0810④：12、T1208③：4、T1010③：12、T0806③：3、T1010③：13、H18：2、T1012③：5、H66：27）　16. Ac型（T0808④：9）

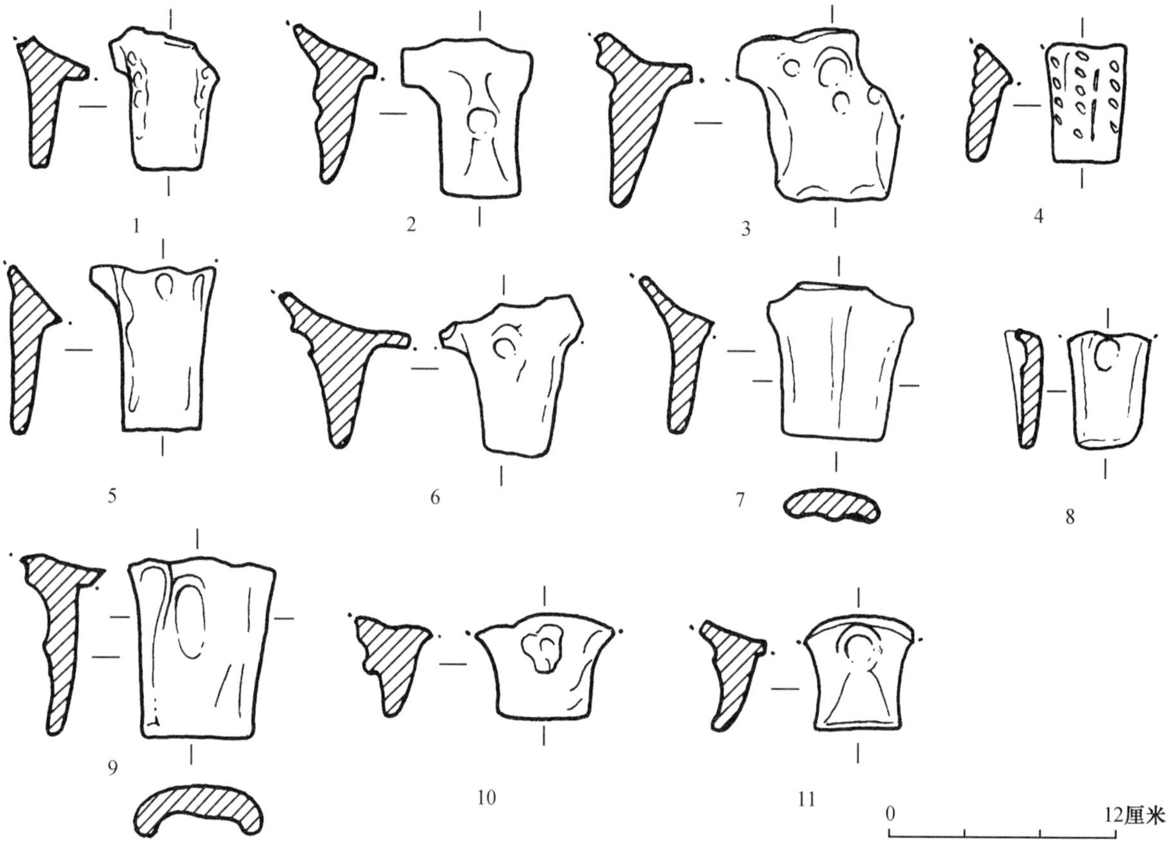

图三四　陶鼎足

1～7. Ba型（T1012④：6、T0812④：4、T1012④：9、T1206③：1、T1208③：5、H61：1、H66：28）

8、9. Bb型（H41：3、T0806②：2）　10、11. Bc型（T1212③：10、T0806④：4）

8厘米（图三四，5）。H61：1，夹砂褐陶。扁平方形足。足根饰有圆形按窝纹。残高7.6厘米（图三四，6）。H66：28，夹砂褐陶。足中间起一条竖棱。残高7.6厘米（图三四，7）。

Bb型　2件。长方形凹面足。H41：3，夹砂红陶。足根饰有一个按窝纹。残高5.6厘米（图三四，8）。T0806②：2，夹砂褐陶。足根处有按窝纹。残高8.8厘米（图三四，9）。

Bc型　2件，方行（瓦沟）凹腰足。T1212③：10，夹砂褐陶。单面足根贴一片泥团。素面。残高5厘米（图三四，10）。T0806④：4，夹砂褐陶。足根有一按窝纹。高5.6厘米（图三四，11）。

罐　50件。分六型。

A型　14件。小口，高领，鼓腹，平底。又可分三式。

Ⅰ式　5件。微侈口，直领。T1010④：1，泥质红陶。口残。侈领，广肩，鼓腹，平底。肩上饰两周乳钉纹，腹上饰两周凸弦纹。残高26.1、腹径27、底径8.8厘米（图三五，1；图版六，2）。W13：1，夹砂黑陶。小口，圆唇，高直领，圆肩，深直腹，残。上腹饰凸弦纹一周。残高21.6、口径12、腹径30厘米（图三五，2）。T0806④：8，泥质红陶。小直口，高领，圆唇，鼓肩，束颈，残。素面。残高6.8、复原口径10厘米（图三五，3）。T1012③：15，夹砂褐陶。小口，厚圆唇，直领，斜肩，残。颈下饰一周按窝状波形纹。残高

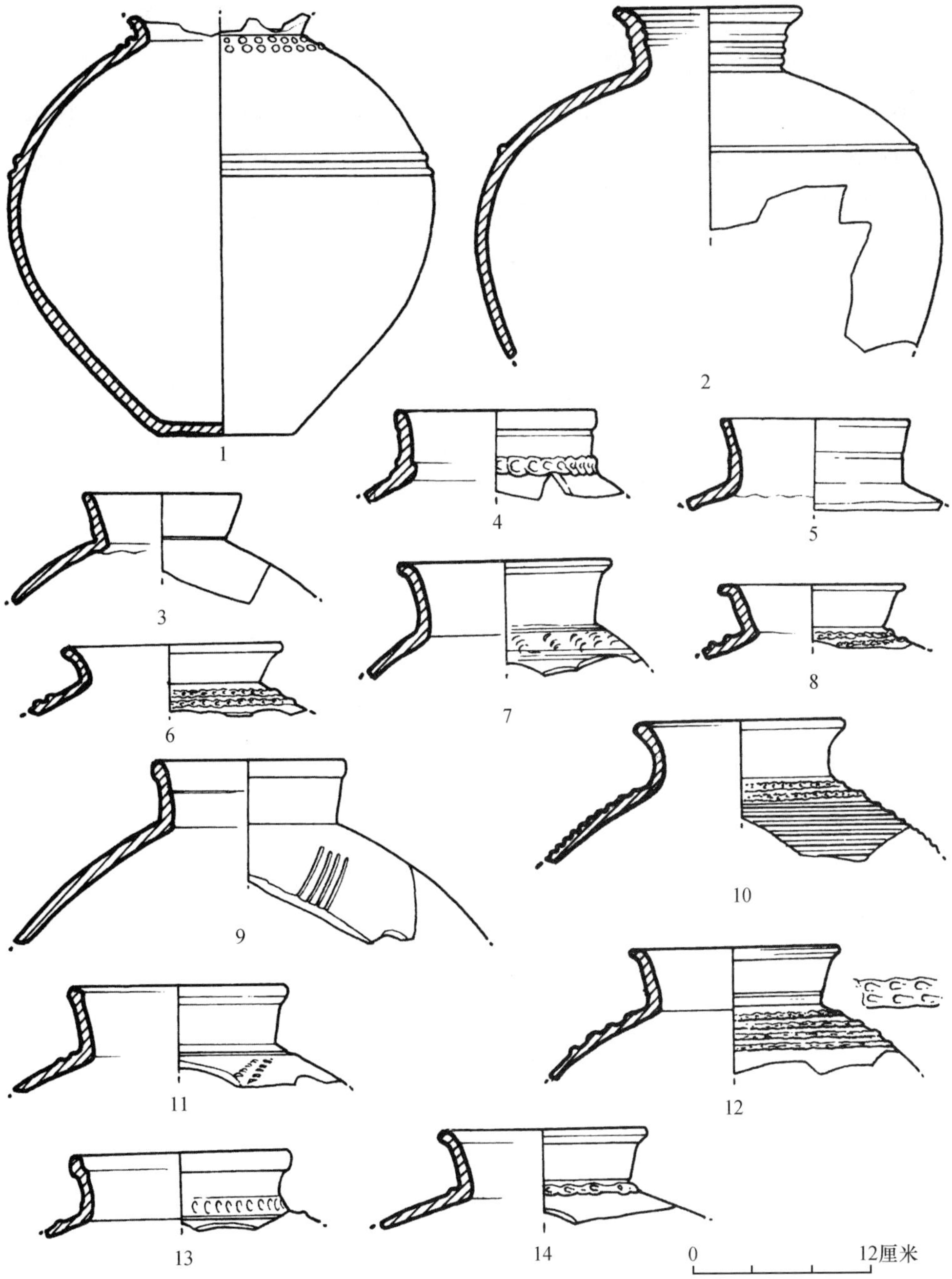

图三五　陶罐

1～5. A型Ⅰ式（T1010④：1、W13：1、T0806④：8、T1012③：15、T1008③：15）　6～8. A型Ⅱ式（G3：3、T1807⑤：1、F2：11）　9～14. A型Ⅲ式（T1212④：3、G2：5、T0810③：10、H66：21、T0806③：9、T1012④：17）

5.6、复原口径13厘米（图三五，4）。T1008③：15，泥质红陶。小口，圆唇，斜肩，残。素面。残高5.6、复原口径12厘米（图三五，5）。

Ⅱ式　3件。侈领。G3：3，泥质红陶。圆唇，小高领微斜，束颈，鼓肩，残，肩上饰两周附加堆纹。残高4.6、复原口径14厘米（图三五，6）。T1807⑤：1，泥质褐陶。口微侈，圆唇，颈较长、较粗，鼓肩，残。肩部饰数周细弦纹，夹带“︽”形刻划纹。残高7、复原口径

14厘米（图三五，7）。F2：11，泥质红陶。小口，方唇，斜领，斜肩，残。肩上饰两周附加堆纹。残高4.4、复原口径12厘米（图三五，8）。

Ⅲ式　6件。小口微侈，斜领。T1212④：3，泥质红陶。小口，圆唇，高领微斜，斜肩，残。肩上饰四条凸起半圆形泥条纹。残高11.2、口径12.4厘米（图三五，9）。G2：5，夹砂灰陶。侈口，圆唇，高领，鼓肩，残。肩部饰两周附加堆纹和数周凹凸弦纹。残高8.8、复原口径14厘米（图三五，10）。T0810③：10，夹砂灰陶。小口微侈，斜方唇，高斜领，鼓肩，残。肩上饰两周凸弦纹，肩下饰两条戳印附加堆纹。残高6.4、复原口径14厘米（图三五，11）。H66：21，泥质红陶。口微外侈，圆唇，斜高领，颈较粗，鼓肩，残。肩部饰四周链形纹。残高8、复原口径厘米14（图三五，12）。T0806③：9，泥质灰陶。微侈口，颈较粗，圆唇，高斜领，斜肩，残。肩、颈接合处饰一周戳印纹，肩上饰一周凸棱弦纹。残高4.8、复原口径14厘米（图三五，13）。T1012④：17，泥质红陶。小口微侈，圆唇，斜高领，鼓肩，残。颈、肩之间饰一周附加堆纹。残高6、复原口径13.2厘米（图三五，14）。

B型　4件。高领鼓腹小罐。直领微外侈，圆鼓腹，平底略内凹。素面。F14：1，泥质灰陶。小口微侈，圆唇，斜肩，鼓腹，平底，微内凹。素面。口径9.2 、腹径16、底径6.8、高15厘米（图三六，1；图版六，3）。H72：5，夹砂褐陶。直口微侈，窄折沿，圆唇，领较矮，鼓肩，残。残高5.6、复原口径10.4厘米（图三六，2）。T1010③：17，泥质灰陶。口较直，微侈，圆唇，颈微斜，弧肩，残。残高4.4、口径10厘米（图三六，3）。T0810③：5，夹砂灰陶。小罐，口微侈，圆唇，斜高领，束颈，鼓肩，腹较窄，残。残高6.4、复原口径9厘米（图三六，4）。

C型　17件。大口，鼓肩，鼓腹，平底。分四亚型。

Ca型　7件。器形大，折沿，斜肩，鼓腹，腹较深，平底。腹部饰篮纹或方格纹。分二式。

Ⅰ式　3件。上折沿。W23：2，夹砂灰陶。敛口，斜方唇，外折宽沿，束颈，斜肩，深鼓腹，平底。周身饰篮纹，中腹部饰三周凸弦纹。高36.4、口径26.7、腹径35.7、底径12厘米（图三六，5）。T1012④：11，夹砂灰陶。敛口，尖唇，外折沿，沿内起棱，束颈，鼓肩，残。肩部饰篮纹。残高6.4、复原口径26厘米（图三六，6）。T1206③：27，夹砂灰陶。敛口，尖唇，束颈，鼓肩，残。肩上饰篮纹。残高4.4、复原口径22厘米（图三六，7）。

Ⅱ式　4件。折沿，沿面内凹。H38：5，夹砂褐陶。敛口，斜方唇，折沿，沿内起棱，束颈，鼓肩，残。颈下饰四周凹弦纹，肩上饰凸弦纹。残高7.2、复原口径25厘米（图三六，8）。H49：4，夹砂褐陶。敛口，斜方唇，沿内起棱，外折沿，束颈，鼓肩，残。肩饰竖指印纹。残高5.6、复原口径26厘米（图三六，9）。W21：2，夹砂灰陶。敛口，斜方唇，外折宽沿，束颈，斜肩，深鼓腹，平底。颈下饰两周凹弦纹，腹部饰三道凸弦纹和扁方格纹。高40.4、口径30、腹径40、底径14厘米（图三七，1）。W9：2，夹砂灰陶。敛口，斜方唇，外折宽沿，束颈。斜肩，鼓腹，平底。腹部饰篮纹和一周凸弦纹。高33.7、口径26.8、腹径34、底径10厘米（图三七，2；图版六，4）。

Cb型　7件。鼓腹，腹部较大，仅饰凸弦纹。分二式。

Ⅰ式　4件。器形较宽大，凹口，鼓腹，上腹较宽，平底略内凹。W3：1，夹砂褐陶。凹

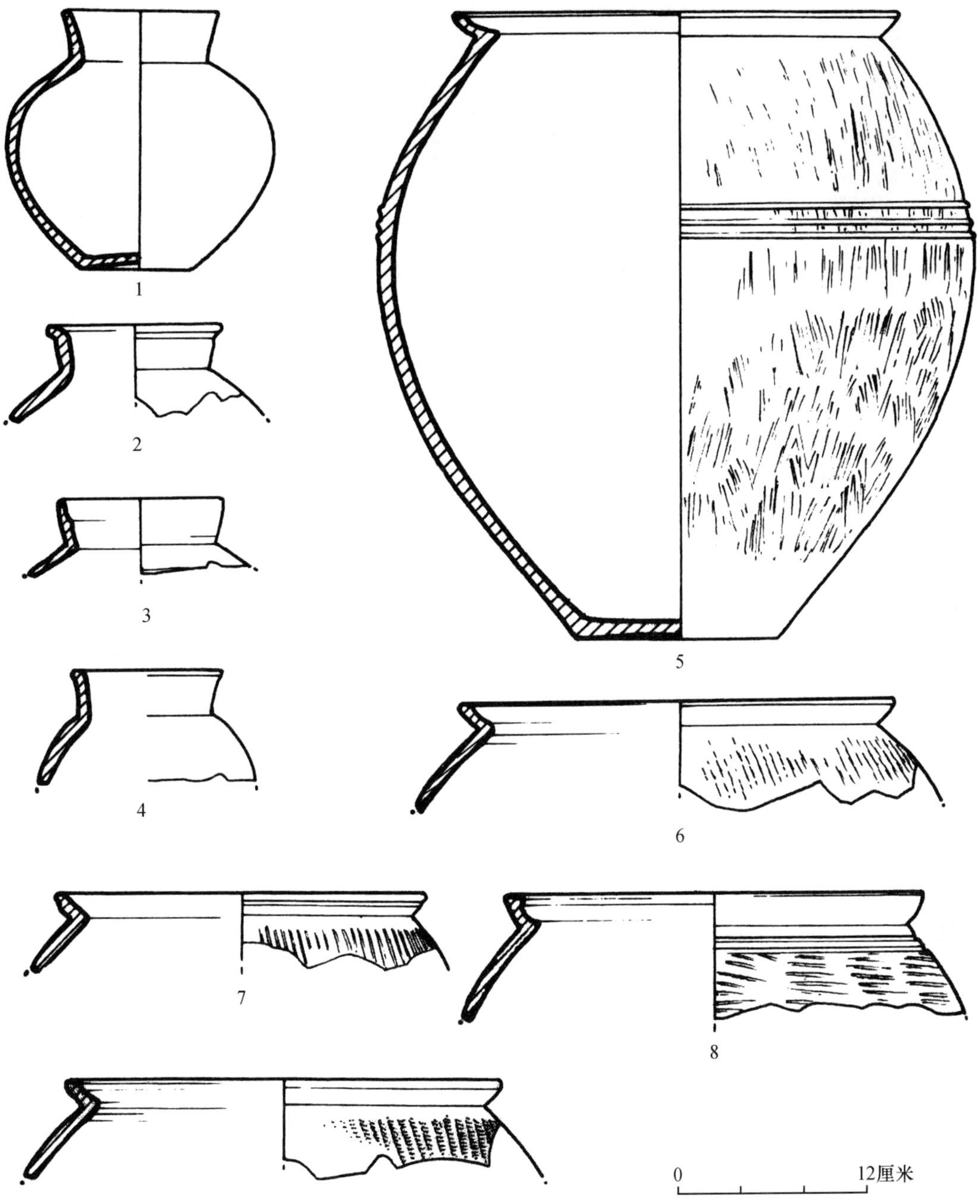

图三六　陶罐

1～4. B型（F14：1、H72：5、T1010③：17、T0810③：5）　5～7. Ca型Ⅰ式（W23：2、T1012④：11、T1206③：27）　8、9. Ca型Ⅱ式（H38：5、H49：4）

口。上腹饰三道凸弦纹。高37、口径27.2、腹径36.5、底径12.8厘米（图三七，3）。W17：2，夹砂灰陶。敛口，方唇，外折沿，束颈，鼓肩，深鼓腹，平底内凹。腹上饰两周凹弦纹。高35、口径23、腹径35、底径12厘米（图三七，4）。H65：7，夹砂褐陶。残口沿片，凹口，圆唇，外折沿，沿内起棱，束颈，鼓肩，残。肩部饰两周凸弦纹。残高5.6、复原口径22厘米（图三八，2）。F3：4，夹砂褐陶。残口沿片，凹口，厚圆唇，外折沿，束颈，鼓肩，残。上

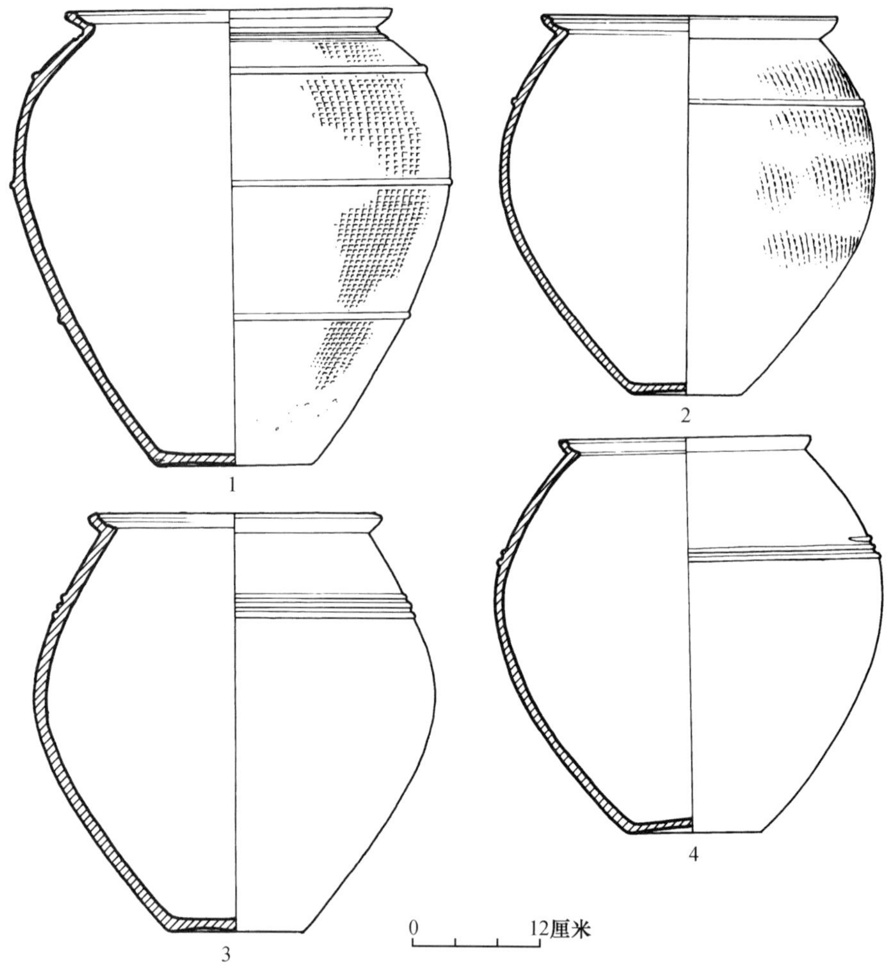

图三七　陶罐

1、2. Ca型Ⅱ式（W21：2、W9：2）　3、4. Cb型Ⅰ式（W3：1、W17：2）

腹饰三道凸弦纹。残高7.6、复原口径30厘米（图三八，3）。

Ⅱ式　3件。罐体较瘦高，腹较深。W8：1，夹砂红陶。凹口，方唇，外折宽沿，束颈，深直腹，平底。腹部饰三组凸弦纹。高42、口径28、腹径42、底径12.8厘米（图三八，1）。W6：1，夹砂灰陶。凹口，斜方唇，外折宽沿，束颈，鼓肩，深直腹，下腹较窄，平底。腹部饰三周凸弦纹。口径28、腹径41.2、底径12.8、高44.7厘米（图三八，4）。W1：2，夹砂褐陶。敛口，方唇，折沿，束颈，鼓腹较宽，平底微内凹。中腹饰两周凸弦纹。高28.8、口径26.6、腹径32、底径11.6厘米（图三八，5；图版六，5）。

Cc型　2件。器形小。F24：1，夹砂褐陶。大口，方唇，外折沿，束颈，溜肩，肩下饰有一段泥条，残。素面。残高7.2、复原口径16厘米（图三九，1）。T1612③：13，夹砂黑陶。微凹口，厚方唇，宽沿外折，束颈，鼓肩，残。素面。残高5.2、复原口径30厘米（图三九，2）。

D型　7件。大口，无肩。分二亚型。

Da型　3件。器形较大。T0808④：10，夹砂红陶。微凹口，尖唇，外折沿，束颈，残。腹饰凹弦纹。残高4.4、复原口径18厘米（图三九，3）。H18：14，夹砂褐陶。折沿，微凹口，

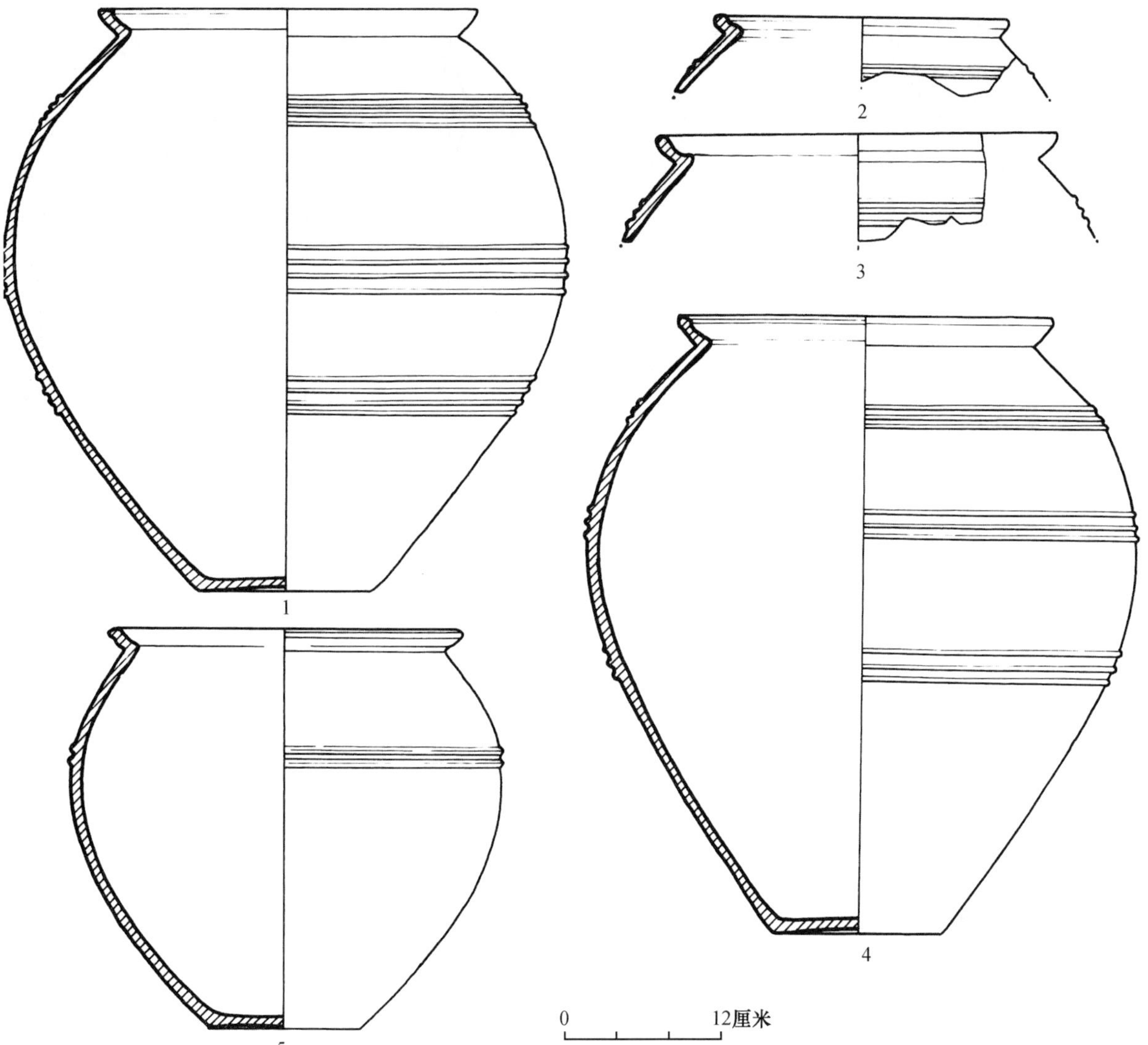

图三八　陶罐

1、4、5. Cb型Ⅱ式（W8：1、W6：1、W1：2）　2、3. Cb型Ⅰ式（H65：7、F3：4）

方唇，束颈，腹壁微鼓，底残。上腹饰两周凹弦纹，下腹饰一周戳印纹。残高6.2、复原口径18厘米（图三九，5）。T1008④：10，夹砂灰陶。敛口，圆唇，折沿，束颈，腹壁微鼓，残。素面。复原口径20、残高6厘米（图三九，6）。

Db型　4件。小罐。分二式。

Ⅰ式　3件。鼓腹。T0808④：8，夹砂灰陶。微侈口，尖唇，外折沿，束颈，鼓腹，残。素面。残高4.4、复原口径6厘米（图三九，7）。T1010③：21，夹砂褐陶。尖唇，鼓腹，残。素面。残高6、复原口径12厘米（图三九，9）。

Ⅱ式　1件。折沿，腹壁较直，平底。H14：2，夹砂灰陶。敛口，方唇，外折沿，束颈，平底。素面。复原高7.2、口径8.4、底径4.4厘米（图三九，10）。

E型　4件。敛口罐。分三式。

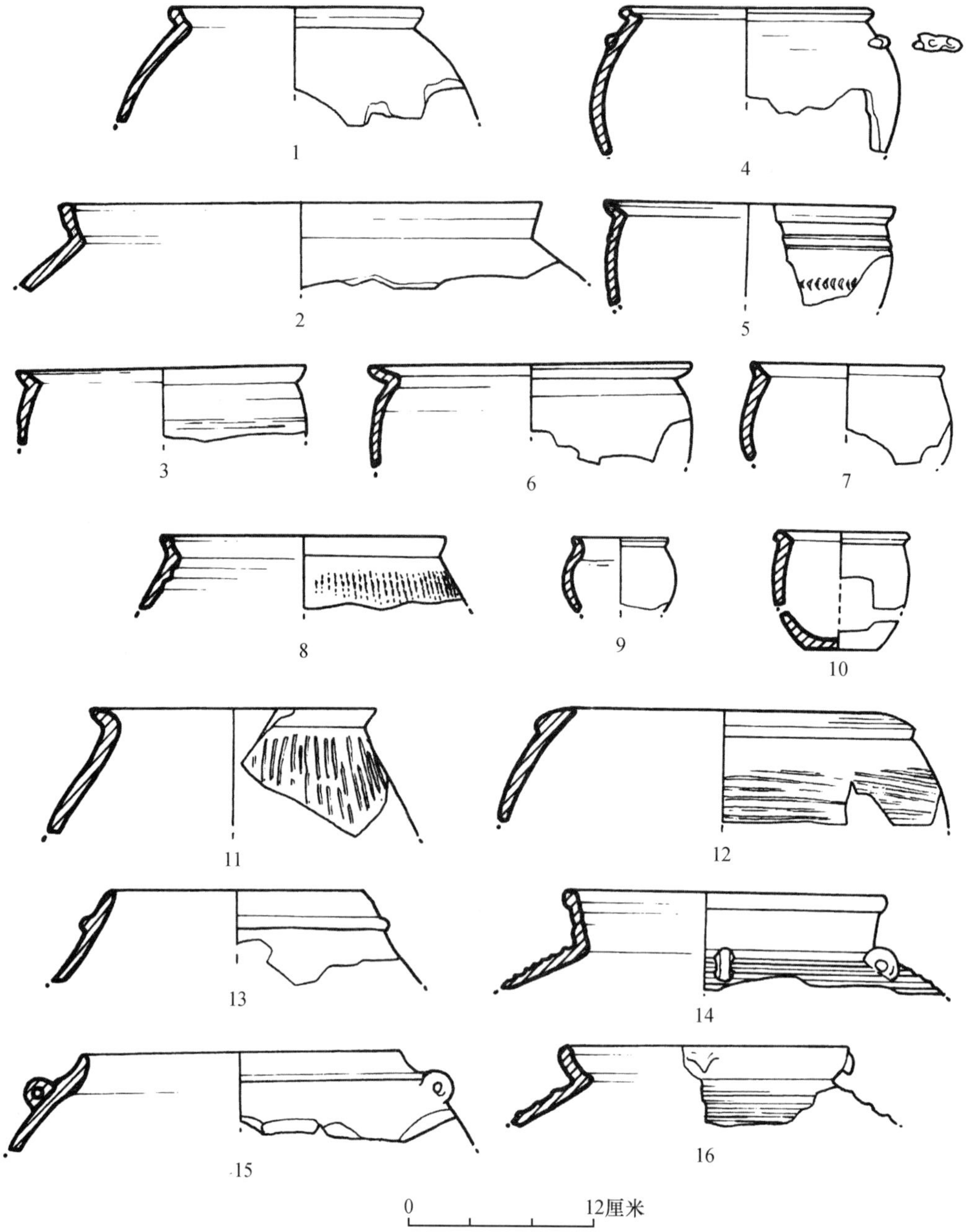

图三九　陶罐

1、2. Cc型（F24：1、T1612③：13）　3、5、6. Da型（T0808④：10、H18：14、T1008④：10）
4. Fd型（T1212②：2）　7、9. Db型Ⅰ式（T0808④：8、T1010③：21）　8、11. E型Ⅰ式（T1008④：7、H66：37）
10. Db型Ⅱ式（H14：2）　12. E型Ⅱ式（H38：6）　13. E型Ⅲ式（H66：36）　14. Fa型（T0808④：14）
15. Fb型（T1010③：35）　16. Fc型（T1907④：2）

Ⅰ式　2件。敛口，口沿外折。T1008④：7，夹砂灰陶。敛口，斜方唇，口沿略外折，束颈，斜肩，残。肩上饰篮纹。残高4.4、复原口径18厘米（图三九，8）。H66：37，夹砂褐陶。敛口，圆唇，卷沿，束颈，斜肩。肩饰粗篮纹。残高7.6、复原口径18厘米（图三九，11）。

Ⅱ式　1件。敛口，厚唇。H38：6，夹砂褐陶。敛口，厚圆唇，肩微鼓，残。口沿内有三周凹弦纹，周身篮纹。残高6.8、复原口径24厘米（图三九，12）。

Ⅲ式　1件。敛口，直沿。H66：36，泥质红陶。敛口，圆唇，斜肩，残。肩部有一周凸棱。残高5.6、复原口径16厘米（图三九，13）。

F型　4件。有耳罐。分四亚型。

Fa型　1件。T0808④：14，泥质红陶。高领，圆唇，广肩，肩部有两个对称的环耳。肩部饰数道凸弦纹。残高6、复原口径20厘米（图三九，14）。

Fb型　1件。T1010③：35，泥质红陶。敛口，直沿，残。肩部有两个对称的环耳，口沿下有数周凸棱。残高5.6、复原口径20厘米（图三九，15）。

Fc型　1件。凹口，有肩。T1907④：2，泥质灰陶。敛口，外折沿，束颈，斜肩，残。口沿下饰两个钩状耳，肩上饰数周凸弦纹。残高4.8、复原口径18（图三九，16）。

Fd型　1件。大口，扁形。T1212②：2，夹砂灰陶。凹口，尖唇，束颈，鼓肩，腹壁外鼓，底残。肩部有对称的两个鼻形耳（鋬）。残高8.8、复原口径16、腹径19.5厘米（图三九，4）。

瓮　18件。未见完整器，据口沿分二型。

A型　8件。高领，广肩。分二亚型。

Aa型　4件。器形较大，口较大。T0808③：9，夹砂褐陶。微侈口，圆唇，有颈，斜肩。肩上饰数道凸弦纹。残高6、复原口径26厘米（图四〇，5）。T1612③：3，夹砂黑陶。口微侈，厚圆唇，颈较直。肩上饰数周凹凸弦纹。复原口径24、残高7.2厘米（图四〇，6）。T0808③：4，夹砂褐陶。口较小，微侈，圆唇，斜肩。肩上饰数周凹凸弦纹。复原口径24、高9.2厘米（图四〇，7）。T1008③：11，泥质灰陶。口微侈，圆唇，颈较长。肩上饰细绳纹。残高6、复原口径26厘米（图四〇，8）。

Ab型　4件。口较小。H49：1，夹砂黑陶。口微侈，厚圆唇，斜肩。颈、肩处有一道戳印纹，肩部有数道凹凸弦纹。残高6.4、复原口径22厘米（图四〇，1）。F14：6，夹砂褐陶。微侈口，方唇，直沿，颈部抹光。肩部饰细绳纹。复原口径18.8、残高5.2厘米（图四〇，2）。T1010③：28，夹砂褐陶。直口，圆唇，平沿，沿内有数周凹弦纹，直颈。颈、肩之间贴有一块带按窝纹的泥片，肩部有数道凹凸弦纹。复原口径20、残高6厘米（图四〇，3）。T1612③：6，泥质褐陶。微侈口，方唇。肩上有数道链形附加堆纹。残高7.2、复原口径18、厘米（图四〇，4）。

B型　10件。敛口。分三亚型。

Ba型　5件。器形较大。T1012④：16，泥质红陶。敛口，斜方唇。口沿外有一周附加堆纹。复原口径39.2、残高4.4厘米（图四一，3）。H71：4，夹砂褐陶。敛口，厚圆唇。口沿外有凸棱。复原口径35.2、残高5.6厘米（图四一，5）。T0806③：24，夹砂黑陶。敛口，厚圆唇。口沿下有两道凹弦纹，器内壁有四道凹弦纹。复原口径30.8、残高5.2厘米（图四一，7）。T0810④：20，夹砂褐陶。敛口，鼓肩。口沿个有一周附加堆纹，腹饰篮纹。复原口径34.4、残高7厘米（图四一，9）。H9：1，夹砂黑陶。敛口，厚圆唇。口沿外有一周附加堆纹，腹饰横篮纹，口沿内壁有一周凹弦纹。复原口径35.2、残高4.4厘米（图四一，10）。

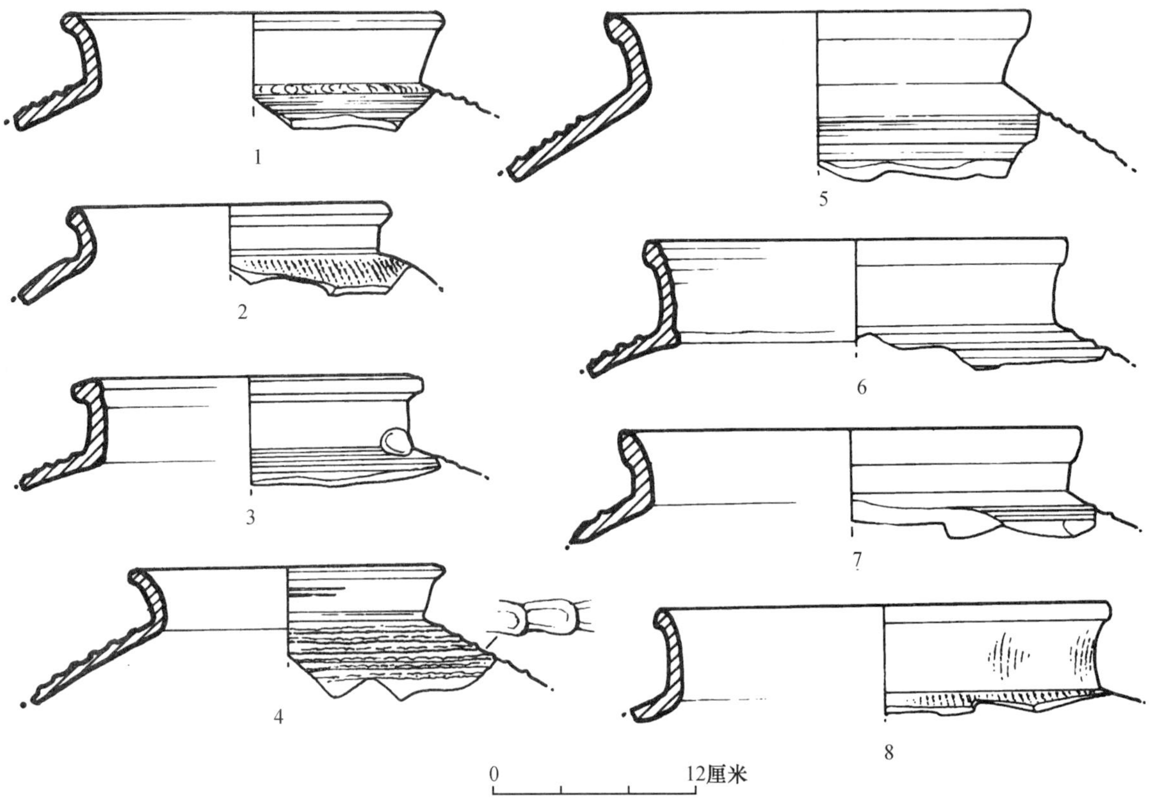

图四〇　陶瓮

1～4. Ab型（H49：1、F14：6、T1010③：28、T1612③：6）

5～8. Aa型（T0808③：9、T1612③：3、T0808③：4、T1008③：11）

Bb型　4件。器形较小，口径较小。T1208③：18，夹砂褐陶。敛口，圆唇。口沿外饰一道凸棱，肩部饰篮纹，器内有两道凹弦纹。残高5.4、复原口径20厘米（图四一，1）。T1010④：5，夹砂灰陶。敛口，厚圆唇，斜肩。肩上饰四道凹弦纹。残高5.6、复原口径17.4厘米（图四一，4）。T1212③：17，夹砂褐陶。敛口，厚唇，斜肩。口沿外有一道凹弦纹，肩饰竖篮纹。残高4、复原口径18.8厘米（图四一，6）。H37：2，夹砂褐陶。敛口，厚圆唇。口沿外有凸棱，口沿内壁有两道凹弦纹。残高6、复原口径23.2厘米（图四一，8）。

Bc型　1件。双耳或有耳瓮。T1808④：1，夹砂褐陶。敛口，圆唇，斜肩。口沿外有一周附加纹，肩上装有两个对称的扁形耳。残高3.8、复原口径26厘米（图四一，2）。

缸　5件。T1012④：23，夹砂红陶。直沿，方唇。腹饰交错篮纹。残高8、复原口径30厘米（图四二，1）。T1010③：27，夹砂褐陶。直沿，方唇。腹饰斜篮纹。残高6.6厘米（图四二，2）。H14：1，夹砂红陶。直口，方唇，唇部有凹沟。口沿及腹部饰交错篮纹。复原口径44、残高12.4厘米（图四二，3）。T1210②：2，夹砂红陶。直沿，方唇，平沿。沿内外各有一周凹弦纹，腹饰交错粗篮纹。复原口径40、残高15厘米（图四二，4）。F14：5，夹砂褐陶。直沿，方唇。口沿外饰四周凹弦纹，腹饰交错粗篮纹。残高10.8、复原口径36厘米（图四二，5）。

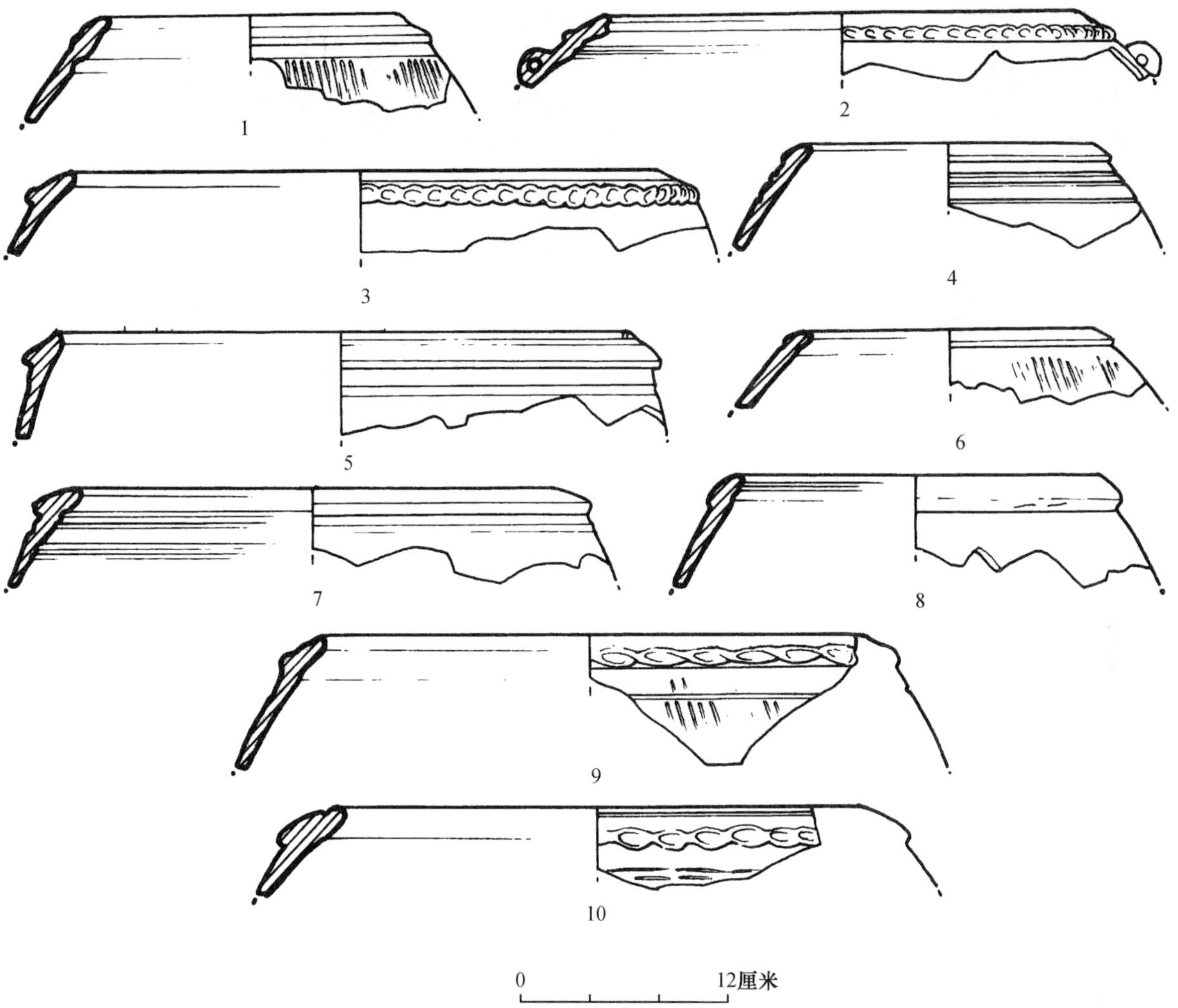

图四一　陶瓮

1、4、6、8. Bb型（T1208③：18、T1010④：5、T1212③：17、H37：2）　2. Bc型（T1808④：1）

3、5、7、9、10. Ba型（T1012④：16、H71：4、T0806③：24、T0810④：20、H9：1）

盆　24件。陶片较多，但都为口沿残片。分为四型。

A型　9件。敛口，口沿外起棱（此型可能多为带流盆）。分三式。

Ⅰ式　2件。腹壁内收。T0810④：18，夹砂褐陶。微敛口，厚圆唇，沿外有凸棱，腹较浅。饰竖篮纹。残高6.4、复原口径30厘米（图四三，1）。H10：5，夹砂灰陶。内折沿，沿外有花边状凸棱，腹壁斜内收，腹部有鋬。复原口径27.2、残高8.6厘米（图四三，2）。

Ⅱ式　4件。腹壁较直。T1012④：21，泥质红陶。尖唇，沿上起棱，腹壁较直，腹较深，素面。复原口径28.8、残高9厘米（图四三，3）。H63：7，夹砂灰陶。敛口，圆唇，斜腹。沿外饰有一道凸棱呈花边状堆纹，沿内壁有两道凹弦纹。复原口径26、残高8厘米（图四三，4）。T0808④：15，泥质红陶。敛口，口沿外有凹沟，圆唇，直腹。素面。复原口径32.4、残高8厘米（图四三，5）。T0806③：12，夹砂灰陶。敛口，圆唇，沿面有凹凸弦纹，深直腹。素面。残高8、复原口径31.2厘米（图四三，6）。

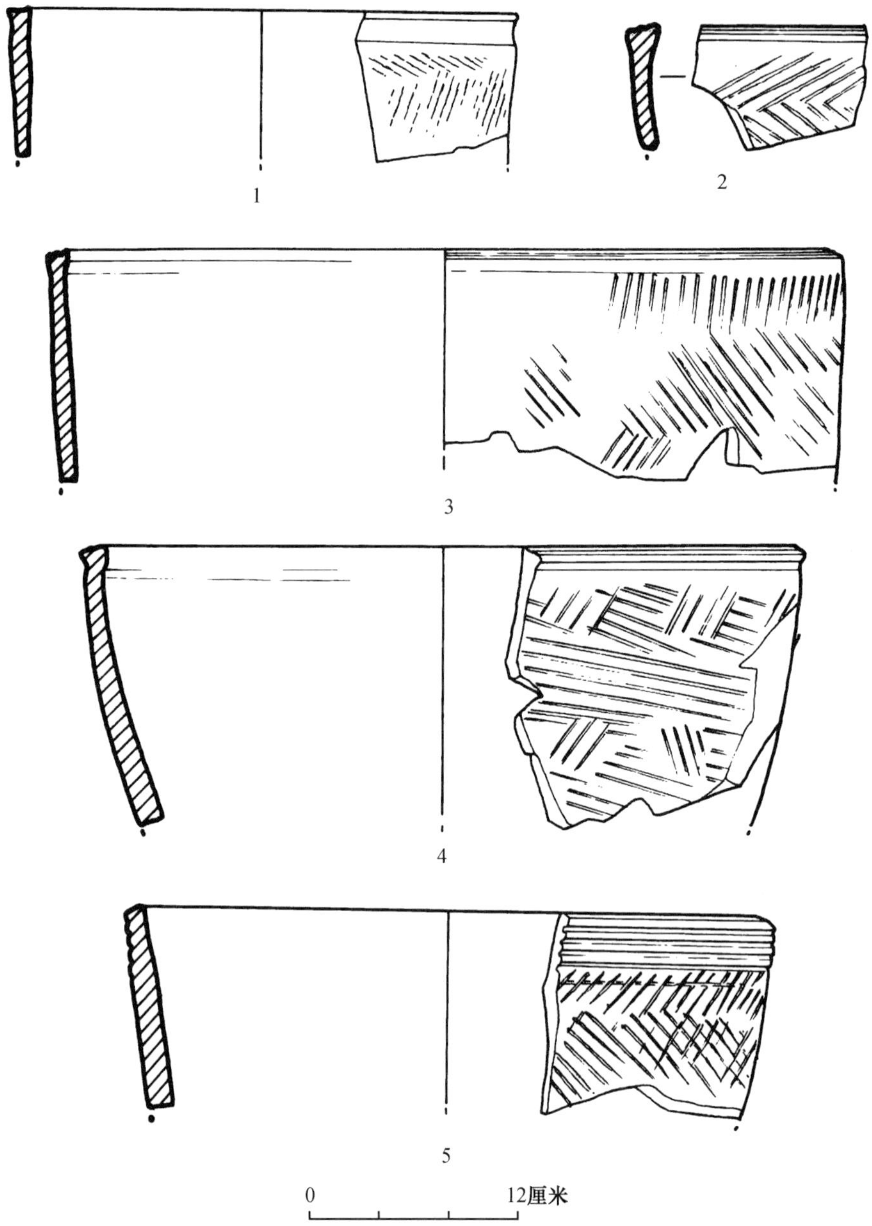

图四二　陶缸

1. T1012④：23　2. T1010③：27　3. H14：1　4. T1210②：2　5. F14：5

Ⅲ式　3件。腹壁外鼓。H65：6，泥质红陶。敛口，圆唇，弧腹。器内壁有弦痕。残高8.8、复原口径33.6厘米（图四三，7）。T1012④：19，夹砂灰陶。敛口，厚圆唇，腹壁外鼓。腹饰弦纹。残高9.6、复原口径33.2厘米（图四三，8）。H72：4，泥质红陶。器形较小，敛口，圆唇，弧腹。素面。器内壁有一道凸弦纹。残高6、复原口径25.6厘米（图四三，9）。

B型　4件。口较直。分三式。

Ⅰ式　1件。折平沿。T0812④：5，泥质黑陶。直口，折平沿，方唇。上腹部有凹弦纹。残高3.6、复原口径30厘米（图四四，1）。

Ⅱ式　2件。沿、唇较尖，微上卷。T1012③：12，泥质红陶。直口，圆唇，弧腹。素面。

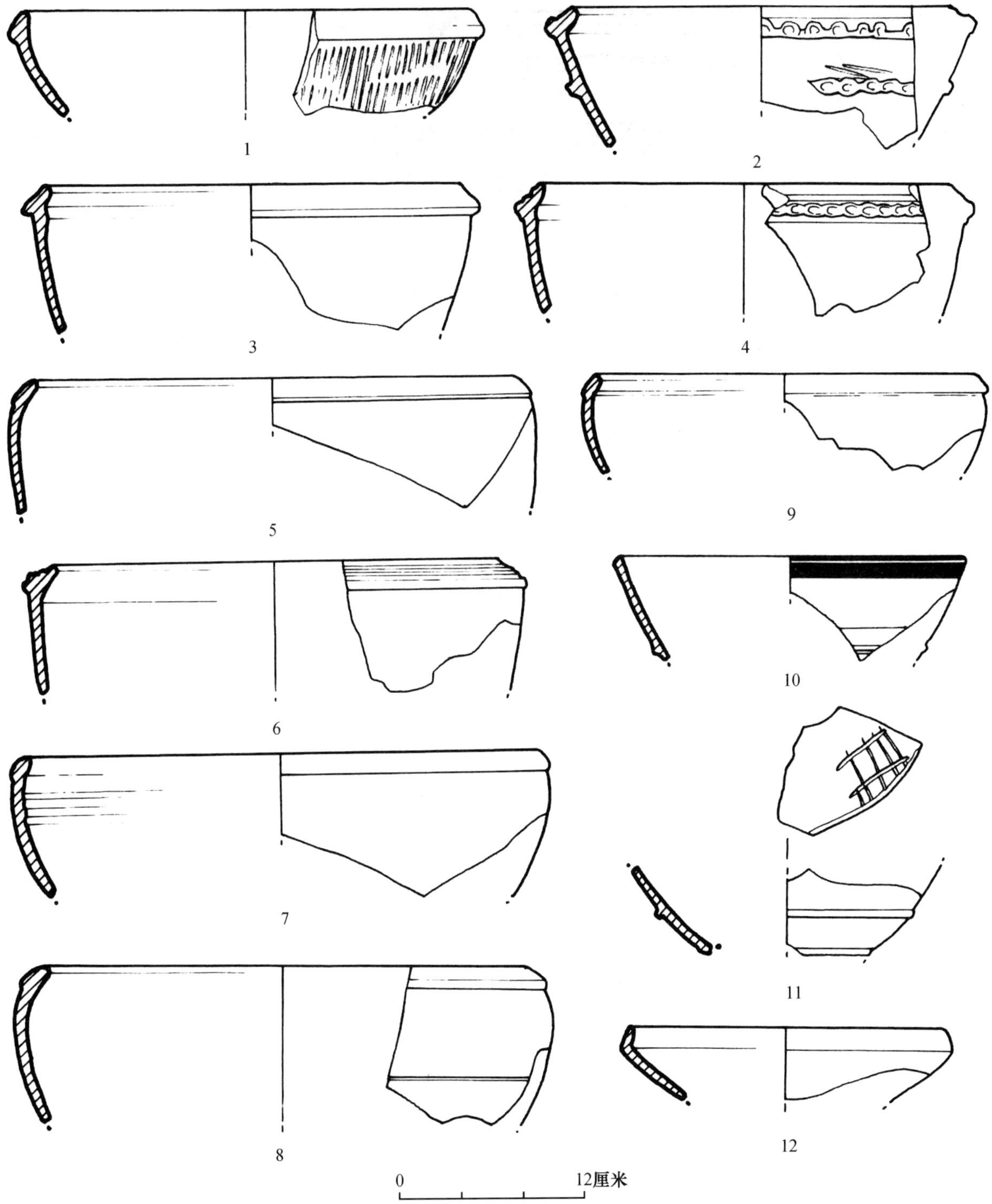

图四三 陶盆、碗

1、2. A型Ⅰ式盆（T0810④：18、H10：5） 3～6. A型Ⅱ式盆（T1012④：21、H63：7、T0808④：15、T0806③：12） 7～9. A型Ⅲ式盆（H65：6、T1012④：19、H72：4） 10. A型碗（T1012③：11） 11. B型Ⅰ式碗（T1112③：1） 12. B型Ⅱ式碗（T0812③：3）

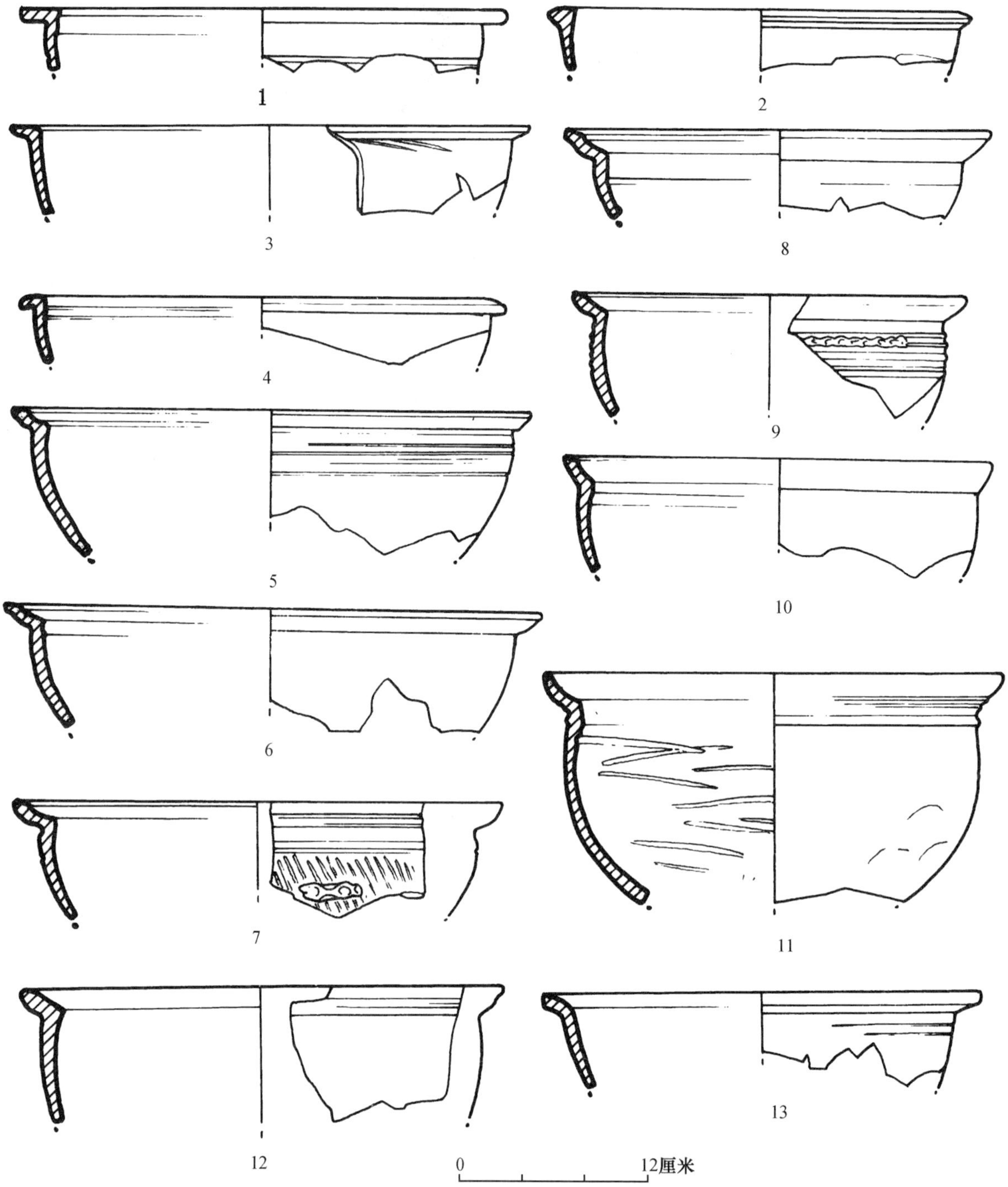

图四四　陶盆

1. B型Ⅰ式（T0812④：5）　2. B型Ⅲ式（T1012③：17）　3、4. B型Ⅱ式（T1012③：12、T1012③：18）

5～11. C型Ⅰ式（T1905④：9、T0810③：6、H66：22、T1208③：7、T1008③：16、T1010③：29、H18：12）

12、13. C型Ⅱ式（H18：13、F2：10）

残高5.2、复原口径32厘米（图四四，3）。T1012③：18，泥质红陶。直口，圆唇，沿微卷。素面。残高4、复原口径30厘米（图四四，4）。

Ⅲ式 1件。外折沿。T1012③：17，泥质红陶。口微敛，尖唇。残高3.6、复原口径26厘米（图四四，2）。

C型 9件。敞口，折沿上仰。可分二式。

Ⅰ式 7件。仰折沿，内凹口。T1905④：9，夹砂黑陶。敞口，折沿上仰，口沿面内凹，弧腹。腹部饰三道凹弦纹。残高8.6、复原口径32厘米（图四四，5）。T0810③：6，夹砂黑陶。口微侈、略内凹，圆唇，弧腹。素面。残高7.2、复原口径33厘米（图四四，6）。H66：22，夹砂灰陶。弧腹。肩部有两道凹弦纹，腹部有鋬耳，腹部饰斜篮纹。残高6.8、复原口径30厘米（图四四，7）。T1208③：7，夹砂黑陶。器形较小，浅腹。残高5.2、复原口径26厘米（图四四，8）。T1008③：16，夹砂灰陶。器形较小，口微侈，鼓腹。上腹有五道凸弦纹，其中第二道部分戳成花边纹。残高7.2、复原口径24厘米（图四四，9）。T1010③：29，夹砂灰陶。微敞口，圆唇，弧腹。残高8、复原口径30厘米（图四四，10）。H18：12，泥质黑陶。直口，圆唇，弧腹。颈下有一道凸弦纹。残高13.6、复原口径28厘米（图四四，11）。

Ⅱ式 2件。仰折沿，沿面较平。H18：13，泥质黑陶，胎较厚。直口微敛，圆唇，腹较深。残高8、复原口径30厘米（图四四，12）。F2：10，泥质红陶，胎较薄。侈口，腹壁内斜。残高 5.6、复原口径27厘米（图四四，13）。

D型 2件。带流盆。W20：1，泥质红陶。敛口，圆唇内勾，弧腹，平底，口沿有一短宽流，流口部有捏痕，流口内有抹平痕迹，横剖面呈半月状。腹部饰有一对称器鋬。素面。口径33～35、底径12、高19.2厘米；流长4.8、宽8.4厘米（图四五，1；图版六，6）。W21：1，夹砂灰陶。敛口，圆唇，弧腹，残，一侧带流（残），腹部有一器鋬。周身饰篮纹。残高22、复原口径32.4厘米（图四五，2）。

碗 3件。均为残片，据口沿分为二型。

A型 1件。直沿，碗壁较直。T1012③：11，泥质灰陶，口沿红色。腹壁近直，下腹有一道凸弦纹，底残。残高6.4、复原口径22.4厘米（图四三，10）。

B型 2件。折沿，腹壁，碗内收。分二式。

Ⅰ式 1件。T1112③：1，泥质灰陶。折沿上仰，弧腹，小圈足底，残。腹上饰一周凸弦纹，器物内部有两横四竖的的交错刻划纹饰（图四三，11）

Ⅱ式 1件。T0812③：3，泥质灰陶。口沿下起一周凸棱，弧腹，残。素面。残高4.4、复原口径20厘米（图四三，12）。

钵 10件。分二型。

A型 8件。红顶钵。圆唇或尖圆唇，平底。分三式。

Ⅰ式 2件。敛口，圆唇，弧腹。T1012④：20，夹砂灰陶，口部红色。口微敛，尖唇，弧腹，残。素面。残高6、复原口径20厘米（图四六，1）。W7：1，夹砂灰陶，口部红色。直口微敛，尖唇，弧腹，小平底微内凹。高9.2、口径20.8、底径6厘米（图四六，2）。

Ⅱ式 5件。敛口，圆唇内勾，弧腹。H64：1，泥质灰陶，口部红色。敛口，圆唇，弧

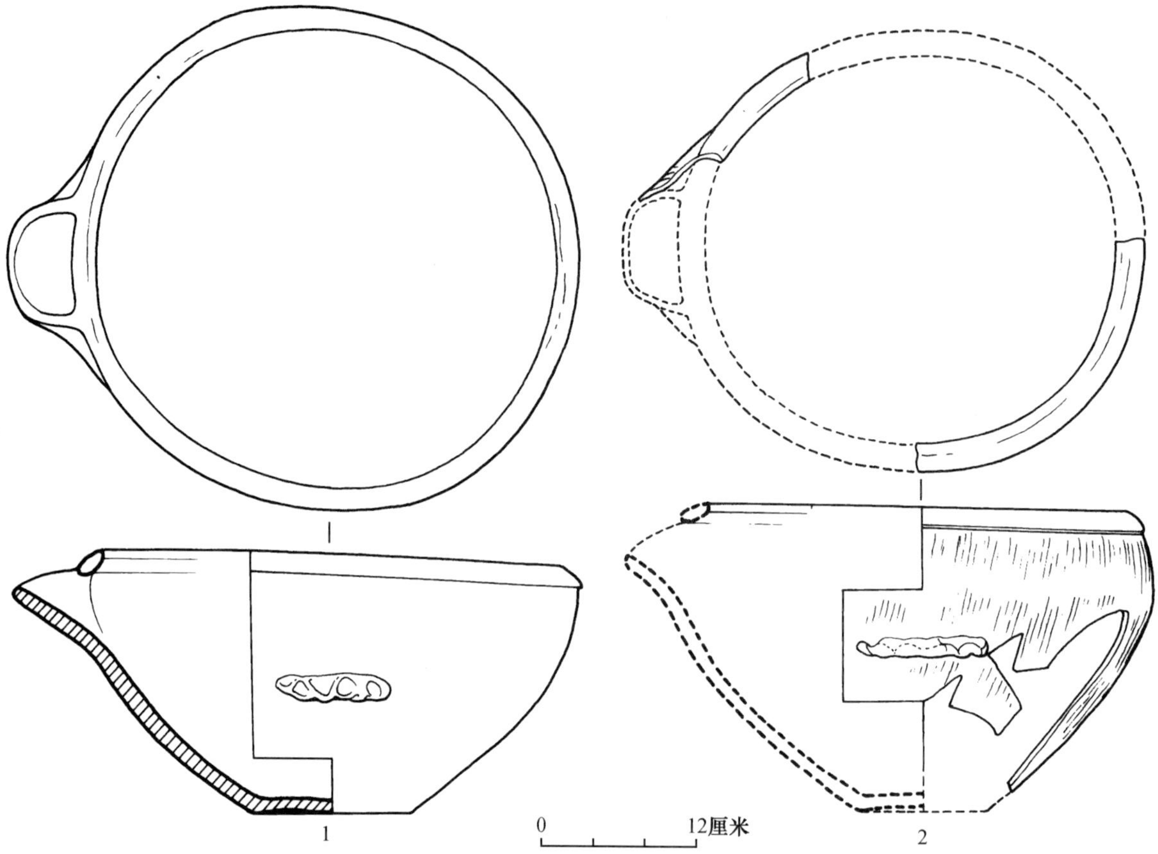

图四五　陶盆

1、2. D型（W20：1、W21：1）

腹，残。器内壁有两周凹弦纹。残高5.6、复原口径19厘米（图四六，5）。T1612③：9，泥质红陶，口部红色。敛口，斜方唇内勾，弧腹，残。残高6、复原口径20厘米（图四六，3）。T1612③：8，泥质灰陶，口部饰红。敛口，方唇内勾，弧腹，残。残高6、复原口径18厘米（图四六，4）。H18：5，泥质灰陶，口部红色。敛口，圆唇，弧腹，小平底微凹。器内壁有五道凹弦纹。高8.6、口径18.4、底径5.6厘米（图四六，6；图版七，1）。H18：6，泥质灰陶，口部红色。敛口，圆唇内勾。弧腹，小平底。器内壁有四道凹弦纹。高8、口径19.2、底径5.6厘米（图四六，7）。

Ⅲ式　1件。敞口，尖圆唇，弧腹。T1805④：1，泥质灰陶，口部红色。侈口，尖唇，弧腹，平底微内凹。内壁有三周凹弦纹。高7.4、口径16、底径4.4厘米（图四六，10）。

B型　2件。器形较大，呈盆形，口微敛，弧腹，平底。T1010③：16，泥质红陶。直口，圆唇，平沿（残），内壁有抹平痕迹。腹部内侧有一条凹弦纹。残高6.4、复原口径24厘米（图四六，8）。T0812③：1，泥质红陶。口微敛，厚方唇，平折沿稍内折，弧腹，残。残高6、复原口径28厘米（图四六，9）。

豆盘　8件。出土数量较多，但均为口沿残片。分为二型。

A型　7件。分三式。

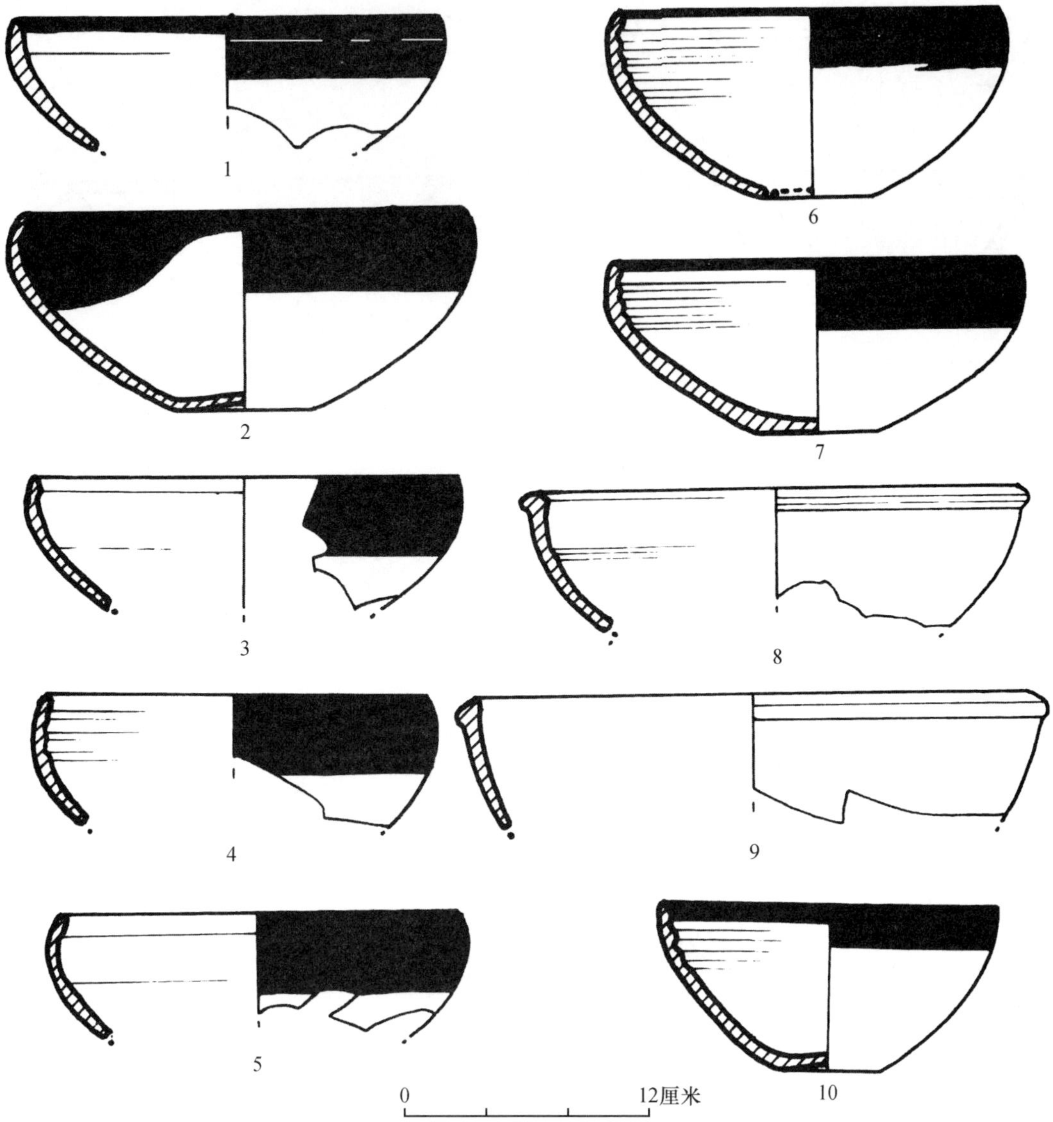

图四六　陶钵

1、2. A型Ⅰ式（T1012④：20、W7：1）　3～7. A型Ⅱ式（T1612③：9、T1612③：8、H64：1、H18：5、H18：6）　8、9. B型（T1010③：16、T0812③：1）　10. A型Ⅲ式（T1805④：1）

Ⅰ式　1件。窄折沿外。H37：1，泥质红陶。敞口，斜方唇，弧腹，残。素面。残高4.4、复原口径20厘米（图四七，1）。

Ⅱ式　2件。折平沿。T0806③：25，泥质灰陶。敞口，圆唇，宽平沿，弧腹，残。素面。残高6.4、复原口径38厘米（图四七，2）。H63：4，泥质灰陶。敞口，圆唇，平沿，弧腹，残。素面。器物内壁有三道凹弦纹。残高7.6、复原口径32厘米（图四七，3）。

Ⅲ式　4件。折沿上仰。T1010③：19，泥质红陶。侈口，折沿，圆唇，斜腹，残。素面。残高3.6、复原口径22厘米（图四七，4）。T0808②：5，泥质黑陶。敞口，圆唇，折沿，束颈，浅斜腹，残。素面。残高3.2、复原口径32厘米（图四七，5）。T1012③：13，泥质红陶。敞口，圆唇，平折沿，弧腹，残。素面。残高3.6、复原口径26厘米（图四七，6）。T1208③：13，泥质黑陶。敞口，圆唇，平折沿下一周凸棱，弧腹，残。素面。残高5.2、复原口

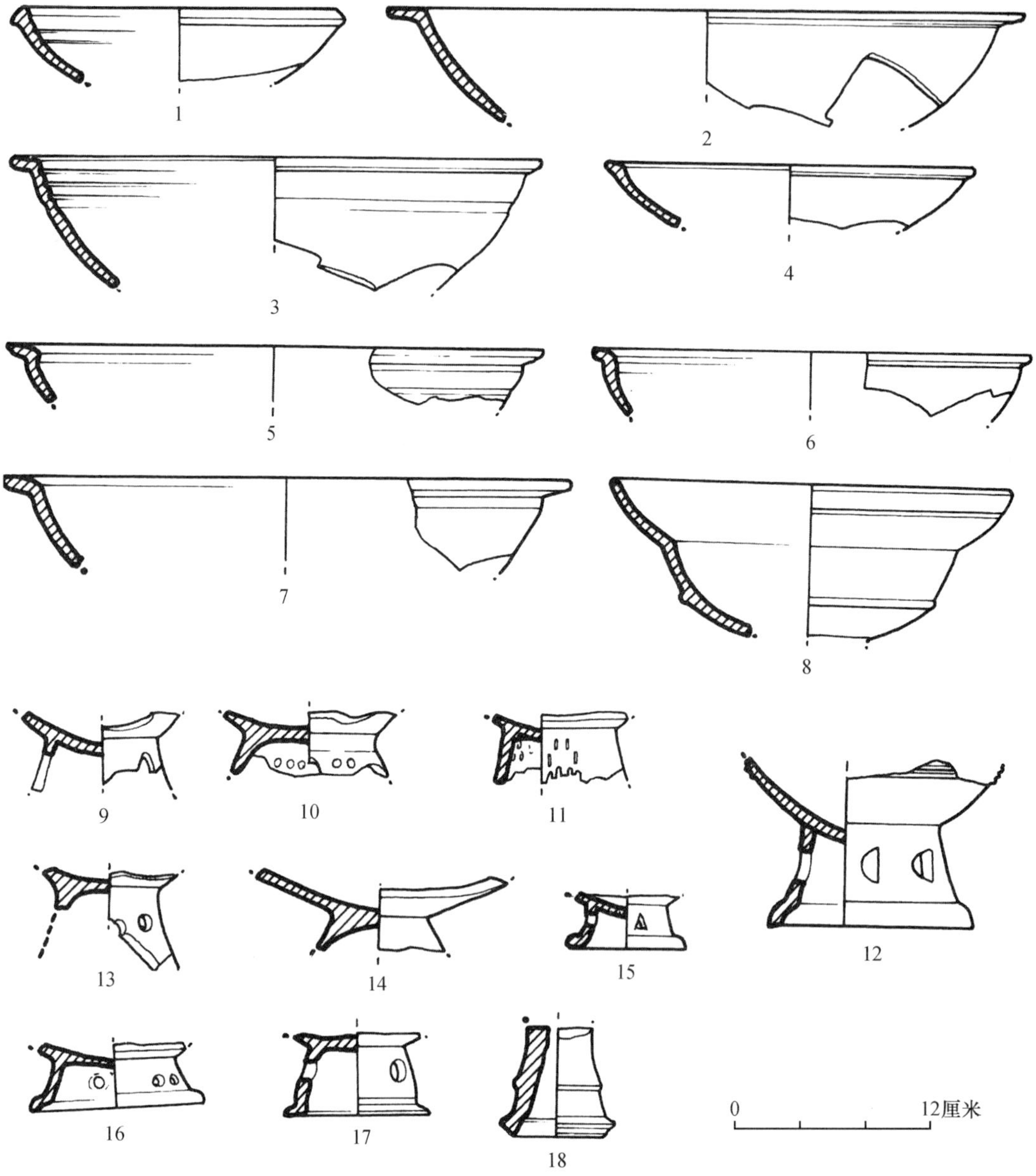

图四七　陶豆

1. A型Ⅰ式豆盘（H37：1）　2、3. A型Ⅱ式豆盘（T0806③：25、H63：4）　4～7. A型Ⅲ式豆盘（T1010③：19、T0808②：5、T1012③：13、T1208③：13）　8. B型豆盘（T0808②：4）　9～13. A型豆足（T1008④：9、T1008③：7、T1208③：10、H1：1、T0808③：6）　14～17. B型豆足（T0808③：15、H10：7、H10：6、H66：26）　18. C型豆足（T0806③：16）

径34厘米（图四七，7）。

B型　1件。双腹。T0808②：4，泥质黑陶。敞口，腹壁有内折棱，底残。下腹有一周凸棱弦纹。口径24、高8.8厘米（图四七，8）。

豆足　10件。分三型。

A型　5件。高圈足。T1008④：9，泥质灰陶。圈足，残。残高4厘米（图四七，9）。T1008③：7，泥质红陶。圈足上部有乳钉纹。残高3.6厘米（图四七，10）。T1208③：10，泥质灰陶。足部有三组镂孔。残高4厘米（图四七，11）。H1：1，泥质灰陶。深腹，圈足较高，足底外侈，足部有镂孔。残高9.6、圈足径12厘米（图四七，12）。T0808③：6，泥质灰陶。圈足上部较细，足部有镂孔。残高5.6厘米（图四七，13）。

B型 4件。矮圈足，足部有镂孔。T0808③：15，泥质红陶。器底较宽，圈足壁外侈。残高4.4厘米（图四七，14）。H10：7，泥质灰陶。圈足上有三角形镂孔。残高3.2、圈足径7.2厘米（图四七，15）。H10：6，泥质灰陶。圈足上有三组圆形镂孔。残高3.6、圈足径10.4厘米（图四七，16）。H66：26，泥质黑陶。足部有三个圆形镂孔。残高4.8、圈足径8.8厘米（图四七，17）。

C型 1件。细柄。T0806③：16，夹砂褐陶。足部有凸弦纹。残高6.4、底径5.6厘米（图四七，18）。

杯 17件。分五型。

A型 3件。泥质，薄胎，敞口，平底。分二亚型。

Aa型 2件。敞口，小平底。T2007⑤：1，泥质红陶。尖唇，花边，底微内凹。高4.8、口径10、底径2.4厘米（图四八，1）。T1908⑤：1，泥质红陶。杯底残片，内凹底。残高1.6、底径2.8厘米（图四八，2）。

Ab型 1件。彩陶杯。T1012③：10，泥质红陶，胎薄。敞口，尖唇，口沿涂彩，腹较深。残高4.4、复原口径10厘米（图四八，3）。

B型 6件。敞口，折沿平底杯。分二式。

Ⅰ式 1件。大敞口，口较大。T1008③：3，夹砂褐陶。折平沿，腹壁斜收成平底。高5.6、口径10、底径4.4厘米（图四八，4）。

Ⅱ式 5件。敞口，口径较小。H63：9，夹砂黑陶。敞口，圆唇，平折沿，斜腹，平底微内凹。沿面有一周凹弦纹。高5.2、口径7.2、底径3.2厘米（图四八，5）。H63：8，夹砂褐陶。敞口，尖唇，平沿，斜腹，平底。高4.8、口径6.4、底径3.2厘米（图四八，6）。T1010③：5，夹砂褐陶。口微敞，方唇，窄平沿，斜腹，平底。高5.2、口径5.6、底径3.2厘米（图四八，7）。H18：4，夹砂红陶。敞口，尖唇，折平沿，斜直腹，平底。高4.8、口径6.4、底径2.8厘米（图四八，8；图版七，2）。H66：15，夹砂褐陶。圆唇，平底。高5.6、口径7.2、底径3.6厘米（图四八，9）。

C型 5件。矮圈足杯。分二式。

Ⅰ式 4件。圈足底沿外鼓，不见花纹。T1905④：5，泥质红陶。深直腹，小圈足底，残。残高4.6、底径8厘米（图四八，10）。T1612③：7，泥质黑陶。残存杯底。残高2、底径8厘米（图四八，11）。T1208③：19，泥质灰陶。残存底部，内凹底。残高2.6、底径6厘米（图四八，12）。T1206②：10，泥质黑陶。残存杯底。残高2.2、底径6厘米（图四八，13）。

Ⅱ式 1件。圈足底部有花纹。H37：3，泥质黑陶。残存圈足。圈足底部饰一周三角形镂孔。残高2.4、底径5.6厘米（图四八，14）。

D型 2件。扁腹圈足杯。T1208③：17，泥质红陶。扁圆腹，喇叭形圈足，磨光，残。素面。残高6.4、箍径6、足径8厘米（图四八，15）。T1012③：14，泥质红陶。口较大，微侈，

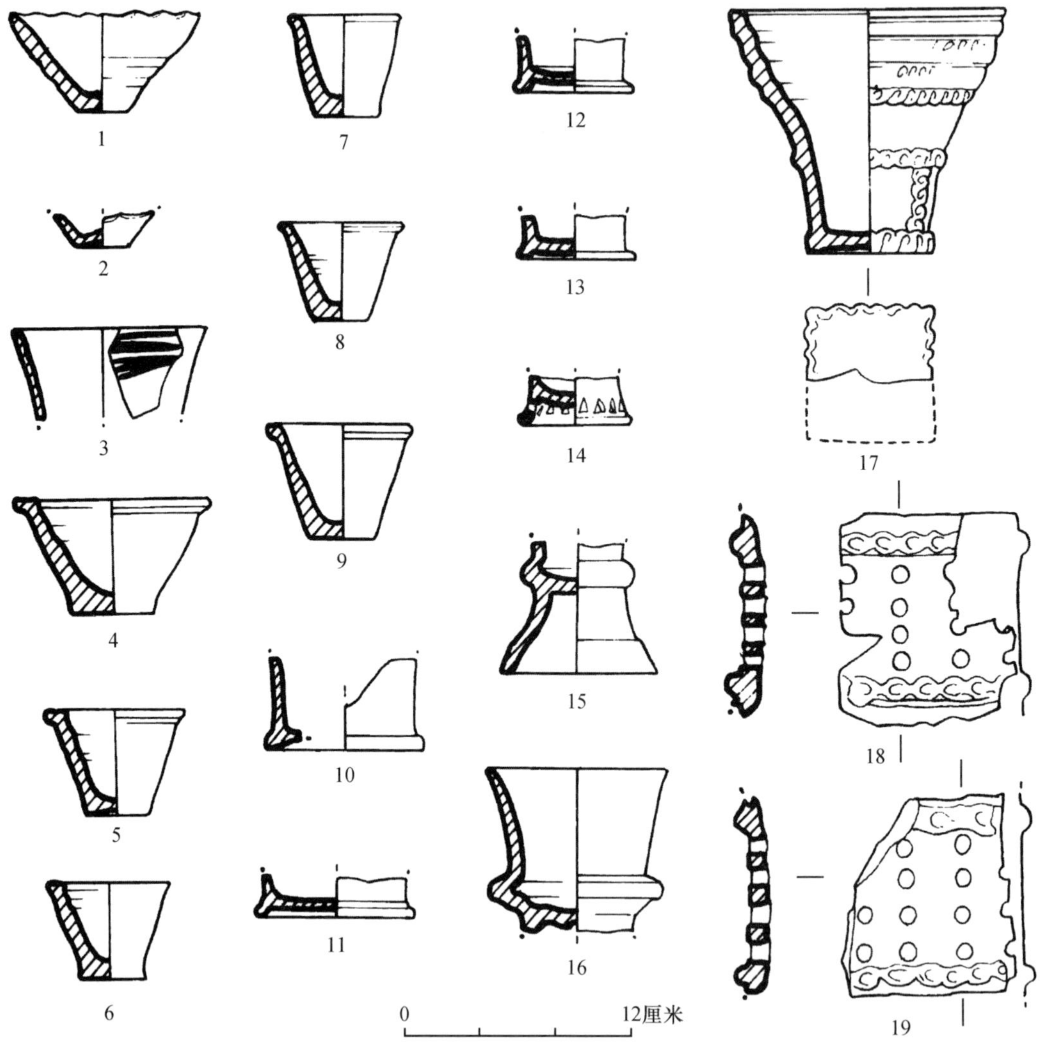

图四八　陶杯、器座

1、2. Aa型杯（T2007⑤：1、T1908⑤：1）　3. Ab型杯（T1012③：10）　4. B型Ⅰ式杯（T1008③：3）　5～9. B型Ⅱ式杯（H63：9、H63：8、T1010③：5、H18：4、H66：15）　10～13. C型Ⅰ式杯（T1905④：5、T1612③：7、T1208③：19、T1206②：10）　14. C型Ⅱ式杯（H37：3）　15、16. D型杯（T1208③：17、T1012③：14）　17. E型杯（F14：2）　18、19. 器座（T0808③：8、T0808④：11）

尖唇，圈足较粗。残高8、口径9.2厘米（图四八，16）。

E型　1件。敞口，方底。F14：2，夹砂灰陶。敞口，斜方唇，弧腹，握手处微凹腰，方形平底。唇内有凹弦纹一周，口下饰四道凹弦纹，每道凹弦纹下都有三段戳印纹与凹弦纹相间出现；下面饰戳印附加堆纹一周，方形的四角都用戳印附加堆纹与握手处附加堆纹相接，底部方形周边饰同样附加堆纹。高12、口径14、底径6.5厘米（图四八，17；图版七，3）。

器盖　完整器较多，均为素面。分三型。

A型　15件。花边圈形钮。盖壁呈弧形，如盘状。据钮和盖大小又分四亚型。

Aa型　3件。器形较大，盖直径在20厘米以上。W16：1，夹砂褐陶。口径32.4、高12、4厘米（图四九，1）。H66：40，夹砂褐陶。高9、钮径8、口径26厘米（图四九，10；图版七，

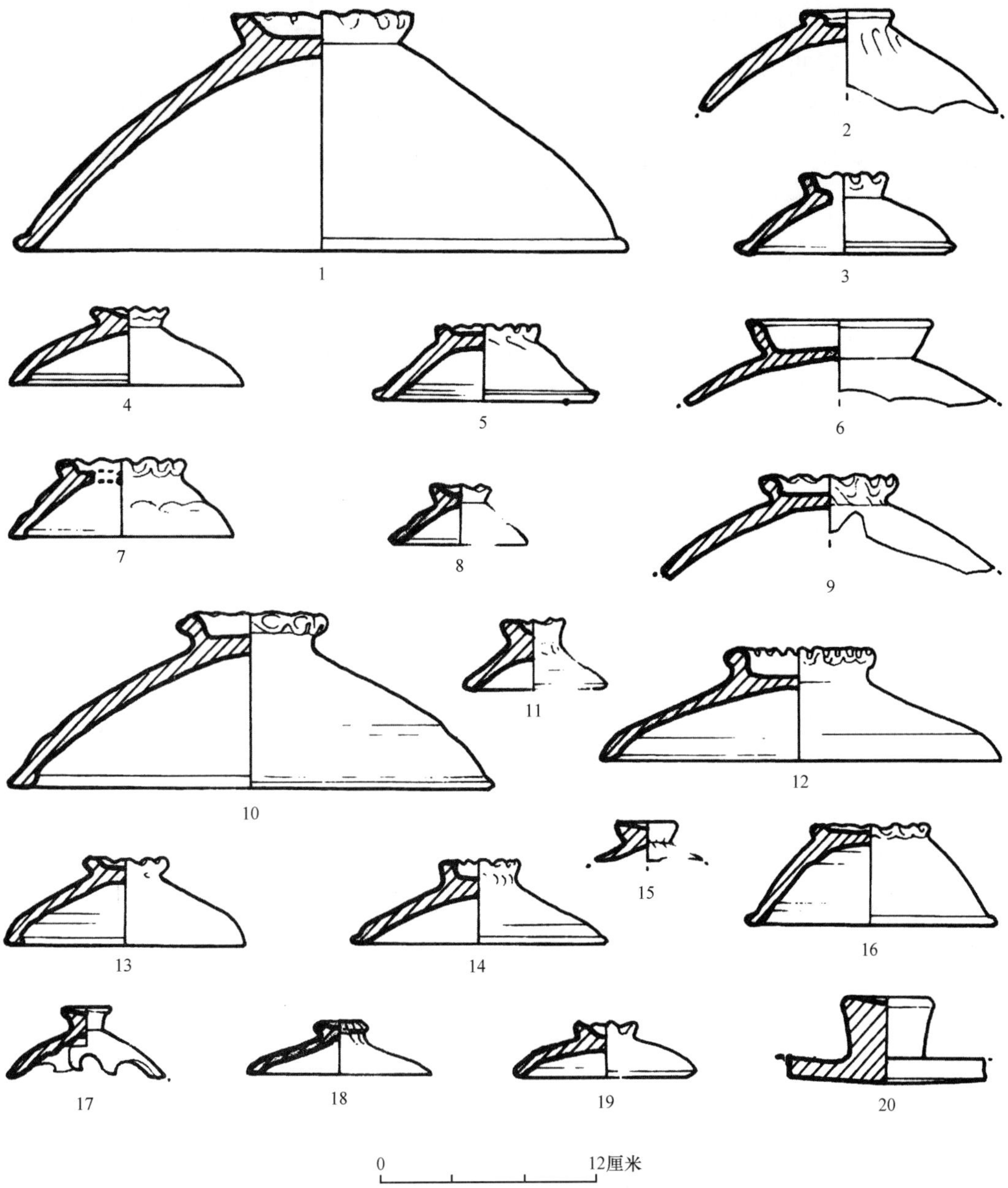

图四九 陶器盖

1、10、12. Aa型（W16：1、H66：40、T0808③：1） 2. Bb型（T1706④：1） 3、4、13、14. Ab型（T1410④：2、H38：3、H22：2、H57：2） 5、7、16. Ac型（H39：1、T1210③：8、H66：19） 6. Ba型（T1010③：34） 8、9、11、18、19. Ad型（T1706③：1、T0810④：16、F2：5、T1810④：15、T1706④：2） 15、17. Ca型（T0810④：14、T0810④：13） 20. Cb型（T1010④：7）

4）。T0808③：1，夹砂褐陶。高5.8、钮径8、口径21.6厘米（图四九，12；图版七，5）。

Ab型 4件。中等大小盖，盖径在10厘米以上。T1410④：2，夹砂褐陶。高4、复原口径12厘米（图四九，3）。H38：3，夹砂灰陶。器物内部有一周抹光痕迹。高4、钮径4、口径12.8厘米（图四九，4）。H22：2，夹砂褐陶。内壁有两周凹弦纹。高4.6、钮径4.4、口径12.8厘米（图四九，13）。H57：2，夹砂褐陶。钮下饰一周戳印纹。高4.4、钮径4、口径13.6厘米（图四九，14；图版七，6）。

Ac型　3件。盖为中等大小，盖钮较大，呈碗形。H39：1，夹砂灰陶。钮上饰一周戳印纹，内壁口处饰两周凹弦纹。高4、钮径5.6、口径12厘米（图四九，5）。T1210③：8，夹砂褐陶。弧壁。壁腹上饰一周按窝纹，握手处绕着钮饰一周按窝纹。高4、口径12厘米（图四九，7）。H66：19，夹砂褐陶。内壁口下有一周抹光痕迹。高5.2、口径13.6厘米（图四九，16）。

Ad型　5件。小型盖，盖直径在10厘米以下。T1706③：1，夹砂灰陶。波形圈钮，弧壁。壁上饰两周凹弦纹。高3、口径7.2厘米（图四九，8）。T0810④：16，夹砂褐陶。残高5、钮径7.2厘米（图四九，9）。F2：5，夹砂灰陶。高3.6、口径8厘米（图四九，11）。T0810④：15，泥质灰陶。波形圈钮，弧壁，器形较小。高2.8、口径10厘米（图四九，18）。T1706④：2，夹砂灰陶。波形钮，弧壁。高2.8、口径10厘米（图四九，19）。

B型 2件。圈形钮，钮无花边。分二亚型。

Ba型　1件。盖钮直径较大。T1010③：34，泥质红陶，磨光。钮内壁有抹平的弦纹痕迹。残高4.4、钮径10厘米（图四九，6）。

Bb型　1件。盖钮直径较小。T1706④：1，夹砂黑陶。瓶口形钮，弧壁，残。素面。残高5.2、握手径4.8厘米（图四九，2）。

C型　2件。圆柱形钮，钮顶下凹。分二亚型。

Ca型　1件。钮直径小。T0810④：14，夹砂灰陶。钮下握手处饰一周按窝纹。残高2厘米（图四九，15）。T0810④：13，泥质灰陶。残高5.6、口径8.4厘米（图四九，17）。

Cb型　1件。圆柱形，钮直径较粗大，盖顶面较平。T1010④：7，泥质灰陶。残存钮部和顶部。残高1.1厘米（图四九，20）。

器座　2件。仅见碎片。T0808③：8，夹砂褐陶。器座上下都有一周带按窝状的附加堆纹，中间饰竖向四个镂孔，围成一周。残高10、复原口径14厘米（图四八，18）。T0808④：11，夹砂红陶。器座中部残片，两端残，上下各有一道附加堆纹，附加堆纹之间有四圈圆形镂孔。残高10厘米（图四八，19）。

擂钵　1件。T1906④：1，夹砂褐陶。敞口，圆唇，弧腹，平底略内凹，有流。器表素面，内壁沟线呈放射纹状。高11.4、口径29.3、底径10厘米（图五〇，1）。

饼形器　3件。T0808③：7，泥质红陶。边面内凹为沟槽，平面边缘有小孔。直径10.8、高2厘米（图五〇，3）。T0812②：3，泥质灰陶。较薄，圆形，一面微凹，一面较为平整，弧边，在边角处保留有三角形缺口。素面。复原直径13、厚0.6厘米（图五〇，2）。H9：1，略呈圆饼形，顶部外侈，并有圆形小孔。残高2、复原直径1厘米（图五〇，4）。

陶拍　1件。T0808③：5，夹砂褐陶。拍呈椭圆球体，柄为短圆柱体。高6.8、柄长4.4、拍面径4.6厘米（图五〇，5）。

陶片　1件。T0806③：7，夹砂褐陶。器物肩部。肩上饰一周按窝状附加堆纹、两周链形附加堆纹，一朵梅花装饰纹压在链形纹之上。残高4.4厘米（图五〇，6）。

器足　1件。T0806③：14，夹砂灰陶。残高8.2厘米（图五〇，7）。

纺轮　完整器比较多，分四型。

A型　6件。两面平或基本平，棱边或弧边。分二亚型。

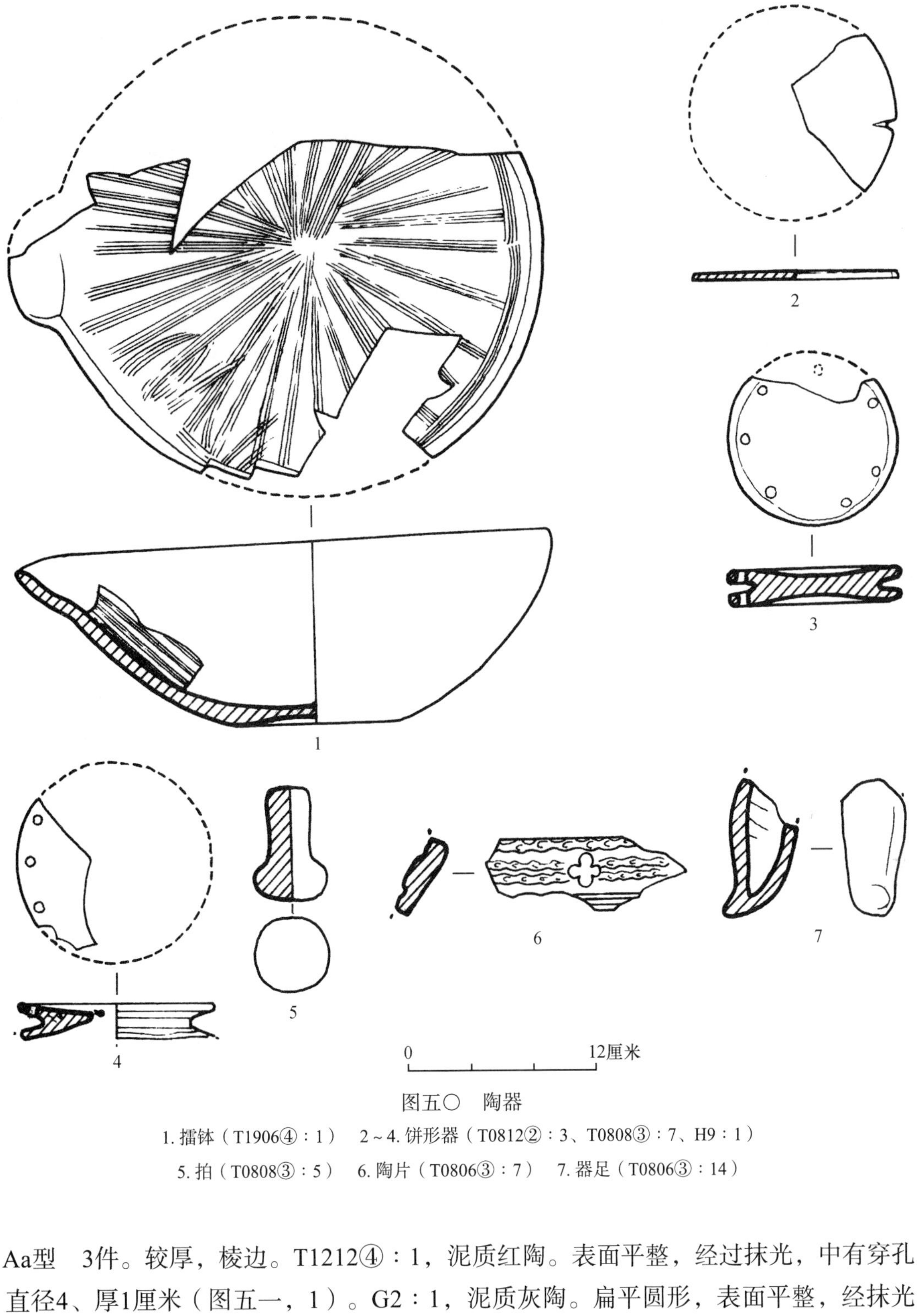

图五〇 陶器

1. 擂钵（T1906④：1） 2～4. 饼形器（T0812②：3、T0808③：7、H9：1）
5. 拍（T0808③：5） 6. 陶片（T0806③：7） 7. 器足（T0806③：14）

Aa型 3件。较厚，棱边。T1212④：1，泥质红陶。表面平整，经过抹光，中有穿孔，弧边。直径4、厚1厘米（图五一，1）。G2：1，泥质灰陶。扁平圆形，表面平整，经抹光，中有穿孔。素面。直径4.1、厚1～1.05厘米（图五一，2）。G3：2，夹砂黑陶。表面平整，经抹光，中有穿孔，周边起棱，断面呈梭形。素面。直径4.4、厚0.8～0.9厘米（图五一，3）。

Ab型 3件。较薄，两面略下凹，周边有棱。T0810③：3，泥质红陶。平面呈圆形，表面平整，中有穿孔，周边起棱。直径3.6、厚0.5厘米（图五一，4）。H66：1，夹砂褐陶。表面抹光，较为平整，中有穿孔，穿孔处微凸，断面近梭形。素面。直径4.8、厚0.7～0.8厘米（图

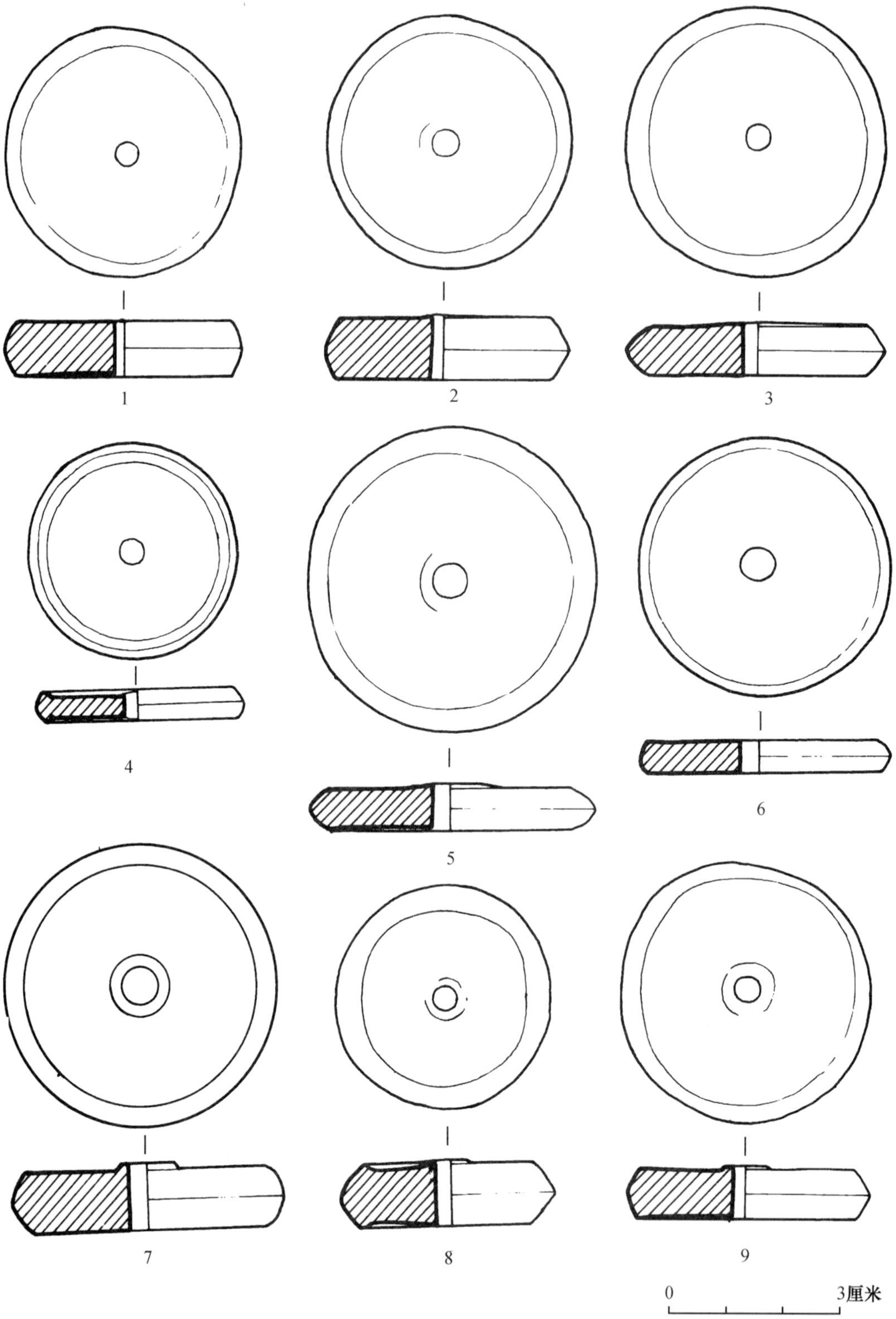

图五一　陶纺轮

1～3. Aa型（T1212④：1、G2：1、G3：2）　4～6. Ab型（T0810③：3、H66：1、H66：16）　7～9. Ba型（T1406②：1、T1010③：4、H44：1）

五一，5）。H66：16，泥质红陶。两面平，弧边。直径4.25、厚0.5厘米（图五一，6）。

B型　7件。一面孔边突起，棱边。分二亚型。

Ba型　3件。较厚。T1010③：4，夹砂红陶。一面孔边突起，两面边缘有凸棱。直径约3.7、厚1～1.1厘米（图五一，8）。T1406②：1，泥质黑陶。一面孔边突起，两面平，棱边。直径4.6、厚1厘米（图五一，7）。H44：1，泥质黑陶。两面平，棱边。直径4.1、厚0.8～0.9厘米（图五一，9）。

Bb型　4件。较薄。T1212③：7，泥质褐陶。两面略下凹，一面孔边突起，棱边，一面有一道刻划痕。直径4.9、厚0.7厘米（图五二，1）。H66：10，泥质灰陶。表面平整，经过抹光，中有穿孔，一面孔边微凸，两面略下凹，棱边。直径3.5、厚0.6～0.7厘米（图五二，2）。H72：2，夹砂褐陶。一面孔边突起，一面基本平整，边缘下凹并有凸棱。直径4.2、厚0.7～0.8厘米（图五二，3）。H11：1，泥质褐陶。一面孔边突起，一面略下凹，周边起棱。一面有弧形刻划纹。直径3.8、厚0.65～0.75厘米（图五二，4）。

C型　2件。两面均为弧面，横剖面呈梭形，一面孔边凸起。T1612③：1，泥质灰褐陶。弧面，一面孔边凸起，断面为梭形。直径4.2、厚0.9～1厘米（图五二，6）。T0810④：3，夹砂黑陶。弧面。直径4.5厘米（图五二，5）。

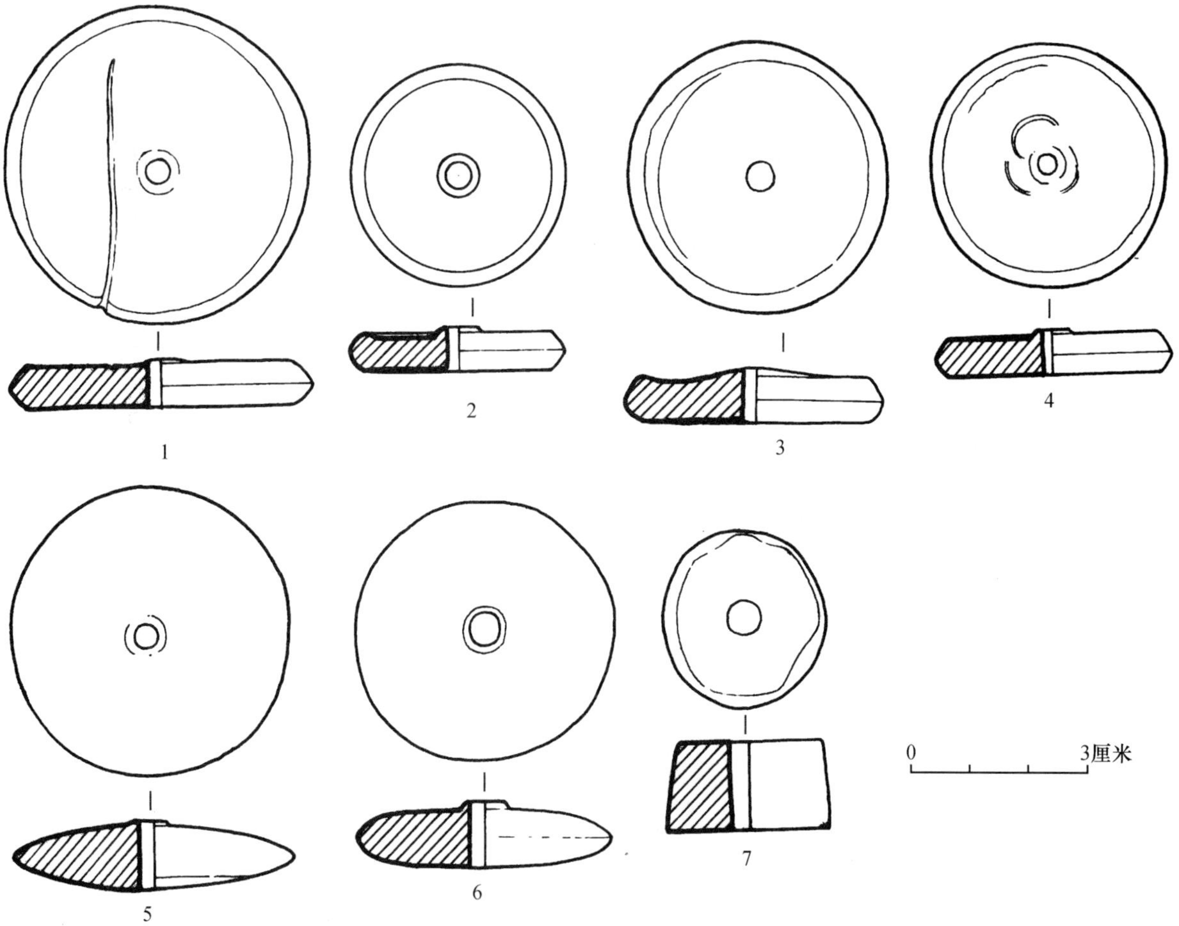

图五二　陶纺轮

1～4. Bb型（T1212③：7、H66：10、H72：2、H11：1）　5、6. C型（T0810④：3、T1612③：1）　7. D型（F16：1）

D型 1件。横剖面呈梯形。F16：1，泥质红陶。较厚，平面近圆形，表面凹凸不平，断面呈梯形。上径2.6、下径2.8、厚1.4厘米（图五二，7）。

环 11件。分三型。

A型 6件。环体窄厚，横断面近方、圆形。T1006③：5，泥质灰陶。圆弧面，断面近圆形，残。通体磨光。宽0.4、厚0.5厘米（图五三，1）。T0806③：13，泥质灰陶。窄面小环，弧边，横断面近方形，残。厚0.6、宽0.6厘米（图五三，2）。T1006③：8，泥质灰陶。圆弧面，断面为近圆形。通体磨光。宽0.5、厚0.5厘米（图五三，3）。T0808④：3，窄面小环，横断面略呈梯形。宽0.5、厚0.6厘米（图五三，5）。T1210②：4，泥质灰陶。横断面圆形，残。宽0.6、厚0.6厘米（图五三，7）。T0808④：2，泥质灰陶。窄面小环，横断面近圆形，残。宽0.6、厚0.55厘米（图五三，10）。

B型 4件。环体较宽扁。T1010③：14，泥质灰陶。窄面弧边，横断面略呈长方形，残。表面磨光。宽0.8、厚0.45厘米（图五三，4）。T0806③：5，泥质灰陶。较扁薄，环体横断面呈三角形，内侧平，外侧尖形。宽0.8、厚0.1～0.3厘米（图五三，6）。G2：4，泥质灰陶。窄面，弧边，断面呈三角形，残。素面。磨光。宽0.75、厚0.1～0.4厘米（图五三，8）。T1008③：2，泥质灰陶。较扁薄，环体横断面呈梭形。宽0.75、厚0.1～0.2厘米（图五三，9）。

C型 1件。环体宽，横断面内厚外薄，外缘有棱。T0810④：8，泥质灰陶。较扁，横断面内弧外尖。宽1.35、厚0.1～0.4厘米（图五三，11）。

2. 石器

石器有石斧、石锛和石凿等。

斧 13件。分三型。

A型 4件。长条形，弧刃。T1208④：2，青色。磨制，制作比较粗糙。器身较宽较厚，有使用磨损痕迹。长16.9、刃宽7、厚1～4.7厘米（图五四，1）。T0808③：2，青色。打制。中部较宽。长16.1、宽4.6～7.7、厚2.8～3.7厘米（图五四，2）。T1208④：4，青色。磨制。器身较薄，两边较平，平顶。长14.7、刃宽6、厚0.6～2.1厘米（图五四，3）。T1212③：4，青色。打制。平面略呈长方形，弧顶，宽弧刃，两侧有较多打击疤痕。长13.9、刃宽6.2、厚1.5～3厘米（图五四，4）。

B型 7件。宽长形，器形较规整，弧刃，弧顶。T1012④：1，青色。磨制较精。较厚，刃和顶均较平。长11.4、宽3.8～5.8、厚2～4厘米（图五五，1）。H22：3，青色。弧顶，两侧有打制疤痕，刃部有使用痕迹。长10.3、宽5.4、厚1.5～2.4厘米（图五五，2）。H38：1，青色。磨制。器形较小，较规整。弧顶，宽弧刃，刃部有使用痕迹。长10.6、宽4.1～5.6、厚2.25厘米（图五五，3）。T1010②：10，青灰色。磨制。平面呈梯形，弧顶，刃为磨制，有明显的使用痕迹。长11.3、宽3.6～6.3、厚1.3～2.5厘米（图五五，4）。T1006②：3，青色。器身略呈长方形，器表较平整，圆弧顶，弧刃较宽，刃部有使用痕迹。长10.4、宽3.9～4.9、厚2.8厘米（图五五，5）。T1905④：8，青色。器身略呈长方形，器表较平整，圆弧顶，弧刃较宽，刃

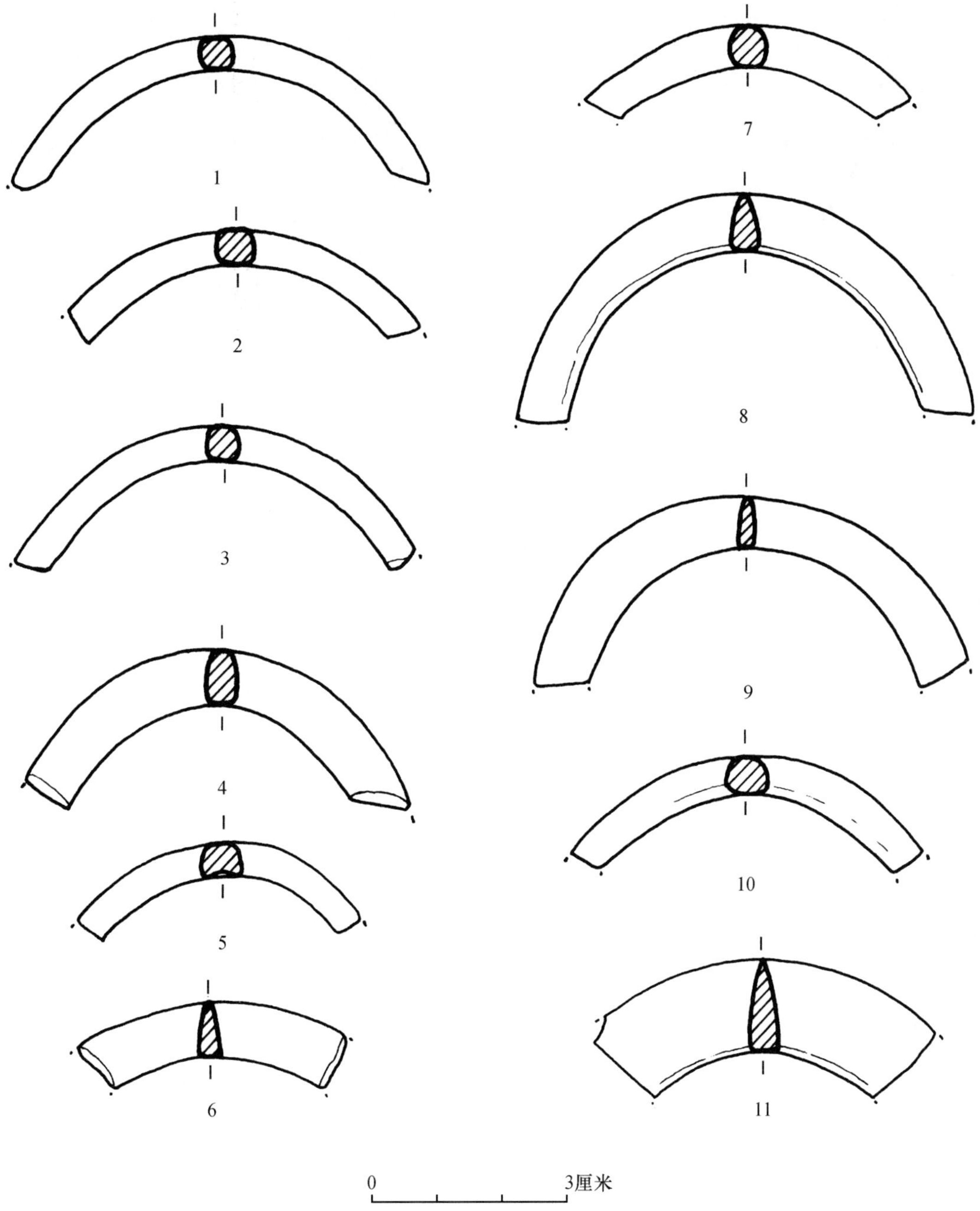

图五三　陶环

1～3、5、7、10. A型（T1006③：5、T0806③：13、T1006③：8、T0808④：3、T1210②：4、T0808④：2）
4、6、8、9. B型（T1010③：14、T0806③：5、G2：4、T1008③：2）　11. C型（T0810④：8）

部有使用痕迹。长10.1、宽3.9～4.9、厚2.9厘米（图五五，6）。T1907②：1，青色。打制。弧顶，两面较平。长13.5、宽5.4～6.3、厚1.9～2.85厘米（图五五，7）。

C型　2件。宽短形，平面略呈上窄下宽，弧顶，弧刃。T0810③：1，青色。通体磨光。较厚，顶较窄，刃较平。长9.3、宽5.8～6.6、厚3.3厘米（图五五，8）。T1208③：3，青色。磨制。平面近长方形，弧顶，弧刃。长18.2、刃宽3.9、厚0.2～1.6厘米（图五五，9）。

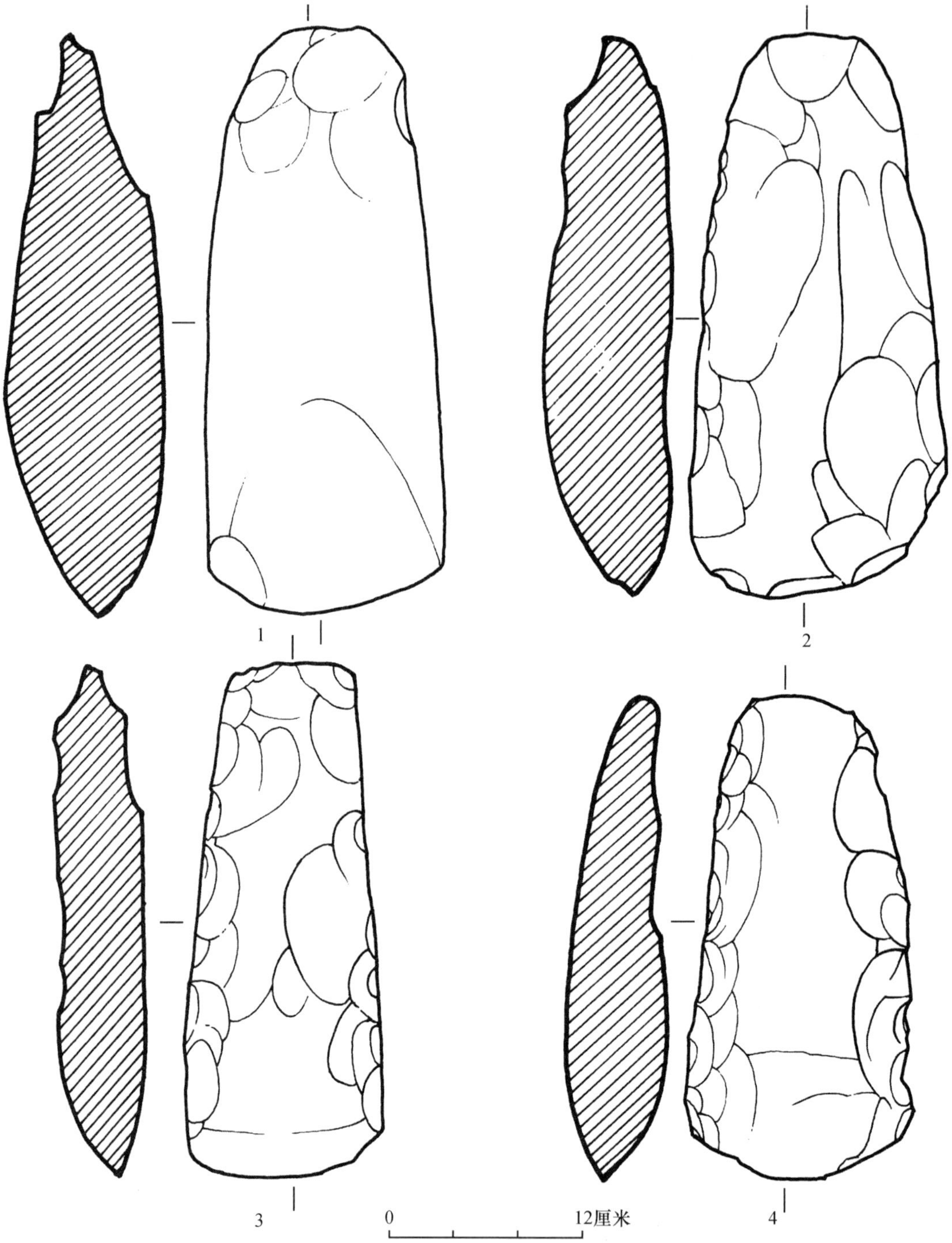

图五四　石斧

1～4. A型（T1208④：2、T0808③：2、T1208④：4、T1212③：4）

锛　26件。分三型。

A型　18件。窄长形。分三亚型。

Aa型　6件。器形较大，刃面弧形，一面宽，一面窄。T1410④：1，青黑色。打制。斜弧顶，弧刃。长12.9、刃宽6.1、厚3.1厘米（图五六，1）。T0812②：1，青色。磨制。较厚，弧顶，弧刃。长12.6、宽4.8～7、厚1～3.3厘米（图五六，2）。T1210③：5，青灰色。通体磨

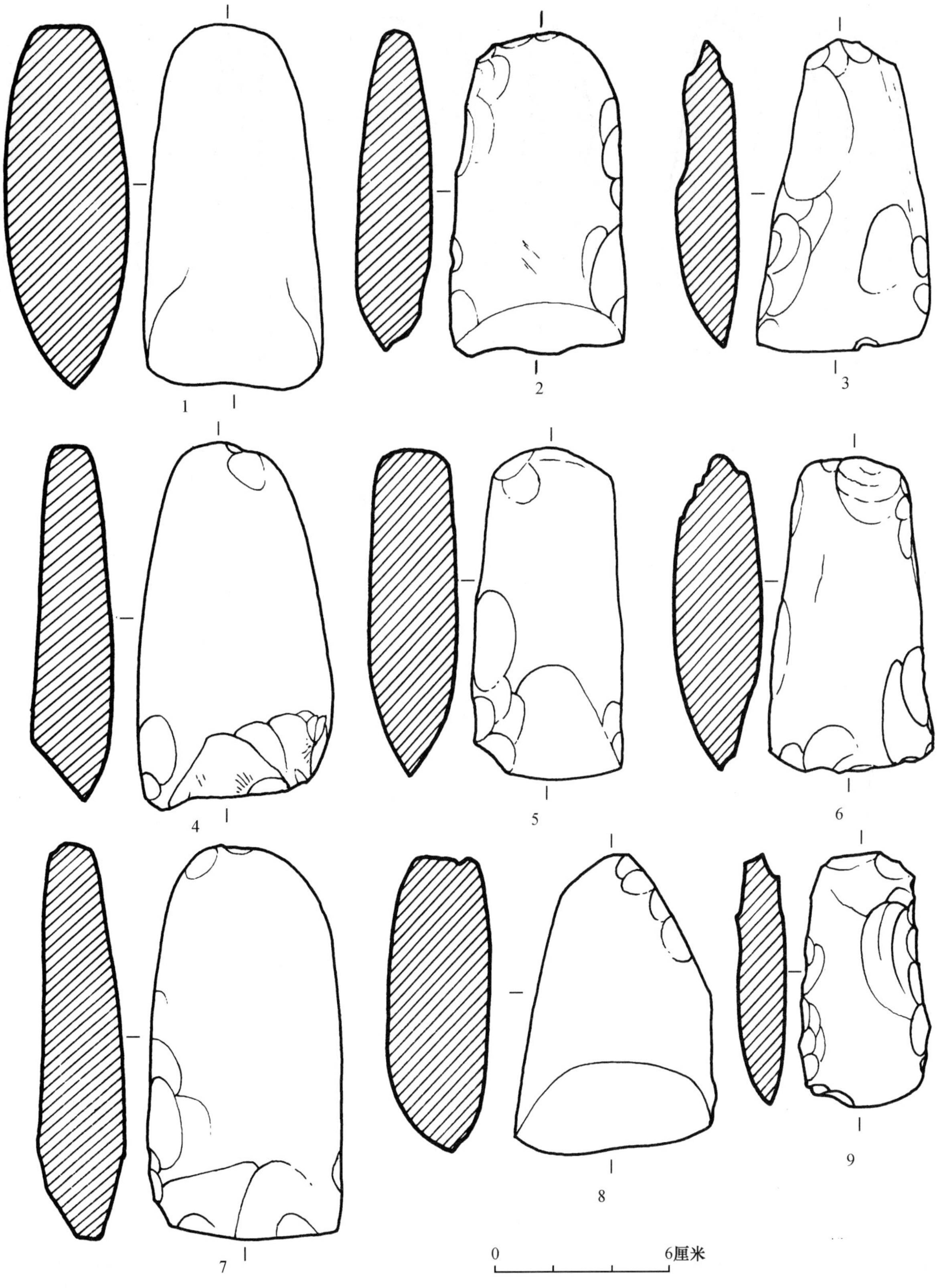

图五五　石斧

1～7. B型（T1012④：1、H22：3、H38：1、T1010②：10、T1006②：3、T1905④：8、T1907②：1）　8、9. C型（T0810③：1、T1208③：3）

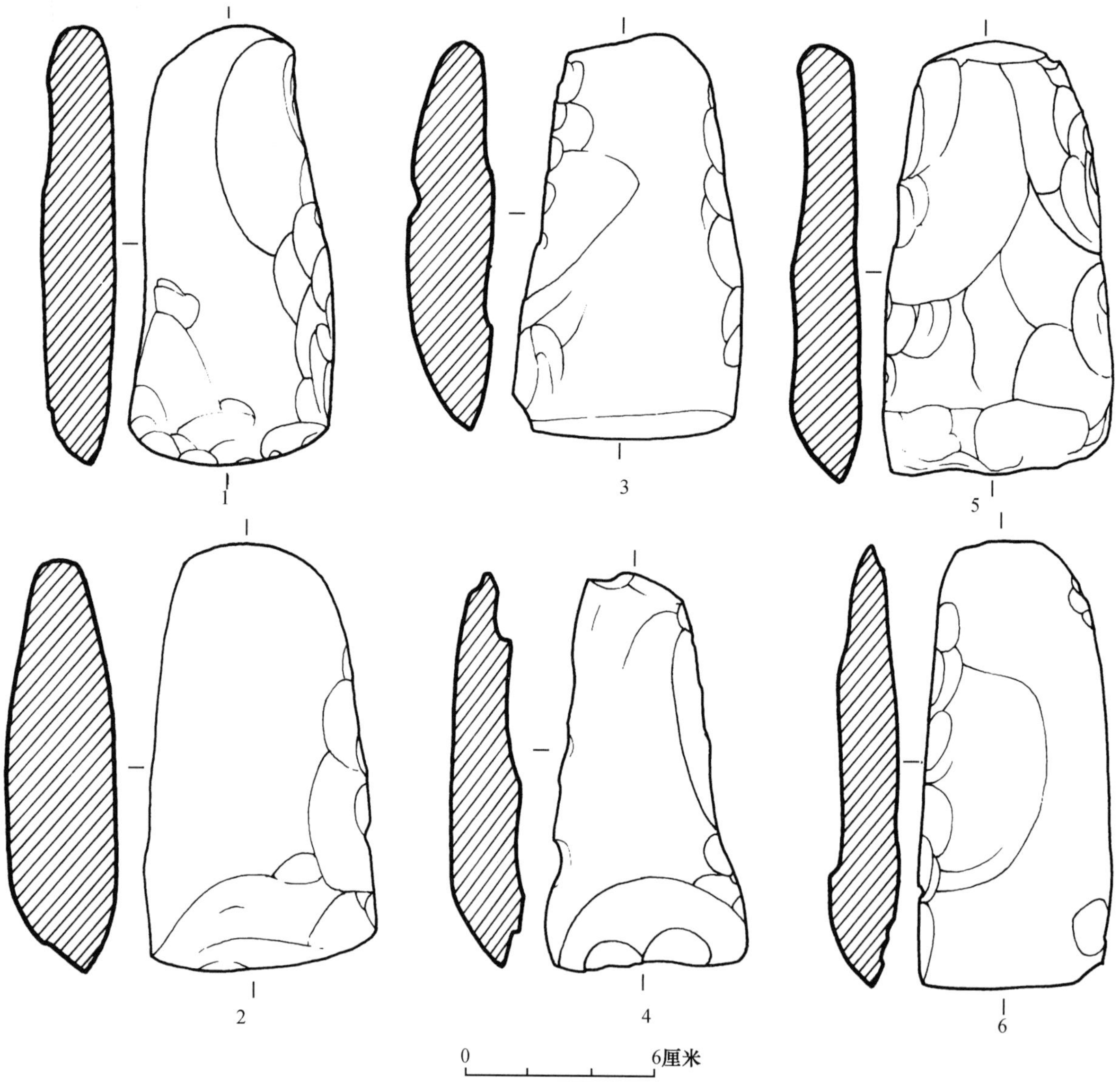

图五六　石锛

1～6. Aa型（T1410④：1、T0812②：1、T1210③：5、T1006③：1、G3：1、H69：2）

光。平面近梯形，宽弧刃。长11.9、刃宽6.3、厚0.3～2.5厘米（图五六，3）。T1006③：1，青色。器形不太规整，平刃，刃部有使用痕迹。长11.6、宽3～6、厚0.9～2.2厘米（图五六，4）。G3：1，青色。器表不平整，弧顶，刃较平，刃部有使用磨损痕迹。长12.7、刃宽6.7、厚1.5～2.1厘米（图五六，5）。H69：2，青色。较薄，弧顶，平刃。长13.2、刃宽5.5、厚1～2厘米（图五六，6）。

Ab型　3件。刃面一面平。T0810④：5，青色。通体磨光。平面近长方形，平顶，宽弧刃。长10、宽3.5～4.9、厚1.3～1.6厘米（图五七，1）。T1010③：8，青色。打制。平面略呈长方形，器形较大，器表面凹凸不平，顶部较薄，刃部较宽。长11.3、宽6、厚1.5厘米（图五七，2）。H44：2，青灰色。平面近梯形，弧顶，弧刃。长12.8、刃宽6.4、厚1～2.4厘米（图五七，3）。

Ac型　9件。器形较小，弧形刃面，一宽一窄。T1010③：2，青色。弧顶，顶端较窄，刃较平。长8.4、宽4、厚1.4厘米（图五七，4）。H69：3，青灰。器身较窄长，平面近长方形，顶端较窄，弧刃，刃部有使用磨损痕迹。长9.4、刃宽4、厚0.6～1.6厘米（图五七，5）。T1410③：2，青色。平面呈长方形，弧顶，刃较平。长9.25、宽3.2～4.2、厚2.1厘米（图

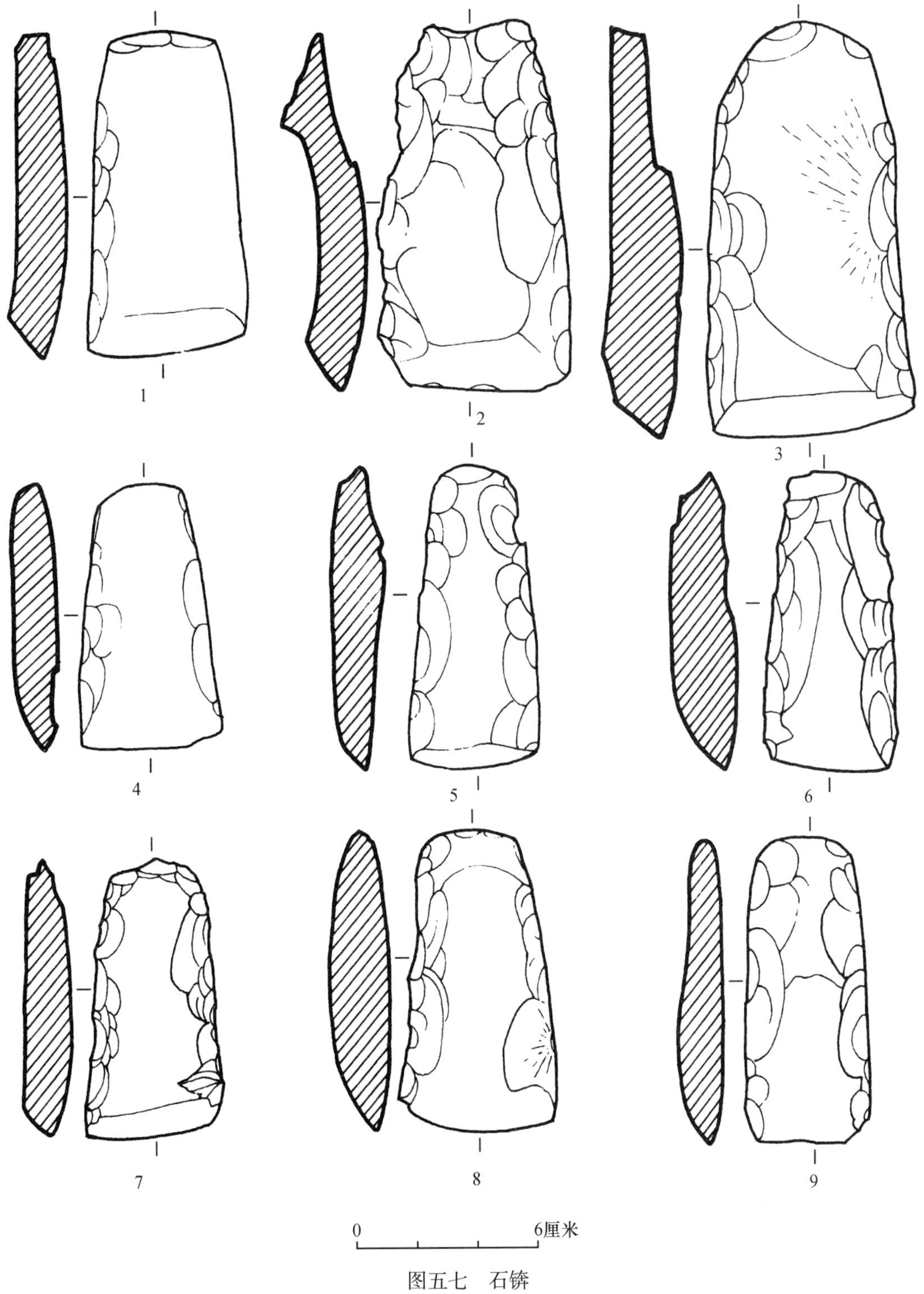

图五七　石锛

1～3. Ab型（T0810④：5、T1010③：8、H44：2）　4～9. Ac型（T1010③：2、H69：3、T1410③：2、T2005⑥：1、H10：3、F14：3）

五七，6）。T2005⑥：1，青灰色。平面近长方形，斜刃。长8.65、刃宽4、厚1.2～1.6厘米（图五七，7）。H10：3，青色。器身较宽，平面近梯形，弧顶，弧刃。长6.45、刃宽4.9、厚1.2～2厘米（图五七，8）。F14：3，青色。通体磨光。平面略呈长方形，较薄，弧顶，刃较平，刃部有使用磨损痕迹。长9.5、宽3.5～4.1、厚1～1.5厘米（图五七，9）。

B型　6件。宽长形。H66：2，青灰色。通体磨光。器身较长，弧顶，平刃。长7.4、刃宽4、厚0.6～1.4厘米（图五八，1）。T1010③：10，青灰色。磨制。平面近长方形，两面较平，微弧顶，平刃。长5.4、宽3.1、厚0.9厘米（图五八，2）。T1905④：2，青色。磨制。器形小，平面近椭圆形，弧顶，弧刃。长8.45、宽2.1～3.4、厚1.3厘米（图五八，3）。T1010②：12，青色。器形较短小，弧顶，近平刃。长4.8、宽3.1、厚1～1.1厘米（图五八，4）。H22：4，青灰色。通体磨光。平面近长方形，弧顶，顶和两侧经过打磨，单面磨制锋刃，为平刃。长5.5、刃宽2.7、厚0.9厘米（图五八，5）。T1408②：1，青色。通体磨光。平面近长方形，弧顶，微弧刃。长6.1、刃宽3.4、厚0.6～1.1厘米（图五八，8）。

C型　2件。宽形，平面略呈梯形。T1905④：4，青色。通体磨光。平面呈扁平梯形，顶不平，弧刃，刃部有使用痕迹，长8.2、刃宽6.8、厚1.5～1.8厘米（图五八，6）。T1905④：6，黄灰色。通体磨光。平面呈扁平梯形，弧刃，刃部有使用痕迹。长8.2、刃宽6.9、厚1.3～1.7厘米（图五八，7）。

凿　6件。分四型。

A型　1件。器体长形，较厚，刃较宽。T0806④：3，青色。呈圭形，平顶，由两侧磨成锋刃，两侧略外鼓，呈弧形。长9.2、宽3～4、厚3～3.8厘米（图五九，1）。

B型　2件。器体长形，窄刃，宽侧面。T2009⑤：1，褐色。器形较短，平顶，平窄刃。通体磨光。长6.65、宽2.45、厚1厘米（图五九，2）。T1410③：1，褐色。平面近圭形，顶较平，由两侧磨成锋刃，斜窄刃。通体磨光。长10.5、宽3.3、厚1.4厘米（图五九，3）。

C型　1件。器体窄长形。H66：12，青灰色。由两侧打制而成。平面呈长条形，表面凹凸不平，顶不规整，平刃。长13.7、宽2、厚2.2厘米（图五九，4）。

D型　2件。长扁形，弧刃较宽。T1908⑥：1，青色。打制。弧顶，弧刃，刃部有使用痕迹。长10.6、宽2.5～3.9、厚1.8～1.5厘米（图五九，5）。T1208④：3，青色。磨制，器体大部分保留原砾石面。弧顶，弧刃。长10.9、宽2.5～3.5、厚1.1厘米（图五九，6）。

铲　2件。T0810④：1，青色。磨制。平面近长方形，弧顶，刃微弧，刃部有使用痕迹。长7.8、宽3～4、厚0.8厘米（图五九，7）。H68：1，青灰色。一面磨光，一面仍保留原砾石面。平面近梯形，顶端较窄，宽弧刃。长10.3、宽4～6.2、厚0.2～1.4厘米（图五九，8）。

刀　6件。均为长扁形。分二型。

A型　2件。无钻孔。H66：3，青色。通体磨光。残，平面近长条形，一端残，另一端弧边，斜平锋，单面刃，刃部有使用磨损痕迹。残长8.2、宽1.6～2.8厘米（图五八，9）。T1410③：5，青色。磨制。残，平面呈扁平形，锋和两面均为弧形，两面刃。残长8、宽3、厚0.2～0.6厘米（图五八，10）。

B型　4件。带孔石刀。T1612②：1，褐色。磨制规整。残，平面呈长扁形，平背，平锋，

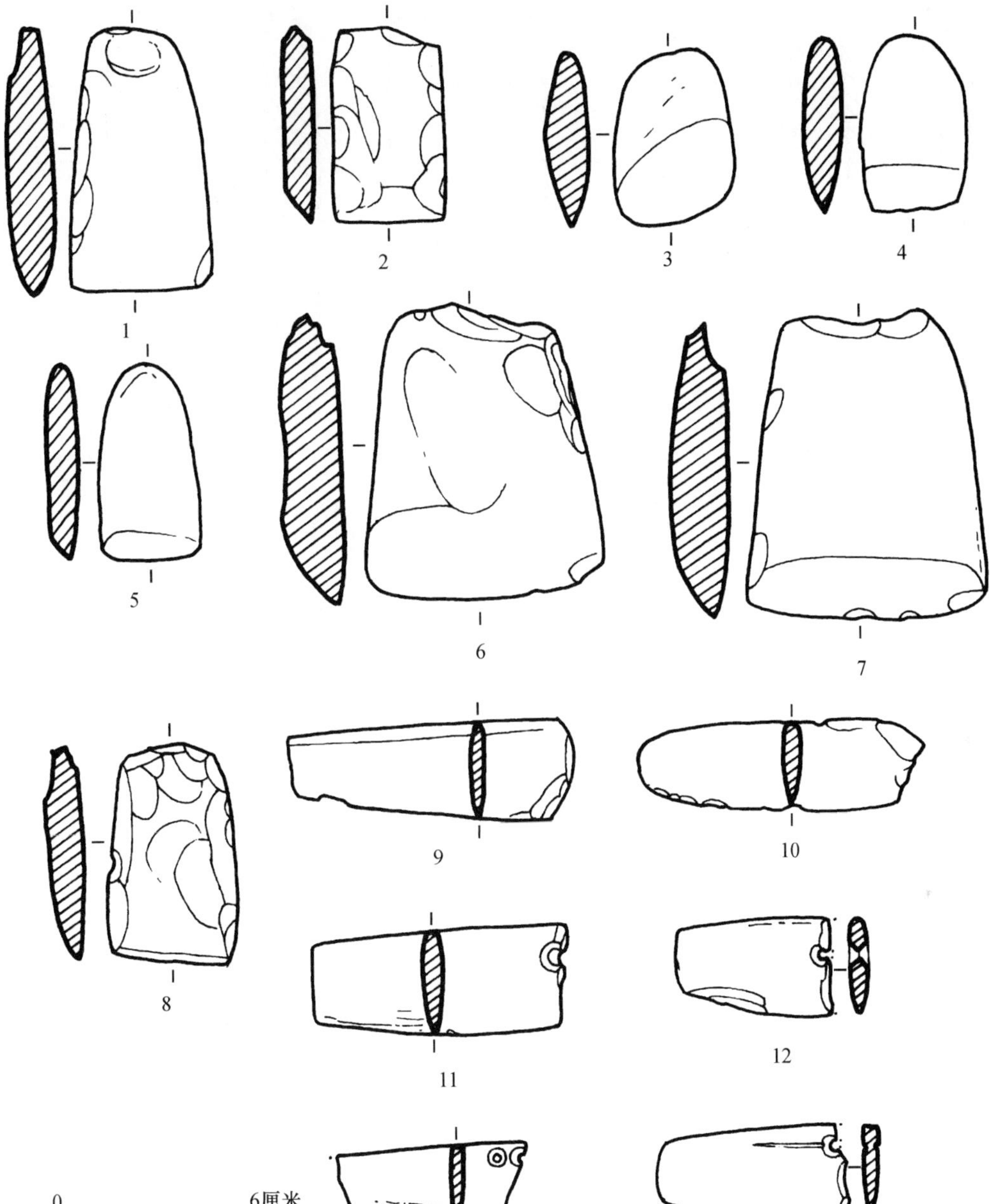

图五八　石锛、刀

1～5、8. B型锛（H66：2、T1010③：10、T1905④：2、T1010②：12、H22：4、T1408②：1）

6、7. C型锛（T1905④：4、T1905④：6）　9、10. A型刀（H66：3、T1410③：5）

11～14. B型刀（T1612②：1、H66：5、T1010②：9、H66：4）

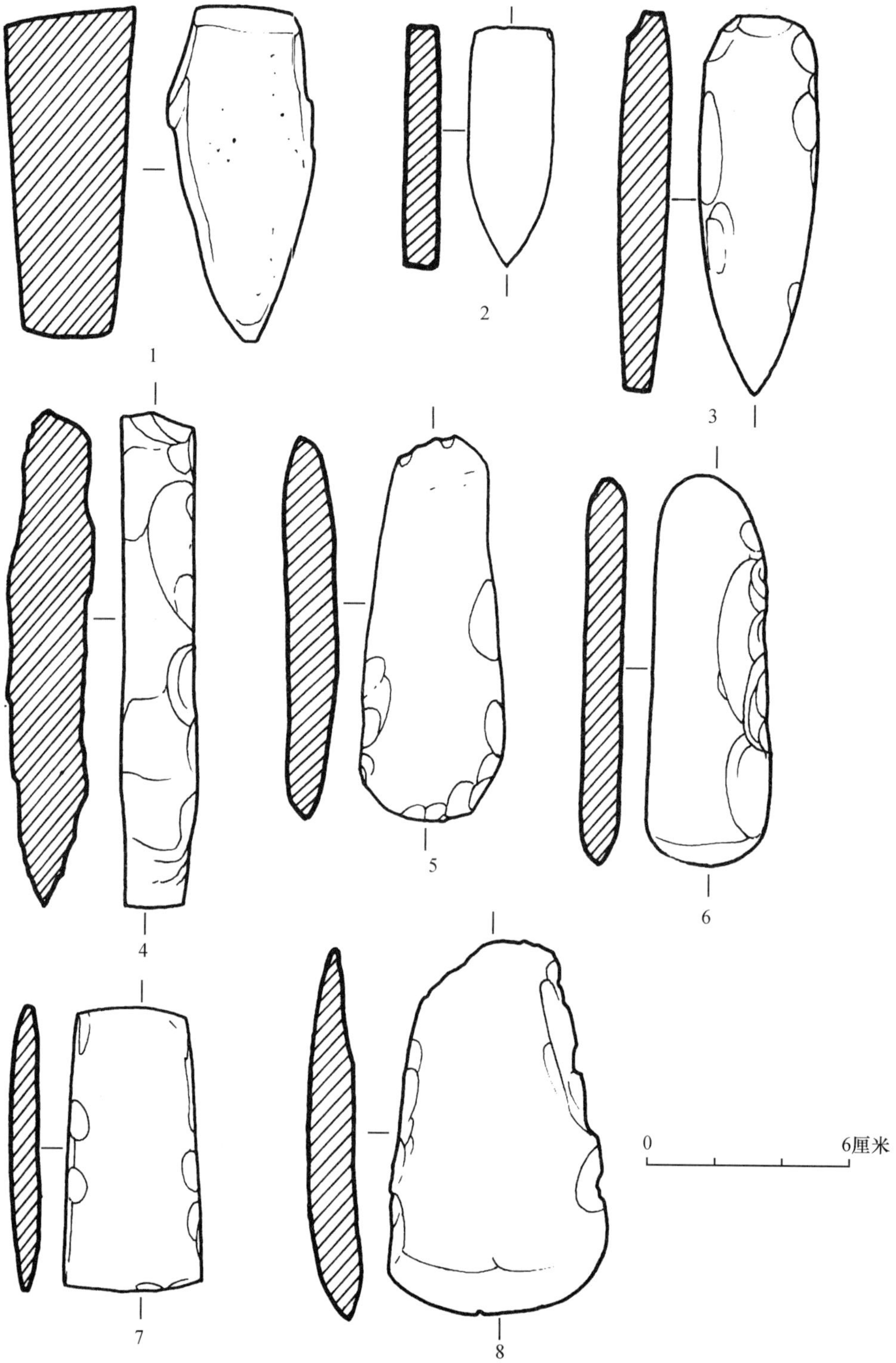

图五九　石凿、铲

1. A型凿（T0806④：3）　2、3. B型凿（T2009⑤：1、T1410③：1）　4. C型凿（H66：12）
5、6. D型凿（T1908⑥：1、T1208④：3）　7、8. 铲（T0810④：1、H68：1）

两面弧形，中间偏背处有穿孔，为两面钻孔。残长7.4、宽2.1～3、厚0.6厘米（图五八，11）。H66：5，青色。通体磨光。残，平面近长条形，刀背处有一穿孔，为两面钻孔。残长4.7、宽1.3～2.8厘米（图五八，12）。T1010②：9，青色。磨制。残，平背，两面较平，近背处有两个穿孔。残长5.4、宽1.6～2.4、厚0.1～0.3厘米（图五八，13）。H66：4，青色。通体磨光。平面近长扁形，单刃，一端平边，一端残，近刀背处有一穿孔，孔边有一条划纹。残长5.5、宽1.6～2.5厘米（图五八，14）。

钺　2件。T2009⑤：2，青色。通体磨光。平面近梯形，上部残，上有穿孔，为两面钻，宽弧刃，刃部有磨损痕迹。残长12.8、刃宽11.7、厚1～1.2厘米（图六〇，1）。T1410③：4，青色。磨制规整。平面近梯形，上部残断，残断处残存半个穿孔，为两面钻孔，弧刃，两边平直，刃端较宽，上端较窄，刃部有使用痕迹。残长8.9、刃宽11.7、厚0.6～1厘米（图六〇，2）。

钻　2件。T1210③：1，青色。通体磨光。横断面呈长方形。平顶，由两侧磨成锋刃。长9.35、宽2.4、厚1厘米（图六〇，3）。T1906⑤：1，青灰色。通体磨光。平面近圭形，弧顶，由两侧磨成锋刃。长10.9、宽3.1、厚2.3厘米（图六〇，4）。

网坠　1件。T1808⑤：1，青色。平面近椭圆形，中部两边各有一凹槽。长8.25、厚1.1～2.5厘米（图六〇，5）。

月形器　1件。T1208③：1，灰白晶体石。周身打制。形似月亮形，下部有使用痕迹（砸后留下的）。长11.7、厚1～3厘米（图六〇，6）。

石芯　1件。T0812④：2，青灰。平面呈圆形，上有一圆形穿孔，为两边对穿而成。直径4.5、厚0.7厘米（图六〇，7）。

三、结　　语

从郭家院遗址出土的器物文化特征以及文化组合来分析，郭家院遗址主要包括新石器时代和六朝文化遗存，其中以新石器时代文化遗存为主。鄂西北地区，此前经过发掘的大寺遗址、青龙泉遗址、乱石滩遗址、朱家台遗址，以及正在发掘的郭家道子遗址、梅子园遗址、观音坪遗址也存在该时期的新石器时代文化遗存。

郭家院遗址出土陶器，以夹砂陶为主，占59.79%；夹砂褐陶和泥质灰陶较多；纹饰以素面为主，占91.43%，其次有弦纹、篮纹、绳纹等；主要器形有深腹罐、红顶钵、敛口瓮、鼎、杯、双腹豆等，部分器物与同时期的大寺遗址、青龙泉遗址的深腹罐、红顶钵、敛口瓮、鼎、杯、双腹豆类同。新石器时代文化主要分为屈家岭早期文化和屈家岭晚期文化。

郭家院遗址出土的A型Ⅰ式鼎与青龙泉遗址屈家岭早期文化Ⅲ式鼎（T53⑮：102）相似[1]，Cb型Ⅰ式罐与青龙泉遗址屈家岭晚期文化Ⅰ式折沿罐（M35：1）相似，Db型Ⅱ式罐与青龙泉遗址屈家岭晚期文化Ⅲ式折沿罐（T3⑥：15）相同，D型盆与大寺遗址屈家岭文化的Ⅱ式盆（T4④：38、T12④：75）相同[2]，D型杯与青龙泉遗址屈家岭晚期文化扁腹圈足杯（T43③B：89、T42⑥：56）及下王冈遗址屈家岭一期文化Ⅱ式杯（T156：2）相同[3]。出土的

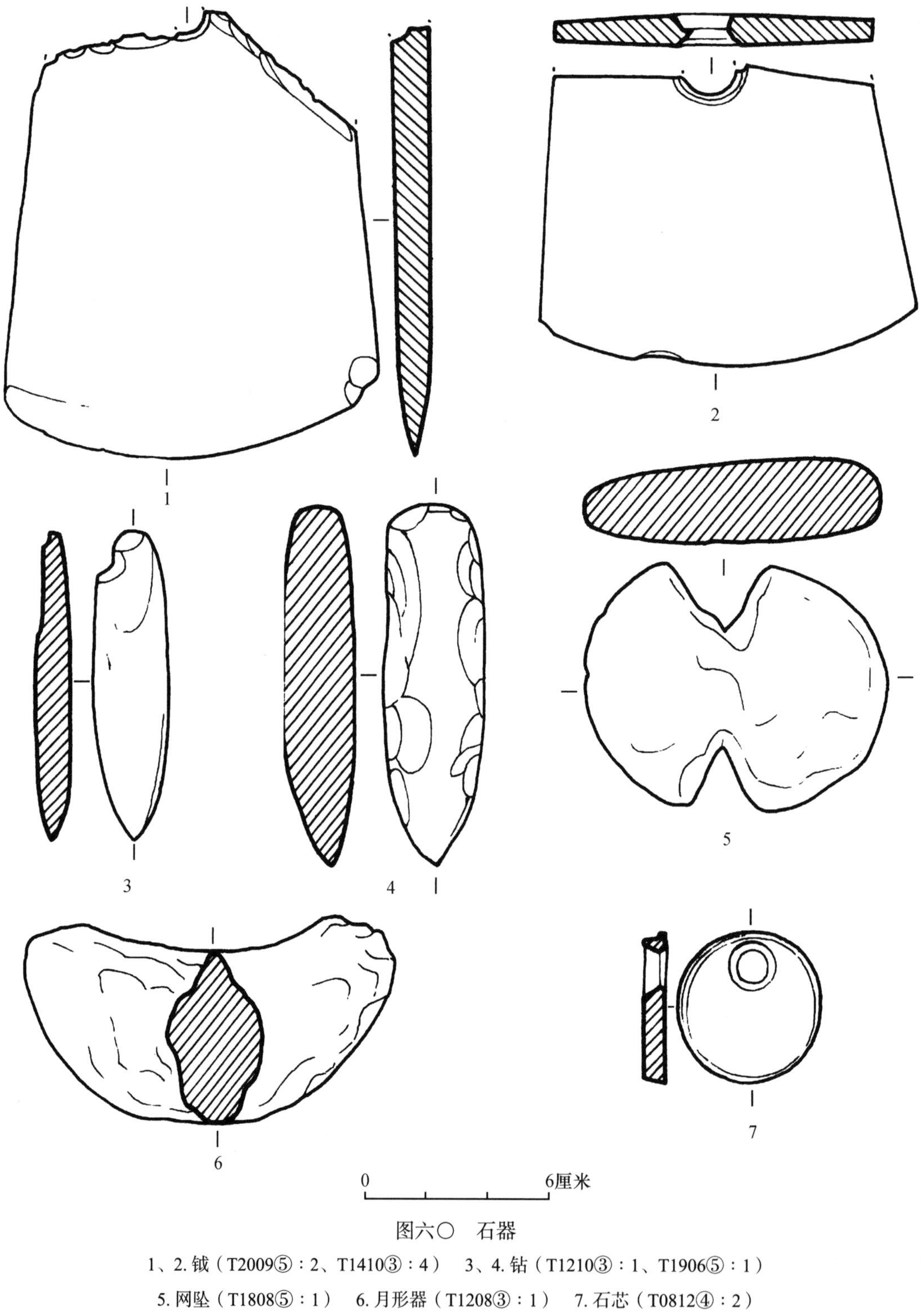

图六○　石器

1、2. 钺（T2009⑤：2、T1410③：4）　3、4. 钻（T1210③：1、T1906⑤：1）
5. 网坠（T1808⑤：1）　6. 月形器（T1208③：1）　7. 石芯（T0812④：2）

B型豆盘在大寺遗址、青龙泉遗址都有发现，与大寺遗址屈家岭晚期文化的豆（H103②：19）相似[4]，与青龙泉遗址屈家岭晚期文化Ⅳ式豆（T59⑦A：20、F1：3）相同。Bc型瓮与青龙泉遗址屈家岭早期文化的瓮（F6南室：16）相似。A型Ⅰ式钵与青龙泉遗址Ⅰ式碗相同，但《青龙泉与大寺》中此型钵归入了仰韶文化的范畴。整个遗址的大致年代为屈家岭文化晚期，只有罐、盆、豆、杯以及Ⅰ式钵可能属于屈家岭文化早期，其余器物可能都到了屈家岭文化晚期。甚至带有方格纹的CaⅡ罐可能晚到屈家岭文化晚期向石家河文化早期过渡时期。

郭家院遗址中有大量的房址，大致有圆形和方形两种。从整体来说可以分两期，圆形早于方形，但是两期房址时间间隔不是很长，具有连续性，而且出土的生产工具特别多，如石斧、石凿、石锛，这也间接反映了人和自然环境之间处于长期的稳定状态。所以，郭家院遗址中出现大量的房址，也增加了这里也曾是续生性聚落的可能性。这些文化现象，其文化特征和渊源，在汉江中游地区有待更多的考古材料来作进一步的证实。

郭家院遗址出土的陶器中，有部分为鄂西北地区其他新石器遗址中少见：出土有3件饼形器，其用途不明，推测可能为缠线用的线团；D型杯在鄂西北及豫西南的汉江中游地区新石器时代遗址中都不多见，可能为郭家院遗址地域性文化的产物。

在大寺遗址和青龙泉遗址屈家岭文化中，各期中有各自形制的红顶钵，与红顶钵伴出的有打制石锄和盘状器，这两种石器虽不能称为标准器，但它们与红顶钵伴出，显示出鄂西北地区新石器时代屈家岭文化的一大特征[5]。而郭家院遗址各期中都出土了不同形制的红顶钵，但没有发现石锄和盘状器。郭家院遗址西临细峪河，但仅发现有一件石网坠，出土可能用于狩猎的石质箭镞也很少，可能渔猎经济并不发达。骨器相比鄂西北地区其他新石器遗址也特别少。这些文化现象，其文化特征和渊源，很难与周围新石器时代遗址中作进一步比较和分析，是否是一种新的文化类型有待更多的考古材料来作进一步的研究。

郭家院遗址位于长江流域和黄河流域交汇之地的汉江中游地区，郭家院遗址的发掘对于研究汉江中游新石器时期的区域性文化、黄河流域和长江流域的文化以及两流域间的文化交流提供了重要的考古实物资料。

附记：2006年由张成明主持发掘，参加发掘的的有艾周明、田志明等。2007～2008年由胡文春主持发掘，参加发掘的有张君、郭长江、廖华云、顾圣明、孙卫华、王文平、程飞、齐溶青、邓海军、杨红艳。参加整理的的有张君、郭长江、陶洋、胡文春、符德明、杨海莉、杨红艳等。

绘　　图：符德明
修　　复：杨红艳　杨海莉
田野照相：胡文春
器物照相：余　乐
执　　笔：胡文春　张成明　郭长江
张　君　廖华云　杨海莉

注　释

[1] 中国社会科学院考古研究所：《青龙泉与大寺》，科学出版社，1991年。
[2] 中国社会科学院考古研究所：《青龙泉与大寺》，科学出版社，1991年。
[3] 河南省文物研究所、长江流域规划办公室考古队河南分队：《淅川下王岗》，文物出版社，1989年。
[4] 湖北省文物考古研究所：《湖北郧县大寺遗址2006年发掘简报》，《考古》2008年第4期。
[5] 中国社会科学院考古研究所：《青龙泉与大寺》，科学出版社，1991年。

郧县刘家院遗址2010年发掘简报

吉林市博物馆

刘家院遗址位于湖北省十堰市郧县五峰镇小石沟村六组，东北距郧县县城35千米，东南距十堰市28千米，西距小石沟遗址1千米。遗址地处刘家院西北汉江南岸的二级台地上，南依丘陵低山，东西两侧为注入汉江的冲沟，五峰至郧县公路横贯遗址南端（图一）。

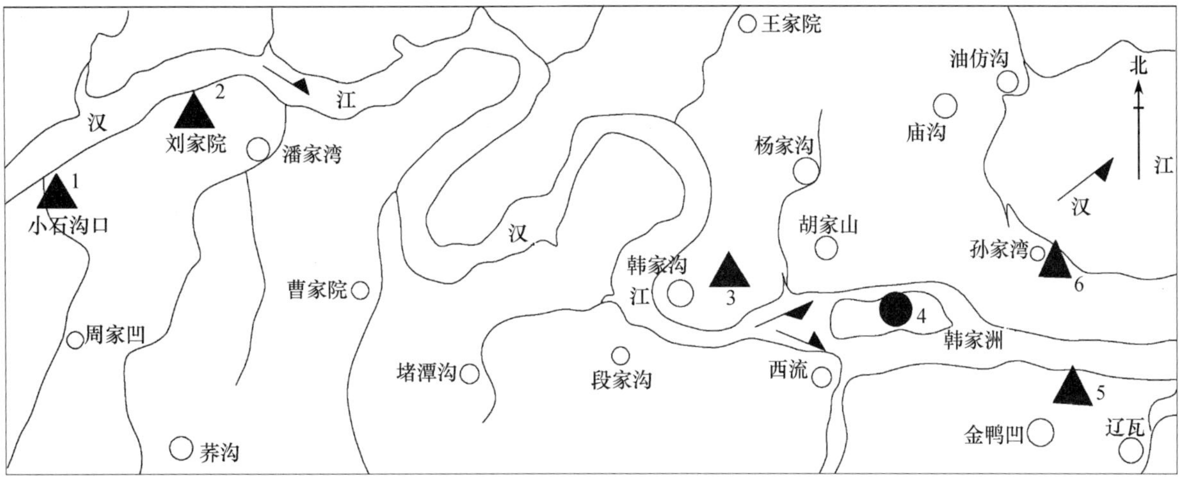

图一　刘家院遗址位置示意图

1. 小石沟遗址　2. 刘家院遗址　3. 店子河遗址　4. 韩家洲墓地　5. 辽瓦店子遗址　6. 孙家湾遗址

由于汉江长年水位的漫涨及雨水的冲刷，对遗址造成大面积毁坏，遗址现残存东西长150米，南北宽30米，面积约4500平方米。遗址的中心地理坐标为东经110°31′33″，北纬32°43′49″，海拔160～172米。

刘家院遗址于1994年由湖北省文物考古研究所与郧县博物馆在调查中发现，2004年2月南水北调中线工程丹江口水库淹没区湖北省文物保护规划组再次复查核实。2008年，西北大学在遗址的东区进行了第一次发掘，发掘面积1150平方米。2010年9～12月，吉林省文物考古研究所再次对该遗址进行了第二次发掘（编号：2010YWL）。此次发掘是在遗址的西区即第一次发掘的西边，按正方向分区布方，探方编号为T201～T223，百位为区号，个位与十位为探方号，此次布10米×10米探方23个（图二），实际发掘1818平方米。兹将此次发掘情况简报如下：

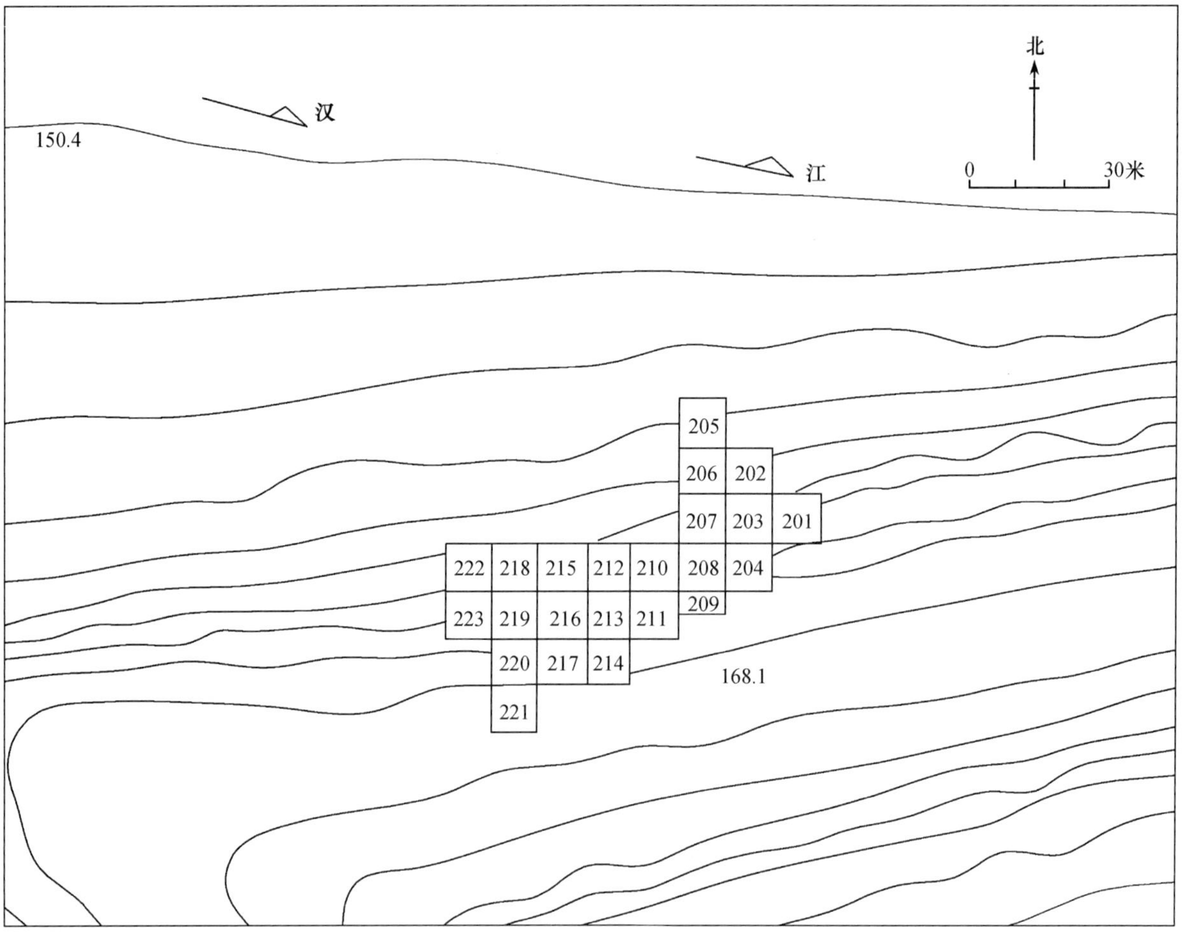

图二　刘家院遗址地形及探方位置图

一、地层堆积

刘家院遗址地层堆积层次清晰，时代分明。从发掘探方看，有东周、汉代、唐代各时期的地层堆积及遗迹、遗物。东周时期遗存主要分布在发掘区东中部，汉代、唐代遗存在整个发掘区均有分布，下面以发掘区东中部T207南壁剖面为例对其地层堆积进行介绍（图三）。

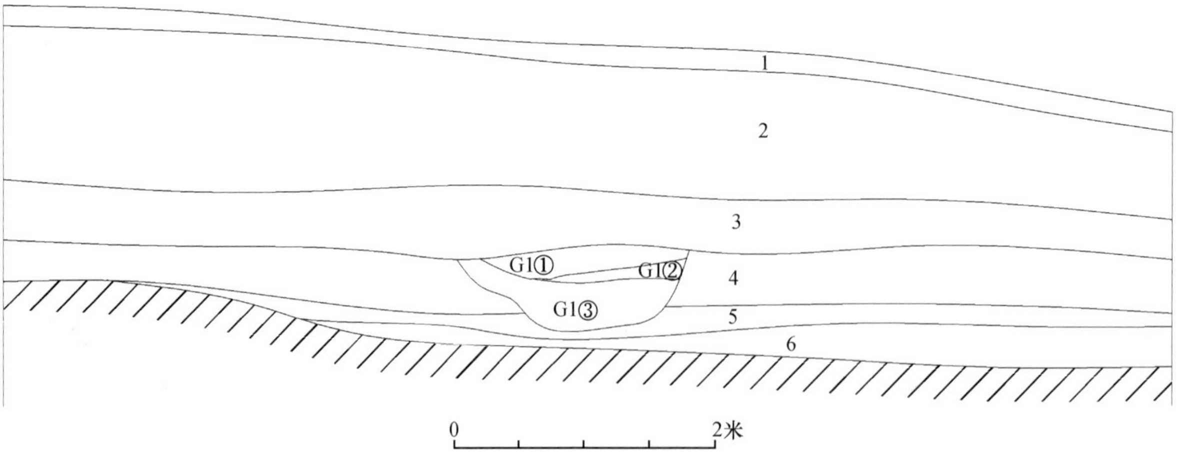

图三　T207南壁剖面图

第1层：耕土层。褐色泥质土，松散，呈颗粒状，厚15～20厘米，出近代青花瓷片。

第2层：近代层。黄褐色泥质土，坚硬，板结，含大量碎石子，深15～20、厚45～115厘米，无出土物。

第3层：唐代文化层。灰褐色泥质土，板结呈块状，深60～130、厚20～65厘米，出唐代瓷片。

第4层：汉代文化层。黑灰色泥质土，板结呈块状，地层中含草木灰，深80～175、厚35～50厘米，出土石斧、铜镞、铁刀、陶纺轮、陶网坠、陶罐、陶甑残片和大量板瓦、筒瓦等，陶器纹饰有少量弦纹、绳纹。

第5层：汉代文化层。灰黑色泥质土，较松软，略含沙及草木灰，深130～200、厚0～40厘米，出土物少，有泥质灰陶罐片、板瓦、筒瓦。此层由东南向西北呈坡状堆积，东南角未见分布。

第6层：东周文化层。褐色泥质土，较松软，略含沙，出土物极少，有少量东周绳纹鬲足、罐、豆残片。此层只分布在T207、T206、T205三个探方的西北部，且西北部厚，东南部薄。

第6层下为生土。

二、周代遗存

（一）遗迹

发现并清理灰坑3个、墓葬10座。

1. 灰坑

灰坑形状有椭圆形和不规则形两种。

H2　位于T211东北部，开口于第4层下（T211无第5层），打破生土层。平面呈不规则形，南北长约130、东西宽约110、深约34厘米。西北壁呈弧形，东南壁呈坡状，底呈锅底状。内填黑褐泥质土，含有草木灰及红烧土粒。出土有少量陶片及一残断石锛；陶片以夹砂红褐及泥质灰陶为主，纹饰有绳纹、弦纹，器形难辨（图四）。

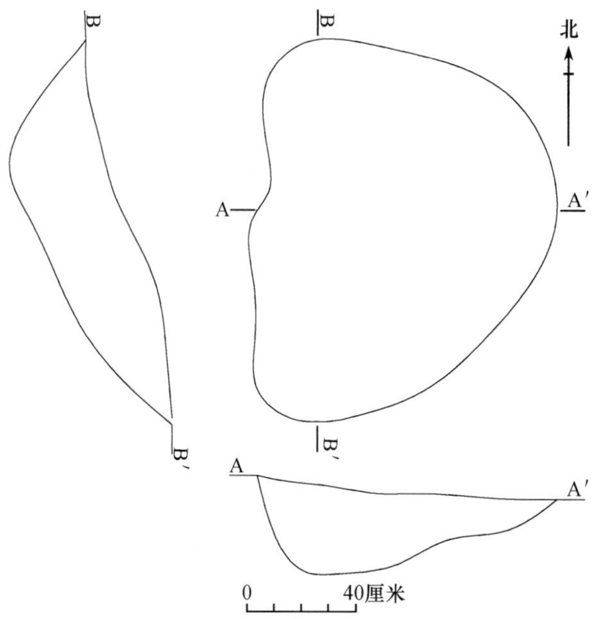

图四　H2平、剖面图

H4　位于T211东部，开口于第4层下（T211无第5层），打破生土层。平面呈不规则形，南北长190、东西宽150、深约100厘米。北部坑壁较陡直，南部坑壁略倾斜，坑底平。内填黑褐泥质土，出有几块陶片，器形有豆柄等（图五）。

H14　位于T213东南部，开口于第4层下（T213无第5层），打破生土层，距地表190厘米。坑口平面呈不规则椭圆形，斜壁，圜底。长100、宽60、深40厘米。为一次性堆积，内填褐色土，较松软，包含物有陶鬲、盂、豆等残片（图六）。

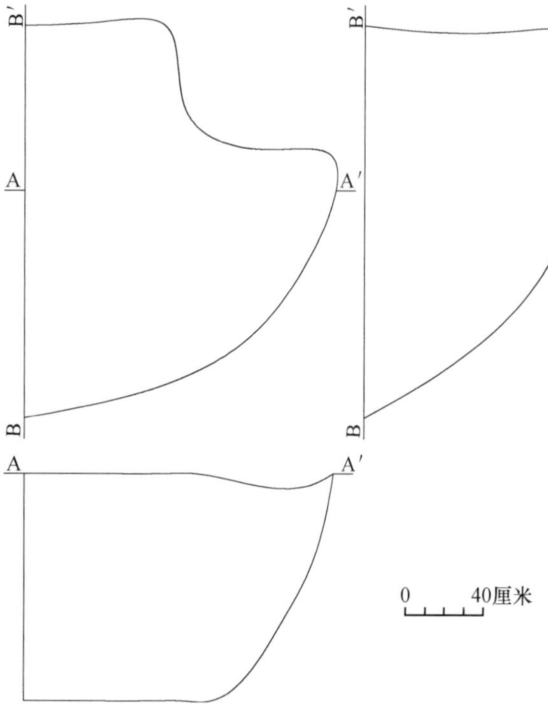

图五　H4平、剖面图

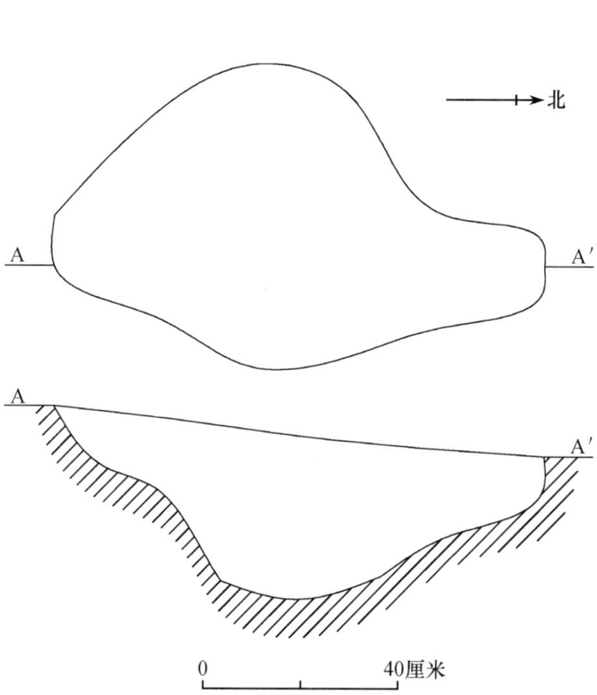

图六　H14平、剖面图

2. 墓葬

共清理东周墓葬10座，主要分布在发掘区的中北部，开口于第5层下，打破第6层及生土。均为小型土坑竖穴墓，无墓道，有两座墓葬有壁龛即M10、M14，墓葬头向均向南，大部分墓葬未见葬具，仅M16残留有棺椁腐痕，人骨保存极差，均只残留少许牙齿及部分肢骨，10座墓葬中有随葬品的有5座，现将5座有随葬品的墓葬予以说明。

M4　位于T213中南部，开口于第4层下（T213无第5层），距地表225厘米，打破生土层。墓葬开口长254、宽125、深110厘米，方向180°（头向）。墓内填褐黄色五花土，墓边清晰陡直，墓底平，墓坑东部见棺椁腐痕，墓坑西北部放置随葬品3件，其中陶罐1件、陶豆2件（图七）。

M10　位于T 207中南部，开口于第5层下，距地表深200厘米，打破第6层至生土。开口长230、宽80、深100厘米，方向190°。墓内填黄褐色五花土，墓边清晰较陡直，墓底平，在墓西壁距南壁80、距墓底50厘米处挖长40、宽22、深22厘米的壁龛，放置随葬品3件，分别为陶鬲、陶盂、陶豆各1件（图八）。

M14　位于T216东南角，开口于第5层下，距地表深250厘米，打破生土。开口长190、宽110、深52厘米，方向173°。墓内填黄褐色五花土，墓边清晰陡直，墓底平，在墓西壁距北壁

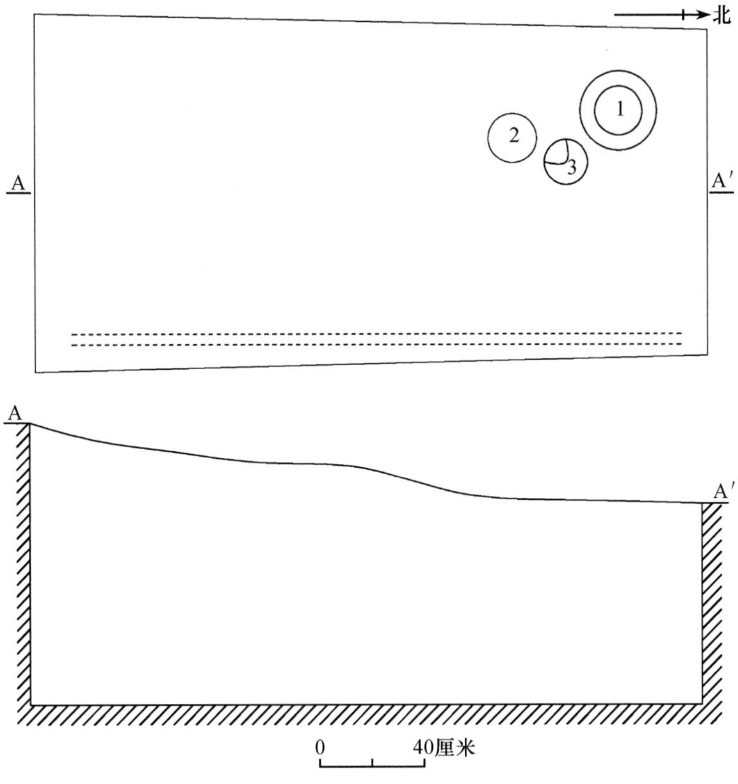

图七　M4平、剖面图

1. 陶罐　2、3. 陶豆

40、距墓底40厘米处挖长40、宽22、深26厘米的壁龛，放置随葬品2件，分别为陶鬲、陶盂各1件（图九）。

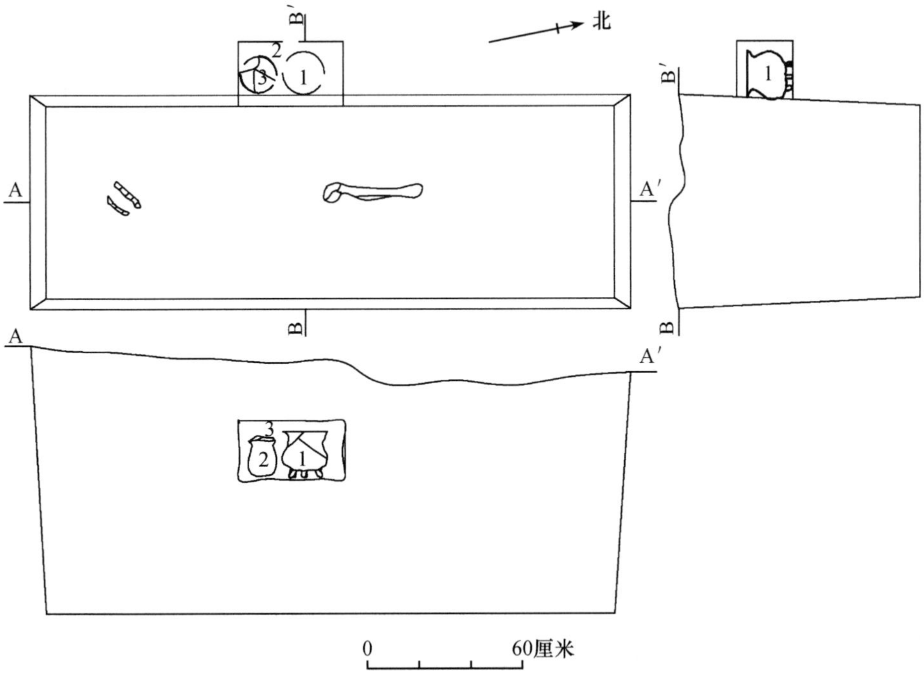

图八　M10平、剖面图

1. 陶鬲　2. 陶盂　3. 陶豆

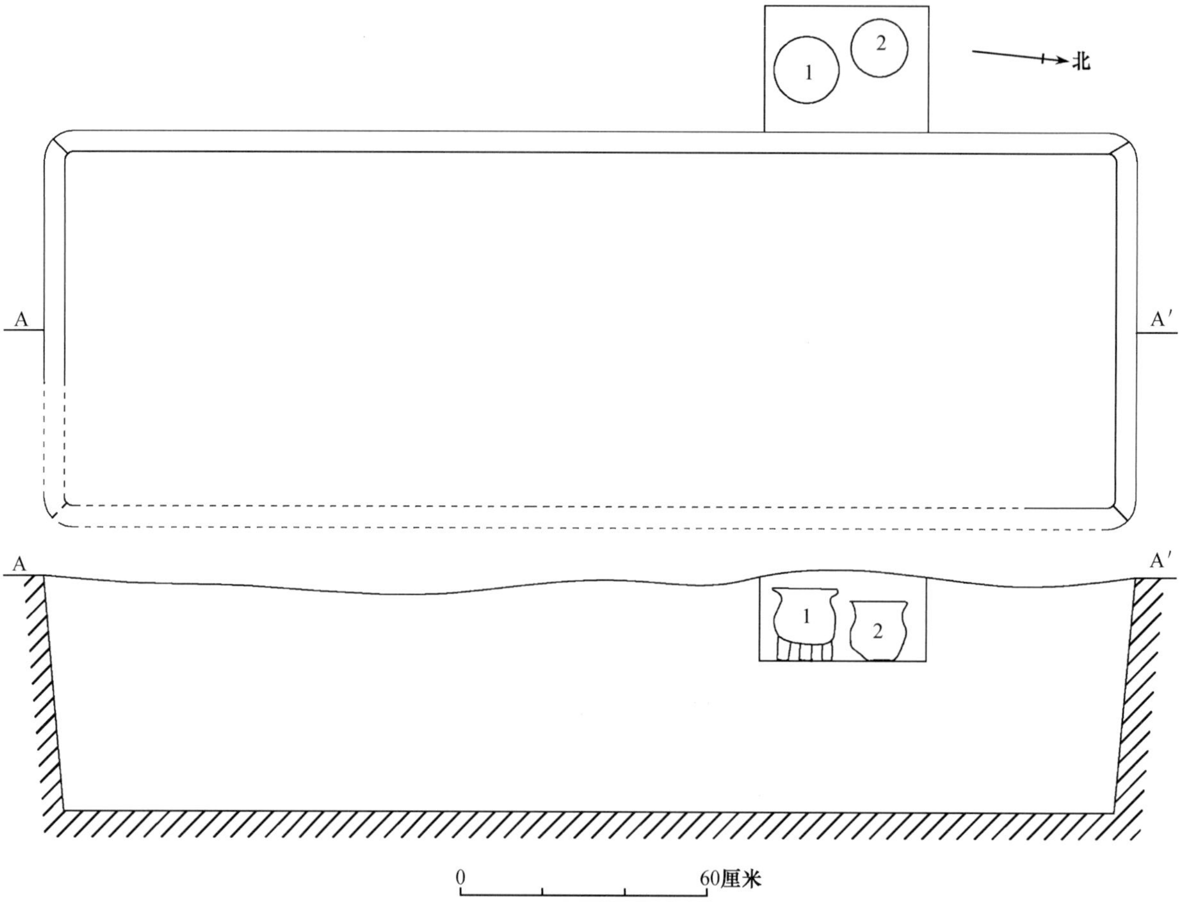

图九　M14平、剖面图
1. 陶鬲　2. 陶盂

M15　位于T212东南部，开口于第4层下，被第4层下G8打破，距地表深210厘米，打破生土。开口长260、宽128、深140厘米，方向155°。内填黄褐色五花土，墓边清晰陡直，墓底平，墓室西北放置随葬品2件，分别为陶罐、陶鬲各1件（图一〇）。

M16　位于T220西南部，开口于第4层下，距地表深270厘米，打破生土。开口长220、宽140、深190厘米，方向180°。内填黄褐色五花土，墓底填约30厘米厚青膏泥，墓室东边放置随葬品4件，分别为陶鼎、陶敦、陶壶、陶盘各1件（图一一）。

（二）遗物

周代遗物均为陶器，出自墓葬、灰坑及地层中。陶器以夹砂灰褐陶为主，泥质灰陶次之；纹饰以中粗绳纹为主，少量弦纹、划纹；陶器主要为轮制，鼎、敦等器耳、足、钮采用模制、手制；器形有鬲、盂、罐、豆、瓮等生活用具和一套仿铜陶礼器鼎、敦、壶、盘。

1. 灰坑出土遗物

灰坑内遗物较少，主要出自H4、H14中，均为陶器。

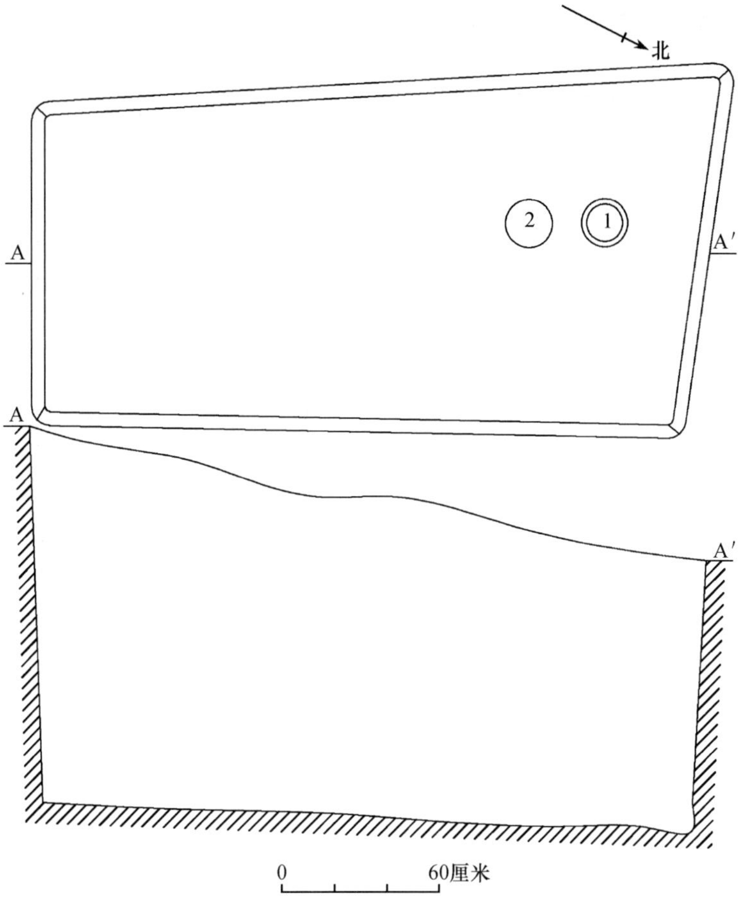

图一〇　M15平、剖面图

1. 陶罐　2. 陶鬲

H4出有残豆柄1件。

豆　1件。H4：1，泥质灰陶。短柄，盘、座均残。素面。残高6.8厘米（图一二，4）。

H14出有鬲、盂、豆等。

鬲　1件。H14：2，夹砂红褐陶。仰折沿，方唇，束颈较高，三截锥状足较高，足窝较深，身高大于腹径，圆裆近平，下腹残断。颈以下饰中粗绳纹。口径12、腹径14.2、复原高17.2厘米（图一二，2）。

盂　1件。H14：1，夹砂灰褐陶。侈口，圈沿，圆唇，束颈鼓肩，肩下弧收至底，凹圜底。肩上饰凹弦纹一周，肩下至底饰中粗绳纹，局部抹平。口径14.4、腹径15.6、底径8.8、高9.6厘米（图一二，1）。

豆　1件。H14：3，夹砂黄褐陶。残，浅盘，盘壁弧收至盘心。盘内有刻划纹。柄径3.2、残高6厘米（图一二，3）。

2. 墓葬出土遗物

墓葬出土遗物共计14件，均为陶器。出自M4、M10、M14、M15、M16五座墓中，每座墓随葬2～4件器物，其器物组合为鬲、盂、罐、豆和鼎、敦、壶、盘。

图一一　M16平、剖面图

1. 陶鼎　2. 陶敦　3. 陶壶　4. 陶盘

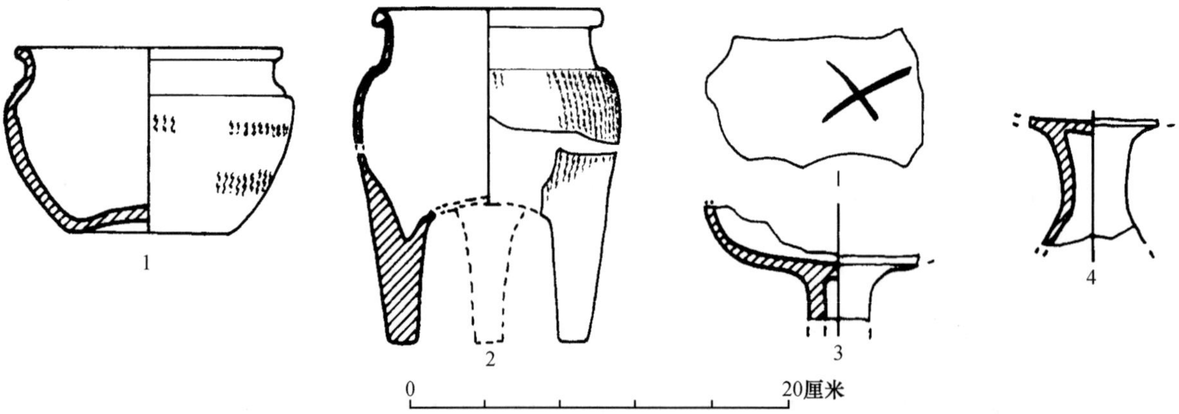

图一二　东周灰坑出土器物

1. 陶盂（H14：1）　2. 陶鬲（H14：2）　3、4. 陶豆（H14：3、H4：1）

M4出有罐、豆3件。

罐　1件。M4：1，泥质灰陶。敞口，长直颈内束，弧肩，鼓腹，平底略内凹。素面。口径10.1、腹径15.6、底径9.2、高17.6厘米（图一三，1）。

豆　2件。M4：2，泥质灰黄陶。浅盘，壁斜收，盘心略平，高把中空，把直中空小，喇叭形座，边缘起台。盘心有交叉四道划纹。盘径13.4、盘深2、座径9.4、高16.3厘米（图一三，2）。M4：3，泥质灰黄陶。浅盘，折弧壁，盘心平，高把中空，把直中空小，座残。盘径13.2、盘深1.5、残高8.6厘米（图一三，3）。

M10出有鬲、盂、豆3件。

鬲　1件。M10：1，夹砂红褐陶。卷沿，圆唇残，束颈，溜肩，圆弧裆，三柱足略外撇，足窝较深。颈以下饰中粗绳纹。腹径15、裆高5.5、残高17.4厘米（图一三，4）。

盂　1件。M10：2，夹砂灰陶。侈口，卷沿，圆唇，束颈，折肩，鼓腹，凹圜底。腹部以下饰中粗绳纹。口径11.8、腹径13.2、底径6、高7.8厘米（图一三，5）。

豆　1件。M10：3，泥质磨光黑皮陶。浅盘，盘壁略弧收，盘心略平，柄、座残。盘径12、盘深2.3、残高3厘米（图一三，6）。

M14出有鬲、盂2件。

鬲　1件。M14：1，夹砂灰褐陶。卷沿，圆唇，束颈，腹微鼓，截锥状足，足窝较浅。颈以下饰中粗绳纹。口径14.4、腹径14.4、裆高3.6、高15.4厘米（图一三，7）。

盂　1件。M14：2，夹砂灰褐陶。侈口，卷沿，圆唇，束颈，溜肩，从腹部弧收至底，凹圜底。肩部饰三周凹弦纹，腹以下饰中粗绳纹。口径14.4、腹径14.9、底径7.6、高9.8厘米（图一三，8）。

M15出有鬲、罐2件。

鬲　1件。M15：2，夹砂灰褐陶。卷沿上仰，圆唇，束颈较长，鼓腹，圆裆近平，截锥状足，足窝较深。颈以下饰中粗绳纹，肩部绳纹抹平模糊。口径15.2、腹径16.6、裆高3.4、高16厘米（图一三，10）。

罐　1件。M15：1，夹细砂灰陶。直口，平沿，沿外起棱，矮领，广肩，底略内凹。肩部饰凹弦纹两周，腹以下局部饰中粗绳纹后抹平。口径9.4、腹径15.6、底径6.4、高12.8厘米（图一三，9）。

M16出有鼎、敦、壶、盘仿铜陶礼器一组。

鼎　1件。M16：1，泥质灰陶。子母口承盖，身盖扣合成扁圆形，盖顶圆弧近平，中心一盲钮，矩形附耳外撇，三实蹄足内平，外有几道修削痕迹，略外撇。腹中部饰凸弦纹一周。口径17.6、腹径18.6、通高22.6厘米（图一四，1）。

敦　1件。M16：2，泥质灰陶。扁矮足、钮，足、钮相同无穿孔，呈鸟喙状。素面。口径17.4、通高20厘米（图一四，2）。

壶　1件。M16：3，泥质灰陶。整体瘦长，侈口，颈细长内束，溜肩，垂腹，高圈足略外撇，平底，盖有子口，盖面三个三棱形小盲钮，腹两侧饰固定环辅首。口径10.4、腹径15、底径9.6、通高30.1厘米（图一四，3）。

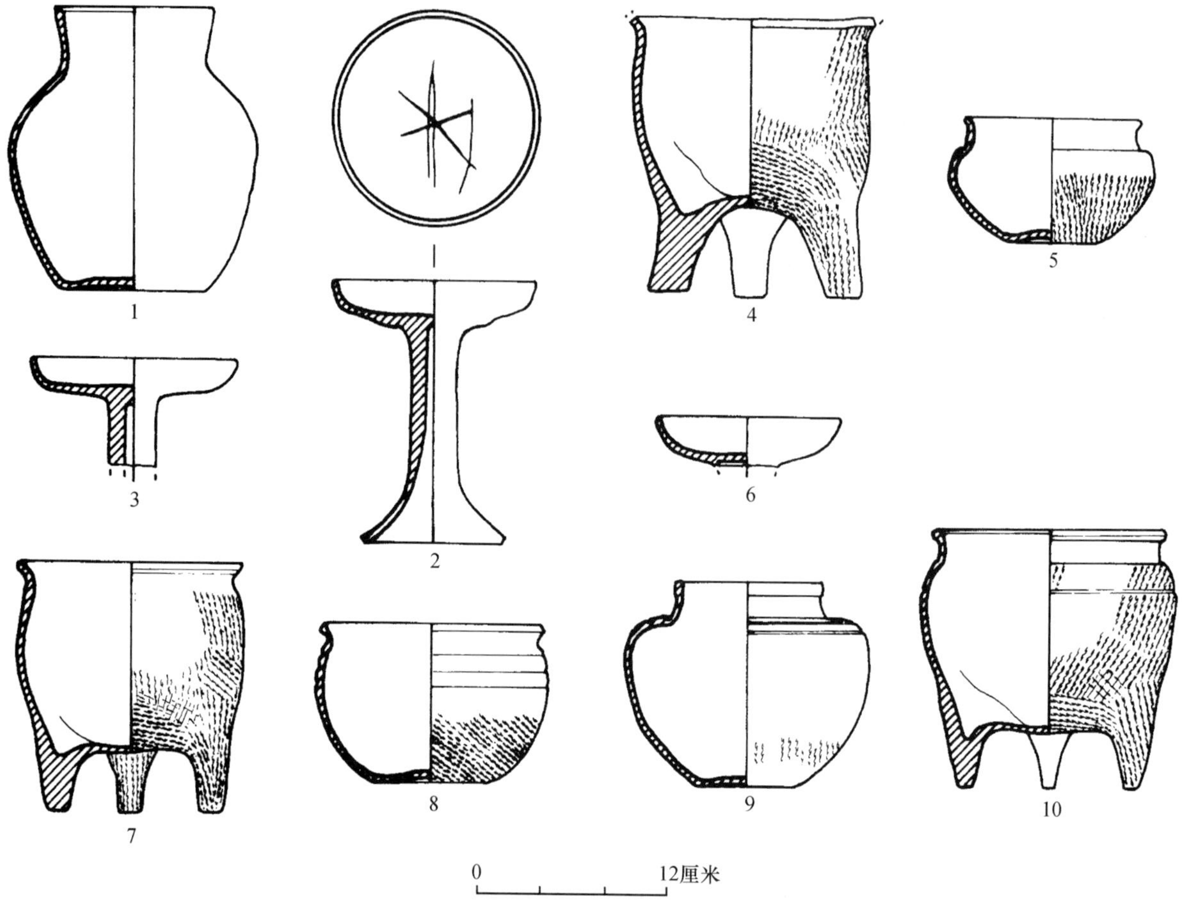

图一三　东周墓葬出土器物

1、9. 陶罐（M4：1、M15：1）　2、3、6. 陶豆（M4：2、M4：3、M10：3）　4、7、10. 陶鬲（M10：1、M14：1、M15：2）　5、8. 陶盂（M10：2、M14：2）

盘　1件。M16：4，泥质灰陶。仰折沿，沿面略内弧，方唇，折肩，曲腹，平底。口径22.4、底径9.8、高6.2厘米（图一四，4）。

3. 地层出土遗物

地层所出遗物均为陶器，以夹砂灰褐陶为主，泥质灰陶次之；纹饰以绳纹为主，少量弦纹、暗纹；器形有鬲、盂、罐、豆、瓮等。

鬲　2件。T205⑤：5，夹砂红褐陶。仰折沿，方唇，束颈较长，圆裆近平，三柱状足较高，足窝较浅，身高大于腹径。颈部以下饰中粗绳纹。口径22、腹径23、裆高6.8、通高25厘米（图一五，1）。T204⑥：3，夹砂灰褐陶。上部残，三钩状足较矮，略内撇。饰中粗绳纹。残高9.6厘米（图一五，8）。

盂　3件。T204⑥：1，夹砂褐陶。侈口，卷沿，圆唇，鼓腹，肩以下弧收至底，凹圜底。腹下部饰中粗绳纹。口径16.8、腹径17.2、底径7.6、高9.6厘米（图一五，4）。T219⑤：2，泥质灰陶。平折沿，圆唇，束颈，鼓肩，肩以下斜收至底，底残。肩部饰凹弦纹一周，下腹饰粗绳纹。口径26、腹径26.8、残高16.8厘米（图一五，3）。T219⑤：3，泥质褐胎黑皮陶。仰折

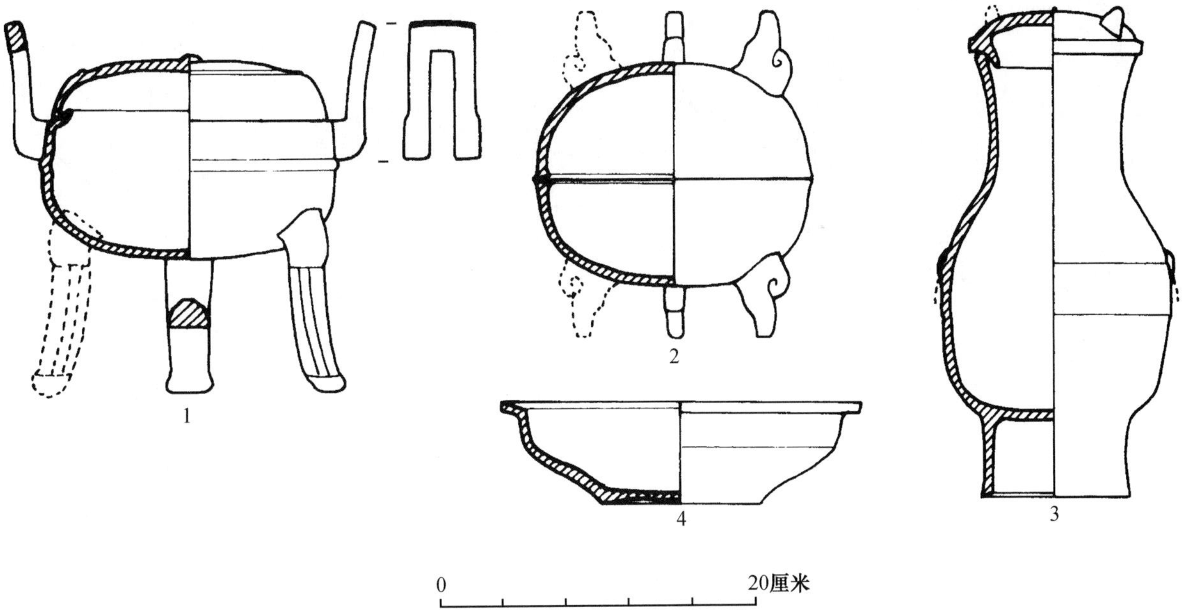

图一四　东周M16出土器物

1. 陶鼎（M16：1）　2. 陶敦（M16：2）　3. 陶壶（M16：3）　4. 陶盘（M16：4）

沿，方唇，束颈，鼓肩，肩以下弧收至底，凹圜底。腹下饰中粗绳纹。口径26、腹径26.2、底径12、高16.6厘米（图一五，6）。

罐　1件。T207⑥：1，泥质红褐陶。平折沿，沿中部凸起，方唇，束颈较长，耸肩，下腹斜收，凹圜底。肩部以下饰中粗绳纹。口径17.4、腹径30.4、底径12、高29.2厘米（图一五，7）。

豆　1件。T204⑥：2，泥质褐胎黑皮陶。浅盘，盘壁弧收至盘心，柄、座残断。盘内饰放射状暗纹。盘径12.8、盘深3.2、残高3.6厘米（图一五，5）。

瓮　1件。T219⑤：1，泥质褐胎褐皮陶。仰折沿，方唇，沿上缘凸起，高领，束颈，耸肩，肩以下残。颈以下饰中粗绳纹。口径24、残高9.2厘米（图一五，2）。

三、汉代遗存

（一）遗迹

发现并清理汉代房址残迹1座、瓮棺3个、灰坑20个、灰沟7条。

1. 房址

F2　位于T202中南部，西北部被H19、H13打破，开口于第4层下，打破第5层，距地表220厘米。仅残存一段长6、宽0.5～0.9米墙基和其南部一条长4、宽0.15、深0.1米的用石板砌成的排水沟。残存墙基方向70°。门道不清，未见居住面和包含物，只在墙基北部有一用石块砌成的石礅。

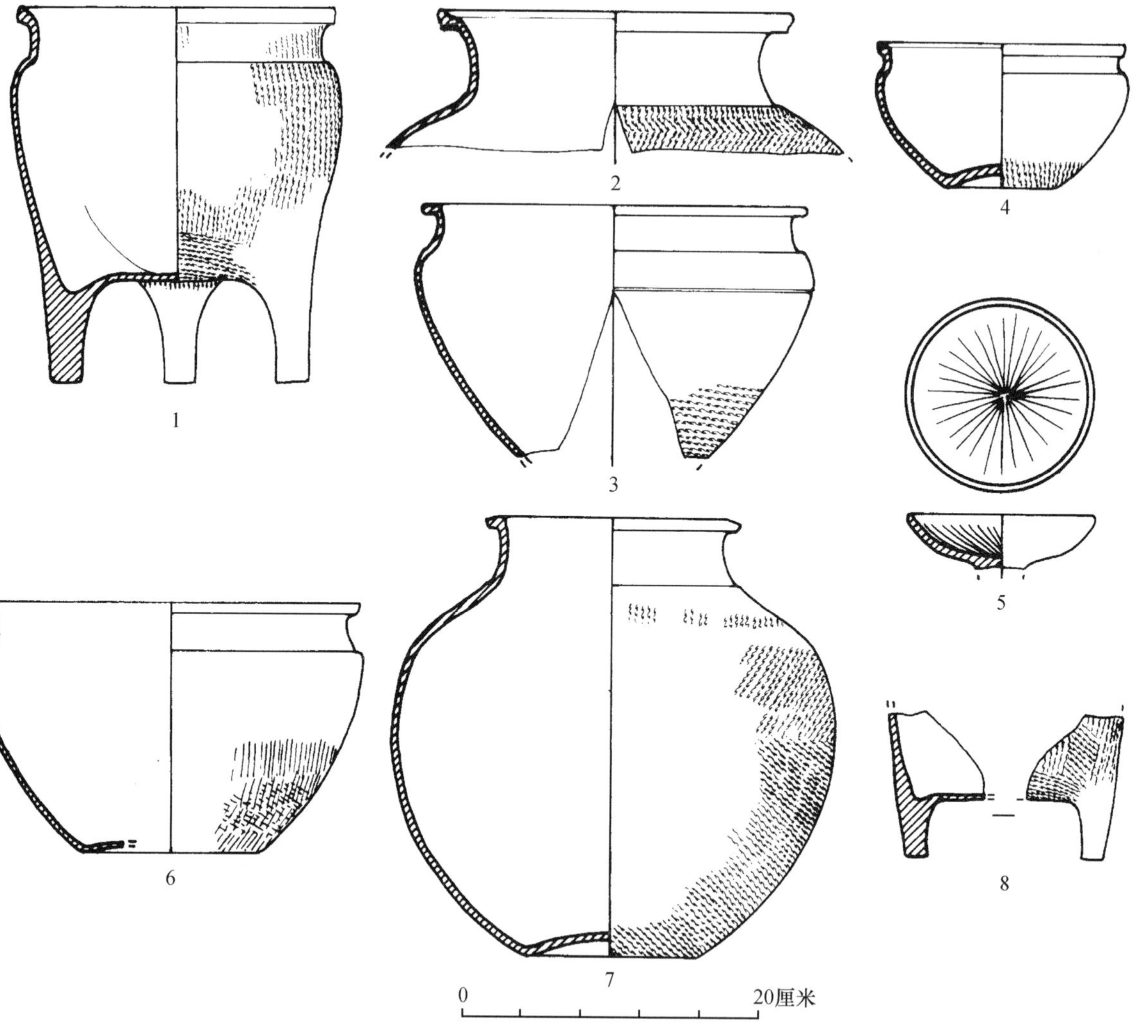

图一五　东周地层出土器物

1、8. 陶鬲（T205⑤：5、T204⑥：3）　2. 陶瓮（T219⑤：1）　3、4、6. 陶盂（T219⑤：2、T204⑥：1、T219⑤：3）
5. 陶豆（T204⑥：2）　7. 陶罐（T207⑥：1）

2. 瓮棺

W1　位于T205北部，开口于第4层下，打破第5层至生土，距地表80厘米。圆形土坑竖穴，斜直壁，平底，内填黑褐色土夹红烧土，直径110、深80厘米。葬具为一陶瓮和一瓮底相扣合，在瓮底发现有一具小孩骨架，不完整，仅见头骨及零散四肢骨（图一六）。

W2　位于T206中北部，西南有W3，开口于第4层下，打破第5层至生土，距地表120厘米。圆形土坑竖穴，直壁，平底，内填灰褐色花土夹红烧土颗粒，板结，直径100、深60厘米。葬具为一陶瓮和一陶盆相扣合，瓮内见少许碎骨（图一七）。

W3　位于T206西部偏北，东北有W2，开口于第4层下，打破G3及第5层至生土，距地表120厘米。圆形土坑竖穴，直壁，平底，内填灰褐色花土夹红烧土颗粒，疏松，直径100、深60厘米。葬具为一直立大口瓮上盖板瓦，瓮内见少许碎骨（图一八）。

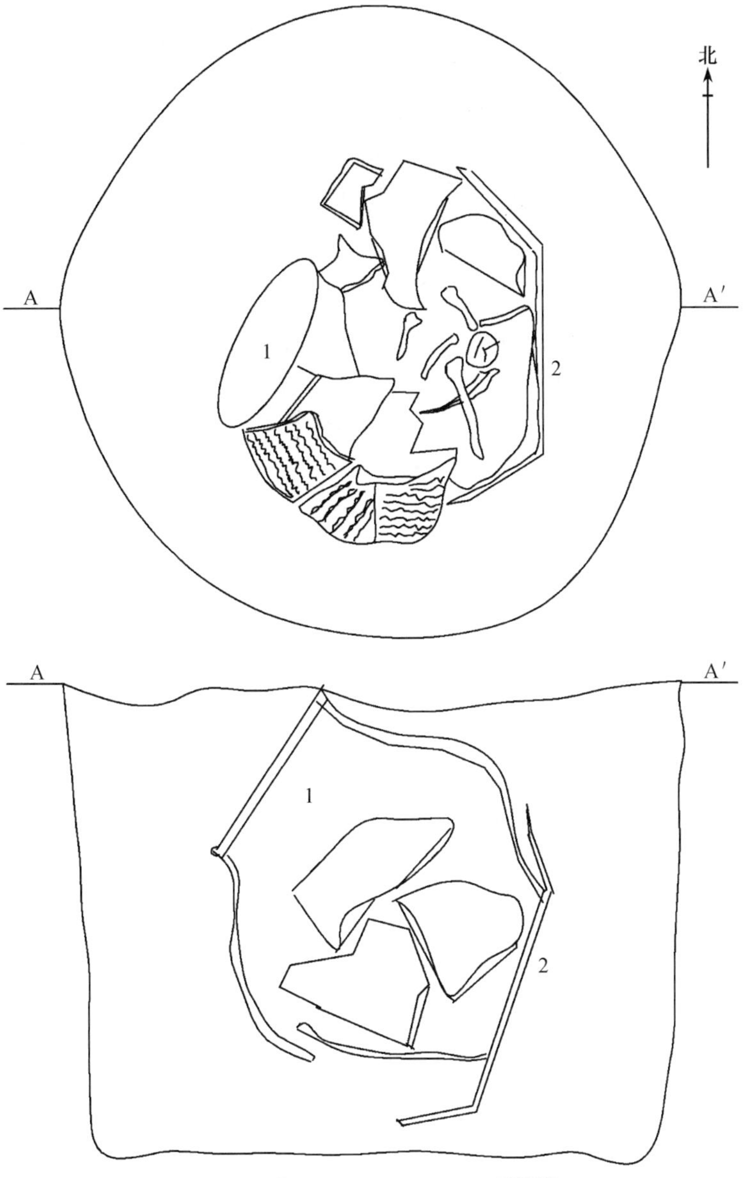

图一六　W1平、剖面图
1. 陶瓮　2. 陶瓮底

3. 灰坑

发现清理汉代灰坑20个，其形状有圆形、椭圆形、长方形、不规则形四种。

H1　位于T206东北部，开口于第4层下，打破第5层，距地表120厘米。平面呈圆形，斜壁，底略平，直径134、深34～36厘米。为一次性堆积，内填浅褐色土，土质较硬，包含物有陶纺轮、筒瓦、板瓦（图一九）。

H6　位于T208西南部，开口于第4层下，打破G5至生土，被G4打破，距地表220厘米。坑口平面为椭圆形，斜壁，锅底状，长径110、短径90、坑深90厘米。为一次性堆积，内填黑灰土，疏松，含大量筒瓦、板瓦、石头及少量陶片，器形有罐、甑残片（图二〇）。

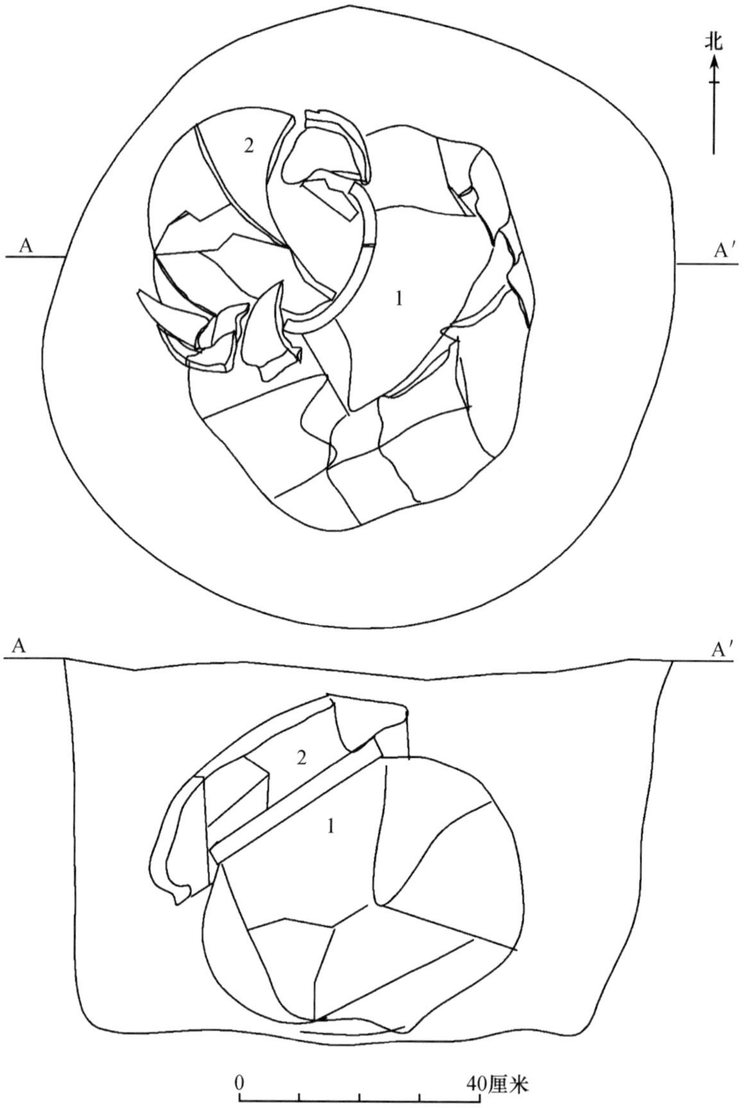

图一七　W2平、剖面图
1. 陶盆　2. 陶瓮

H7　位于T211西部，开口于第4层下，打破生土，距地表196厘米。坑口平面略呈长方形，斜壁，圜底，长104、宽80、坑深44厘米。为一次性堆积，内填黑灰土，含草木灰、红烧土颗粒，包含物有绳纹瓦片、泥质灰陶片、陶网坠等（图二一）。

4. 灰沟

发现并清理汉代灰沟7条，有长条形、“U”字形，均由西南或东南向东北或西北倾斜，现将F2西部的G3予以说明。

G3　位于F2西部，T203西北部、T207东北部、T206西部、T205东南部，环绕F2西部，开口于第4层下，距地表80～220厘米。发掘部分长约32、宽0.4～2.3、深0.5～0.8米。沟内为一次性堆积，内填黑褐色土，疏松，包含大量筒瓦、板瓦、网坠及少量陶罐、陶甑残片等。

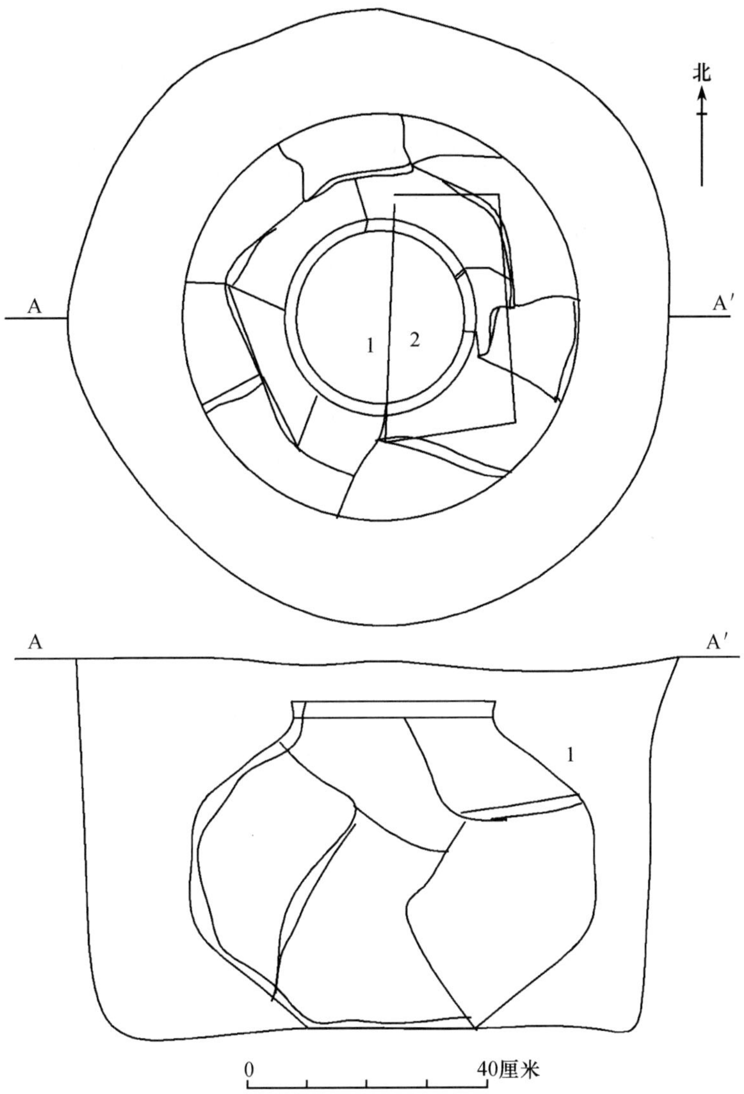

图一八　W3平、剖面图

1. 陶瓮　2. 陶板瓦

（二）遗物

汉代遗物丰富，按质地可分为陶器、石器、铁器、铜器。

1. 陶器

陶器主要为生活用具和生产工具，以泥质灰陶和夹砂灰陶为主，少量泥质、夹砂褐陶；纹饰有绳纹、弦纹，少量划纹；生活用具多轮制，生产工具均手制；器形有瓮、罐、甑、盆、钵、盘、异形器、拍、支座、球、板瓦、筒瓦、纺轮、网坠等。

瓮　4件。均为瓮棺葬具，按口沿可分三型。

A型　敛口。W1：1，泥质灰陶。卷沿，圆唇，无颈，肩部两侧有对称把手，平底略内凹。肩部至腹部饰六道弦断绳纹，腹下部饰中粗绳纹。口径30、腹径57.2、底径21.6、高53.2

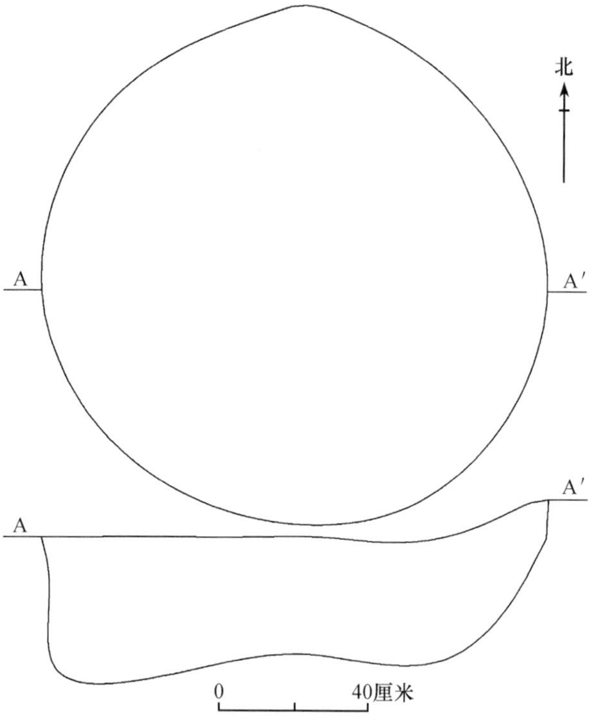

图一九　H1平、剖面图

厘米（图二二，1）。W1∶2，泥质灰陶。将陶瓮下部切割而成，平底略内凹。素面。底径31.2、高10.4厘米（图二二，2）。

B型　侈口，折沿，方唇。W2∶2，泥质灰陶。广肩略折，鼓腹，平底。肩部饰绳纹抹平，腹下部饰粗绳纹。口径32、腹径59.6、底径22.4、高42.8厘米（图二三，2）。

C型　敛口，折沿，尖唇。W3∶1，泥质灰陶。外沿倾斜略下垂，广肩，鼓腹，平底。肩下饰一道粗绳纹，肩下饰四道等距粗绳纹，腹下部饰粗绳纹。口径32、腹径67.2、底径22.4、高49.8厘米（图二四，1）。

罐　1件。T205⑤∶2，夹细砂灰陶。侈口，折沿，尖唇，沿上缘凸起，斜颈，鼓肩，鼓腹，腹弧收至底，底残。肩至腹部饰弦断绳纹，下腹饰绳纹。口径19、腹径35.6、

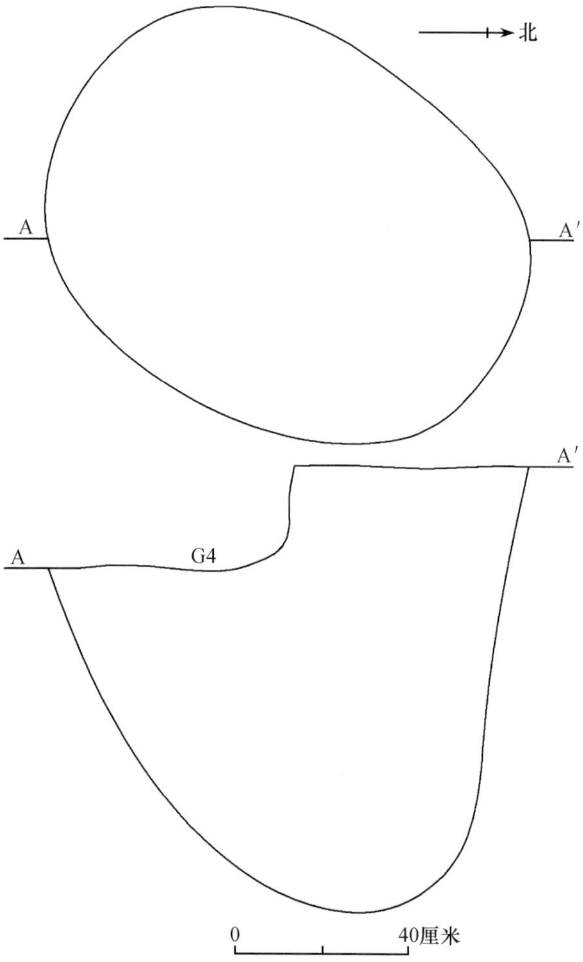

图二〇　H6平、剖面图

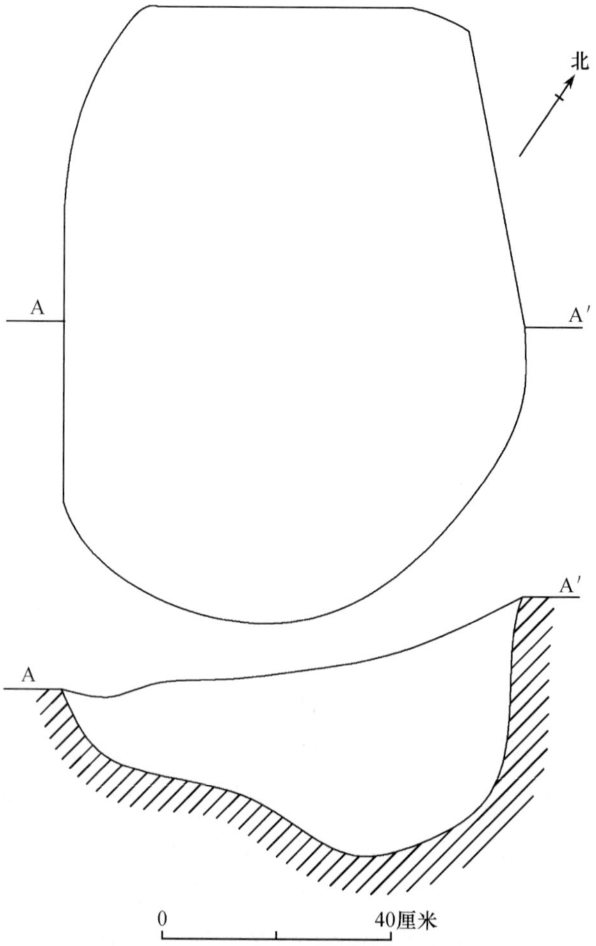

图二一　H7平、剖面图

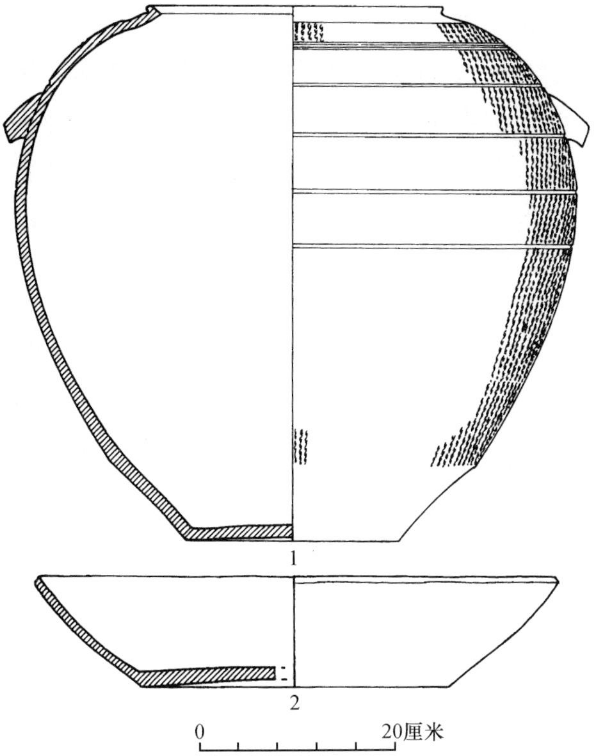

图二二　汉代陶器
1、2. A型瓮（W1：1、W1：2）

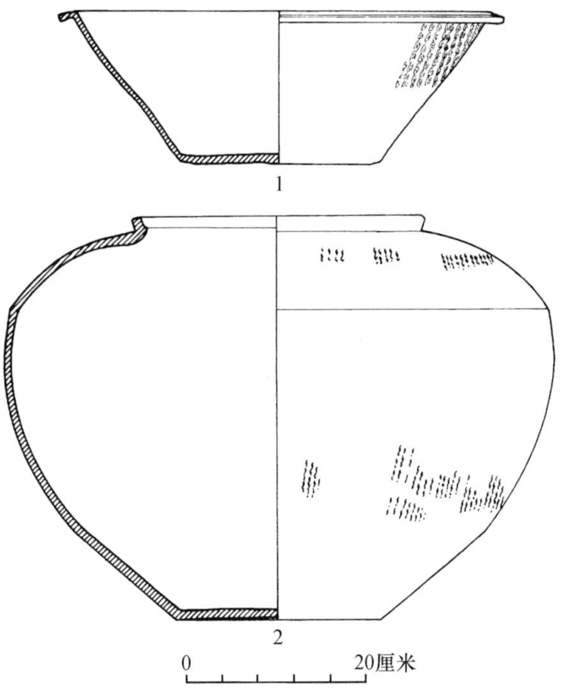

图二三　汉代陶器
1. A型盆（W2：1）　2. B型瓮（W2：2）

底径18、高27.4厘米（图二五，2）。

甑　2件。均夹细砂灰陶，按口沿可分二型。

A型　T201⑤：1，直口，平折沿，圆唇，束颈，溜肩，鼓腹，弧腹下收至底，平底十三孔。颈下饰弦断绳纹七道，下腹饰中粗绳纹。口径20、腹径35.8、底径17.2、孔径1.2、高22.5厘米（图二五，6）。

B型　T205⑤：3，侈口，卷沿下垂，束颈较高，鼓肩，斜腹下收，平底十二孔。肩下饰弦断绳纹七道，下腹有轮制留下的划纹数道。口径18.8、腹径33.2、底径16.8、孔径1.2、高24.8厘米（图二五，1）。

盆　4件。按口沿可分二型。

A型　2件。宽沿。W2：1，夹细砂灰陶。敞口，平折沿，沿下垂，圆唇，斜直腹略弧，底略平。沿面外侧饰凹弦纹一周，腹饰粗绳纹。口径48.6、底径22.4、高16.2厘米（图二三，1）。T205④：5，泥质灰陶。敞口，平折沿，下沿面起棱，圆唇，斜直腹略弧。腹部饰中粗绳纹。口径38.4、底径20.4、高20厘米（图二五，3）。

B型　2件。窄沿，束颈。G6：1，夹细砂灰陶。侈口，平折沿，略下垂，束颈，斜弧腹，平底。颈部饰绳纹抹平，肩部饰绳纹，腹部绳纹抹平。口径26.6、腹径24.4、底径11.6、高11.6厘米（图二五，4）。T204⑤：1，夹细砂灰陶。平折沿，口微内敛，三角形圆唇，腹微鼓，腹下部斜收至底，平底。腹部饰绳纹大多抹平。口径31.2、腹径30、底径11.4、高14.2厘米（图

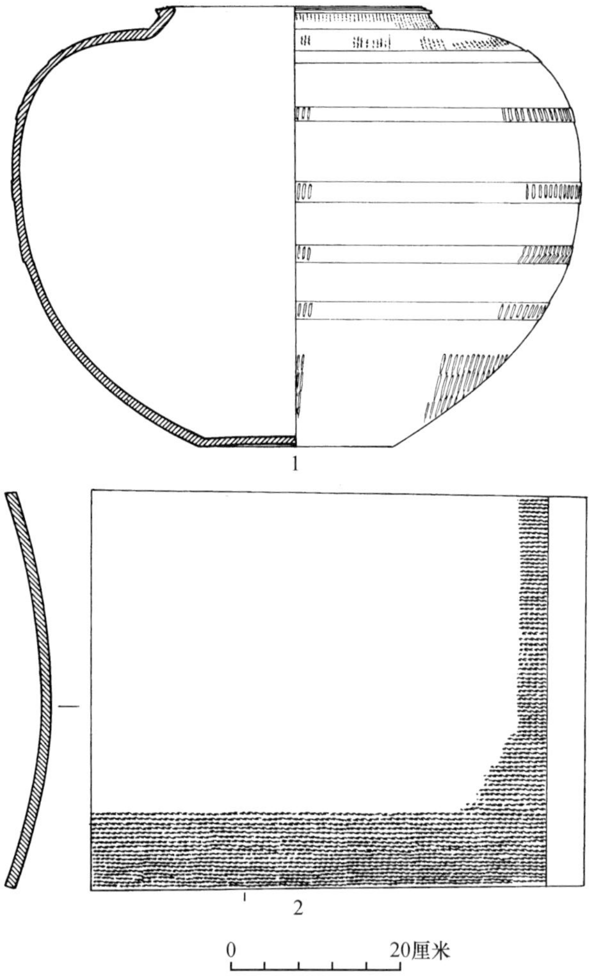

图二四　汉代陶器

1. C型瓮（W3：1）　2. 板瓦（W3：2）

二五，5）。

钵　2件。T219④：2，泥质灰陶。敞口，微内敛，圆唇，腹弧收至假圈足，平底。素面。口径17.6、底径9.4、高6.7厘米（图二五，8）。T202⑤：1，泥质灰陶。敞口，微内敛，圆唇，中腹起棱一道，弧收至底，小平底。素面。口径13.2、底径6.6、高6厘米（图二五，9）。

盘　1件。T205④：9，泥质灰陶。直口微内敛，浅盘，直颈，颈下弧收至小平底。颈部饰凹弦纹一周。口径31.6、底径14.4、高8.2厘米（图二五，7）。

异形器　1件。T202④：6，喇叭形座，中空，上口椭圆形，似喇叭嘴。素面。座径5、高3.2厘米（图二五，10）。

拍　3件。均手制，整体呈蘑菇形，拍面圆形呈弧面。按捉手可分二型。

A型　2件。捉手呈锥足状。T212④：5，夹细砂灰陶。拍面直径12、厚2.6、捉手长6.4、直径4.8厘米（图二六，1）。T221④：1，夹砂黄褐陶。拍面直径4、厚1.6、捉手长2、直径2厘米（图二六，3）。

B型　1件。捉手呈圆柱状。T220④：12，泥质灰陶。拍面直径9.8、厚2.5、捉手长6.5、直径3.6厘米（图二六，2）。

支座　4件。均手制，分二型。

A型　3件。整体呈鞋跟状，平面呈半月形。T207④：9，截面呈楔形，上下两面相同，上下两面略内弧。饰压印纹防滑。长8、宽3、厚3.5厘米（图二六，6）。T212④：4，截面呈楔形，上下两面相同，上下两面内弧。饰绳纹防滑。长8、宽2.8、厚3.3厘米（图二六，5）。

B型　1件。平面呈方形。T217④：1，截面呈楔形，有上下之分，底面平，上面内弧，底面偏中部有一盲孔。饰绳纹后抹平。长10、宽9.1、厚5.2厘米（图二六，7）。

球　3件。均泥质红褐陶，手制，实心，圆球形。T217④：9，直径1.8厘米（图二六，4）。

瓦当　1件。T204③B：2，泥质灰陶。残，圆形，中心乳钉突出，乳钉外依次为两周凸弦纹和四组卷云纹环绕，瓦当外侧一周宽凸棱，凸棱内侧一周凸弦纹，每组卷云纹中间有一“日”字。直径14.6厘米（图二六，8）。

板瓦　1件。为瓮棺葬具。W3：2，夹砂灰褐陶。瓦舌略卷。外面饰中粗绳纹，内面有衬垫竹篾痕。长58、宽44～45.4、厚1.2厘米（图二四，2）。

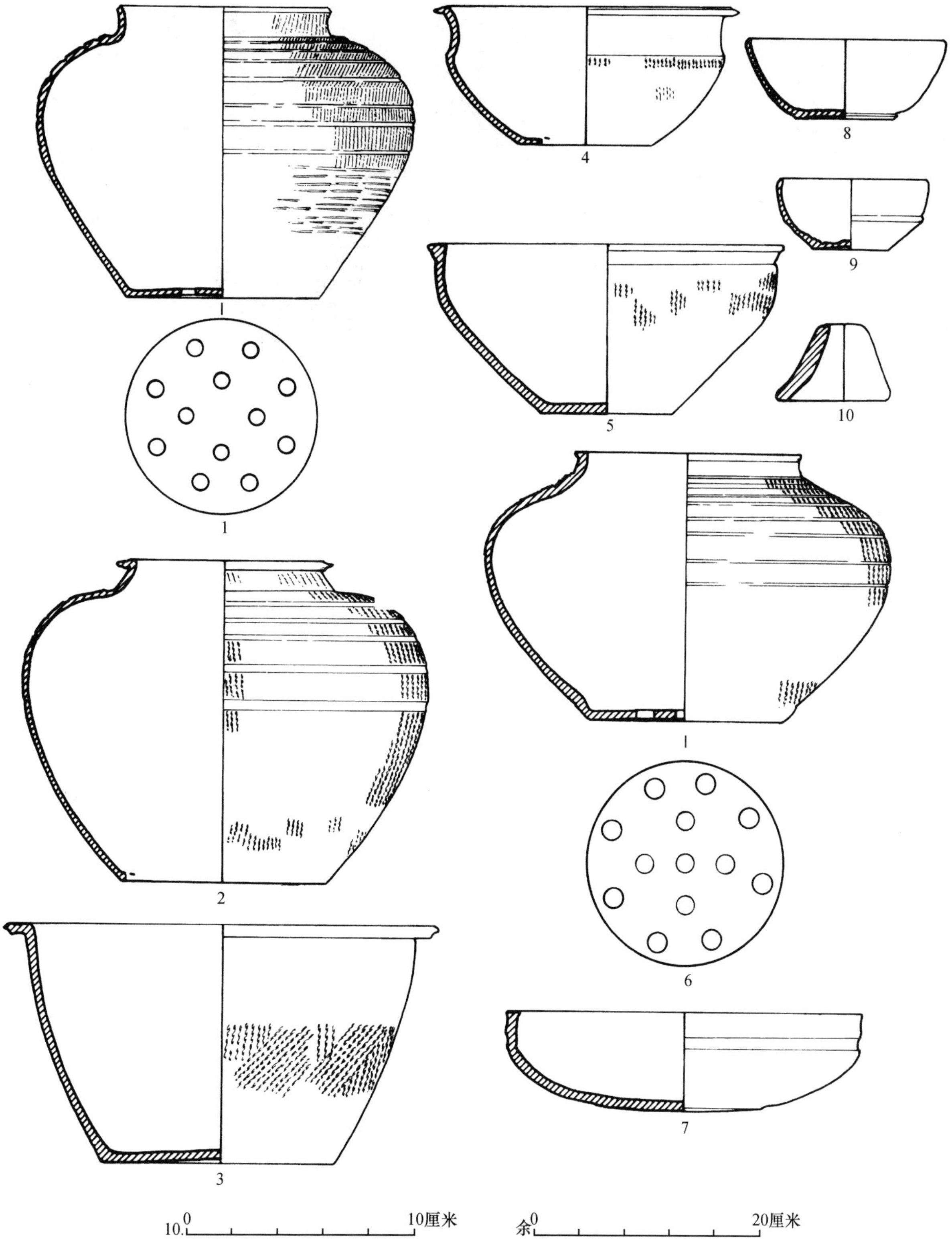

图二五　汉代陶器

1. B型甑（T205⑤：3）　2. 罐（T205⑤：2）　3. A型盆（T205④：5）　4、5. B型盆（G6：1、T204⑤：1）　6. A型甑（T201⑤：1）　7. 盘（T205④：9）　8、9. 钵（T219④：2、T202⑤：1）　10. 异形器（T202④：6）

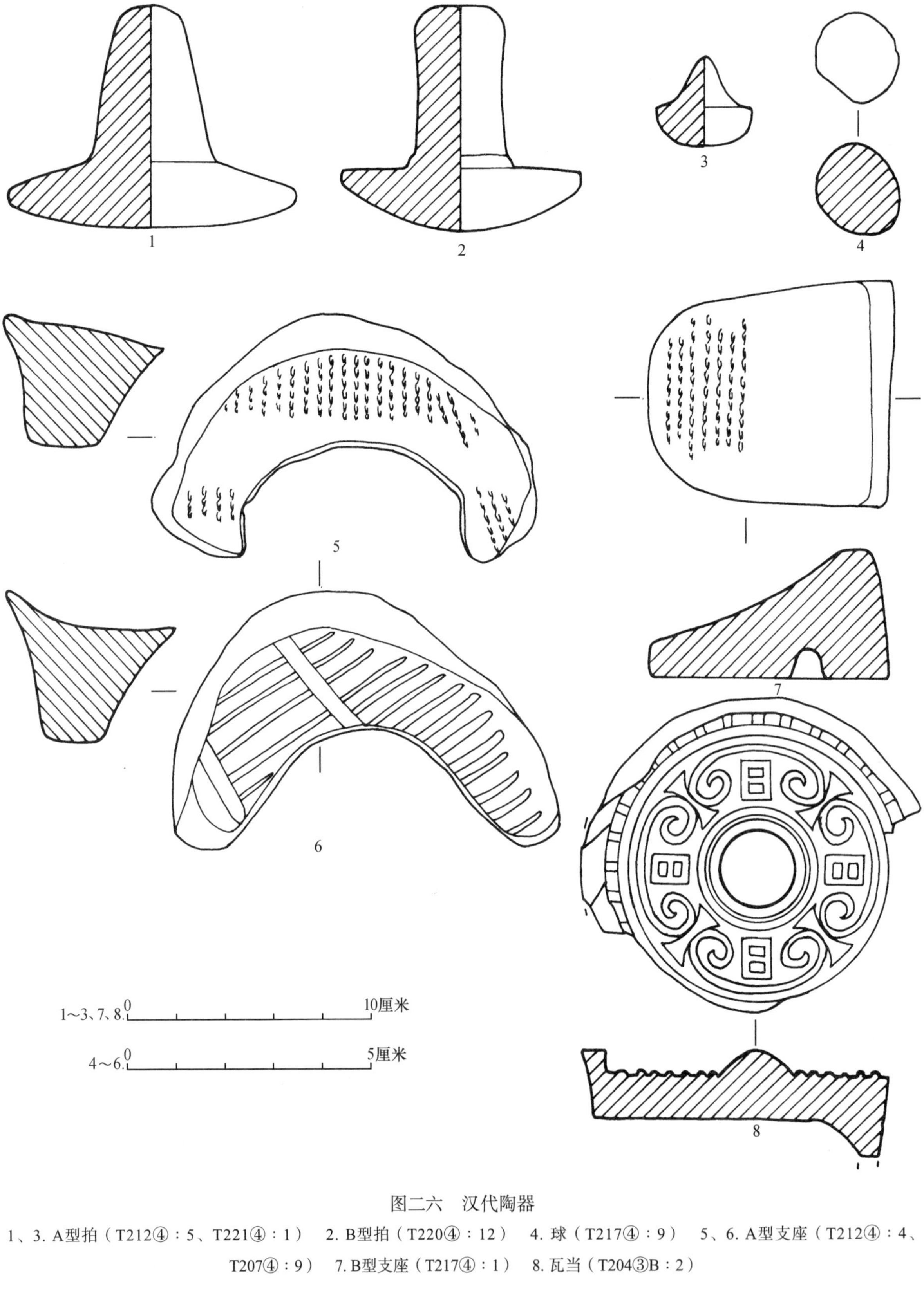

图二六　汉代陶器

1、3. A型拍（T212④：5、T221④：1）　2. B型拍（T220④：12）　4. 球（T217④：9）　5、6. A型支座（T212④：4、T207④：9）　7. B型支座（T217④：1）　8. 瓦当（T204③B：2）

纺轮 31件。均手制，按其形状可分为五型。

A型 18件。以夹砂陶居多，泥质陶次之。算珠形，两端平，中部鼓。按其上下两面，又可分二亚型。

Aa型 上下两平面略大于孔径。T220④：1，夹砂黄褐陶。平面呈圆形。直径4.5、厚3、孔径0.5厘米（图二七，1）。T206③：1，夹砂红褐陶。平面呈椭圆形。直径4.2、厚3.6、孔径0.4厘米（图二七，2）。T218④：6，泥质红褐陶。平面呈圆形。直径3.6、厚3.6、孔径0.5厘米（图二七，3）。

Ab型 上下两平面略小于腹径，平面呈圆形，截面呈六边形。T204④：1，泥质红褐陶。直径2.5、腹径3.3、厚2.3、孔径0.4厘米（图二七，6）。T205④：1，泥质灰陶。直径4.6、腹径5.6、厚3.4、孔径0.8厘米（图二七，7）。T211③：1，泥质灰陶。直径3.9、腹径4.7、厚2.4厘米（图二七，8）。

B型 5件。呈球形。T220④：6，夹砂灰褐陶。直径4.5、厚3.8、孔径0.6厘米（图二七，4）。T220④：5，夹砂黄褐陶。直径3.3、厚3.2、孔径0.5厘米（图二七，5）。

C型 6件。扁平圆形，弧边，中穿一圆孔。T204⑤：2，夹细砂黄褐陶。纺轮两面边缘有凸棱，以圆孔为中心向周边饰五组锥刺纹，每组两道平行向边缘呈直线辐射。直径4、厚0.8、孔径0.6厘米（图二七，9）。T205③：8，夹细砂红褐陶。用绳纹瓦片打制而成，中钻孔。直径6.2～6.4、厚1.7、孔径0.7～1厘米（图二七，10）。

D型 1件。圆柱体，中穿一孔。T207④：8，泥质灰陶。直径4.55、厚3.1、孔径0.5厘米（图二七，11）。

E型 1件。圆锥体形状，中穿一孔。T208④：1，泥质黄褐陶。直径4.1、厚2.7、孔径0.4厘米（图二七，12）。

网坠 164件。均手制，按其形状可分为四型。

A型 72件。器中粗，形似橄榄，两端较平，中穿一孔用于穿绳。T204③B：5，夹细砂红褐陶。长3.6、直径2.35、孔径0.5厘米（图二八，1）。T216③：2，泥质灰陶。长2.6、直径1.8、孔径0.5厘米（图二八，2）。T205③：4，泥质红褐陶。长3.9、直径2.3、孔径0.5厘米（图二八，3）。G3：1-2，泥质灰陶。长3.5、直径1.8、孔径0.3厘米（图二八，4）。

B型 69件。圆柱形，两端平，中穿一孔用于穿绳。T206③：2，泥质灰陶。长3.3、直径1.7、孔径0.5厘米（图二八，5）。T207④：3，夹砂灰陶。长3.85、直径1.5、孔径0.4厘米（图二八，6）。T205③：2，夹砂灰褐陶。长4.1、直径1.65、孔径0.5厘米（图二八，7）。T215④：4，夹砂红褐陶。长5、直径2.5、孔径0.8厘米（图二八，8）。T217④：6，泥质红褐陶。长7.1、直径2.8、孔径0.7厘米（图二八，9）。T205⑤：1，夹砂红褐陶。长9.1、直径4.2、孔径1厘米（图二八，10）。T205③：7，夹砂褐陶。长6.7、直径2.2、孔径0.4厘米（图二八，11）。

C型 22件。略呈长方体形状，两面两端及中部各有一道凹槽，便于系绳。G3：1-3，泥质红褐陶。两端略尖。长3.3、宽1.4、厚0.95厘米（图二八，12）。T205③：3，泥质红褐陶。长7.4、宽3、厚2.5厘米（图二八，13）。T208④：3，夹砂灰陶。长5.9、宽2.6、厚1.75厘米

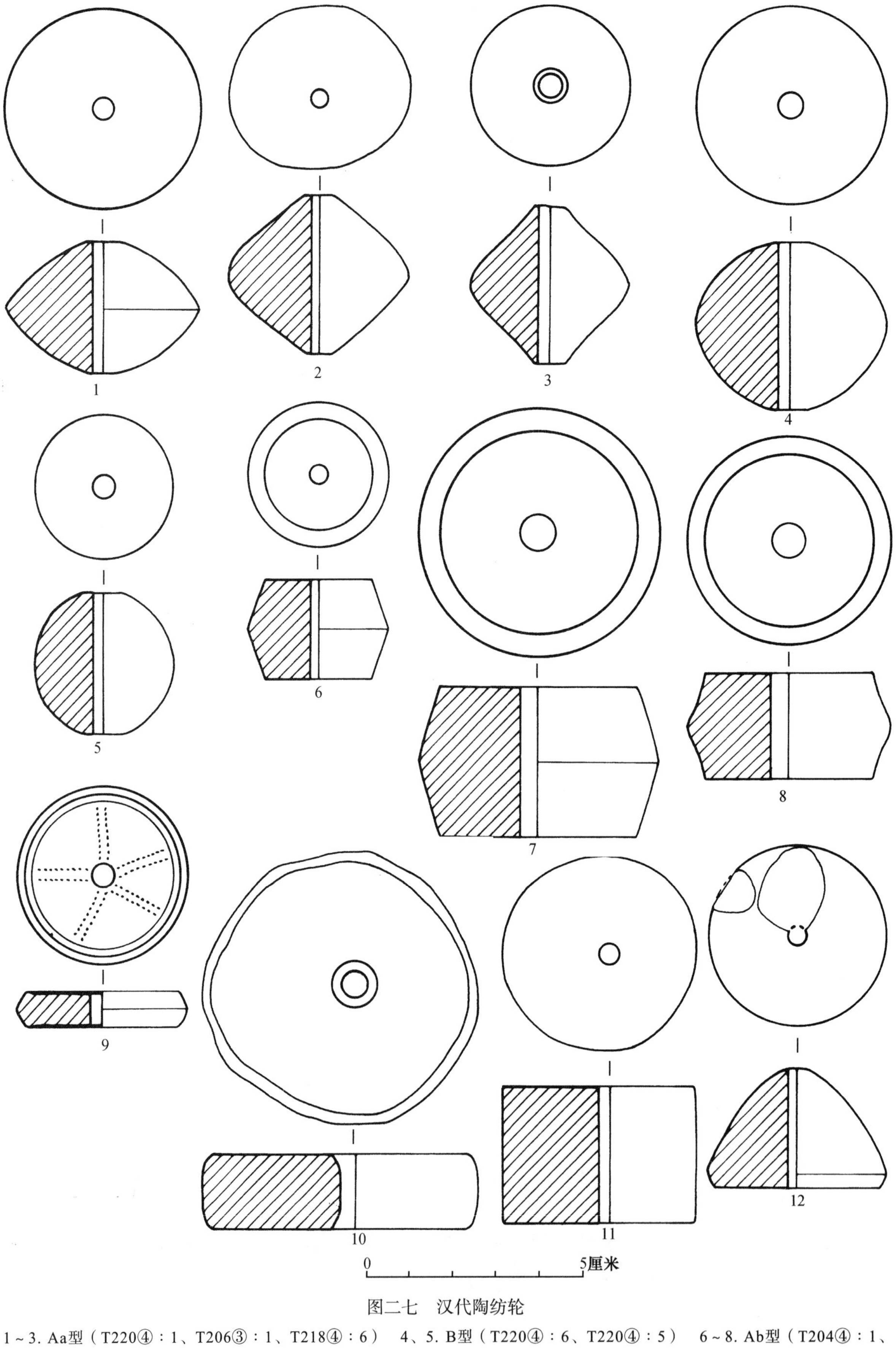

图二七　汉代陶纺轮

1～3. Aa型（T220④：1、T206③：1、T218④：6）　4、5. B型（T220④：6、T220④：5）　6～8. Ab型（T204④：1、T205④：1、T211③：1）　9、10. C型（T204⑤：2、T205③：8）　11. D型（T207④：8）　12. E型（T208④：1）

（图二八，14）。G3：1-1，泥质灰陶。长6.5、宽3、厚2厘米（图二八，15）。T204③B：1，泥质灰陶。两面中部有凹槽。长4.4、宽2.8、厚1.75厘米（图二八，16）。

D型　1件。梯形。T218④：2，泥质灰陶。上窄下宽，近上端横向贯穿一圆孔。长8.2、宽5.2～9.8、厚2.7～5.3厘米（图二八，17）。

2. 石器

石器主要为生产工具，其次为建筑材料。石料主要为青灰色粉砂岩，其次为硅质砂岩、云母片岩、变质岩、沉积岩。器形有斧、刀、圭、砺石、研磨石、锛、支座、网坠、门臼等。

斧　3件。均呈梯形，上窄下宽。T206④：1，黑色粉砂岩。通体磨光。平顶，弧刃，刃部有使用痕迹。长14、宽6、厚3厘米（图二九，1）。T204④：4，青灰色粉砂岩。用天然河卵石正反两面打磨。弧顶，刃略直，刃部有使用痕迹。长7、宽4.3、厚2厘米（图二九，2）。

刀　1件。T218④：7，灰色粉砂岩。平面呈长方形，圆角，弧顶，近顶端中部有一圆孔贯穿，下端单侧刃。长4、宽8.5、厚0.6厘米（图二九，3）。

圭　1件。T217④：2，青灰色粉砂岩。通体磨光。平面近似长三角形，中部以下略厚，扁平，锐利，顶端平直，下端呈刃状，较厚。长8.9、宽3.5、厚1.1厘米（图二九，4）。

砺石　1件。T218④：8，青灰色粉砂岩。通体磨光。平面呈长方形。长7.7、宽3.85、厚0.85厘米（图二九，5）。

研磨石　1件。T216④：2，青灰色硅质砂岩。块状，利用砾石打制而成，上弧顶，下端使用面光亮平滑，前面粗磨，背面打制平整。长6.3、宽6.1、厚4.2厘米（图二九，6）。

锛　9件。可分二型。

A型　6件。平面呈梯形。T215③：1，青灰色粉砂岩。大部分磨制，两侧及背部有打片时留下的疤痕。弧顶，直刃，刃部有使用痕迹，长9.6、宽6.45、厚1.7厘米（图三〇，1）。T204③B：3，青灰色粉砂岩。通体磨光。直顶，直刃，刃部略残，有使用痕迹。长8.2、宽4.65、厚1.3厘米（图三〇，4）。

B型　3件。平面呈长方形，直顶，直刃。T201④：5，青灰色粉砂岩。通体磨光。刃部有使用痕迹。长13.1、宽3.8、厚1.3厘米（图三〇，3）。T215④：3，青灰色粉砂岩。正面打制，背面刃部磨制。长10、宽6、厚1.5厘米（图三〇，2）。

支座　1件。T216④：3，青灰色粉砂岩。整体呈楔形。选用砾石打制而成，打制面较平整。长6.5、宽6.1、厚2.8厘米（图三〇，5）。

网坠　2件。T218④：1，白色沉积岩，天然砾石。扁圆形，顶部对穿一圆孔系绳。长8.9、宽8.4、厚5厘米（图三一，1）。T205④：6，青灰色硅质岩。椭圆形，在天然砾石右侧上下端钻两斜穿孔系绳。长13、宽7.1、厚2.7厘米（图三一，2）。

门臼　1件。T207④：7，灰褐色云母片岩。呈正方体，上部平面呈正方形圆角，下部凿成半圆形，上部正中凿臼窝。长12、宽11.6、高14.3厘米（图三一，3）。

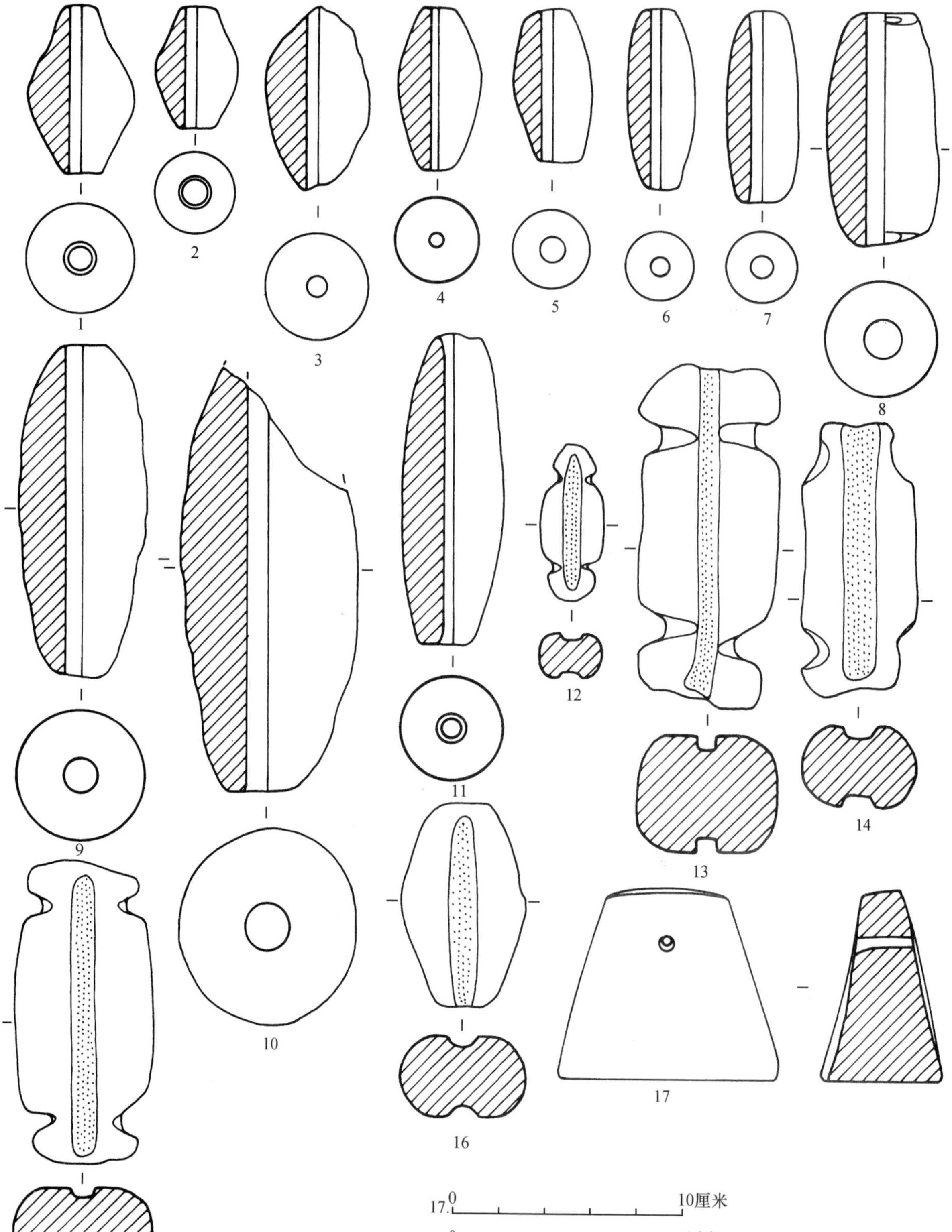

图二八　汉代陶网坠

1～4. A型（T204③B：5、T216③：2、T205③：4、G3：1-2）　5～11. B型（T206③：2、T207④：3、T205③：2、T215④：4、T217④：6、T205⑤：1、T205③：7）　12～16. C型（G3：1-3、T205③：3、T208④：3、G3：1-1、T204③B：1）　17. D型（T218④：2）

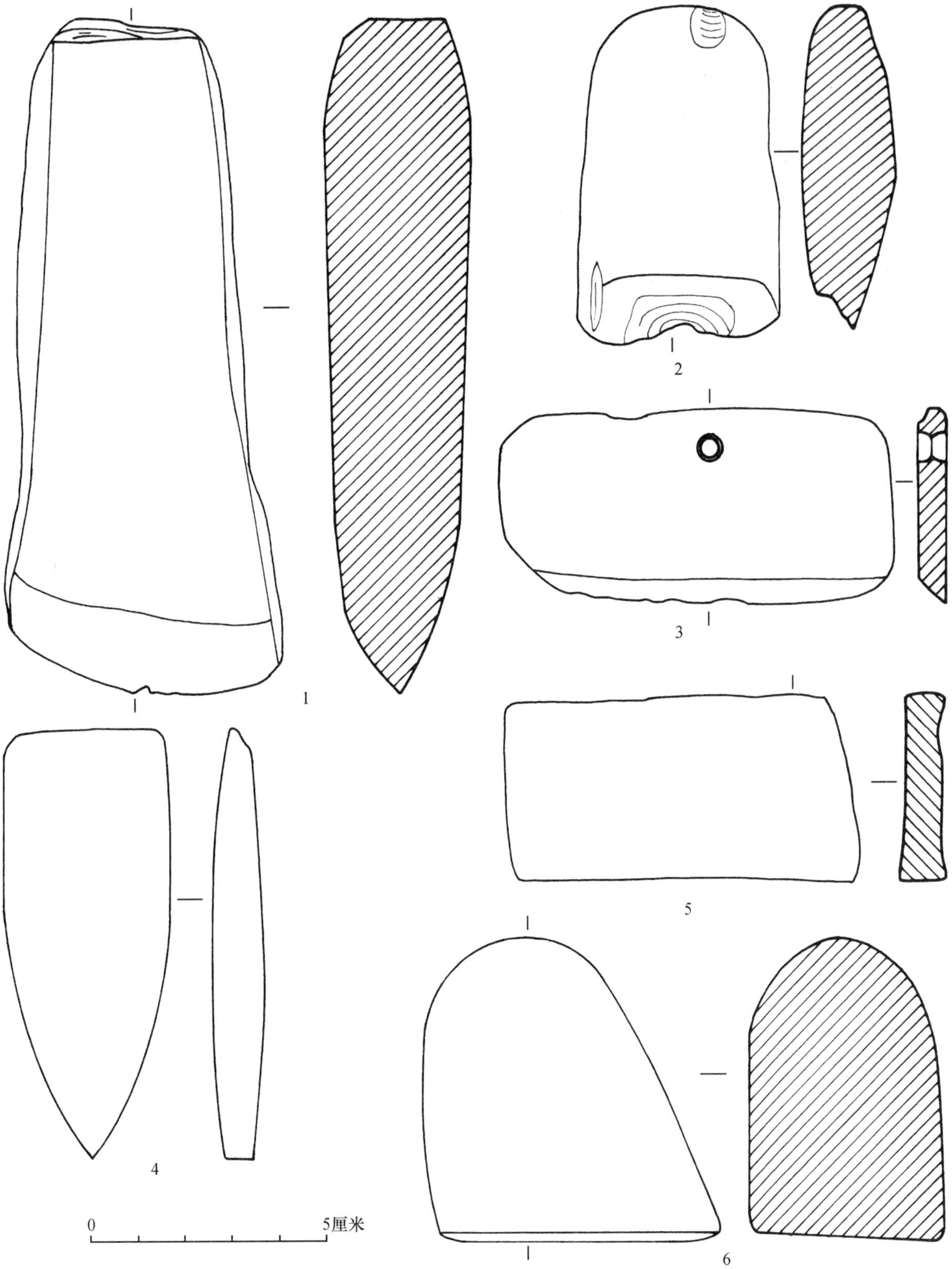

图二九　汉代石器

1、2. 斧（T206④：1、T204④：4）　3. 刀（T218④：7）　4. 圭（T217④：2）　5. 砺石（T218④：8）　6. 研磨石（T216④：2）

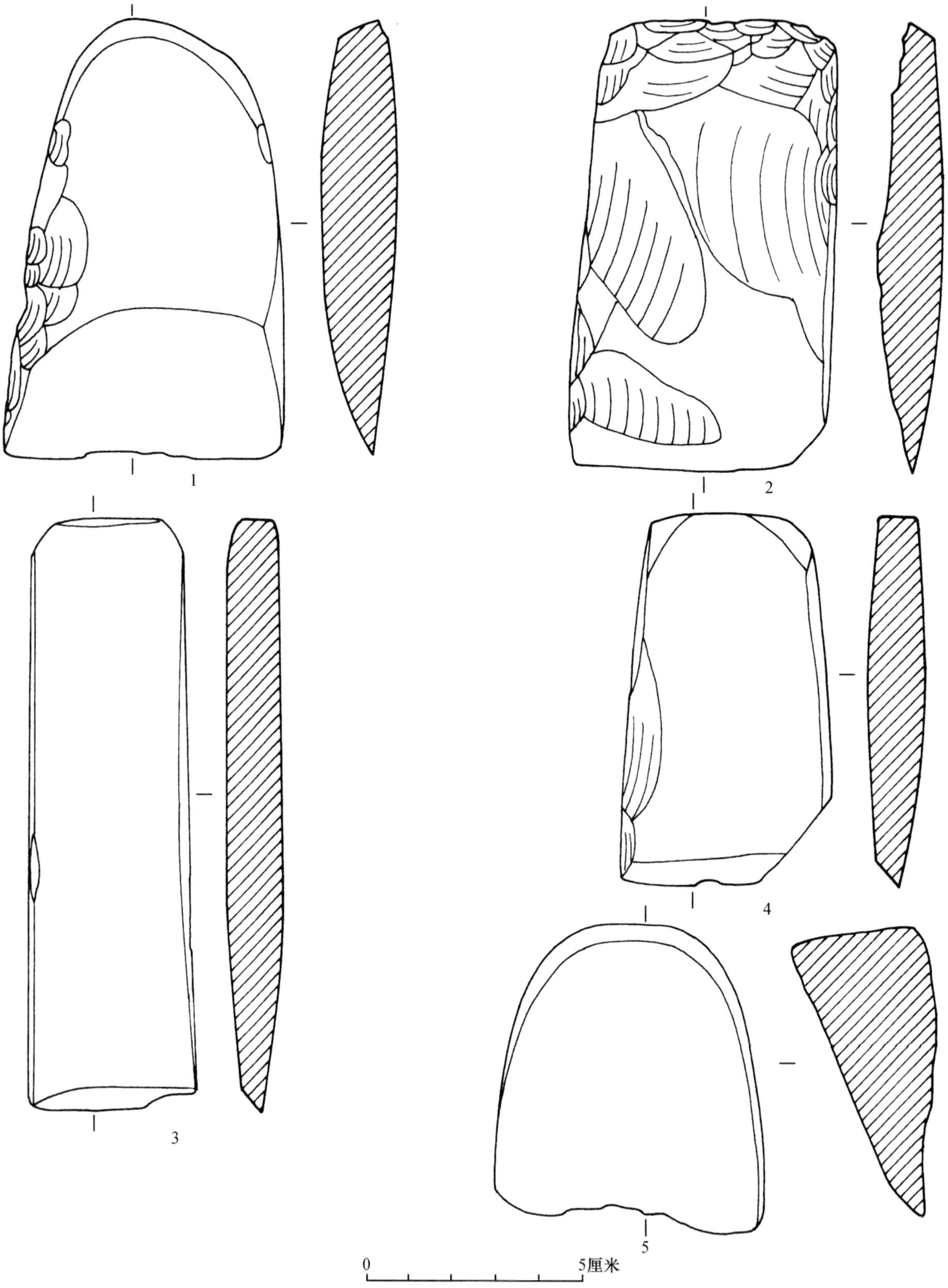

图三〇　汉代石器

1、4. A型锛（T215③：1、T204③B：3）　2、3. B型锛（T215④：3、T201④：5）　5. 支座（T216④：3）

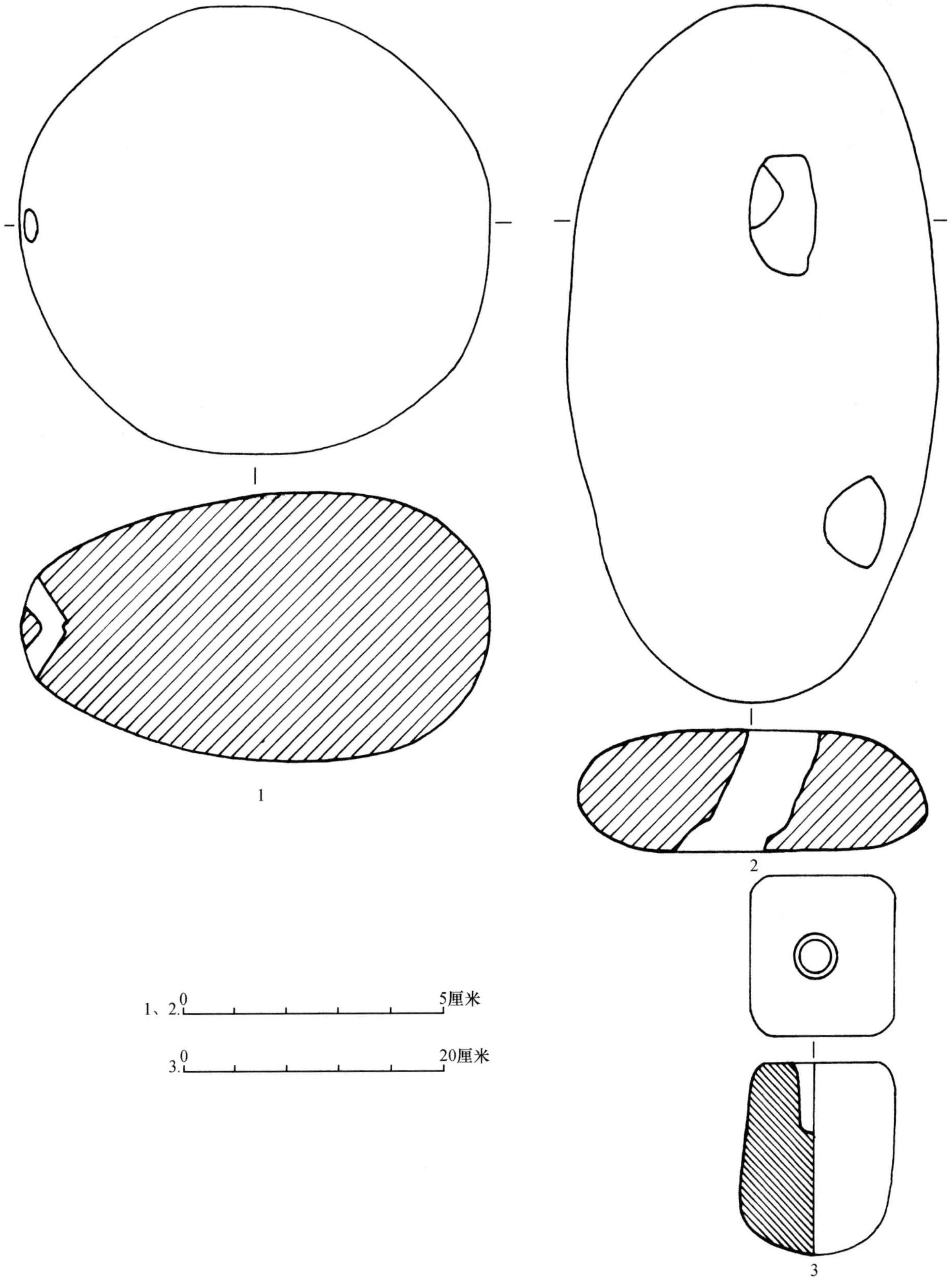

图三一　汉代石器

1、2. 网坠（T218④：1、T205④：6）　3. 门臼（T207④：7）

3. 铁器

铁器主要为生产工具，共计12件。器形有斧、锸、刀、镰、杈、锤、镞等。

斧　3件。平面均呈长方形。T202④：9，双面刃，残，上部方孔插柄，截面呈“V”字形。长9.5、宽5.7、厚3厘米（图三二，1）。T218④：10，刃、背略残，双面刃，截面呈“V”字形。残长7.8、宽5.4、厚2.4厘米（图三二，2）。

锸　1件。T213④：3，平面呈“U”字形，刃部以上中空，一半残。残长10.3、残宽5.3、厚2厘米（图三二，3）。

刀　3件。T207④：4，长条形，直刃，背略弧，刀首呈三角形尖状，刀尖呈弧形。长44.2、宽3.8厘米（图三二，4）。

镰　2件。T207④：13，弯月形，略残，弧刃，弧背。长15.2、宽2.7、厚0.3厘米（图三二，5）。

杈　1件。T201④：1，略呈正方体，上部略窄，上部有穿孔，突钮残。残高3.5、宽2.4厘米（图三二，6）。

锤　1件。T213③：4，呈椭圆形，两端细，中间鼓，锤面两端平，中部有椭圆形柄孔贯穿。高14.4、直径6～9.2厘米（图三二，7）。

镞　1件。T221④：3，柳叶形，圆关，圆铤，铤残。残长5.8厘米（图三二，8）。

4. 铜器

铜器主要有镞、饰件、铜钱等。

镞　3件。T205④：7，三棱下翼，实心，活范痕迹明显，圆锥形铤较长。残长9.5厘米（图三三，1）。T212④：1，三棱形翼，圆锥形铤较短。长7.5厘米（图三三，2）。T202④：5，三棱形翼，扁平状长铤。长7.4厘米（图三三，3）。

饰件　1件。T212④：1，圆柱形，上细下粗，中空，似笔冒，上端有半圆形穿孔鼻钮。长3.2、直径1.2厘米（图三三，4）。

铜钱　共计8枚，其中半两6枚，大泉五十2枚。

半两　6枚。T216④：5，方孔圆钱，四周无廓。面径2.2、穿宽0.9、厚0.15厘米（图三四，1）。T204④：3，方孔圆钱，四周无廓。面径1.5、穿宽1、厚0.1厘米（图三四，2）。

大泉五十　2枚。T213④：5，方孔圆钱，四周起廓。面径2.7、穿宽0.9、廓厚0.2厘米（图三四，3）。

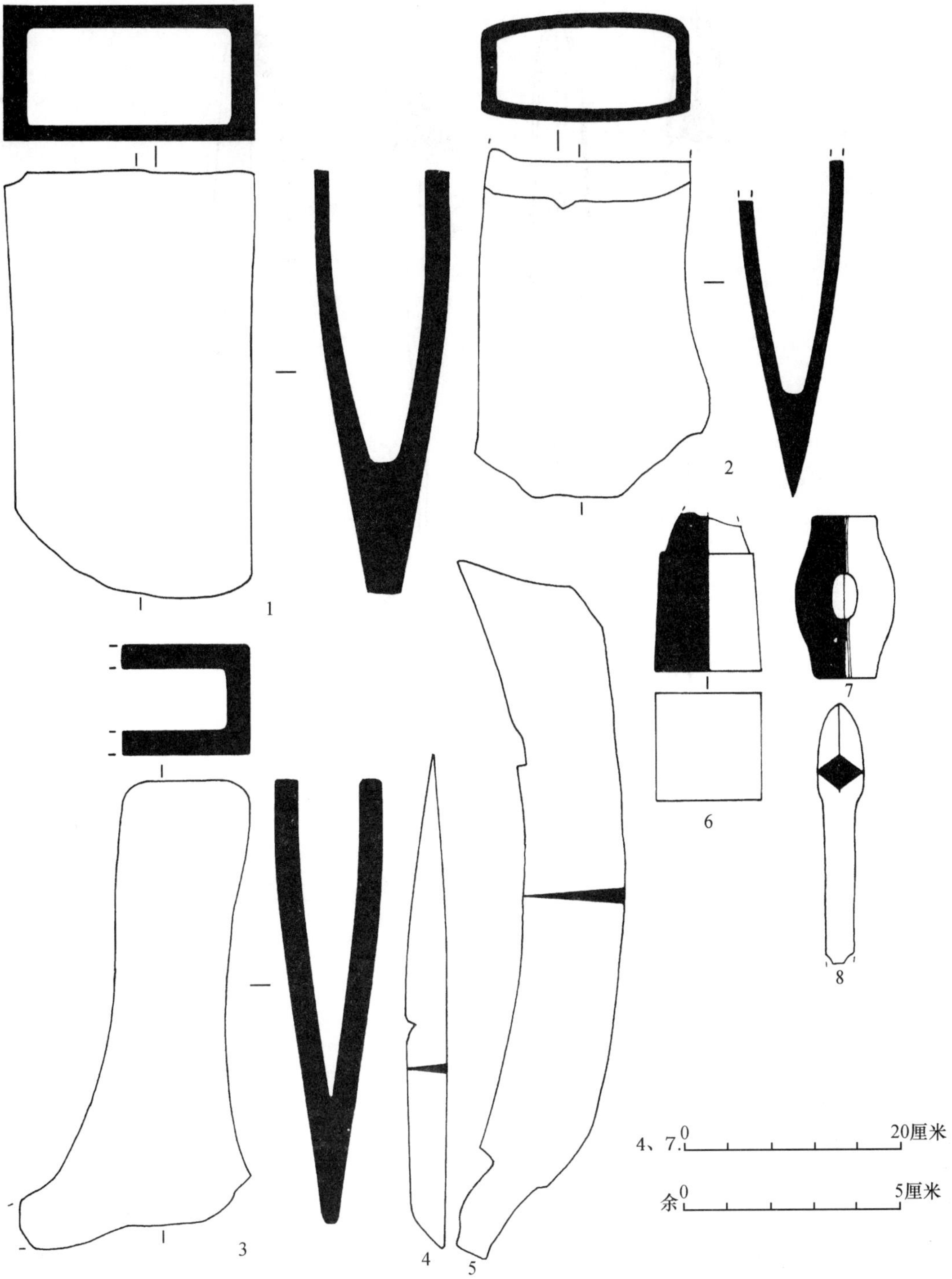

图三二　汉代铁器

1、2. 斧（T202④：9、T218④：10）　3. 锸（T213④：3）　4. 刀（T207④：4）　5. 镰（T207④：13）
6. 杈（T201④：1）　7. 锤（T213③：4）　8. 镞（T221④：3）

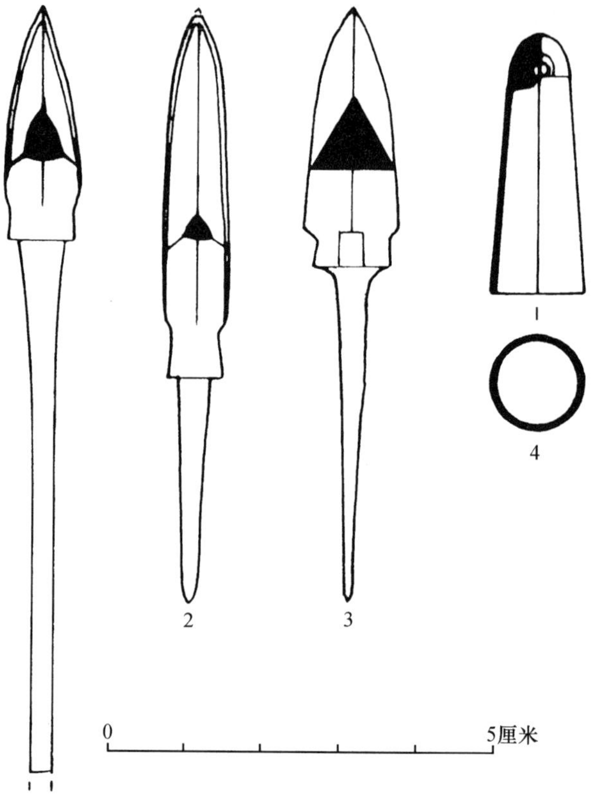

图三三　汉代铜器

1～3. 镞（T205④：7、T212④：1、T202④：5）　4. 饰件（T212④：1）

四、唐代遗存

（一）遗迹

发现并清理房址残迹1座、灰沟1条、墓葬2座。

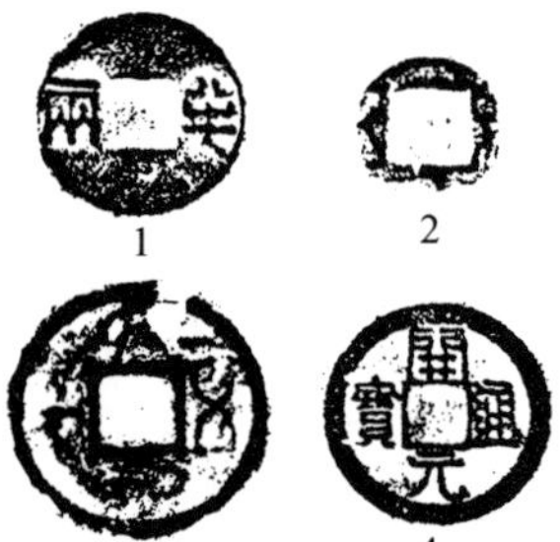

图三四　铜钱拓片

1、2. 半两（T216④：5、T204④：3）　3. 大泉五十（T213④：5）　4. 开元通宝（M8：5）

1. 房址

F1　位于T214西北角、T216东南角、T217东北角，开口于第3层下，打破第4层，距地表约150厘米。仅存部分石头墙基，房子西南角未见石头墙基。形状为长方形，为东北西—南向，方向50°。残存长8.5、宽5.5米，南侧墙基宽1、东西墙基宽0.5米。从东部墙基中段有0.8米空隙看，估计应是门道，面向汉江。在房址东南近西墙处有一椭圆形火烧痕迹，深约10厘米，底部为红烧板结土，其上残存较多黑色草木灰，推测应为灶址底部。房内未见包含物。

2. 灰沟

G1　位于T207西部、T208西北、T210北部，开口于第3层下，距地表130～150厘米，打破第4、5层。其形状为"U"字形，方向50°。长14.5、宽10米，沟宽1～2、深0.3～1.1米。沟内填土分三层，包含物有唐代瓷片、汉代瓦片等。

3. 墓葬

M8　位于T221中南部，开口于第3层下，距地表160厘米，打破第4层至生土。M8为长方形土坑石室墓，土坑开口长300、宽116、深46厘米。方向160°。因石室券顶坍塌，墓内有大量石头及较细黄黏土，头向北，石室北部较南部宽，墓底由南至北略有倾斜。随葬品有瓷壶1、瓷四系罐1、陶砚1、瓷盏1、开元通宝15枚（图三五）。

M9　位于T220南部，开口于第3层下，距地表180厘米，打破第4层至生土。为长方形土坑竖穴墓，开口长210、宽70、深26厘米。方向134°。墓内填黑褐色五花土，随葬陶砚1件。

（二）遗物

唐代遗物主要为墓葬内遗物，地层中较少。器形有瓷罐、瓷壶、瓷盏、瓷碗、陶砚、铜钱等。

瓷四系罐　1件。M8：1，直口，方唇，直颈略束，溜肩，鼓腹下内收，矮圈足，颈、肩部有四个对称桥状耳，器腹内壁呈瓦棱状。施黄绿釉未及底。口径16.4、腹径19、高24～25厘

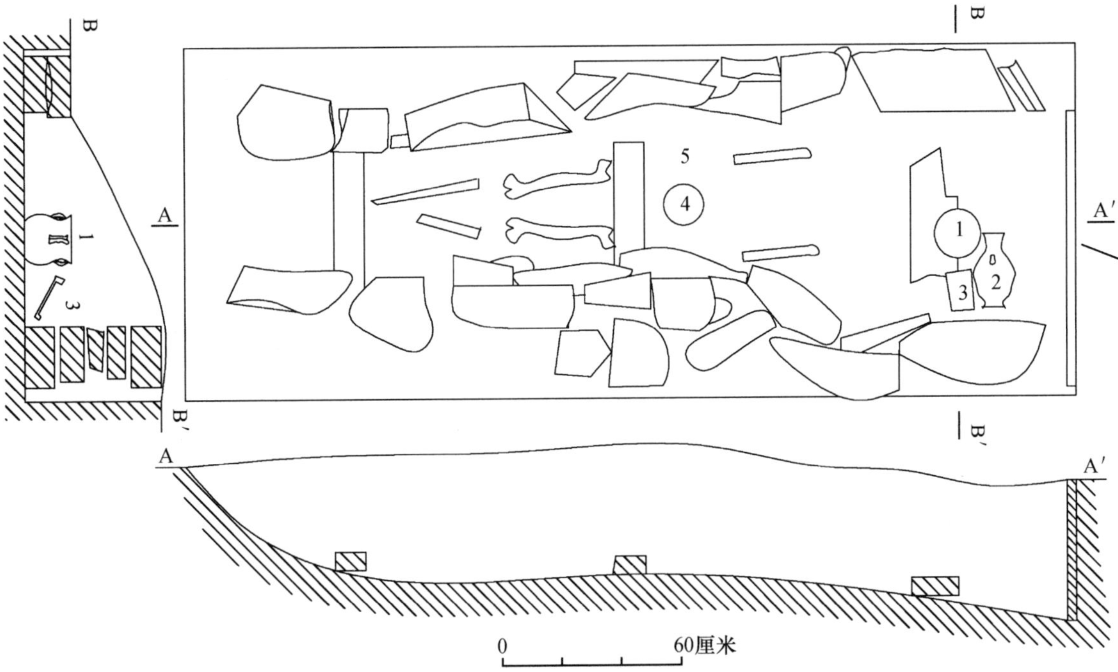

图三五　M8平、剖面图

1. 瓷四系罐　2. 瓷壶　3. 瓷砚　4. 瓷盏　5. 铜钱

米（图三六，1）。

瓷壶　1件。M8：2，口微敞，长颈，肩部有对称桥状耳，肩、腹处有执手，与执手对称处有流（残），鼓腹下内收，矮圈足，器腹内壁呈瓦棱状。肩部饰凸弦纹两周，施白釉未及底。口径7.6、腹径13.8、高24.7厘米（图三六，2）。

瓷盏　1件。M8：4，敞口，圆唇，斜壁，矮圈足，器内壁有三个支钉痕迹。施黄釉不及底。口径13.3、底径5.5、高4.3厘米（图三六，4）。

陶砚　2件。M8：3，夹细砂灰陶，抹光，手制。平面呈铲形，双沿，圆唇，残。残长20.3、残宽16.2、高4.4厘米（图三六，3）。M 9：1，泥质灰陶，手制。平面呈铲形。长7.8、宽5～5.8、高2.1厘米（图三六，5）。

瓷碗　2件。T212③：1，敞口，尖唇，卷沿，弧壁，底略凸，矮圈足。施黄釉不及底。口径15.2、底径7.2、高6.8厘米（图三六，7）。T212③：2，敞口，尖唇，卷沿，弧壁，内底凸。施青黄釉，内外底未施。口径14.8、底径6、高6.8厘米（图三六，6）。

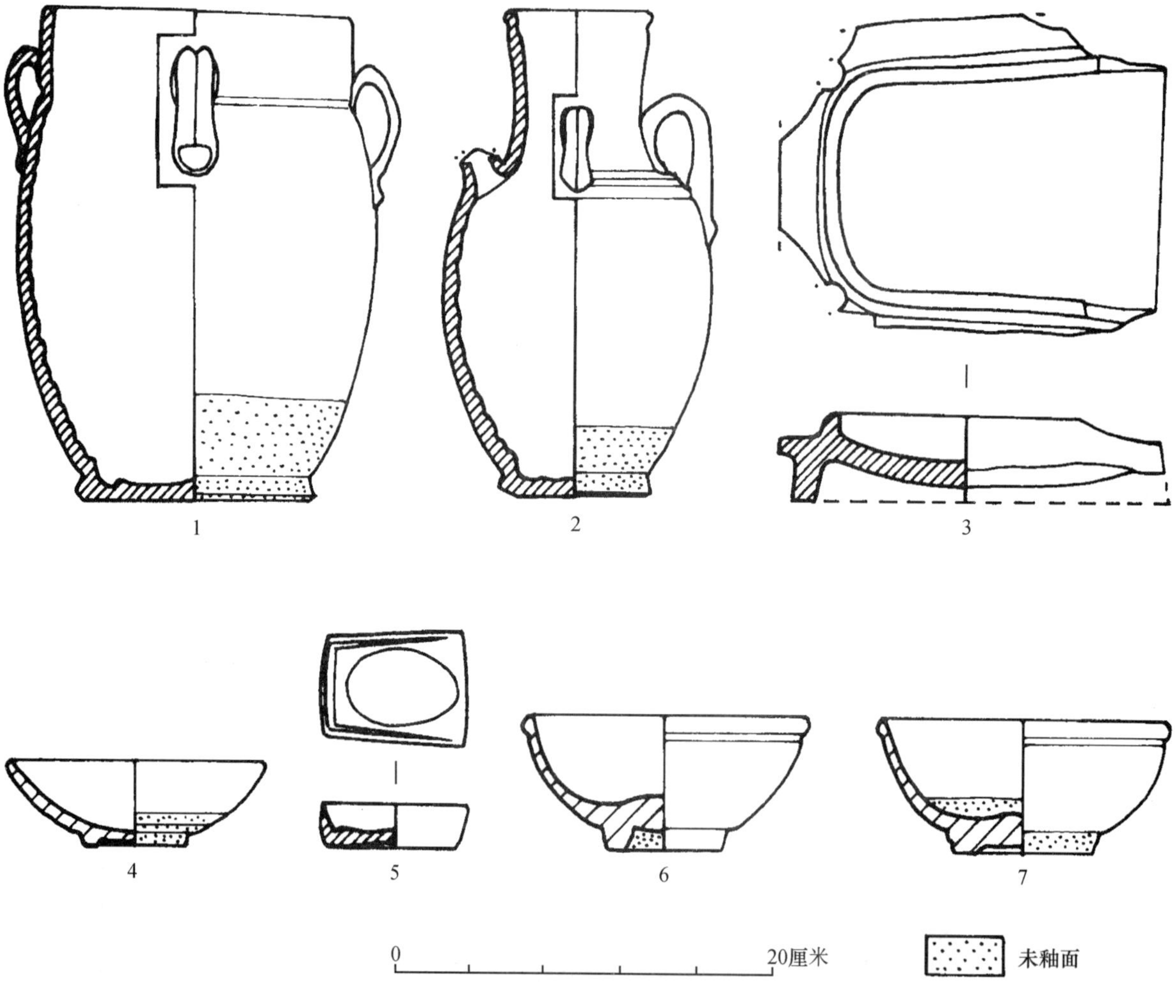

图三六　唐代器物

1. 瓷四系罐（M8：1）　2. 瓷壶（M8：2）　3、5. 陶砚（M8：3、M9：1）　4. 瓷盏（M8：4）
6、7. 瓷碗（T212③：2、T212③：1）

铜钱 15枚。M8：5，均为开元通宝，形制一样，方孔圆钱，四周起廓。面径2.5、穿宽0.7、廓厚0.25厘米（图三四，4）。

五、结 语

刘家院遗址东周时期遗存陶器以夹砂灰陶、夹砂褐陶为主，泥质灰陶、泥质黄褐陶次之。纹饰有绳纹、弦纹等。器类组合有两类：

（1）鬲、盂、罐。同类遗存在汉江中上游多有发现，如郧县辽瓦店子遗址[1]、郧县店子河遗址[2]等。这类遗存的鬲和盂以平沿外侈为特色，与郭家岗T16H153上：2鬲、T16H153：10盂的形制特征接近，说明其年代大致与郭家岗第六组相前后[3]。

（2）鼎、敦、壶。同类遗存在汉江中上游也有发现，如郧县白鹤观遗址[4]M8，M16中的陶鼎还与江陵九店东周墓[5]M567出土的Ⅳ式鼎相近，年代也应在战国中期晚段。

刘家院遗址汉代遗存的陶器以泥质灰陶、夹砂灰陶为主，纹饰以弦断绳纹及弦纹为主，器形有罐形甑、盆、瓮等，其口沿以尖唇较明显，同出有半两、大泉五十等钱币，其时代约在两汉之际新莽时期。

刘家院遗址唐代遗存M8、M9的墓葬形制结构与汉江中上游郧西张家坪[6]M1一样，也同出开元通宝，其时代当为唐中晚期。

刘家院遗址位于汉江中上游南岸，地势平坦开阔，是古人理想的生活繁衍之地。其文化堆积厚，延续时间长，文化内涵丰富，包含了从东周至唐代各时期的文化堆积。该遗址的考古发掘为建立鄂西北区域的文化系列乃至对汉江文化、汉江文明的研究均提供了重要的实物资料。

绘图：金 泉 王 维

执笔：翟敬源 王 维 金 泉

注 释

[1] 武汉大学考古与博物馆学系、湖北省文物局南水北调办公室：《湖北郧县辽瓦店子遗址东周遗址的发掘》，《考古》2008年第4期。

[2] 武汉大学考古系、湖北省文物局南水北调办公室：《湖北郧县店子河遗址发掘简报》，《考古》2011年第5期。

[3] 武汉大学历史系考古教研室：《湖北宜城郭家岗遗址发掘》，《考古学报》1997年第4期。

[4] 湖北省文物考古研究所：《湖北郧县白鹤观遗址东周墓发掘简报》，《江汉考古》2010年第3期。

[5] 湖北省文物考古研究所：《江陵九店东周墓》，科学出版社，1995年。

[6] 湖北省文物考古研究所：《湖北郧西张家坪遗址发掘简报》，《江汉考古》2010年第3期。

附表　郧县刘家院遗址东周墓葬登记表

墓号	方向	开口层位	墓葬形式	墓葬尺寸（长×宽-深，厘米）	葬式	随葬品	备注
M4	180°	④下	土坑竖穴	254×125-110	仰身	陶罐1、陶豆2	
M5	198°	⑤下	土坑竖穴	180×80-66	仰身	无	
M6	190°	⑤下	土坑竖穴	220×94-70	仰身	无	
M7	194°	⑤下	土坑竖穴	290×140-170	仰身	无	
M10	190°	⑤下	土坑竖穴	230×80-100	仰身	陶鬲1、陶盂1、陶豆1	壁龛
M11	190°	⑤下	土坑竖穴	200×80-74	仰身	无	
M13	197°	⑤下	土坑竖穴	210×80-50	仰身	无	
M14	173°	⑤下	土坑竖穴	190×110-52	仰身	陶鬲1、陶盂1	壁龛
M15	155°	④下	土坑竖穴	260×128-140	仰身	陶罐1、陶鬲1	
M16	180°	④下	土坑竖穴	220×140-190	仰身	陶鼎1、陶敦1、陶壶1、陶盘1	

郧县杨溪铺遗址2012年度考古发掘报告

北京大学考古文博学院

杨溪铺遗址位于湖北省十堰市郧县杨溪铺村，紧邻汉水，坐落于汉水北岸的浅缓山坡上。遗址距郧县县城约6千米，中心坐标为东经110°52′2″，北纬32°49′42″，高程172米（图一）。

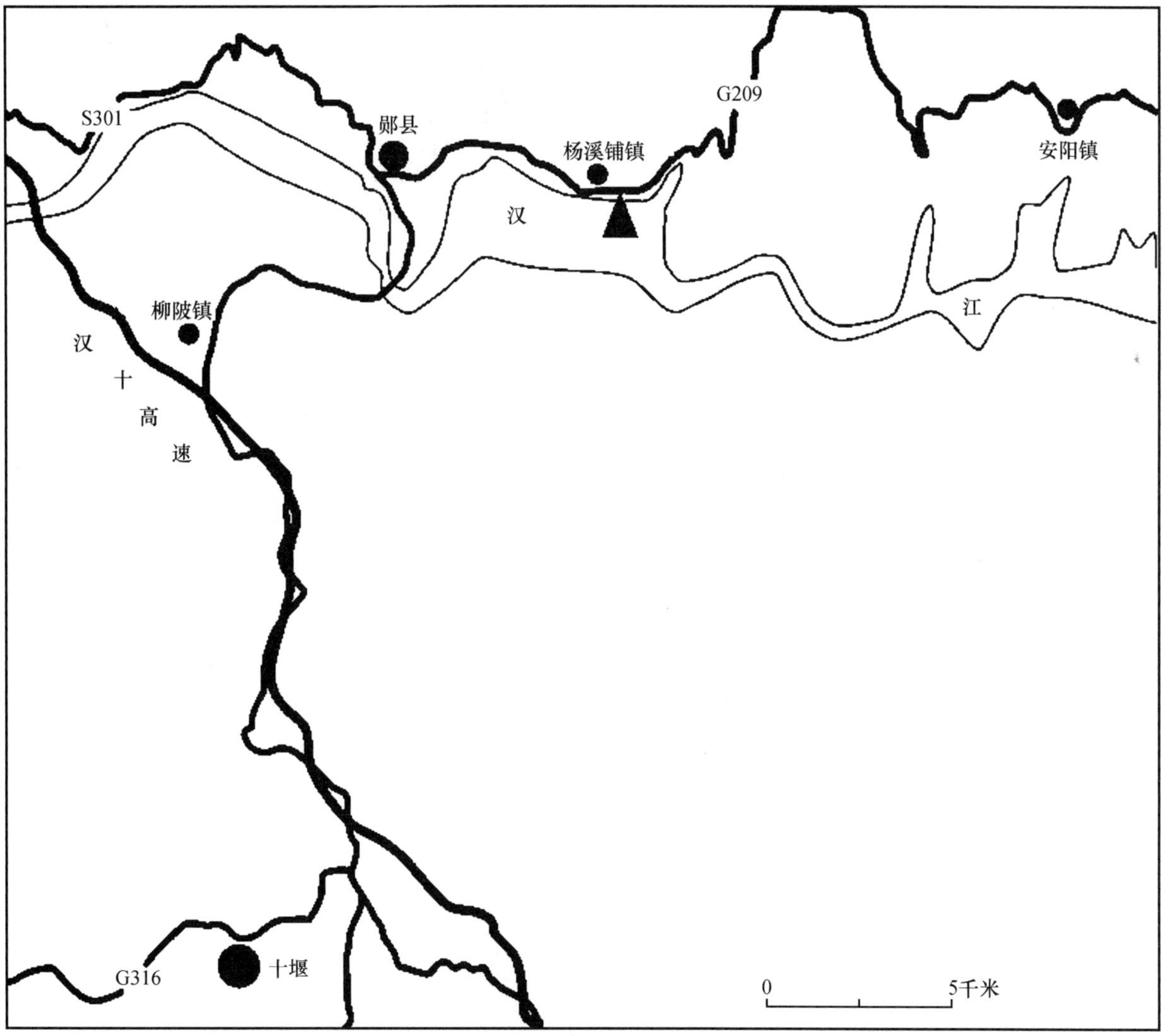

图一　杨溪铺遗址位置示意图

遗址自1958年起，经多次复查确认为一处包含有旧石器时代、新石器时代、汉、六朝时期遗存的遗址。2010年至2011年，南京大学历史系考古专业曾在遗址进行发掘，遗迹、遗物年代为西汉至明清，其中以六朝时期墓葬为主。为配合南水北调工程建设，2012年4～8月，北京大学考古文博学院对杨溪铺遗址进行了发掘。

本次发掘分南、北两区，共清理墓葬25座、房址1座（图二、图三）。其中汉魏六朝墓葬13座，为凸字形及刀把形砖室墓；唐五代墓1座，为长方形砖室墓；宋—明墓6座，为长方形、凸字形及圆形砖室墓，其中2座砖砌仿木作；清墓1座，为长方形竖穴土坑墓；另有年代不明者4座。房址1座，为近代。2座西晋墓、1座唐五代墓、2座宋—明墓墓室保存完好，出土了一批较为完整的器物。现分别介绍如下：

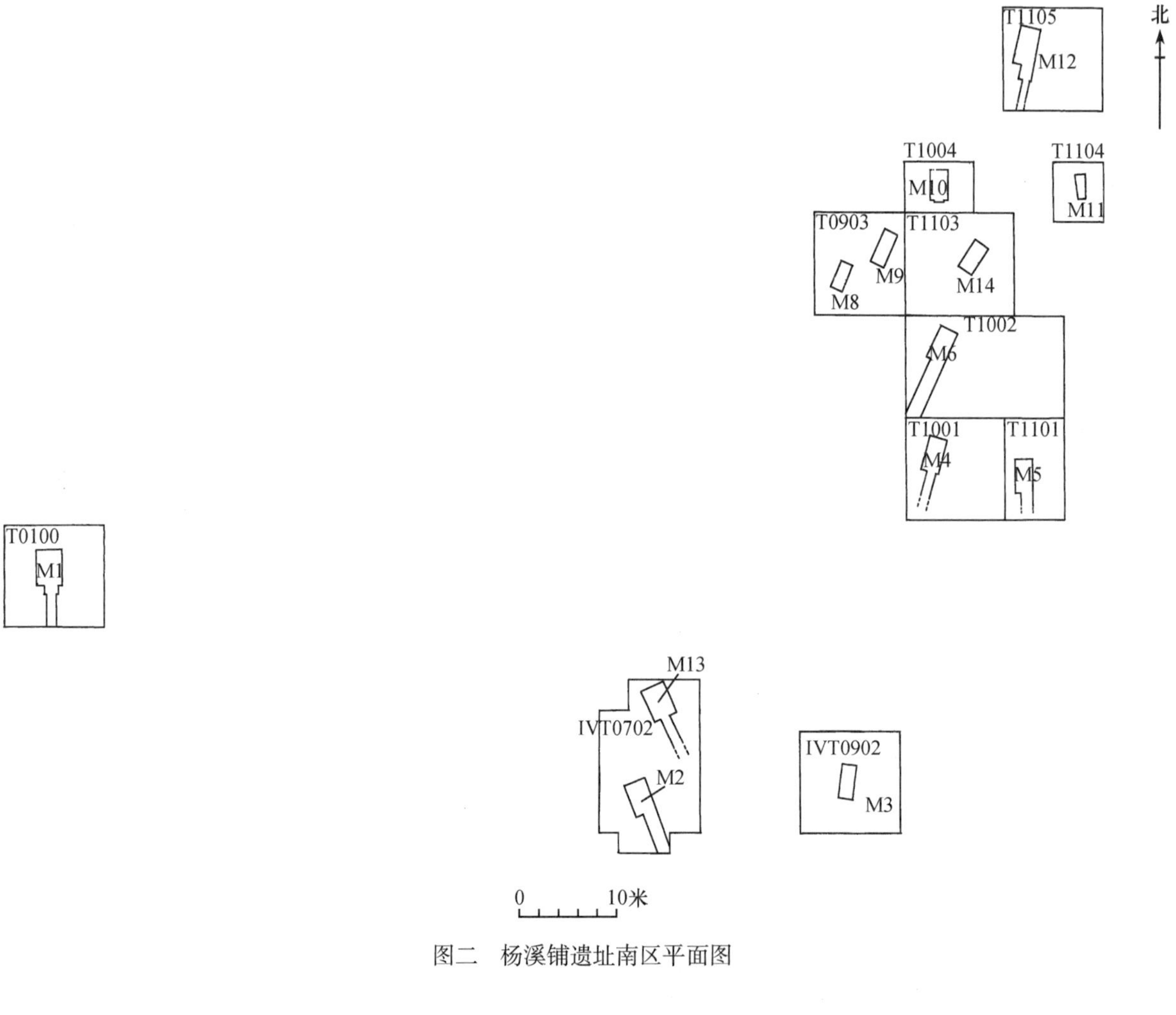

图二　杨溪铺遗址南区平面图

一、汉魏六朝墓葬

共13座，以下先介绍墓葬形制，再介绍出土器物。

（一）墓葬形制

墓葬皆为砖室墓，有凸字形墓、刀把形墓两种。

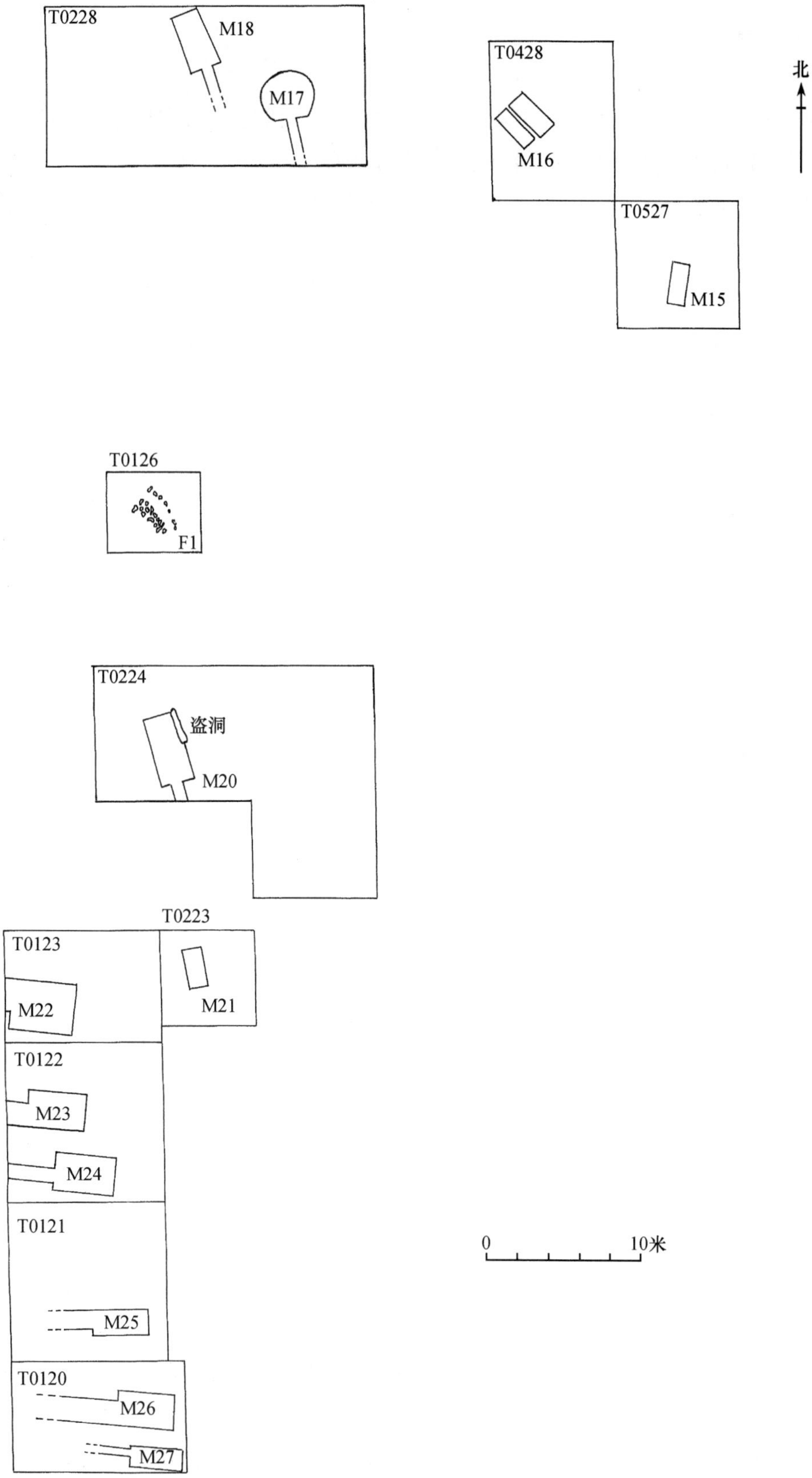

图三 杨溪铺遗址北区平面图

1. 凸字形砖室墓

5座，分别为M1、M4、M13、M24、M27。由墓道、甬道、长方形墓室3部分组成，甬道及墓道位于墓室短边的正中或略偏，平面形状呈凸字形。

M1　墓葬方向180°。由墓道、甬道、墓室三部分组成。墓道斜坡式，总长度不明，发掘部分长310、宽138、最深130厘米。甬道长方形，砖砌，位于墓室南部偏东，顶部坍塌，长84、宽138、残高42厘米。墓室长方形，砖室，顶部坍塌，长372、宽252、残高66厘米。人骨仅见零星骨片，保存情况差，故墓主情况、葬具、葬式皆不明（图四；图版八，1）。

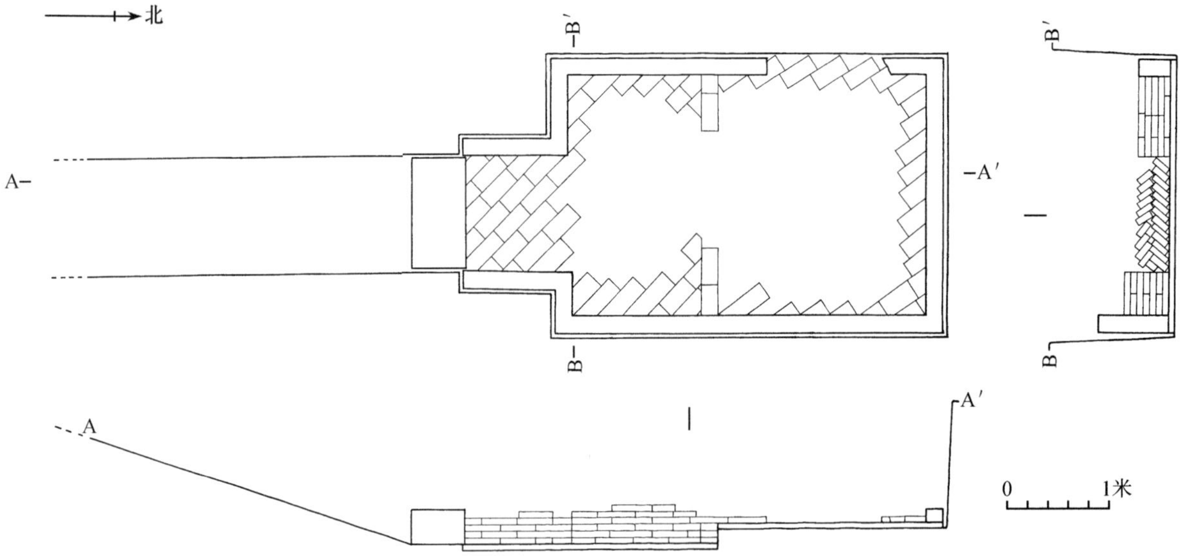

图四　M1平、剖面图

M4　墓葬方向195°。墓葬由墓道、甬道、墓室三部分组成，墓道及甬道皆位于墓室南部偏东。墓道斜坡式，残长135、宽120、最深168厘米。甬道长方形，砖砌，券顶，长120、宽108、高130厘米。墓室长方形，砖室，券顶，长320、宽180、高190厘米。墓主人骨及葬具皆不存，仅存棺钉，推测葬具应为木棺。墓砖上有“太康三年”铭文（图五；图版八，2）。

M13　墓葬方向155°。墓葬由墓道、甬道、墓室三部分组成，墓道及甬道皆位于墓室南部略偏西。墓道斜坡式，残长160、宽110、最深86厘米。甬道长方形，砖砌，顶部坍塌，长150、宽110、残高70厘米。墓室长方形，砖室，顶部坍塌，长334、宽252、残高96厘米。墓葬盗扰严重，墓主葬式不详，从出土人骨残片和牙齿的位置看，头部应向南，葬具不详（图六）。

M24　墓葬方向275°。墓葬由墓道、甬道、墓室三部分组成，墓道及甬道皆位于墓室西部略偏南。墓道斜坡式，残长158、宽110、最深130厘米。甬道长方形，砖砌，顶部坍塌，长146、宽110、残高130厘米。甬道口砌有人字形封门砖，残余7层，高120厘米。墓室长方形，砖室，顶部坍塌，长378、宽250、残高130厘米。双人葬，墓主头西脚东，仰身直肢。葬具不存，出土棺钉，人骨周围有棺灰范围，原应有木棺，已朽（图七）。

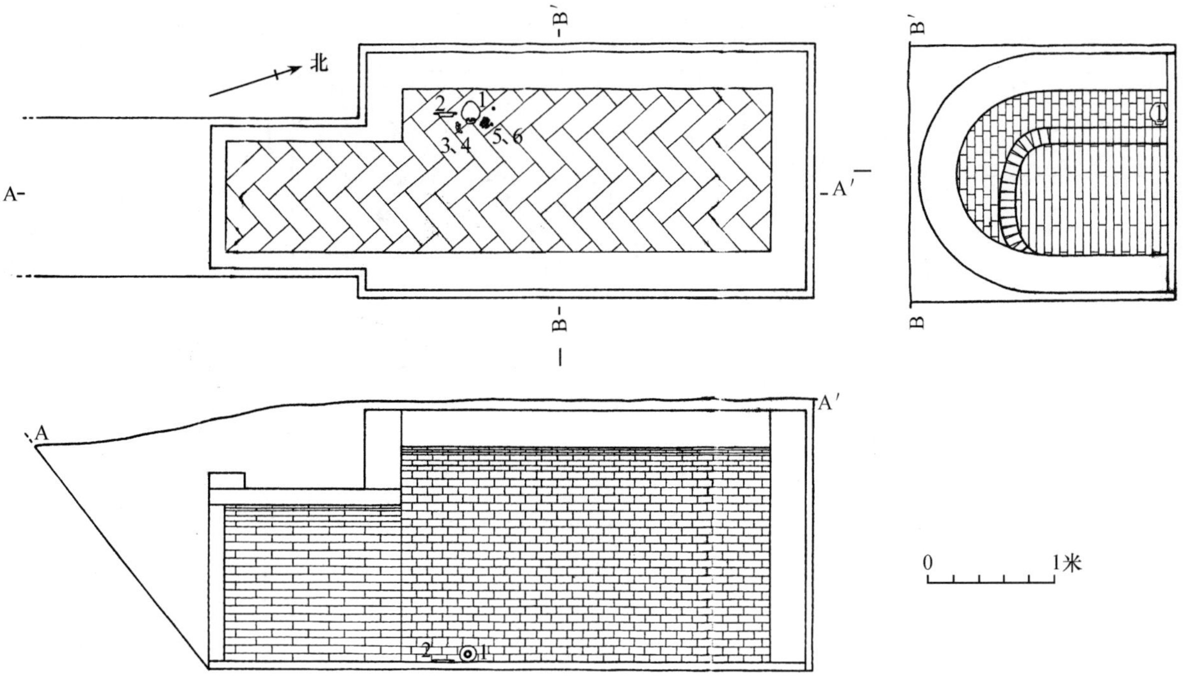

图五　M4平、剖面图

1. 陶罐　2. 铜弩机　3、4. 铜钗　5. 五铢钱　6. 铜钱（钱文不明）

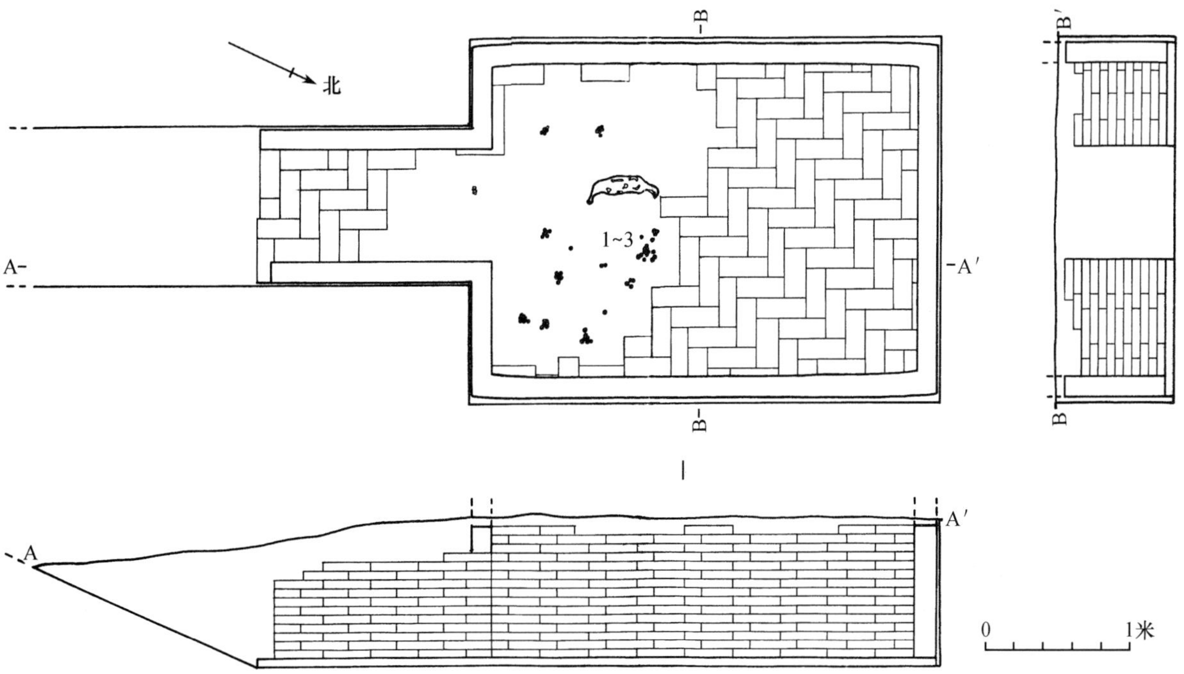

图六　M13平、剖面图

1. 五铢钱　2. 货泉　3. 铜钱（钱文不明）

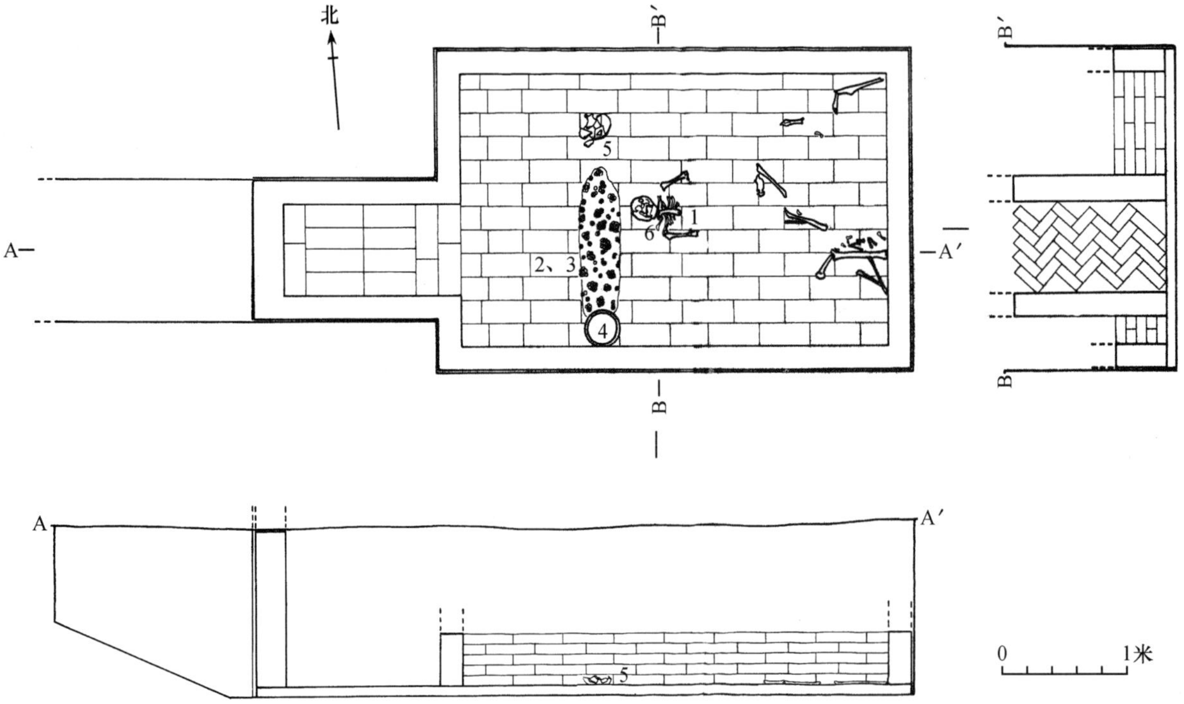

图七　M24平、剖面图

1. 铜环　2. 五铢钱　3. 半两钱　4. 陶盆　5. 陶罐　6. 骨耳饰

M27　墓葬方向275°。墓葬由墓道、墓室两部分组成。墓道长方形斜坡，残长200、宽84厘米，位于墓室西部略偏北。墓室长方形，砖室，顶部坍塌，长340、宽134、残高60厘米。墓葬盗扰严重，人骨不存，葬具不明（图八）。

2. 刀把形砖室墓

8座，分别为M2、M5、M6、M12、M22、M23、M25、M26。墓葬由墓道、甬道、墓室3部分组成，甬道及墓道位于墓室短边的一侧，甬道一条边和墓室一长边在同一直线上，墓葬平面呈刀把形。

M2　墓葬方向160°。由墓道、甬道、墓室三部分组成，墓道及甬道皆位于墓室南部偏东，与墓室组成“刀”的形状。墓道斜坡式，残长260、宽126、最深170厘米。甬道长方形，砖砌，长140、宽126、高136厘米，券顶。墓室长方形，砖室，顶部坍塌，四壁稍内弧，长334、宽214、残高168厘米。墓主仰身直肢，头向南，位于墓室东部。发掘过程中发现有板灰痕迹，葬具应为木棺（图九）。

M5　墓葬方向180°。墓葬由墓道、甬道、墓室三部分组成，墓道及甬道皆位于墓室南部偏东，与墓室组成“刀”的形状。墓道斜坡式，残长80、宽126厘米。甬道长方形，砖砌，券顶，长140、宽126、残高50厘米，底部铺横砖，东壁残留一部分。墓室长方形，顶部坍塌，长320、宽180、残高50厘米，底部铺横砖。墓主人骨不存，葬式不详。在墓室中出土有棺钉数枚，推测原葬具应为木棺，现已朽尽（图一〇；图版九，1）。

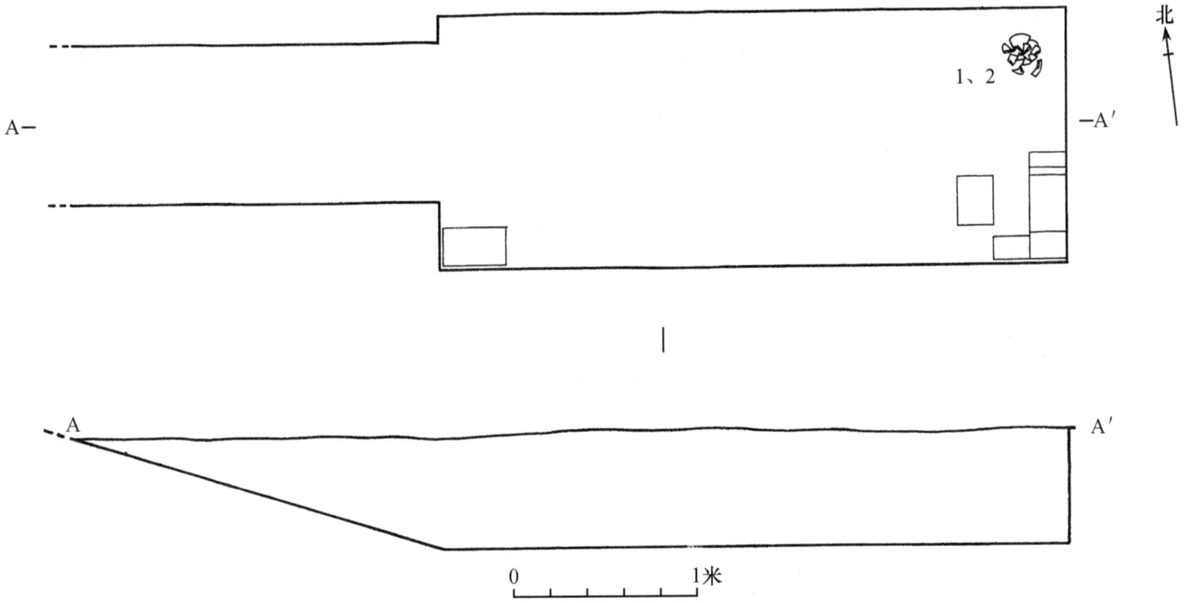

图八　M27平、剖面图

1. 陶盘　2. 陶碗

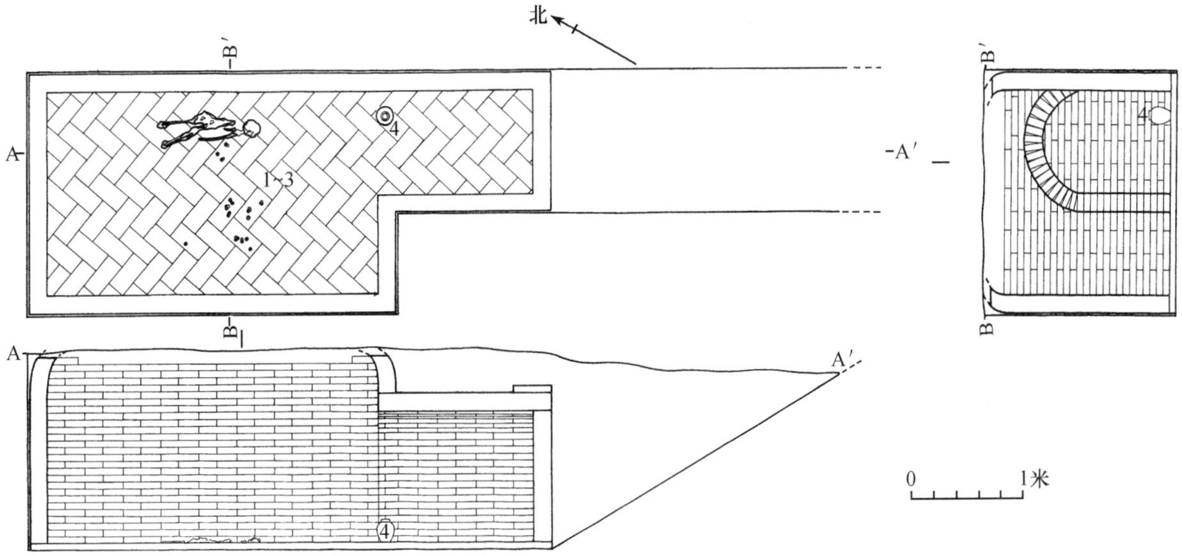

图九　M2平、剖面图

1. 五铢钱　2. 铜钱（钱文不明）　3. 货泉　4. 陶罐

M6　墓葬方向205°。墓葬由墓道、甬道、墓室三部分组成，墓道及甬道皆位于墓室南部偏东，与墓室组成“刀”的形状。墓道斜坡式，长380、宽135～75、最深172厘米。甬道长方形，砖砌，券顶，长114、宽126、高134厘米。墓室长方形，砖室，券顶，长340、宽172、高196厘米。墓主人骨及葬具皆不存，仅存棺钉，推测葬具应为木棺。墓砖上有“太康三年”铭文（图一一；图版九，2）。

M12　墓葬方向190°。墓葬由墓道、甬道、墓室三部分组成，墓道及甬道皆位于墓室南部偏东，与墓室组成“刀”的形状。墓道斜坡式，残长200、宽85厘米。甬道长方形，砖砌，

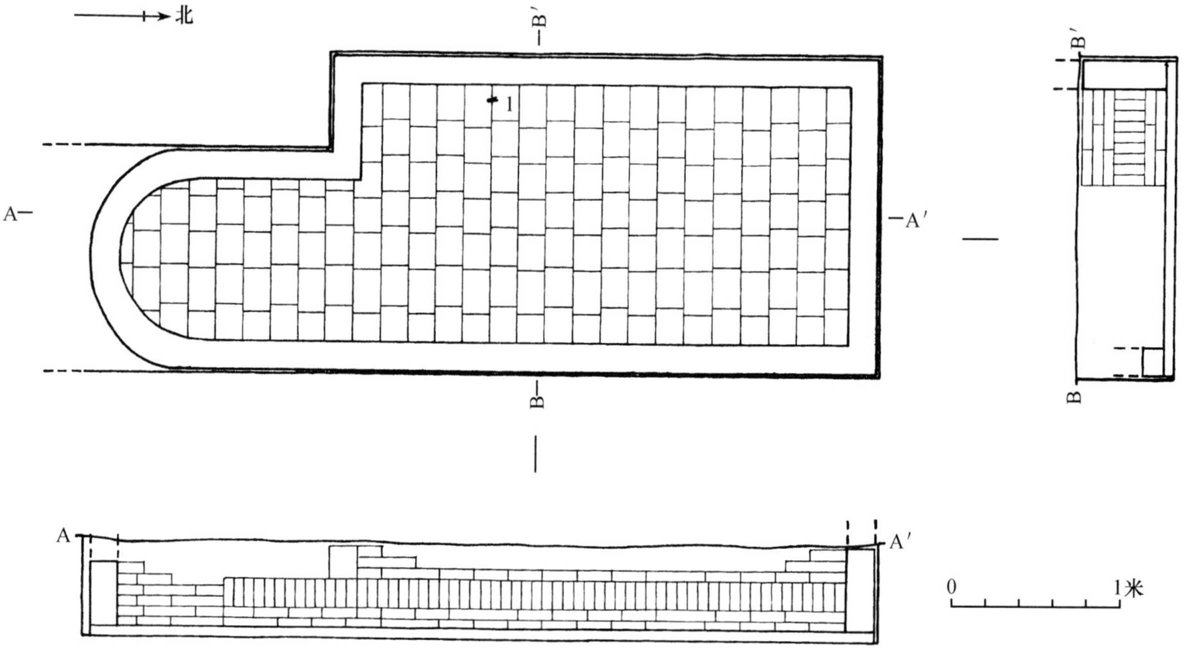

图一〇　M5平、剖面图

1. 铜钗

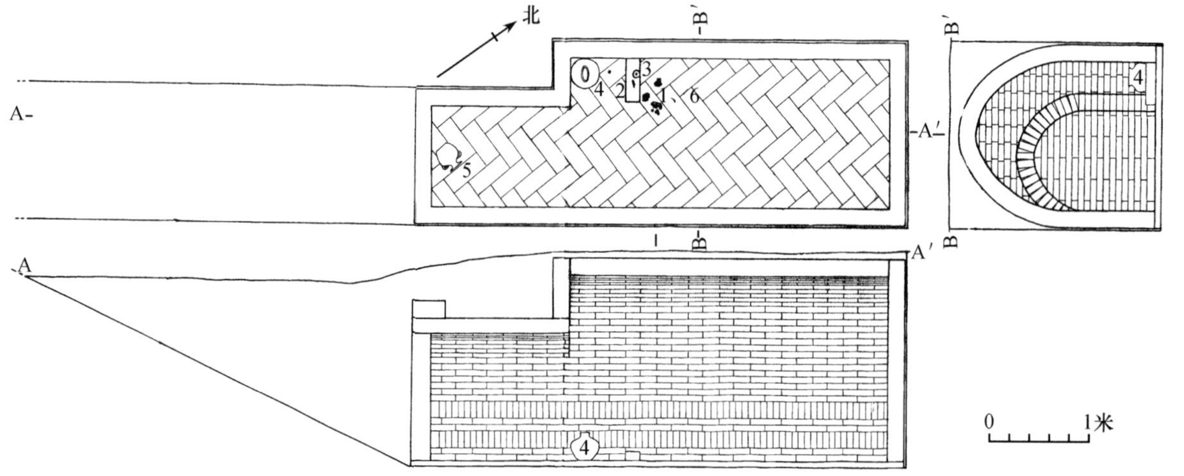

图一一　M6平、剖面图

1、6. 五铢钱　2. 铜钗　3. 铜镜　4、5. 陶罐

券顶，长146、宽130、残高50厘米。墓室长方形，顶部坍塌，长395、宽200、残高50厘米。墓葬盗扰严重，仅清理出少量人骨残片，葬式、葬具不明（图一二）。

M22　墓葬方向275°。墓葬由墓道、甬道、墓室三部分组成，墓道及甬道皆位于墓室西部偏北，与墓室组成“刀”的形状。墓道结构不详。甬道长方形，发掘长度20、宽190、残高72厘米。墓室长方形，顶部坍塌，长420、宽300、残高72厘米。墓葬盗扰严重，仅清理出少量人骨残片，葬式、葬具不明（图一三）。

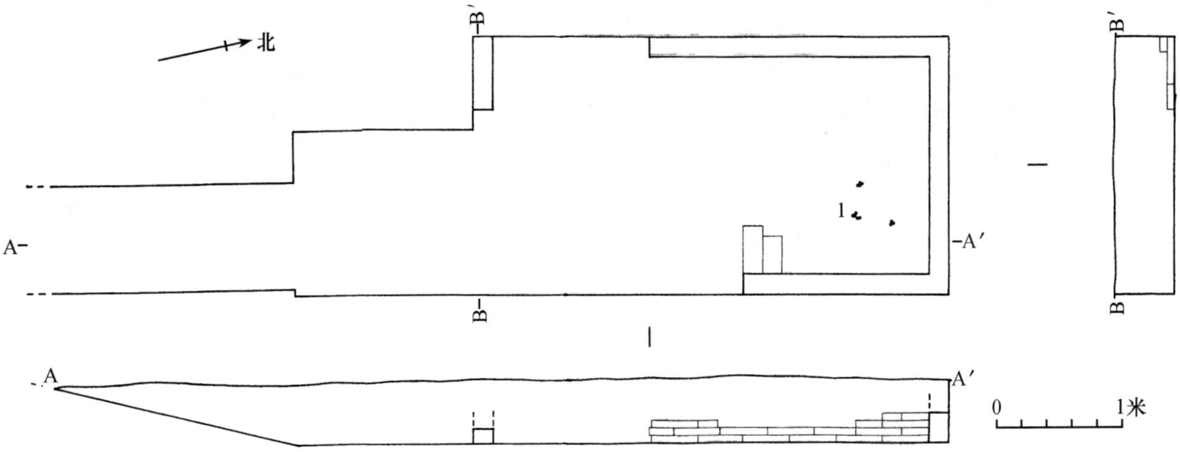

图一二 M12平、剖面图

1. 五铢钱

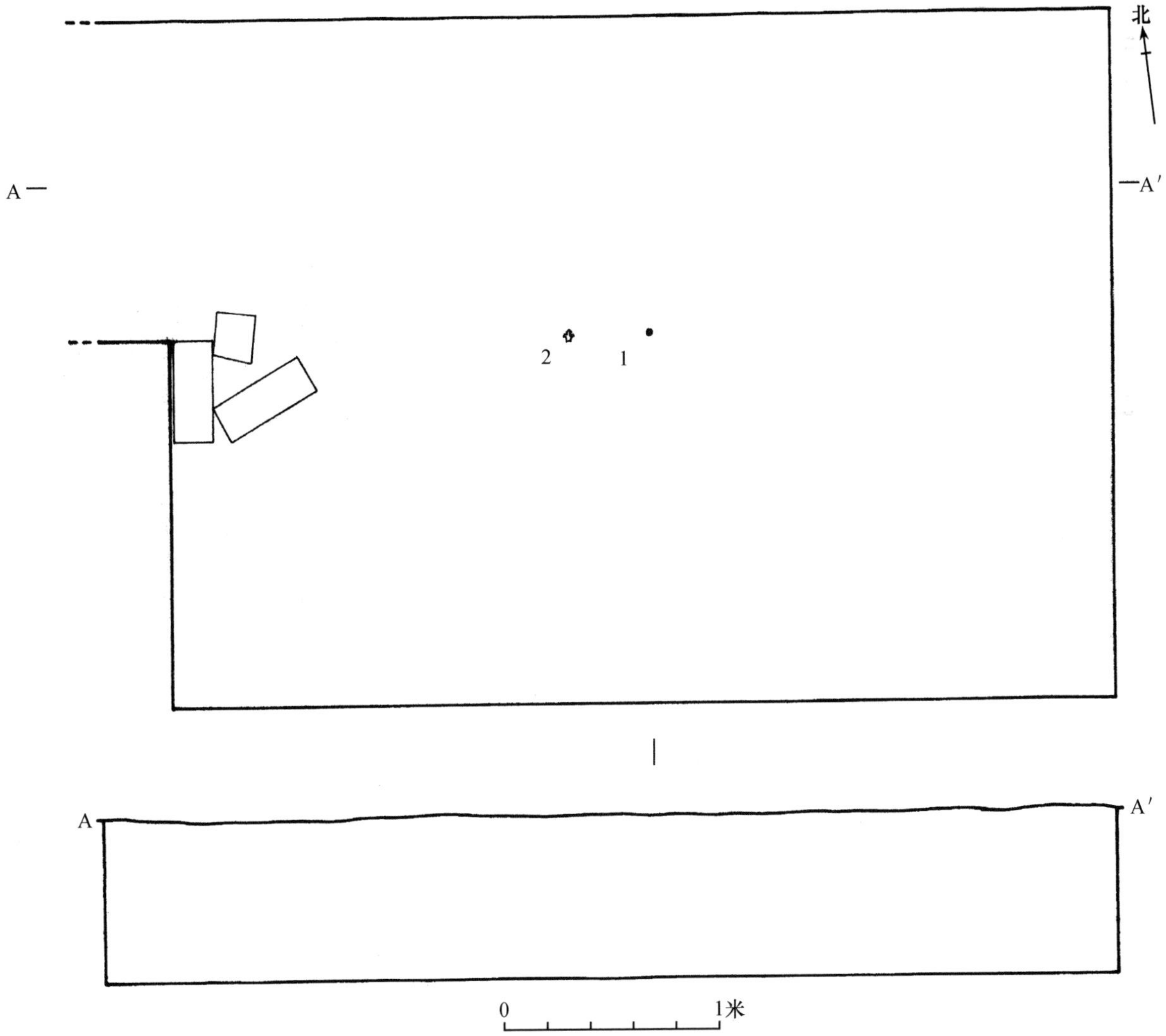

图一三 M22平、剖面图

1. 五铢钱 2. 铜饰残片

M23　墓葬方向275°。墓葬由墓道、甬道、墓室三部分组成，墓道及甬道皆位于墓室西部偏南，与墓室组成“刀”的形状。墓道结构不详。甬道长方形，砖砌，长106、宽140、残高72厘米。墓室长方形，砖室，顶部坍塌，长370、宽220、残高76厘米。墓葬盗扰严重，人骨不存，葬式、葬具不明（图一四）。

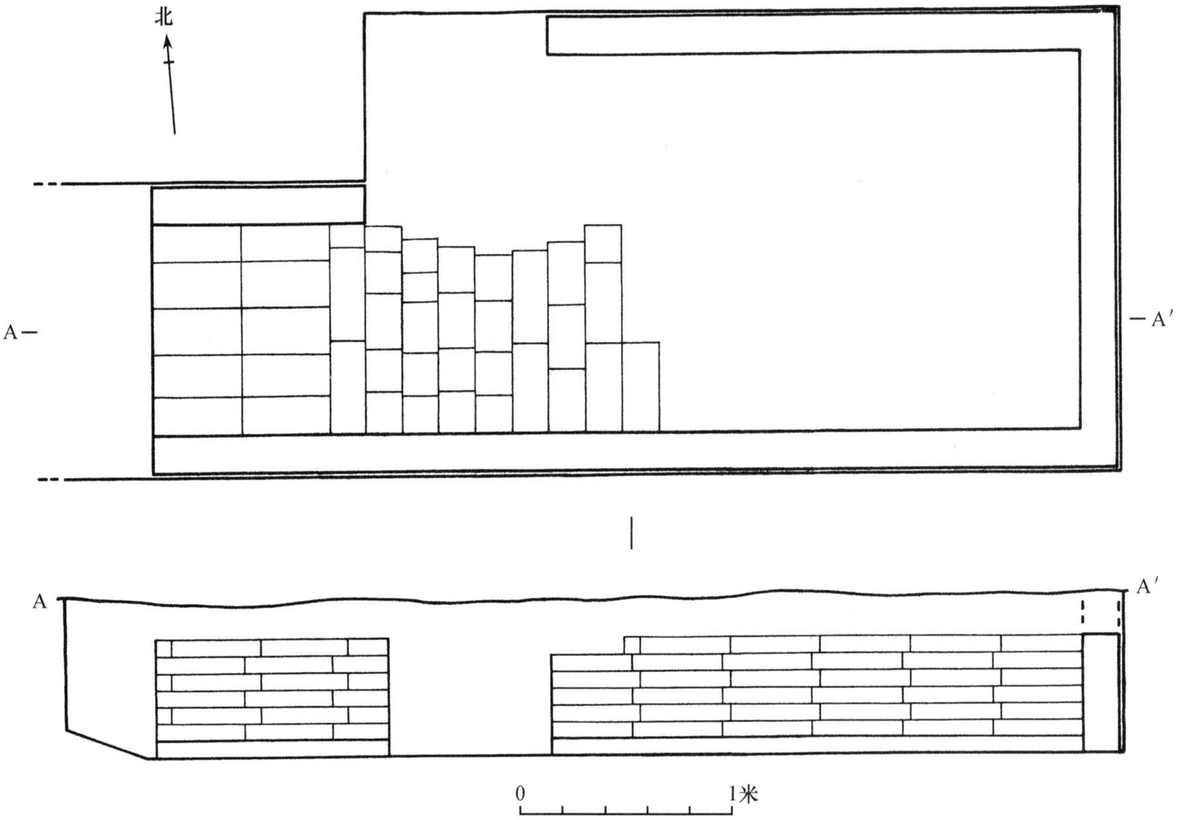

图一四　M23平、剖面图

M25　墓葬方向270°。墓葬由墓道、甬道、墓室三部分组成，墓道及甬道皆位于墓室西部偏北，与墓室组成“刀”的形状。墓道长方形，残长164、宽124厘米。甬道长方形，砖砌，长36、宽124、残高42厘米。墓室长方形，砖室，顶部坍塌，长360、宽164、残高42厘米。墓葬盗扰严重，人骨不存，葬具用木棺，有棺板朽灰痕迹（图一五）。

M26　墓葬方向275°。墓葬由墓道、甬道、墓室三部分组成，墓道及甬道皆位于墓室西部偏南，与墓室组成“刀”的形状。墓道长方形，残长210、宽134厘米。甬道长方形，长168、宽150、残高40厘米。墓室长方形，砖室，顶部坍塌，长360、宽220、残高60厘米。墓葬盗扰严重，人骨不存，葬具不明（图一六）。

（二）出土器物

陶罐　5件。M2：4，灰陶。敛口，平沿，鼓肩，近直腹，平底，腹部有凸棱。素面。口径9.6、底径11.2、高10.6厘米（图一七，9）。M4：1，灰陶。浅盘口，束颈，溜肩，肩部

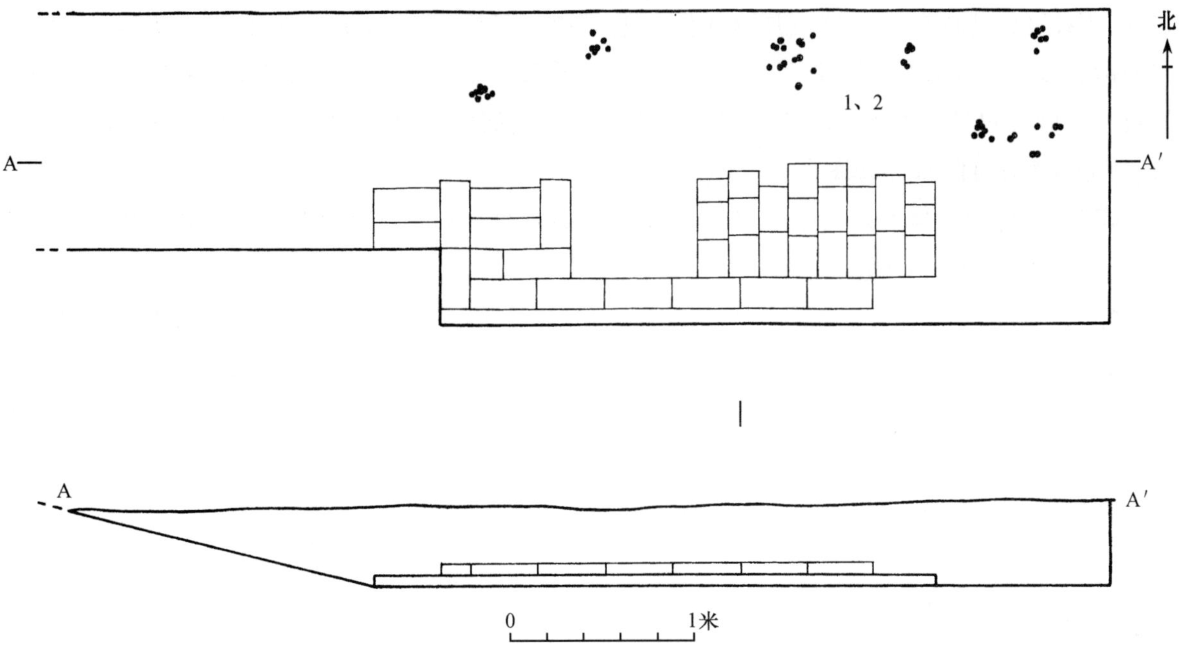

图一五　M25平、剖面图
1. 五铢钱　2. 铜钱（钱文不明）

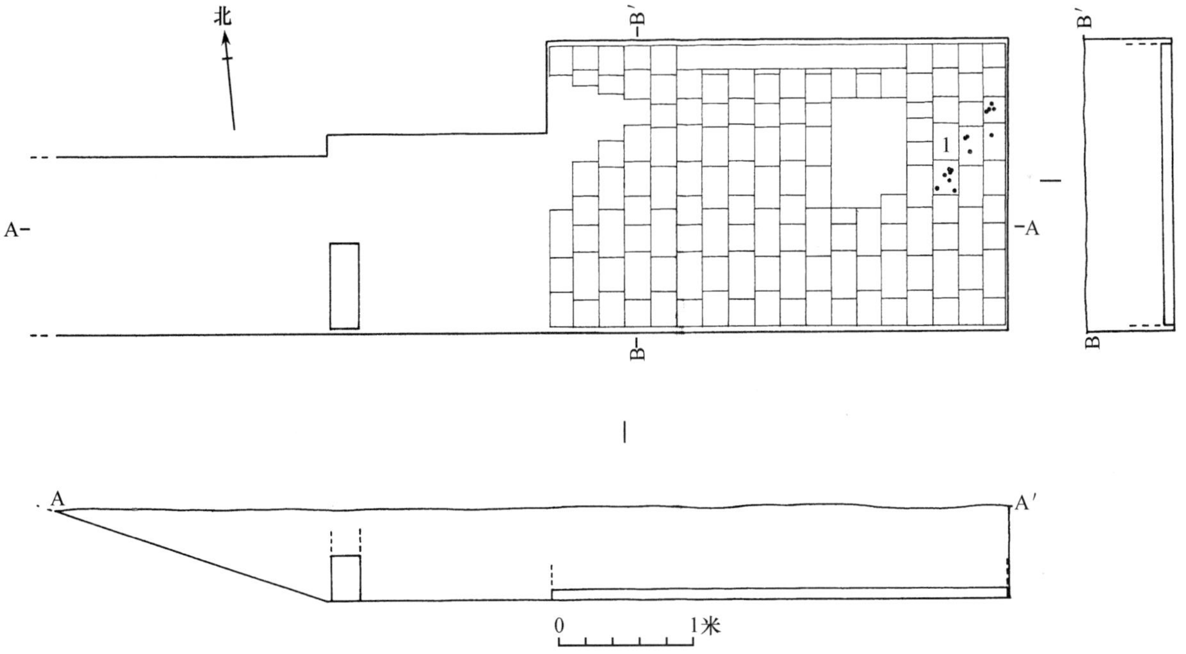

图一六　M26平、剖面图
1. 五铢钱

有双耳，斜腹，平底。肩及上腹部饰折线纹。口径14、腹径25、底径11厘米（图一七，15；图版一三，1）。M6∶4，灰陶。敛口，器物残损。腹径28、底径18厘米（图一七，11）。M6∶5，灰陶。浅盘口，束颈，溜肩，肩部有双耳，斜腹，平底。肩部及腹部饰绳纹。口径

11.8、底径11、腹径19、高23.6厘米（图一七，13；图版一三，2）。M24∶5，灰陶。方唇，口略敞，束颈，圆耸肩，口沿平面有一圈弦纹，收腹，底略内凹。肩部可见两圈较粗、深的竖篮纹，下腹亦可见一圈粗、深的竖篮纹，近底有数圈折线纹。陶罐腹部残，口、底无法相接。口径13.6、底径11.8厘米（图一七，16）。

陶盆　1件。M24∶4，灰陶。方唇，折沿，斜直腹，平底。腹偏上饰有一周斜篮纹。口径29.6、底径19.2、高18.2厘米（图一七，14）。

陶盘　1件。M27∶1，泥质红陶。折沿，方唇，腹微弧，平底。素面。器物残损严重（图一七，10）。

陶碗　1件。M27∶2，泥质红陶。直口，圆唇，腹微鼓，平底。上腹部有两道凹弦纹。器物已残（图一七，12）。

骨耳饰　1件。M24∶6，圆柱状，中心穿孔。长1.6、一端柱面直径0.8、另一端柱面直径1.3厘米（图一七，1）。

铜钗　4件。M4∶3，残断，仅余数段。残长约8.8厘米（图一七，3）。M4∶4，鎏金，残断，仅余数段。残长8.8厘米（图一七，4）。M5∶1，铜鎏金，双股，部分锈蚀。长12.4厘米（图一七，5）。M6∶2，残断，仅余数段。残长8.8厘米（图一七，6）。

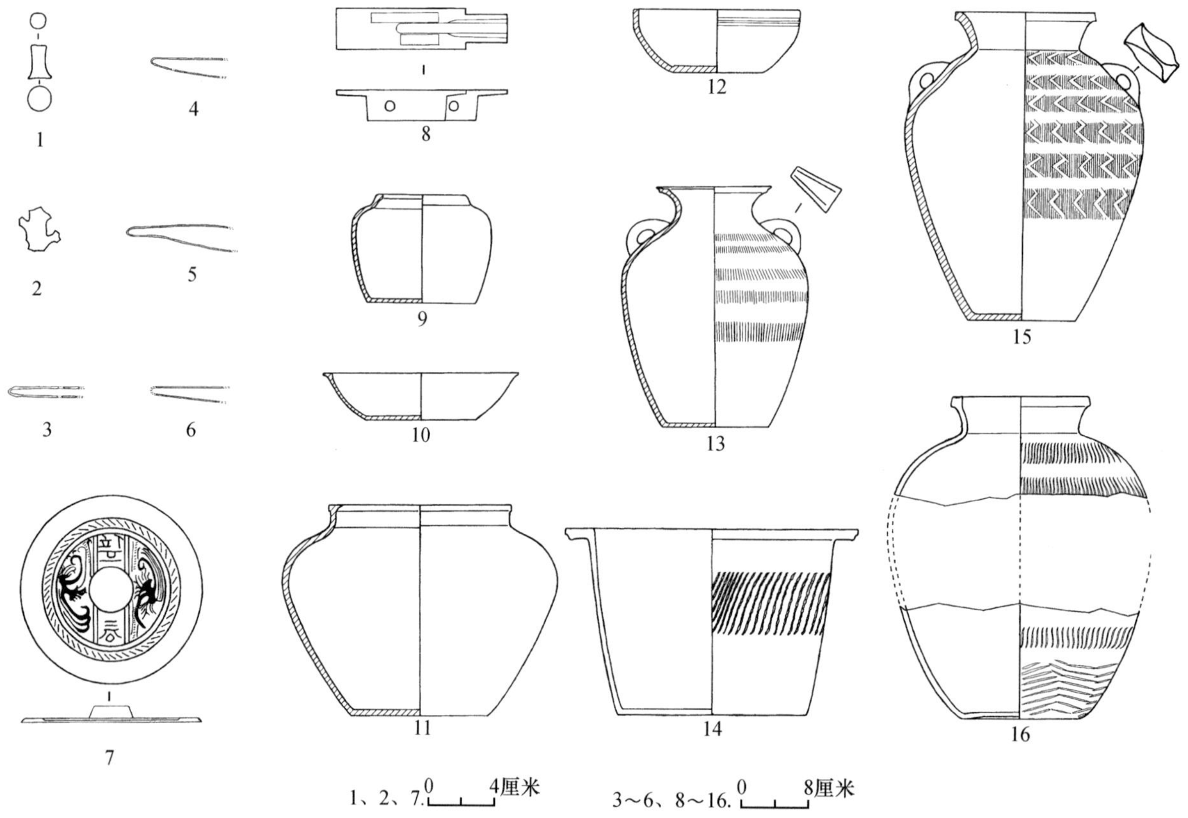

图一七　汉魏六朝墓葬出土器物

1. 骨耳饰（M24∶6）　2. 铜饰残片（M22∶2）　3～6. 铜钗（M4∶3、M4∶4、M5∶1、M6∶2）　7. 铜镜（M6∶3）　8. 铜弩机（M4∶2）　9、11、13、15、16. 陶罐（M2∶4、M6∶4、M6∶5、M4∶1、M24∶5）　10. 陶盘（M27∶1）　12. 陶碗（M27∶2）　14. 陶盆（M24∶4）

铜镜　1件。M6：3，半球形钮，有纵行铭文带贯穿镜钮，中有铭文“位至三公”。铭文带两侧各有夔纹一，再向外为两圈凸弦纹，凸弦纹之外为栉齿纹。直径9.3、钮径2.8厘米（图一七，7；图版一三，3）。

铜弩机　1件。M4：2，仅剩铜郭，郭为后部突出的凸字形，上有箭槽，侧面有二圆孔。长18、宽4.3厘米（图一七，8；图版一三，4）。

铜饰残片　1件。M22：2，主干近长方形，两侧各伸出一细分支。残长2.1、宽0.8、厚0.1厘米（图一七，2）。

铜环　1件。M24：1，以细铜丝弯成，仅残余一小段。粗0.2、残长2.4厘米。

半两钱　2枚。圆形方孔，钱文为“半两”。M24：3，2枚。直径2.4、孔径0.8厘米（图一八，1）。

五铢钱　289枚。圆形方孔，钱文为“五铢”。M2：1，17枚，其中有7枚残。直径2.6、孔径0.9～1厘米。M4：5，1枚。直径2.5、孔径0.9厘米。M6：1，24枚，其中2枚残。圆形方孔，部分铜钱锈结在一起。直径2.5、孔径0.9厘米。M6：6，40枚，其中12枚残，3枚剪轮。直径2.5、孔径0.9厘米。M12：1，12枚，其中3枚残损严重。直径2.6、孔径0.9厘米。M13：1，52枚，其中25枚残。直径2.6、孔径0.9厘米（图一八，2、3）。M22：1，1枚。直径2.6、孔径1厘米。M24：2，102枚。直径2.6、孔径1厘米（图版一三，5）。M25：1，25枚。直径2.6、孔径0.9厘米。M26：1，15枚，其中13枚残。直径2.6、孔径0.9厘米。

货泉　3枚。圆形方孔，钱文为“货泉”。M2：3，2枚。直径2～3、孔径0.7厘米。M13：2，1枚。直径2.3、孔径0.7厘米（图一八，4）。

无钱文或钱文不可辨的铜钱　82枚。圆形方孔，钱文不可分辨。M2：2，9枚，其中有2枚残。直径2.6、孔径0.9厘米。M4：6，16枚。圆形方孔，钱文不可辨识，部分铜钱锈结在一起。直径2.6、孔径0.9厘米。M13：3，26枚，其中11枚残，有9枚为剪轮。圆形方孔，铭文不可辨识。直径2～2.6、孔径0.9～1厘米。M25：2，31枚。直径2.6、孔径0.9厘米。

铭文砖　出于M4、M6两座墓葬中。出土于M4者长36.5、宽14.5、厚6.5厘米，在砖侧面有“太康三年作”铭文（图一九，1）。出土于M6者长30.5、宽14.5、厚6.5厘米，在砖侧面有“太康三年八月作”铭文（图一九，2）。

花纹砖　长约30～37、宽约14～18.5、厚约4～6.5厘米。样式多样，大多在砖的长侧面模印有纹饰，也有的在砖的短侧面模印纹饰，纹饰有圆圈纹、钱纹、菱格纹、鱼纹、车轮纹等（图一九，3～7）。

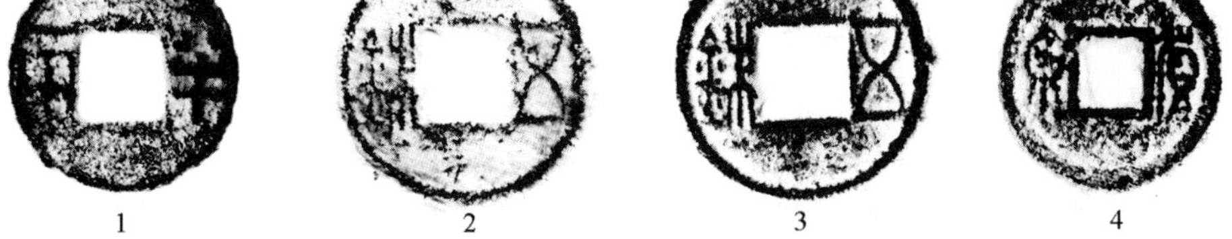

1　2　3　4

图一八　汉魏六朝墓葬出土铜钱

1. 半两钱（M24：3）　2、3. 五铢钱（M13：1）　4. 货泉（M13：2）

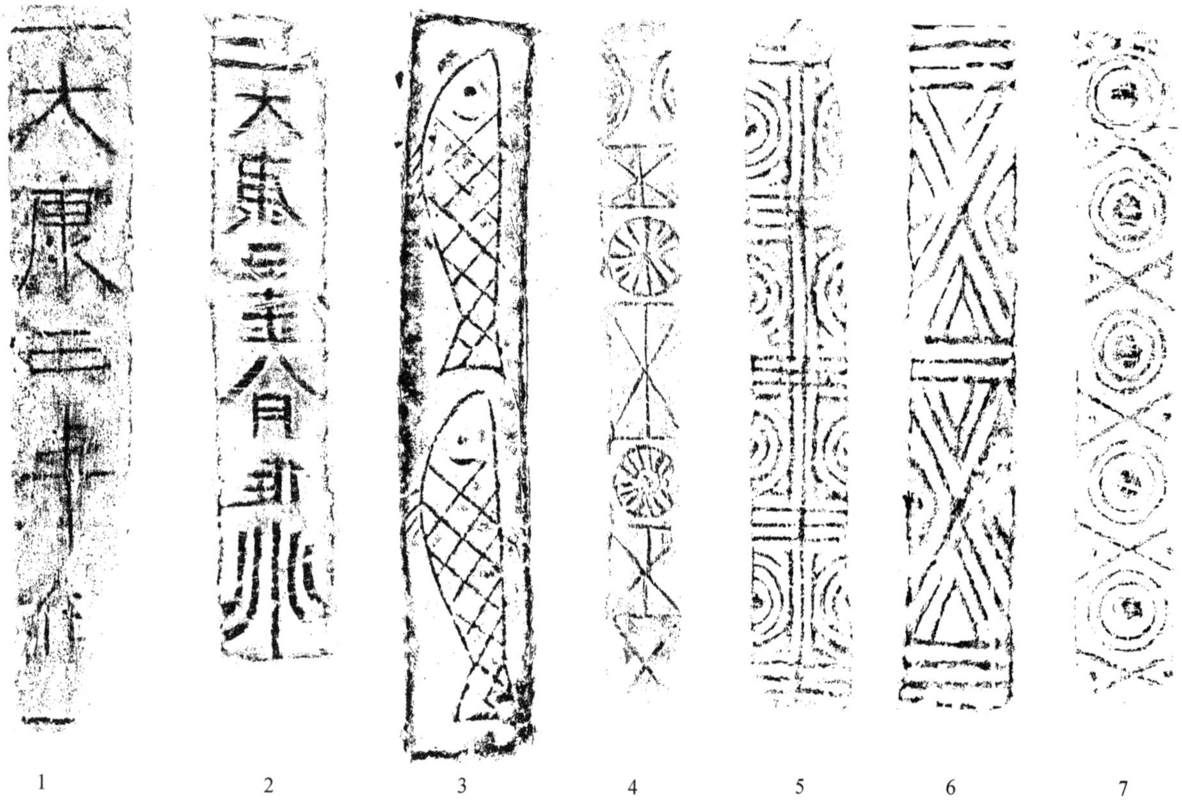

图一九　汉魏六朝墓葬出土墓砖

1、2. 铭文砖（M4、M6）　3～7. 花纹砖（M6、M6、M5、M24、M12）

二、唐五代时期墓葬

1座，编号M3。墓葬方向187°，为近长方形砖室墓（船形），墓室东西两壁略外弧，顶部坍塌。墓室长330、宽134～62、残高68厘米（图二〇）。

共出土2件随葬品。

陶壶　1件。M3：1，侈口，尖唇，束颈，鼓腹，平底，肩部有一系一流，器物口部及流残。器外壁施褐色彩，底不施彩。腹部有弦纹数周。口径9.6、底径4.8、腹径12.8、高18厘米（图二七，14；图版一四，1）。

陶碗　1件。M3：2，敛口，圆唇，斜腹，矮圈足。灰白胎，器内壁及口沿施白彩。内壁底有三支钉痕迹。口径13.6、底径7.6、高4厘米（图二七，3；图版一四，2）。

三、宋—明时期墓葬

共6座。

（一）墓葬形制

皆为砖室墓，有长方形竖穴墓、凸字形墓、圆形墓三种。

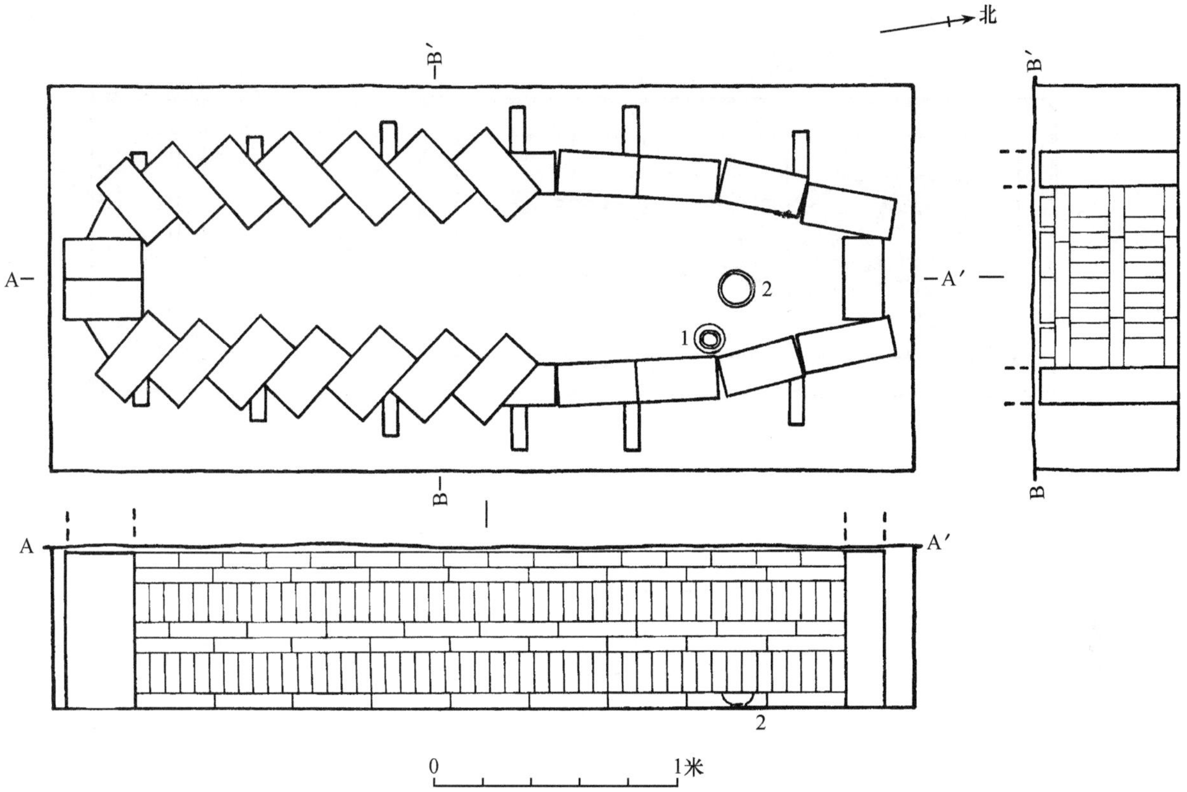

图二〇 M3平、剖面图
1. 陶壶 2. 陶碗

1. 长方形竖穴墓

3座，分别为M8、M9、M16。

M8 墓葬方向203°。墓葬无墓道、甬道。墓室长方形，顶部坍塌，长274、宽124、残高48厘米。墓室北壁有一凸字形壁龛，宽32～44、高22、深14厘米。墓主仰身直肢，头南脚北，葬具为木棺（图二一；图版一〇，1）。

M9 墓葬方向25°。墓葬无墓道、甬道。墓室长方形，长350、宽144、高144厘米，券顶，在距墓底88厘米处起券。墓主仰身直肢，头北向，有棺钉及板灰出土，推测葬具为木棺，头部枕有瓦片（图二二）。

M16 墓葬方向315°。墓葬为东西并列异穴墓。无墓道、甬道。墓室皆为长方形砖室，券顶。东室长260、宽116、高130厘米，同缝起券，墓室东、西、北壁各有一小龛。西室长250、宽106、高128厘米，错缝起券，墓室东、西壁各有一小龛。死者头枕整瓦，棺内铺草木灰（图二三；图版一一，1）。

2. 凸字形墓

2座，分别为M10、M20。

M10 墓葬方向180°。由墓道、墓室组成。长方形斜坡墓道，残长25厘米。长方形墓

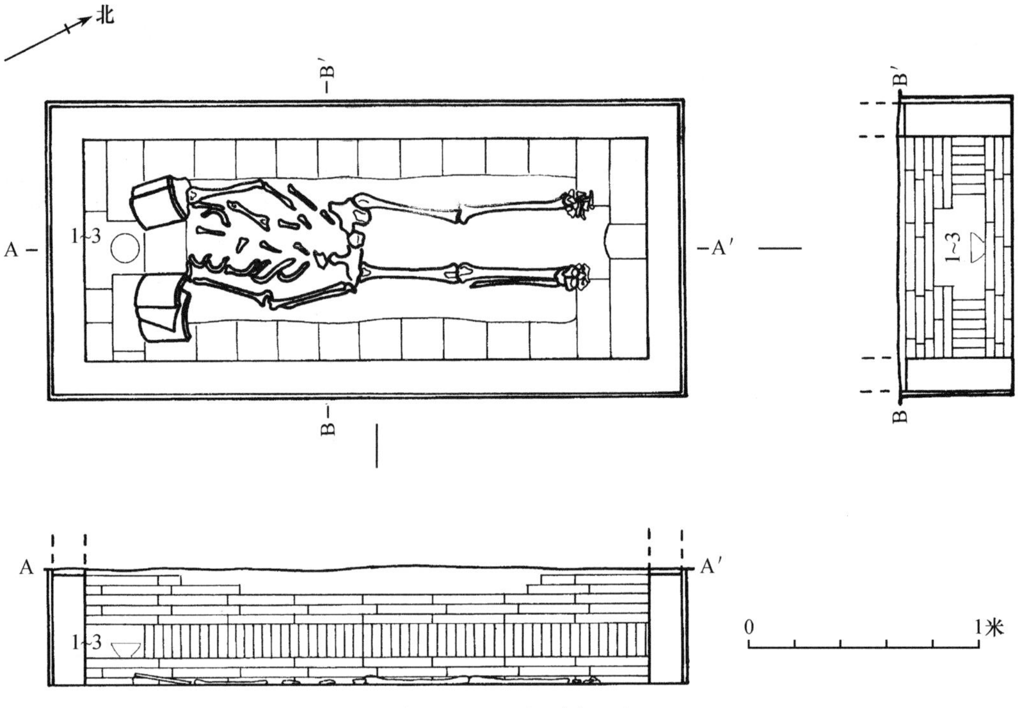

图二一　M8平、剖面图

1～3. 青瓷碗

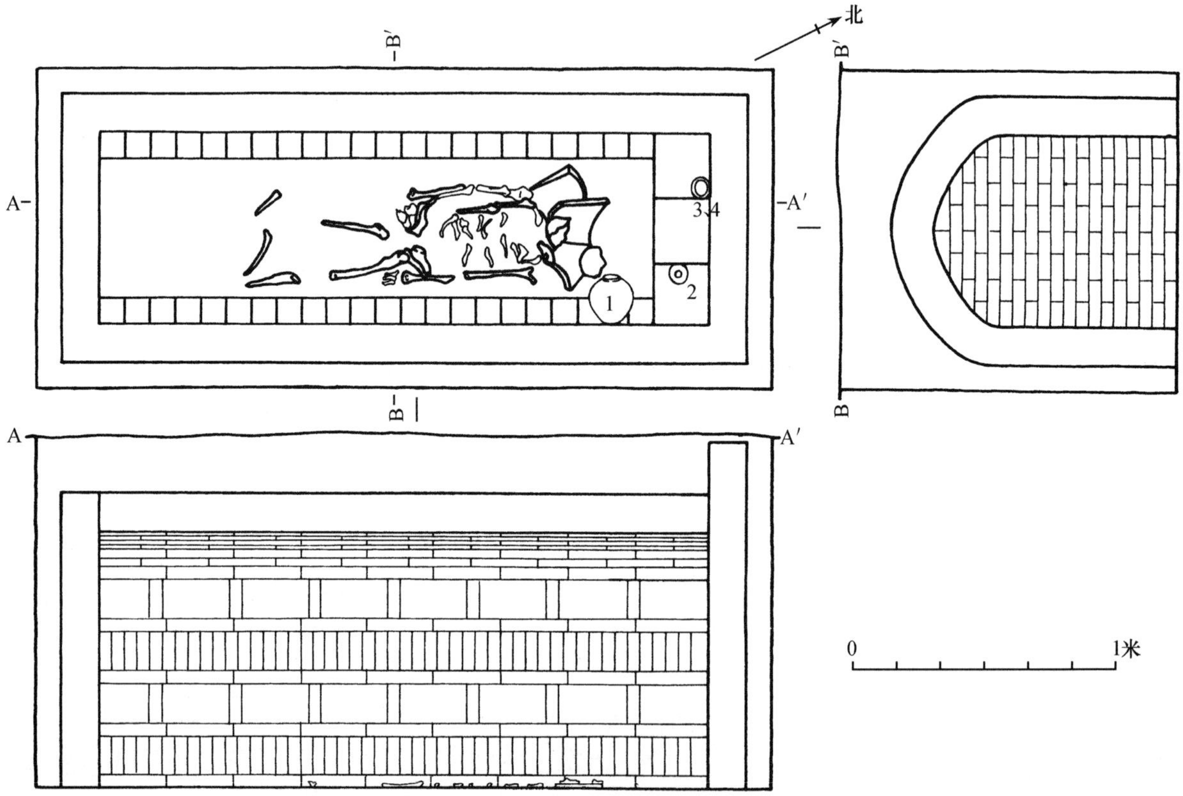

图二二　M9平、剖面图

1. 陶罐　2～4. 青瓷碗

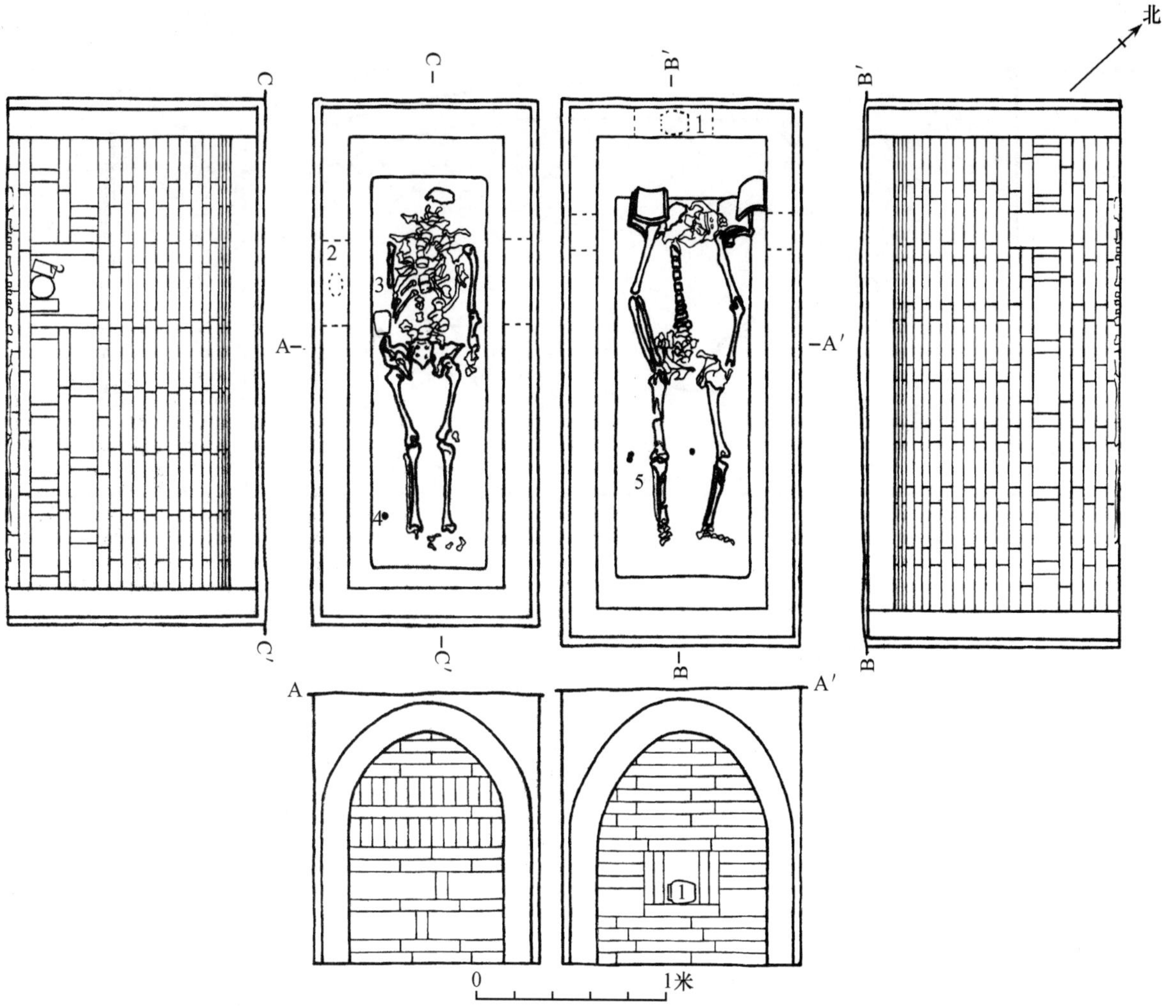

图二三　M16平、剖面图

1、3. 瓷罐　2. 青花瓷碗　4. 祥符元宝铜钱　5. 铜钱（钱文不明）

室，东西壁微外弧，顶部坍塌，长300、宽160、残高48厘米。双人葬，墓室东、西各一具尸骨，皆头向北，仰身直肢，人骨附近出土几枚铁棺钉，推测原葬具为木棺，已朽（图二四）。

M20　墓葬方向165°。由墓道、甬道、墓室组成。长方形斜坡墓道，残长130、宽68厘米。长方形甬道，长70、宽235厘米。长方形墓室，长326、宽235、残高90厘米。约距墓底90厘米处起顶，顶上部已塌。墓室口有封门砖墙，残高120厘米。该墓为砖砌仿木作，封门墙砌出拱门、立柱，墓室东西两壁各砌出两个“斗拱—立柱”，北壁砌出类似龛台的构造。人骨扰乱严重，似只有一个个体，葬式、葬具不明（图二五；图版一〇，2）。

3. 墓室近圆形墓

1座，编号M17。

M17　墓葬方向170°。墓葬由墓道、甬道、墓室组成。墓道阶梯状，残长200、宽68厘米。甬道长方形，券顶已塌，底低于墓室底，残长80、宽64厘米。墓室近圆形，顶部已残，

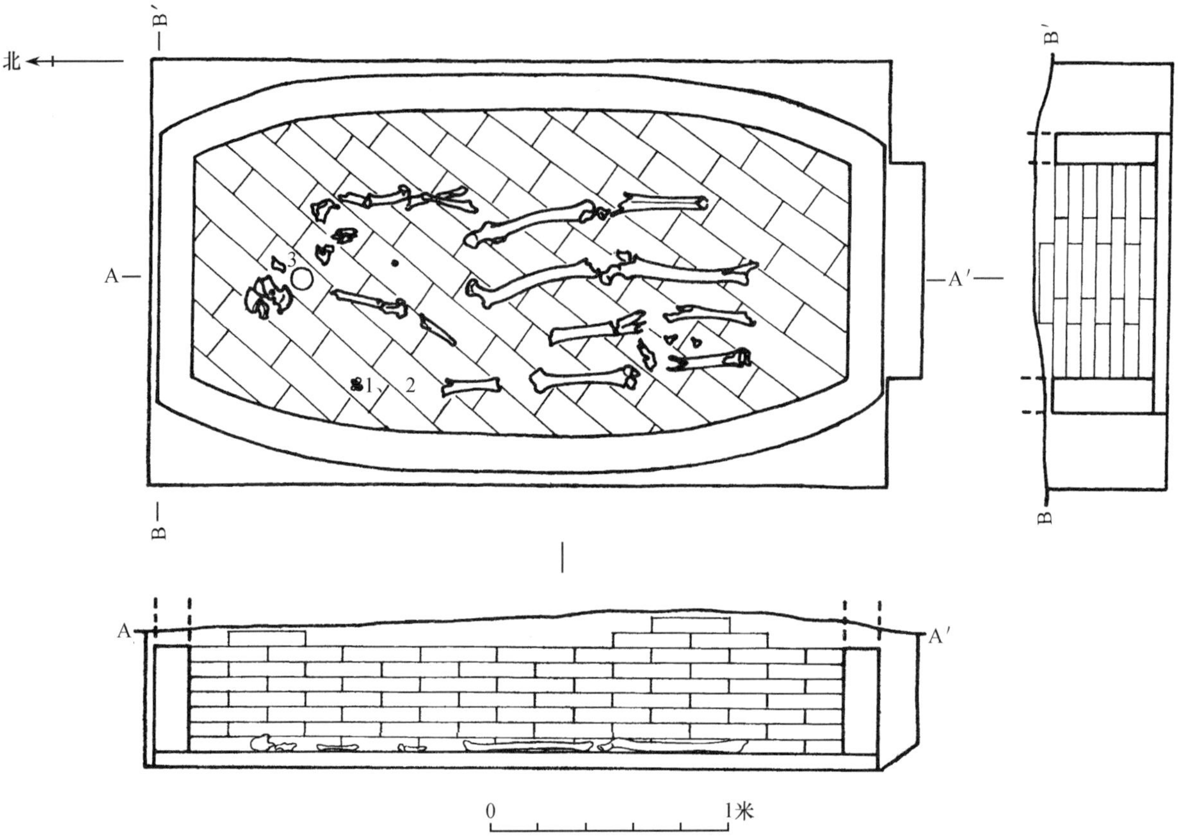

图二四　M10平、剖面图
1. 祥符元宝铜钱　2. 铜钱（钱文不明）　3. 陶碗

直径320、残高170厘米。在墓室四壁上有小龛3层，第1层共11个，长方形尖顶；第2层1个，梯形；第3层1个，长方形尖顶。墓葬墓主双人，仰身直肢，头南脚北。从发现的方头铁棺钉及棺板灰看，葬具应为木棺（图二六；图版一一，2）。

（二）出土器物

青瓷碗　6件。M8：1，敞口，圆唇外翻，弧腹，矮圈足。口径13.5、底径6.5、高6.5厘米（图二七，4）。M8：2，敞口，圆唇外翻，弧腹，矮圈足。口径13.5、底径6.5、高7厘米（图二七，5；图版一四，3）。M8：3，敞口，圆唇，弧腹，矮圈足。口径13.5、底径6.5、高7厘米（图二七，6；图版一四，4）。M9：2，敞口，圆唇外翻，弧腹，圈足较宽。口径15.7、底径6.7、高6.8厘米（图二七，11；图版一四，5）。M9：3，敞口，圆唇外翻，弧腹，圈足较宽。口径15.7、底径6.7、高6.8厘米（图二七，12；图版一四，6）。M9：4，敞口，圆唇外翻，弧腹，圈足较宽。口径15.7、底径6.7、高7.2厘米（图二七，13）。

青花瓷碗　1件。M16：2，敞口，圈足。外壁画墨蓝色青花花卉。口径11.8、底径4.8、高5厘米（图二七，2；图版一五，2）。

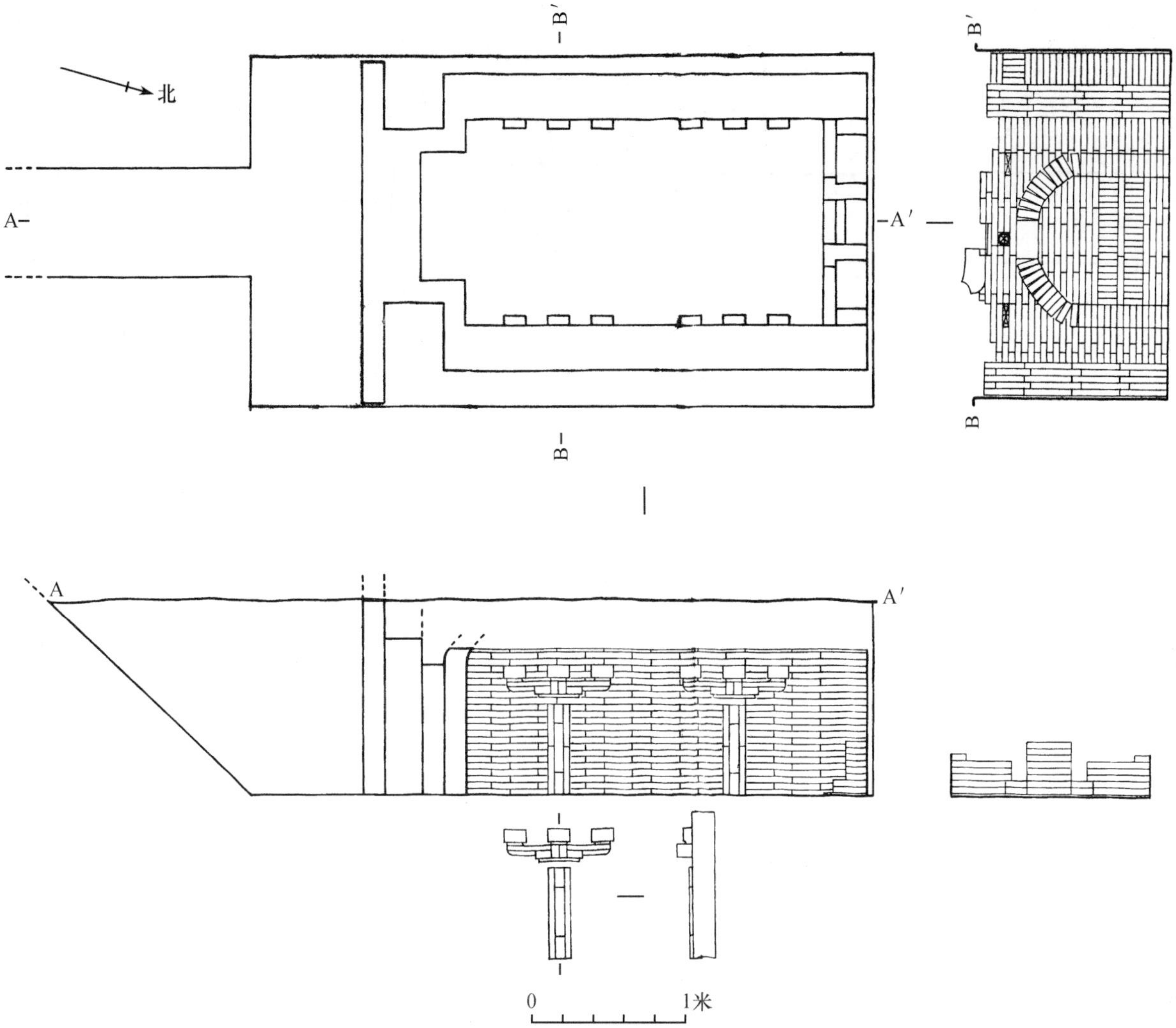

图二五　M20平、剖面图

瓷罐　2件。M16：1，直口，圆唇，鼓肩，斜直腹，平底。肩部以上施绿釉，以下为褐色胎。口径8、底径8.5、高13.8厘米（图二七，10；图版一五，3）。M16：3，圆唇，鼓肩，斜直腹，平底。底部以上施褐色釉，以下裸胎，胎为灰白色。口径6、底径6、高10.5厘米（图二七，9；图版一五，4）。

陶罐　1件。M9：1，直口，圆肩，斜弧腹，平底。素面。口径11、底径10.5、腹径22、高26.8厘米（图二七，15；图版一三，6）。

陶碗　1件。M10：3，泥质灰陶。圆唇，敞口，斜弧腹，假圈足。素面，碗内部、碗外部腹及以上施黑彩。口径10.4、底径3、高4.6厘米（图二七，1；图版一五，1）。

祥符元宝铜钱　4枚，圆形方孔，钱文为“祥符元宝”。M10：1，1枚。直径2.5、孔径0.6厘米（图二八，1）。M16：4，3枚。直径2.5、孔径0.6厘米。

开元通宝铜钱　1枚。M17：1，圆形方孔，钱文为“开元通宝”。直径2.5、孔径0.6厘米（图二八，3）。

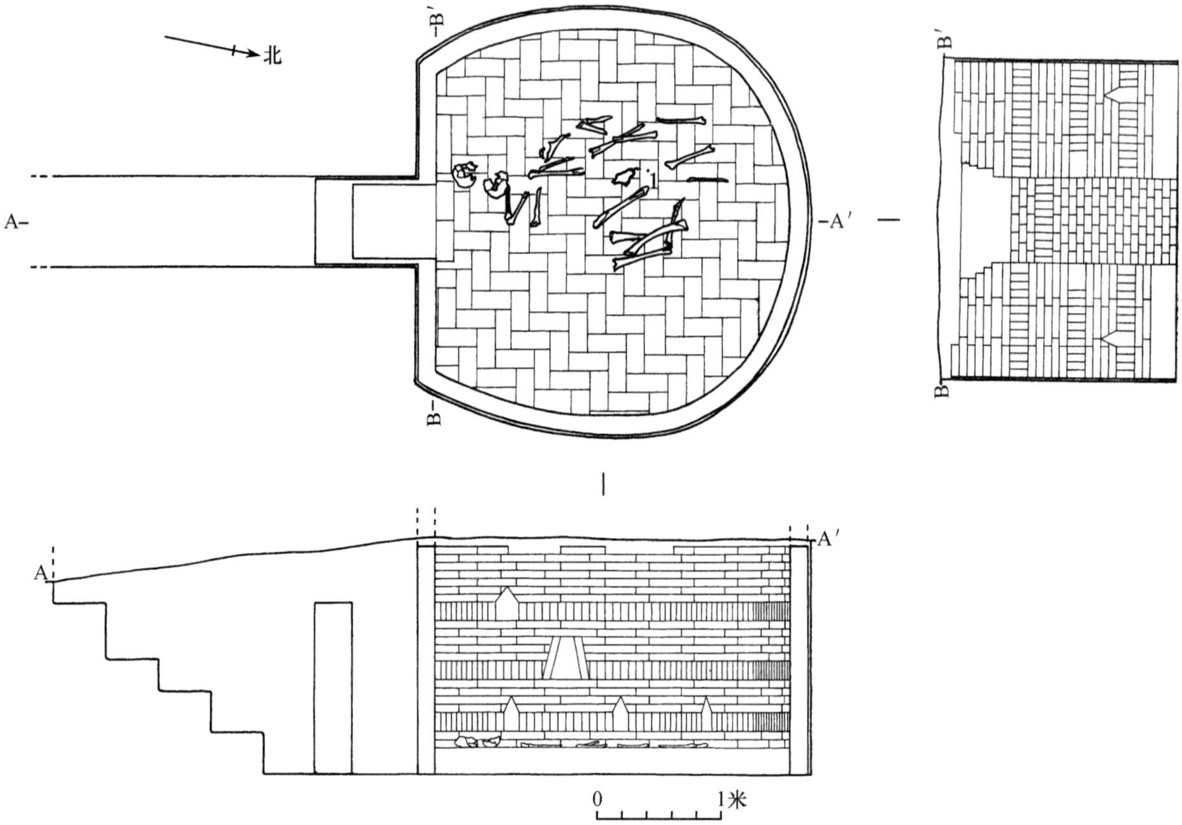

图二六　M17平、剖面图
1. 开元通宝铜钱

钱文不明的铜钱　5枚。圆形方孔，钱文不明。M10：2，4枚。直径2～2.7厘米。M16：5，1枚。直径2.7、孔径0.7厘米。

四、清代墓葬

清代墓葬1座，编号M11。方向355°。墓葬为长方形竖穴土坑墓，无墓道、甬道。墓室长240、宽110、残高40厘米，顶部残。墓主单人，头北脚南，仰身直肢。葬具为木棺，尚存侧板及底部数根木头，人骨附近分布黑色棺灰，平面范围呈长方形，其中出土两枚棺钉。人骨头部枕一土枕（图二九；图版一二，1）。

出土器物2件。

铜耳环　1件。M11：1，以细铜丝弯成环状，完整。直径2.1、环粗0.2厘米（图二七，7）。

道光通宝铜钱　1枚。M11：2，圆形方孔，铸“道光通宝”字样，完整。直径2.2、孔径0.5厘米（图二八，2）。

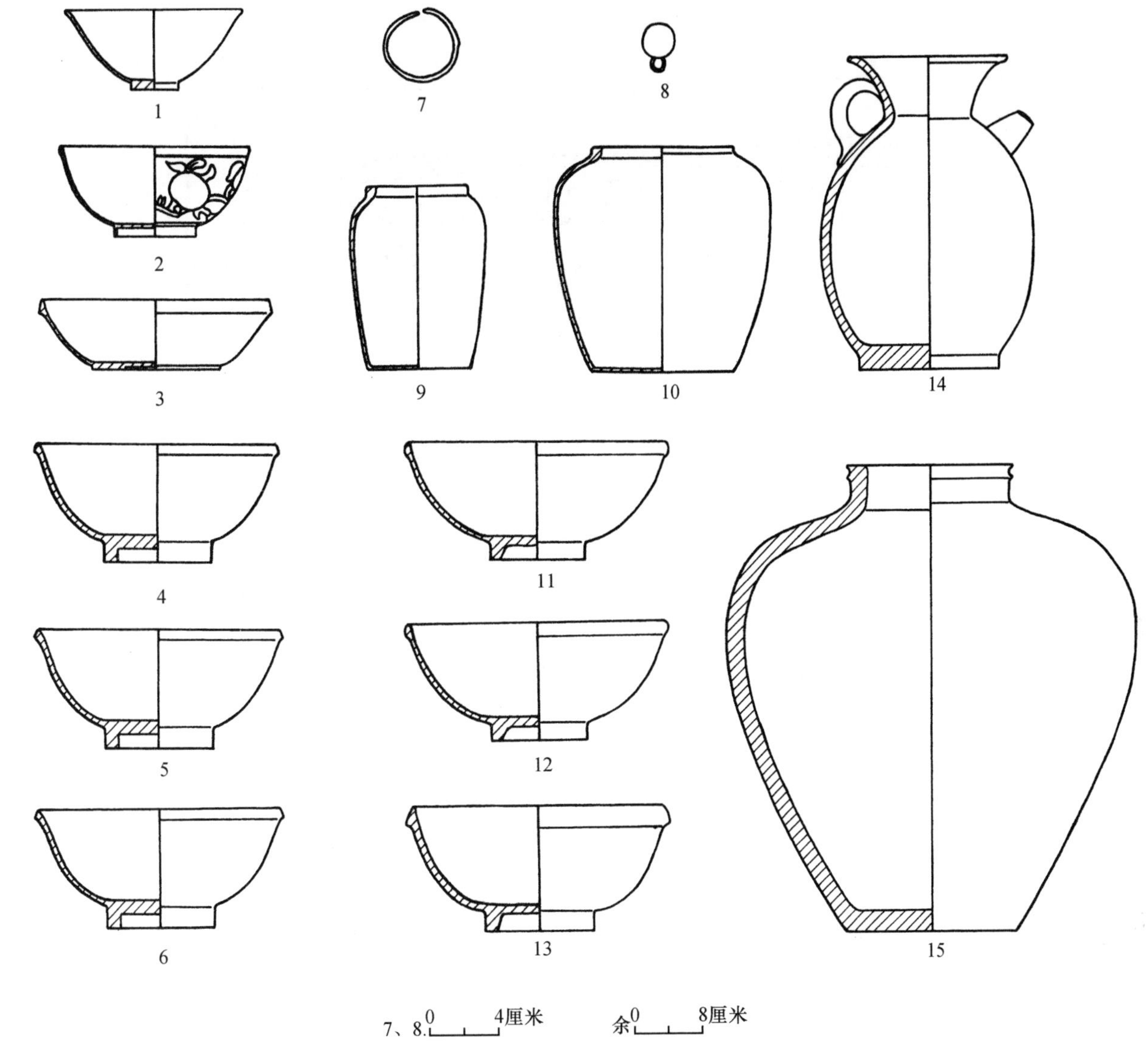

图二七　唐五代、宋—明、清代、时代不明墓葬出土器物

1、3. 陶碗（M10：3、M3：2）　2. 青花瓷碗（M16：2）　4～6、11～13. 青瓷碗（M8：1、M8：2、M8：3、M9：2、M9：3、M9：4）　7. 铜耳环（M11：1）　8. 铜饰（M15：1）　9、10. 瓷罐（M16：3、M16：1）　14. 陶壶（M3：1）　15. 陶罐（M9：1）

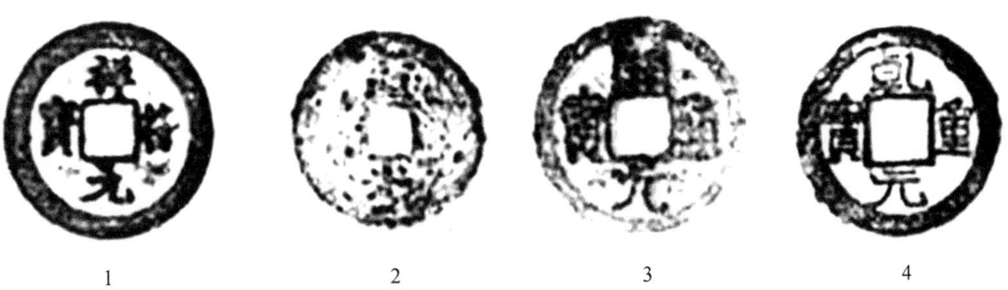

图二八　宋—明、清代、时代不明墓葬出土铜钱

1. 祥符元宝（M10：1）　2. 道光通宝（M11：2）　3. 开元通宝（M17：1）　4. 乾元重宝（M18：1）

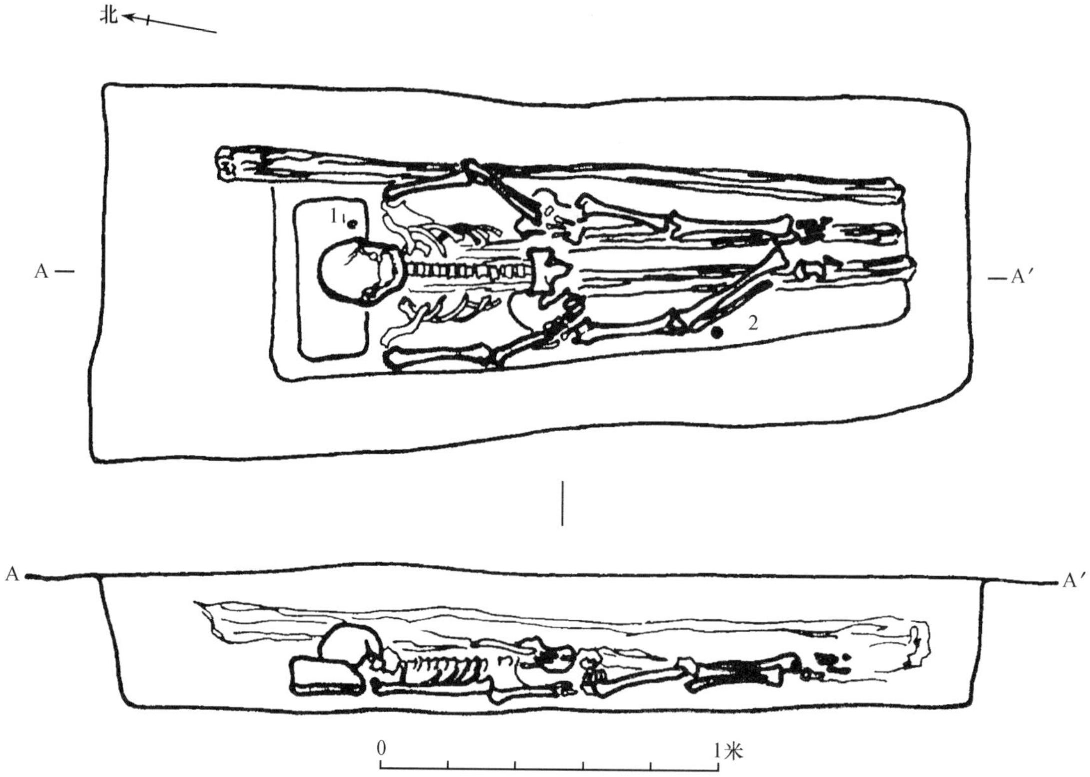

图二九　M11平、剖面图
1. 铜耳环　2. 道光通宝铜钱

五、时代不明墓葬

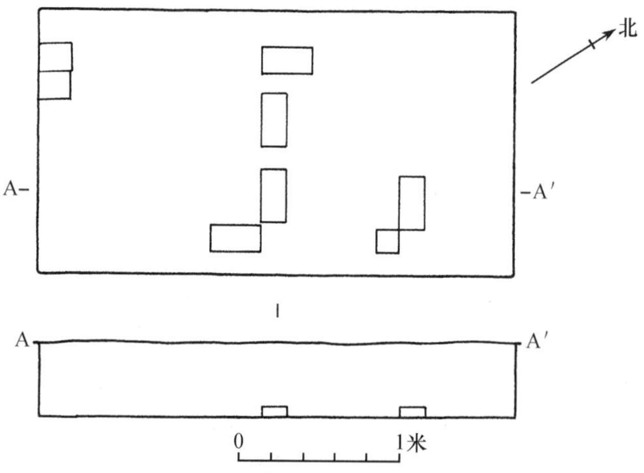

图三〇　M14平、剖面图

共4座，分别为M14、M15、M18、M21。4座墓葬形制为长方形土坑砖室墓或凸字形砖室墓，皆少有随葬品出土，难以判断其年代。

（一）墓葬形制

M14　墓葬方向214°。长方形竖穴砖室墓，无墓道、甬道。墓室长方形，顶部坍塌，长300、宽160、残高40厘米，残有零星铺地砖，四壁砖不存。人骨、葬具皆不存（图三〇）。

M15　墓葬方向10°。长方形竖穴砖室墓，无墓道、甬道。墓室长方形，长260、宽106、残高175厘米。墓主1人，仰身直肢，头北脚南。头脚分别枕在瓦上，葬具为木棺，棺内铺草木

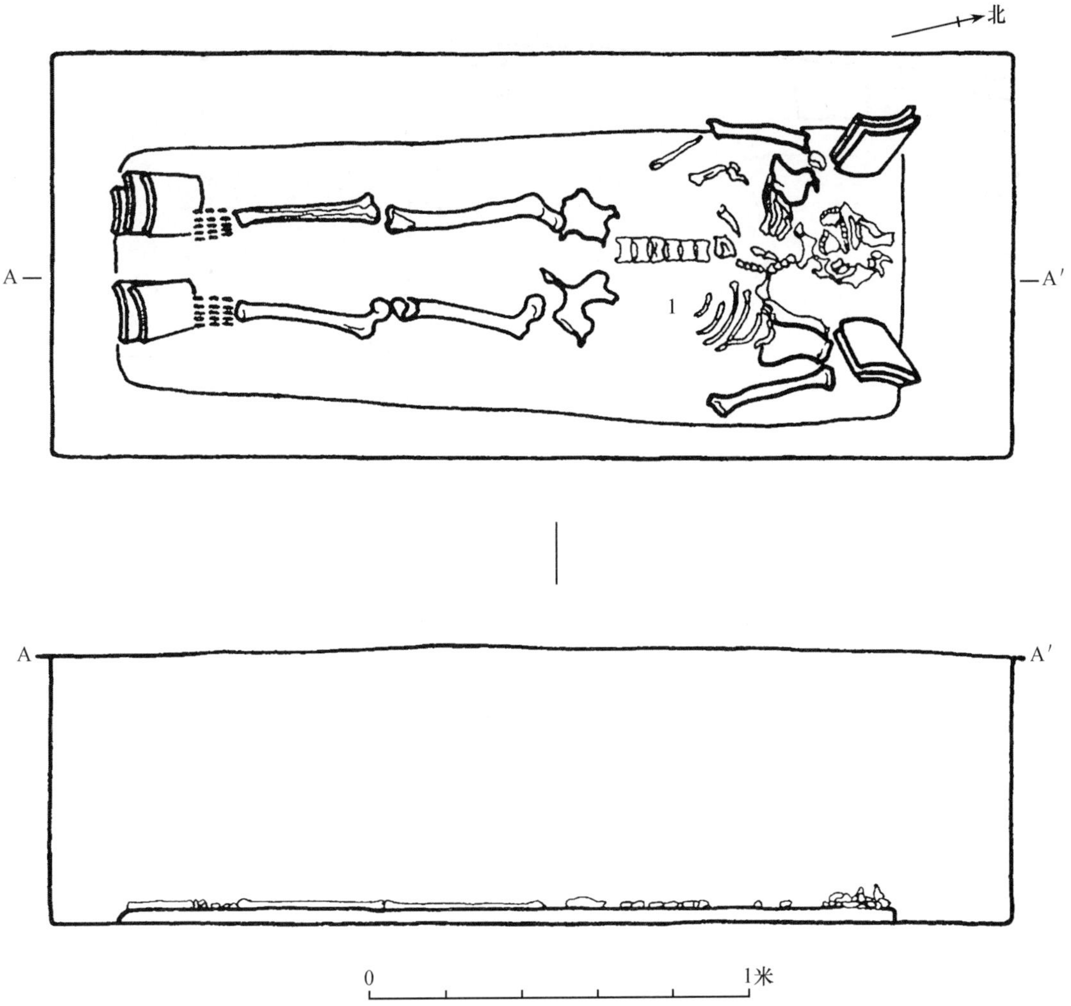

图三一　M15平、剖面图
1. 铜饰

灰（图三一；图版一二，2）。

M18　凸字形砖室墓。墓葬方向160°。墓葬由墓道、墓室两部分组成。墓道残长160、宽108厘米。墓室长方形，约长362、北部宽168、南部宽220、残高48厘米。人骨散乱，葬式难辨。有铁棺钉，当使用木棺（图三二）。

M21　长方形土坑砖室墓。墓葬方向170°。墓葬无墓道、甬道，墓室长方形，长246、宽118、残高20厘米，底部铺砖。未出土人骨，葬具、葬式不明（图三三）。

（二）出土器物

铜饰　1件。M15：1，直径约0.6厘米，中空，形状似铃，顶部有一桥形钮，共20枚（图二七，8；图版一五，5）。

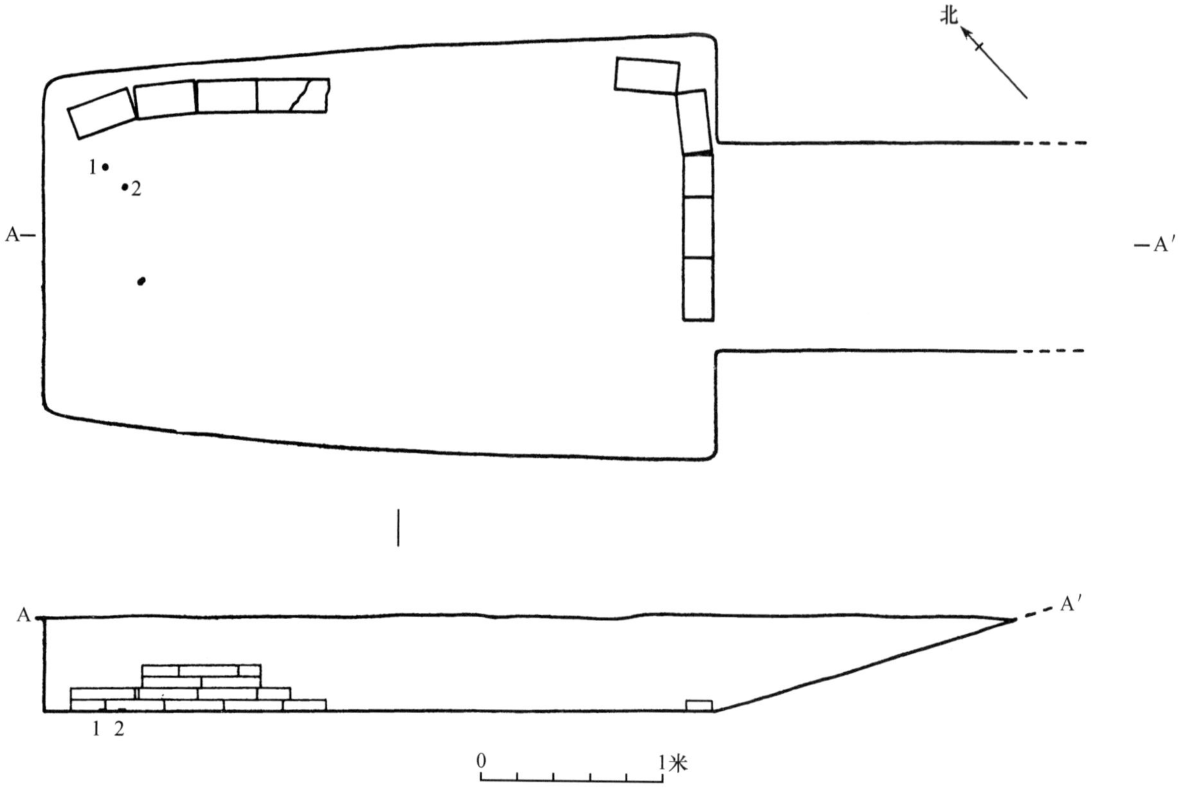

图三二　M18平、剖面图
1. 乾元重宝铜钱　2. 开元通宝铜钱

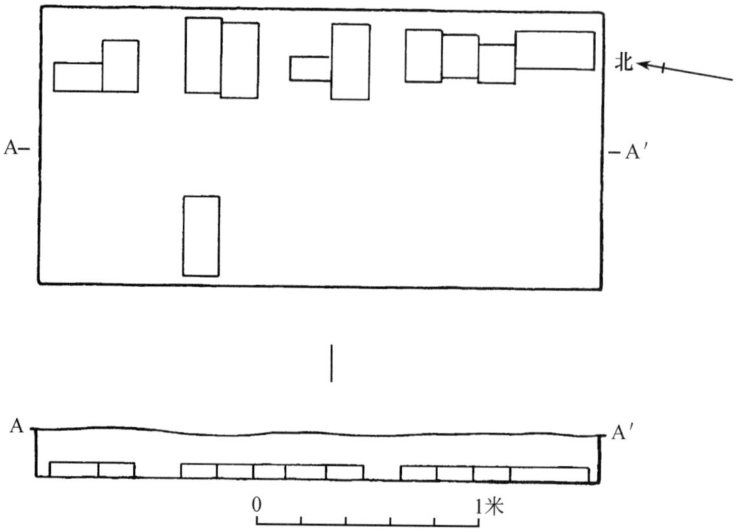

图三三　M21平、剖面图

乾元重宝铜钱　1枚。M18：1，圆形方孔，钱文为“乾元通宝”。直径2.5、孔径0.6厘米（图二八，4）。

开元通宝铜钱　3枚，其中1枚残。M18：2，圆形方孔，钱文为“开元通宝”。

六、结　　语

杨溪铺遗址发掘墓葬共25座，时代历汉至清，时间跨度长，一定程度展现了这一地区历史时期的社会面貌。两汉时期，今郧县隶属益州汉中郡钖县、长利县，其时有“郧关”见载于《汉书·地理志》[1]。西晋始设郧乡县，隶属于荆州魏兴郡。东晋南北朝时期，郧县位于南北方对峙的前线，所属政权屡更，但在《宋书·州郡志》[2]中还可见到记载，可知其作为县一级行政单位的性质未变。杨溪铺遗址发掘墓葬以汉魏六朝者为最多，在郧县地区历年的考古发掘中，也有郧县砖瓦厂[3]、西峰[4]、老幸福院[5]、韩家洲[6]等汉墓群被发现，且在上宝盖遗址发现有汉代灰坑134座、在龙门堂遗址发现有汉代房址数座[7]，这都反映了这一地区在汉魏六朝时期的发展情况。隋唐以降，郧乡县先后属于淅阳郡、南丰州、均州，其间，濮王李泰被改封顺阳王后曾徙居于此，李泰本人及其妃、其子的墓葬也都已在郧县境内被发现[8]。宋元时期郧县的建制大体唐代相同，唯元时改郧乡县为郧县，这一名称一直沿用至今。明成化年间，设置郧阳府，郧县成为府治所在，地位得到进一步提高，这种情况基本沿袭至清康熙年间。在本次发掘中，共发掘宋—明时期墓葬6座，其中M17、M20两座墓葬规模颇大，且墓室内有砖雕建筑、小龛等构件，体现了此地的发展水平。

杨溪铺遗址M4、M6中有纪年铭文砖出土（“太康三年”），且墓葬保存完好，出土物完整，为郧县地区首次发现的完整的西晋纪年墓葬，为这一地区西晋墓葬的研究提供了很好的材料。

另外，杨溪铺遗址墓葬排布有一定规律，如M4、M5、M6方向基本一致；M8、M9、M10方向基本一致；M22～M27方向基本一致，呈东西两排排列，为研究家族墓地的排布规律提供了基础。

附记：本次发掘和整理工作领队为韦正，工作人员主要有方笑天、朴南巡、王佳月、卢方琦、齐思、吕梦、王音、李云河、刘瑞、金晋攸、徐斐宏等人。考古钻探由湖北省十堰市郧县文物局负责，周兴明局长、周世本主任付出了辛勤的劳动。北京大学考古文博学院何嘉宁、崔剑锋老师进行了科技分析。此外，在发掘和整理的过程中，湖北省文物局南水北调办公室王凤竹主任、杜杰副主任、湖北省文物局南水北调考古监理李劲主任、中国社会科学院考古研究所徐光冀先生、北京联合大学应用文理学院陈悦新、北京大学考古文博学院陈冲、李雨生、中国人民大学刘未等先生都对发掘及整理工作进行了指导并提出过宝贵意见。

绘图：王　音

执笔：方笑天　朴南巡　金晋攸

注　释

[1] 班固：《汉书》卷二十八《地理志》，中华书局，1962年，第1596页。

[2] 《宋书》卷二八《州郡志三》梁州下记有：“郧乡令，本锡县，二汉旧县，属汉中，后属魏兴，魏、晋世为郡，后省。”中华书局，1974年，第1145页。

[3] 梁柱：《郧县砖瓦厂的两座东汉墓》，《江汉考古》1986年第2期。

[4] 襄樊学院、襄阳及三国历史文化研究所：《湖北郧县西峰汉墓群发掘简报》，《江汉考古》2011年第4期。

[5] 南水北调中线水源有限责任公司、湖北省移民局、湖北省文物事业管理局：《郧县老幸福院墓地》，科学出版社，2007年。

[6] 湖北省文物考古研究所：《湖北省郧县韩家洲墓地发掘报告》，《湖北南水北调工程考古报告集》（第一卷），科学出版社，2013年。

[7] 上宝盖、龙门堂遗址的简介见于周兴明：《郧阳考古发现》，湖北人民出版社，2012年。

[8] 高仲达：《唐嗣濮王李欣墓发掘简报》，《江汉考古》1980年第2期；湖北省博物馆、郧县博物馆：《湖北郧县唐李徽、阎婉墓发掘简报》，《文物》1987年第8期。

附录　郧县杨溪铺遗址2012年度考古发掘人骨鉴定结果

何嘉宁

（北京大学考古文博学院）

墓号	年代	性别	年龄	病理及异常
M2	汉魏六朝	男	35～40	
M8	宋—明	男	40～45	
M9	宋—明	女	40+	颈椎骨关节病，部分牙齿生前脱落
M10东	宋—明	男	25±	龋齿
M10西	宋—明	女?	25～30	龋齿
M11	清	女	55+	椎骨骨关节病，龋齿，缠足
M15	不明	女	12～15	
M16西	宋—明	?	成年	
M16东	宋—明	女	55+	骨质疏松
M17填土	宋—明	?	未成年	
M17西	宋—明	男	50+	
M17东	宋—明	?	40+	左髋关节骨关节病
M18个体1	不明	男?	成年	
M18个体2	不明	女?	45～50	龋齿，部分牙齿生前脱落
M20个体1	宋—明	男?	35～50	
M20个体2	宋—明	女	50+	
M21	不明	?	成年	
M22	汉魏六朝	?	35～45	龋齿
M24南	汉魏六朝	女	45～50	龋齿，牙石，部分牙齿生前脱落
M24北	汉魏六朝	?	成年	股骨骨髓炎，腓骨骨膜炎
M27	汉魏六朝	?	成年	

备注：M18、M20人骨均有两个体，但所含两个体人骨混淆，在墓内位置不清。

病理改变图片：

M17东：左髋关节骨关节病

M24北：左股骨骨髓炎，右腓骨骨膜炎

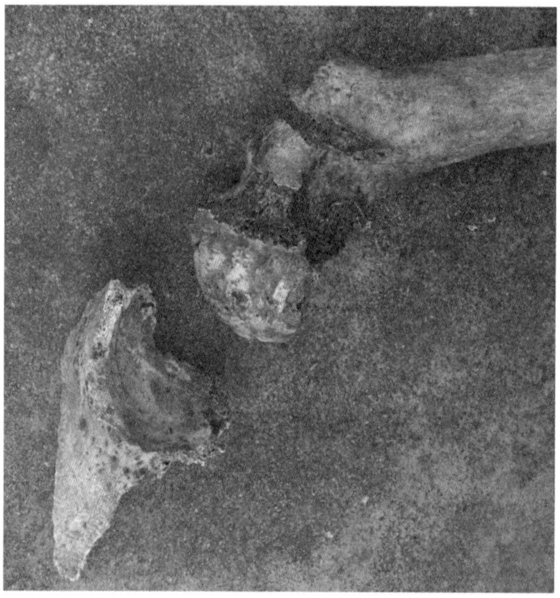

髋关节整体形态

髋臼病理改变

股骨头病理改变

左（上）右（下）股骨，左股骨骨髓炎改变，近端骨质改建及大瘘孔

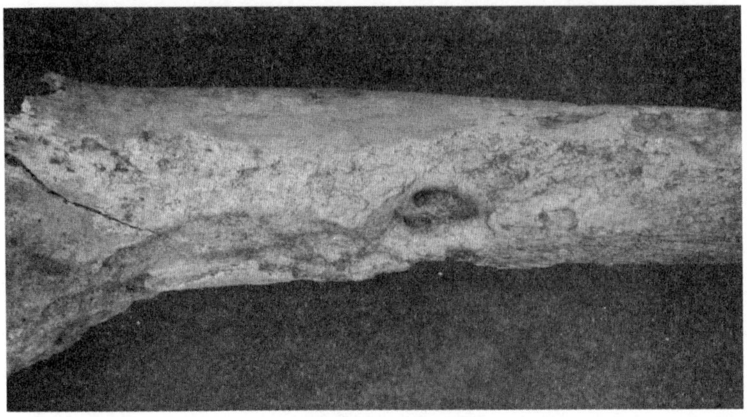

左股骨近端骨髓炎

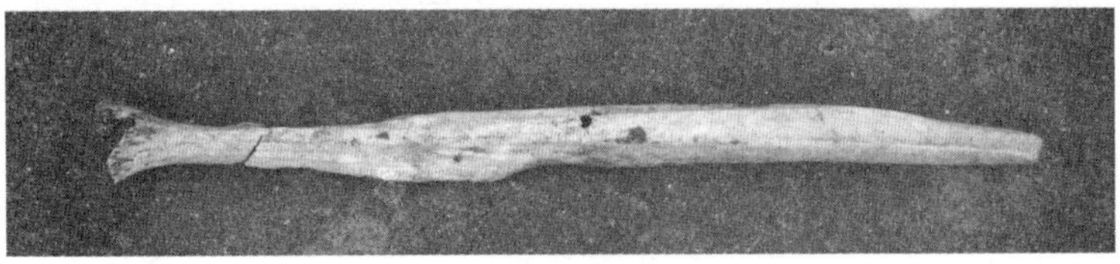

右腓骨骨膜炎

郧县韩家洲墓群2010年发掘报告

湖北省文物考古研究所

为配合南水北调工程建设，做好库区内的文物保护，受湖北省文物局南水北调办公室委托，湖北省文物考古研究所组建南水北调韩家洲墓群考古队，于2010年11月至2011年1月对韩家洲墓群进行了第二次抢救性考古勘探发掘工作，现将发掘情况报告如下：

一、地理位置与工作情况

韩家洲墓群隶属郧县柳陂镇（原辽瓦乡）韩家洲村二组（原韩家洲居民全部搬迁），东北距郧县县城约30千米，东南距十堰市12千米，西南为堵河流入汉江入口处，地理坐标为东经110° 39′ 27″，北纬32° 47′ 41″。墓群地处一东西向山冈，四面临水，西高东低，形似一尾逆水向上、头西尾东的大鲤鱼游弋于汉江中。韩家洲古时称“大孤山”。清同治版《郧阳县志》载：“大孤山城西六十里曰韩家洲，即水经注之堵阳县也。”山冈顶部高低起伏不平，地形较开阔，岗地南坡较缓，北坡较徒，岗地最高点在西部，海拔238米。经勘探发现，墓群主要分布在山冈的南坡和西坡（图一）。

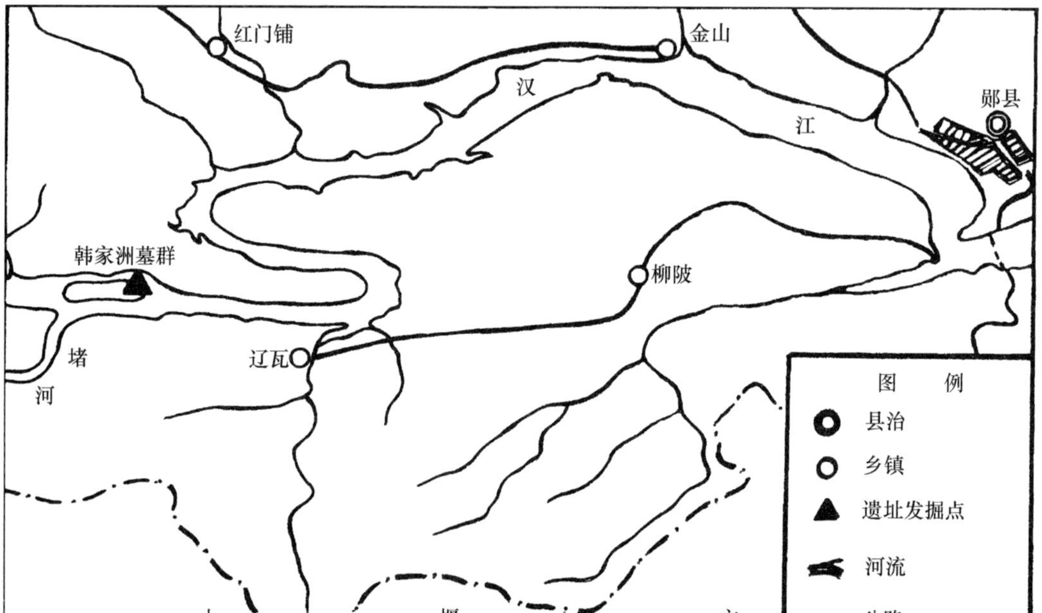

图一　墓群位置示意图

韩家洲墓群于1994年由湖北文物考古研究所、十堰市博物馆、郧县博物馆在调查中发现。2004年2月，南水北调中线工程丹江口水库淹没区湖北省文物保护规划组再次复查核实。由于韩家洲墓群分布面积大，地形较复杂，为了方便我们今后的发掘工作，在2006年将整个墓群分为东、西两区的基础上，此次我们选择在东区靠西段的二级坡地上，根据勘探情况并结合水势和地形情况，在墓葬分布较密集区布方。布方原则是发掘探方和勘探探方相结，凡是勘探出墓葬的探方均布方，每个发掘探方布方面积10米×10米，根据墓葬大小或在探方中的位置确定具体发掘面积或10米×10米，或10米×5米。

2010年共发掘探方26个：T1307、T1308、T1406、T1407、T1506、T1507、T1607、T1707、T1905、T1906、T2005、T2006、T2007、T2008、T2105、T2106、T2108、T2109、T2205、T2206、T2305、T2306、T2405、T2406、T2806、T2906。发掘总面积2270平方米，共发掘两汉时期的墓葬49座（2006年第一次发掘墓葬33座，本次发掘墓葬编号M34～M82）（图二）。

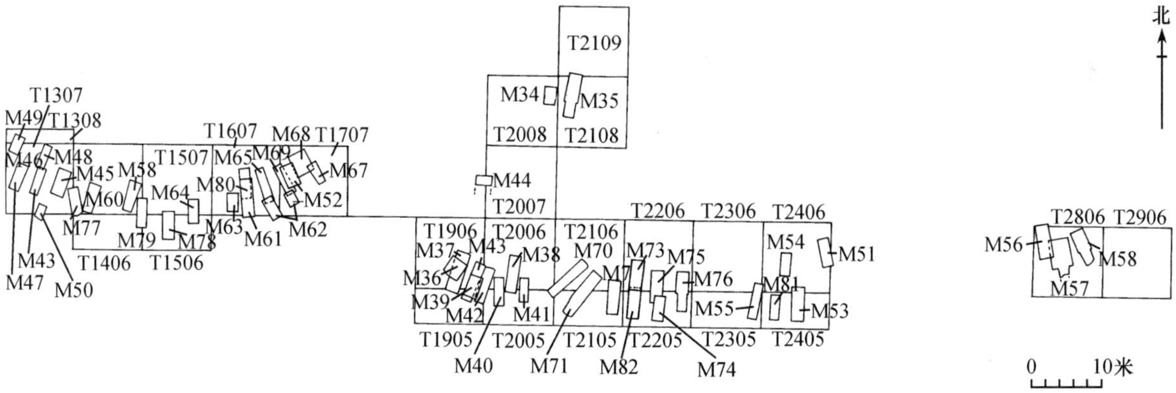

图二 2010年发掘墓葬分布示意图

韩家洲墓群地处坡地，不见封土，地层堆积比较简单，地层堆积为表土（耕土）—墓葬。不见其他遗迹现象，发掘时我采用了墓葬直接发掘法，在发掘过程中，注意墓群的整体揭露，全面提取遗存信息，为日后报告的整理提供充实的基础资料，由于韩家洲墓群的墓葬破坏十分严重，在本次发掘的49座墓葬，就有40余座墓葬遭受不同程度的破坏，被盗率达80%以上，所以给考古资料的完整性带来了极大的破坏。

二、西 汉 墓

共发掘40座西汉墓，均分布在第二级坡地上。根据岗地地势呈东西向并排分布，并发现有砖室墓打破或叠压竖穴土坑墓的现象。

（一）墓葬形制

已发掘40座西汉墓，墓葬方向略呈南北向，其墓葬形制有带墓道洞室墓、带墓道竖穴土坑墓和竖穴土坑墓三种。墓坑口大底小，四壁较陡直，底较平，棺椁均朽，大多仅剩痕迹。人骨架大多已朽，有的残存牙齿和部分肢骨。

1. 带墓道洞室墓

该种墓的营造方法，是先在原生土层上挖墓道，在达到一定深度之后，再开始挖凿墓门和墓室。墓道选择在斜坡地带，一般南部墓道较浅，北部与洞室同深。

此类墓葬发掘3座，编号为M70、M71、M73，现以M70为例介绍如下：

M70　位于T2106西南角、T2005东北角，东与M71平行分布，方向225°，平面呈长方形，通长6.54米，由墓道、洞室两部分组成。

墓道位于洞室前端，平面呈梯形，长4.52、宽1.16～1.69、深0.3～2.2米。底部略呈斜坡状，由西南向东北倾斜。壁较陡直，平整光滑。内填红褐色花土，土质较硬，含有少量石块。

洞室位于墓道东北端，墓门呈拱形，拱形顶距地表深0.72、距墓室底深1.7米，墓门与墓道同宽。洞室长2.02米，进入墓门之后，墓室略向两侧扩展，略宽于墓门，宽1.69米。在墓门东、西两壁凿有宽约0.15、深0.12米的凹槽，皆为门柱，从残存的痕迹分析，墓门皆用木板封门。洞室坑壁不光滑，有的地方凹凸不平，墓室地面较平整。洞室内填充黄褐花土，被破坏处填土质松软，香烟盒塑料绳、铁丝、陶器碎片散落其中。

葬具腐朽无存，仅见腐痕，腐痕位于洞室西部，腐痕长1.98、宽0.5米。在腐痕内发现有一小段肢骨痕迹，呈灰白色粉末状，葬式不明。

随葬品分别放置于洞室的东南部，均为残片，有陶壶1、灶1、筒瓦1、板瓦1、铜钱五铢3（图三）。

2. 带墓道竖穴土坑墓

共发掘18座，编号为M35、M37、M38、M42、M51、M53、M55、M57、M58、M64、M66、M72、M75、M76、M78、M79、M81、M82，分布在第二级坡地上。现以M35、M57、M58为例介绍如下：

M35　位于T2108西北角，北部向北延伸至T2109西南部，西邻M34。开口于第1层下，通长6.5米，方向183°。由墓道、墓室两部分组成。

墓道位于墓室的南端，平面略呈梯形，南窄北略宽，长2.5、南宽1.52、北宽1.78米，距开口深1.1米。壁陡直，不光滑，底较平，呈斜坡状与墓室相连接。内填充褐红斑土，质较硬，夹有料姜石。

墓室位于墓道北端，平面呈长方形，长4、宽1.94～2.02米，墓底距开口深1.18～2.32米。墓壁陡直，较光滑，底较平，墓室下部铺有一层厚0.45米的木炭，因该墓从开口破坏至底，褐红填土中从上至下夹有木炭、骨末和陶器残片，陶器残片主要集中散落在墓室的东部。填土质较软，夹杂有近、现代遗物。出土随葬器物有铜带钩2、陶鼎2、壶2、盒1（图四）。

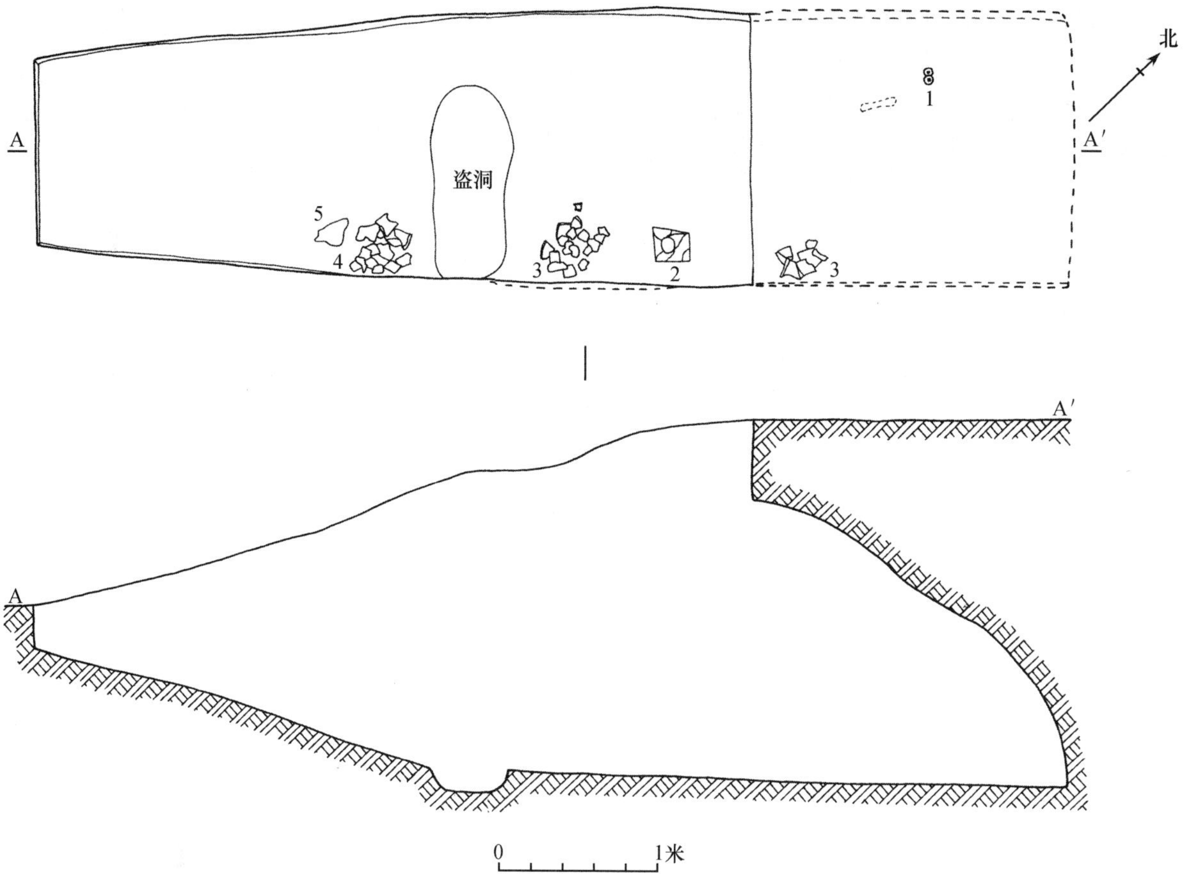

图三　M70平、剖面图
1. 铜钱　2. 陶灶　3. 陶壶　4. 陶筒瓦　5. 陶板瓦

M57　位于T2806西北部，东邻M58，西部被M56打破。开口于第1层下，通长4.72米，方向169°。由墓道、墓室两部分组成。

墓道位于墓室南端，南部被破坏，平面呈长方形，残长0.9～1.1、宽1.4米，墓道底距开口深0.02～0.2米。墓道壁、底凹凸不平。墓道内填充褐红斑土，土质较硬，夹杂有较多料姜石。

墓室位于墓道北端，平面似方形，南北长3.52、东西宽2.8米，墓底距开口深0.18～0.9米。坑壁陡直不光滑，底微平。墓坑填土为褐红色黏土，结构紧密，质较硬，夹杂有少量料姜石。

该墓为三人合葬，呈东西排列，头部向南，为仰身直肢葬。葬具已朽。

随葬品陶器放置在东部两具人骨架之间北端和第三具人骨架（西部）南端。铜钱放置于东部两具人骨架和头骨中间，呈散落状。出土随葬器物有陶鼎1、壶2、罐2、灶1、铜钱大泉五十45、刀币五百2、五铢5（图五）。

M58　位于T2806东北部，西邻M57。开口于第1层下，通长4.8米，方向158°。由墓道、墓室两部分组成。

墓道位于墓室的南端，平面呈方形，长1.82、宽1.5、深0～0.78米。墓道壁陡直不光滑，底部较平。内填充褐红色斑土，结构紧密，黏性大，夹有小石块。

墓室位于墓道的北端，平面呈长方形，口大底小，墓口长3、东西宽1.9米，底长2.92、宽

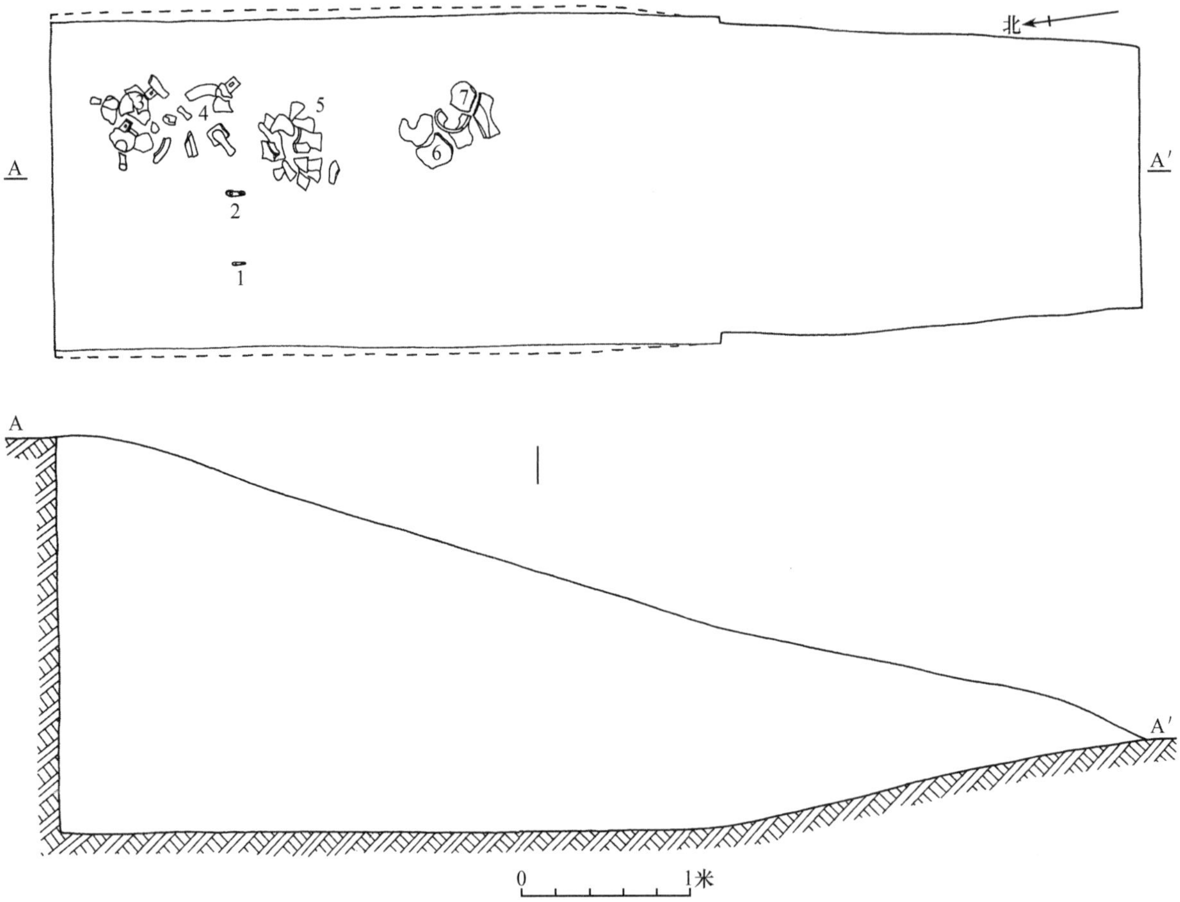

图四　M35平、剖面图

1、2. 铜带钩　3、4. 陶鼎　5、7. 陶壶　6. 陶盒

1.78米，开口至墓底深0.88～1.44米。墓室壁陡直，不光滑，底微平，墓室低于墓道0.1米。内填充褐红色斑土，结构紧密，黏性大，夹有小石块。

葬具腐朽无存，仅在墓室的西北角发现高度腐烂的两段下肢骨，从腐痕的迹象看，头骨向南，为仰身直肢葬。

随葬品分置于墓室东部的南北两处，铜钱置于人骨架胸部，出土有陶壶2、罐3、鍪1、灶1、铜钱大泉五十48（图六）。

M76　位于T2206东南角、T2105东北角。开口于第1层下，通长5.44米，方向180°。由墓道、墓室两部分组成。

墓道位于墓室的南端，平面呈梯形，南部略窄，北端略宽，长2.46、宽1.26～1.56、深0.62～1.42米。壁陡直不光滑，底呈斜坡状，与墓室相连接。内填充褐红斑土，结构紧密，黏性强，夹杂有少量料姜石块。

墓室位于墓道北端，平面呈长方形，长2.98、宽1.74、深1.5～1.92米。墓室口大底微收，墓壁陡直较光滑，底较平。墓室内填土同墓道。

葬具腐朽无存，仅在墓室西部后端残留有白灰色粉末骨痕，葬式不明。

随葬品分置于墓室的东部及北部，主要集中在墓室北端，出土有陶鼎2、壶2、罐1、瓮1、

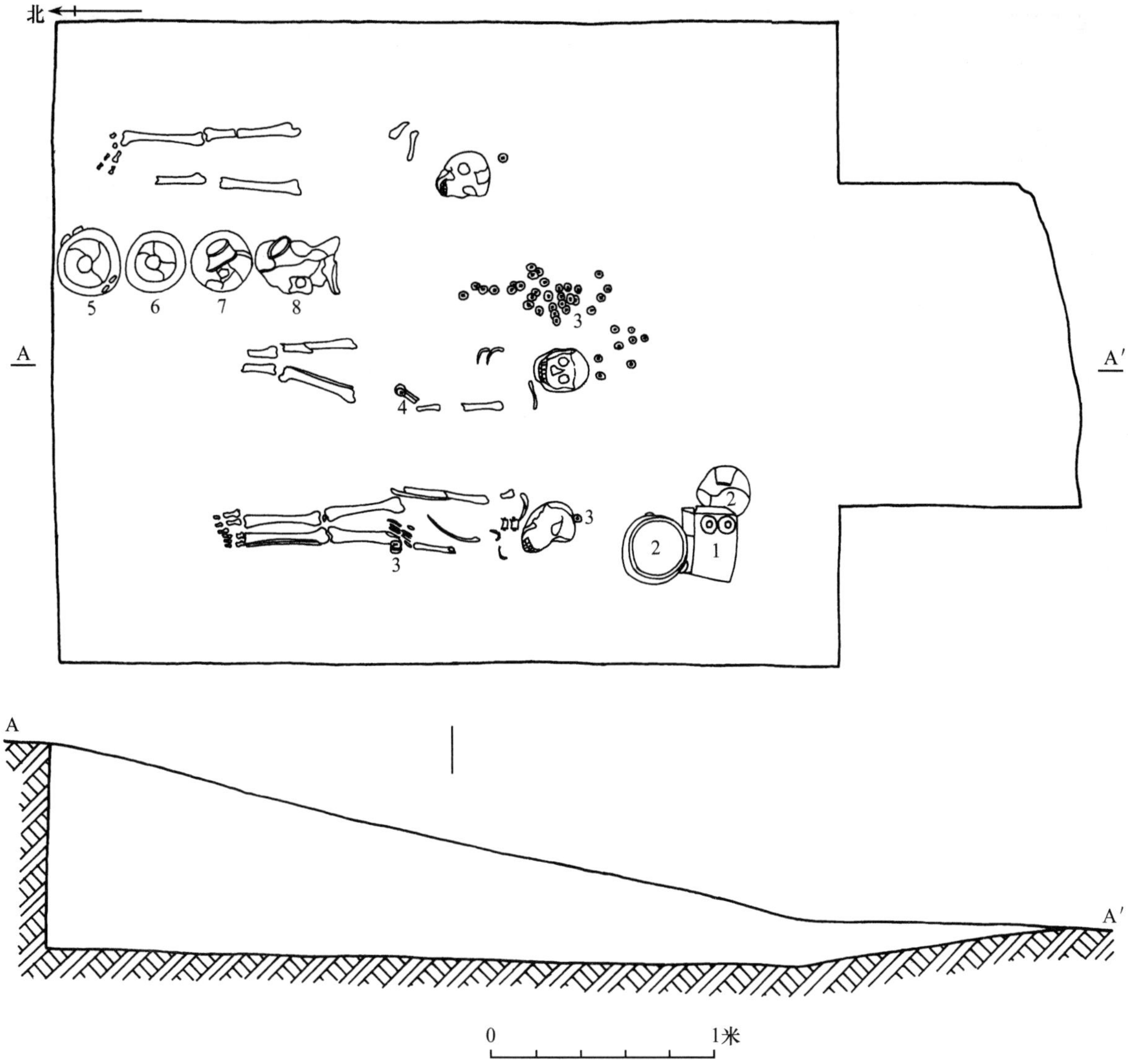

图五 M57平、剖面图

1. 陶灶 2. 陶鼎 3、4. 铜钱 5、6. 陶罐 7、8. 陶壶

釜1、甑2、盒1、盆2、器盖2、铜扁壶1、残铜盆口沿1、半两5，并在墓室东南角和东北角发现有漆耳杯腐朽的痕迹（图七）。

3. 竖穴土坑墓

共发掘19座，编号为M34、M43、M45、M46、M47、M48、M49、M52、M54、M56、M59、M60、M61、M67、M68、M69、M74、M77、M80。现以M34、M54、M74为例介绍如下：

M34 位于T2008东北角，东为M35。开口于第1层下，方向187°。

该墓平面呈梯形，北端略宽，南端略窄。墓口长2.52、宽1.5～1.82米，墓底长2.44、宽1.4～1.72米，开口至墓底深0.4～0.7米。墓坑口大底微收，坑壁陡直不光滑，底微平。墓坑填

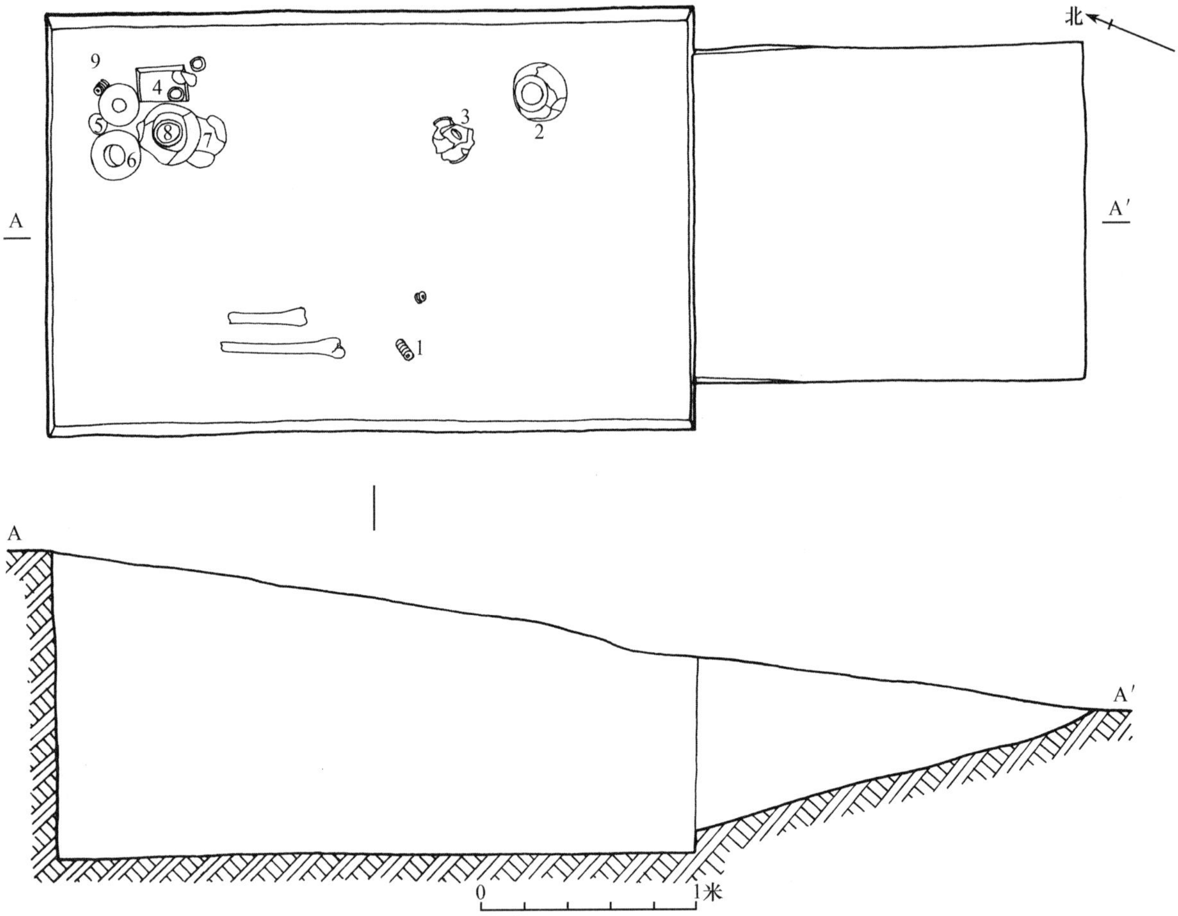

图六　M58平、剖面图

1、9. 铜钱　2、6. 陶壶　3. 陶鍪　4. 陶灶　5、7、8. 陶罐

土为褐红斑黏土，较紧密，板结，质较硬，夹杂有少量的料姜石。

葬具腐朽无存，在墓底西端局部发现有灰白色腐痕，并有小段肢骨痕迹，呈粉末状，头向不明。

随葬品零散放置于墓底的东部，出土随葬器物有陶鼎2、壶2、罐2、甑1、釜1、盒2、纺轮1、铜铃1、半两17（图八）。

M54　位于T2406中部偏西，东邻M51，南邻M53、M81。开口于第1层下，方向180°。

该墓口平面呈长方形，墓口长3.1、宽1.9、深1.14～1.98米。墓壁陡直不光滑，底较平。墓坑内填充褐红斑黏土，结构紧密，质较硬，夹杂有小块料姜石。

葬具腐朽无存，仅在墓室的西部发现一具人骨架，头向南，为仰身直肢葬。

随葬品分置于墓室的东端，出土有陶鼎1、壶2、罐2、甑1、盆1、釜1、铜带钩1、五铢3（图九）。

M74　位于T2205中部，东邻M76，西邻M82，北部打破M75的南部。开口于第1层下，方向180°。

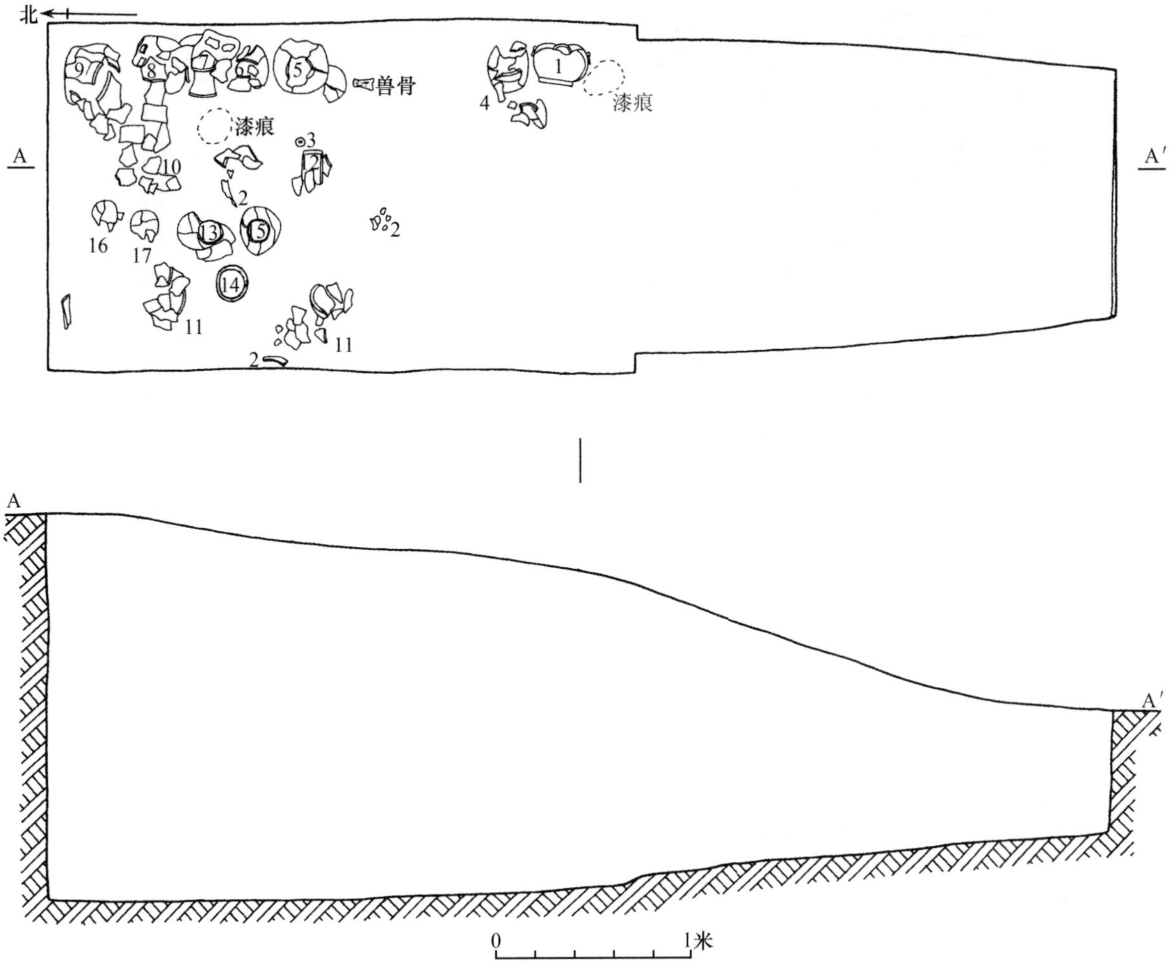

图七　M76平、剖面图

1. 铜扁壶　2. 残铜盆口沿　3. 铜钱　4、6. 陶鼎　5、8. 陶壶　7. 陶釜　9. 陶瓮　10、12. 陶盆　11. 陶罐　13. 陶盒　14、15. 陶甑　16、17. 陶器盖

该墓口平面呈长方形，墓口长3.7、宽1.6～1.8米，墓底长3.6、宽1.52～1.7米，开口距墓底深0.78～1.5米。墓坑口大底微收，坑壁陡直不光滑，底较平。墓坑内填充褐红斑黏土，结构紧密，质较硬，夹杂有小块料姜石。

葬具腐朽无存，仅在墓室的西部偏北端发现一段高度腐烂的下肢骨，葬式不明。

随葬品分置于墓室的东部，主要集中在墓室的东北角，出土有陶鼎1、壶2、罐1、甑1、博山炉1、铜勺1、带钩1、半两3，还发现腐烂较为严重的漆木器和少量兽骨（图一〇）。

（二）随葬器物

此次发掘的49座墓（其中9座墓不见随葬品）共出土随葬器物486件（枚），其中陶器171件，铜器14件，铜钱298枚，铁器3件。

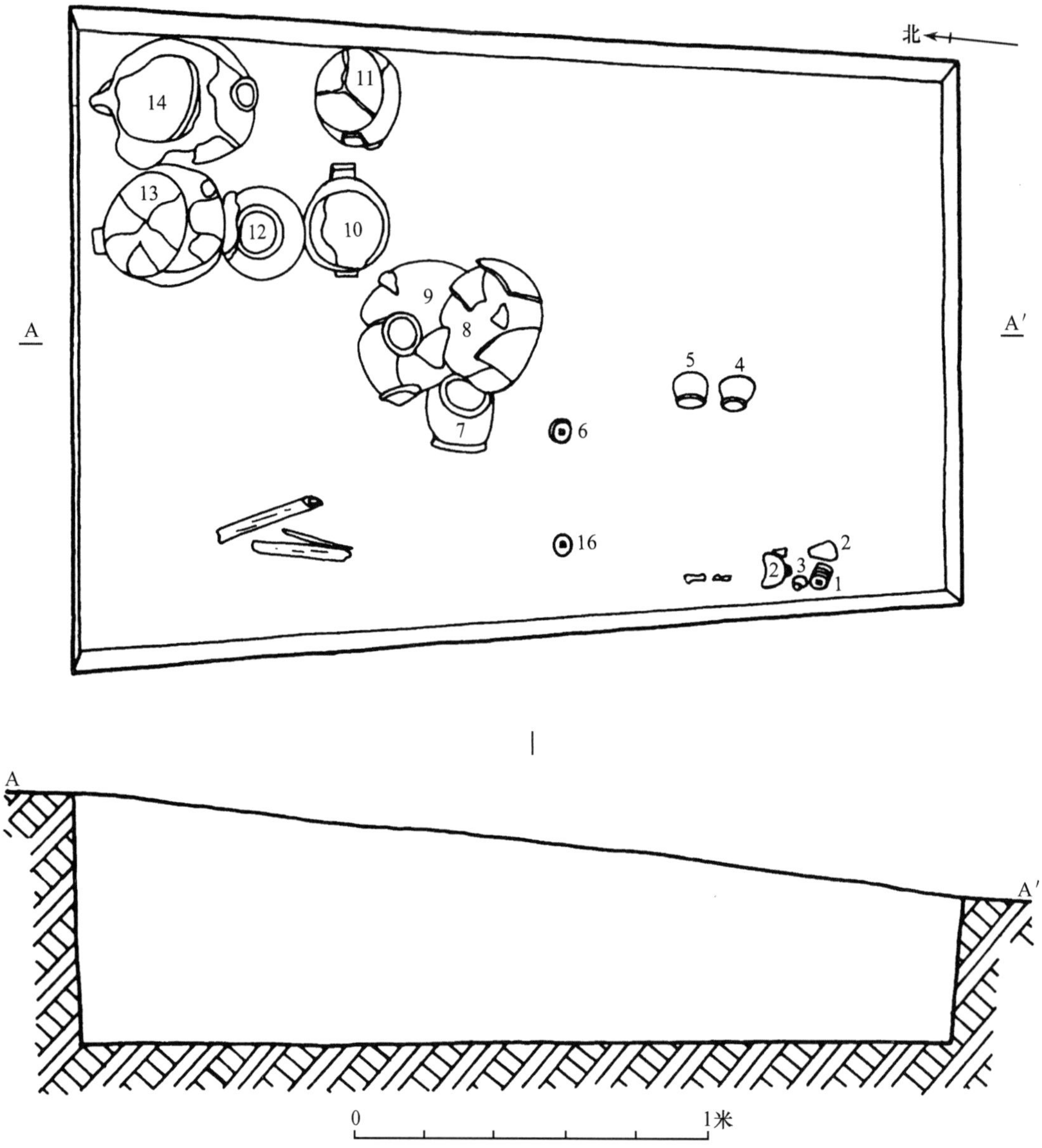

图八　M34平、剖面图

1、6. 铜钱　2. 铜铃　3. 陶纺轮　4、5. 陶罐　7. 陶甑　8、9. 陶盒　10、11. 陶鼎　12. 陶釜　13、14. 陶壶

1. 陶器

复原139件。陶系以泥质灰陶为主，泥质红胎黑皮陶次之。大多为素面，有少量饰弦纹和绳纹。器类有礼器鼎、壶、盒、豆，日常用器罐、瓮、鍪、盆、甑、釜、器盖、纺轮等，模型明器仓、灶、博山炉等。

鼎　10件。依据腹部变化，分三型。

A型　3件。泥质灰陶。斜直腹，平底。依据变化，分为二式。

Ⅰ式　2件。腹较浅。M74：4，盖顶平，附三个对称鸟形纽，间饰四组凹弦纹组成椭圆和半圆形菱形图案。子母口承盖，敛口，圆唇，方形立耳外撇，斜直腹，平底略内凹，三蹄形足

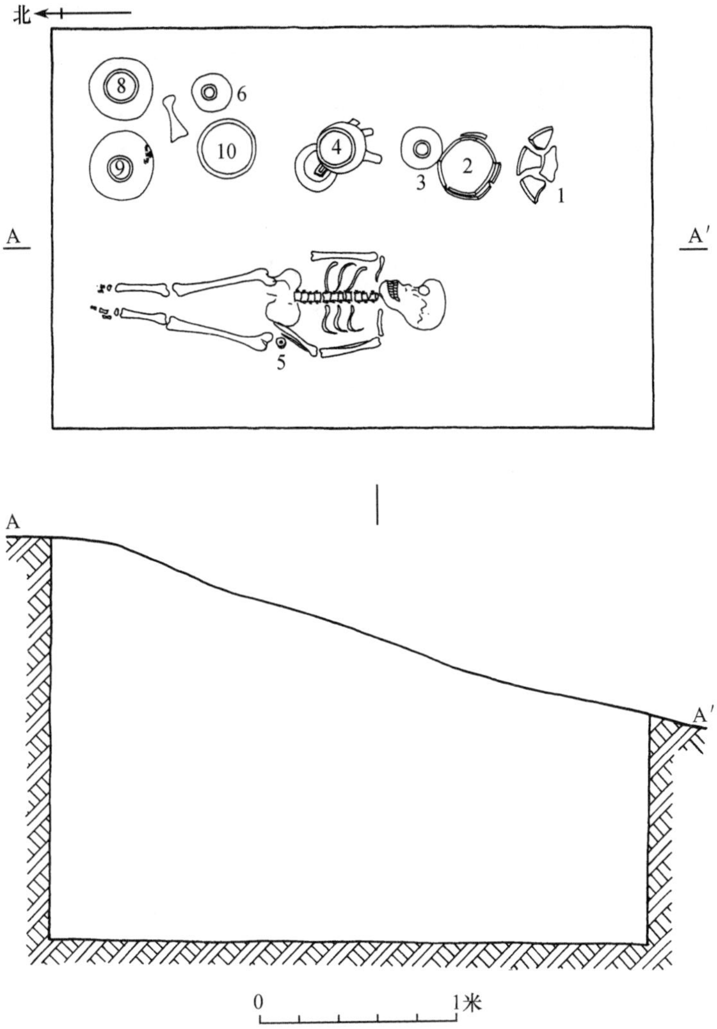

图九　M54平、剖面图

1. 陶盆　2. 陶甑　3、6. 陶罐　4. 陶鼎　5. 铜钱　7. 铜带钩　8、9. 陶壶　10. 陶釜

外撇，内侧平。素面。口径17.6、通高20.2厘米（图一一，1）。M54：4，盖顶平，附三个对称鸟形纽，间饰四组凹弦纹组成三角形和半圆形菱形图案。子母口承盖，敛口，方唇，方形立耳外撇，斜直腹，平底，三蹄足刮削呈八方体。素面。口径17.5、通高20厘米（图一一，2）。

Ⅱ式　1件。M82：4，无盖，敛口，圆唇，溜肩，方形立耳微侈，折腹内收，近圜底，三蹄足外撇。足饰兽面纹，余素面。口径13.8、通高13.4厘米（图一一，3）。

B型　5件。腹较深，圜底。依据变化，分二式。

Ⅰ式　2件。M35：3，泥质黑陶。弧形盖，敛口，圆唇，长方形穿耳，弧腹，下腹内收，圜底，半圆形三蹄足，足根隆起。素面。口径17.4、通高19.7厘米（图一一，4）。M35：4，泥质黑陶。敛口，圆唇。口径16.2、通高19.8厘米（图一一，5）。

Ⅱ式　3件。M57：2，泥质灰陶。弧形盖，顶饰三个变异兽状纽。敛口，长方形穿耳外撇，鼓腹内收，圜底，三足外撇。足饰象首图案，腹饰一道凸弦纹。口径18.2、通高18.6厘米（图一一，6）。M34：10，泥质灰陶。弧形盖，顶饰三个鸟首状纽。敛口，方唇，长方形立

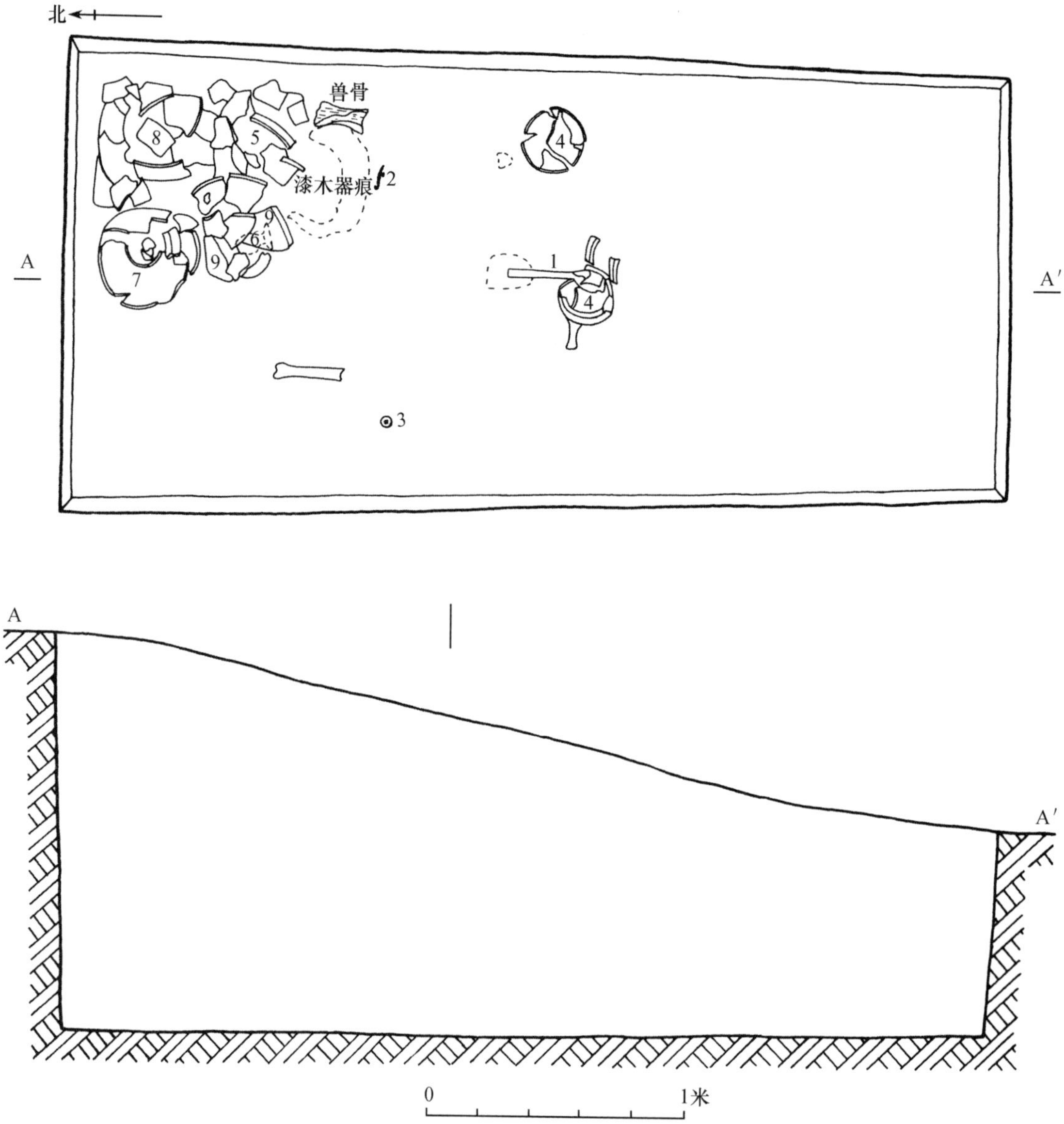

图一〇　M74平、剖面图

1. 铜勺　2. 铜带钩　3. 铜钱　4. 陶鼎　5. 陶罐　6. 陶博山炉　7、8. 陶壶　9. 陶甑

耳，斜腹内收，圜底，三蹄足外撇，足根隆起，内侧平，外圆弧。器盖下有红彩菱形纹，外填红点，器耳绘红线、红点，器腹饰红彩已剥落。口径16.5、通高21.3厘米（图一二，1）。M34：11，形制与M34：10同。口径15.8、通高20.8厘米（图一二，2）。

C型　2件。腹深呈罐形。M76：6，泥质灰陶。弧形盖，盖顶饰三个乳钉纽，盖中间有一山羊纽呈昂首卧身状。敛口，方唇。上腹附长方立耳，弧腹内收，三蹄足隆起，内侧平，外圆弧。肩饰一周宽带纹，底饰交错绳纹。口径15、通高22.2厘米（图一二，3）。M76：4，形制与M76：6同，略小，鼎耳与蹄不对称。口径14.6、通高18.5厘米（图一二，4）。

壶　24件。依据器口有敞口、盘口和直口三种，分三型。

A型　1件。M73：4，泥质灰陶。形体较高，敞口，方唇，高束颈，溜肩，圆腹，圜底，

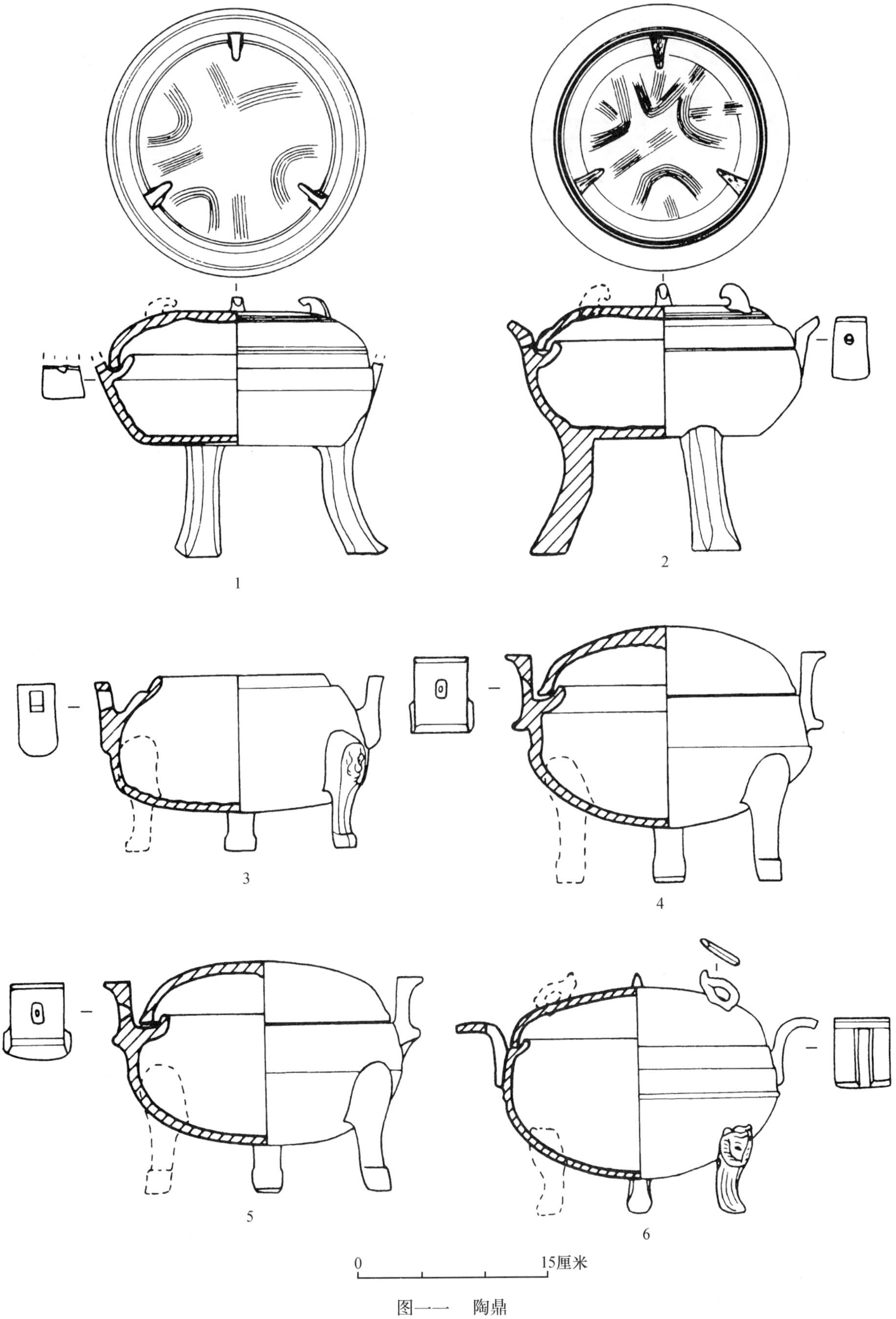

图一一　陶鼎

1、2. A型Ⅰ式（M74：4、M54：4）　3. A型Ⅱ式（M82：4）　4、5. B型Ⅰ式（M35：3、M35：4）　6. B型Ⅱ式（M57：2）

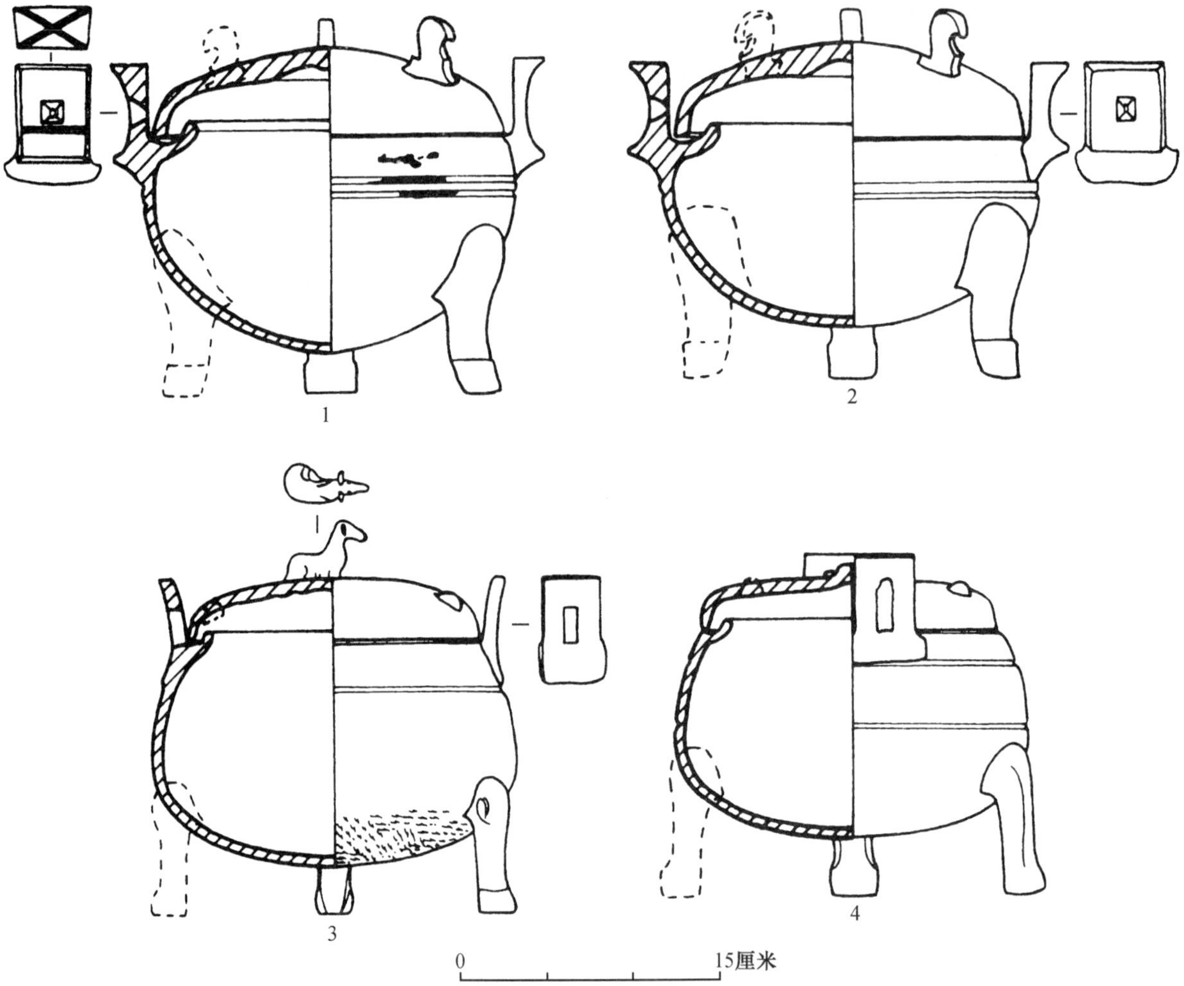

图一二　陶鼎

1、2. B型Ⅱ式（M34：10、M34：11）　3、4. C型（M76：6、M76：4）

高圈足，肩置对称有兽面铺首衔耳。器身红色彩绘已剥落，图案不清。口径20.8、圈足径26、通高53.2厘米（图一三，1）。

B型　17件。盘口。有圆鼓腹和椭圆腹二种，分二式。

Ⅰ式　15件。盘口，圆鼓腹，高束颈，肩置对称兽面铺首衔环。M76：5，泥质灰陶。盘口，平折沿，尖唇，高束颈，圆鼓腹，圈足。腹中部饰两道凸弦纹，下腹饰绳纹。口径14.8、圈足径16.6、通高32.2厘米（图一三，2）。M76：8，口残。圈足径15.5、残高27.4厘米（图一三，3）。M74：8，泥质灰陶。平折沿，方唇，溜肩，肩置对称兽面纹铺首，底近平，圈足。腹下饰间断交错绳纹。口径18.8、圈足径18.6、通高35.8厘米（图一三，4）。M82：8，泥质灰陶。平折沿，尖唇，溜肩，肩置对称兽面铺首，圜底内凹，圈足。肩、上腹各饰一道瓦棱纹。口径14.8、圈足径15.8、通高34厘米（图一三，5）。M82：9，泥质红胎黑皮陶。仰沿，方唇，溜肩，肩置对称兽面铺首，圜底近平，高圈足。肩下及下腹饰间断交错绳纹抹平。口径18.4、圈足径20.6、通高37厘米（图一三，6）。M82：7，泥质灰陶。平折沿，尖唇、高束颈，溜肩，肩置对称兽面铺首，平底微凸。肩下饰一道宽带纹。口径12、底径8.8、通高21.3厘

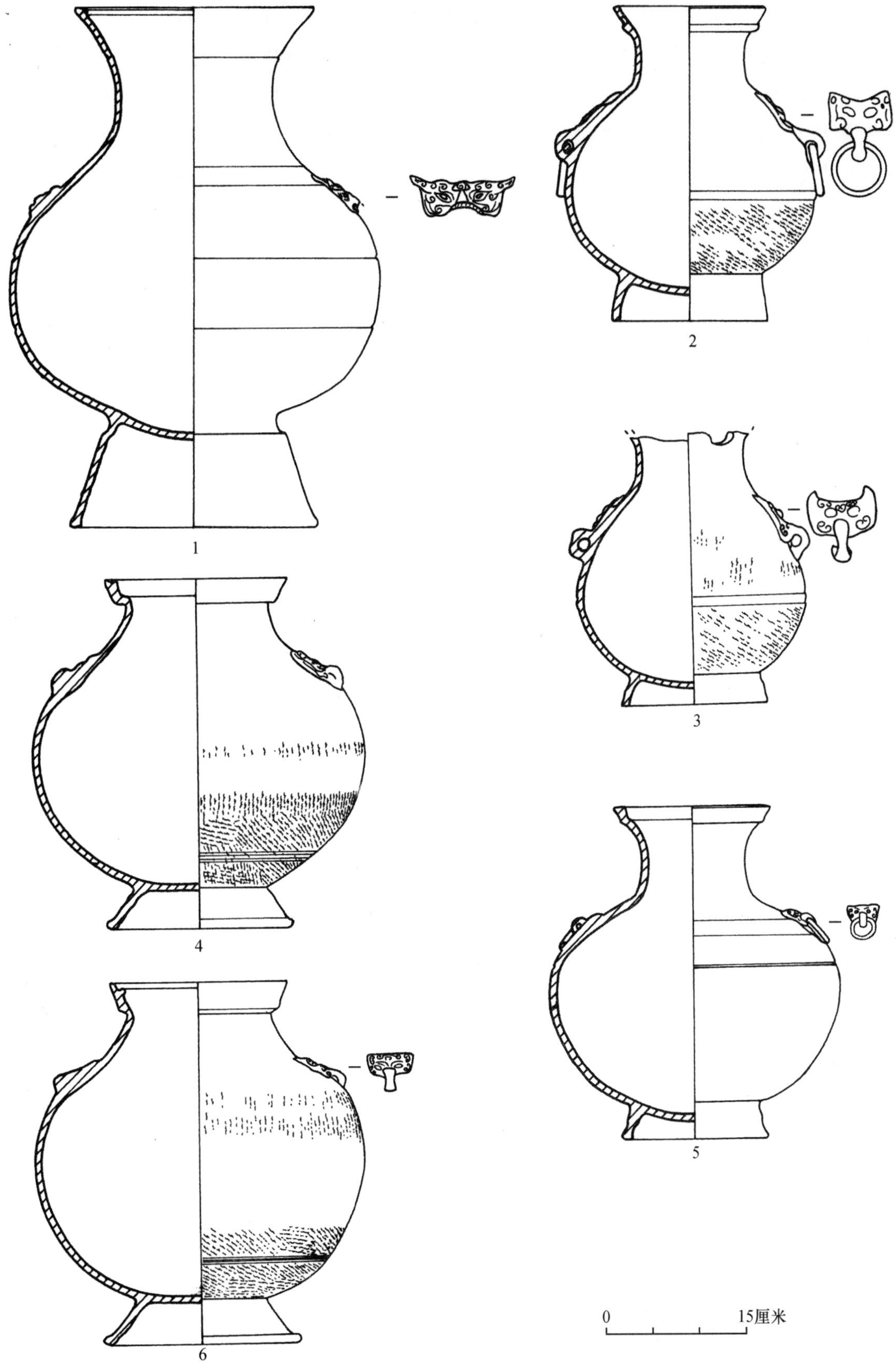

图一三　陶壶

1. A型（M73：4）　2～6. B型Ⅰ式（M76：5、M76：8、M74：8、M82：8、M82：9）

米（图一四，1）。M34：13，泥质灰陶。盖顶斜弧，饰三鸟形纽。平折沿，尖唇，高束颈，溜肩，肩置对称兽面铺首，圜底，喇叭形圈足起棱。肩、下腹各饰一道凹弦纹。口径18、圈足径18、通高40.6厘米（图一四，2）。M74：7，泥质灰陶。盘形盖，盖中间有一立鸟，呈昂首展翅状。平折沿，圆唇，束颈，溜肩，肩置对称兽面铺首，底近平，高圈足，足上饰等距离三道凸棱。肩、下腹饰间断绳纹。口径17.6、圈足径19.4、通高44厘米（图一四，3）。M77：10，泥质红胎黑皮陶。弧形盖，盖中间有一立鸟，呈昂首展翅状。圆唇，高束颈，溜肩，肩置对称兽面铺首，圜底内凹，圈足。颈和肩各饰两道凹弦纹。口径13.6、圈足径14.8、通高40厘米（图一四，4）。

Ⅱ式　2件。M54：8，泥质灰陶。盘形盖，盖中间有一昂首展翅待飞的立鸟，斜折沿，盖面有数道凹弦纹组成一大一小两圆圈将立鸟围在中央。方唇，束颈，溜肩，椭圆腹，圜底，圈足。颈下及上腹饰数道凹弦纹组成五道宽带纹，宽带纹间饰波浪纹，下腹饰竖绳纹和交错绳纹。口径17、圈足径19.4、通高38.6厘米（图一四，5）。M54：9，泥质灰陶。形制与M54：8类似。下腹饰间断绳纹。口径10.8、圈足径19.4、通高39.8厘米（图一四，6）。

C型　6件。直口。分二式。

Ⅰ式　1件。M55：8，泥质灰陶。直口微敞，折沿略外翻，尖唇，高颈，溜肩，圆鼓腹，圜底，高圈足。肩上饰两道凹弦纹，下腹饰间断绳纹。口径13.8、圈足径14.5、通高30.5厘米（图一五，1）。

Ⅱ式　5件。M47：1，泥质灰陶。直口，方唇，唇外起棱，高束颈，溜肩，肩置对称人面铺首，圆鼓腹，圜底，高圈足。肩饰一周宽带纹。口径12、圈足径14.6、通高31.8厘米（图一五，2）。M58：2，泥质红胎施绿釉。直口，圆唇，唇外起棱，高束颈，溜肩，肩置对称兽面铺首，圆鼓腹，平底，假圈足饰二道凸弦纹。肩、腹饰五道凹弦纹。口径14、圈足径14.9、通高33厘米（图一五，3）。M58：6，口径12.5、圈足径15.5、通高31.6厘米（图一五，4）。M57：7，泥质红胎施绿釉。直口，圆唇，唇外起棱，高束颈，溜肩，肩置对称兽面铺首，鼓腹，平底，假圈足饰两道凸弦纹。肩饰一道凸弦纹，腹饰四道凹弦纹。口径13.8、圈足径16.8、通高35.4厘米（图一五，5）。M57：8，圆腹。肩、腹各饰一周宽带纹。口径14、圈足径16.4、通高35.4（图一五，6）。

罐　41件。依据器形，有长颈罐、无颈罐、双耳罐和双唇罐四种。分四型。

A型　18件。长颈罐。有侈口、盘口、敞口、直口四种，分四式。

Ⅰ式　10件。侈口。多为泥质灰陶。M51：3，夹细砂。平折沿，尖唇，斜束颈略高，广肩，扁圆腹，下腹斜收，平底。上腹饰凹弦纹数周，颈和下腹饰绳纹抹平。口径10.6、底径15.8、通高25厘米（图一五，7）。M51：6，折沿外翻，尖唇，广肩，扁鼓腹，平底略内凹。素面。口径10.6、底径14.6、通高28厘米（图一五，8）。M69：2，折沿微外翻，圆唇，斜束颈略高，圆鼓腹，平底。颈饰竖向绳纹抹平，上腹饰三周一组凹弦纹三组。口径12.2、底径13.8、通高28.8厘米（图一五，9）。M37：2，折沿微外翻，圆唇，斜束颈，圆肩，圆鼓腹，下腹弧收，平底。颈饰绳纹，上腹饰三道凹弦纹，间饰绳纹。口径9.2、底径16、通高26.4厘米（图一五，10）。M55：4，平折沿外翻，尖唇，斜束颈，溜肩，圆腹斜收，平底微凹。颈饰

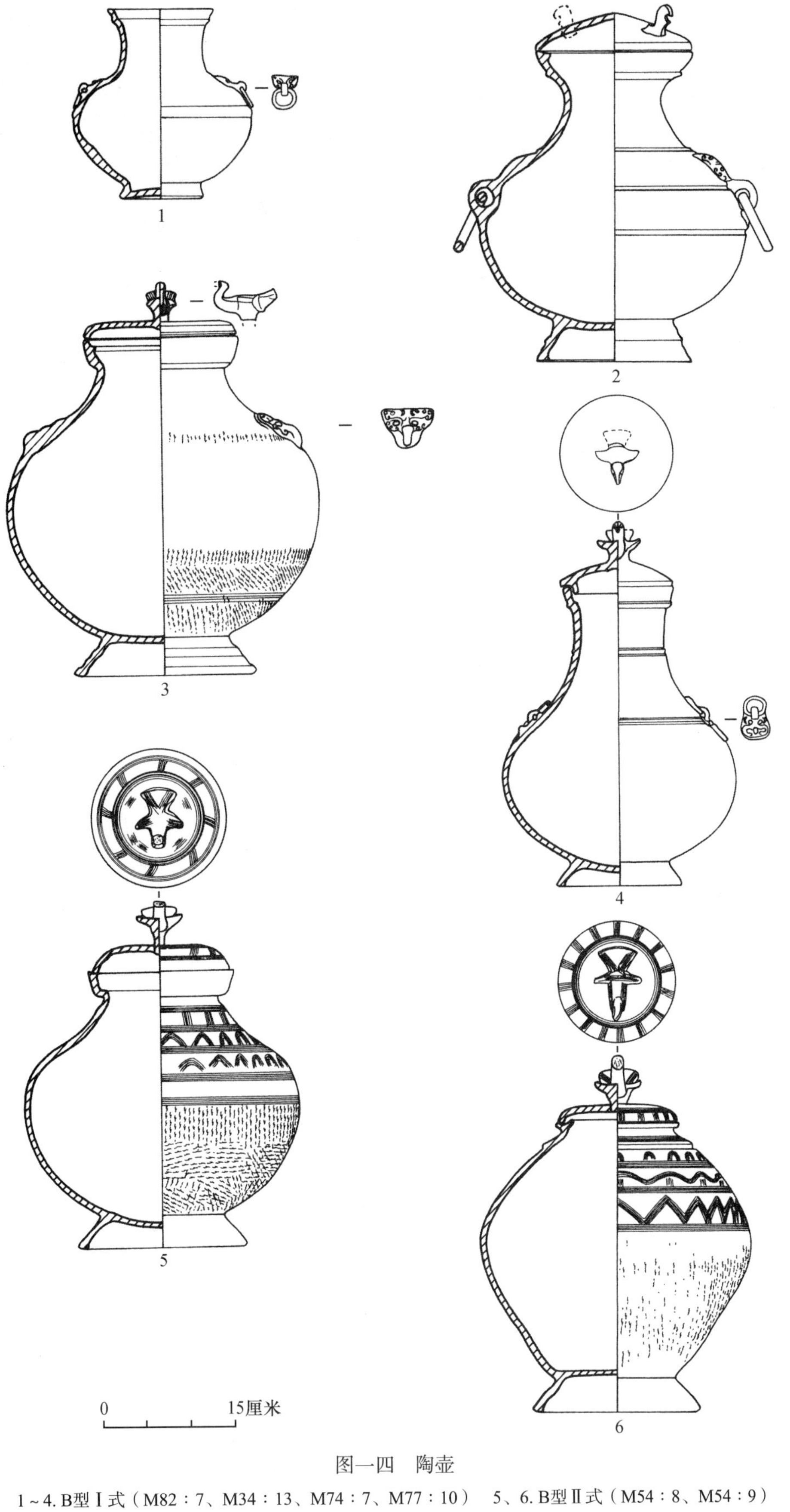

图一四　陶壶

1～4. B型Ⅰ式（M82：7、M34：13、M74：7、M77：10）　5、6. B型Ⅱ式（M54：8、M54：9）

图一五　陶壶、罐

1. C型Ⅰ式壶（M55：8）　2～6. C型Ⅱ式壶（M47：1、M58：2、M58：6、M57：7、M57：8）　7～12. A型Ⅰ式罐（M51：3、M51：6、M69：2、M37：2、M55：4、M55：6）

绳纹抹平，肩、上腹饰三道一组凹弦两组，下腹饰竖绳纹抹平。口径9.4、底径12、通高20.8厘米（图一五，11）。M55：6，颈饰绳纹，上腹饰两道一组凹弦纹三组，下腹竖绳纹抹平。口径10.3、底径14.8、通高26.4厘米（图一 五，12）。

Ⅱ式 6件。M34：4，泥质灰陶。盘口，翻沿，方唇，斜束颈，溜肩，圆鼓腹弧收，平底微凹。下腹至底有一周刮削痕。口径5.8、底径5.2、通高11厘米（图一六，1）。M34：5，口径5.8、底径5、通高11厘米（图一六，2）。

Ⅲ式 1件。M42：1，夹细砂灰陶。侈口，平折沿外翻，束颈，广肩，圆鼓腹，圜底。沿面饰一道凸弦纹，肩下至腹饰竖绳纹被弦断，近底饰交错绳纹。口径14.4、底径13、通高32.4厘米（图一六，3）。

Ⅳ式 1件。M79：2，泥质灰陶。直口，平折沿，沿面外侧起槽，尖唇，长颈，溜肩，圆鼓腹斜收，平底微凹。腹饰间断绳纹。口径9、底径15.4、通高25.8厘米（图一六，4）。

B型 15件。无颈罐。敛口。有带盖和无盖两种，分二式。

Ⅰ式 11件。M61：1，泥质灰陶。盖顶隆起，中间有圆形捉手。敛口，方唇，口、肩交接处起三道凸棱，圆肩，圆鼓腹弧收，平底。上腹饰三道一组凹弦纹三组，下腹留划痕。口径8.6、底径9.6、通高21.5厘米（图一六，5）。M80：1，泥质黑陶。盖顶隆起，中间有圆形捉手。敛口，方唇，圆肩，口、肩交接处起三道凸棱，圆鼓腹弧收，平底。肩、上腹饰三道一组凹弦纹三组，下腹留划痕。口径8.8、底径9.6、通高22.2厘米（图一六，6）。M76：11，泥质灰陶。盖顶隆起，中间有圆形捉手。敛口，方唇，圆肩，口、肩交接处起凸棱，圆腹斜收，平底。上腹饰两道一组凹弦纹三组，间竖绳纹，下腹留划痕。口径8.6、底径8.8、通高20.5厘米（图一六，7）。M67：3，夹细砂灰陶。盖顶隆起，中间有乳钉捉手。敛口，方唇，圆肩，口、肩交接处起三道凸棱，鼓腹斜收，平底。素面。口径8.5、底径14.3、通高22厘米（图一六，8）。M57：5，泥质红胎施绿釉。盖顶隆起，中间有圆饼形捉手。敛口，光唇，口、肩交接处起三道凸棱，圆肩，圆腹斜收，平底。肩、腹饰三道一组凹弦纹三组。口径9.6、底径13.2、通高27.2厘米（图一六，9）。M58：5，泥质红胎施绿釉。盖顶隆起，中间有圆饼形捉手。敛口，方唇，口、肩交接处起三道凸棱，圆肩，圆腹斜收，平底微凹。口沿下饰凹弦纹和波浪纹各一道，上腹饰两道一组凹弦纹两组。口径9.2、底径12.4、通高25.4厘米（图一六，10）。

Ⅱ式 4件。M47：3，泥质灰陶。侈口，折沿外翻，尖唇，微束颈，圆肩，圆鼓腹弧收，平底微凹。颈下饰绳纹抹平，肩、上腹各饰三道凹弦纹，下腹饰竖绳纹留抹痕。口径12.2、底径12、通高16.5厘米（图一七，1）。M66：2，泥质灰陶。敛口，圆唇，圆肩，鼓腹斜收，底残。素面。口径8.4、残高18.4厘米（图一七，2）。

C型 6件。双耳罐。有侈口和直口两种，分二式。

Ⅰ式 2件。M73：1，泥质灰陶。侈口，圆唇，翻沿，束颈，溜肩，肩部附两个对称牛鼻式耳，圆腹，圜底内凹。肩、腹饰绳纹，有两道抹痕。口径11.5、底径9、通高23.2厘米（图一七，3）。

Ⅱ式 4件。M54：3，泥质灰陶。直口，平折沿外翻，圆唇，矮束颈，溜肩，肩部附两个对称兽面耳，圆腹弧收，平底微凹。素面。口径8.8、底径13.8、通高15厘米（图一七，4）。

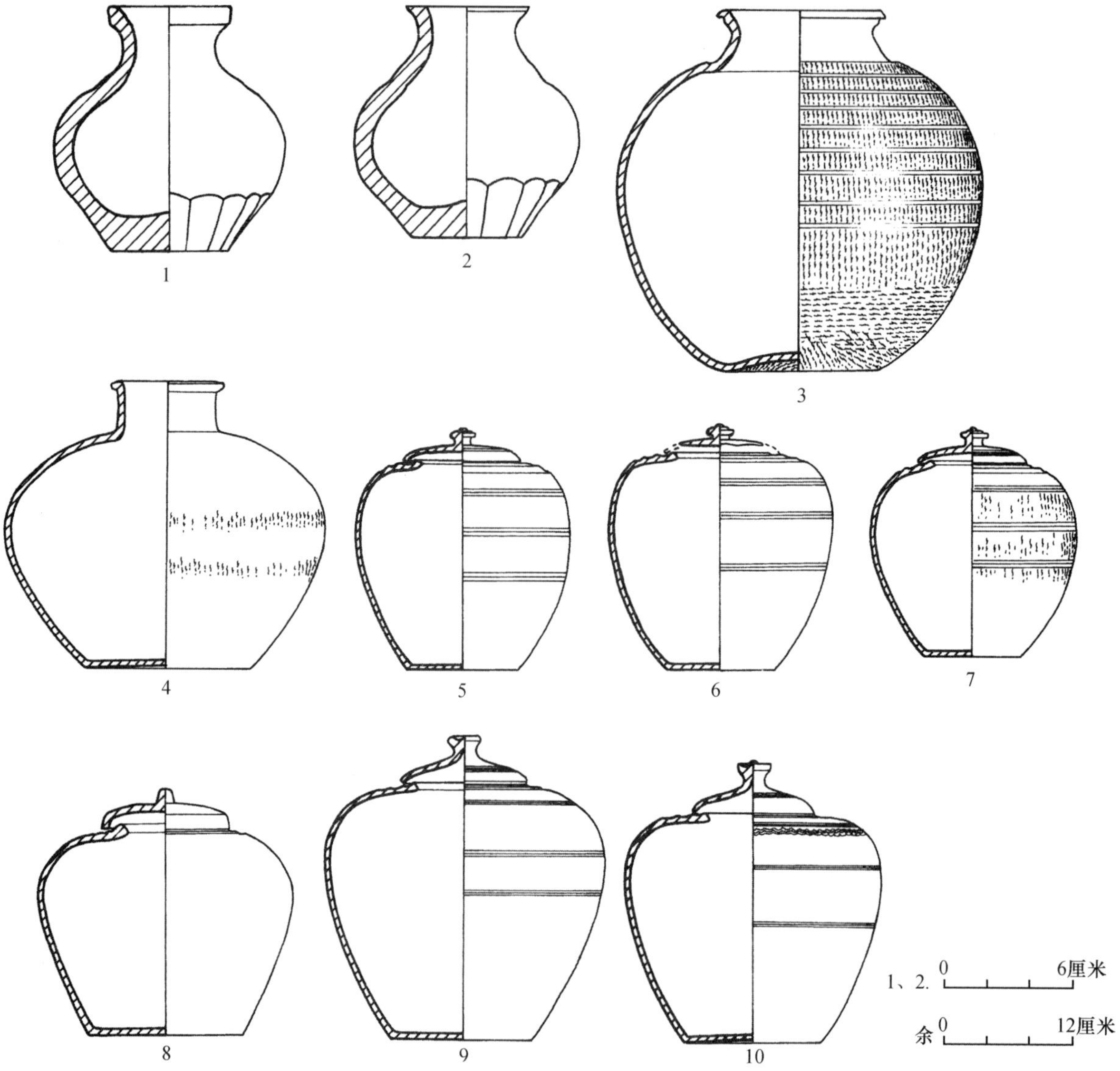

图一六　陶罐

1、2. A型Ⅱ式（M34：4、M34：5）　3. A型Ⅲ式（M42：1）　4. A型Ⅳ式（M79：2）　5～10. B型Ⅰ式（M61：1、M80：1、M76：11、M67：3、M57：5、M58：5）

M54：6，方唇，折沿外翻，平底。沿面饰一道凹弦纹。口径9、底径14.8、通高16.6厘米（图一七，5）。

D型　2件。双唇罐。M74：5，泥质红胎施绿釉。盖顶隆起，中间有圆饼形捉手，盖面饰三道凹弦纹。敛口，圆唇，颈微束，弧斜腹，平底。上腹饰三道凹弦纹。口径9.6、底径8、通高13.2厘米（图一七，6）。M58：7，泥质红胎施绿釉。盖顶隆起，中间有圆饼形捉手，盖面饰两道凹弦纹。敛口，圆唇，颈微束，弧斜腹，平底。上腹饰两道凹弦纹。口径10、底径8.6、通高12.9厘米（图一七，7）。

瓮　10件。器形较大，且胎厚。颈部有斜束颈较高和斜束颈较矮两种，分二型。

A型　6件。斜束颈较高。M76：9，泥质灰陶。敛口，平折沿，尖唇，斜束颈，圆肩，

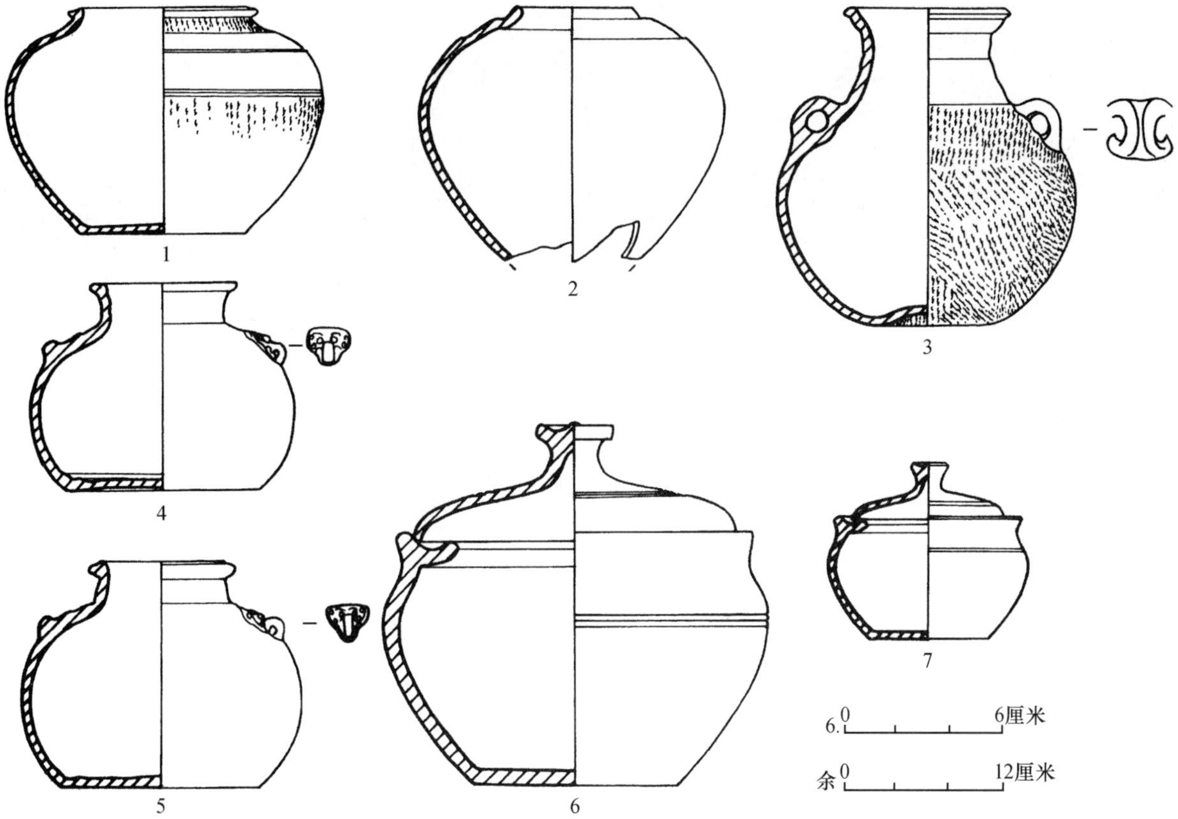

图一七 陶罐

1、2. B型Ⅱ式（M47：3、M66：2） 3. C型Ⅰ式（M73：1） 4、5. C型Ⅱ式（M54：3、M54：6） 6、7. D型（M74：5、M58：7）

圆鼓腹斜收，平底微凹。颈饰绳纹抹平，腹饰弦断绳纹。口径18.8、底径17.4、通高29.6厘米（图一八，1）。M37：1，泥质灰陶。敛口，平折沿，方唇，斜束颈，溜肩，圆鼓腹斜收，平底微凹。肩、上腹饰弦绳纹，下腹留抹痕。口径17、底径15.8、通高29.5厘米（图一八，2）。M42：2，泥质灰陶。敛口，折沿略外翻，上腹残，下腹斜收，平底。下腹饰弦断绳纹。口径14、底径18、残高34厘米（图一八，3）。

B型 4件。斜束颈较矮。M52：3，夹细砂灰陶。敛口，折沿，沿面有凹槽，圆唇，斜束颈，溜肩，扁圆腹斜收，平底微凹。颈饰绳纹抹平，上腹饰三道一组凹弦纹三组，下腹饰绳纹抹平。口径17.6、底径15、通高24.5厘米（图一八，4）。M53：2，泥质灰陶。敛口，平折沿外翻，尖唇，圆肩，扁圆腹斜收，平底。肩饰凹弦纹一道，腹饰弦断绳纹，下腹留抹痕。口径16.4、底径15.8、通高29.4厘米（图一八，5）。

釜 3件。口沿有敛口和直口两种，分二型。

A型 2件。M34：12，泥质灰陶。敛口，圆唇，圆肩，扁鼓腹斜收，圜底。肩饰一道凹弦纹，腹饰两道凹弦纹。口径11.5、底径8.5、通高15.6厘米（图一八，6）。

B型 1件。M76：7，泥质灰陶。直口，圆唇，矮颈，溜肩，扁圆腹弧收，圜底。腹部饰一周凸棱，下腹饰交错绳纹。口径9.4、通高17厘米（图一八，7）。

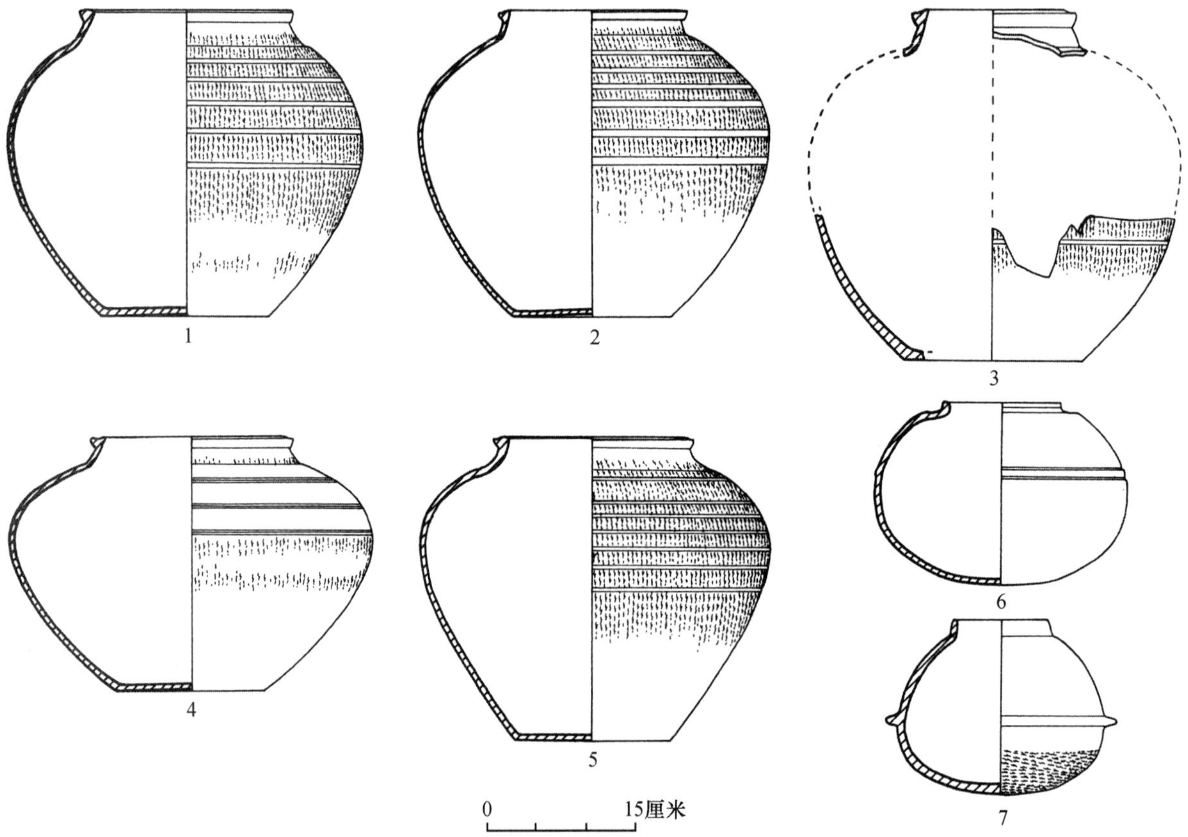

图一八　陶瓮、釜

1～3. A型瓮（M76：9、M37：1、M42：2）　4、5. B型瓮（M52：3、M53：2）　6. A型釜（M34：12）　7. B型釜（M76：7）

甑　9件。口沿分为敞口、侈口和直口三种，分三型。

A型　4件。敞口。M76：15，泥质灰陶。平沿，方唇，斜弧腹，平底微凹，底部有14个圆形箅孔，矮圈足。下腹饰绳纹留抹痕。口径32.2、圈足径11.8、通高12厘米（图一九，1）。M82：5，泥质灰陶。口微敞，平折沿外翻，尖唇，弧腹斜收，平底，底部有5个圆形箅孔。腹饰五道瓦棱纹。口径24.5、底径10、通高14厘米（图一九，2）。M34：7，泥质灰陶。平折沿外翻，方唇，束颈，弧腹斜收，平底，矮圈足，底内用双线刻划方格纹，在方格中有五个圆形箅孔。素面。口径22.5、足径14.3、通高12.2厘米（图一九，3）。

B型　2件。侈口。M74：9，泥质灰陶。平折沿微仰，方唇，微束颈，弧腹斜收，圜底，底部有五个圆形箅孔。沿面有两道凹弦纹，下腹至底饰交错绳纹。口径33.6、底径11、通高18厘米（图一九，4）。M54：2，泥质灰陶。折沿微仰，方唇，弧腹斜收，平底，底部有五个圆形箅孔。下腹至底饰交错绳纹。口径28.4、底径8、通高14.4厘米（图一九，5）。

C型　3件。直口。M73：2，泥质灰陶。平折沿，方唇，束颈，弧腹斜收，平底内凹，底部有六个圆形箅孔。上腹饰弦断绳纹。口径21.2、底径8、通高14.2厘米（图一九，6）。M37：4，泥质灰陶。折沿外翻，尖唇，弧腹斜收，平底，底部有一个圆形箅孔。素面。口径20.8、底径10.8、通高11.1厘米（图一九，7）。M77：3，泥质黑陶。平折沿，沿面有凹槽，方唇，微束颈，弧腹斜收，平底微凹，底部有五个圆形箅孔。素面。口径13.4、底径4.4、通高7

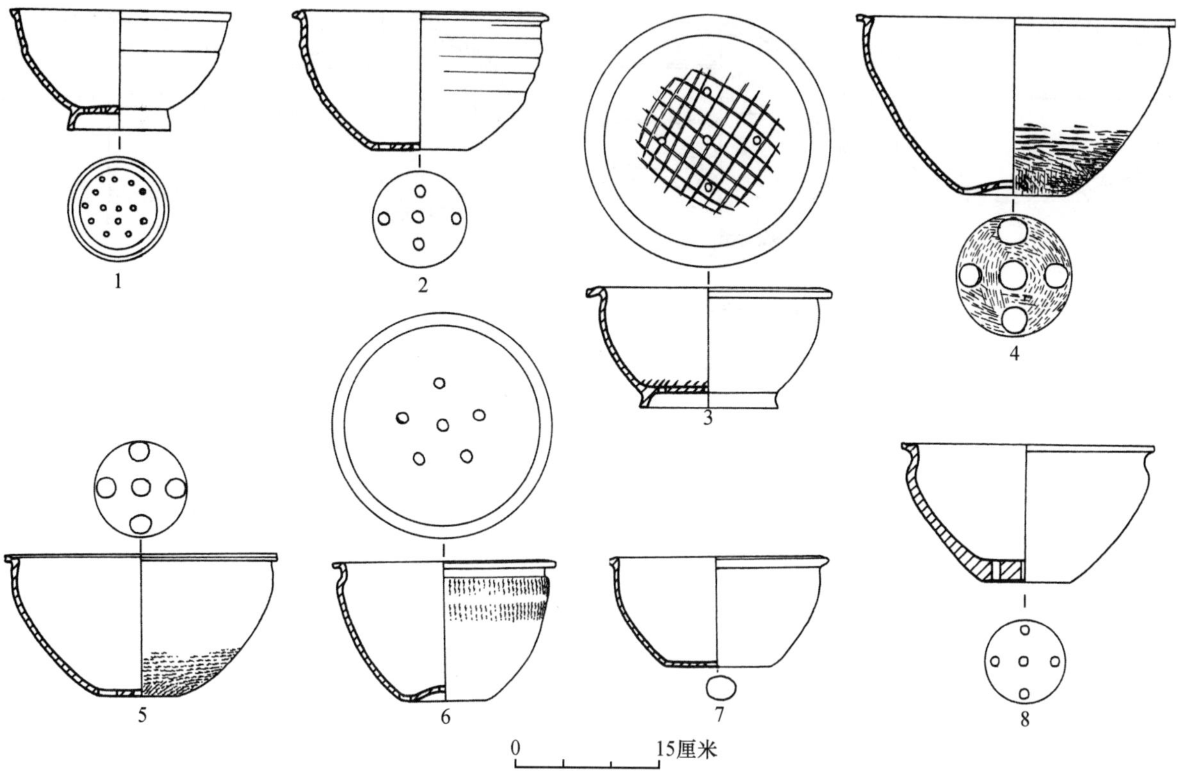

图一九　陶甑

1～3. A型（M76：15、M82：5、M34：7）　4、5. B型（M74：9、M54：2）　6～8. C型（M73：2、M37：4、M77：3）

厘米（图一九，8）。

盒　7件。子母口，带盖。依据盖、腹变化，分三型。

A型　1件。M76：13，泥质黑陶。盖、盒同形。钵形盖，直口，方唇，直壁，斜腹，盖顶有圈足状捉手。盒身直口，方唇，直壁，折腹，平底略凹，矮圈足。素面。口径21.6、圈足径11.5、通高15厘米（图二〇，1）。

B型　4件。盖、盒同形，斜直壁较深。M34：8，泥质灰陶。碗状盖，口微直，平沿，曲腹，盖顶有圈足形捉手。盒身敛口，子唇稍高，上腹壁直，下腹曲收，平底略凹。盖、盒饰弦纹，下腹至底留有划痕，器表有红色彩绘剥落严重。口径17、底径7.2、通高18.6厘米（图二〇，2）。M34：9，泥质灰陶。口径16.3、底径6.6、通高17厘米（图二〇，3）。M51：5，泥质灰陶。碗状盖，直口，平沿，圆唇，曲腹，盖顶有圈足形捉手。盒身敛口，子唇稍高，弧腹斜收，平底略凹，矮圈足。盖、盒口沿处饰弦纹。口径14.6、底径7.7、通高14.1厘米（图二〇，4）。M35：6，泥质灰陶。碗状盖，直口，平沿，方唇，曲腹，盖顶有圈足捉手。盒身敛口，子唇稍高，上腹壁直，下腹曲收，平底略凹。素面。口径16、底径7.6、通高16.5厘米（图二〇，5）。

C型　2件。M77：7，泥质黑陶。盘形盖，平沿，方唇。盒身敛口，子唇较高，上腹壁直，下腹斜收，平底略凹。底部有数道刮削痕。口径8、底径5.2、通高9厘米（图二〇，6）。M77：8，泥质黑陶。口径8、底径5、通高9厘米（图二〇，7）。

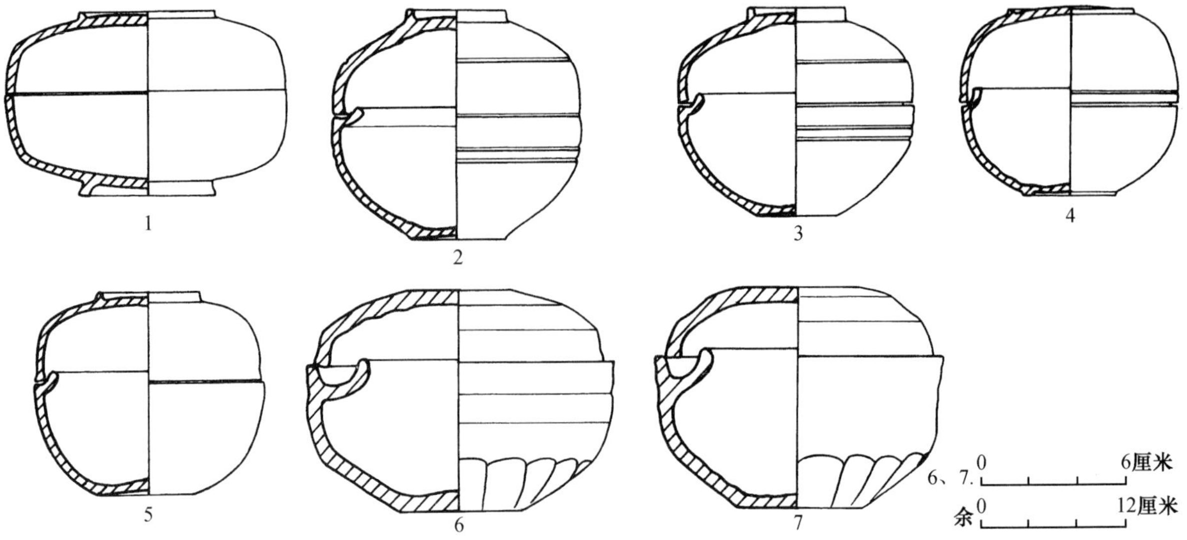

图二〇　陶盒

1. A型（M76：13）　2～5. B型（M34：8、M34：9、M51：5、M35：6）　6、7. C型（M77：7、M77：8）

盆　11件。依据口沿、腹部变化，分三型。

A型　2件。M76：10，泥质灰陶。敛口，圆唇，弧腹斜收，平底微凹。腹留抹痕，素面。口径21.2、底径12、通高11.2厘米（图二一，1）。

B型　6件。M55：3，泥质灰陶。敞口，平折沿微仰，方唇，弧腹斜收，平底。沿面饰两道凹槽。口径31.4、底径15、通高15.2厘米（图二一，2）。M77：2，泥质黑陶。敞口，平折沿，沿面有一道凹槽，方唇，短束颈，弧腹斜收，平底微凹。素面。口径14.8、底径6、通高6.5厘米（图二一，3）。M53：4，泥质灰陶。敞口，平折沿微仰，圆唇，短束颈，弧腹斜收，平底。素面。口径27.2、底径15、通高14厘米（图二一，4）。M37：3，泥质灰陶。敞口，平折沿外翻，沿面有一道凹槽，弧腹斜收，平底。沿下饰绳纹抹平，下腹留划痕。口径21.2、底径10.8、通高10.7厘米（图二一，5）。M55：2，泥质灰陶。平折沿微仰，方唇，高束颈，弧腹斜收，平底。素面。口径31.6、底径13.2、通高16.8厘米（图二一，6）。

C型　3件，M79：3，夹细砂灰陶。直口，平折沿外翻，尖唇，直壁斜收，平底。腹饰绳纹抹平。口径21.6、底径9.4、通高11.6厘米（图二一，7）。M54：1，泥质灰陶。直口，平折沿微仰，方唇，弧腹斜收，平底。素面。口径29.9、底径13.8、通高13.4厘米（图二一，8）。M38：2，夹细砂灰陶。直口微敞，平折沿外翻，方唇，斜腹，底残。素面。口径24、底径12、通高11厘米（图二一，9）。

鍪　8件。依据腹部变化，分三型。

A型　5件。扁圆腹。M58：3，泥质红胎施绿釉。侈口，方唇，束颈，溜肩，肩置对称圆环形双耳，最大径在下腹，圜底。颈饰绳纹抹平。口径14.4、通高14厘米（图二二，1）。M51：4，夹细砂灰陶。侈口，方唇，束颈，溜肩，肩起凸棱，圜底。下腹至底饰绳纹。口径13.3、通高16厘米（图二二，2）。M61：3，夹细砂灰陶。侈口，翻沿，圆唇，颈、肩交接处起凸棱，圜底。颈饰绳纹抹平，下腹至底饰交错绳纹。底部有烟熏痕。口径12、通高15.2厘米

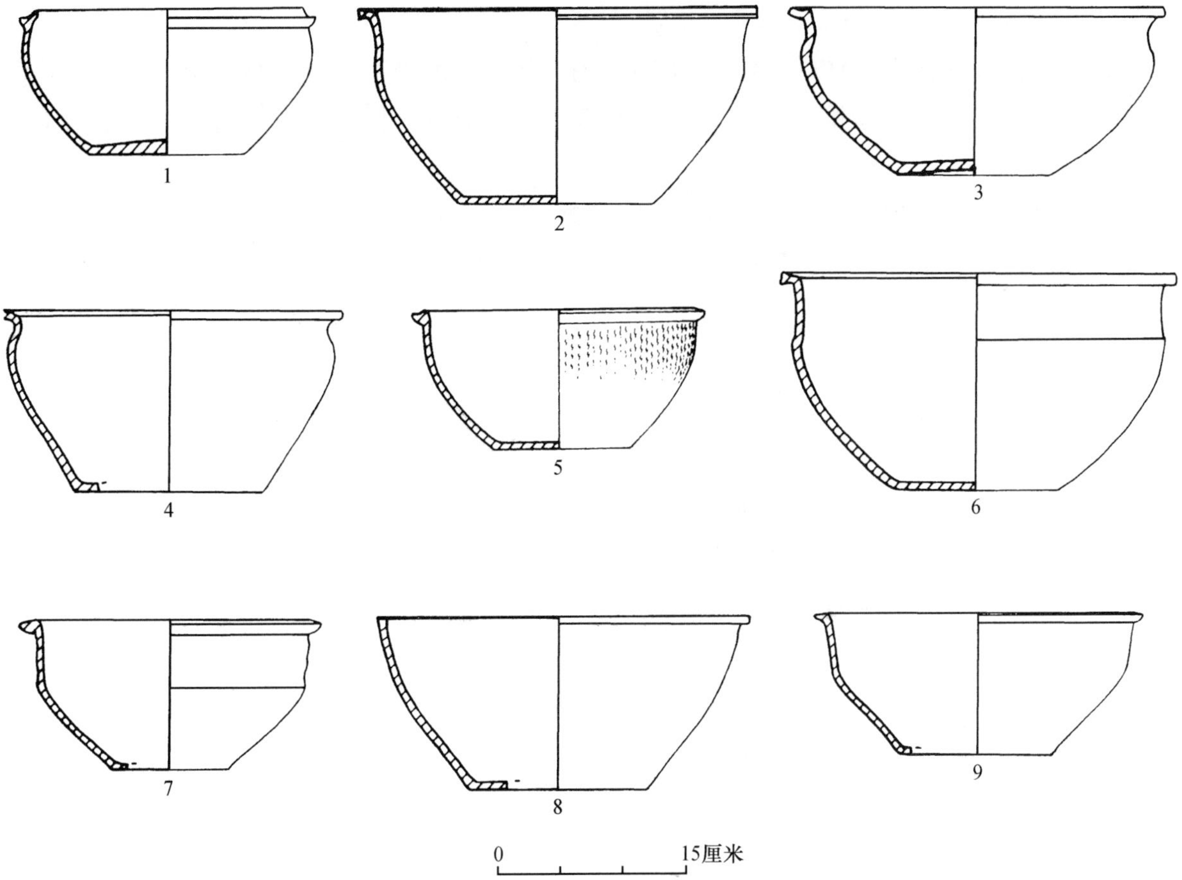

图二一　陶盆

1. A型（M76：10）　2～6. B型（M55：3、M77：2、M53：4、M37：3、M55：2）　7～9. C型（M79：3、M54：1、M38：2）

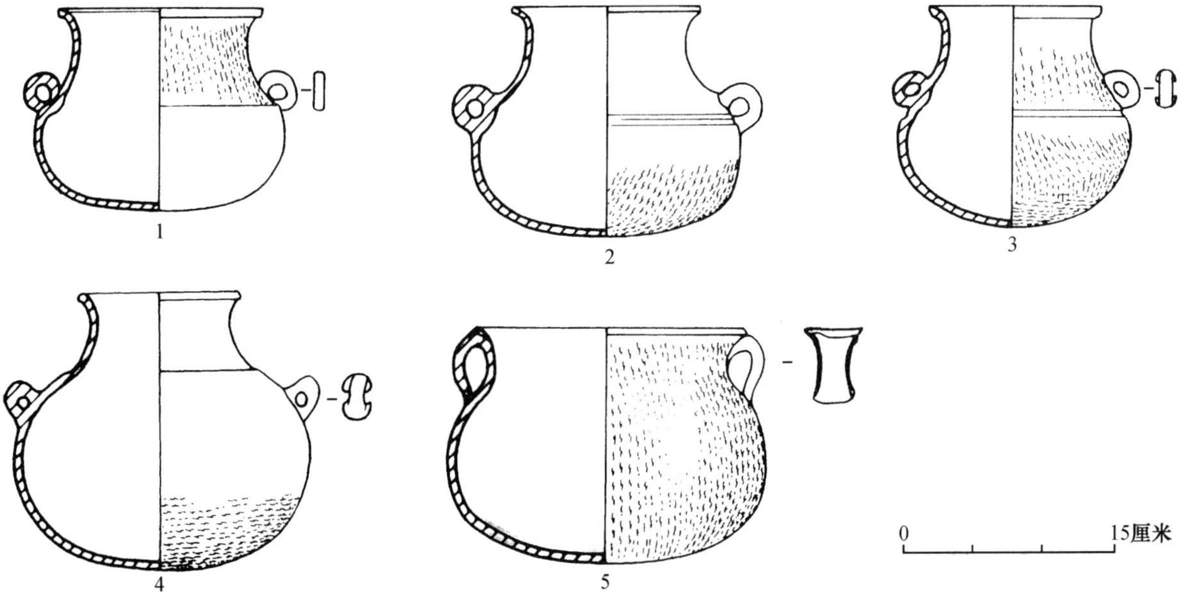

图二二　陶鍪

1～3. A型（M58：3、M51：4、M61：3）　4. B型（M73：3）　5. C型（M37：6）

（图二二，3）。

B型　2件。圆鼓腹。M73：3，夹细砂灰陶。侈口，翻沿，圆唇，高束颈，溜肩，肩置对称环形双耳，圜底。颈饰一道凹弦纹，下腹至底饰绳纹。口径10.8、通高19.1厘米（图二二，4）。

C型　1件。椭圆腹。M37：6，夹细砂灰陶。侈口，翻折沿，方唇，束颈，溜肩，颈至肩置对称双弓耳，圜底。颈饰绳纹抹平，腹至底饰交错绳纹。口径19、通高16.4厘米（图二二，5）。

博山炉　2件。带盖。依据盖、腹的变化，分二型。

A型　1件。M82：3，夹细砂灰陶。圆锥状盖，盖顶中部置一飞鸟呈昂首展翅展尾状，盖面饰几何焦叶纹四组，间饰八排圆形镂孔。炉身为敛口，平折沿，沿面有凹槽，腹深呈直壁，下腹弧收，腹饰几何焦叶纹两组，底微平，空心圈足较高，底座呈盘形。口径13.9、底座口径17.8、底径9.6、通高31.4厘米（图二三，1）。

B型　1件。M74：6，夹细砂灰陶。弧顶盖，盖顶中部置一飞鸟呈昂首展翅展尾状，鸟首羽毛清晰，盖面饰三角纹和方格纹三组为镂孔。炉身为直口，圆唇，沿面内起凸棱，斜直腹较浅，饰三角纹和方格纹一组为镂孔，空心圈足较高，柄刮削成九边形，底座呈喇叭状圈足，饰半圆纹。口径10.4、圈足径12.6、通高22厘米（图二三，2）。

豆　1件。M82：6，泥质灰陶。侈口，弧腹，浅盘，高柄呈竹节状，喇叭形圈足。口径12.7、底径11.5、通高13.5厘米（图二三，3）。

器盖　1件。M73：5，泥质灰陶。呈斗笠状，弧形顶，烧制不规整。顶面饰绳纹抹平。口径37、通高11厘米（图二三，4）。

纺轮　1件。M34：3，泥质灰陶。上小下大呈圆形，两面平直，斜壁，中部有对穿圆孔。上径1.4、下径2.5、孔径0.4、高1.6厘米（图二三，5）。

仓　6件。依据腹部变化，分二型。

A型　2件。斜直腹。M77：6，泥质红胎黑皮陶。平顶盖，敛口，短颈，圆唇，折肩，斜直腹，平底微凹。肩饰两道凸弦纹。口径10、底径8.2、通高20厘米（图二四，1）。M77：5，泥质红胎黑皮陶。平顶盖，敛口，短颈，圆唇，折肩，斜直腹，底残。肩饰两道凸弦纹。口径10.6、残高20厘米（图二四，2）。

B型　4件。直腹。M82：11，泥质灰陶。弧顶盖，中间置一桥形纽。直口，短颈，方唇，圆肩，直腹略弧，平底。肩饰四道瓦棱纹。口径9.4、底径14.6、通高29.8厘米（图二四，3）。M82：10，泥质灰陶。弧顶盖，中间置一桥形纽。直口，短颈，方唇，圆肩，直腹略弧，平底。肩饰五道瓦棱纹。口径8.8、底径15、通高28.5厘米（图二四，4）。M82：12，泥质黑陶。直口，短颈，圆唇，圆肩，直腹略弧，平底。肩饰五道瓦棱纹。口径9.8、底径14.8、通高26厘米（图二四，5）。

灶　5件。依据灶面变化，分二型。

A型　3件。M70：2，泥质黑皮陶。平面呈梯形，前端略宽，尾端略窄，前、后直壁，两侧斜壁。台面上设有圆形单火眼，前壁下端中部有一拱形火门。灶长22.3、一端宽19、一端宽

图二三　陶博山炉、豆、器盖、纺轮

1. A型博山炉（M82：3）　2. B型博山炉（M74：6）　3. 豆（M82：6）　4. 器盖（M73：5）　5. 纺轮（M34：3）

20.8、高9.6厘米（图二五，1）。M77：4，泥质黑皮陶。平面呈长方形，直壁，台面上置一大一小双火眼，前面有一大一小双拱形火门，灶面后端置立一长形挡烟壁。长21.6、宽24.6、高17厘米（图二五，2）。

B型　2件。M57：1，泥质灰陶。平面呈方形，直壁，灶面四周起凸棱。台面上置双火眼，上置釜、甑连体。釜，直口，圆唇，溜肩，圆腹弧收，平底。甑，敞口，平折沿，尖唇，弧斜腹，平底，底部有七个圆形小孔。灶面周围模印有鱼、鸭、鹅、蛇、耳杯、卷云纹等图案。后端中部斜立一个空心烟囱。灶门呈拱形。四壁饰凹弦纹和波浪纹。长20.4、宽18.8、高14.4厘米（图二五，3）。M58：4，泥质红胎施绿色。平面呈四方形，前端稍宽，后端略窄。台面上置双火眼，上置釜、甑，釜、盆连体。釜，直口，方唇，上腹鼓，圜底。甑，敞口，翻折沿，尖唇，弧腹斜收，平底，底部有六箅孔。盆，敞口，平折沿，圆唇，弧腹斜收，平底。灶面周围模印有鱼、鸭、耳杯、卷云纹等图案。后端置立一半圆形烟囱。灶门呈拱形。四壁饰凹弦纹和波浪纹。长21.8、宽20、高21.8厘米（图二五，4）。

2. 铜器

共出土14件，有扁壶、勺、铃、带钩、花饰、饰件、泡钉等。

扁壶　1件。M76：1，直口，平沿，方唇，唇外缘起棱，长颈，鼓肩，肩饰对称兽面铺首

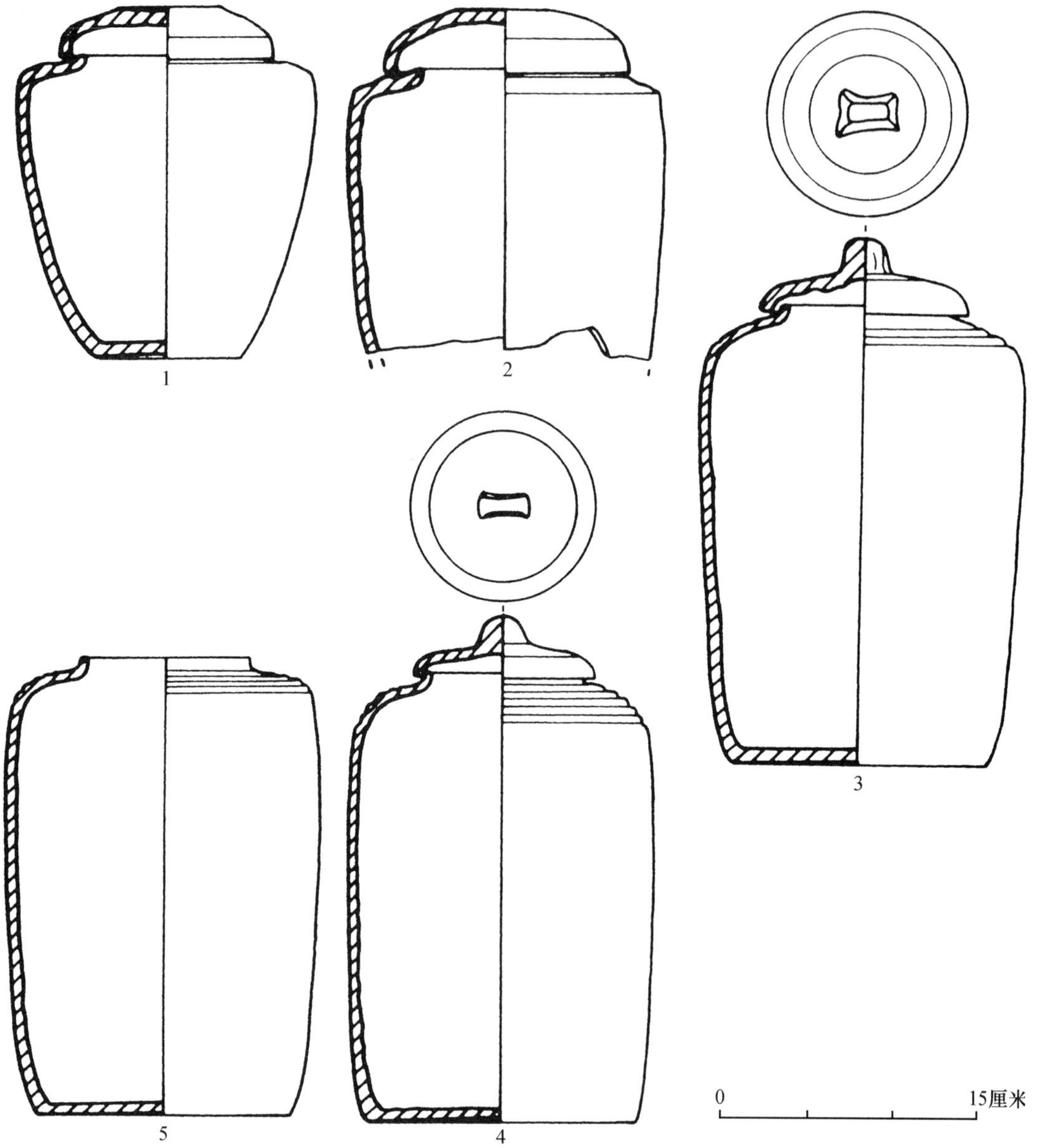

图二四　陶仓

1、2. A型（M77：6、M77：5）　3～5. B型（M82：11、M82：10、M82：12）

衔环，鼓腹，扁圆方体，两侧面微鼓，平底，底部中间有一弓形纽，方形矮圈足。素面。腹径31.6、圈足径16.4、通高27.8厘米（图二六，1）。

勺　1件。M74：1，椭圆形，直口，圆唇，弧腹，圜底，一侧有半圆形长柄，柄顶端中部有一圆孔。勺宽7.4、柄宽2.2～2.6、通长34.8厘米（图二六，2）。

铃　1件。M51：2，扁圆体，顶平，中置半圆形纽，燕尾唇，舌残。饰网格纹，格内饰小乳钉纹。通高5.5厘米（图二六，3）。

带钩　5件。M35：1，弧背，琵琶形，鸟首形钮，首较细，尾部略宽，钮偏于尾部，钩断面呈半圆形，长3.7、宽0.2～0.9厘米（图二六，4）。M74：2，弧背，琵琶形。长5.1、

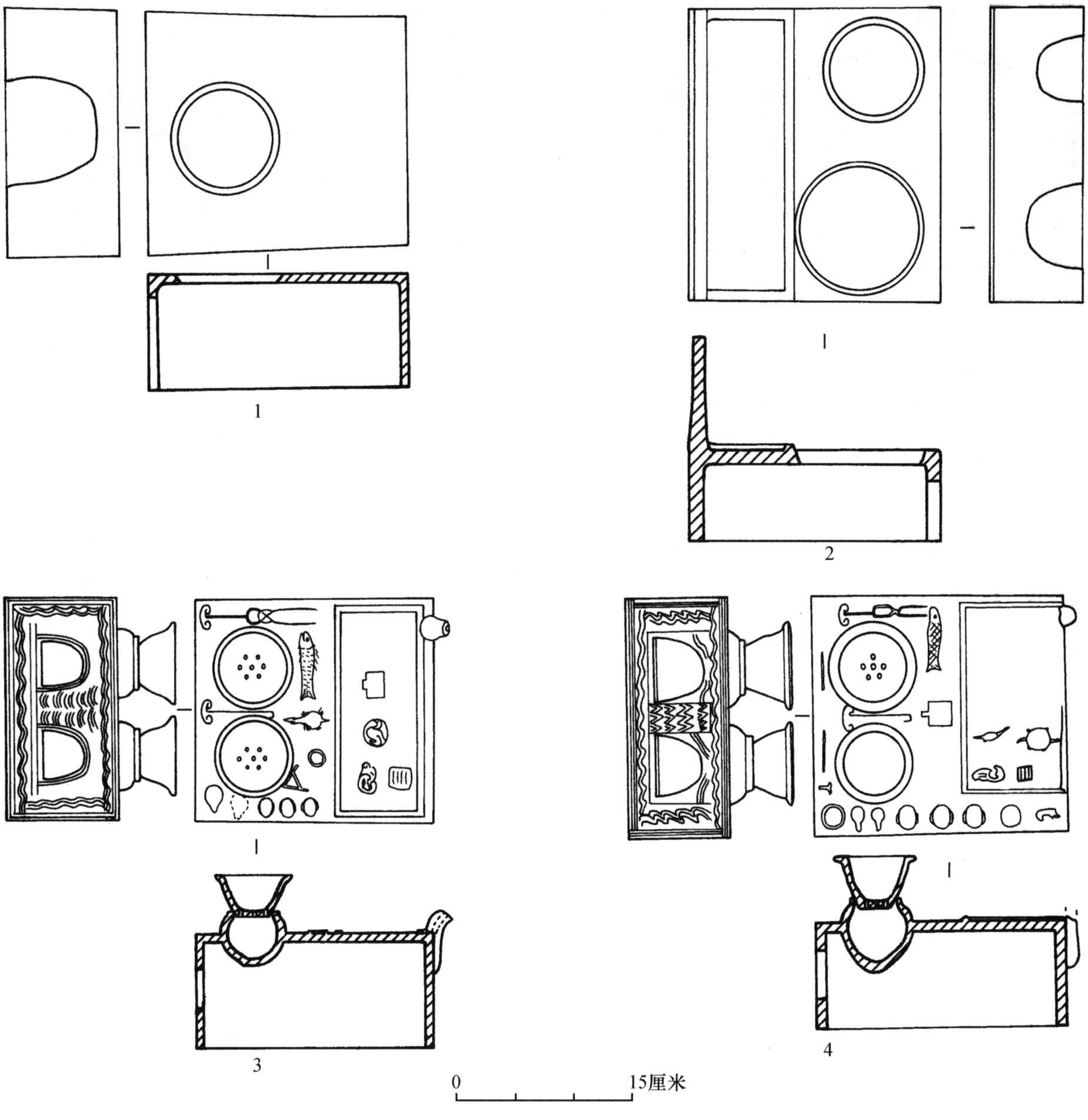

图二五　陶灶

1、2. A型（M70：2、M77：4）　3、4. B型（M57：1、M58：4）

宽0.3～0.9厘米（图二六，5）。M79：1，弧背，琵琶形，鸭首状钩，尾宽而薄。长5.1、宽0.3～0.9厘米（图二六，6）。M54：7，长4.7、宽0.28～0.6厘米（图二六，7）。

花饰　1件。M71：1，平面呈四叶三角状，残，中心部有一圆形孔。素面。残长6.7、厚0.5厘米（图二六，8）。

饰件　1件。M72：1，圆筒状，中部一侧有一圆孔。素面。高4.3、直径1.3、孔径0.8厘米（图二六，9）。

泡钉　4件。M71：5，弧形帽，凹面中部有一方体尖钉。直径2.5、通高1厘米（图二六，10）。M82：1，圆形帽，帽稍平，凹面中部有一圆体尖钉。直径1、高0.9厘米（图二六，11）。

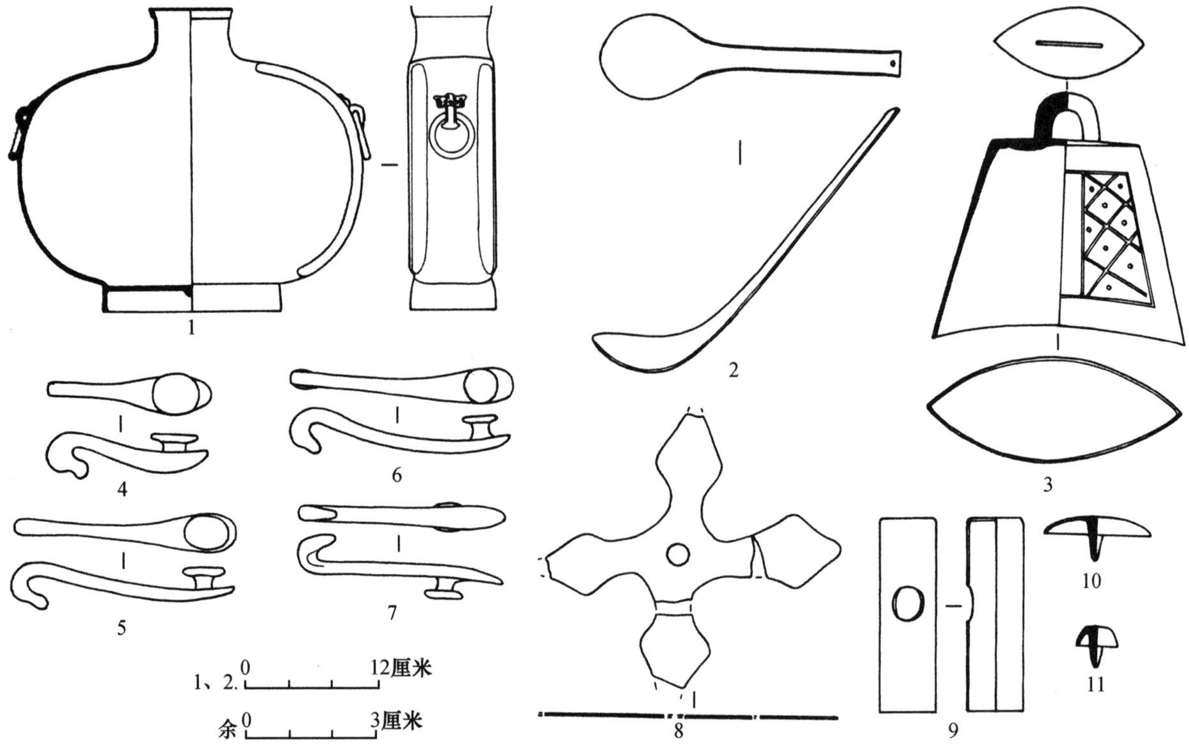

图二六　铜扁壶、勺、铃、带钩、花饰、饰件、泡钉

1. 扁壶（M76：1）　2. 勺（M74：1）　3. 铃（M51：2）　4～7. 带钩（M35：1、M74：2、M79：1、M54：7）
8. 花饰（M71：1）　9. 饰件（M72：1）　10、11. 泡钉（M71：5、M82：1）

3. 铜钱

铜钱　298枚。有五铢、半两、大泉五十、刀币五百等。大多锈蚀严重，有的成堆放置。

五铢　115枚。出自M38、M53、M54、M55、M57、M63、M69、M77、M81、M82。圆形方孔，有两种形制。标本M55：1，“五”字交股两笔较曲，上下两横笔不出头，“金”字呈三角形，“朱”字头上笔方折，下笔圆折，穿径较大，正面无内郭，反面内郭明显。直径2.4、孔径1.1、厚0.1厘米（图二七，1）。标本M57：3，“五”字交股两笔较缓曲，上下两横笔出头，“铢”字同M55：1。直径2.4、孔径1、厚0.1厘米（图二七，2）。

半两　66枚。出自M34、M37、M51、M74、M76、M78。圆形方孔。标本M34：6，锈蚀严重，“半”不清，“两”字“十”字不出头。直径3.2、孔直0.8、厚0.1厘米（图二七，3）。

大泉五十　115枚。出自M57、M58。圆形方孔。标本M57：3，铸造精细，铜质较好。边缘及穿两面均起周郭，穿四边篆书“大泉五十”四个字。直径2.7、孔径1.1、厚0.2厘米（图二七，4）。

刀币五百　2枚。标本M57：4，圆首方孔，币身呈“刀”形，有刃有背，正面篆书，圆首“刀币”两字，币身“五百”两字，光背。直径7.3、孔径0.9、厚0.2厘米，重16克（图二七，5）。

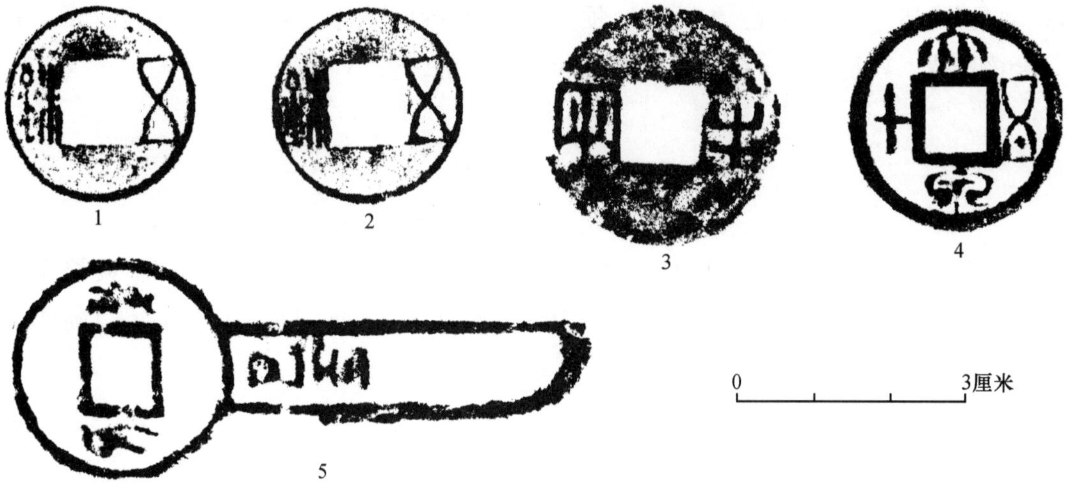

图二七　铜钱

1、2. 五铢（M55：1、M57：3）　3. 半两（M34：6）　4. 大泉五十（M57：3）　5. 刀币五百（M57：4）

4. 铁器

铁器3件，通体锈蚀严重，器形有鼎、釜、罐等。

鼎　1件。M73：7，微直口，平沿，圆唇，斜弧腹内收，近平底，三矮足外撇。素面。合模铸成。口径23.5、残高10厘米（图二八，1）。

釜　1件。M82：2，直口，尖唇，短颈，圆肩，肩置对称双牛鼻耳，扁鼓腹内收，圜底。素面。合模铸成。口径20、腹径26.2、通高19.7厘米（图二八，2）。

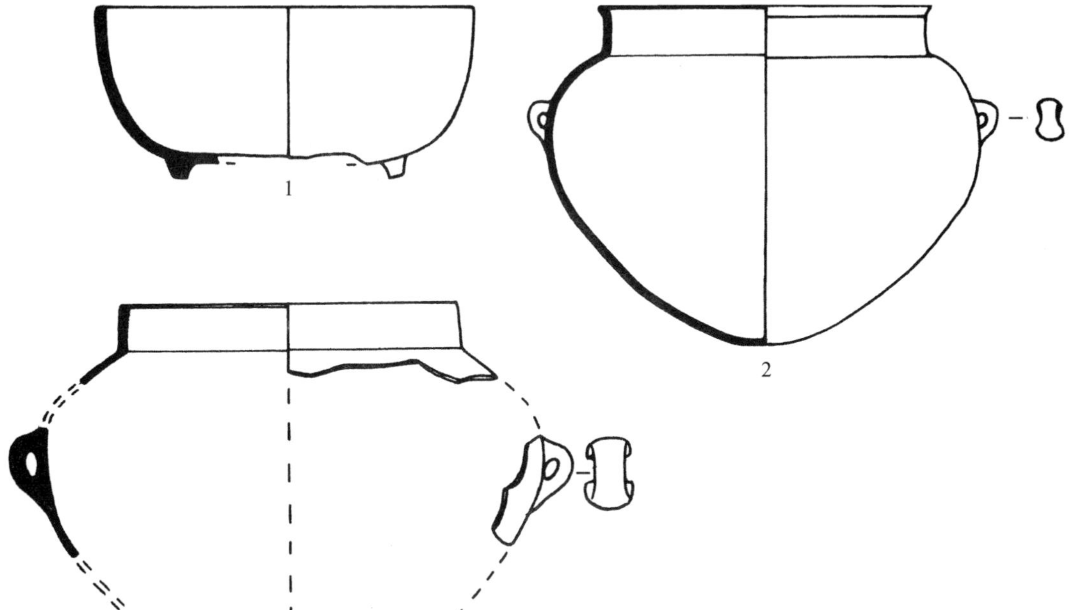

图二八　铁鼎、釜、罐

1. 鼎（M73：7）　2. 釜（M82：2）　3. 罐（M55：7）

罐　1件。M55∶7，直口，方唇，短颈，溜肩，肩置对称双牛鼻耳，扁鼓腹斜收，平底。素面。合模铸成。口径20、足径12、残高21.6厘米（图二八，3）。

三、东　汉　墓

发掘9座，编号M36、M39、M40、M41、M44、M50、M62、M63、M65。此类墓葬全部遭受不同程度的破坏，有的仅存几块墓砖。为长方形单室，方向以墓门为准，不见随葬品，现以M36为例介绍如下：

1. 砖室墓

M36　位于T1906中部偏南端，打破M37，东邻M39和M43。开口于第1层下，方向175°。

该墓残存为方形，墓西、南部破坏至底，东北部残存9层墓墙砖，墓室残长2.2、宽2.45、残高0.58米。墓室内填充黄褐土，土质松散，含有较多的残砖块等。葬具、骨架无存，葬式不明（图二九）。

墓砖为青灰色，其规格为长36、宽16、厚6厘米。墓壁的砌法为单砖纵列错缝平铺，墓壁交会处为交错咬合。铺地砖为横列错缝平铺。砖均有花纹，有花纹的一面朝墓室。墓砖纹饰有对称五字纹（图三〇，1）、方格纹（图三〇，2）、几何菱形纹（图三〇，3、4）。

2. 石室墓

发掘1座，编号M63，为长方形单室。

M63　位于T1607西南部，东邻M61、M80。开口于第1层下，方向175°。

该墓为长方形，墓南部破坏至底，仅东墙北端残存6层石块和墓室东、西两侧铺地石块，墓室残长2.6、宽1.38、残高0.25米。石块为灰白色，质硬，一般长30、宽15、厚2～2.5厘米。石块为自然石，未经人工加工痕迹，多呈长条形。墓壁的石块砌法为单石片错缝平铺，铺地石为纵横交错平铺。墓内填充黄褐沙土，土质松散，含有较多的残石块等。葬具、骨架无存，葬式不明。随葬品仅铜钱五铢一串，不见其他遗物（图三一）。

四、结　　语

韩家洲墓群面积大，墓葬分布密集。从第一次和第二次大规模的科学考古发掘看，其时代均为两汉时期，这批墓葬形制多样，所出土的随葬品具有一定的地方特征，且时间段较为集中，随葬器物主要以仿铜陶礼器、日用生活器、模型明器为组合，但组合多不全。我们根据铜钱和随葬器物组合及形制的自身变化特点来确定墓葬的大致年代。

已发掘的49座汉墓大多数被盗扰，从少数保存较好的墓葬出土陶器组合观察，M34、

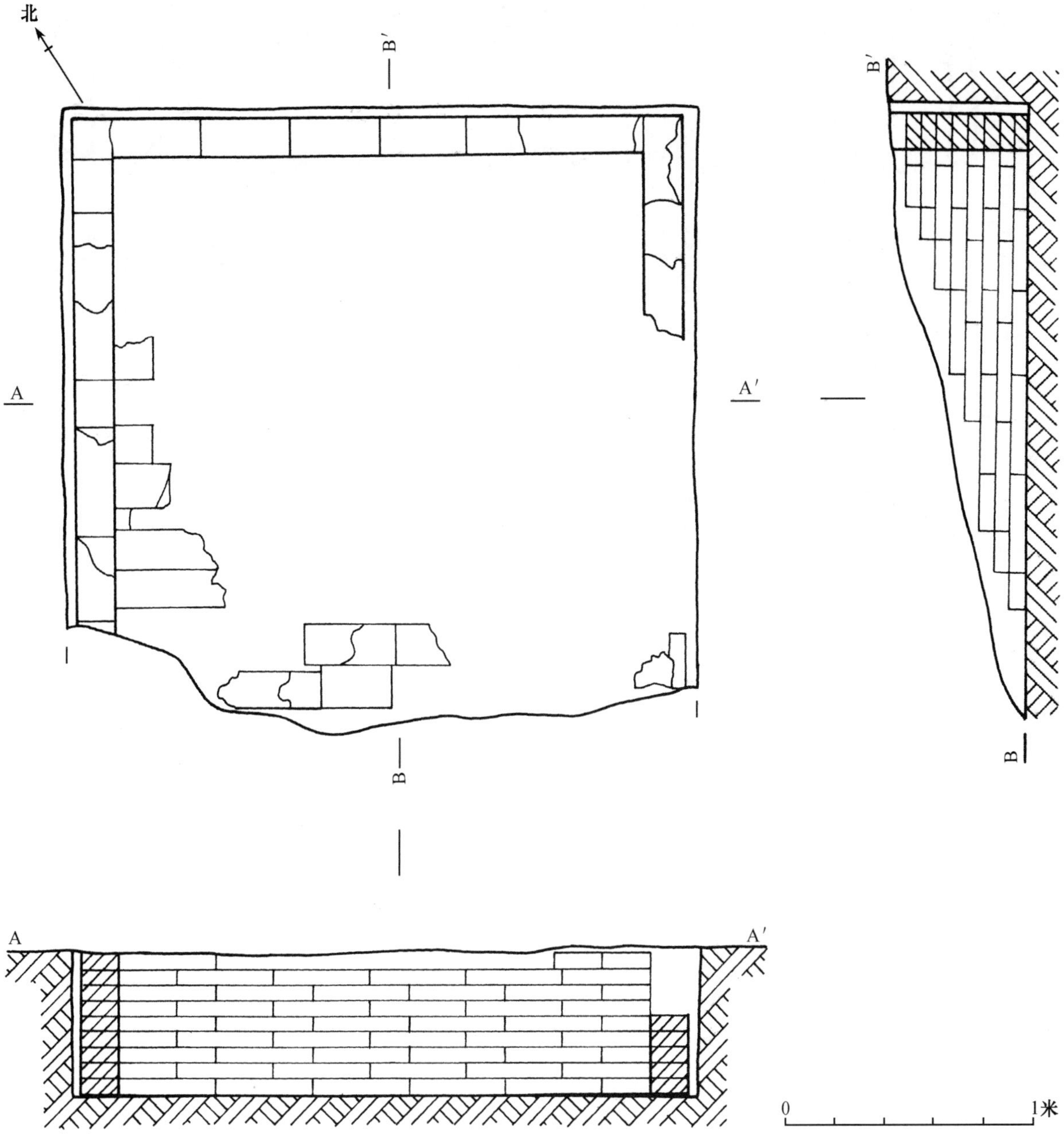

图二九 M36平、剖面图

M35、M73、M76陶器组合基本为鼎、壶、罐、盒、釜、甑、瓮或鼎、壶、鍪、罐、盆、瓮等。从墓葬形制、出土器物组合和个别器物形制来看，同以往考古发掘资料有相似性。B型Ⅱ式鼎（M34：11）浅盘、深腹、圜底、蹄足外撇，形制与丹江口市莲花池墓地战国秦汉墓B型鼎[1]（M55：1）相同。A型盒（M76：13）形制同于襄阳王坡汉墓[2]（M155：2），与丹江口市莲花池墓地战国秦汉墓B型盒[3]（M8：9）相近。B型Ⅰ式壶（M76：5）形制基本同于老河口九里山西汉墓A型I式壶[4]（M56：4）。A型鍪（M73：3）形制同于丹江口市金陂墓群西汉鍪[5]（M116：4）。A型瓮（M76：9）形制与丹江口市金陂墓群西汉瓮[6]（M132：8）相似。以上器物所代表的墓葬时代为西汉早期。

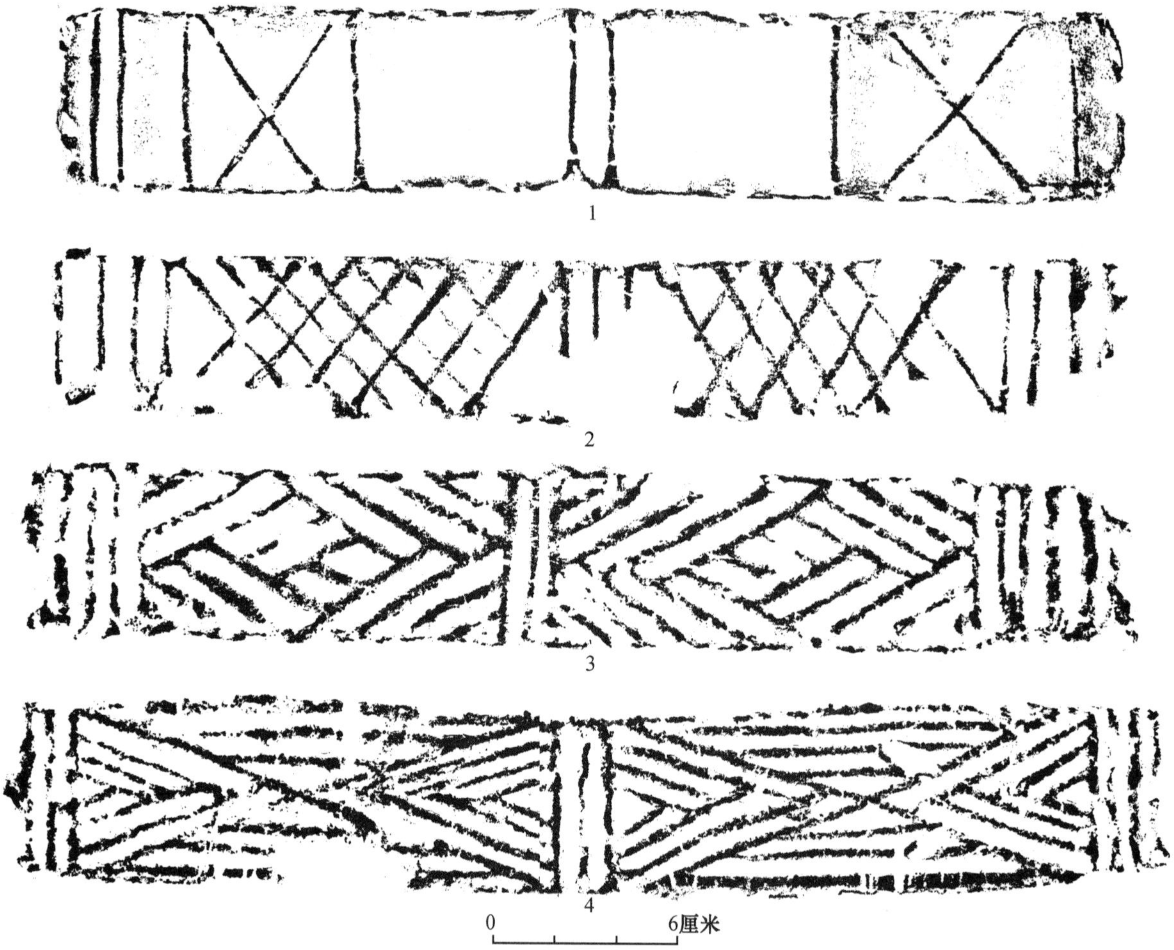

图三〇　墓砖拓片

1. 对称五字纹（M36）　2. 方格纹（M36）　3、4. 几何菱形纹（M62、M65）

M51、M54、M55等墓陶器组合为鼎、壶、罐、甑、盒或壶、罐、盆、五铢钱等。C型Ⅰ式壶（M55：8）高颈、圆鼓腹、平底，形制与河南洛阳西汉张就墓Ⅰ型大陶壶（ⅠM1835：38）相类似[7]。B型甑（M54：2）与湖北蕲春罗州城汉墓A型Ⅱ式甑（M27：7）相同[8]。M51：2铜铃形制同于上海福泉山西汉墓群Ⅱ式铜铃[9]（M17-13、M17-27、M18-2）。以上器物所代表的墓葬年代为西汉中期。

M57、M58墓葬陶器组合为鼎、壶、罐、灶或壶、罐、鍪、灶。C型Ⅱ式壶（M58：2）形制与湖北枣阳果园汉墓A型Ⅳ式壶（M50：9）相近[10]。而两墓均出土有“大泉五十”，M57出土2枚“刀币五百”，以上器物所代表的墓葬年代为西汉晚期。

韩家洲墓群的砖室墓和石室墓均遭破坏，都不见随葬器物，仅在石室墓出土五铢钱57枚，从墓室结构及形制、砖的花纹观察这类墓葬的时代应为东汉时期。

韩家洲墓群这批墓葬从它们的分布状况、墓葬方向和墓葬形制、随葬器物来看，有以下几方面的特征，一是这批墓葬数量比较多，分布较集中，均处于第二级坡地上。二是这批墓葬并排分布，在一座墓葬的附近有数座墓并排排列，而有的砖室墓打破或叠压竖穴土坑墓。三是没

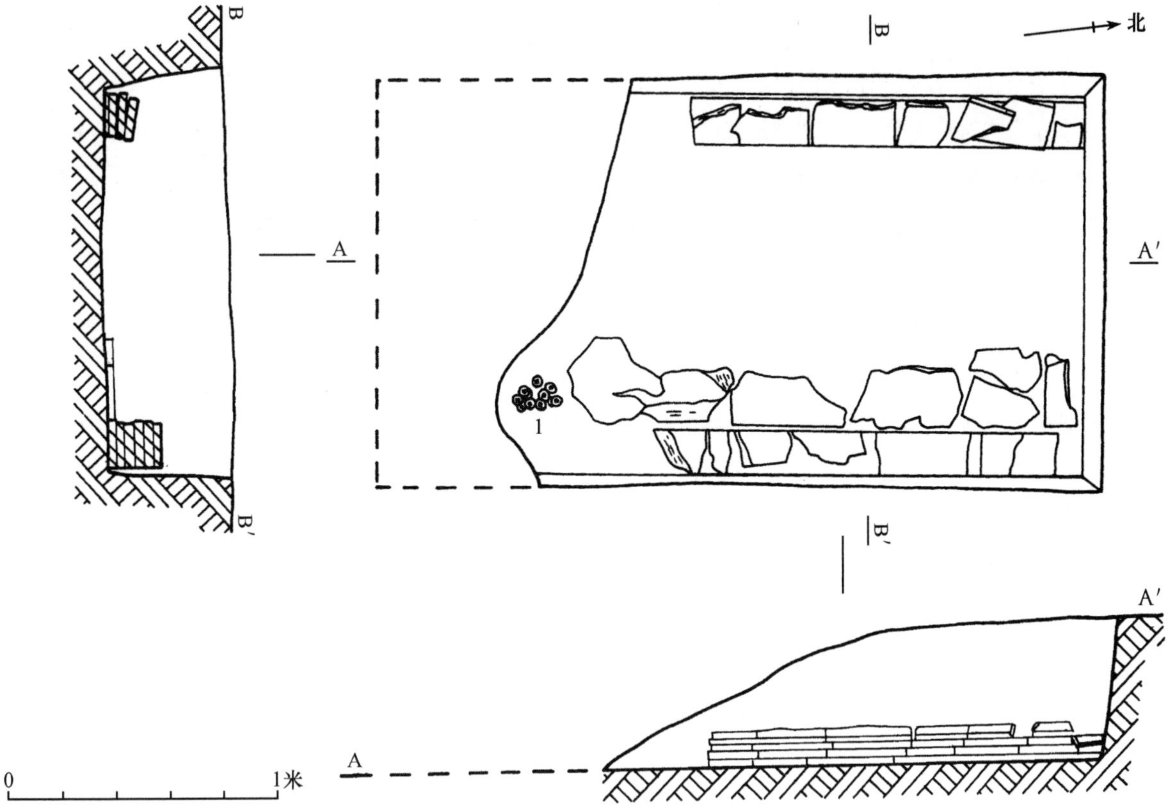

图三一　M63平、剖面图
1. 铜钱

有被破坏的墓葬出土器物丰富，基本表现出本地区丧葬习俗的发展过程。四是发现三人合葬墓（M57），三副人骨架头部向南并列放置，随葬品置于墓室的东部，推测应为夫妻合葬墓。这批墓葬出土的器物及其组合也相同或相近，而且这批墓葬均为中、小型墓，大多数墓葬出土的器物数量差别不大，墓主人的身份应该均为中小地主或平民，应为一处家庭墓地。总之，此次发掘的墓葬数量之多，在该地区汉墓发掘中属首次发现，为研究该地区两汉时期的丧葬习俗、文化面貌、社会生活状况提供了丰富的实物资料。

附记：此次发掘领队周国平研究员，参加发掘人员有吴琳、费世华、王新发、施东升、付胜明、朱明、付守平等，器物修复、拓片谭姣娥、费世华。发掘和整理期间得到郧县博物馆、南水北调郧县整理基地的大力支持，在此表示谢意！

绘图：陈秋红　黄旭初

执笔：付守平　陈国祥　付　丹

注　释

[1] 北京市文物研究所：《湖北省丹江口市莲花池墓地战国秦汉墓》，《湖北南水北调工程考古报告集》（第一卷），科学出版社，2013年。

[2] 湖北省文物考古研究所、襄樊市考古队、襄阳区文物管理处：《襄阳王坡东周秦汉墓》，科学出版社，2005年。

[3] 北京市文物研究所：《湖北省丹江口市莲花池墓地战国秦汉墓》，《湖北南水北调工程考古报告集》（第一卷），科学出版社，2013年。

[4] 襄樊市文物考古研究所、武安铁路复线九里山考古队：《老河口九里山秦汉墓》，文物出版社，2009年。

[5] 荆州博物馆：《湖北丹江口市金陂墓群2008年发掘报告》，《湖北南水北调工程考古报告集》（第一卷），科学出版社，2013年。

[6] 荆州博物馆：《湖北丹江口市金陂墓群2008年发掘报告》，《湖北南水北调工程考古报告集》（第一卷），科学出版社，2013年。

[7] 洛阳市第二文物工作队：《洛阳西汉张就墓发掘简报》，《文物》2005年第12期。

[8] 黄冈市博物馆、湖北省文物考古研究所、湖北省京九铁路考古队：《罗州城与汉墓》，科学出版社，2000年。

[9] 上海市文物保管委员会：《上海福泉山西汉墓群发掘》，《考古》1988年第8期。

[10] 襄樊市考古队、枣阳市考古队：《湖北枣阳果园汉墓发掘》，《湖北考古报告集》，《江汉考古》增刊，2008年6月。

附表 韩家洲墓群墓葬登记表

序号	墓号	形制	方向	规格尺寸（厘米）长×宽-高	时代	层位	随葬品
1	M34	竖穴土坑墓	187°	252×182-70	西汉	①下	B型Ⅱ式陶鼎2、B型Ⅰ式陶壶2、A型Ⅱ式陶罐2、A型陶釜1、B型陶甑1、B型陶盒2、陶纺轮1、铜铃1、半两17
2	M35	带墓道竖穴土坑墓	183°	650×202-232	西汉	①下	B型Ⅰ式陶鼎2、残陶壶2、B型陶盒1、铜带钩2
3	M36	砖室墓	175°	残220×245-残58	东汉	①下	
4	M37	带墓道竖穴土坑墓	183°	540×170-120	西汉	①下	A型Ⅰ式陶罐1、A型陶瓮1、B型陶盆2、C型陶鍪1、半两3
5	M38	带墓道竖穴土坑墓	190°	662×82-190	西汉	①下	C型陶盆1、残陶盆口沿1、五铢7
6	M39	砖室墓	193°	残长304×190-60	东汉	①下	
7	M40	砖室墓	190°	310×320-90	东汉	①下	
8	M41	砖室墓	180°	370×130-80	东汉	①下	
9	M42	带墓道竖穴土坑墓	195°	568×140-140	西汉	①下	A型Ⅲ式陶罐1、A型陶瓮1
10	M43	竖穴土坑墓	199°	530×170-150	西汉	①下	残陶瓮口沿1
11	M44	砖室墓	181°	残长110×220-98	东汉	①下	
12	M45	竖穴土坑墓	202°	400×178-150	西汉	①下	残陶鍪口沿1、残陶罐底1、半两1
13	M46	竖穴土坑墓	199°	400×140-120	西汉	①下	残陶壶口沿1
14	M47	竖穴土坑墓	206°	400×174-110	西汉	①下	C型Ⅱ式陶壶1、C型Ⅱ式陶罐2、残陶壶1
15	M48	竖穴土坑墓	203°	300×110-40	西汉	①下	残陶罐口沿2
16	M49	竖穴土坑墓	207°	250×180-40	西汉	①下	残陶壶1、残陶罐1、残陶灶1
17	M50	砖室墓	197°	残长200×164-70	东汉	①下	

续表

序号	墓号	形制	方向	规格尺寸（厘米）长×宽-高	时代	层位	随葬品
18	M51	带墓道竖穴土坑墓	160°	480×190-155	西汉	①下	A型Ⅰ式陶罐2、残陶盆1、A型陶鍪1、铜铃1、半两35
19	M52	竖穴土坑墓	140°	340×220-120	西汉	①下	残陶罐2、B型陶瓮1、残陶盆1
20	M53	带墓道竖穴土坑墓	180°	520×180-220	西汉	①	残陶罐2、B型陶瓮1、B型陶盆1、残陶盆口沿1、五铢3
21	M54	竖穴土坑墓	180°	310×190-198	西汉	①下	A型Ⅰ式陶鼎1、B型Ⅱ式陶壶2、C型Ⅱ式陶罐2、残陶釜1、B型陶甑1、C型陶盆1、铜带钩1、五铢3
22	M55	带墓道竖穴土坑墓	180°	660×180-240	西汉	①下	C型Ⅰ式陶壶1、A型Ⅰ式陶罐3、B型陶盆1、C型陶盆1、五铢25、铁罐1
23	M56	竖穴土坑墓	164°	460×172-60	西汉	①下	残陶罐口沿1、残陶瓮口沿1
24	M57	带墓道竖穴土坑墓	169°	462×280-90	西汉	①下	B型Ⅱ式陶鼎1、C型Ⅱ式陶壶2、B型Ⅰ式陶罐2、B型陶灶1、大泉五十45、刀币五百2、五铢5
25	M58	带墓道竖穴土坑墓	158°	482×190-144	西汉	①下	C型Ⅱ式陶壶2、B型Ⅰ式陶罐2、D型陶罐1、A型陶鍪1、B型陶灶1、大泉五十48
26	M59	竖穴土坑墓	200°	420×180-100	西汉	①下	残陶罐口沿2、残陶瓮底1
27	M60	竖穴土坑墓	198°	420×190-94	西汉	①下	残陶壶口沿2、残陶罐2、残陶甑底1
28	M61	竖穴土坑墓	180°	504×190-90	西汉	①下	B型Ⅰ式陶罐2、A型陶鍪1
29	M62	砖室墓	152°	398×168-100	东汉	①下	
30	M63	石室墓	175°	残260×138-残25	东汉	①下	五铢57
31	M64	带墓道竖穴土坑墓	195°	600×190-240	西汉	①下	
32	M65	砖室墓	142°	残长240×160-130	东汉	①下	
33	M66	带墓道竖穴土坑墓	155°	510×166-170	西汉	①下	B型Ⅱ式陶罐1、残陶罐1
34	M67	竖穴土坑墓	150°	240×200-110	西汉	①下	B型Ⅰ式陶罐2、残陶壶1

续表

序号	墓号	形制	方向	规格尺寸（厘米）长×宽-高	时代	层位	随 葬 品
35	M68	竖穴土坑墓	140°	300×200-100	西汉	①下	残陶壶1、残陶罐2
36	M69	竖穴土坑墓	145°	310×130-200	西汉	①下	A型Ⅰ式陶罐1、残陶壶1、残陶灶1、五铢2
37	M70	带墓道洞室墓	225°	654×169-220	西汉	①下	残陶壶1、A型陶灶1、陶筒瓦1、陶板瓦1、五铢3
38	M71	带墓道洞室墓	225°	720×178-202	西汉	①下	残陶罐底1、残陶筒瓦2、铜花饰1、泡钉1
39	M72	带墓道竖穴土坑墓	92°	520×210-150	西汉	①下	残陶罐口沿2、残陶瓮口沿1、铜饰件1
40	M73	带墓道洞室墓	183°	586×180-192	西汉	①下	A型陶壶1、C型Ⅰ式陶罐1、C型陶甑1、陶器盖1、B型陶鍪1、残陶筒瓦1、铁鼎1
41	M74	竖穴土坑墓	180°	370×180-170	西汉	①下	A型Ⅰ式陶鼎1、B型Ⅰ式陶壶2、D型陶罐1、B型陶甑1、B型陶博山炉1、铜勺1、铜带钩1、半两3
42	M75	带墓道竖穴土坑墓	190°	494×180-170	西汉	①下	残陶瓮1、残陶鍪1、残陶筒瓦1
43	M76	带墓道竖穴土坑墓	180°	544×174-192	西汉	①下	C型陶鼎2、B型Ⅰ式陶壶2、B型Ⅰ式陶罐1、A型陶瓮1、B型陶釜1、A型陶甑2、A型陶盒1、A型陶盆2、陶器盖2、铜扁壶1、残铜盆口沿1、半两5
44	M77	竖穴土坑墓	174°	400×170-120	西汉	①下	B型Ⅰ式陶壶2、C型陶甑1、C型陶盒2、A型陶仓2、陶釜口沿1、A型陶灶1、大泉五十22、五铢4
45	M78	带墓道竖穴土坑墓	190°	530×200-190	西汉	①下	残陶壶口沿1、残陶罐底2、残陶鍪口沿1、半两2
46	M79	带墓道竖穴土坑墓	190°	520×170-150	西汉	①下	A型Ⅳ式陶罐1、C型陶盆1、铜带钩1
47	M80	竖穴土坑墓	178°	450×180-132	西汉	①下	A型Ⅰ式陶罐1、残陶罐1
48	M81	带墓道竖穴土坑墓	180°	452×170-200	西汉	①下	残陶壶1、残陶罐1、残陶甑1、残陶盆1、五铢3、
49	M82	带墓道竖穴土坑墓	185°	496×142-100	西汉	①下	A型Ⅱ式陶鼎1、B型Ⅰ式陶壶3、A型陶甑1、A型陶博山炉1、陶豆1、A型陶仓3、铜泡钉3、五铢3、铁釜1

郧县龚家岗墓地发掘简报

十堰市博物馆

2010年12月至2011年1月，为配合南水北调中线工程丹江口水库淹没区文物保护工作，在湖北省文物局南水北调办公室的统一部署下，十堰市博物馆承担了淹没区郧县龚家岗墓地的田野考古发掘工作。现将发掘情况简报如下：

一、墓地环境

龚家岗墓地地处汉江南岸，与汉江相距约4.5千米，位于郧县柳陂镇兰家岗村。墓地上大量的民房为丹江口水库一期移民后安建的，西南部为兰家岗村四组，中部为三组，东北部为二组（小地名为龚家楼）。墓地为一西南至东北走向的岗地，长约1000米，宽度平均约200米，总面积约15万平方米。墓地（岗地）四周则全为农田，大部分种植蔬菜，另有玉米等农作物。

209国道从岗地西部由北向南穿过，墓地东南方紧邻丹江口水库。其中心地理坐标为北纬32° 47′ 41.13″，东经110° 45′ 24.03″，海拔163～165米（图一）。

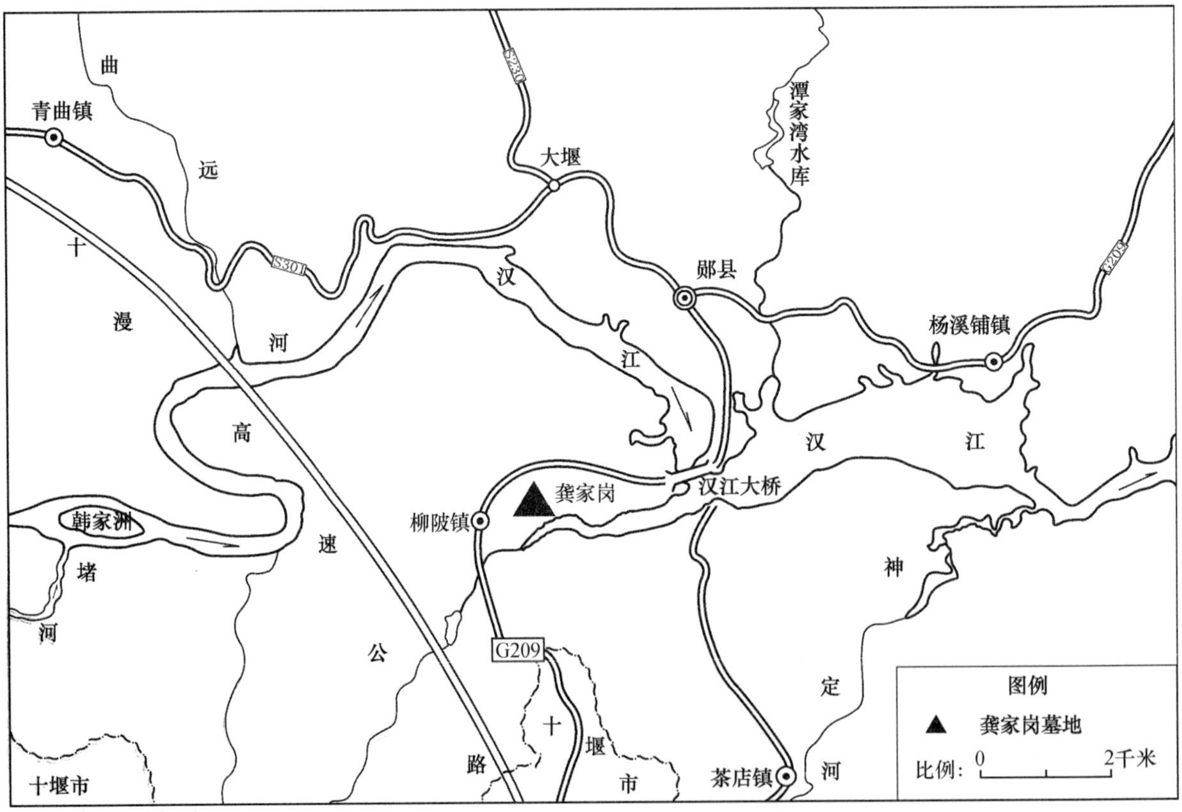

图一　龚家岗墓地位置示意图

二、考古勘探

龚家岗墓地分布面积较大，且岗地上民房建筑较为集中，在诸多民房建筑上，也发现了较多的汉代花纹墓砖。同时考虑到，此岗地上的居民亦系早期丹江口水库建设时期的后安移民，现今的河滩地当年应为山坡之地，故也是需要勘探的区域。故在发掘之前，对墓地进行了全面的勘探。勘探工作进行一段时间之后，在发现墓葬的区域布探方发掘。同时，勘探工作亦同步进行。除民房建筑及通村公路等无法实施勘探之外，其他区域均进行勘探工作。实际勘探面积达70000平方米。

勘探工作根据实际需要，采用手工铲探与铁锹挖窝坑相结合的方法，按照等距错位分布方法布设探孔，探孔间距为5米或10米。局部土质、土色变化以及其他迹象处，则补孔实施重点勘探。

经过勘探，普遍的地层堆积比较简单，仅有第1、2层两个地层。

第1层：耕土层。灰褐色黏土，土质疏松，黏性大，含有大量植物根茎、少量碎石与现代碎砖等。厚14～36厘米。

第2层：红褐色黏土，土质较松软，纯净，有黏性，含有少量碎砖与石头，主要分布在龚家岗、兰家岗的北坡上。厚32～57厘米。此层为山田改造时堆填起来的地层。

生土为黄褐色黏土，土质致密，黏性较小。

通过此次勘探，基本了解了龚家岗墓地的地形地貌以及地层堆积的分布特点。据了解，龚家岗墓地早期曾经过土地整改。在勘探中以及在田坎、附近房基处均发现零星墓砖，可见纹饰有钱文、菱形纹等。经过勘探，说明此处为一处汉代至明代的墓地，但墓地经过近代人为平整土地后，大部分墓葬已被破坏殆尽，残存少量墓砖散布各处。此次勘探发现了7座砖室墓，墓葬分布较为分散。将M1与M2，M3与M4，M5、M6与M7分为三组，分别标示为A、B、C三个地点（图二）。除M1、M2保存较好，其他墓葬均已遭受严重破坏，仅残存墓底。

三、墓葬概况

此次发掘共清理墓葬7座，均为砖室墓。各自相距较近。M1与M2保存相对较好（图三），墓室完整，土圹清晰，砖室部分未被扰乱。M3、M4（图四）和M5、M6、M7（图五）则被严重破坏。

1. M1

M1为长方形土坑砖室墓，其整体由土圹、墓室、墓道组成，方向119°，墓葬平面呈长方形。土圹长420、宽130、深123、距地表35厘米。前端有一个疑似墓道结构，呈斜坡状分布，长149、宽120厘米。墓圹内填土为黄褐色，土质较硬，稍结，包含少量碎瓦片。墓室内填土土

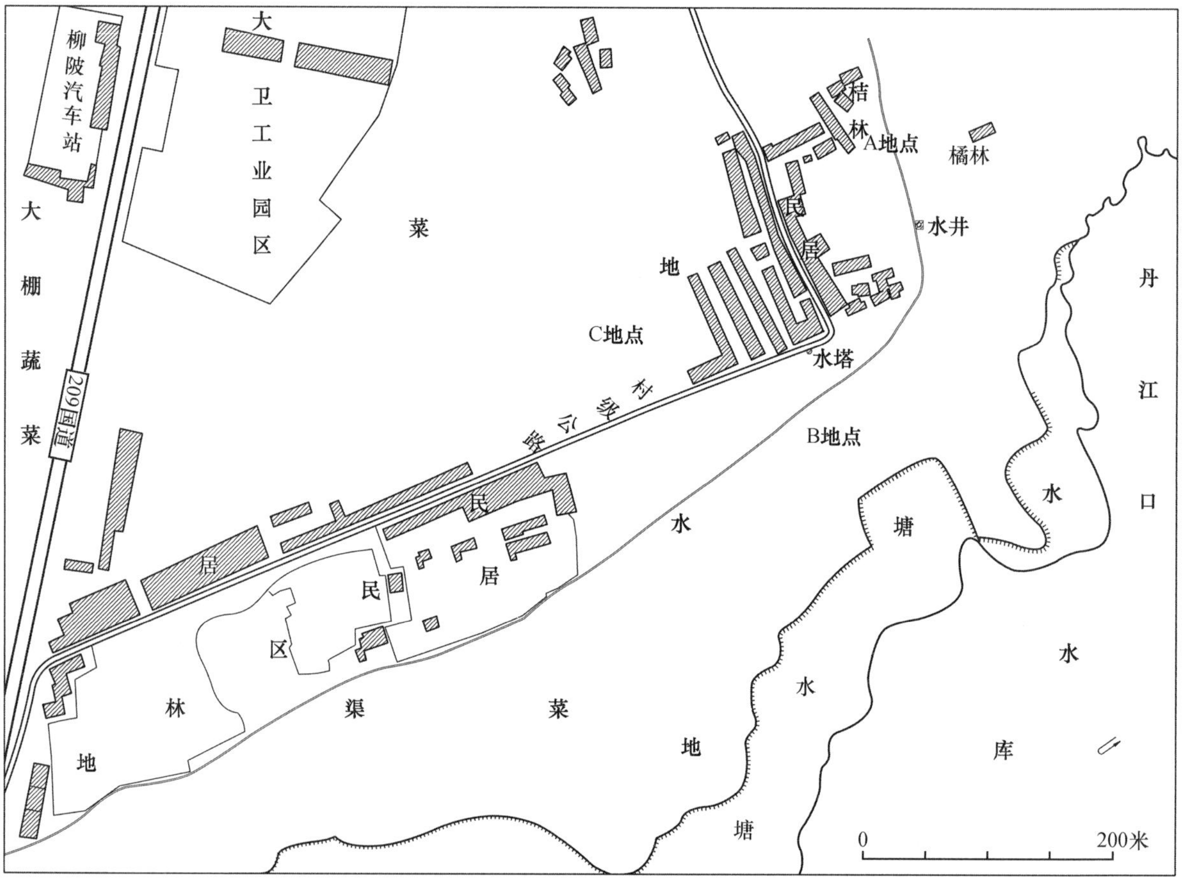

图二　发掘地点相对位置示意图

质松散，呈浅黄褐色，底部淤积有灰黄色的细泥，土质细密，有黏性，包含物较少，较纯，厚5厘米（图六；图版一六，1）。

墓室内空长240、宽80、高100厘米。墓室墓砖接生土向上直接起砖错缝平砌12层砖起券，券顶顶部中间上铺平砖两层接两壁的拱，底壁与两侧壁砖咬合对接，正中间三层砖上砌壁龛，龛高28、宽28厘米，内摆放陶罐、瓷碗。封门直接封墓室前部两壁端。

棺椁无存，四壁出土大量棺钉。骨架仰身直肢，头骨枕在一字形排列的三块瓦片中间一块上，左右凸置、中间凹置，均垒两层。

墓砖有三种规格，分别为长32、宽16、厚5厘米，此规格砖在四壁和券顶上都有使用，素面；长36.5、宽16.5、厚6厘米，均为菱形纹砖，数量较少，仅有数块发现在券顶上；长30、宽14、厚10厘米，仅在券顶上发现一块，较厚，素面。

墓室内随葬器物较少，出土有瓷碗、陶罐、铜钱等。同时还发现有枕瓦（板瓦）及棺钉。

2. M2

M2为砖室券顶墓，墓平面呈长方形，其整体由墓道、墓室两部分组成，方向140°。土圹长480、宽140、深153厘米。前端有一个疑似墓道结构，呈斜坡状分布，长149、宽120厘米。墓室

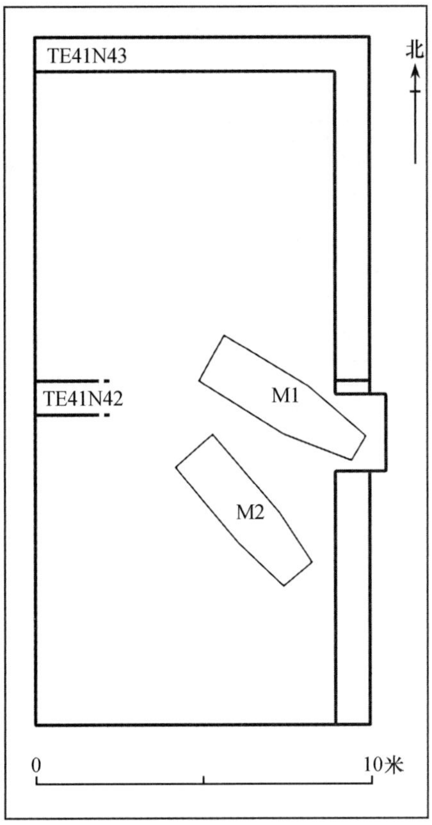

图三　A地点探方与墓葬分布图

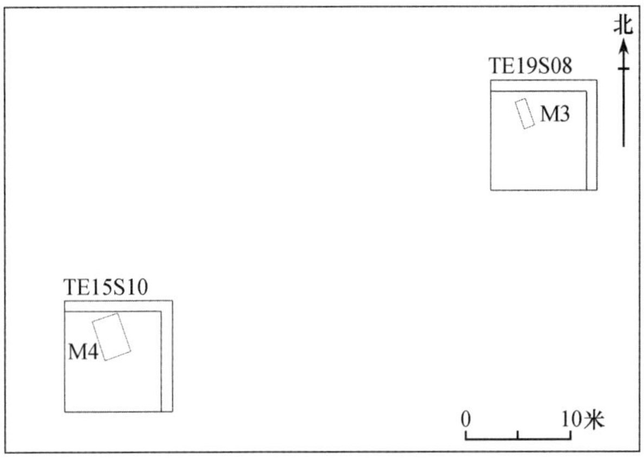

图四　B地点探方与墓葬分布图

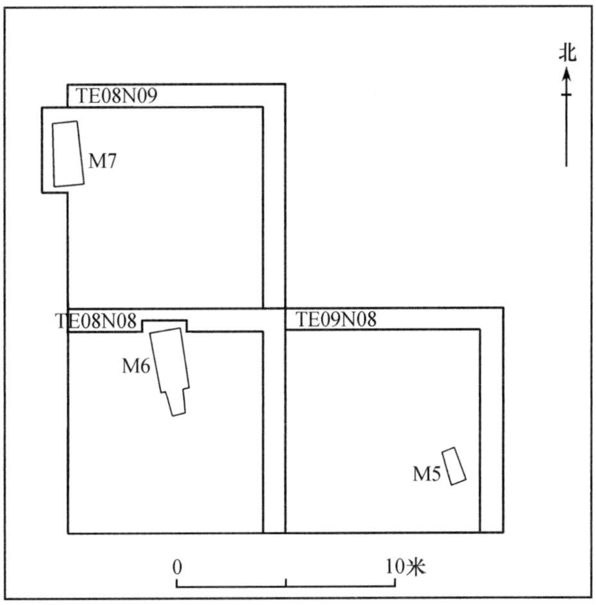

图五　C地点探方与墓葬分布图

内空长242、宽80、内高98厘米。墓室内未发现有铺地砖（图七；图版一六，2）。

墓圹与墓道内填土为深褐色，夹有黄色斑点，土质较硬，稍结，包含物较少，较纯。墓室内积有近三分之二淤积土层，上部中空，为浅黄褐色细泥，土质细密，有黏性，包含物较少，

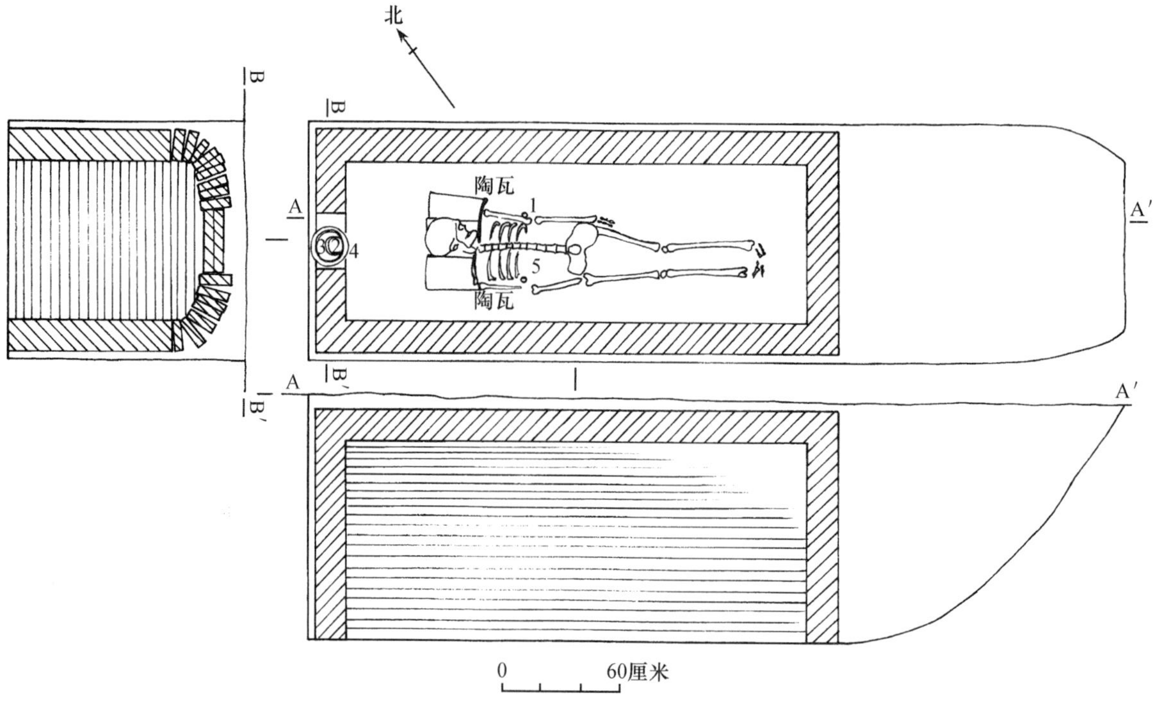

图六　M1平、剖面图

1、5. 铜钱　2、3. 瓷碗　4. 陶罐

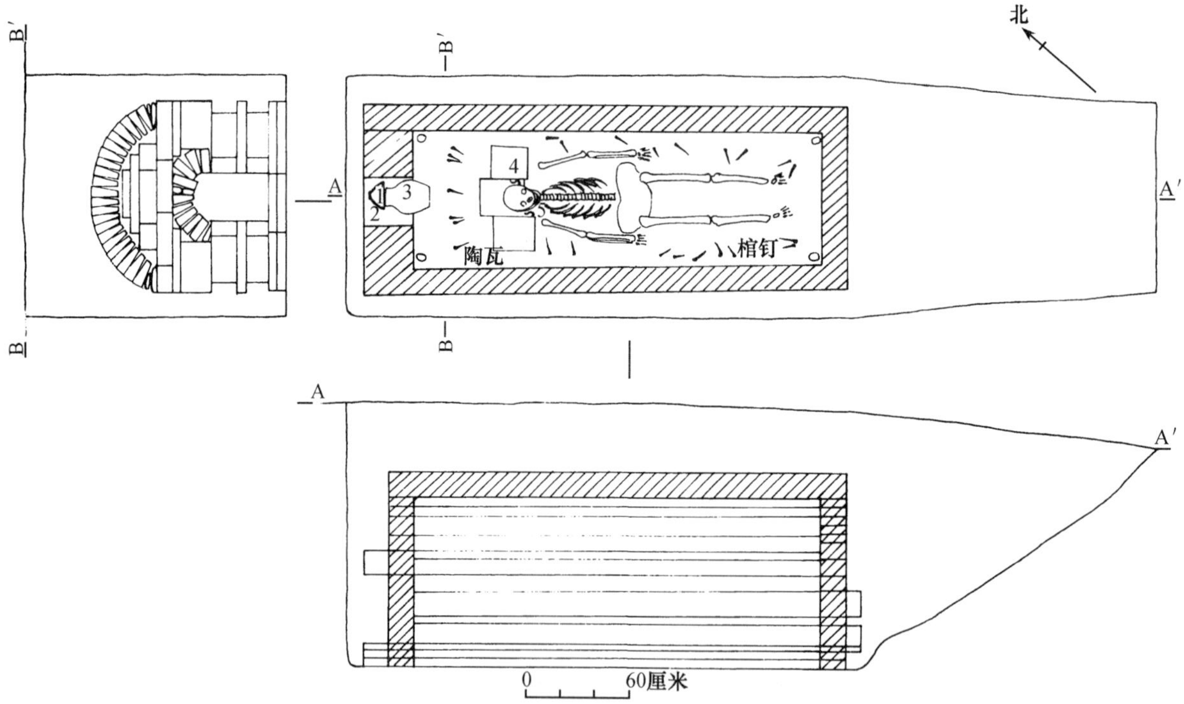

图七　M2平、剖面图

1、2. 瓷碗　3. 釉陶罐　4、5. 银耳坠

较纯。

在墓室内的后端墓壁，发现有一个壁龛，壁龛上部用楔形砖砌筑，壁龛内高43、宽28、进深30厘米。壁龛内放置有1件釉陶罐，罐口上反扣2件青釉瓷碗。

M2使用了三种规格的墓砖：长30、宽14.5、厚9厘米；长30、宽15、厚5厘米；楔形砖，长30、宽15、厚3.5～5厘米，均为素面。

墓室内人骨架整体保存较好，没有发现棺椁，发现有较多的铁棺钉，长10～12厘米。墓主人的头部枕在青灰陶瓦上，陶瓦共分三组，每组叠加同样的三块陶瓦，墓主人头部枕在中间一组上。

随葬器物较少，有瓷器、釉陶器及银耳坠等，均保存较好。

3. M3

M3为长方形土坑砖室墓，由土圹、墓室组成，墓向162° 。被严重破坏，仅存墓底铺地砖及残存的壁砖（图八）。

土圹残长270、宽100、深51厘米。墓圹内填土为黄褐色，土质较硬，稍结，包含物较少，较纯。墓室内填土土质松散，呈白褐色，底部淤积有黄灰色的细泥，土质细密，有黏性，包含物较少，较纯。

墓室内空长225、宽56、残高30厘米。墓顶及墓壁上部无存，四壁残存三层砌砖；墓壁在铺地砖上起砌，即在铺地砖错缝平砌两层，上铺立砖一层，立砖均为半砖，完整一面朝墓室，碎面朝墓圹。铺地砖为平砖错缝铺设而成。

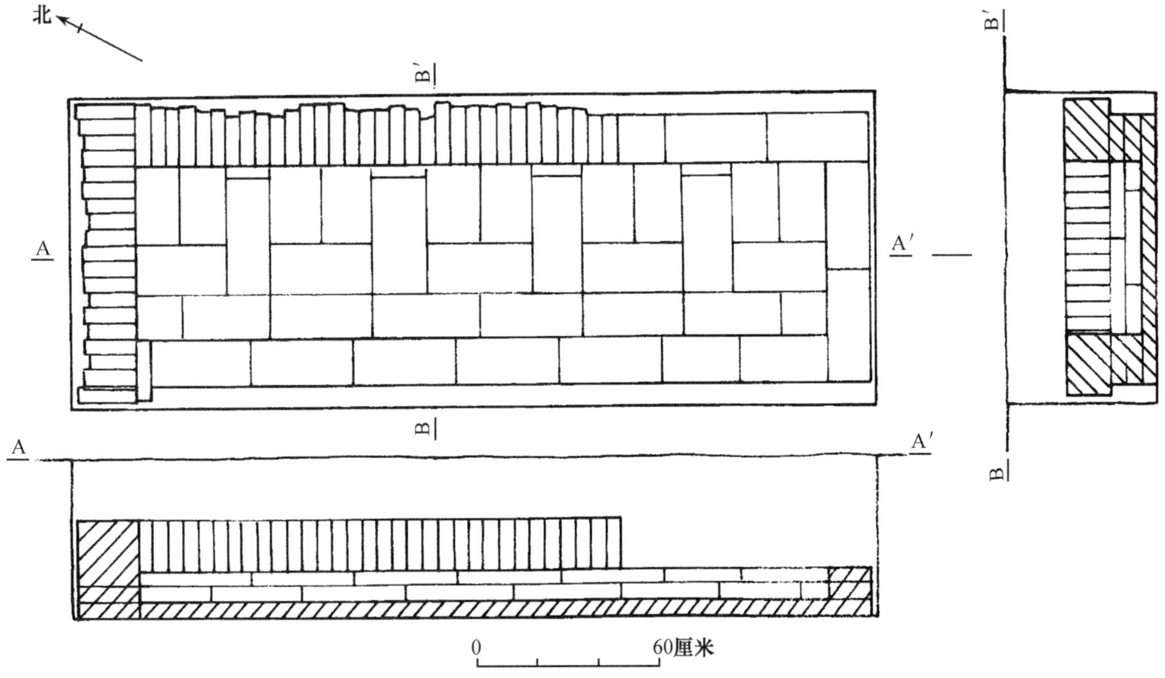

图八　M3平、剖面图

M3使用墓砖有两种，一种为素面砖，规格长34、宽17、厚4.5厘米；另一种为花纹砖，但均为碎砖，其中有菱形纹与花卉纹。还发现有铭文砖，亦为残砖，铭文为“大吉”。

没有发现棺椁与人骨架，亦没有发现随葬器物。

4. M4

M4为长方形土坑砖室墓，方向156°。破坏严重，仅有部分墓壁及铺地砖。平面呈长方形，土圹残长370、宽194、残深40厘米，墓室内空长330、宽134、残高34厘米。M4墓圹内填土为红褐色，夹有黄色斑点的花土，土质较硬，稍结，包含物较少，土中夹杂有较多的残墓砖（图九）。

墓壁仅后端保存三层壁砖，西侧墓壁仅残存一层，残长278厘米；东侧墓壁仅残存墓砖两层，残长52厘米。墓壁用长方形砖平铺错缝垒砌而成，铺地砖呈人字纹，地面凹凸不平且不完整，墓室南部与东部的铺地砖大部分已无存，仅有的铺地砖局部用较完整的砖平放斜铺，而残存的铺地砖大部分则用残砖随意平铺。

所用砖颜色较杂，有红色、浅黄色和青灰三种。砖规格不一，均为细部差别，但总体上看，亦为三种，三种砖均厚6厘米，均宽13厘米，但长度有32、34、36厘米三种规格，其中长度为34和36厘米的砖侧面饰有菱形纹饰。另外还发现有一块残楔形素面红砖，残长20、宽14.5、上端厚6、下端厚4.5厘米。

M4没有发现人骨架和棺椁，但在墓室内发现一枚残铁棺钉，推断其棺椁已腐朽。墓室内没有发现随葬器物。

5. M5

M5为小型梯形土坑砖室墓，方向165°。因人为扰乱以及自然破坏，保存情况较差，绝大部分已毁，残存墓圹底部、三层墓壁砖及一层铺地砖（图一〇）。

墓圹平面呈梯形，长156、北端宽60、南端宽74、残深19厘米。圹内填土为白色糯米浆汁与黄褐色黏土相互掺杂的混合土，土色呈灰白色，土质黏性大、致密、较硬。

墓室狭窄短小，北窄南宽，呈梯形。室内空长114、北端内宽14、南端内宽24、残高4～16厘米。仅残存三层墓壁砖及一层铺地砖（南端仅存一层墓壁砖）。墓壁砌在铺地砖上，系平砖平铺而成，东、西壁因挤压扭曲变形。铺地砖亦因挤压等原因而断裂并向中间拱起。

墓砖均为长方形砖，素面，颜色分为青砖、红砖、青红砖，错杂堆砌，无明显规律分布。墓砖的烧制火候比较低，容易粉碎、断裂，完整砖极少，规格为长32、宽15、厚4厘米和长33、宽15、厚4厘米。

没有发现棺木痕迹，也没有发现人骨残骸。没有发现任何随葬器物。

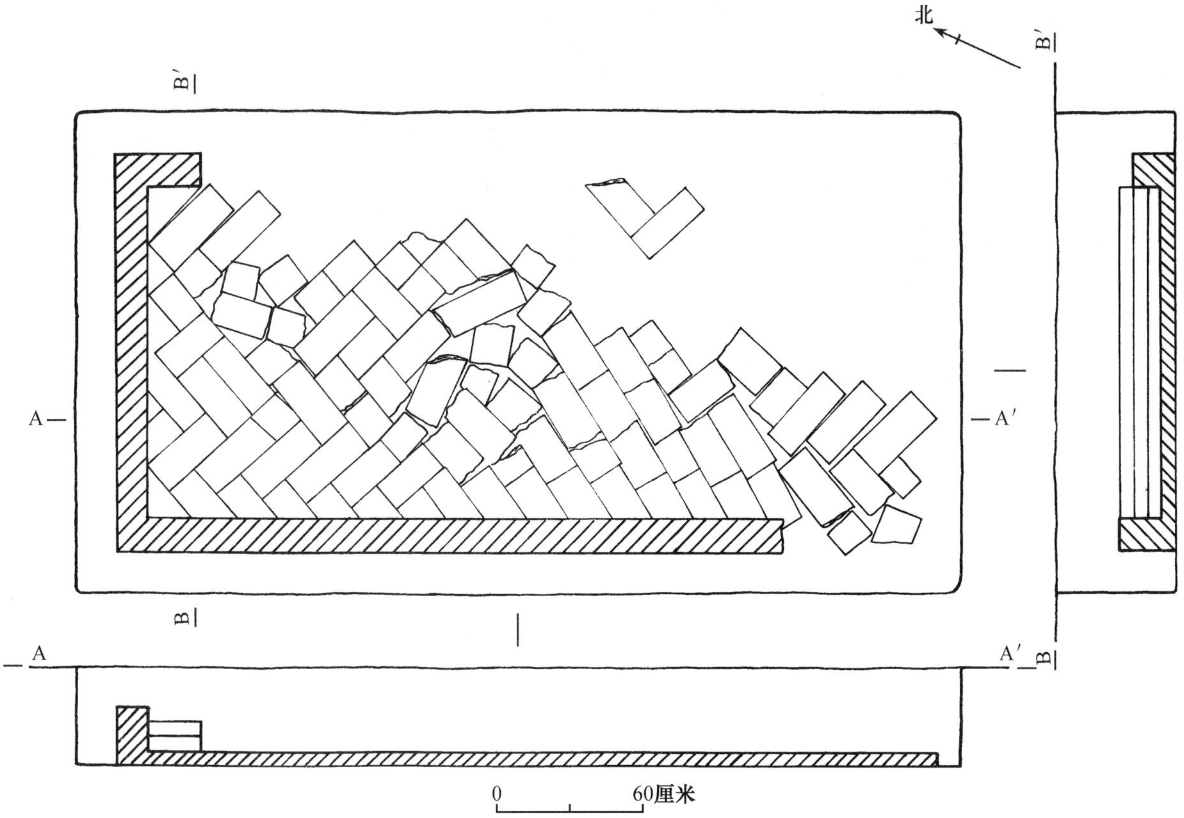

图九　M4平、剖面图

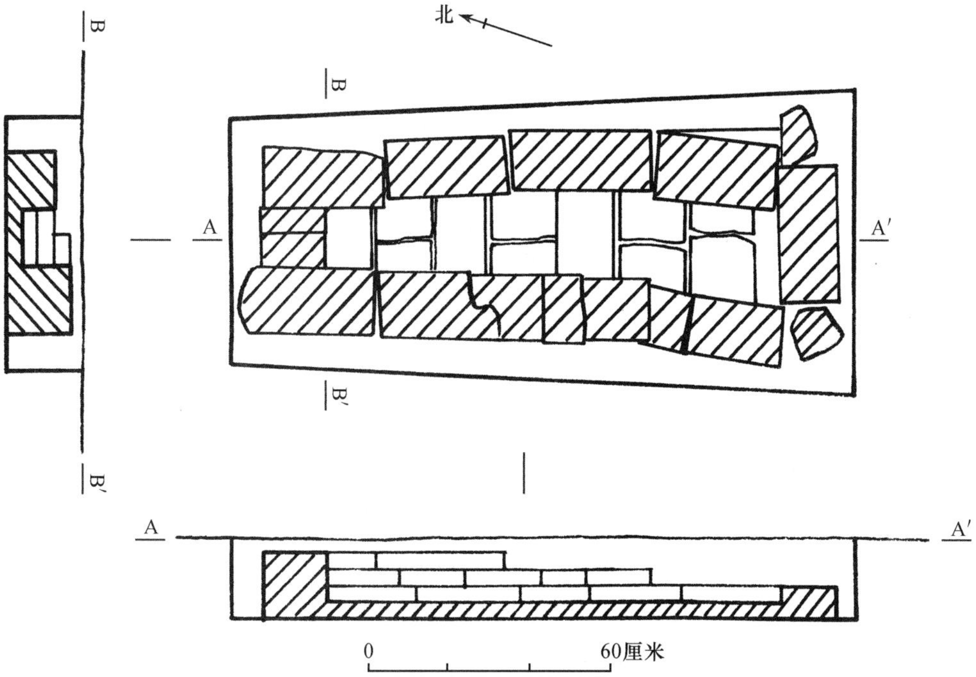

图一〇　M5平、剖面图

6. M6

M6为长方形土圹砖室墓，方向170° 。破坏严重，保存较差，仅残存墓圹的下部及部分铺地砖。土圹平面呈凸字形，由土坑墓圹、墓室、墓道组成（图一一）。

土圹不太规整，坑壁局部有内凹和外凸的情况，墓圹长382、宽70～150、残深48厘米。墓圹内填土较为杂乱，夹杂有较多的砖渣块，填土为黄褐斑花土，土质较硬，黏性小，局部还发现有白石灰土质。

壁砖已被人为破坏与扰乱，其砌筑形制不明。但从土圹及残存的铺地砖观察，墓室为长方形。

墓道为长方形斜坡，残长110、宽70～80厘米。

仅在墓圹的底部发现了部分残存的铺地砖，保留有墓室后端和两侧各一排较完整的铺地砖，墓室前端和中部的铺地砖均已无存，铺地砖规格为长32、宽16、厚4厘米，青灰砖。从残存的铺地砖来看，其整体形状为长方形，残长178、宽114厘米。

所用墓砖尽管很少，但陶色较杂，有红色、黑色和青灰等。

没有发现人骨架和棺椁。没有发现随葬器物。

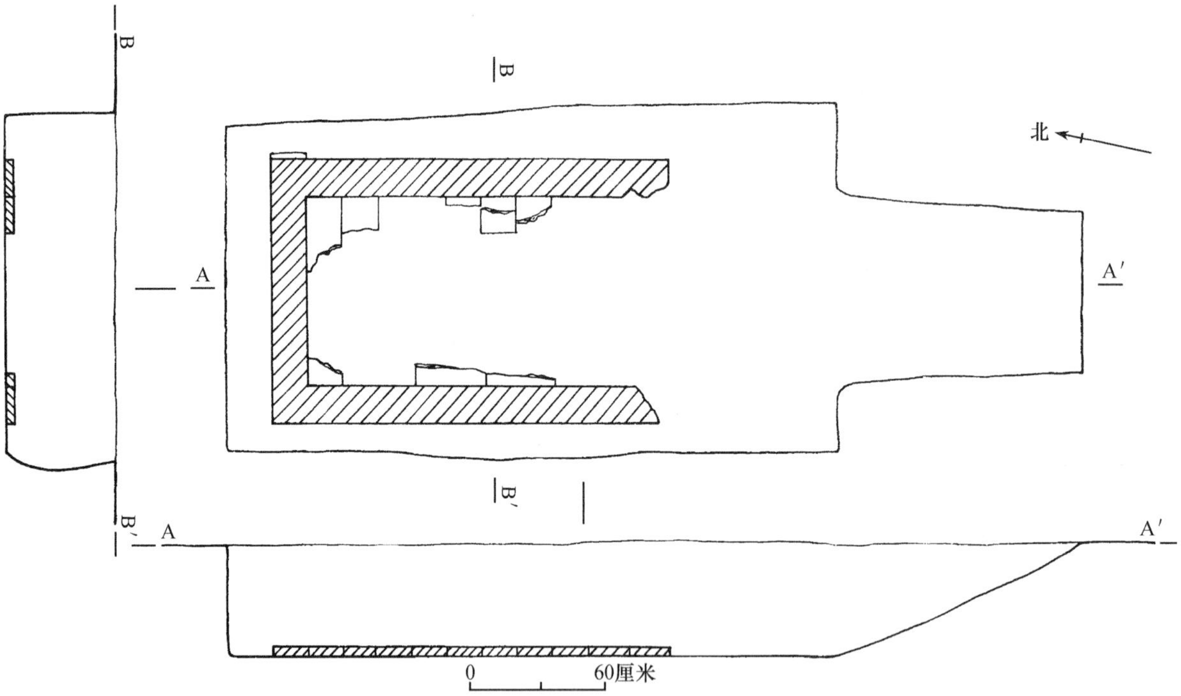

图一一　M6平、剖面图

7. M7

M7为长方形土圹砖室墓，方向176° 。保存较差，已被严重破坏（图一二）。

平面呈长方形，北端稍窄南端稍宽，墓圹长278、北端宽114、南端宽130、残深30厘米；

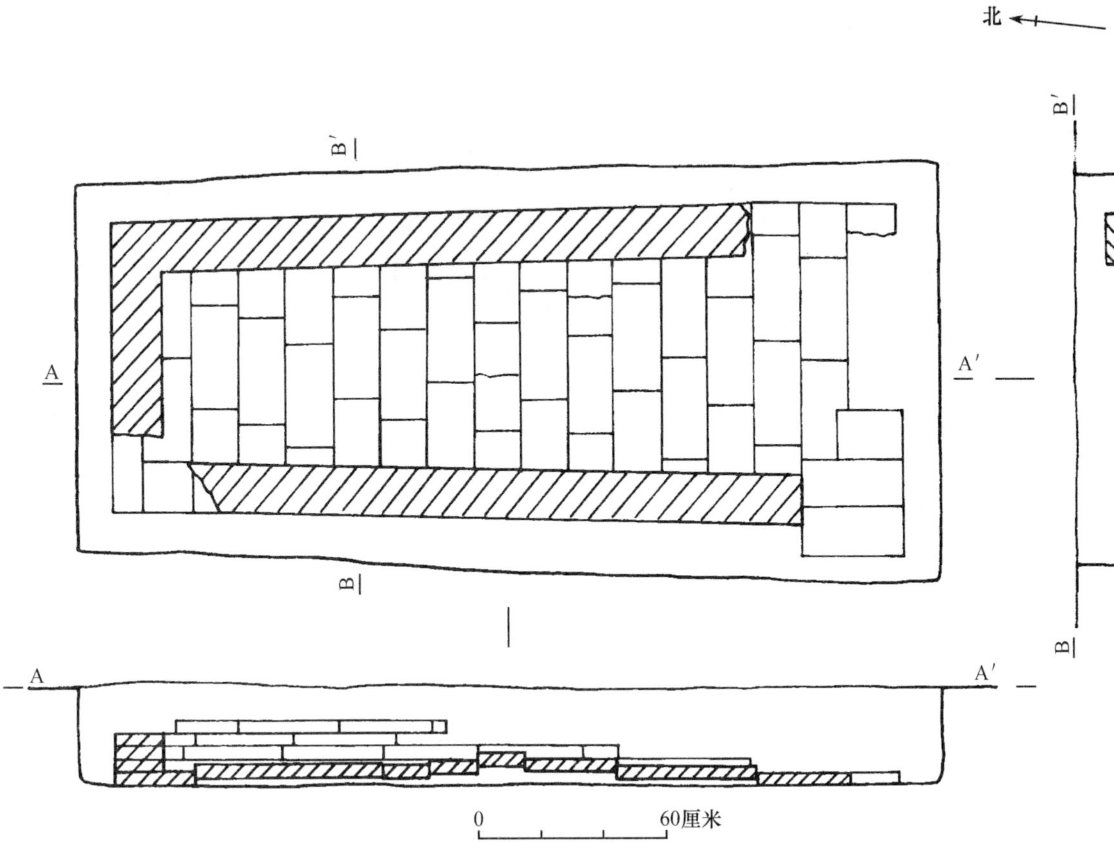

图一二　M7平、剖面图

墓室内空残长236、宽58～68厘米。墓圹内填土较为杂乱，夹杂有较多的砖渣块，填土为为黄褐斑花土，土质较硬，无黏性，土中夹杂有较多的残墓砖块，填土中局部还发现有白石灰。

墓的封门和顶部已无存，北端保留有两层长66厘米的壁砖，西侧墓壁保留有一层残长196厘米的壁砖，东侧墓壁保留的壁砖较多，四层残长188厘米。壁砖直接砌筑在铺地砖之上。墓底保留大部分铺地砖，两侧墓壁向内倾斜，致使中间大部分铺地砖向上隆起，呈凹凸不平状分布，铺地方式为错缝平铺。

所用墓砖陶色较杂，有红色、浅黄色和青灰三种颜色，烧制火候较低，质量较差，砖规格为长32～33、宽15～16、厚4厘米。

没有发现棺椁和人骨架。没有发现随葬器物。

四、出土器物

此次发掘，仅在M1和M2中出土有陶器、瓷器、铜器等随葬器物。陶器有罐，瓷器有碗、罐，铜器则为钱币。另外还发现有铁质棺钉和陶质的瓦。其中陶器1件，釉陶器1件，瓷器4件以及钱币2件，耳坠2件。

瓷碗　4件。M1与M2各出土2件，各墓所出2件形制基本一致。M1出土的瓷碗均位于陶罐

（M1：4）内。方唇，侈口，弧腹，腹部略折，矮圈足，圈足底部芒口。素面。M1：2，口径14.2、底径6.3、高6.4厘米（图一三，1；图版一七，1）。M1：3，口径14、底径6、高6.2厘米（图一三，2；图版一七，2）。M2出土的瓷碗也位于釉陶罐（M2：3）内。满施青釉，圈足芒口。圆唇，敛口，弧腹，矮圈足。素面。M2：1，口径13.7、底径6、高8.1厘米（图一三，3；图版一七，4）。M2：2，口径14.5、底径5.5、高7.8厘米（图一三，4；图版一七，5）。

陶罐　1件（M1：4）。出土时位于壁龛中，靠龛正中间。上部碎裂，已修复。泥质灰陶，胎灰色，烧制火候较高，吸水性差。方唇，矮领，鼓腹，平底。上腹贴附双耳，耳呈牛鼻状。素面。口径18.8、腹径20、底径18、高18厘米（图一三，5；图版一七，3）。

釉陶罐　1件（M2：3）。灰褐色釉，胎褐色。方唇，束颈，溜肩，鼓腹，小平底。肩部有白色沁渍。口径11.4、腹径20.2、底径11、通高26.1厘米（图一三，6；图版一七，6）。

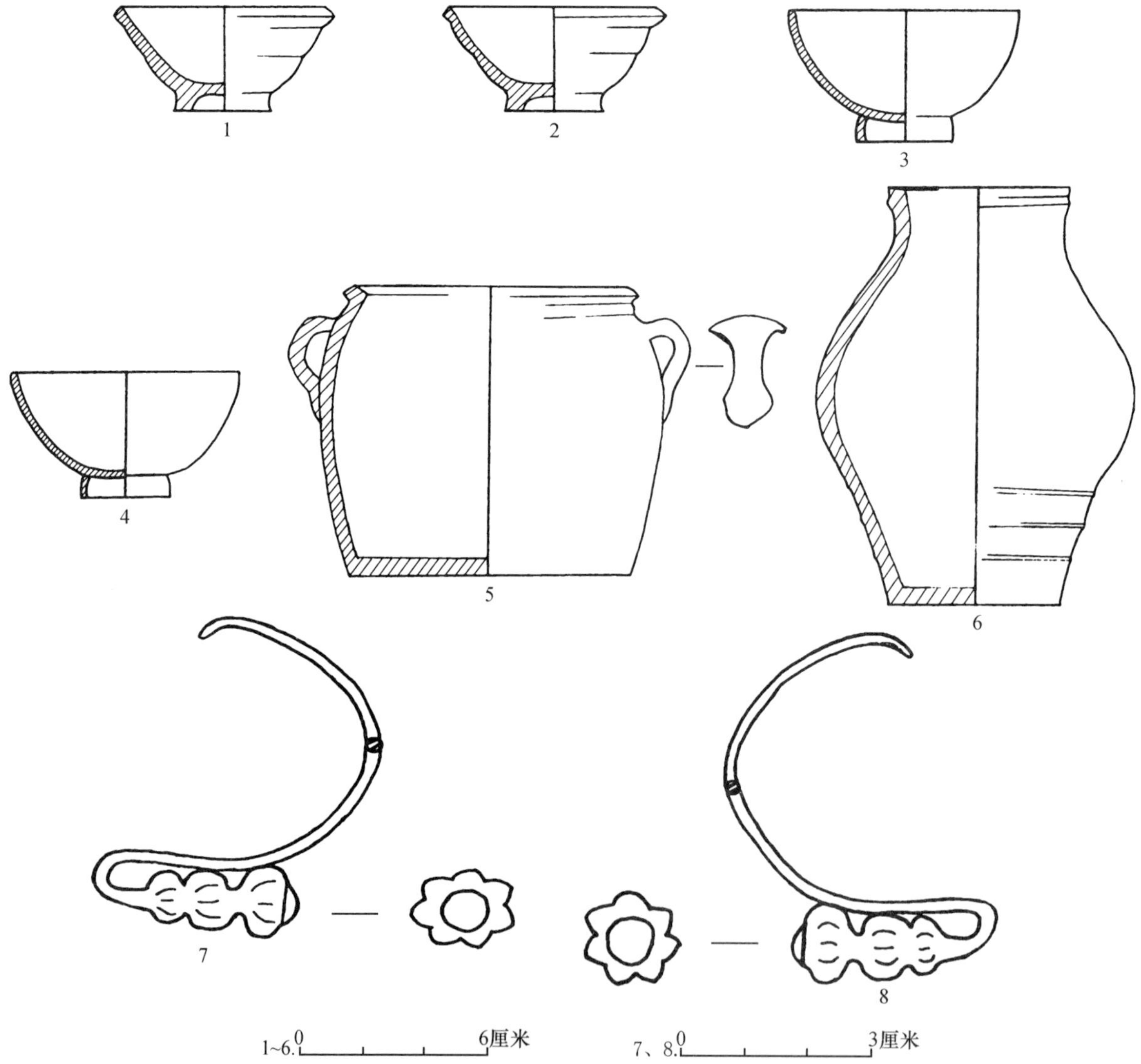

图一三　出土器物

1～4. 瓷碗（M1：2、M1：3、M2：1、M2：2）　5. 陶罐（M1：4）　6. 釉陶罐（M2：3）　7、8. 银耳坠（M2：4、M2：5）

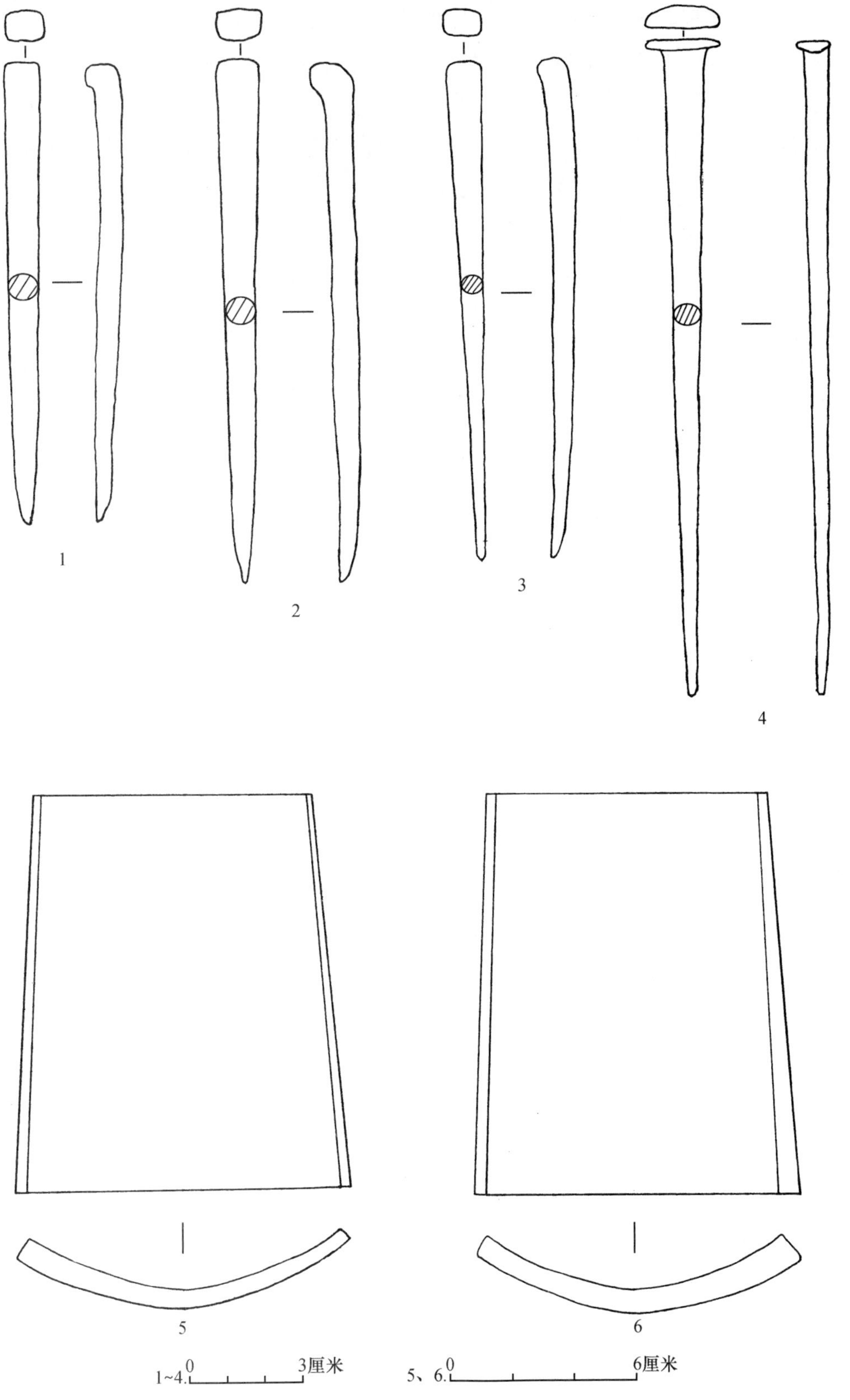

图一四　出土器物

1～4. 铁棺钉（M1：01、M1：02、M2：01、M2：02）　5、6. 陶瓦（M1：03、M2：03）

银耳坠　2件（M2：4、M2：5）。形制完全一致。器表发黑，形状呈“2”字形，实心细链条，尾部串接3颗形状相同、大小有异的花朵，花朵六花瓣，最大的花朵直径1.5厘米。通长5.6厘米（图一三，7、8）。

铁棺钉　数十枚（M1：01、M1：02、M2：01、M2：02）。M1与M2均有出土，但略有差别，且各墓所出棺钉也有2种，形制相同，仅在长度上略有差别。为与墓葬所出随葬品区别，器号前加零。M1所出棺钉呈长锥状，平顶，尖底，端部一侧外凸，表面锈蚀。M1：01，长12、端部宽1、厚0.7厘米（图一四，1）。M1：02，长13.7、端部宽1.1、厚0.8厘米（图一四，2）。M2所出棺钉呈长锥状，平顶，尖底，端部呈扁平半椭圆形，表面锈蚀。M2：01，长13.2、端部宽1、厚0.7厘米（图一四，3）。M2：02，长17、端部宽1.1、厚0.7厘米（图一四，4）。

陶瓦　15块（M1：03、M2：03）。其中M1出土6块，M2出土9块。出土时均位于颅骨之下，为枕头之用。部分破损，各墓采集2块标本。为与墓葬所出随葬品区别，器号前加零。各墓所出形制一致，而两墓之间则略有区别。M1：03，泥质灰陶。平面呈梯形，凹面，剖面近似半椭圆形。素面。长24.5、宽18～21.4、厚1～1.5厘米（图一四，5）。M2：03，泥质灰陶。平面呈梯形，凹面，剖面近似半椭圆形。素面。长25、宽18.2～21.2、厚1.4～2厘米（图一四，6）。

钱币　2枚（M1：1、M1：5）。铜质，圆形方孔，表面布满绿色铜锈，字迹不清。M1：1，出土时位于骨架左臂下。直径3.2、孔径0.7厘米。M1：5，出土时位于骨架右臂下。直径2.4、孔径0.5厘米。

五、结　语

此次配合南水北调中线工程丹江口水库大坝加高工程，在湖北郧县淹没区龚家岗墓地进行的考古发掘工作，共清理墓葬7座，均为砖室墓，仅有2座（M1、M2）保存较好，其余5座保存很差，出土随葬器物亦很少。

通过发掘与整理，M1与M2为典型的明代墓葬，其墓葬形制、出土器物均与同时期十堰地区明墓基本相近[1]。此外，M1与M2在清理土圹时，在其一端发现土质土色与土圹相似的区域，类似土坑墓道。

余下5座砖室墓大部被损毁，仅存墓底部分，亦未见到任何随葬器物。在墓葬形制方面，以长方形为主。特别是用砖上，比较杂乱，陶色较混，铺地砖亦不甚规范，使用了较多的半砖（M4）。大部分墓砖为素面，但也使用了部分花纹砖，主要有菱形纹（M3、M4），少量花卉纹（M3）。M3使用的墓砖中，还发现了铭文“大吉”，为残砖。值得一提的是M5，该墓形制非常小，内空长112、北端内宽14、南端内宽24厘米。此墓可能为一迁葬墓（二次葬）或者婴孩墓。另外，M1在清理墓室券顶时，也发现了汉代花纹墓砖，即是晚期的明墓使用了早期汉代的墓砖。从以上情况初步分析，对此5座残墓的时代难以作出准确的判断，但时代上限在汉代，下限在明代较为合适。

附记：此次配合南水北调中线工程的考古发掘，受湖北省文物局南水北调办公室的委托，由十堰市博物馆主持。发掘工作得到了湖北省文物局南水北调办公室、十堰市文物局、郧县文物局、郧阳博物馆、柳陂镇人民政府与兴盛村委会等单位的大力支持。本次发掘工作的领队为湖北省文物考古研究所黄凤春研究员，工地现场负责人为十堰市博物馆刘志军，参加发掘工作的还有十堰市博物馆李菲、程小锋、胡春雨等。资料整理工作由刘志军、程小锋完成，绘图程小锋、胡春雨，工地摄影胡春雨，拓片程小锋。

执笔：刘志军　程小锋

注　　释

[1] 竹山县明墓、竹溪县汤家畈明墓。资料参见十堰市博物馆：《鄂西北考古与研究》，长江出版社，2009年。

郧县府学宫遗址调查、解剖发掘简报

湖北省文物考古研究所

一、概　　况

府学宫遗址位于郧县城关镇北门社区郧阳汽车改装厂内，中心地理坐标东经110° 49′ 01″，北纬32° 49′ 04″，海拔162～164米。其主殿大成殿于2002年11月被湖北省人民政府公布为省级重点文物保护单位。遗址东80米处为新建的汉江二桥，南临汉江，北有一条宽3米的水泥公路，路面以北改造为鱼塘（图一）。

2012年3月，受湖北省文物局南水北调办公室委托，湖北省文物考古研究所、郧县博物馆联合组队对大成殿及周边区域进行考古调查、勘探工作。经查阅资料所知，大成殿为原明清郧阳府学宫内重要建筑，故考古队将大成殿及其周边区域命名为府学宫遗址，并对遗址进行考古调查、勘探工作。

遗址内地表可见早期建筑及基址有：大成殿（搬迁中）、南北配殿（搬迁中）、南便门（搬迁完）、部分暴露于地表的建筑基址。受遗址地形条件限制，无法开展常规勘探及全面发掘工作，采取解剖式发掘来勘定早期建筑基址分布位置及相关数据。共布设探沟25条，发掘面积约480平方米，发现大成殿月台、甬路、F1、F2和F3及围墙等建筑基址（图二）。

二、地层堆积

由于现代工厂改造，遗址内早期建筑基址以上地层堆积皆为现代堆积，基址以下未进行解剖。现以TG6为例介绍如下：

TG6正东西向布设，长13.8、宽1米，其东壁向南扩方1.2米。西距大成殿35米。其内地层堆积分2层：

第1层：表土层，厚0.12～0.18米。黑灰色，土质紧密，坚硬。内杂有大量炉渣、煤渣、钢筋水泥块等现代杂物及早期遗物。

第2层：现代文化堆积层，距地表深0.12～0.18、厚0.1～0.55米。黄褐色，土质紧密，由大量碾压过的碎石和黄土构成。内杂有铁块、炉渣、灰砖、塑料袋等现代杂物及早期遗物。该层下暴露出F1建筑基址和甬路路基（图三）。

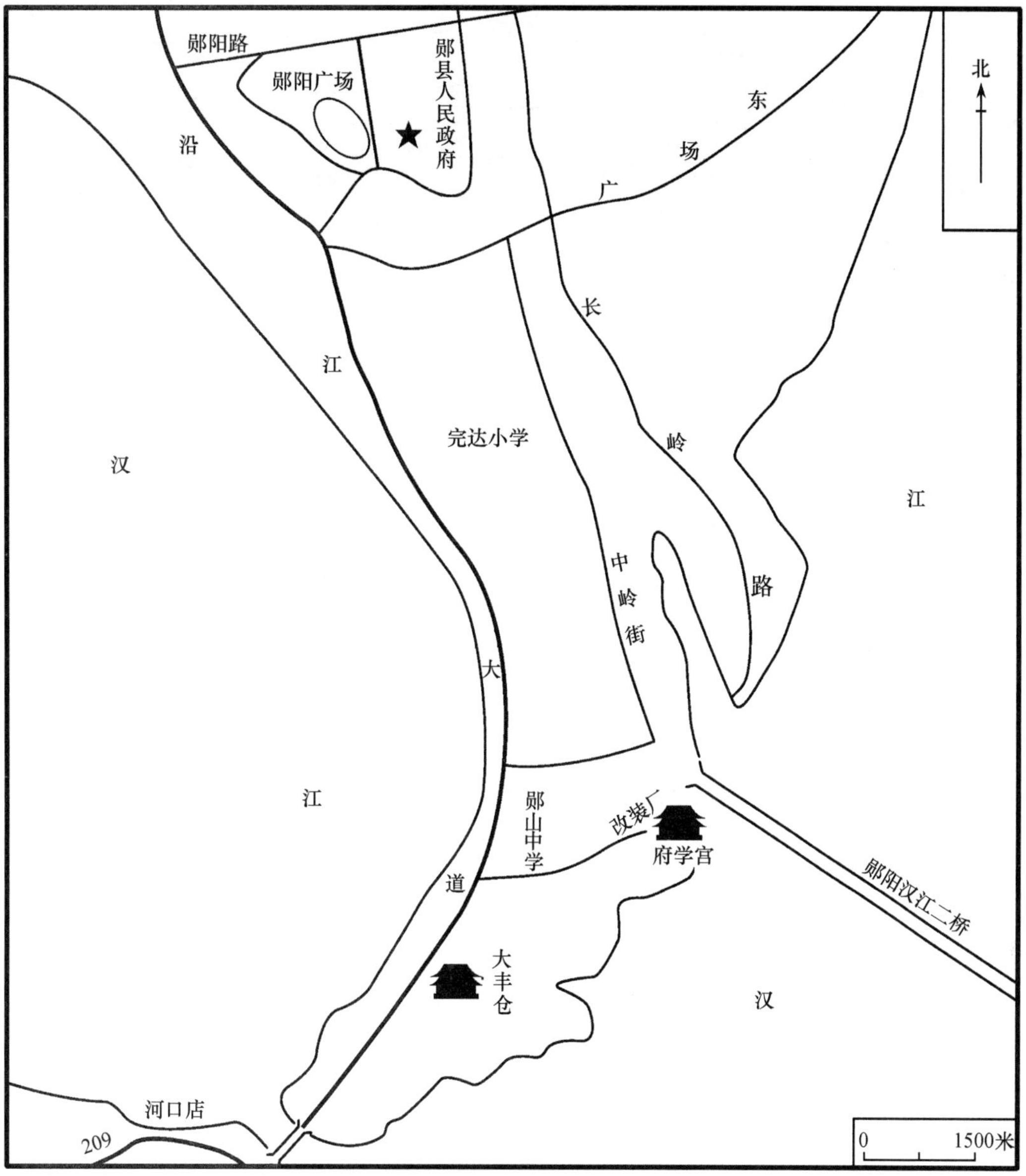

图一　府学宫遗址地理位置示意图

三、建筑单位

遗址内，现存及解剖发现府学宫内主要建筑及基址有：大成殿（月台）、南北配殿、F1、F2、F3、甬路及围墙等（图四）。建筑群遗存所处地势为缓坡，西高东低，大成殿（月台）与东部F1室内活动面落差为0.85米，与西部的F2室内活动面落差为1.75米。现对宫内主要建筑单位及建筑基址进行简单描述：

1. 大成殿

大成殿是府学宫建筑群的主殿，平面呈矩形，坐西朝东。南北向面宽34.78、东西向进深

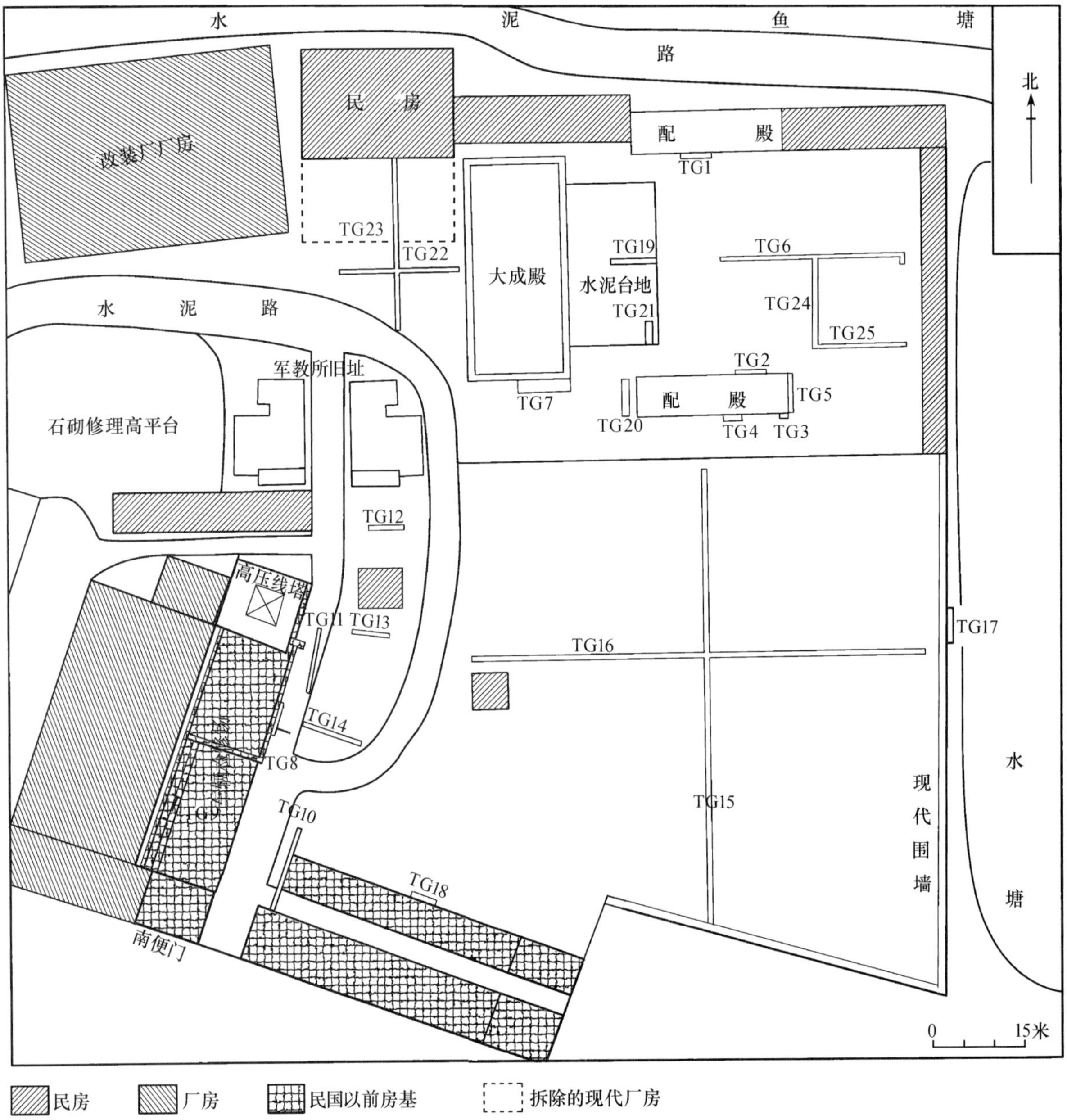

图二　府学宫遗址地形和探沟分布图

16.56米，建筑面积（依台明计算）575.96平方米，占地面积（依台明加台阶计算）792.42平方米，室内立柱32根，面阔七间，进深三间。后期（20世纪70年代以前）东、西部的前、后门被封堵，四周砌成砖墙，并在墙体四周安装2层木格窗户，在南部山墙中部设置前门，在北部山墙东部设置后门，室内北端修筑了一座工作平台。前檐处设有月台（图五）。

大成殿金柱柱础为圆鼓镜式，檐柱柱础为方鼓镜式。檐柱柱础有缺失，且表面风化糟朽。柱础表面均有“剔地起凸”等花纹、图案。经解剖发现其基础处理较为讲究：柱础下以灰砖和毛石砌筑磉墩，并用毛石砌筑栏土以从各向连接磉墩。

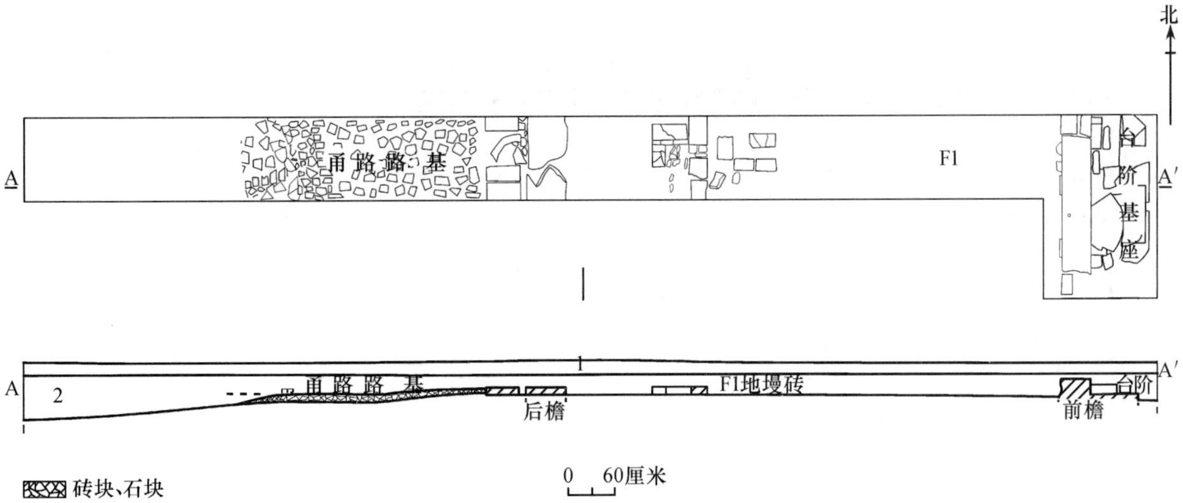

图三 TG6平、剖面图

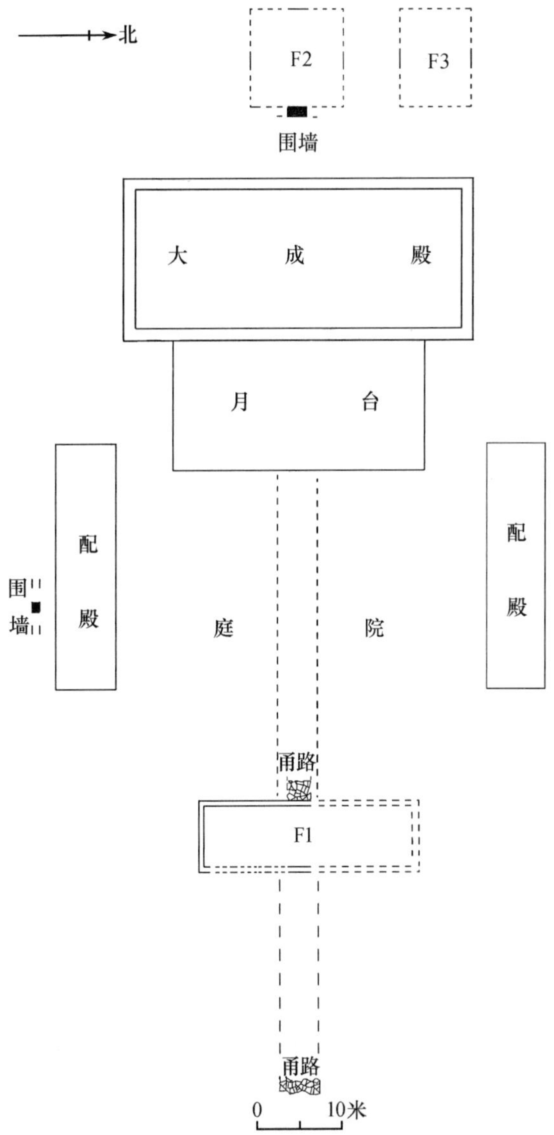

图四 府学宫遗址遗迹分布平面图

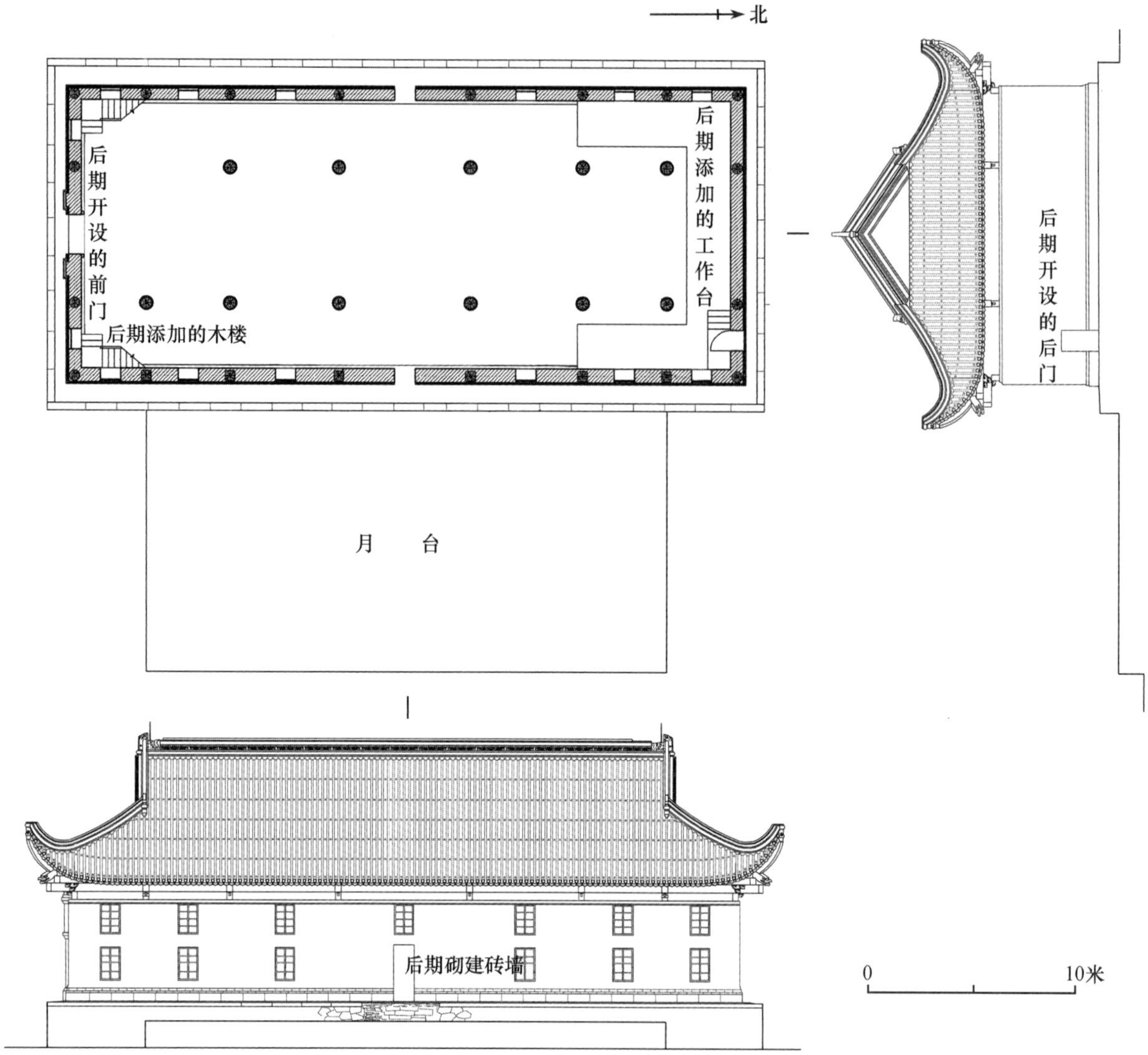

图五　大成殿现存平面、正立面、侧立面图

木柱有圆形和方形，下部糟朽腐烂情况较为严重，仅剩柱头。檐柱头上设斗拱，但大部均已脱落无存，正心枋、里外拽枋、井口枋等也均已脱落无存。檐柱间仅见用砖墙承托的平板枋将其相连，且各间均不见大额枋。

大殿为抬梁式构架。每缝架立柱4根，金柱上设五架梁。五架梁上用柁峰承抬三架梁，且两端各承一步金檩。金柱间设有跨空枋和穿插枋。三架梁两端也各承一步金檩，同时中间通过墩斗以抬脊瓜柱。脊瓜柱上施有透雕角背。金柱中上部以双步梁与檐柱头直接相连，双步梁上用柁峰承抬金瓜柱，同时于柱头处以单步梁与金柱相连。

除明间脊檩外，各间檩下均不见檩垫枋，以加大了断面尺寸的檩垫板代之。桁檩之上施方形椽飞，并于檐部铺钉望板。

屋面形式为单檐歇山，以灰筒瓦为主，并残存少量绿色琉璃瓦，檐头设有沟头和滴水。正身瓦面施有七排钉帽，两山则五。排山沟滴以布瓦所替。檐檩以上的望板部为望砖。

正脊底部的正当沟、压当条、平口条、黄道等构件皆已无存，用麻刀灰砌筑成相应部位，外罩以琉璃瓦。脊身下部通身以镂空透雕花砖拼砌，上部砌以青灰脊筒，顶上盖以绿琉璃扣脊筒瓦。

角脊上未见戗兽，也无仙人、走兽等小兽。

现存府学宫大成殿墙体非原大成殿所遗，墙体下碱用青条石砌筑，墙体上身以杂灰砖浑砌，并以白灰砂浆罩面。

原始格扇装修皆已无存，但于各柱相应部位均可见相应的卯口。扇面墙也已无存，但在明间和次间的后金柱上可见用于设扇面墙而开的卯口。

原有木构件露明部，均可见施以大漆罩面，但未见施有彩画。仅于明间和次间的穿插枋上的匾托正面依稀可辨少量彩绘，尚存点金。

月台位于大成殿前檐，解剖前为一水泥台地。经解剖，确认月台南北长25、东西宽13.2、高0.4米。月台垫土为自然的黄色生土堆积，经过平整修建形成。土质较致密，不见夯筑痕迹。

2. 南、北配殿

南、北配殿在大成殿以东，沿大成殿中轴线对称分布，形制相同。解剖前正在拆除中。室内地表铺设水泥，上堆积拆迁的建筑垃圾。灰砖墙为近现代改建而成，上用红砖修补，灰瓦屋面，瓦面为现代有机瓦。经解剖发现，南北配殿台基平面与现代地表等高。台基为砖石混合台明，保存较好。台基阶条石为青石条错缝平铺，表面打有糙道。石条长1.2～1.5、厚0.12米。阶条石下为9层灰砖平砌而成，灰砖铺法为一丁一顺，缝隙为十字缝，露少量白灰。除第5层外，灰砖尺寸统一为长0.38、宽0.18、厚0.09米。第5层青灰砖扁薄，尺寸为长0.24、宽0.14、厚0.06米。

解剖未发现台阶、散水、排水沟等建筑设施。据现有建筑基本情况，推断南、北配殿东西长24、南北宽6.4米（见图四）。

3. F1基址

TG6、TG24、TG25内发现F1基址，基址开口于表土层下，距地表深0.18～0.3米。基址呈长方形，坐西朝东，台基以西32.7米为大成殿，从其建筑位置来看为大成殿前殿；受发掘条件限制，解剖仅揭露出前殿的南半部。暴露部分长12.86、宽7.68米。台基为砖石混合台明，内有柱础、地墁砖、台阶等建筑设施（图六）。

台基为砖石混合台明，高0.36～0.4米。台明前檐和南山面尚存阶条石，为较规整的石条铺设而成，下砌2层灰砖，灰砖尺寸为长0.4、宽0.24、厚0.09米。台明后檐阶条石不存，下为杂乱的石块铺设而成。

南山墙仅存下墙碱部分，保存较好，宽0.76、残高0.2～0.24米，在阶条石上修建而成。墙体两侧以石块包边，外用白灰浆涂面，内填充杂砖及石块，以砂浆、白灰混合料浆灌缝。

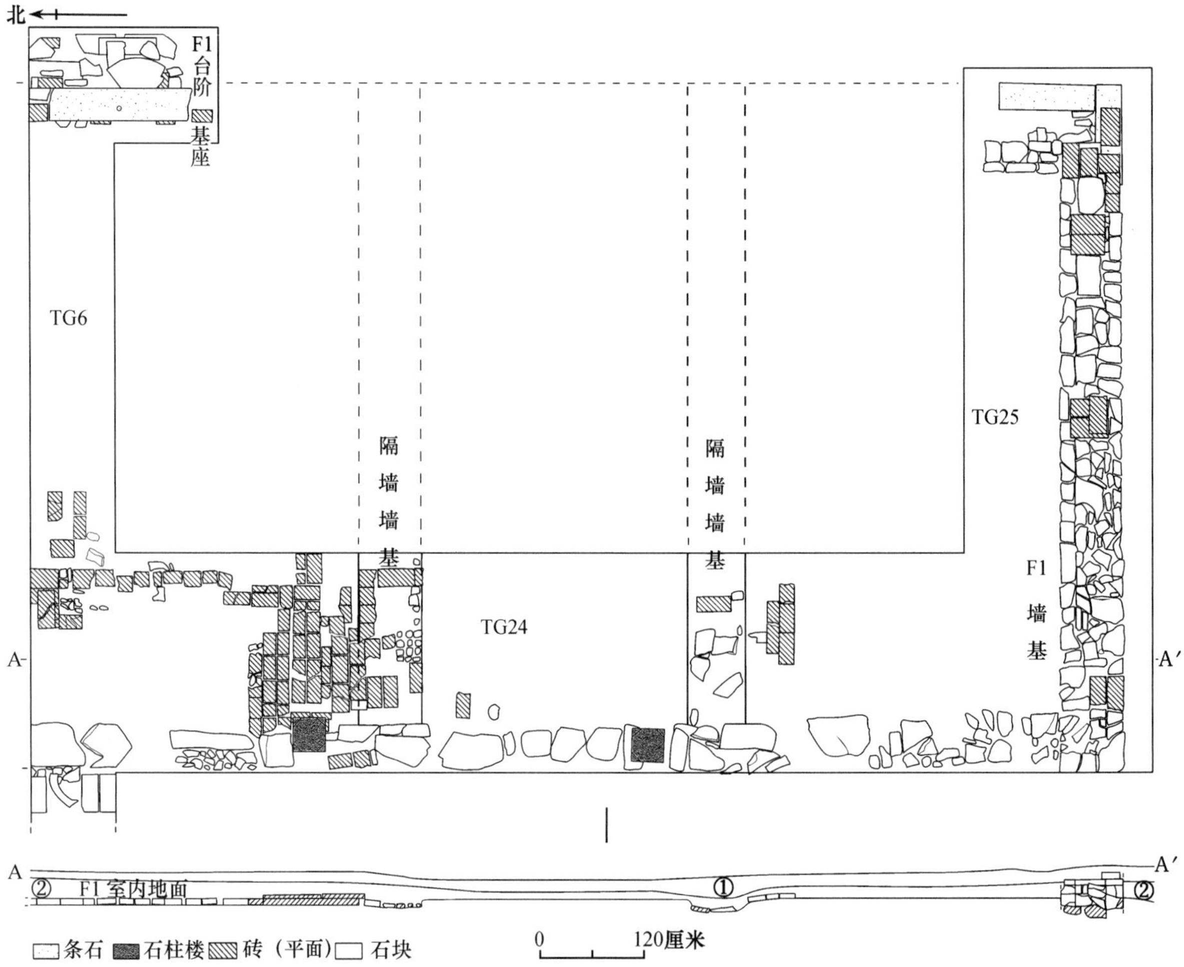

图六　F1平、剖面图

中轴线上前檐台基东侧发现用石块和灰砖铺设的基座，砌法较混乱，残高0.18、东西宽0.64、南北长2.1米。推测为前檐台阶基座。

房址内残存上下2层地墁砖。上层地墁砖深灰色，东西向错缝平铺，尺寸为长0.26、宽0.14、厚0.05米。残破部位用现代红砖补平。下层地墁砖浅灰色，东西向错缝平铺，尺寸为长0.4、宽0.2、厚0.09米。根据上、下2层地墁砖相互叠压现象，说明F1在使用过程中至少存在两次以上的改建或维修行为。室内有两道东西向凹槽，槽内铺设灰砖，疑为房屋隔墙墙基。

根据F1揭露部分与中轴线的位置关系，推断F1整长约23.72、宽约7.68米。

4. 庭院

大成殿、F1基址（前殿）与南北配殿之间构成庭院。庭院南北长约32.7、东西宽约36.4米。院内沿大成殿中轴线铺设有甬路，甬路破坏严重，仅其东段靠近F1处尚残存2.5米长路基。前殿以东19米的高速公路取土断壁上发现明显的甬路路基断面，用密集的灰砖块和石块铺垫。从院内甬路路基及院外甬路横断面观察，甬路宽约4米（见图四）。

5. F2基址

TG22和TG23内发现F2基址，基址开口于第2层下， 距地表深0.6～0.85米。基址呈长方形，坐西朝东，位于大成殿以西7.2米，北距F3南部山墙5.7米。基址上建有现代建筑，解剖前地表堆满房屋拆迁后的建筑垃圾。F2仅保存室内垫土和前后檐墙基，其南、北部墙基被现代房基破坏。室内地表涂抹一层白灰，厚0.08～0.1米，较平整。白灰层上可见1座石制圆鼓镜柱础。室内活动面高出东部室外地表0.44米（图七）。

白灰层下铺设室内垫土，室内垫土以生土作为夯筑堆积的原料，可分2层：上层厚0.1～0.4米，由深褐色和黄褐色生土交替夯筑而成，土质较纯，致密，呈水平状堆积。下层厚0.2～0.3米，深褐色，局部夹黄土，略呈花土状，土质致密，呈水平状堆积。

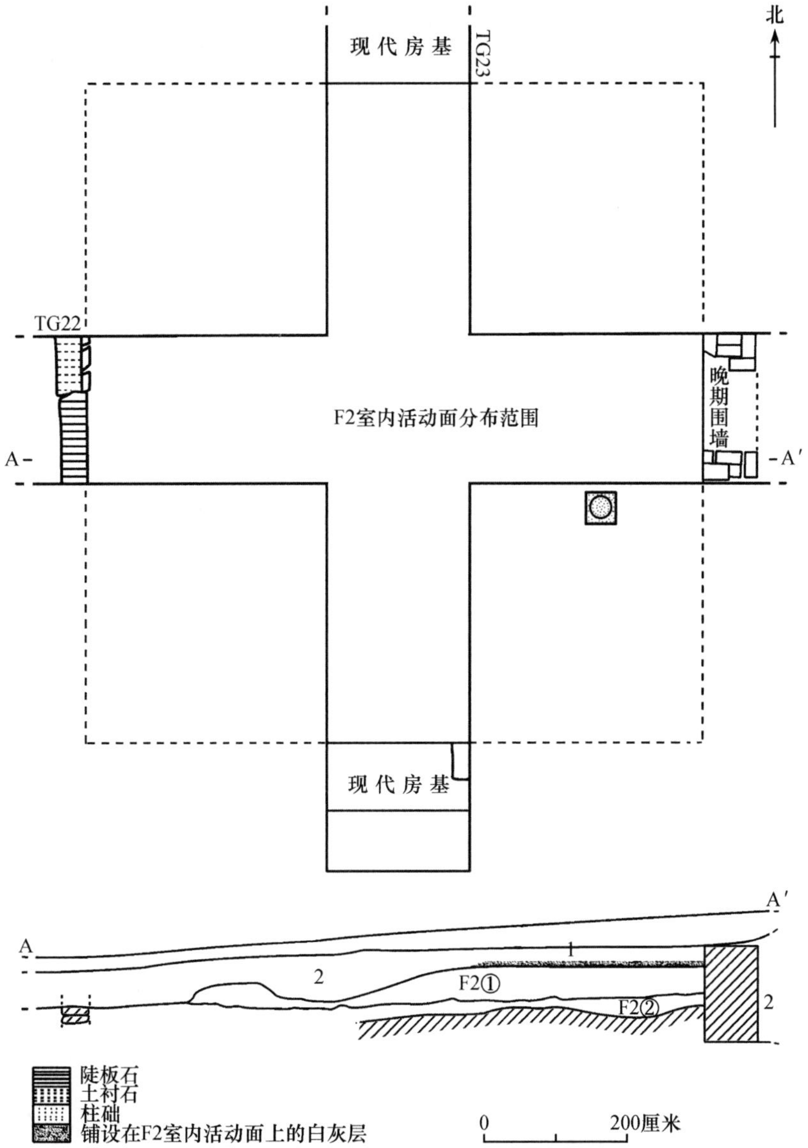

图七 F2平、剖面图

F2室内垫土分布范围东西长8.6、南北宽8.5米。南、北两侧被现代房基破坏，前檐被晚期围墙破坏，后檐存青石台明，阶条石不存，仅存一层陡板石和土衬石。石条均宽0.35、厚0.1米。

6. F3基址

TG23内发现F3基址，与F2南北向并行排列，距地表深0.85米。因其上堆积有近1米的现代房屋基址，未完全发掘。发掘范围内仅见南部墙基和室内铺地砖（图八）。

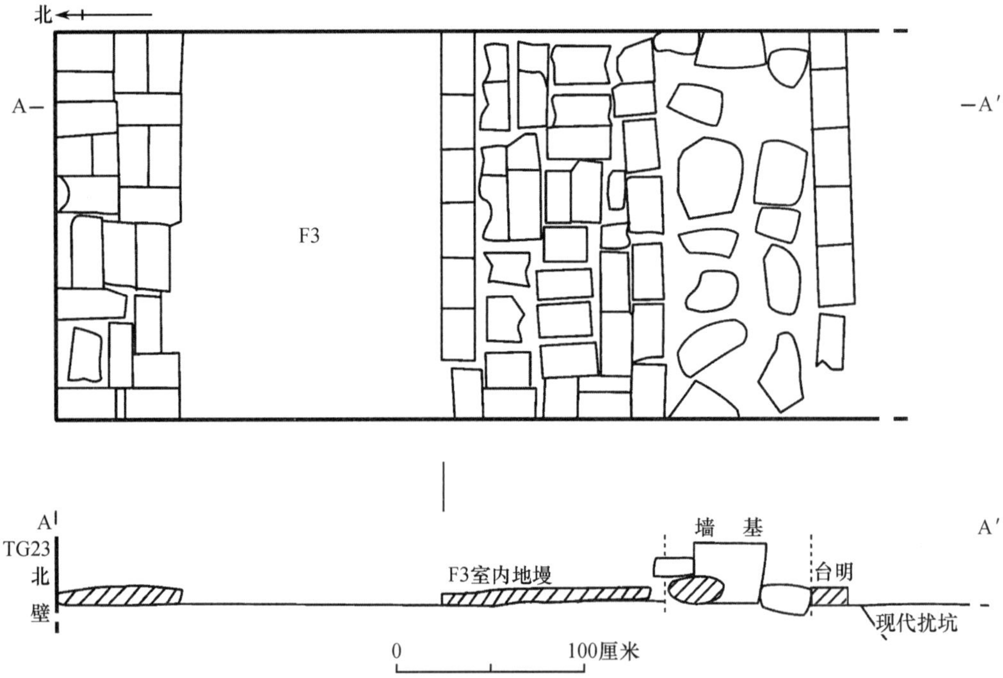

图八　F3局部平、剖面图

南部墙基暴露部分长2、宽0.8米，其上方建筑有现代房基。墙基由较大石块垒砌，石缝间为白石灰黄沙混合料灌浆。墙基高出当时的室内活动面0.3米。室内铺地灰砖一顺一丁平铺，尺寸为长0.3、宽0.15、厚0.06米。

其台基整体尺寸不详，但是推测其台基向北不超过大成殿台基，东西不超过F2台基的尺寸。

7. 围墙墙基

分别发现于TG4和TG22内（图九）。

TG4内解剖发现围墙墙基北距南厢房后檐墙1.2、距地表深0.25米。围墙宽0.62、残高0.25米。墙体两侧以残灰砖横铺包边，中间填充碎砖块，围墙基部用密集的石块打底。包边残砖厚约0.06～0.09米。

TG22内解剖发现围墙墙基距大成殿以西6.85、距地表深0.35米。开口于第2层下，墙基打破室内垫土直至生土，墙体残高1.35、宽0.8米。墙体两侧以灰砖一丁一顺错缝平铺砌成外包

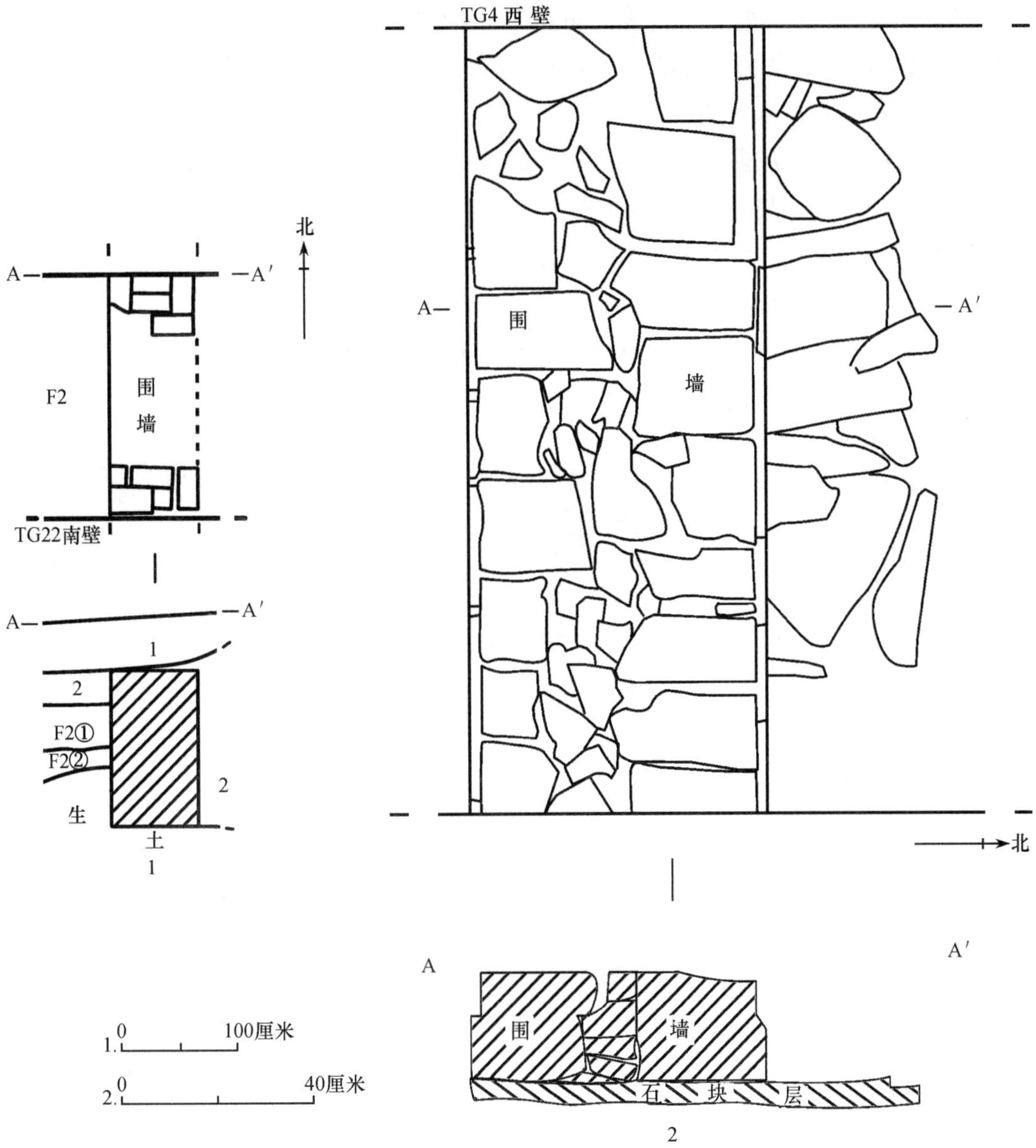

图九 围墙

1. TG22围墙 2. TG4围墙

砖，砖缝可见白石灰料浆。中间用残、整砖平砌混以白灰与外包砖相连。用砖较杂乱，尺寸不一，宽厚者长0.4、宽0.22、厚0.16米，扁薄者长0.3、宽0.16、厚0.06米。

根据TG22和TG4内围墙建材和形制的不同，推测在TG22内发现的围墙与TG4内发现的围墙为不同时期修建而成。

四、遗 物

地表和现代文化地层堆积中收集遗物有陶小兽、铭文砖、砚台、铜钱等，共7件。

陶小兽 TG3①：1，夹砂灰陶。正面猿猴形兽首，椭圆睛，扁鼻，阔口张齿。背似脊椎状，两侧浮雕数道上下顺梳的毛发。残长26、正面宽13厘米（图一〇）。

铭文砖　TG3①：2，灰色，陶质。长方形。正面楷书阳刻“府学宫” 及“□胡名士造”八字。长33、宽19.8、厚8厘米（图一一）。

砚台　TG19①：1，灰褐色，石质。一边破损。平面呈长方形，正面四边刻两周细槽，桃形砚池。长27.6、宽19、厚5、砚池深2厘米（图一二，1）。

铜钱　TG4①：1，面、背周郭，面内郭细，郭上三星，背内郭宽，穿方正。正面对读“五铢”两字，背素面。郭径2.6、穿径0.9、肉厚0.1厘米（图一二，2）。G6①：1，面、背周郭，面内郭细，背内郭宽，穿方正。正面楷书“顺治通宝”，四字对读，背面满汉文字纪地。郭径2.6、穿径0.9、肉厚0.1厘米（图一二，3）。TG2①：1，无穿。正面楷书“光绪元宝”，四字

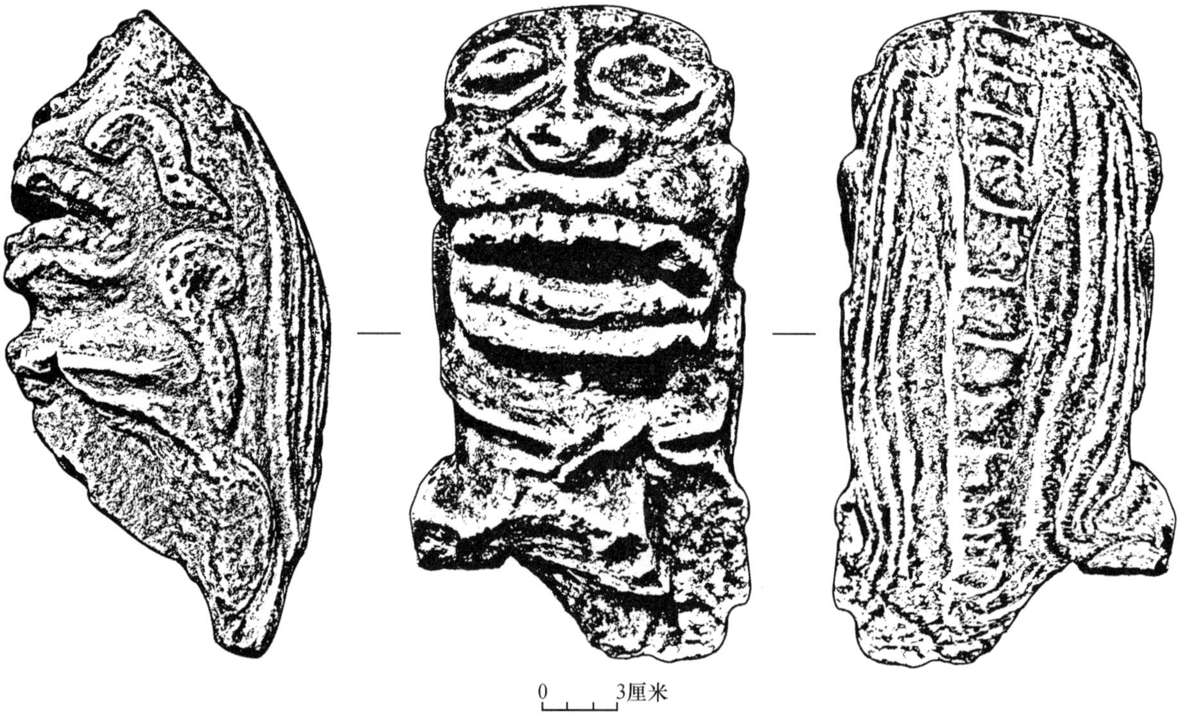

图一〇　陶小兽（TG3①：1）

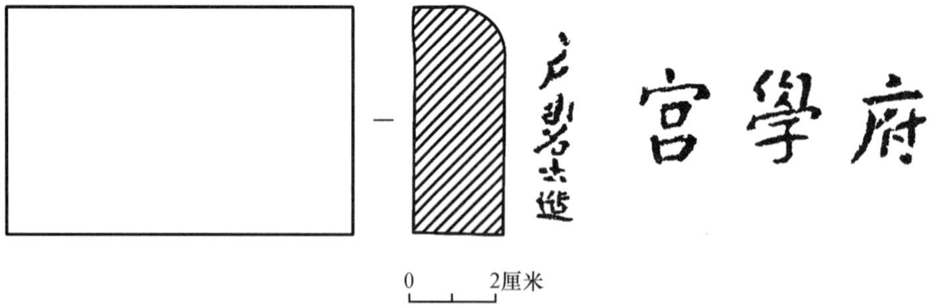

图一一　铭文砖（TG3①：2）

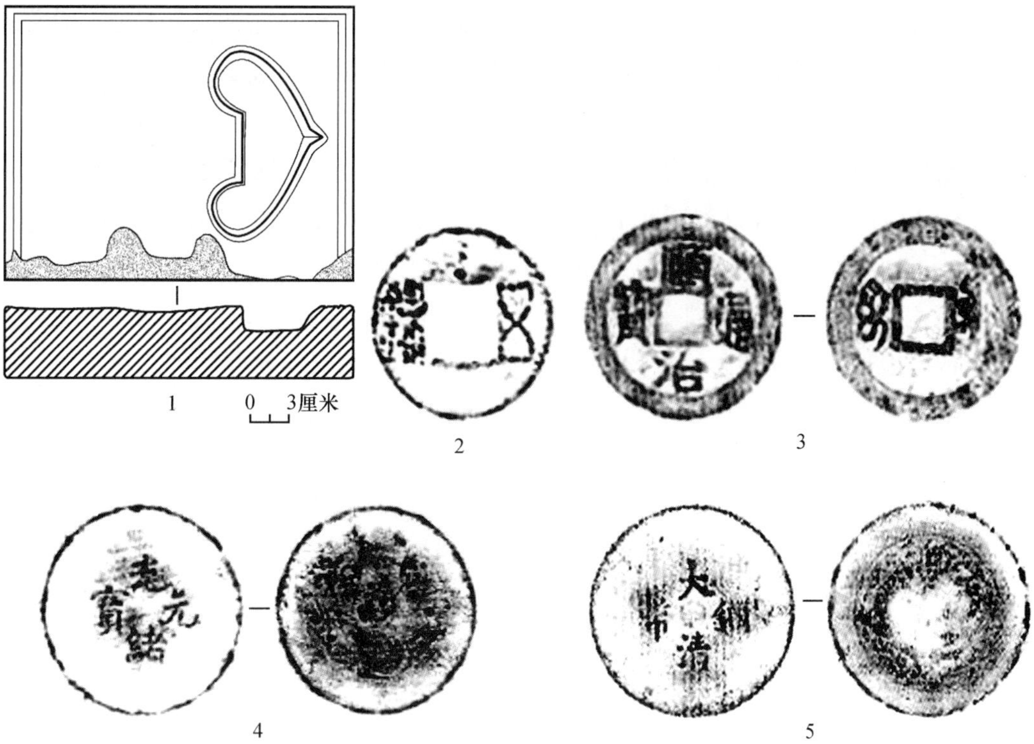

图一二　出土和采集遗物

1. 砚台（TG19①：1）　2. 五铢（TG4①：1）　3. 顺治通宝（G6①：1）　4. 光绪元宝（TG2①：1）　5. 大清铜币（采集：1）

对读，背面纹饰模糊，可见单龙纹。钱径2.8、肉厚0.1厘米（图一二，4）。采集：1，无穿。正面字迹较为清楚，楷书“大清铜币”，四字对读，背面纹饰模糊，可见单龙纹。钱径2.9、厚0.1厘米（图一二，5）。

五、结　　语

郧阳府学宫建筑相关情况在明清两代郧县地方志中都有记述：

明万历十八年（1590年）《郧台志》[1]的吴桂芳《改建郧阳府儒学记》：“……工始于丁巳四月，落成于是冬十月。其外为王道坊，为棂星门，其次为戟门，前为文庙，为两庑。文庙之后为启圣祠，祠之后为明伦堂，为尊经阁，最后为敬一亭。其左为杏坛，为博士衙，为明宦乡贤祠。其右为洙泗亭，为五贤祠，为时雨堂。……”

清同治庚午年（1870年）重修《郧阳志》[2]条目【学校】载：“明洪武间知县马伯庸创建，成化二年知县戴炎重修，十二年设府为府学，弘治十四年抚治王鉴之新焉。嘉靖三年抚治章丞移建府治北，三十一年知府黎尧勋改置府治西，三十六年抚治章焕改建城东门外。是年，东北一带开筑城，遂环学宫于内，即今所。……国朝顺治十六年抚治张尚重修，有记。康熙二十二年知府杨廷耀重修，有记。……道光二十二年，知府胡允林与郧县知县陈子饬暨邑绅朱灿章等重修丹墀，建刻至圣赞四配赞碑亭。明伦堂在大成殿后。教授署训导署在明伦堂左右，乾隆四十一年建。”

发掘资料中，TG3①：2出土的“府学宫”铭文砖可作为出土地就是文献所记郧阳府学宫的物证之一，与明清两代地方志所记相符。明万历《郧阳府志》[3]中的《府城图》和《郧县图》、清康熙《湖广郧阳府志》[4]中的《郧阳府图》和《郧县图》、同治《郧阳志》中的《郧阳府城街道图》（图一三）都明确标示郧阳府学宫建筑坐西朝东，位于城内东北部，近小东门，与大成殿地理位置及朝向相符，考古发掘资料可与文献资料相互印证。

根据文献记载可知，嘉靖三十六年移建郧阳府学宫后，累次重建、增修、扩建、维修等，其整体建筑布局没有改变，但局部变化较大。除扩建建筑外，许多建筑废弃后未重修，个别比较重要的建筑还可能发生位移。如《郧台志》记载大成殿之后为启圣祠（或称启圣殿），然后为明伦堂。同治丙寅年修《郧县志》[5]和同治庚午年重修《郧阳志》则载“明伦堂在大成殿后。教授署、训导署在明伦堂左右，乾隆四十一年建”，而无启圣殿记载，推测启圣殿废弃后，明伦堂在大成殿后重建，同时始建教授署和训导署。

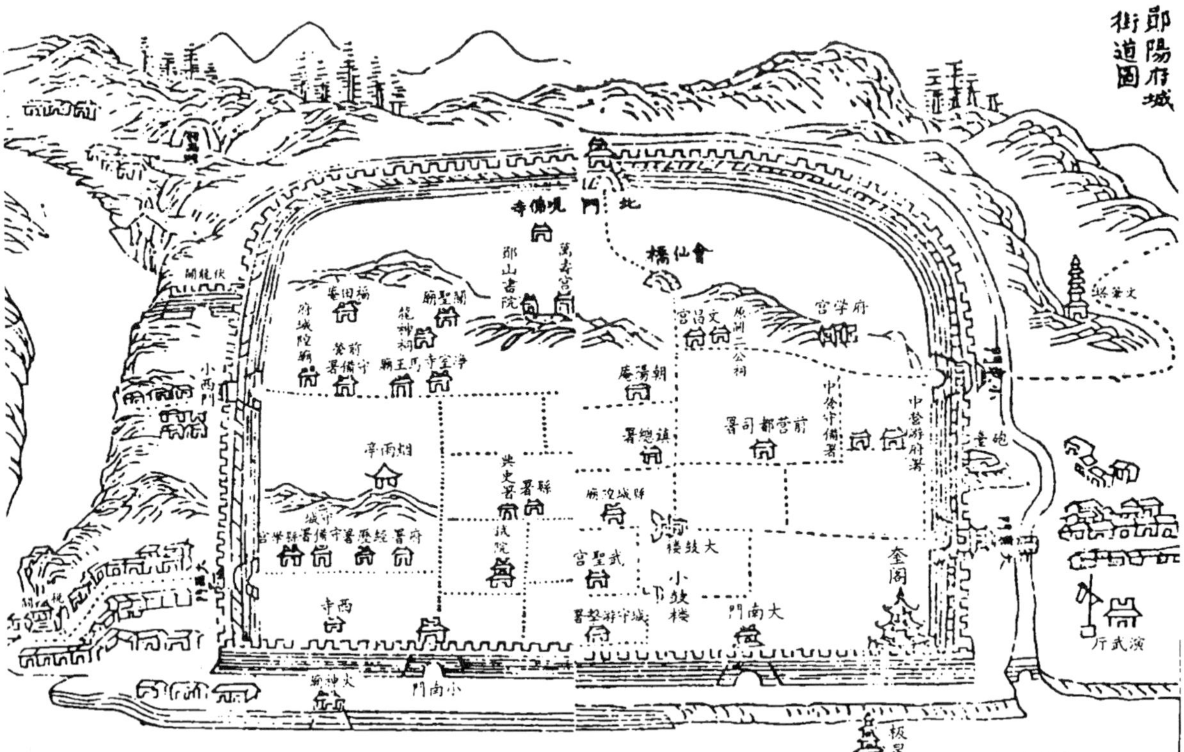

图一三　同治《郧阳志》中的《郧阳府城街道图》

通过文献与考古资料相互印证，推测本次调查解剖工作中发现的建筑遗迹单位相当于地方志所记文庙、丹墀、两庑、戟门、明伦堂、围墙等古建筑遗迹。其中万历《郧台志》所记文庙应为同治《郧阳志》所记大成殿，即今大成殿。同治《郧阳志》所记丹墀为解剖发现的大成殿月台，两庑为现今南北配殿，戟门为F1。大成殿之后的F2为明伦堂。F2以北的F3为教授署，以南的水泥路面位置应该是训导署遗址所在地。根据在F2前檐处发现的围墙遗迹推测，至清代晚期或民国初年，大成殿之后包括明伦堂、教授署、训导署在内的所有建筑逐渐废弃，府学宫西围墙可能收缩至原明伦堂（F2）前檐处。

根据此次勘探与解剖发掘工作中所揭露的遗迹单位，结合文献，对府学宫建筑遗迹进行复原，其分布平面大致相当于乾隆四十一年修建教授署、训导署以后至清末民国初年府学宫建筑布局情况（图一四）。

调查及解剖所见大成殿建筑单元以南的南边门、建筑基址及场地等，其建筑方向与大成殿建筑单元方向明显不合，推测这些建筑不属于郧阳府学宫建筑，应为府学宫发展过程中依附于府学教育而衍生的村落遗址，不在此简报内交代。

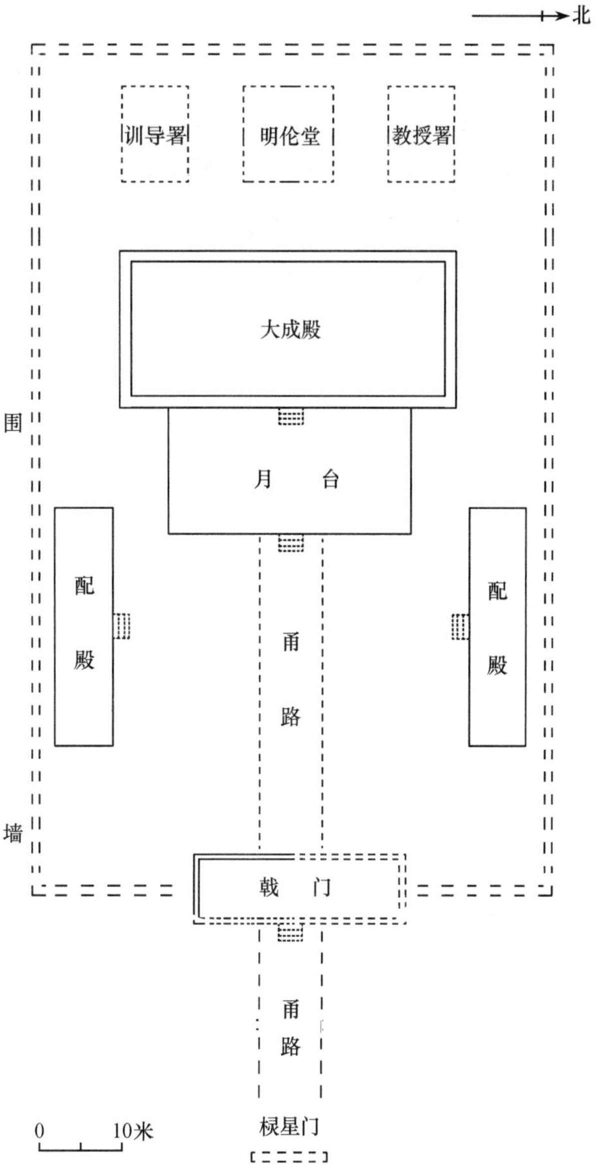

图一四 府学宫建筑布局复原图

因此次调查、解剖受多方面限制，部分资料或有所出入，需进一步进行发掘才能完善府学宫建筑布局情况。

致谢：大成殿平面和立面图由湖北省文化厅古建筑保护中心提供，局部经过调整。

绘图：周士本 曾令斌 刘 斌
摄影：李 毅 陈家林
拓片：周士本
执笔：康予虎 周士本 王 吉

注　释

［1］　湖北省十堰市地方志编纂委员会办公室：《郧阳志汇编》，鄂十内图字2007年第001号。
［2］　湖北省十堰市地方志编纂委员会办公室：《郧阳志汇编》，鄂十内图字2007年第001号。
［3］　湖北省十堰市地方志编纂委员会办公室：《郧阳志汇编》，鄂十内图字2007年第001号。
［4］　湖北省十堰市地方志编纂委员会办公室：《郧阳志汇编》，鄂十内图字2007年第001号。
［5］　郧县内部收藏同治丙寅修文昌宫藏版。

郧西庹家湾遗址发掘报告

湖北省文物考古研究所

庹家湾遗址位于郧西县城西南16.2千米的汉江上游左岸二级台地上，隶属郧西县观音镇垭子湾村6组（原庹家湾村）。中心地理坐标东经110° 22′ 51″，北纬32° 05′ 47″，海拔159～170米，现存面积约40000平方米。遗址背山面水，地势较平缓，当地村民早已将其改造成梯田。与庹家湾遗址隔江相望的是位于郧县庹家梁子上的乔家院墓地和庹家洲遗址（图一；图版一八，1）。

庹家湾遗址是1959年由中国社会科学院考古研究所等单位调查发现的，后经多次复查。1994年10月，长江水利委员会组织十堰市博物馆、郧西县文化馆等单位对郧西县境内沿汉江两岸文物点进行一次全面调查，也对庹家湾遗址进行了复查[1]。

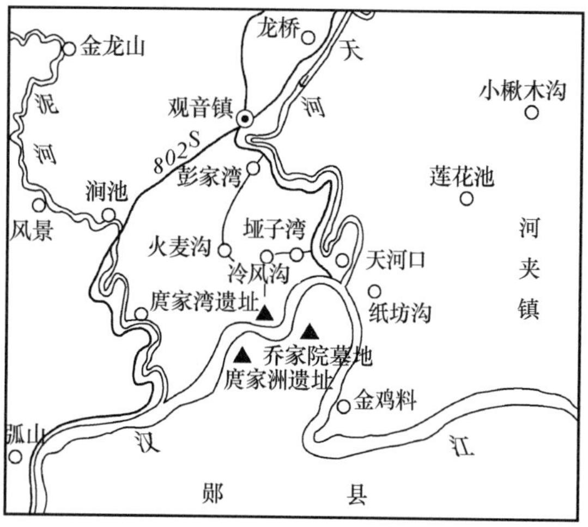

图一　庹家湾遗址位置示意图

为配合南水北调中线工程做好丹江口水库淹没区的文物保护工作，从2007年3月至2008年5月，对庹家湾遗址先后进行了两次钻探和三次发掘。钻探面积61915平方米，发掘探方82个，其中5米×5米探方79个、扩方3个（5米×3米2个、4米×3米1个），总面积2017平方米（图二）。

根据钻探的情况，把发掘区确定在遗址的南部，采用象限法布方发掘。第一、三次发掘在发掘区的西边，发掘探方47个（第一次27个、第三次20个）。第二次发掘在发掘区的东边，发掘探方35个（图版一八，2）。由于发掘区处在梯田地带，第二次发掘点虽与第一次的紧邻，但地势却低1～1.2米。第三次发掘点中也有一条东西向的田埂，田埂以南为低一级梯田地，比其北一级梯田的地势低1～1.3米（图二；图版一八，2）。

三次发掘遗迹98处，其中灰坑88个、灰沟9条、墓葬1座。有新石器时代灰坑2个、灰沟1条，东周时期灰坑78个、灰沟6条，西汉墓葬1座，东汉灰坑4个、灰沟2条，明清灰坑4个。出土了大批新石器时代至明清时期的遗物，以东周时期的为主。

值得注意的是，在东周至明清时期的各文化层及遗迹中，常伴出土许多早于本层时代的器物，其中东周层位中所伴出土的新石器时代器物数量最多。而新石器时代层位不但遗迹少，器物也少，表明东周时期对新石器时代文化遗存的破坏最为严重。

根据发掘和出土资料的实际情况，报告对地层堆积按发掘次数的先后分述，对文化遗存按

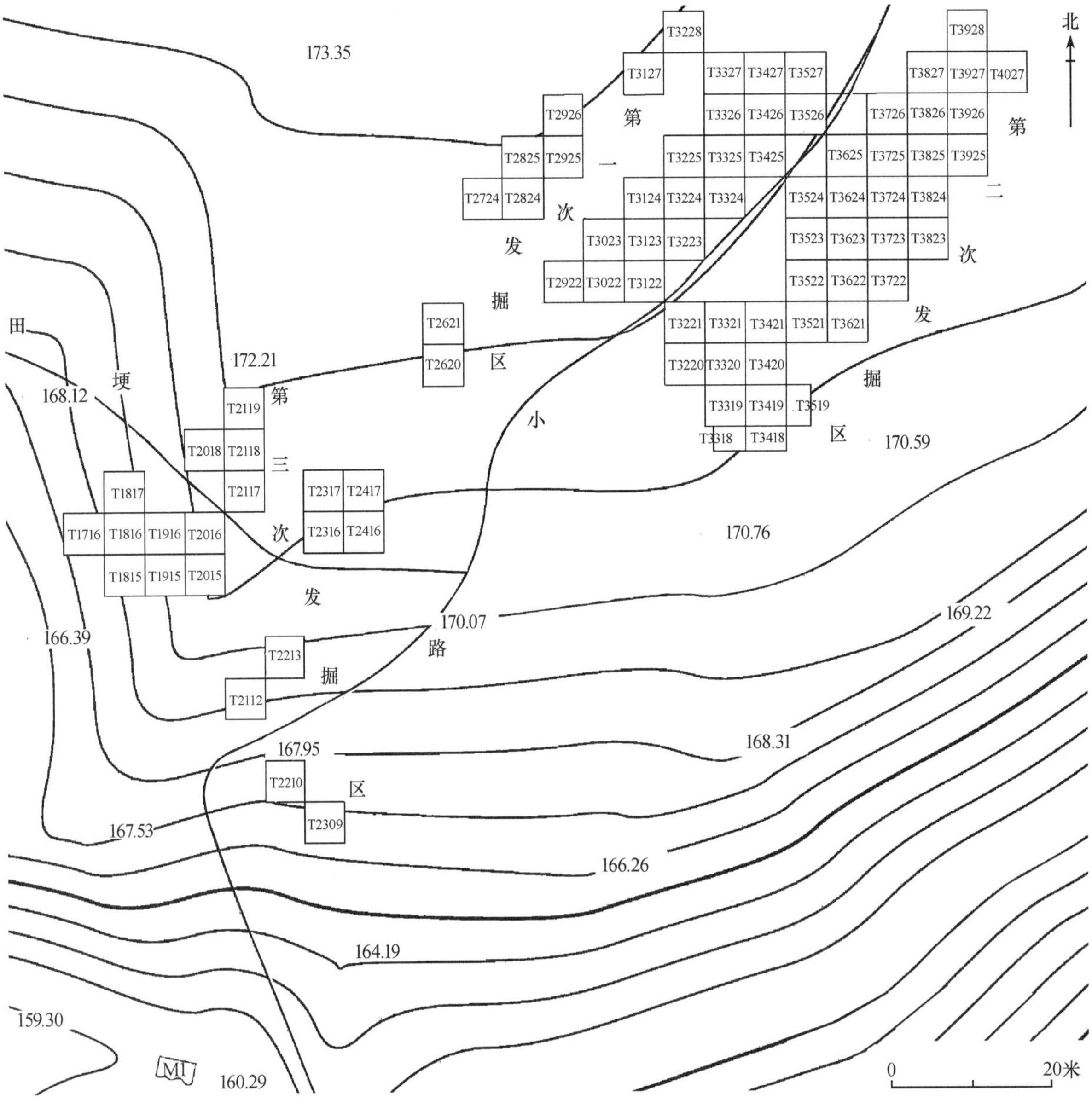

图二　庹家湾遗址探方分布图

其时代的早晚依次分述。另将晚期层位中伴出早期层位的遗物，选择部分标本，单独一节附后叙述。

一、地层堆积

82个探方的地层堆积最厚2.2、最薄0.5、遗迹距地表3.25米。第一次发掘地点西北高东南低，第二次发掘较平缓，第三次发掘则是东北高西南低。对82个探方的地层做统一编层，分八层。由于发掘区域较大，有的地层虽同属一层，其文化内涵相同，却因距离较远，土质土色有所不同。又因没有一个探方能完整保存八层，故选用多个地层剖面，分别叙述。

（一）第一次发掘

27个探方。地层分六层，以T3223、T3123、T3023的南壁剖面为例。

第1层：耕土，厚0.2～0.3米。土层内含有现代的瓷片、砖瓦片、塑料膜片及少数新石器时代至明清的石器及陶、瓷片等。各探方均有，分布全方。

第2层：黄褐色土，深0.2～0.3、厚0.4～0.75米。土质坚硬较纯净，出有零星的近现代残砖、瓦、瓷片、铁钉等和个别的新石器时代至明清的石器及陶、瓷片等。各探方均有，分布全方。

第3层：灰褐色土，深0.9～1、厚0.2～0.75米。土质较硬，出有较多的明清陶、瓷片，可辨器形有釉陶罐、青瓷碗等，并伴出个别的石斧、锛、凿等。各探方均有，分布全方。

第4层：黄灰色土，深1.1～1.4、厚0～0.4米。土质稍软，含少量红烧土点、炭屑、小石块等，出有较多的东汉时期的残青灰砖、瓦等，并伴出一些石斧、锛、凿等。各探方均有，多分布全方，个别局部分布。

第5层：黑灰色土，深1.35～1.6、厚0.2～0.7米。土质较软，夹有较多的红烧土块、炭屑等，出有大量的东周时期的陶鬲足、鼎足及盂、盆、罐、缸、豆等残片，以及较多的石斧、锛、凿和铜带钩等，伴出大量新石器时代的陶鼎、罐、钵、鬶等残片和筒形器底。T2724无此层，其余分布全方。H15、H30、G2开口于此层下。

第6层：褐黄色土，深1.75～2.1、厚0.14～1.05米。土质紧密较坚硬。夹少量烧土碎块和炭屑，出零星的新石器时代陶片、石器等，可辨器形有陶鼎足、钵、圆片和石斧等。在12个探方分布（或局部或全方），15个探方无。H21开口于此层下。

第6层下为黄色生土，含白斑（图三）。

（二）第二次发掘

35个探方。地层分七层，缺少第4层，以T3421、T3420、T3419、T3418东壁剖面为例。

第1层：耕土，厚0.1～0.2米。包含物与第一次发掘的相同。各探方均有，分布全方。

第2层：黄褐色土，深0.1～0.2、厚0.1～0.35米。土质较软，含细沙，夹碎石子。包含物与第一次发掘的相同。各探方均有，分布全方。

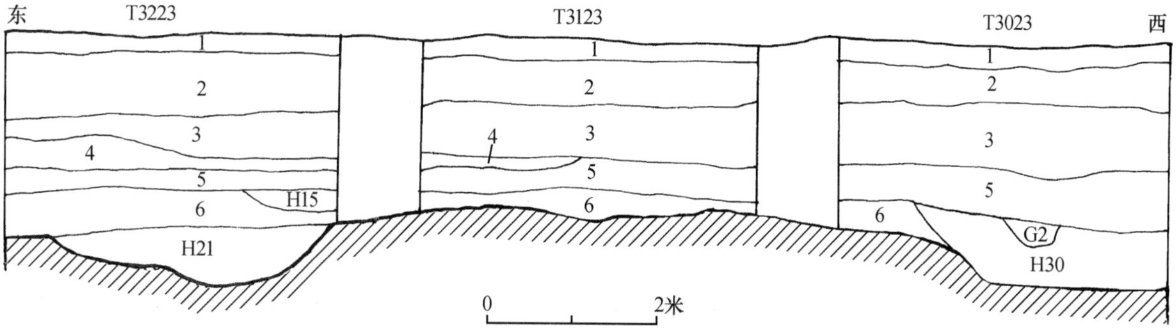

图三　T3223、T3123、T3023南壁剖面图

1. 耕土　2. 黄褐色土　3. 灰褐色土　4. 黄灰色土　5. 黑灰色土　6. 褐黄色土

第3层：灰褐色土，深0.23～0.52、厚0～0.35米。土质较软，夹零星的红烧土碎块。出较多的明清陶、瓷片，可辨器形有釉陶罐、青花瓷碗、青瓷盘、碗等，并伴出较多的东汉、东周、新石器时代的陶片和石器，可辨器形有砖、瓦、鬲足、盂、豆、鼎足、钵及石斧、凿、锛、杵等。各探方均有，未分布全方。

第5层：灰黑色土，深0.3～0.65、厚0.1～0.45米。土质较软，夹红烧土碎块，出大量的东周陶片，可辨器形有鼎、鬲、盂、盆、豆、罐、瓮、壶、簋、纺轮等，并伴出大量的新石器时代的石器、陶鼎足、鼎、钵、罐等口沿和筒形器底。T3220、T3320、T3321无此层，其余各探方均有，未分布全方。H60、H70开口于此层下。

第6层：黄灰色土，深0.6～0.85、厚0.2～0.4米。土质稍软，出零星的新石器时代陶片和石器，可辨器形有陶鼎、钵、碗、锉、圆片和石斧、凿、锛等。T3221、T3318、T3418、T3519无此层，其余各探方均有，未分布全方。

第7层：褐红色细沙土，深0.75～0.9、厚0～0.55米。土质较松散，出少量的新石器时代陶片，可辨器形有鼎、钵、碗、锉等。在南边的6个探方分布（T3318、T3418、T3419、T3519全方及T3319、T3420局部）。

第7层下为黄色生土（图四）。

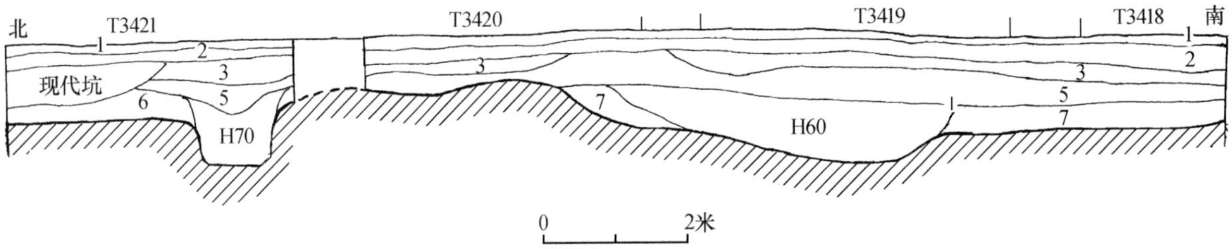

图四　T3421、T3420、T3419、T3418东壁剖面图

1. 耕土　2. 黄褐色土　3. 灰褐色土　5. 灰黑色土　6. 黄灰色土　7. 褐红色细沙土

（三）第三次发掘

20个探方。地层分八层，选取田埂南北各一个探方剖面为例分述。

1. T2117、T2118、T2119西壁剖面（田埂以北探方）

地层分六层。

第1层：耕土，厚0.08～0.17米。包含物与第一、二次的相同。各探方均有，分布全方。

第2层：灰黄色土，深0.08～0.17、厚0.1～0.5米。土质较硬含大量白色小石子，出零星近现代陶、瓷片。在8个探方中均有，分布全方，另12个探方无此层。

第3层：黄褐色土，深0.25～0.65、厚0.25～0.45米。土质较松软含细沙，出零星的明清陶、瓷片，可辨器形有釉陶罐、青花瓷碗、青瓷碗等。并伴出零星的东汉、东周、新石器时代的陶片和石器，可辨器形有陶砖、瓦、鬲足、盂、豆、鼎足、钵等。在8个探方中均有，分布全方，另12个探方无此层。

第4层：灰褐色土，深0.55～1、厚0.2～0.4米。土质较硬，出少量东汉砖瓦片和东周、新石器时代的陶片及石器。在17个探方中均有，分布全方，另3个探方无此层。

第5层：黑灰色土，深0.8～1.2、厚0.2～0.7米。土质硬而板结，出大量东周陶片，可辨器形有鬲、盂、盆、豆、罐、瓮、筒形器、纺轮等，另伴出少量新石器时代陶片、石器，可辨器形有陶钵、罐、缸及石斧、锛、楔等。在14个探方中有，其中13个全方分布，仅1个探方局部分布，另6个探方无此层。H83、H87开口于此层下。

第6层：深褐黄色土，深1～1.55、厚0.1～0.6米。土质坚硬，含红烧土粒、草木灰等，出少量的新石器时代陶片、石器，可辨器形有陶钵、罐、纺轮及石斧、锛等。在16个探方中均有，其中15个全方分布，仅1个探方局部分布，另4个探方无此层。

第6层下为黄色生土，含白斑（图五）。

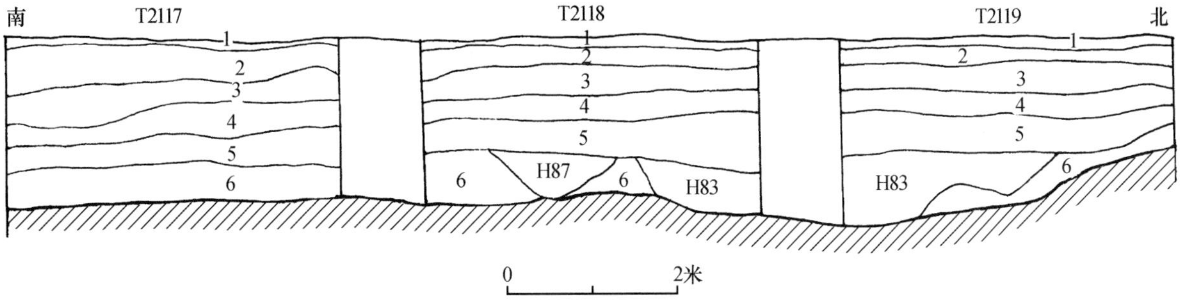

图五　T2117、T2118、T2119西壁剖面图

1. 耕土　2. 灰黄色土　3. 黄褐色土　4. 灰褐色土　5. 黑灰色土　6. 深褐黄色土

2. T2112的西壁剖面（田埂以南探方）

地层分五层。

第1层：耕土，厚0.1～0.3米。各探方均有，并分布全方。

第4层：灰褐色土，深0.1～0.3、厚0.1～0.22米。土质较硬，出少量的东汉砖瓦片和东周、新石器时代的陶片及石器。在17个探方中有，分布全方，另3个探方无此层。

第5层：黑灰色土，深0.25～0.45、厚0.2～0.5米。土质硬而板结，出大量东周陶片，可辨器形有陶鬲、盂、豆、罐、盆 另伴出少量新石器时代陶片、石器，可辨器形有陶钵、罐、缸及石斧、锛、凿等。在14个探方中有，其中13个全方分布，仅1个探方局部分布，另6个探方无此层。

第7层：褐红色土，深0.65～0.9、厚0.15～0.4米。土质较硬，含细沙，出零星的新石器时代陶片。在10个探方中均有，分布全方，另10个探方无此层。G9开口于此层下。

第8层：浅褐黄色土，深0.85～1.3、厚0.16～0.25米。泛青色，土质松软，含细沙，出零星的新石器时代陶片，可辨器形有陶钵、罐、碗等。在4个探方中均有，分布全方，其余16个探方无此层。

第8层下为红褐色生土（图六）。

经过整理，各地层、遗迹的时代如下：

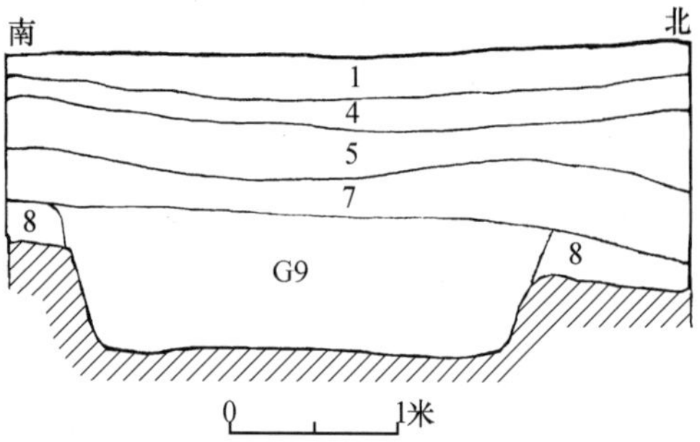

图六　T2112西壁剖面图
1. 耕土　4. 灰褐色土　5. 黑灰色土　7. 褐红色土
8. 浅褐黄色土

第6～8层及开口于第6、7层下的诸遗迹为新石器时代时期，第5层及开口于第5层下的诸遗迹属于东周时期，第4层属于东汉时期，第3层为明清时期，第2层为近现代时期。

开口于第4层下的诸遗迹，既有东周时期的，也有东汉时期的。开口于第3层下的诸遗迹，东周、东汉和明清时期均有。开口于第2层下的诸遗迹，仅个别为明清时期，余皆系近现代遗存（不编号）。开口于第1层下的诸遗迹，除1座西汉墓外，皆系近现代遗存（不编号）。

二、新石器时代文化遗存

（一）遗迹

有灰坑2座（H21、H89）和灰沟1条（G9）。分布在第一、三次发掘区内，发掘时未全部揭露（图七、图八）。

H2　位于T3223西南部。坑口压在第6层下，距地表深2米，打破生土。已揭露坑的北半部，南半部压在南壁内。坑口平面呈不规则形，弧壁，圜底，坑底凸凹不平，有因水流冲刷而形成的水冲痕迹，坑壁、坑底无人工加工痕迹。坑内堆积灰褐色土，土质较软。出少量夹砂红褐陶片，饰篮纹、划纹、交错划纹等，火候较低，可辨器形有陶鼎、罐等。清理部分的坑口东西长3.5、南北宽2.3、坑深0.8米（图九）。

G9　位于T2112的南部，向东延至T2213北壁下。沟口压在第7层下，距地表深0.9～1.5米，打破第8层和生土。已揭露部分跨T2112和T2213，两端尚未到尽头。沟口平面长方形，方向65°，斜壁，微平底，沟底坡4°，未见人为加工痕迹，属自然冲沟。沟内堆积褐灰色土，土质较软，含细沙及少量的红烧土粒、灰烬等，出零星的陶片，可辨器形有陶钵、罐、锉等。清理部分的沟口东西长9.5、南北宽1.7～2.8、沟底东西长9.2、南北宽1.3～2.3、深0.8～0.9米（图一〇）。

（二）遗物

219件。有陶器、石器。

1. 陶器

198件。陶片残碎。主要是泥质陶，还有夹砂陶。泥质陶较纯，陶胎呈红色或灰色。夹砂陶有细砂和粗砂，有的陶质不纯，陶胎呈红、灰、灰褐、黑、黑褐色，个别的掺有蚌末。以篮

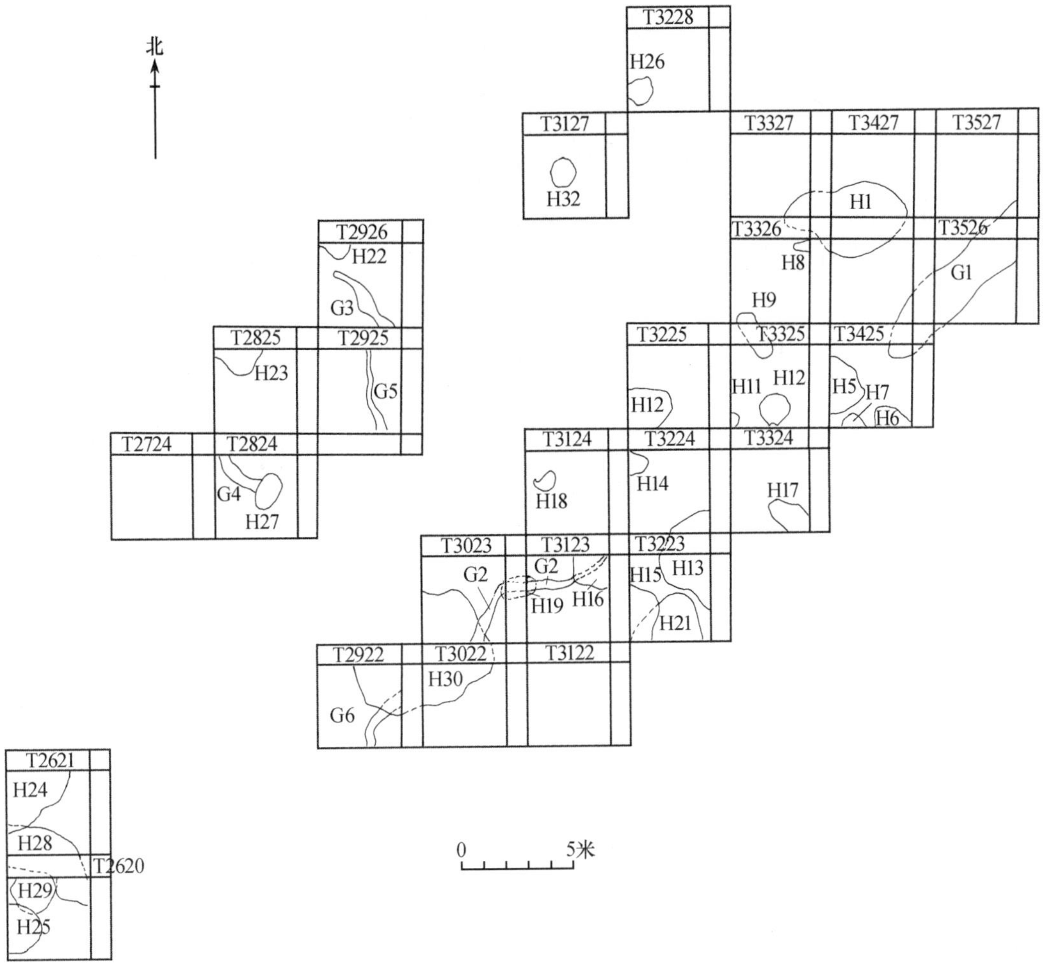

图七　庹家湾遗址第一次发掘遗迹分布图

纹为主，另有少量划纹、弦纹、刻槽纹、方格纹、锥刺纹、附加堆纹、捺窝纹，素面较多（图一一）。据口沿及底部分析，是以容器和炊器等日常生活用具为主，轮制或轮、手制兼施。另有个别的为工具（如纺轮、圆片），手制。

泥质陶器　72件。可辨器形有高领罐、碗、盆、圈足、鋬耳、澄滤器、纺轮、锉、圆片。

鼎足　1件（T1916⑦：1）。灰陶。凿形。素面。残高9厘米。

高领罐　12件。均残。圆唇，直颈。依口部不同，可分二式。

Ⅰ式　8件。侈口。T3418⑦：1，灰陶。沿面有一周凹槽，颈下饰篮纹。口径15、残高6.4厘米（图一二，1）。

Ⅱ式　4件。近直口。T3419⑦：5，灰陶。素面。口径16、残高4.8厘米（图一二，2）。T3521⑥：2，黑陶。颈下饰斜细篮纹。口径15、残高4.8厘米（图一二，3；图版二〇，1）。T3521⑥：3，红陶。颈下饰交错粗篮纹。口径11.8、残高6厘米（图一二，5；图版二〇，2）。

罐底　6件。平底，斜腹。T2016⑥：4，外黑内灰黑皮陶。腹饰直篮纹。底径12、残高11.6厘米（图一二，4；图版二〇，3）。T2015⑥：2，红陶。较大，矮圈足。素面。底径13.6、残高4厘米（图一二，6）。T3023⑥：2，红陶。平底。底径8.4、残高3.6厘米（图一二，7）。

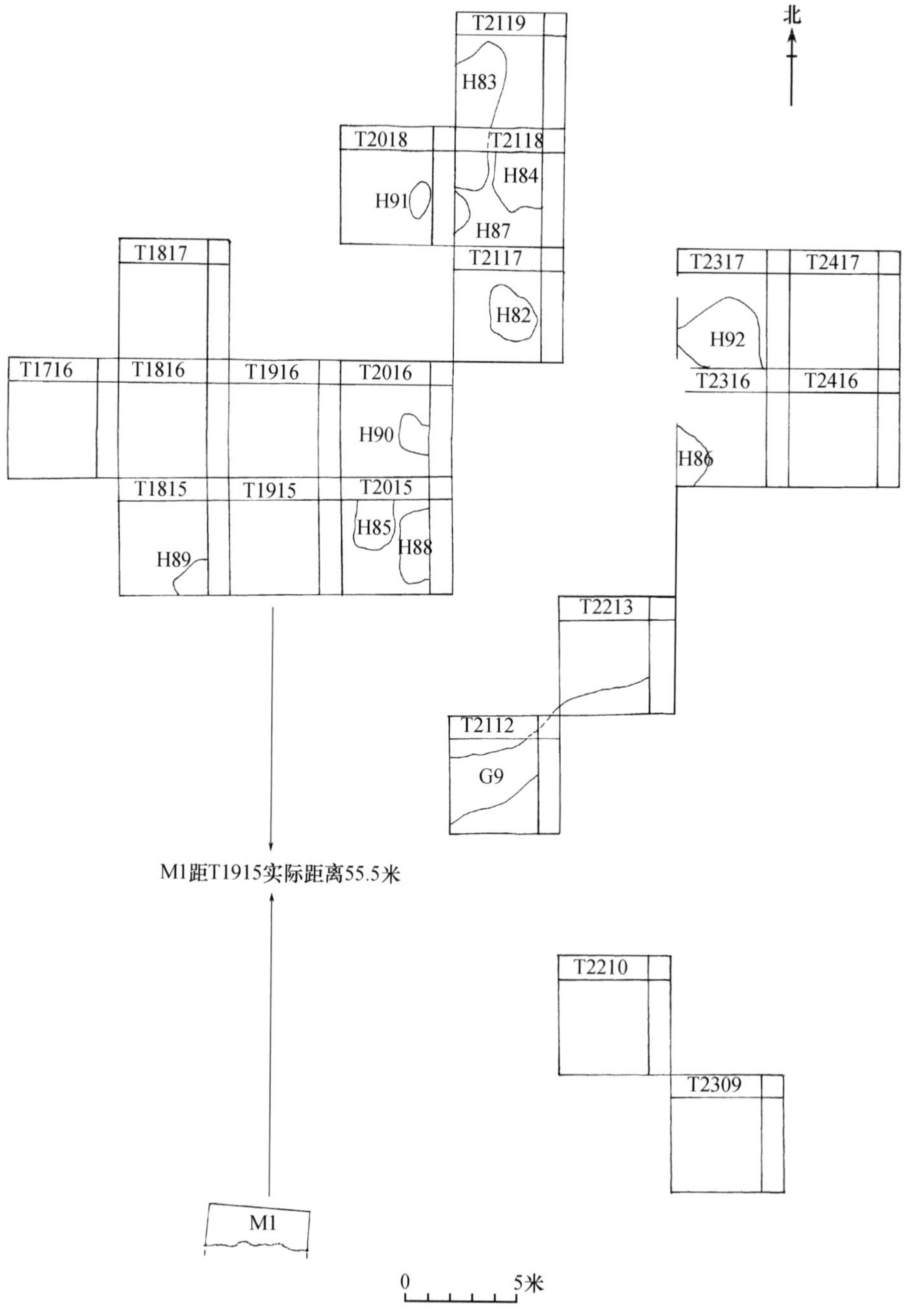

图八　庹家湾遗址第三次发掘遗迹分布图

碗　16件。细泥陶。均残。依唇、腹的不同，可分二式。

Ⅰ式　9件。尖唇，敞口，斜腹。T2210⑦：6，黑陶。磨光，素面。口径22、残高3.8厘米（图一二，8）。T2210⑦：5，红陶。红顶，器内外腹涂一周橙红衣。口径25、残高4厘米（图一二，9）。

Ⅱ式　7件。圆唇，敛口，斜弧腹。T2212⑦：13，顶、腹为红色，以下及内腹为黑色。口径27、残高6厘米（图一二，10）。T2213⑦：1，红陶，内外腹涂红褐衣，并局部脱落。口径27、残高6.4厘米（图一二，11）。

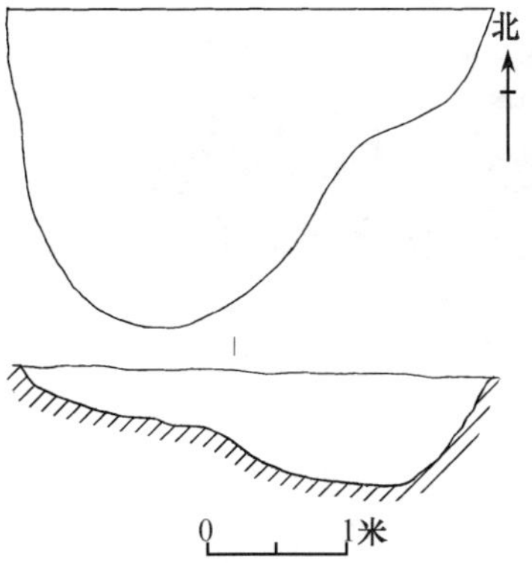

图九 H21平、剖面图

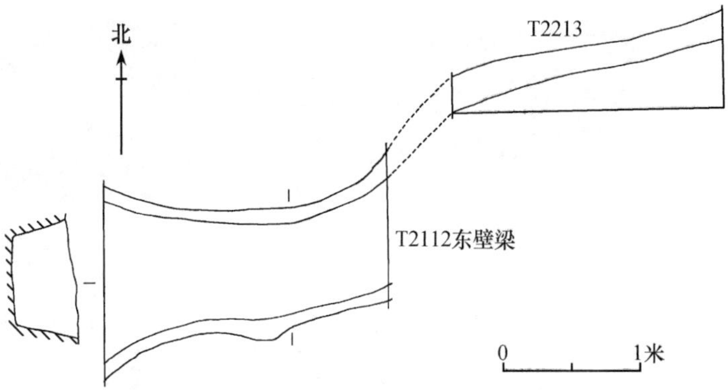

图一〇 G9平、剖面图

盆 7件。均残。T3223⑥：2，黑陶。圆唇，仰折沿，弧腹。肩以下饰交错篮纹。口径26、残高9.6厘米（图一二，13）。

澄滤器 4件。T3319⑦：2，红陶。已残，盆形，方唇，敞口，平折沿。内壁有交叉的浅刻槽。口径34、残高6.4厘米（图一二，12）。

圈足 5件。灰黄陶。圜底。饰凹弦纹。T2117⑥：2，圈足径9.4、残高8.2厘米（图一三，1）。T1915⑥：5，圈足径10.8、残高7.5厘米（图一三，2）。

纺轮 3件。扁平圆形。依器物的大小，可分二式。

I式 2件。弧边。T2112⑦：1，无孔。素面。直径4.3、厚0.4厘米（图一三，3）。T2118⑥：1，中穿一孔。一面中心刻划“十”字纹。直径3.2、厚0.8厘米（图一三，5）。

Ⅱ式 1件（T2417⑥：4）。突棱边，中穿一孔。素面。直径4.5、厚0.9厘米（图一三，4）。

锉 15件。红陶或红褐陶，灰胎。扁平体，多三角形，器表面密布粟粒状小凹窝。T2210⑦：1，中宽4、残长8.2厘米（图一三，6）。T3419⑦：1，中宽3.3、残长10.8厘米（图一三，7；图版二〇，4）。

圆片 2件。灰褐陶。较大，用罐底改制。T2621⑥：1，近圆形，边缘未磨。饰交错篮纹。直径10～10.4、厚0.6厘米（图一三，8；图一四，1；图版二〇，5右）。T3927⑥：1，近椭圆形，边缘约一半未磨，另一半有磨痕。饰交错绳纹。长10.4、宽9.1、厚0.6～0.7厘米（图一三，9；图一四，2；图版二〇，5左）。

鋬耳 1件（T2417⑥：6）。黑皮红陶。拱桥形，扁宽体。四周饰纵瓦纹。宽5、残高10.4厘米（图一三，10）。

夹砂陶器 126件。可辨器形有鼎足、高领罐、折沿罐、卷沿罐、直口罐、罐底、罐耳、瓮、瓶、鬶足、甑底、器底、缸。

鼎足 12件。红陶或红褐陶。手制。有正装鼎足和侧装鼎足。

正装鼎足 9件。正面微拱，内面微凹。T3419⑦：3，倒梯形。两侧各有一道纵向凸棱，两棱间有长方形盲孔。残高7厘米（图一五，1）。T1816⑥：2，素面。残高6厘米（图一五，2）。T1915⑥：2，倒梯形。足根饰一周花边纹，足中饰一组划纹，两者之间有一个圆形捺

图一一　陶器纹饰拓本

1、2、7. 附加堆纹（T3324⑥：2、T2922⑥：2、T3324⑥：1）　3、4. 附加堆纹和按窝纹（T2926⑤—⑥：1、T3418⑦：5）　5. 篮纹和弦纹（T2117⑥：1）　6、9. 刻槽纹（T3023⑥：1、T2922⑥：2）　8. 弦纹（T2976⑤—⑥：2）　10、13、14. 方格纹（T2417⑥：4、T2112⑦：5、T2112⑦：8）　11、12、15～17. 篮纹（T2210⑦：2、T2210⑦：4、H21⑥：1、T2112⑦：6、T2210⑦：3）　18. 间隔篮纹（T2926⑥：3）　19、20. 交错篮纹（T2112⑦：7、T2112⑦：4）

窝。残高13.8厘米（图一五，3）。T1916⑥：2，三角形。素面。残高12厘米（图一五，4）。T3324⑥：2，足根按捺一个圆窝。残高9.6厘米（图一五，5）。T2118⑥：3，长条形。正面饰一周附加堆纹。残高9.2厘米（图一五，6）。

侧装鼎足　3件。扁平体三角形，外侧略厚，内侧略薄。T2621⑥：3，足根正面按捺一个圆窝。残高12厘米（图一五，9）。

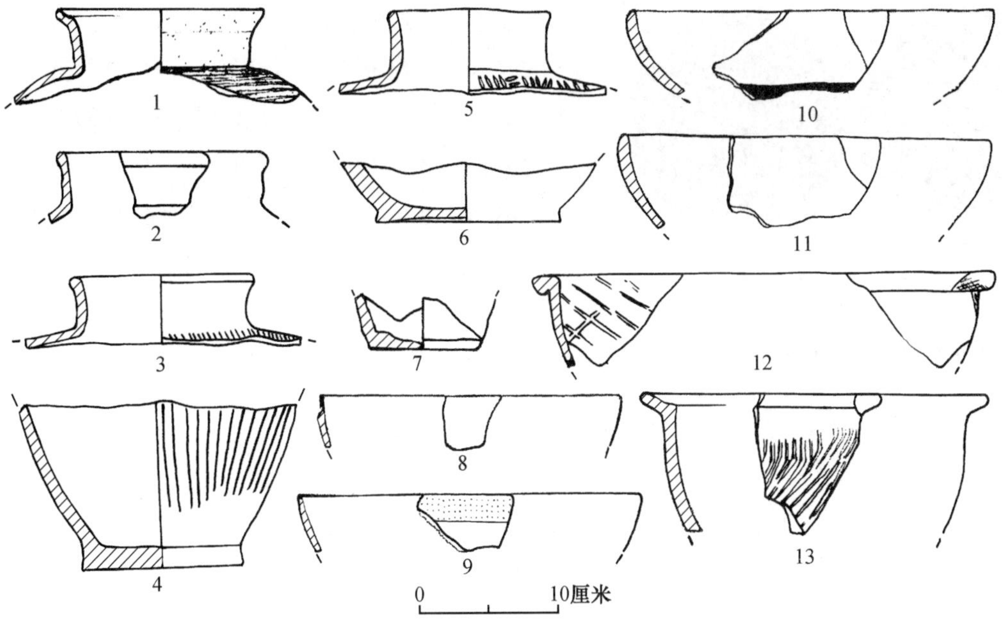

图一二 出土新石器时代泥质陶器

1. Ⅰ式高领罐（T3418⑦：1） 2、3、5. Ⅱ式高领罐（T3419⑦：5、T3521⑥：2、T3521⑥：3） 4、6、7. 罐底（T2016⑥：4、T2015⑥：2、T3023⑥：2） 8、9. Ⅰ式碗（T2210⑦：6、T2210⑦：5） 10、11. Ⅱ式碗（T2212⑦：13、T2213⑦：1） 12. 澄滤器（T3319⑦：2） 13. 盆（T3223⑥：2）

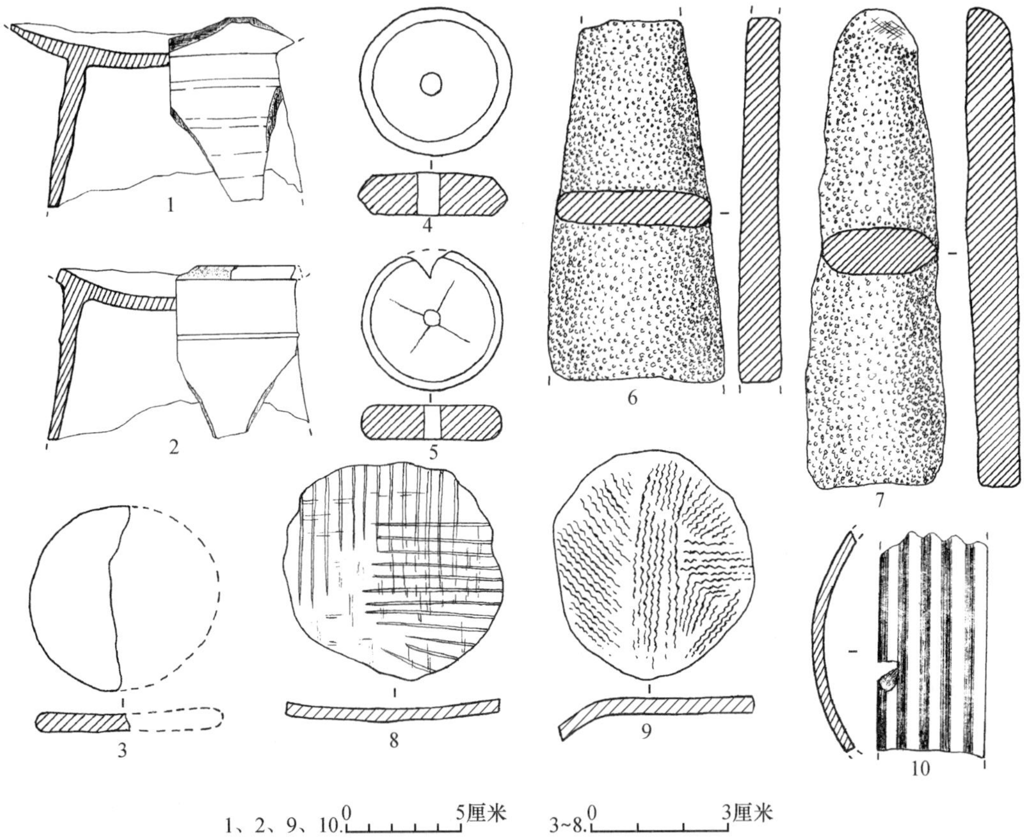

图一三 出土新石器时代泥质陶器

1、2. 圈足（T2117⑥：2、T1915⑥：5） 3、5. Ⅰ式纺轮（T2112⑦：1、T2118⑥：1） 4. Ⅱ式纺轮（T2417⑥：4） 6、7. 锉（T2210⑦：1、T3419⑦：1） 8、9. 圆片（T2621⑥：1、T3927⑥：1） 10. 鋬耳（T2417⑥：6）

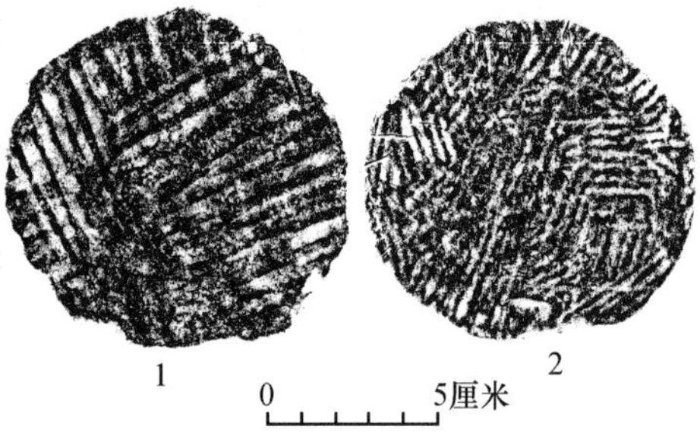
图一四　出土新石器时代泥质陶圆片
1. T2621⑥：1　2. T3927⑥：1

高领罐　14件。均残。近直口。颈下饰纵篮纹。T3519⑦：1，红褐陶。方唇。口径12、残高4.8厘米（图一六，1）。T1915⑥：3，黑皮红褐陶。圆唇。口径14、残高7厘米（图一六，2）。

折沿罐　22件。均残。圆唇，侈口，束颈。颈下饰纵篮纹。T2112⑦：12，红皮灰褐陶。口径18、残高4厘米（图一六，3）。T2417⑥：3，红、黑褐色相间。鼓腹。口径18、残高9.3厘米（图一六，4）。

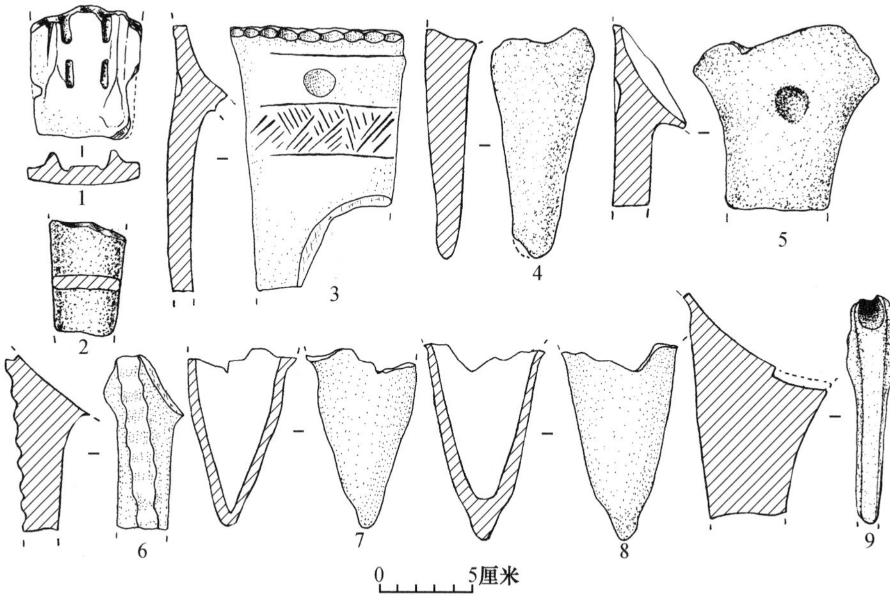
图一五　出土新石器时代夹砂陶器
1～6. 正装鼎足（T3419⑦：3、T1816⑥：2、T1915⑥：2、T1916⑥：2、T3324⑥：2、T2118⑥：3）
7、8. 鬶足（T2118⑥：2、T1915⑥：1）　9. 侧装鼎足（T2621⑥：3）

卷沿罐　27件。口沿。依据沿面的宽窄，可分三型。

A型　8件。沿面较宽。侈口。依据颈部不同，可分二式。

Ⅰ式　5件。束颈。G9：5，红褐陶。方唇。唇缘及颈下饰弦纹。口径24、残高5.2厘米（图一六，5）。

Ⅱ式　3件。短颈。T3318⑦：2，黑灰陶。圆唇。素面。口径16、残高4.4厘米（图一六，6）。

B型　15件。沿面较窄。依据颈部不同，可分二式。

Ⅰ式　8件。束颈。圆唇，侈口。颈下饰划纹。H21：4，红褐陶。饰横行划纹。口径26、残高6.8厘米（图一六，7）。H21：5，黑褐陶。饰斜划纹。口径24、残高6.4厘米（图一六，8）。

Ⅱ式　7件。短颈。微鼓肩。T3418⑦：3，红陶。圆唇，侈口。肩下饰直划纹。口径20、残高7.2厘米（图一六，9）。T3519⑦：2，外黄内红色陶。灰胎。尖唇，盘口。唇缘饰两周弦纹，肩下饰斜划纹。口径25、残高6.5厘米（图一六，10）。

C型　4件。窄沿。圆唇，侈口。素面。T2112⑧：1，黑、褐色相间。口径16、残高5厘米（图一六，11）。T3319⑦：3，褐陶，灰胎。口径22、残高8.5厘米（图一六，12）。

直口罐　9件。口沿。T2824⑥：2，红、黑褐色相间。方唇。口下饰浅篮纹。口径20、残高10厘米（图一六，13）。

罐底　7件。平底或凹底。素面。T2112⑧：2，红皮灰褐陶。底径5.2、残高1.4厘米（图一六，14）。T3419⑦：2，红皮灰褐陶。底径6.5、残高2.8厘米（图一六，15）。T2016⑥：5，黑皮红褐陶。底微凹。底径14、残高5厘米（图一六，16）。

罐耳　3件。T2621⑥：2，灰陶。桥形，长方扁宽体。宽2.2、残高6.5厘米（图一六，19）。

器底　3件。平底。T3418⑦：6，红陶。饰方形戳纹。口径21、残高6.8厘米（图一六，17）。

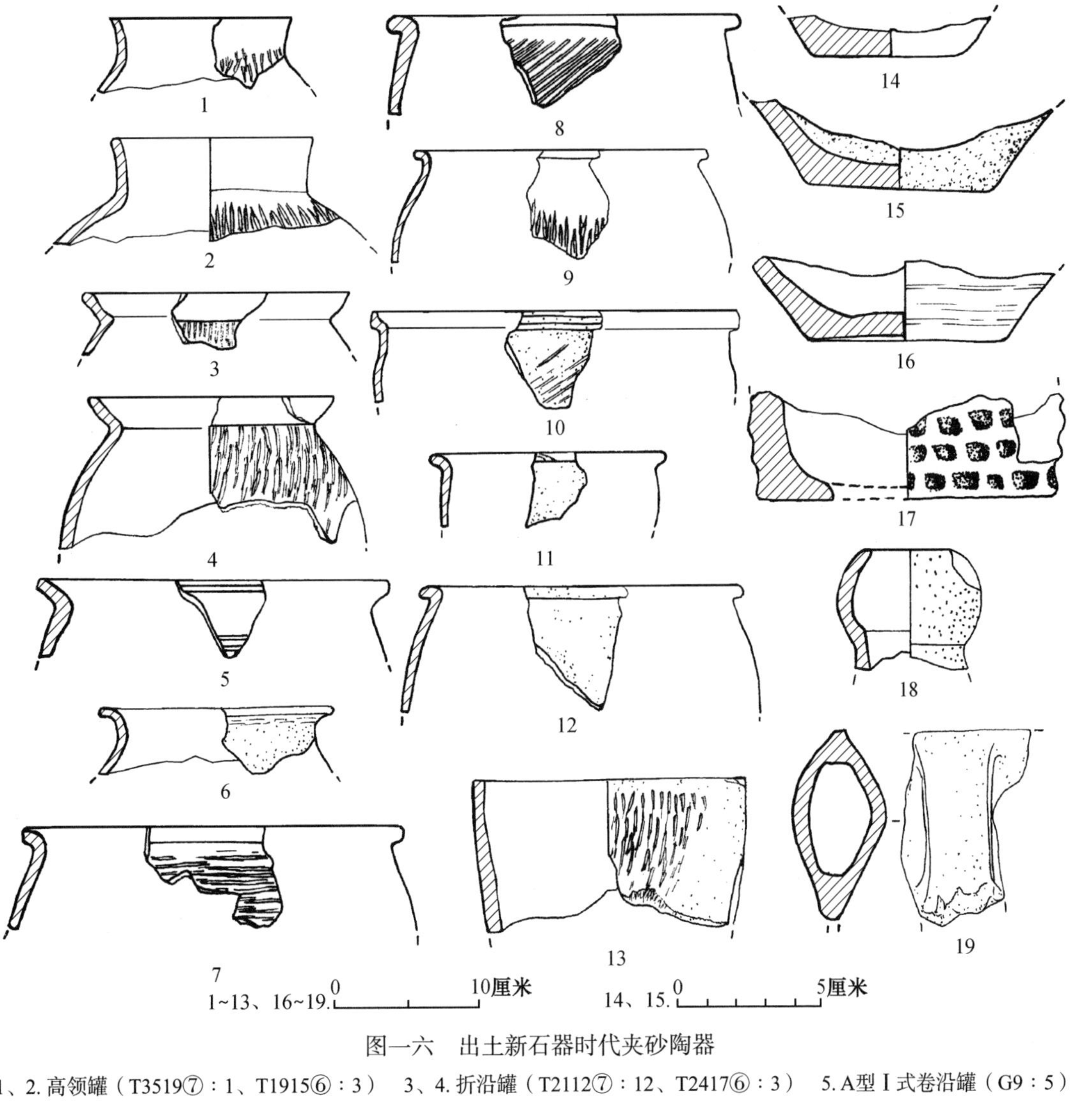

图一六　出土新石器时代夹砂陶器

1、2. 高领罐（T3519⑦：1、T1915⑥：3）　3、4. 折沿罐（T2112⑦：12、T2417⑥：3）　5. A型Ⅰ式卷沿罐（G9：5）　6. A型Ⅱ式卷沿罐（T3318⑦：2）　7、8. B型Ⅰ式卷沿罐（H21：4、H21：5）　9、10. B型Ⅱ式卷沿罐（T3418⑦：3、T3519⑦：2）　11、12. C型卷沿罐（T2112⑧：1、T3319⑦：3）　13. 直口罐（2824⑥：2）　14～16. 罐底（T2112⑧：2、T3419⑦：2、T2016⑥：5）　17. 器底（T3418⑦：6）　18. 瓶（3418⑦：4）　19. 罐耳（T2621⑥：2）

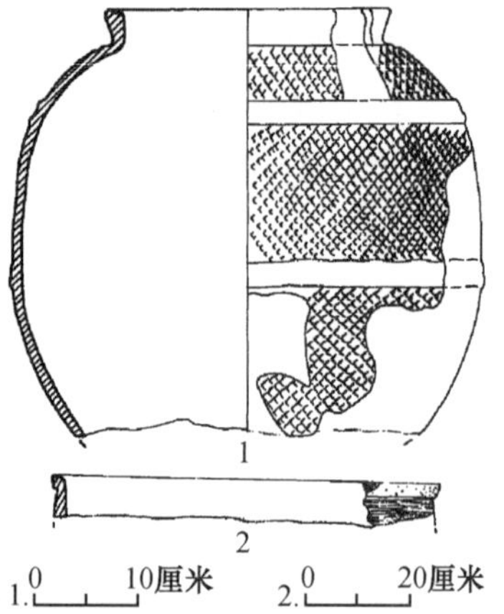

图一七　出土新石器时代夹砂陶器
1. 瓮（T2417⑥：2）　2. 缸（T3419⑦：6）

瓶　1件（T3418⑦：4）。红皮灰褐陶。葫芦形，圆唇，敛口。素面。口径6、残高8厘米（图一六，18）。

鬶足　3件。圆锥形袋足，实足尖。素面。T2118⑥：2，红陶。残高9.2厘米（图一五，7）。T1915⑥：1，红、灰褐色相间。残高10.5厘米（图一五，8）。

甑底　6件。T1915⑥：4，灰陶。圜底有三个圆形残箅孔，箅孔系自内向外穿。残长11.5、残宽8厘米。

瓮　11件。T2417⑥：2，黑皮红褐陶。方唇，直口，圆鼓腹。颈以下饰方格纹，肩、腹各饰一周附加堆纹。口径26.4、腹径44、残高39.6厘米（图一七，1；图版二〇，6）。

缸　8件。已残。T3419⑦：6，红褐陶，厚胎。方唇，卷平沿，直口。口下饰横行粗篮纹。口径72、残高8厘米（图一七，2）。

2. 石器

21件。有斧、锛、凿、杵、砺石、镞。

斧　12件。3件残。依器体大小，可分三型。

A型　5件。3件残。厚体，梯形，弧顶，斜边，弧刃，正锋。T2112⑦：2，两面及两侧有破碴，磨光。刃残宽8.3、中厚2.3、残高11厘米（图一八，1）。T2112⑦：3，正面为原石面，背面及两侧打制出顶、刃、边。顶宽6、刃长9、中厚2.4、中高12.4厘米（图一八，2）。T2015⑥：1，厚体，顶缘及两边缘有破碴，刃部有崩疤。磨光。顶宽5、刃长6、中厚3.6、中高10.2厘米（图一八，3）。

B型　3件。薄体。梯形，弧顶。斜边，平刃，正锋。磨光。T3926⑥：2，顶面及侧缘有破碴，刃部有崩疤。顶宽6.3、刃长7.5、中厚1.8、中高7.7厘米（图一八，4）。

C型　4件。体小而薄，平顶，正锋。T1816⑥：1，梯形，刃微斜。打、磨兼施。顶宽2.8、刃长4.1、中厚1.7、中高6.8厘米（图一八，5）。T3521⑥：1，长方形，直边，平刃。磨光。宽3.3、中厚1.5、中高6.1厘米（图一八，6）。

凿　4件。2件残。依器体大小，可分二型。

A型　2件。器体较大，顶端均残。依据器形，可分二式。

Ⅰ式　1件（T3723⑥：1）。宽体窄刃。长条形，扁方体，微弧刃，偏锋。磨光，刃的一角有崩疤。残长12.8、顶宽3.2、刃残长0.6、中厚1.65厘米（图一八，7；图版二一，1）。

Ⅱ式　1件（T2016⑥：3）。圭形锥刃。微弧边，横截面呈圆角方形，尖锥刃。打、磨兼施，正面和两侧磨光，唯底面打制而未磨光；刃是从两侧面磨、两平面打制而成。残长9.3、底中宽3.4、中厚2.4厘米（图一八，8）。

B型　2件。长方形，平顶，直边，偏锋。磨光。T3926⑥：1，薄体，微弧刃，刃部有崩疤。长4.8、宽2.2、厚0.5厘米（图一八，12）。T2824⑥：1，体较厚。平刃，刃一角有崩疤。

长5.1、宽2、厚1厘米（图一八，13；图版二一，2）。

锛　1件（T3522⑥：1）。梯形体。小而薄，弧顶，平刃，偏锋。顶面打制，余皆磨制，两侧有破碴，刃部有崩疤。顶宽2.5、刃长3、中厚0.7、中高6.5厘米（图一八，9）。

杵　1件（T2016⑥：1）。利用天然的柱形石条磨制，保留部分原砾石面。圆柱形，较短，横截面近椭圆形，两端面磨平并有使用痕迹。长9.4、宽4.4～5.7厘米（图一八，10；图版二一，3）。

镞　1件（T3524⑥：1）。平面呈棱形，中段横截面椭圆形、两端圆形。磨光。残长7.8、中宽0.8～1.3厘米（图一八，11）。

砺石　2件。T3223⑥：1，红色砂岩。两端残，横截面呈长方形，一面较平。另一面经磨

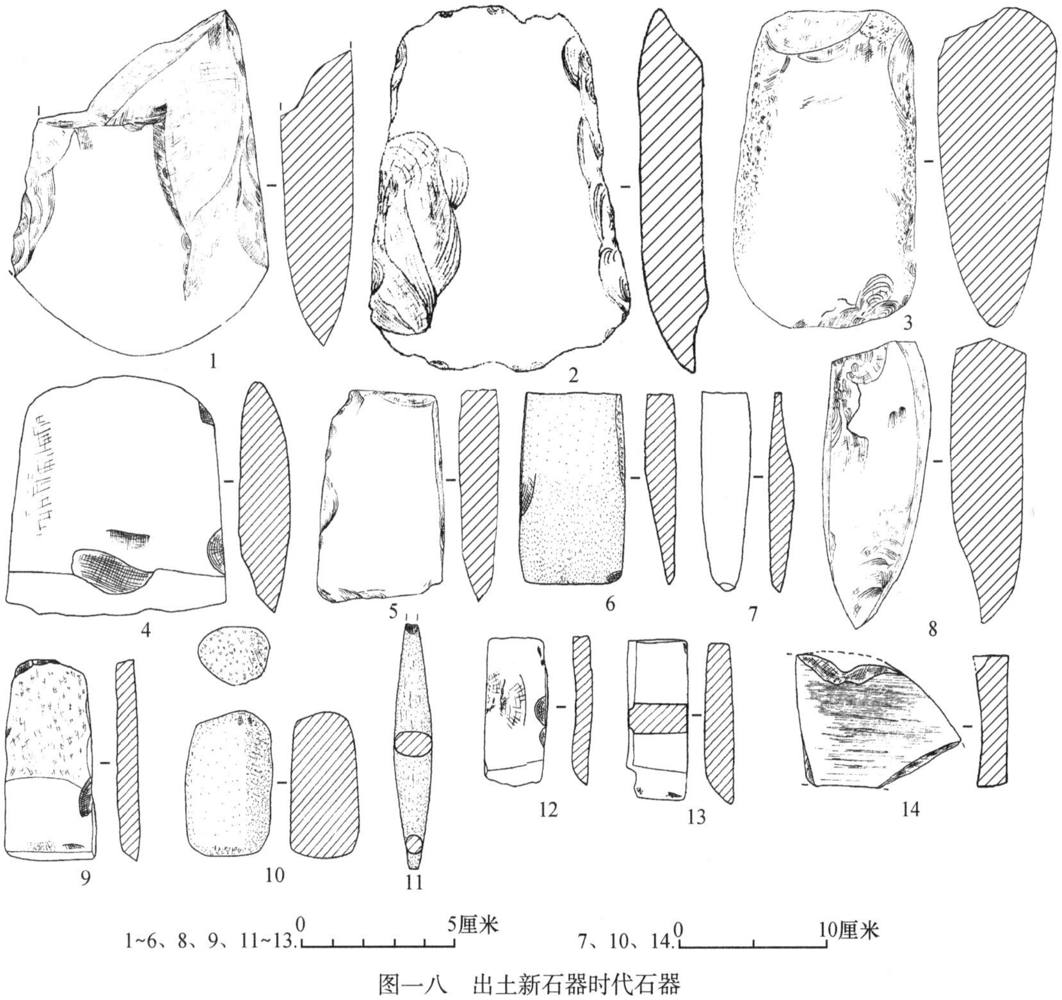

图一八　出土新石器时代石器

1～3. A型斧（T2112⑦：2、T2112⑦：3、T2015⑥：1）　4. B型斧（T3926⑥：2）　5、6. C型斧（T1816⑥：1、T3521⑥：1）　7. A型Ⅰ式凿（T3723⑥：1）　8. A型Ⅱ式凿（T2016⑥：3）　9. 锛（T3522⑥：1）　10. 杵（T2016⑥：1）　11. 镞（T3524⑥：1）　12、13. B型凿（T3926⑥：1、T2824⑥：1）　14. 砺石（T3223⑥：1）

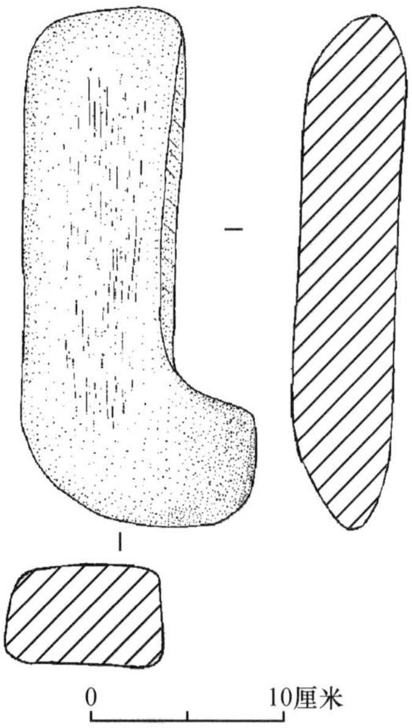

图一九　出土新石器时代砺石
（T2016⑥：2）

砺而微凹。磨光。残长11、宽8.6、中厚2.4厘米（图一八，14）。

T2016⑥：2，天然砂岩磨制，其中一面及两侧保留原石面，另一面有磨蚀的微凹痕。曲尺形，横截面呈圆角长方形。长27、宽8、厚5.4厘米（图一九；图版二一，4）。

三、东周文化遗存

（一）遗迹

84处。有灰坑78个、灰沟6条，在三次的发掘区均有分布，发掘时未全部揭露（图七、图八、图二〇）。

遗迹开口于第5层下的有72处，第4层下的有6处，第3层下的有5处，还有1处开口于H53下。灰坑平面多呈椭圆形和不规则形，个别的近圆形，灰沟平面呈弯曲的长方形。灰坑、灰沟多为弧壁，圜底，壁、底面上未见人为加工痕迹或不明显，坑、沟的底往往有流水冲刷而成的痕迹，遗迹多是自然形成的。遗迹内堆积大多是质地较松软的灰褐色土，并夹有灰烬、炭屑等，也有的是或硬或软的黄褐色土。出土遗物以东周的陶鬲、罐、豆、盂、盆、瓮、纺轮为主，另有一些石器和个别的残铜镞、带钩等，还伴出许多新石器时代的陶、石器等。以H41、H61、H54、H32为例分述。

H41　位于T3624的中部偏北处。坑口压在第5层下，距地表深0.75米，打破第6层、生土。坑口平面呈不规则形，弧壁，圜底，壁、底不平，坑内堆积分为二层。

第1层：灰褐色土，厚0.4～0.42厘米。土质较软，夹少量烧土粒、炭屑等，出土东周陶片，可辨器形有鬲、盂、豆、罐等，另有少量新石器时代的陶片、石器等。

第2层：黑灰色土，距坑口深0.4～0.42、厚0.22～0.24厘米。土质软，夹有大量灰烬、烧土粒等，出大量东周陶片，可辨器形主要有鬲、盂、豆、罐、盆、鼎足、纺轮等，另有新石器时代的陶圈足、缸残片等。坑口南北长2.7、东西宽2.32、坑深0.65米（图二一；图版一九，1）。

H61　位于T3419的西南角。坑口压在第5层下，距地表深0.78米，打破第7层和生土。坑口平面呈不规则形，弧壁，圜底，壁、底不平。坑内堆积为黑灰色土，土质较黏、稍软，夹有少量的炭屑，出土大量东周陶片，可辨器形主要有陶鬲、盂、豆、罐、鼎足，另有新石器时代的陶杯、纺轮、鋬耳、缸残片等。坑口东西长5.38、南北宽5.06、坑深0.76米（图二二；图版一九，2）。

H54　位于T3523的西北角。坑口压在第5层下，距地表深0.8米，打破第6层、生土。坑口平面椭圆形，弧壁，圜底，壁、底不平，无人工加工痕迹。坑内堆积为灰黑、灰褐、黄斑土混合的杂色土，土质较软，夹有少量灰烬，出较多的东周陶片，可辨器形主要有陶鬲、盂、豆、罐等。另有新石器时代的陶片、石器等。坑口南北长2.3、东西宽1.47、坑深0.33米（图

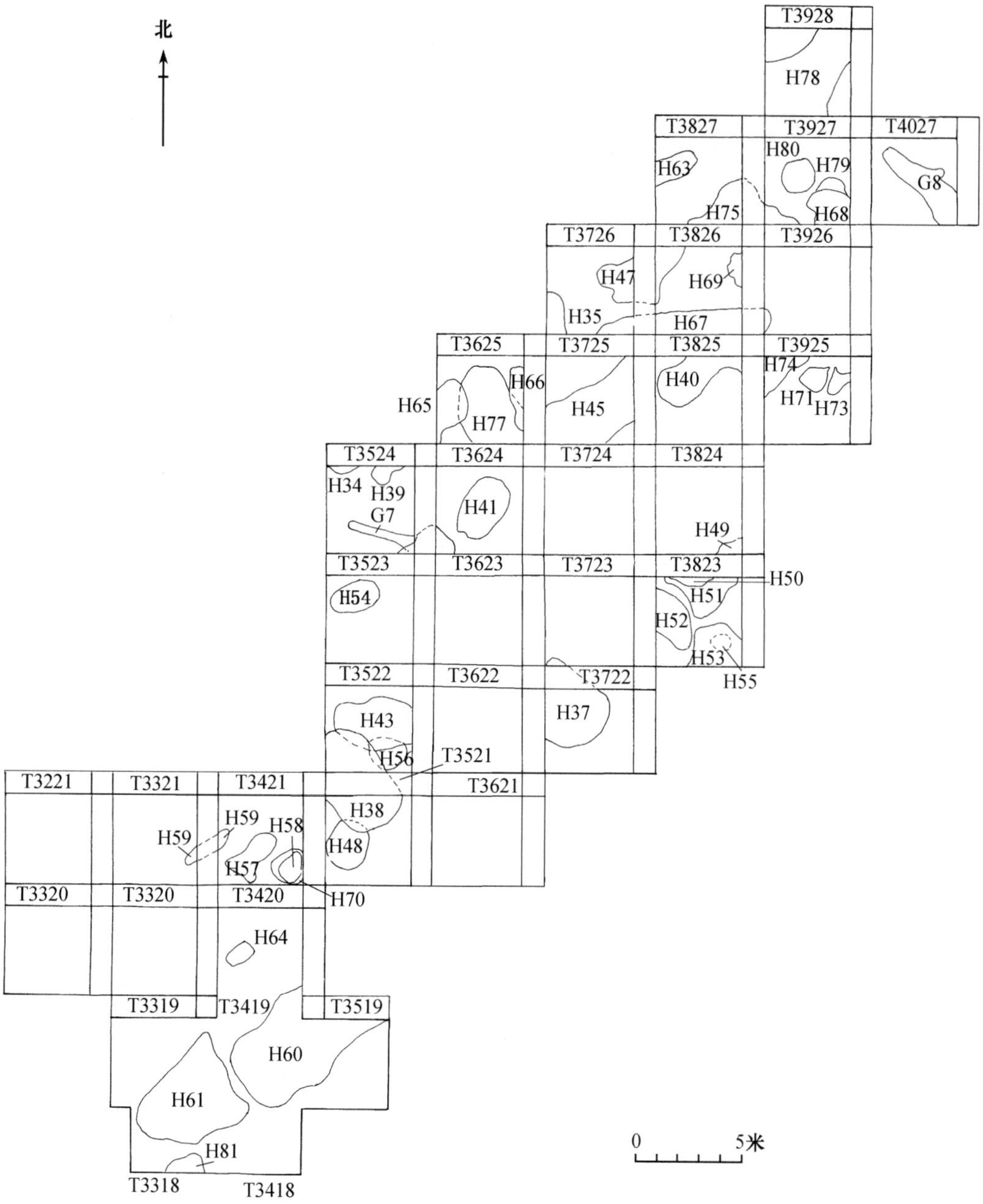

图二〇　庹家湾遗址第二次发掘遗迹分布图

二三）。

H32　位于T3127中部。坑口压在第5层下，距地表深1.7米，打破生土。坑口平面近圆形，弧壁，圜底，坑底凸凹不平，布满因水冲刷而成的水旋洞（沟）。坑内堆积灰褐色土，土质较硬，含少量红烧土粒和炭屑，出少量东周陶片，可辨器形有陶鬲、豆、罐等。另有少量新石器时代的陶片、石器等。坑口南北长1.5、东西宽1.28、坑深0.3米（图二四）。

（二）遗物

1433件。有陶器、石器、铜器、铁器等。

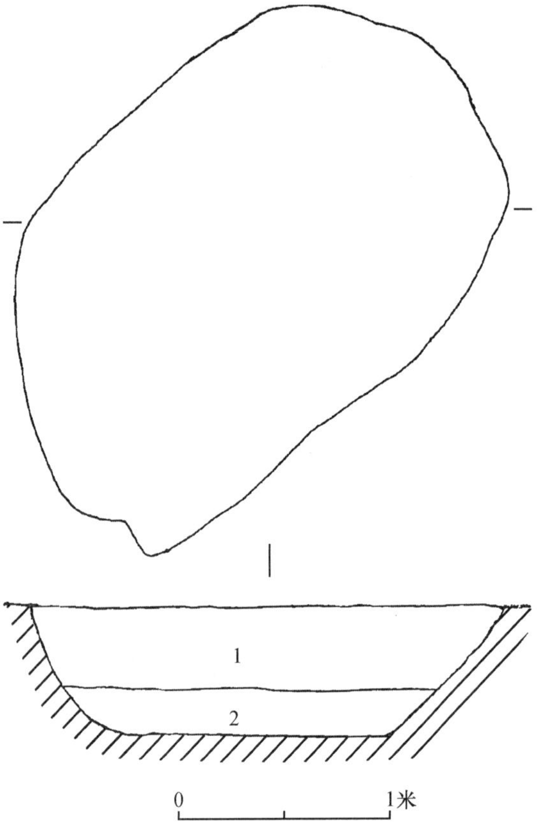

图二一　H41平、剖面图
1. 灰褐色土　2. 黑灰色土

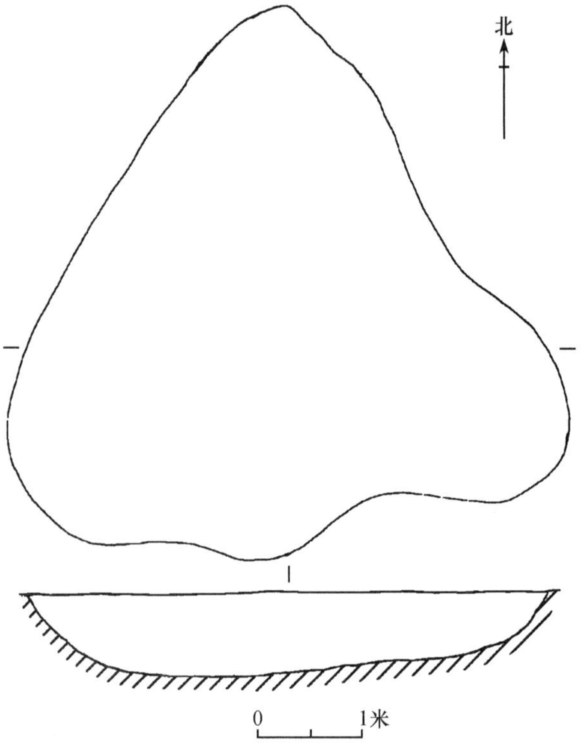

图二二　H61平、剖面图

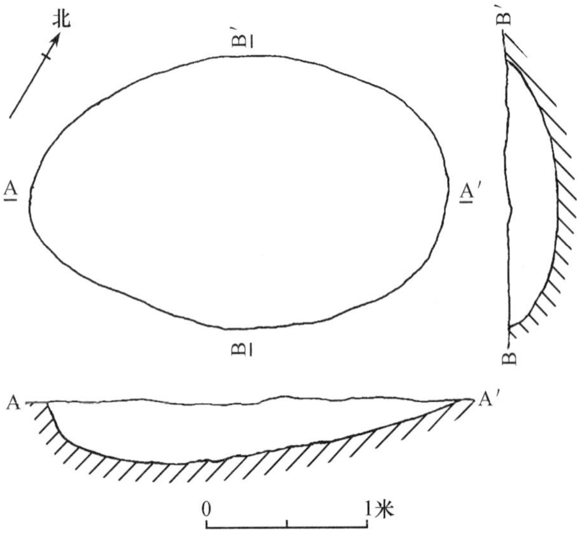

图二三　H54平、剖面图

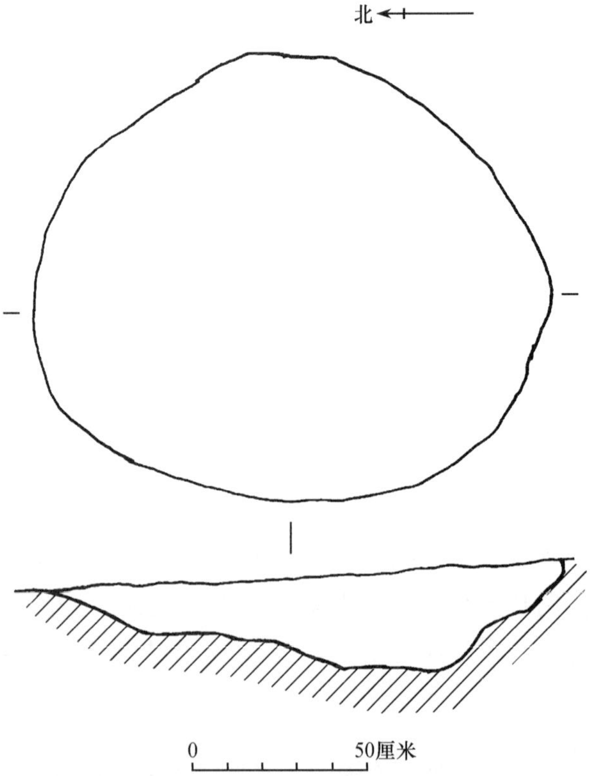

图二四　H32平、剖面图

1. 陶器

1420件。泥质陶稍多，夹砂陶较少。泥质陶以灰陶为主，少量黑皮陶、黑陶、红陶、黄陶。夹砂陶以红褐陶居多，灰陶次之，黑皮陶（黑皮红褐胎、灰胎）、褐陶、红陶较少。多为轮制．也有轮、手制并用，火候一般较高。绳纹和素面为主，还有弦纹、附加堆纹、方格纹、戳印纹、云纹等。有的器类（如陶豆）还有刻划符号（图二五、图二六）。器类分为生活用具和生产工具。

生活用具　1395件。有鼎足、罐、小罐、罐底、鬲、鬲足、盆、盂、缸、瓮、小瓶、豆、盖豆、簋盖、器盖、盖钮、器耳。

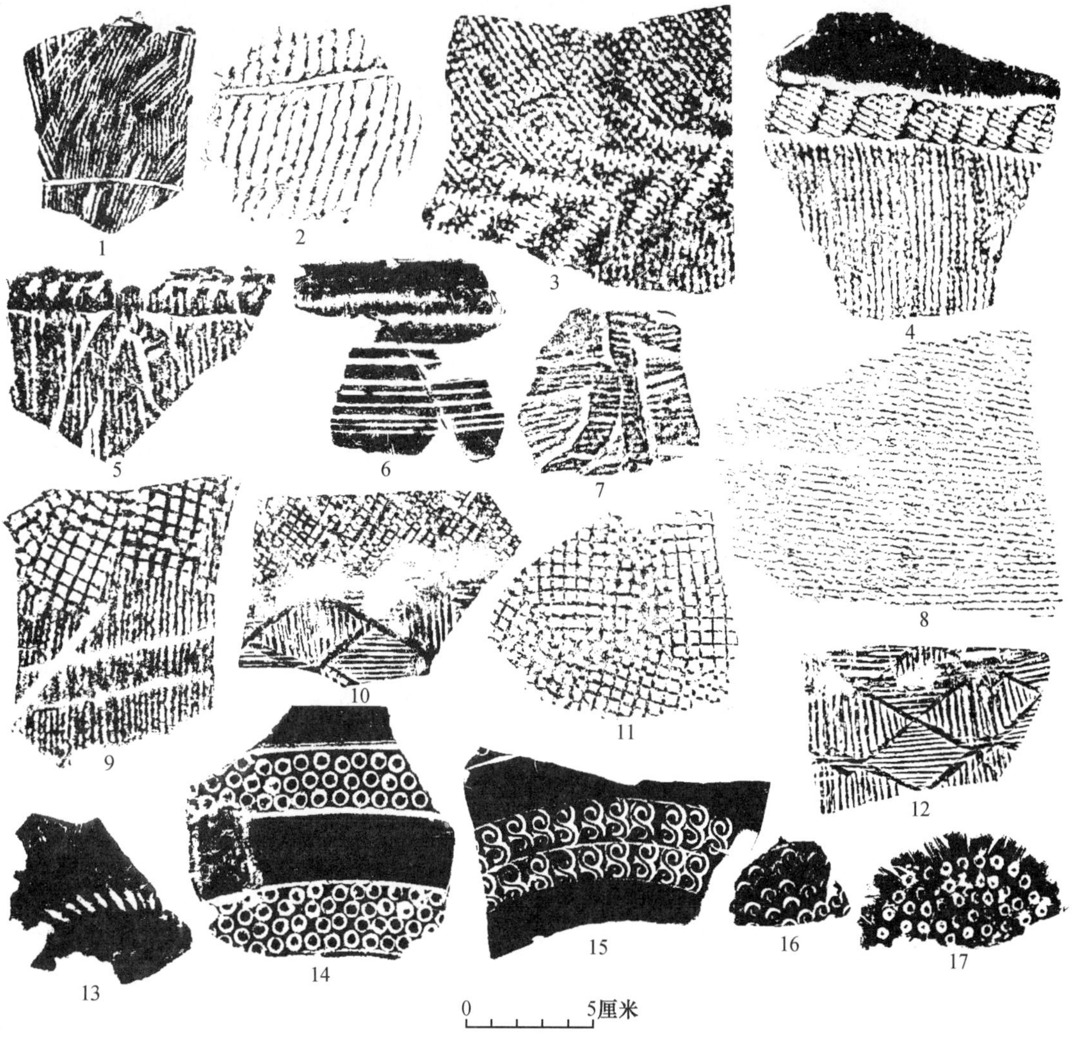

图二五　陶器纹饰拓本

1. 细绳纹（T3022⑤：3）　2. 粗绳纹（H23：1）　3、8. 中绳纹（T3524③：4、H12：6）　4～6. 绳纹和附加堆纹（H37：4、H39：1、T3726⑤：11）　7. 弦纹（T3726⑤：10）　9. 方格纹和绳纹（H35：3）　10、11. 方格纹和篮纹（H61：17、H30：32）　12. 大方格纹和篮纹（H30：33）　13、14、16、17. 戳印纹（H12：8、H60：21、T3521⑤：1、T3022⑤：1）　15. 云纹（H30：31）

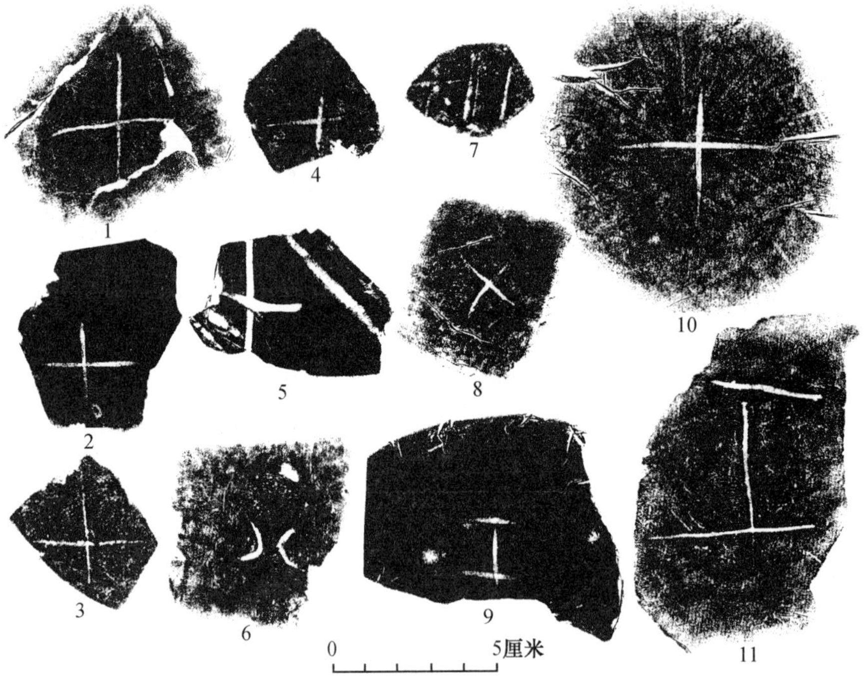

图二六　陶器刻划符号拓本

1～5. “十”字（H30：3、T3127⑤：5、T3224⑤：3、H30：38、H60：5）　6、7. “八”字（H30：37、T3221⑤：1）　8. “X”字（T3726⑤：3）　9、11. “工”字（H411：4、H30：39）　10. “十”字（H15：1）

鼎足　68件。夹砂陶。蹄形。素面。H12：1，黑皮红褐陶。矮足外撇。高9.2厘米（图二七，1）。H40：2，红褐陶。足高较粗外撇。高12.6厘米（图二七，2）。H30：7，红褐陶。高足较粗微外撇。高13.5厘米（图二七，4）。

鬲足　182件。多为夹砂红渴陶，个别为夹砂灰褐陶。柱状，平跟，饰绳纹多至足跟，也有部分的足跟经修削而形成素面。T3725⑤：12，高足较细。底径2、残高13.4厘米（图二七，5）。H45：2，矮体，大粗足。绳纹饰至底。底径1、残高10.5厘米（图二七，3）。H41②：4，矮足较细，足根经修削。底径1.8、残高7.6厘米（图二七，6）。

鬲　77件。口沿75件，复原2件。夹砂陶。侈口，鼓腹。肩部有一周凸棱，口以下饰直绳纹和弦纹，颈部绳纹有被抹过痕迹，个别颈下饰一周附加堆纹。依据器形不同，可分二型。

A型　49件。大口，方唇。卷沿，口、腹径约相等。依颈部不同，可分二式。

Ⅰ式　40件。颈较短。H61：2，红褐陶。弧裆，柱足稍高。绳纹饰至足底。口径32.6、腹径32.3、高30.6厘米（图二八，1；图版二二，1）。H40：3，灰褐陶。口径29.2、腹径29.6、残高20.8厘米（图二八，2；图版二二，2）。T2824⑤：2，红褐陶。口沿残片，体形大。颈下饰一周附加堆纹。口径45.6、残高10.8厘米（图二八，3）。

Ⅱ式　9件。短颈，盘口。H92：2，红褐陶。沿面有二周凹弦纹。口径36.8、残高7.6厘米（图二八，4）。

B型　28件。小口，方唇，口小于肩。依颈部不同，可分二式。

Ⅰ式　18件。束颈，折沿。H12：7，灰褐陶。弧裆，柱足较高外撇。绳纹饰至足底。口径

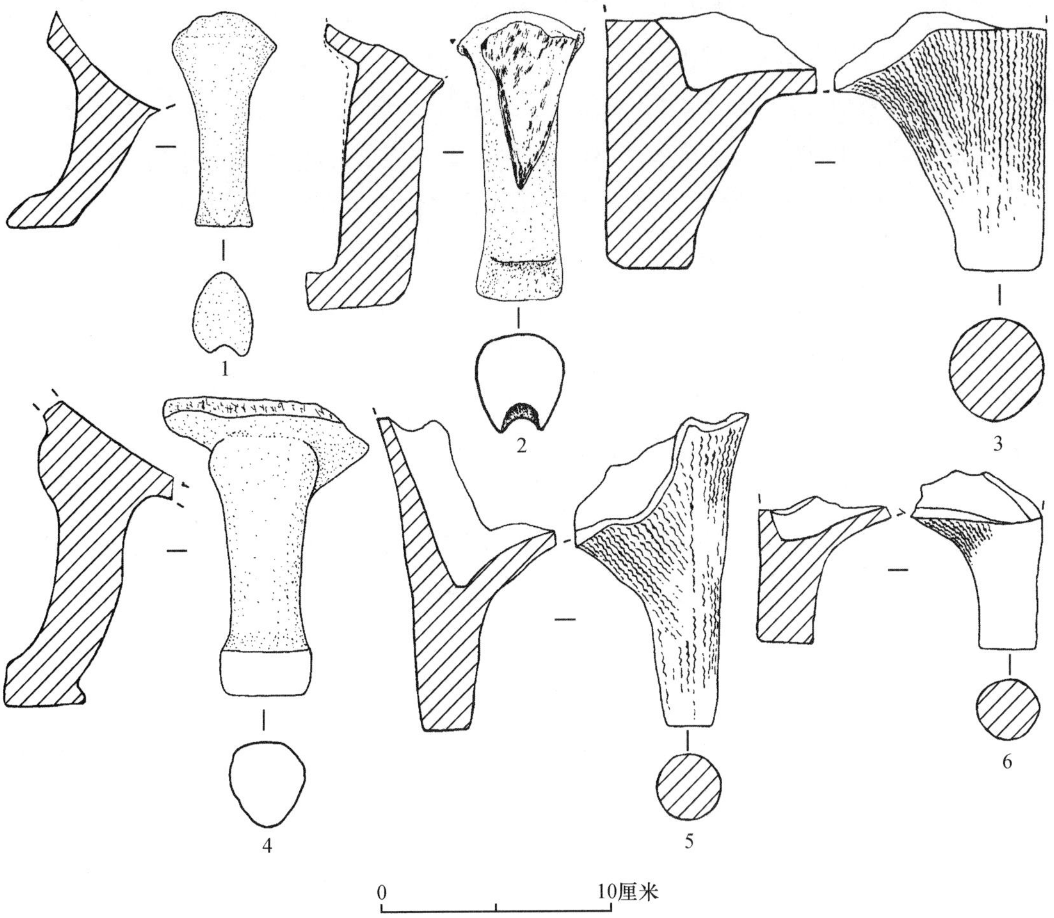

图二七　出土东周陶器

1、2、4. 鼎足（H12：1、H40：2、H30：7）　3、5、6. 鬲足（H45：2、T3725⑤：12、H41②：4）

26.8、腹径28.8、高32厘米（图二八，5；图版二二，3）。

Ⅱ式　10件。短颈，平折沿。T3726⑤：6，黑皮红褐陶。沿面有二周凹弦纹，颈部绳纹抹光。口径33.6、腹径35.2、残高16.4厘米（图二八，6）。

罐　274件。口沿275件，复原1件。侈口，鼓腹。口以下饰直绳纹和弦纹，颈部绳纹有被抹过痕迹。依颈部特征，可分二型。

A型　176件。束颈。依其口沿不同，可分二式。

Ⅰ式　112件。平折沿。H41②：7，泥质黑皮红褐陶。方唇。唇面饰一周凹弦纹。口径19.2、残高7.2厘米（图二八，15）。

Ⅱ式　66件。卷沿。T2925⑤：5，泥质黑陶。方唇。口径20、残高11.2厘米（图二八，13）。

B型　98件。复原1件。短颈。依口沿不同，可分三式。

Ⅰ式　34件。平折沿。H41②：5，泥质黑陶。方唇。颈部绳纹较清晰。口径17.6、残高6.8厘米（图二九，12）。

Ⅱ式　37件。卷沿或平折沿。盘口。颈、肩间有一周凸棱。H12：2，泥质浅灰陶。圆唇，平折沿，盘口。口径18、残高16.4厘米（图二八，16）。H24：1，泥质深灰陶。方唇，卷沿。口径16、残高8厘米（图二八，17）。

Ⅲ式　27件。卷沿。T3725⑤：5，泥质灰陶。方唇，圜底内凹。唇面有一周凹弦纹。口径18.4、腹径29.6、高30.6厘米（图二八，18；图版二二，4）。

小罐　38件。口沿、腹片35件，复原3件。依据器形不同，可分二型。

A型　26件。侈口，束颈。依其口沿和腹部不同，可分二式。

Ⅰ式　16件。平折沿，鼓腹。H74：1，泥质陶，红褐、灰黑色相间。圆唇，平底。素面。口径11.2、腹径18、高16.4厘米（图二九，1；图版二二，5）。

Ⅱ式　10件。卷沿，鼓肩。T3421⑤：2，夹砂红褐陶。圆唇，肩部起凸棱，圜底内凹。肩、腹部饰圆圈纹和弦纹，腹以下饰斜绳纹。口径11.6、肩径19.2、高16.4厘米（图二九，2）。

B型　12件。H52：6，泥质黑皮红褐陶。圆唇。直口，鼓腹。素面。口径7.4、残高4厘米（图二九，3）。T2117⑤：8，泥质灰陶。窄肩，深腹，平底。口径8、肩径10.8、高15.2厘米（图二九，4；图版二二，6）。

罐底　28件。H50：1，泥质黑皮黄褐陶。圜底内凹。素面。底径6.8、残高7厘米（图二九，5）。H41②：3，泥质灰陶。圜底内凹。腹、底饰交错绳纹。底径10.4、残高8厘米（图二九，6）。T3124⑤：4，泥质灰黄陶。假圈足，平底。腹下饰叶脉纹。底径6.6、残高3.8厘米（图二九，7）。

盆　178件。口沿176件，复原2件。侈口，深斜弧腹。肩部有一周凸棱。依口沿的不同，可分二型。

A型　92件。卷沿。依颈部的不同，可分二式。

Ⅰ式　58件。束颈，鼓肩。H37：2，泥质灰陶。圆方唇，圜底内凹。口径27、底径8、高18.4厘米（图二八，7；图版二三，1）。H40：4，泥质灰黄陶。口径28.8、残高21.4厘米（图二八，8）。

Ⅱ式　34件。短颈，鼓腹。H54：1，泥质灰陶。方唇。口径30、残高15.6厘米（图二八，10）。

B型　86件。平卷沿，方唇。依口、颈的不同，可分三式。

Ⅰ式　36件。鼓肩，口大于肩。腹以下饰横绳纹。H30：10，夹砂红褐陶。唇面饰一周凹弦纹。口径34.8、肩径33.5、残高13.6厘米（图二八，11）。

Ⅱ式　30件。鼓腹，口、腹径约相等。肩以下饰切绳纹。H13：4，泥质黑皮红褐陶。卷沿，沿面内凹。复原口径28.6、腹径28、残高11厘米（图二八，9）。H85：4，夹砂灰黄陶。平卷沿。口径40.4、腹径39.4、残高9.2厘米（图二八，12）。

Ⅲ式　20件。短颈，鼓腹，口小于腹。肩、颈饰凹弦纹，腹以下饰绳纹。T3325⑤：1，泥质红褐陶。圜底内凹。口径33.6、腹径36、高21.8厘米（图二八，14；图版二三，2）。

盂　194件。口沿192件，复原2件。器形与盆相近，但形体比盆小。侈口。鼓腹。依器形的不同，可分二型。

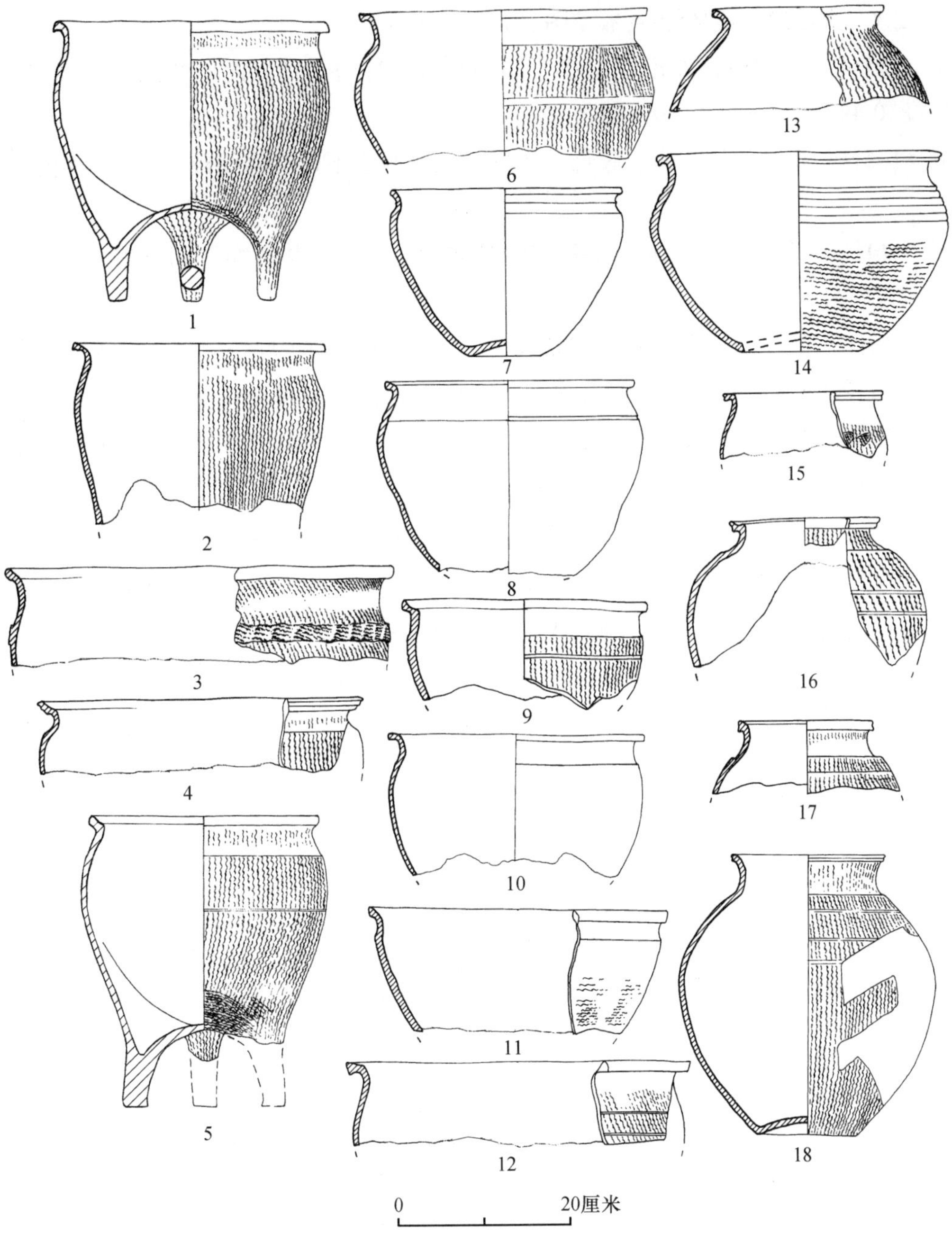

图二八 出土东周陶器

1～3. A型Ⅰ式鬲（H61：2、H40：3、T2824⑤：2） 4. A型Ⅱ式鬲（H92：2） 5. B型Ⅰ式鬲（H12：7） 6. B型Ⅱ式鬲（T3726⑤：6） 7、8. A型Ⅰ式盆（H37：2、H40：4） 9、12. B型Ⅱ式盆（H13：4、H85：4） 10. A型Ⅱ式盆（H54：1） 11. B型Ⅰ式盆（H30：10） 13. A型Ⅱ式罐（T2925⑤：5） 14. B型Ⅲ式盆（T3325⑤：1） 15. A型Ⅰ式罐（H41②：7） 16、17. B型Ⅱ式罐（H12：2、H24：1） 18. B型Ⅲ式罐（T3725⑤：5）

A型 89件。短颈。颈下有一周凸棱，肩腹饰二周凹弦纹。依口、腹的变化，可分三式。

Ⅰ式 32件。方唇，平折沿，口大于腹，浅腹。H61：19，泥质灰黄陶。口径21、腹径19.6、残高6.5厘米（图二九，8）。

Ⅱ式 42件。方唇，平折沿，口与腹径约相等，腹较Ⅰ式的深。H41②：6，泥质黑皮灰陶。口径22.8、腹径23、残高5.6厘米（图二九，10）。

Ⅲ式　15件。尖圆唇，卷沿，口小于腹，深腹。H30：35，泥质灰陶。口径13.2、腹径14.8、残高10.4厘米（图二九，9；图版二三，3）。

B型　105件。口小于腹。肩、腹饰三周凹弦纹，腹以下饰交错绳纹。依口、腹的变化，可分三式。

Ⅰ式　44件。平折沿，短颈，深腹。T3726⑤：5，泥质灰黄陶。圆方唇。口径22、腹径23.2、残高12厘米（图二九，11）。

Ⅱ式　46件。卷沿，束颈，深腹。H3421⑤：3，夹砂灰黄陶。方唇，圜底内凹。唇面饰一周凹弦纹。口径20.8、腹径21.2、底径9.8、高17.6厘米（图二九，13；图版二三，4）。

Ⅲ式　15件。卷沿，短颈，微浅腹。T2117⑤：7，夹砂灰陶。方唇，圜底微内凹。唇面有一周凹弦纹。口径21.6、腹径23.6、底径12.4、高15.6厘米（图二九，14；图版二三，5）。

小瓶　2件。圆唇，侈口，鼓腹，平底。手制。素面。T3327⑤：1，泥质灰褐陶。较小。口径3.2、腹径.8、高4.8厘米（图二九，15；图版二三，6右）。T3427⑤：4，泥质黑陶，灰黄胎。稍大。口径4、腹径6、高7.1厘米（图二九，16；图版二三，6左）。

甗　14件。夹砂红褐陶。束腰，鼓腹。腰部饰直细绳纹。H27：1，腰径9.6、腹径18.4、残高19厘米（图二九，17）。T3726⑤：7，外表绳纹经抹过，内壁残存泥条上下黏接痕迹。腰径12、残高7厘米（图二九，18）。

瓮　12件。口沿11件，复原1件。敛口。依据器形的不同，可分二型。

A型　1件（G4：2）。夹砂红褐陶。体较大，束颈，溜肩，深腹，圜底。饰直切绳纹。残口径17.6、肩径32、残高50厘米（图三〇，1；图版二四，1）。

B型　11件。束颈。方唇，折平沿面较宽，鼓腹。T3420⑤：1，夹砂黄灰陶。颈部饰三周凹弦纹。口径36、残高6.8厘米（图三〇，2）。T2112⑤：2，泥质黄灰陶。颈以下饰方格纹。口径22、残高7.6厘米（图三〇，3）。

缸　17件。口沿。T3419⑤：3，泥质黑陶。方唇，折平窄沿，敛口，高颈。颈下饰一周附加堆纹。口径22.4、残高6.6厘米（图三〇，4）。T3726⑤：8，泥质黄灰陶。尖圆唇，敛口。沿面饰四周凹弦纹，口下饰斜绳纹。口径42.5、残高7.6厘米（图三〇，5）。T3327⑤：5，泥质黄灰陶。尖唇，侈口，折沿，沿面内凹。颈下饰直绳纹。口径44、残高8厘米（图三〇，6）。

豆　272件。残片268件，复原4件。柄内空，喇叭形圈足。依据器形不同，可分二型。

A型　24件。圆唇，敞口，弧腹。盘内饰辐射状暗纹，中心刻“十”字。H30：3，泥质黑皮红褐陶。浅盘，直柄。盘内饰辐射状暗纹，中心刻一个“十”字。盘径14.4、圈足径8.4、高14.4厘米（图二六，1；图三一，1；图版二四，2）。H15：1，泥质灰陶。盘径13.6、残高3.6厘米（图二六，10）。

B型　248件。已复原3件。素面。依器形不同，可分三式。

Ⅰ式　68件。盘深弧腹。T3427⑤：1，夹砂黑皮灰陶。圆唇，直口。束腰凹弧形柄，小矮座，圈足缘上翘。盘径15.2、圈足径8.2、高14厘米（图三一，2；图版二四，3）。

Ⅱ式　146件。斜腹，浅盘。T3725⑤：2，泥质灰陶。圆唇，敞口，凹弧柄。盘径13.4、

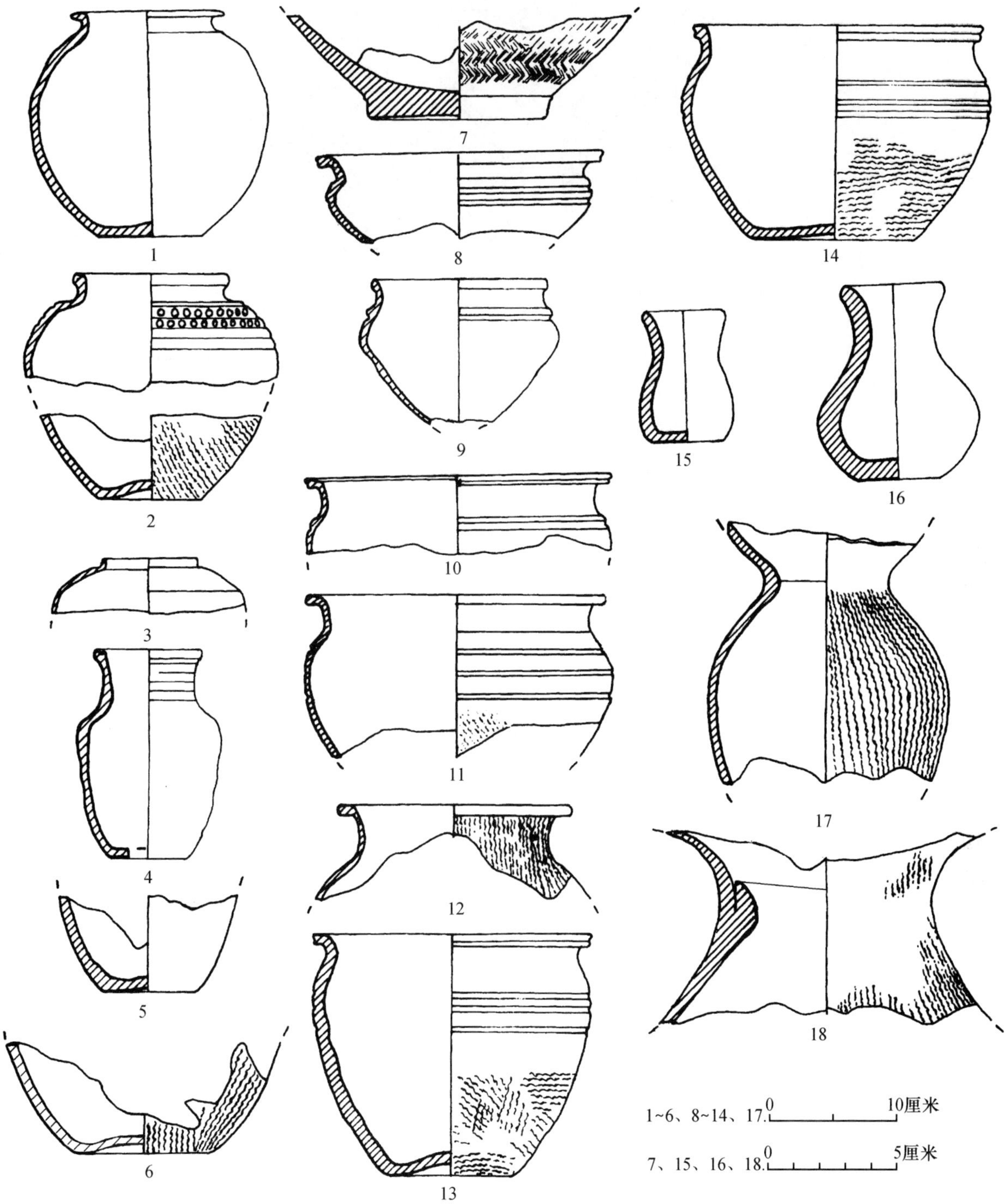

图二九　出土东周陶器

1. A型Ⅰ式小罐（H74：1）　2. A型Ⅱ式小罐（T3421⑤：2）　3、4. B型小罐（H52：6、T2117⑤：8）　5～7. 罐底（H50：1、H41②：3、T3124⑤：4）　8. A型Ⅰ式盂（H61：19）　9. A型Ⅲ式盂（H30：35）　10. A型Ⅱ式盂（H41②：6）　11. B型Ⅰ式盂（T3726⑤：5）　12. B型Ⅰ式罐（H41②：5）　13. B型Ⅱ式盂（T3421⑤：3）　14. B型Ⅲ式盂（T2117⑤：7）　15、16. 小瓶（T3327⑤：1、T3427⑤：4）　17、18. 甗（H27：1、T3726⑤：7）

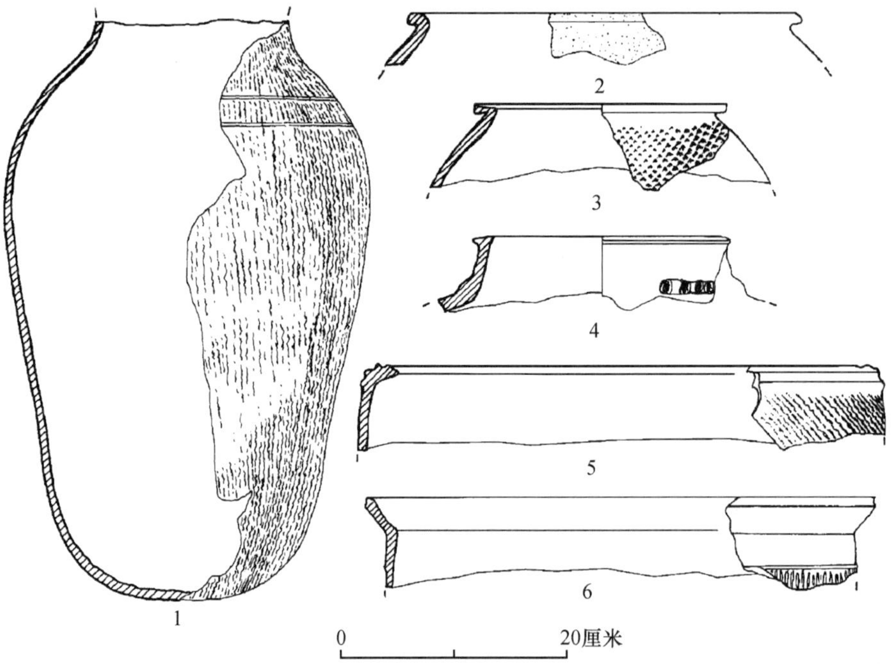

图三〇　出土东周陶器

1. A型瓮（G4：2）　2、3. B型瓮（T3420⑤：1、T2112⑤：2）　4～6. 缸口沿（T3419⑤：3、T3726⑤：8、T3327⑤：5）

圈足径7.6、高12厘米（图三一，3；图版二四，4）。

Ⅲ式　34件。盘浅折腹。T3726⑤：3，泥质黑皮红褐陶。圆唇，直口，高直柄，口平矮座。柄中段刻一个“×”字符号。盘径14.2、圈足径10、高18.6厘米（图二六，8；图三一，4；图版二四，5）。

盖豆　8件。口沿，子母口承盖。依口部不同，可分二式。

Ⅰ式　6件。子母口内折卷沿。泥质深灰陶。T3725⑤：4，方唇，深弧腹内收。腹间饰凹弦纹。口径20.5、残高10厘米（图三一，5）。H37：1，口径20、残高4厘米（图三一，6）。

Ⅱ式　2件。子母口，口下有一周平沿。T3825⑤：1，泥质黑陶。敛口，鼓腹。口下饰二周凹弦纹。口径22.4、残高8.6厘米（图三一，7）。

器盖　6件。T3023⑤：2，泥质黑皮红褐陶。折口，平顶，顶有算珠形实心钮。素面。口径11、残高3厘米（图三一，8）。T3223⑤：4，夹砂黑皮红褐陶。方唇，折口，拱顶，顶有残圈钮。顶面饰二周凹弦纹。口径22、残高5.2厘米（图三一，9）。H30：9，夹砂褐陶。盖口径26.4、残高5.8厘米（图三一，10）。T3223⑤：4和H30：9可能是鼎盖。

簋盖　13件。残片12件，复原1件。H30：4，泥质黑皮红褐陶。圆唇，敞口．拱顶设喇叭形捉手。盖面饰二周弦纹。口径16.4、高8厘米（图三一，11；图版二四，6）。

盖钮　11件。H30：15，泥质黄灰陶。云形。两侧饰云纹，另两面素面。底宽3.6、高8.3厘米（图三一，12）。T3722⑤：1，黑皮红褐陶。圈钮。素面。直径7.3、残高1.9厘米（图三一，13）。

器耳　1件（H41②：8）。夹砂红褐陶。半环形。素面。宽4.2、残高5.4厘米（图三一，14）。

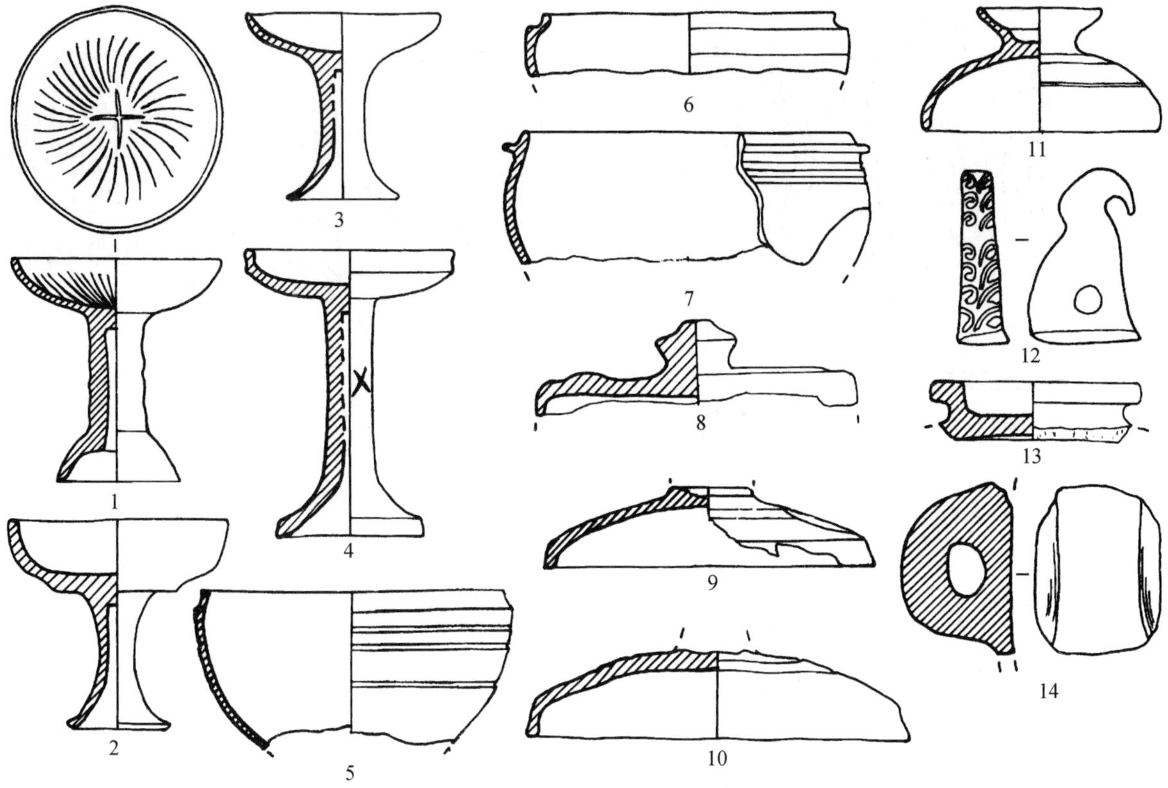

图三一 出土东周陶器

1. A型豆（H30：3） 2. B型Ⅰ式豆（T3427⑤：1） 3. B型Ⅱ式豆（T3725⑤：2） 4. B型Ⅲ式豆（T3726⑤：3 5、6. Ⅰ式盖豆（T3725⑤：4、H37：1） 7. Ⅱ式盖豆（T3825⑤：1） 8～10. 器盖（T3023⑤：2、T3223⑤：4、H30：9） 11. 簋盖（H30：4） 12、13. 盖钮（H30：15、T3722⑤：1） 14. 器耳（H41②：8）

生产工具 25件。有纺轮、拍、圆片。

纺轮 4件。泥质红褐陶，厚体，直边，横截面呈圆角方形，两面平或微弧，中心有小穿孔。T2117⑤：2，较大，侧边有两个对称的刻划字符“五”字。直径6、孔径0.4、高2.1厘米（图三二，2；图版二五，1～3）。T2117⑤：6，平底，面微弧，对穿孔。饰绳纹。直径5、孔径0.6、高1.8厘米（图三二，3）。T3726⑤：1，较小，对穿孔。直径3.9、孔径0.5、高2.1厘米（图三二，4）。

圆片 18件。器腹片改制。T2416⑤：4，泥质灰陶。较大，近椭圆形，边缘有磨痕。饰绳纹。长11、宽10.5、厚0.5厘米（图三二，1）。H61：21，泥质红褐陶。较小，边缘有磨痕。饰绳纹。长4.2、宽4.4、厚0.4～0.5厘米（图三二，5）。T2210⑤：1，夹砂褐陶。近椭圆形，边缘未磨。素面。长5.8、宽5.2、厚0.6厘米。

拍 3件。夹砂红褐陶，手制。蘑菇形，弧形拍面，圆柱形短柄，拍面上有使用痕迹。素面。H45：1，直径7.8、残高5.8厘米（图三三，1；图版二五，4）。T3726⑤：4，直径7.6、残高3.5厘米（图三三，2）。H88：1，柄根处有捏成的圆窝。直径8.6、高6.6厘米（图三三，3）。

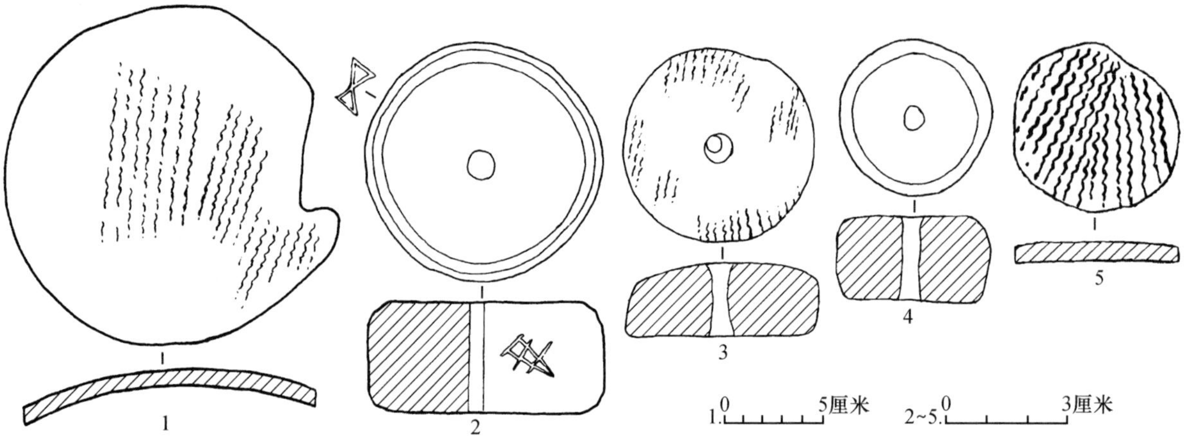

图三二　出土东周陶器

1、5. 圆片（T2416⑤：4、H61：21）　2~4. 纺轮（T2117⑤：2、T2117⑤：6、T3726⑤：1）

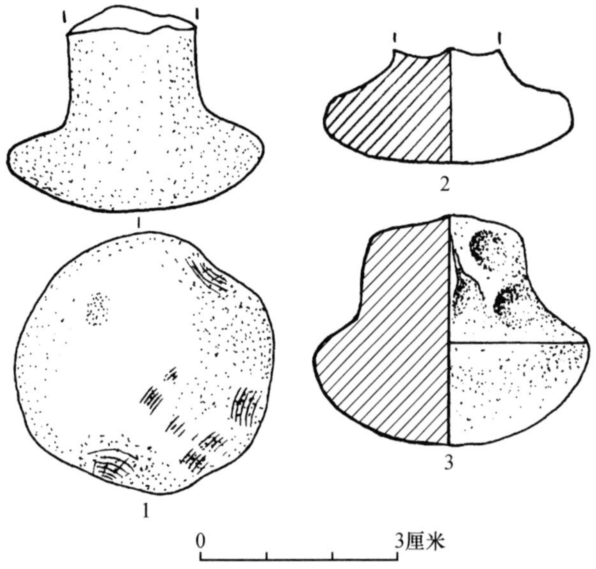

图三三　出土东周陶拍

1. H45：1　2. T3726⑤：4　3. H88：1

2. 石器

4件。有凿、网坠、砺石、残饰。

凿　1件（H30：1）。黑色砂岩质。体窄长，横截面呈梯形。斜刃，偏锋。磨光。残长12.6、底宽1.35、面宽0.85、厚1厘米（图三四，1）。

网坠　1件（T2018⑤：1）。麻色砂岩。用天然的鹅卵石琢制并磨光。平面一头小另一头大的长圆形，横截面呈椭圆形，自中段至小头顶端表面。各琢刻出纵、横两道凹槽。长轴9.8、短轴9.4、高15.8厘米（图三四，2；图版二五，5）。

砺石　1件（T3726⑤：2）。灰白色砂岩。扁平长方形，两面均有磨蚀的微凹痕。长18.5、宽3.8、厚1.6厘米（图三四，3）。

残饰　1件（3421⑤：1）。长椭圆体，较小的一端有穿孔。残长3厘米。

3. 其他

9件。有铜带钩、铜刀、铜簪、铜条、铁斧、鹿角，铜、铁器均通体满锈。

铜带钩　3件。钩首残。棒槌形体，椭圆形小钮，钮设在腹部背面的下段。腹正面饰云纹。H40：1，长体。残长8、腹宽1.2、腹厚0.4厘米（图三五，1；图版二五，6中）。T2117⑤：3，长4.5厘米（图三五，2；图版二五，6右）。T3327⑤：2，短体。残长5.1、腹宽1.4、腹厚0.5厘米（图三五，3；图版二五，6左）。

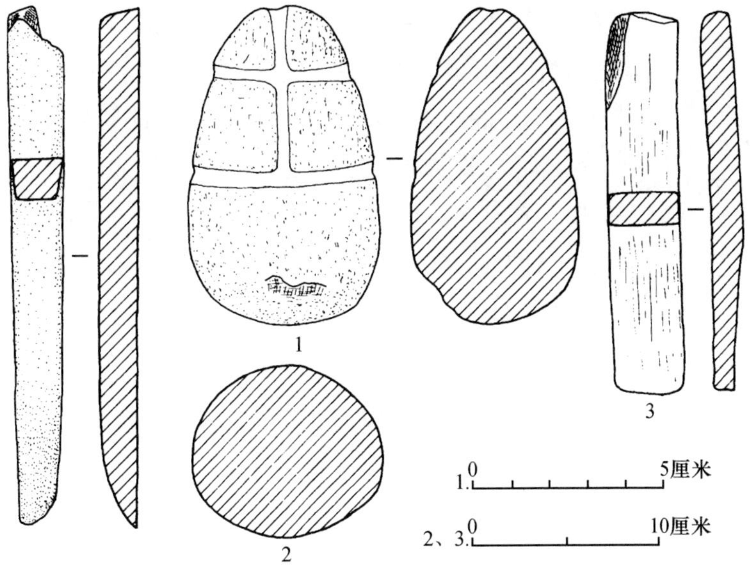

图三四　出土东周石器

1. 凿（H30：1）　2. 网坠（T2018⑤：1）　3. 砺石（T3726⑤：2）

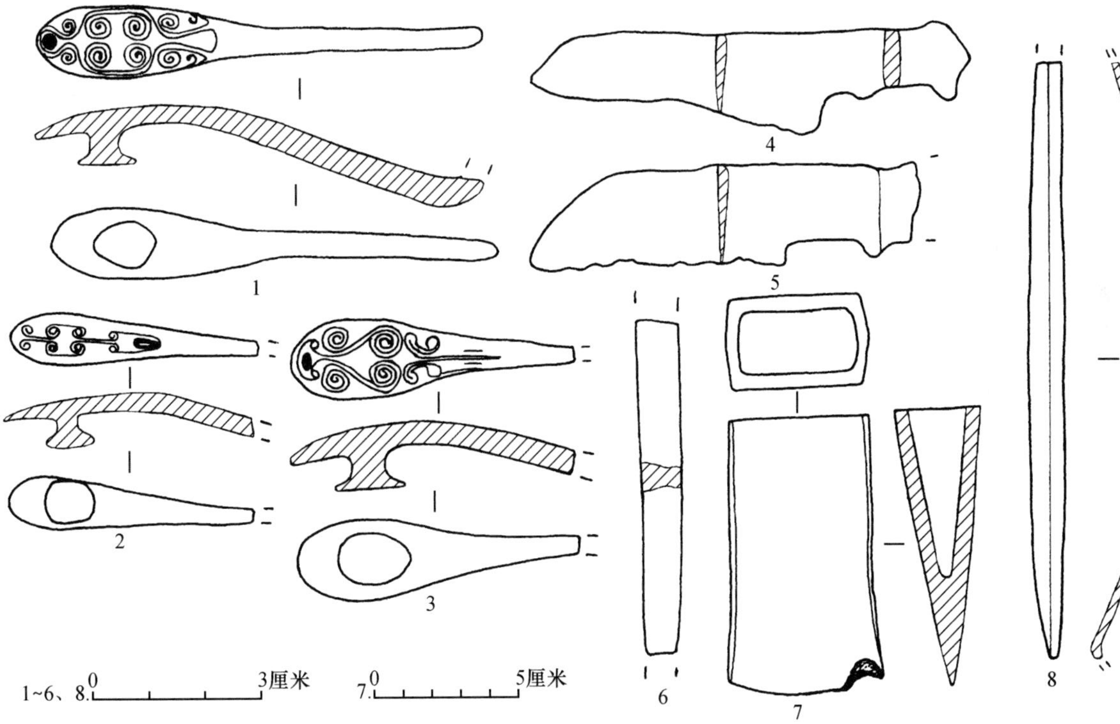

图三五　出土东周遗物

1～3. 铜带钩（H40：1、T2117⑤：3、T3327⑤：2）　4、5. 铜刀（T2117⑤：5、T3823⑤：3）　6. 铜条（H52：3）　7. 铁銎斧（T3425⑤：1）　8. 铜簪（T3124⑤：1）

铜刀　2件。尖锋，单面薄刃，厚背。T2117⑤：5，残长7.7、残宽1.7厘米（图三五，4）。T3823⑤：3，残长7、残宽1.7厘米（图三五，5）。

铜条　1件（H52：3）。长条形，横截面呈内凹的梯形。素面。残长6.65厘米（图三五，6）。

铜簪　1件（T3124⑤：1）。长条形，尖首宽尾，薄体，正面中间有一条纵向脊棱。素面。残长10.2、宽6.5、中厚0.15厘米（图三五，8）。

铁銎斧　1件（T3425⑤：1）。赭色铁锈较厚。长方形体，微弧刃，正锋，直边平顶，长方形銎。素面。长9.6、刃长5.8、銎口长5.4、宽3.3厘米（图三五，7）。

鹿角　1件（H60：3）。双叉形，角根实心，角身空心，横截面近椭圆形，未经加工。残长26.8、根径3.2厘米（图三六）。

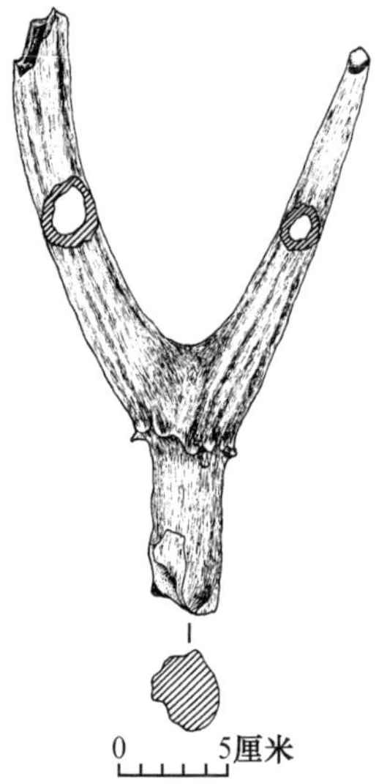

图三六　出土东周鹿角（H60：3）

四、两汉文化遗存

（一）遗迹

7处。有墓葬1座、灰坑4座、灰沟2条（图七、图八、图三七）。

这7处遗迹，开口于第4层下的有2处（G1、G3）。开口于第3层下的4处（H31、H33、H142、H144），开口于第1层下的1处（M1）。发掘时，除了M1外，其余的均未予全部揭露。灰坑口平面呈不规则形、灰沟口和墓口平面呈长方形，灰坑、灰沟为弧壁，圜底，壁、底面上的未见人为加工痕迹，多属于自然形成。而Ml的壁面较光滑，经过人工拍打修整。以M1、H33、G1为例分述如下：

M1　位于遗址南端的断坎上。墓口压在第l层下，打破生土。墓口距地表深0.25～0.3米，为东西向的长方形土坑竖穴墓，方向285°，南半部已残，填五花土，未夯，含有零星的烧土粒和汉代布纹瓦片等。墓口东西长4.3、南北残宽1.8、墓底东西长4、南北残宽1.6、墓口距墓底深2.7米。棺椁及人骨均腐朽无存。随葬品有陶小口瓮1件、带盖罐4件、壶1件、釜甑l件，多数复原，泥质灰陶或泥质黑皮灰褐陶，个别的器表残留有红色彩绘（图三八）。

G1　位于T3526中部。沟口压在第4层下，距地表深1.9米，打破第5层和生土。自T3425东北角向北延至T3527东南角而尚未到尽头，沟口平面长方形，方向45°，沟底坡度3°。弧壁，圜底，坑底凸凹不平，坑壁、底无人工加工痕迹。沟内堆积灰褐色土，土质较软，含少量红烧土粒和炭屑，出较多的东汉砖瓦残片，并伴出少量东周陶片，可辨器形有豆、罐等。已清理部分的沟口南北长9.6、东西宽1.8～2、沟底宽1.7～1.75、深0.6～0.7米（图三九）。

H33　位于T3524的西壁中段。坑口压在第3层下，距地表深0.56米，打破第5、6层。坑口平面近椭圆形，只清理了东半部（西半部尚压在本探方的西壁内）。弧壁，圜底，壁、底不平。无人工加工痕迹，属自然坑。坑内堆积为灰黑、灰褐、黄斑土混合的杂色土，土质较软，出少量汉代的青灰砖瓦块，另伴出少量东周陶片，可辨器形有鼎、鬲、罐、豆等。已清理部分的坑口南北长1.96、东西宽0.82、坑深0.36米（图四〇）。

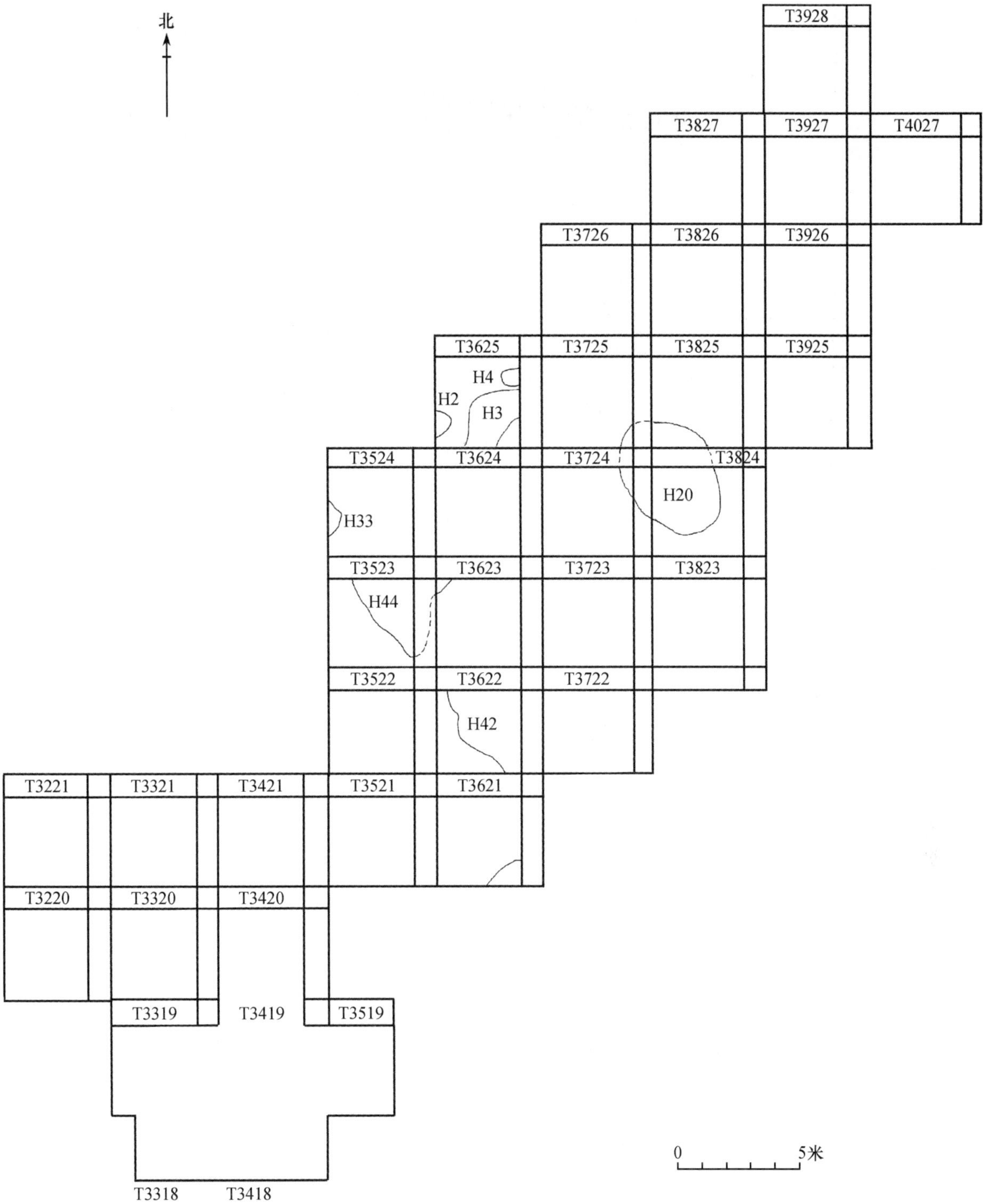

图三七　庹家湾遗址第二次发掘遗迹分布图

（二）遗物

185件。有陶器和石器。

图三八　M1平、剖面图

1～3. 陶罐　4. 陶甑釜　5. 陶小口瓮　6. 陶壶　7. 陶带盖罐

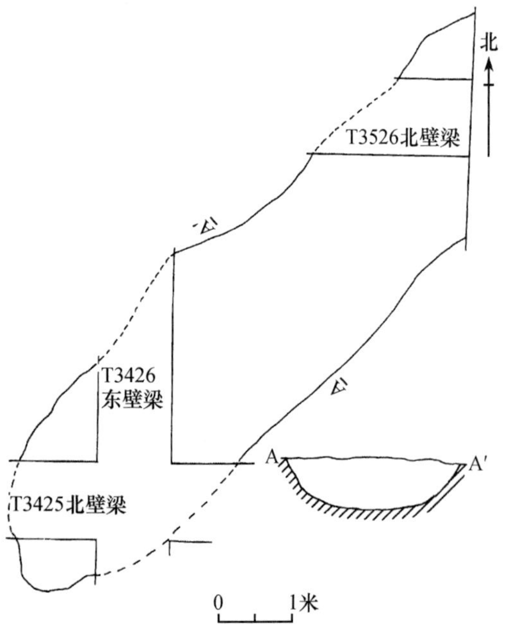

图三九　G1平、剖面图

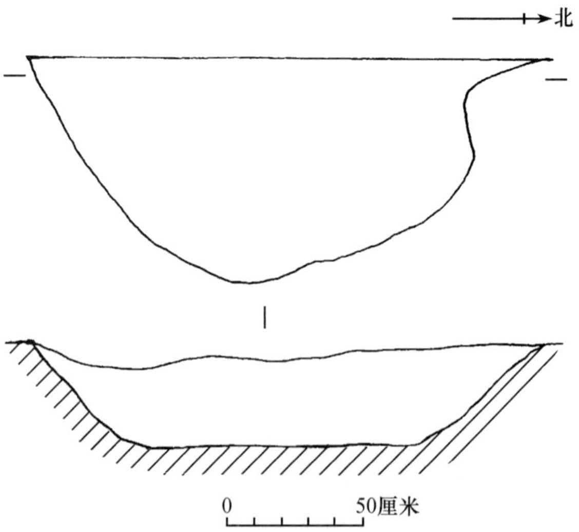

图四〇　H33平、剖面图

1. 陶器

184件。泥质灰陶为主，另有少量泥质黄陶、橙黄陶。纹饰以绳纹为主，少量弦纹、划纹等。大多为轮制、模制品，仅个别为手制。大多烧制火候高，少量的稍低。西汉陶器均出自M1，器类有小口瓮、带盖罐、釜甑、壶。东汉陶器的器类有盆、双耳罐、砖、板瓦和筒瓦。

带盖罐 4件。泥质灰陶。方唇，敛口，鼓腹，平底，有内外两周子母口，内子母口承盖，盖为方唇，拱顶，顶中心有一喇叭形钮。盖面饰弦纹，口至腹下饰分段弦纹，每段三道，腹下至底饰划纹。M1：1，体饰八段弦纹，并间饰绳纹。口径13.6、腹径38、底径16.6、通高44厘米（图四一，1；图版二六，1）。M1：2，饰十段弦纹。口径10.8、腹径34、底径15.6、通高38.8厘米（图四一，2）。M1：3，较小。饰四段弦纹。口径10.8、腹径23、底径13.6、通高26.8厘米（图四一，3；图版二六，2）。

双耳罐 1件（T3726③—④界面：1）。泥质灰陶，火候高。尖唇，卷沿，沿面窄斜，弧颈，颈下有折棱，鼓腹，双耳对称地设在肩部。颈部绳纹经抹，肩以下饰切绳纹。口径12、腹径22、残高11.6厘米（图四一，5）。

盆 8件。火候高。H44：2，泥质灰陶。弧腹，平底。饰瓦纹。底径21.6、残高8.4厘米（图四一，4）。T3726③—④界面：2，泥质灰陶。口沿残片，圆唇，卷沿，敞口，斜腹。口下饰瓦纹。口径43、残高5.2厘米（图四一，6）。

壶 1件（M1：6）。仅剩残片，未能复原。

小口瓮1件（M1：5）。泥质灰陶。小口，尖圆唇，卷沿，凹弧颈，鼓腹。平底。颈以下饰间断绳纹。肩部刻写直篆体“史公”二字。口径11.2、腹径34、底径14、高28厘米（图四一，7；图四二，1；图版二六，3、4）。

甑釜 1套2件（M1：4）。泥质灰陶。由一甑一釜组成。甑为盆形，方唇，平折沿，侈口，平底，圈足，箅孔为长条形盲孔，仅外底可见。肩饰弦纹。釜呈椭圆球体，方唇。直口，鼓腹，圜底，腹部侈出一道腰檐，腹上设衔环铺首。腹部残存彩绘。甑、釜组合时，是以甑之圈足套于釜之口上。甑口径30.8、釜腹径25.2、通高32.8厦米（图四一，8；图四二，2；图版二六，5、6）。

砖 37件。泥质青灰陶。长方形。模制，模印纹饰一个侧面饰几何纹，一个平面饰绳纹，其余各面（两端及平、侧各一面）素面。T1815④：1，平面饰的绳纹为纵行绳纹。长36、宽16.5、厚5.5厘米（图四三，1、7）。T3526④：2，砖体中间单向凿一个正方形孔。平面饰斜粗绳纹。残长20、宽16.5、厚4.5～5、孔边长3.5厘米（图四三，5、6）。

板瓦 46件。已复原3件。手制。体梯形，横截面呈拱形，瓦体两侧的切痕为内半切，两端为全切，其中头端口经过抹、捏。表面饰纵绳纹，内面饰布纹，内、表面有纵向的拍打、压印痕，内、外面的两端纹饰被抹去。H42：1，泥质灰黄陶。尾端微上翘，尾端口不整齐，导致瓦体两侧一稍长另一稍短。表面饰绳纹较粗。中长39.5、头宽28、尾宽32.5、中厚1.6厘米（图四三，2，图四四，3）。H33：1，泥质深灰陶。微束腰。面饰较细绳纹。长40、头宽31、尾宽

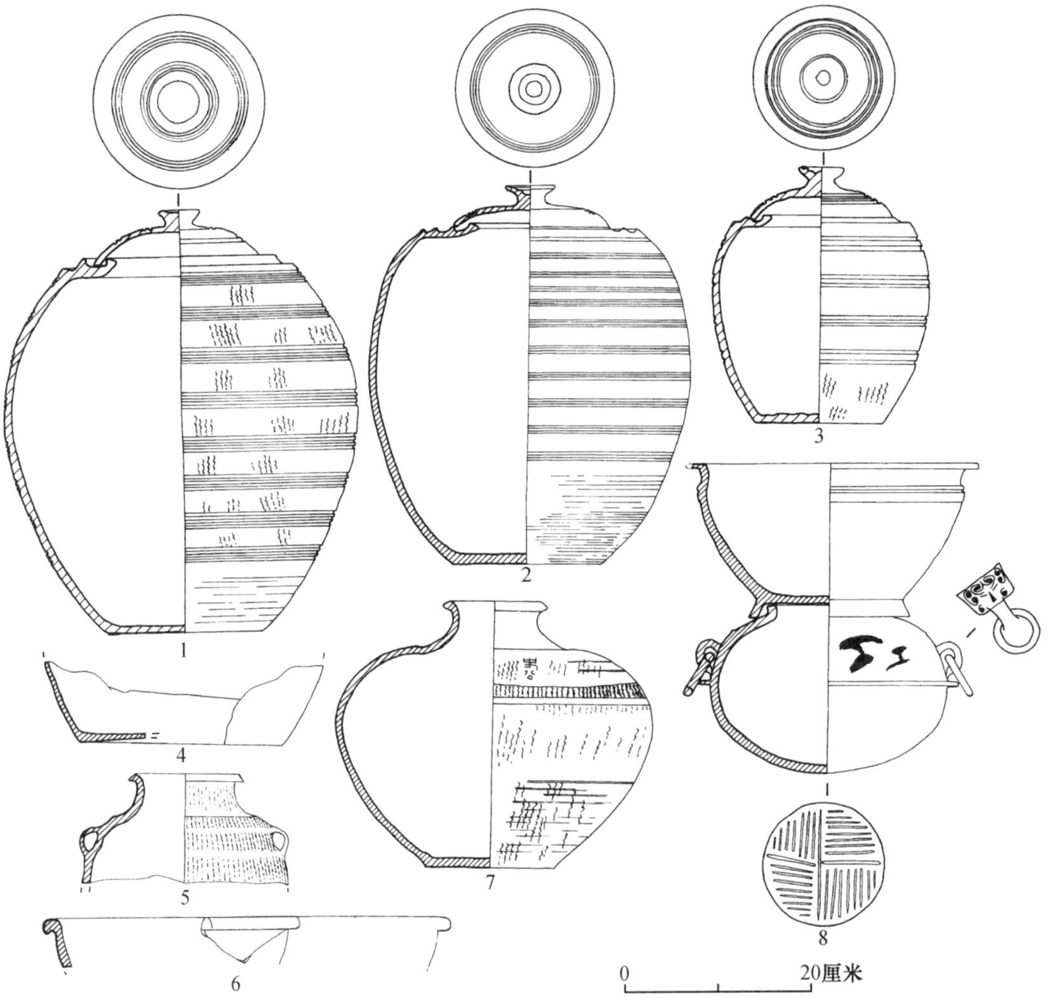

图四一　出土两汉陶器

1～3. 带盖罐（M1：1、M1：2、M1：3）　4、6. 盆（H44：2、T3726③—④界面：2）　5. 双耳罐（T3726③—④界面：1）　7. 小口瓮（M1：5）　8. 甑釜（M1：4）　（1～3、7、8. 西汉，余为东汉）

33.5、中厚2厘米（图四三，4；图四四，1）。

筒瓦　85件。残片84件，复原1件。模制。横截面呈半圆形，瓦舌根与瓦头交接处的内面有附加泥片的黏接痕及捏塑形成的一道凹槽，瓦体两侧的切痕为外半切，两端为全切，其中瓦舌经过抹、捏。内面饰布纹，表面饰纵绳纹。依器形的不同，可分二型。

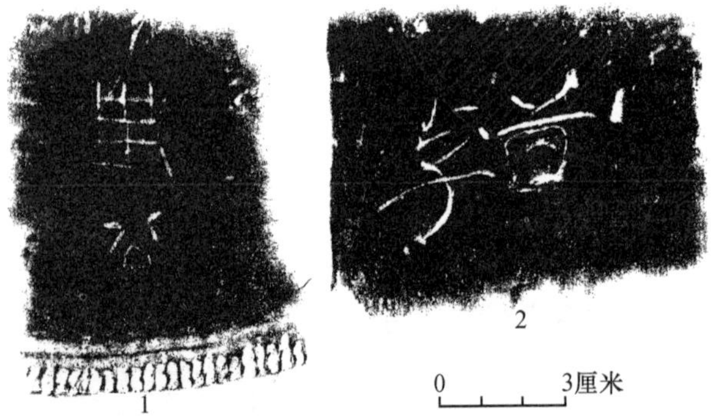

图四二　陶器文字拓本

1. 瓮文字（M1：5）　2. 筒瓦文字（T3526④：1）

A型　27件。梯形。T3526④：1，泥质黄陶。表面中段加饰一道横向的交叉划纹。内、表面的纹饰均有断续的抹痕和纵向的拍打、压印痕。在头端的一侧残留两个刻划文字。长46、瓦舌宽10.8、头宽14、尾宽15.2、中厚1.6厘米（图四二，2；图四三，3；图

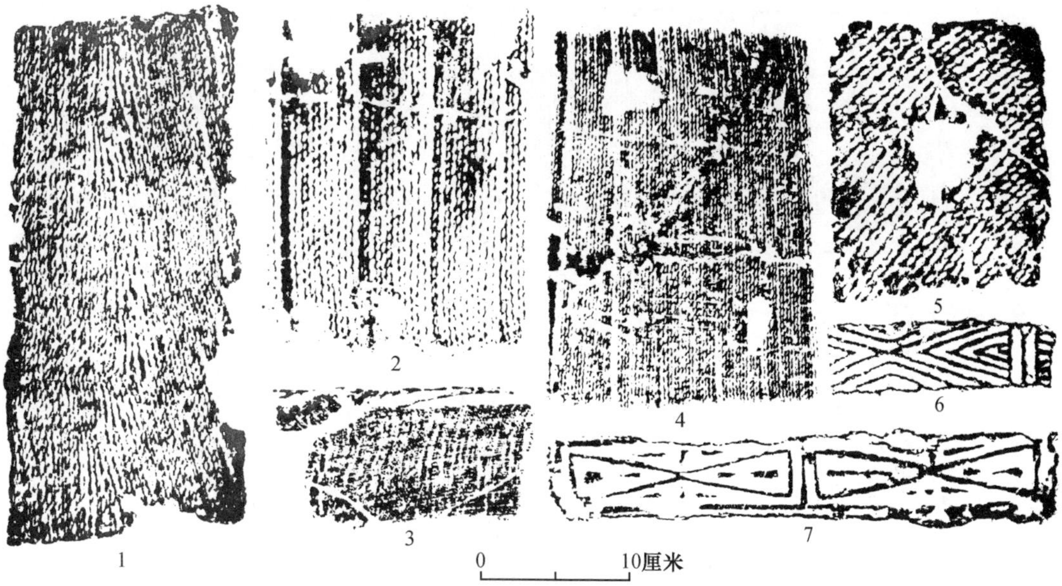

图四三　陶器纹饰拓本

1、5～7. 砖（T1815④：1、T3526④：2、T3526④：2、T1815④：1）　2、4. 板瓦（H42：1、H33：1）
3. A型筒瓦（3526④：1）

四四，4）。

B型　58件。长方形。T3426④：1，泥质灰黄陶。瓦体一侧较厚、另一侧较薄。残长33、宽14、一侧厚1.5、另一侧厚0.8厘米（图四四，2）。

2. 石器

石器仅有1件石环。

石环　1件（G1：3）。素面。肉宽1.6、厚0.8厘米（图四五）。

五、明清文化遗存

（一）遗迹

有灰坑4座（H2、H3、H4、H20）。分布在第二次发掘区内，发掘时均未全部揭露。

其中H2、H3开口于第2层下，H4、H20开口于第3层下，坑口平面呈椭圆形或不规则形，弧壁，圜底，壁、底面上未见人为的加工痕迹，是自然形成的土坑，其中H20的壁、底有明显的水冲刷痕迹。以H3为例叙述如下：

H3　位于T3625东南角。坑口压在第2层下，距地表深0.3米，打破第3、5层和H66、H77，直至生土。坑口已被揭露出约一半，另一半压在东壁与南壁内。坑口平面呈弯曲不规则形，弧壁，圜底，坑壁、坑底无人工加工痕迹。坑内堆积为松软的黑灰土，夹有黄土块和较多的

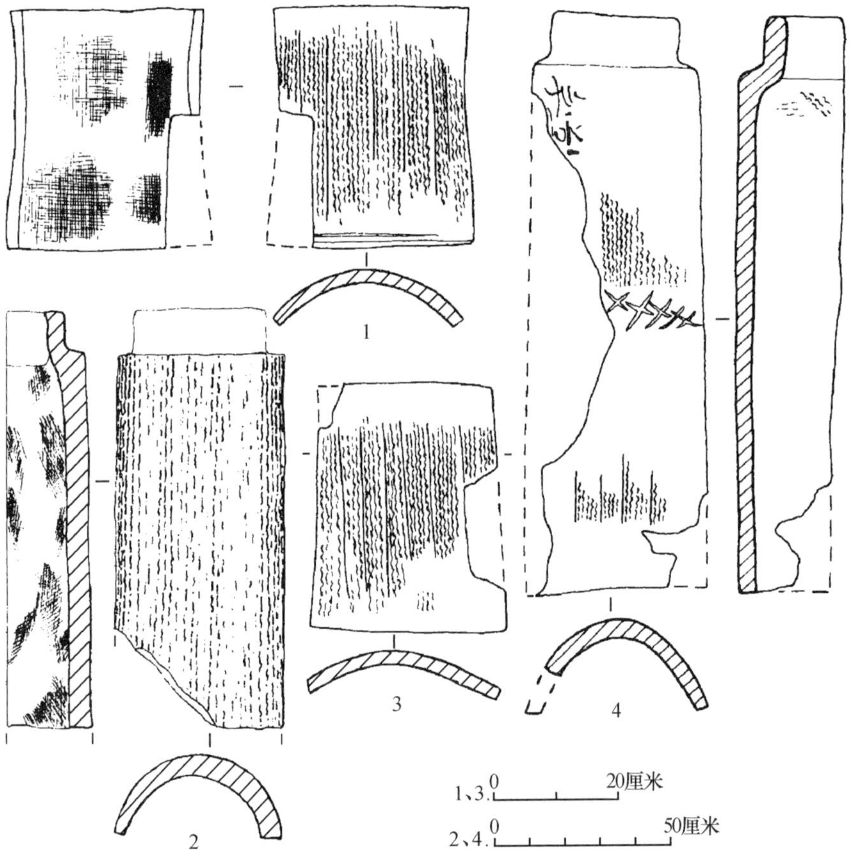

图四四　出土两汉陶器

1、3. 板瓦（H33：1、H42：1）　2. B型筒瓦（T3426④：1）　4. A型筒瓦（T3526④：1）

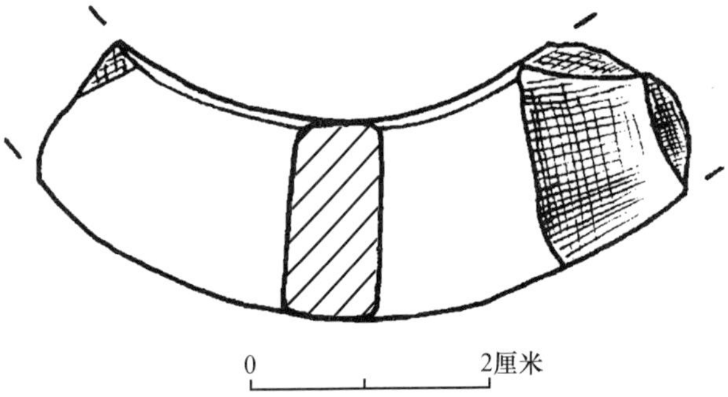

图四五　出土两汉石环（G1：3）

炭屑以及大量的自然石块，出大量东汉的陶瓦片，还有零星的东周陶片、明清时期瓷片等。可辨器形有陶板瓦、筒瓦、罐和青花瓷碗等。陶筒瓦片中有完整器1件，另有已复原的13件。瓷片中则有青瓷和青花瓷等。已清理部分的坑口南北长2.5、东西宽2.3、深1.9米（图四六；图版一九，3）。

（二）遗物

16件。有釉陶器、瓷器、石器。

1. 釉陶器

釉陶器仅有2件釉陶罐。

釉陶罐 2件。施酱色釉。T3224③：1，叠唇，平卷沿，小口，鼓肩。外腹施釉。内腹不施釉。素面。口径16、肩径34、残高32厘米（图四七，1）。T3824③：1，小口，溜肩，斜腹内收，平底。内外腹皆施釉，饰瓦纹。肩径12、底径5.6、残高16.8厘米（图四七，2）。

2. 瓷器

13件。有青花瓷碗，青瓷碗、盘。

青花瓷碗 3件。尖圆唇，矮直圈足。白胎，通体施釉。T3623③：3，敞口，弧腹内收，圜底。通体施青白釉，釉色光亮，饰蓝彩，外腹及内底满饰小花朵纹，口沿内外及内底外围，各饰二周圆圈。口径14.6、圈足径6、高5.6厘米（图四八，1；图版二七，1）。T3623③：4，折沿，敞口，弧腹内收，平底。通体施灰白釉，釉色较暗，饰黑彩，腹及内底绘饰花草纹。口径15、底径6.2、高6.4厘米（图四八，2；图版二七，2）。T3221③：1，通体施青白釉，釉色光亮，饰蓝彩，腹饰四株对称的芭蕉树，内底一个圆圈中心绘一株芭蕉树。口径15、圈足径6.6、高7.1厘米（图四八，3；图版二七，3）。

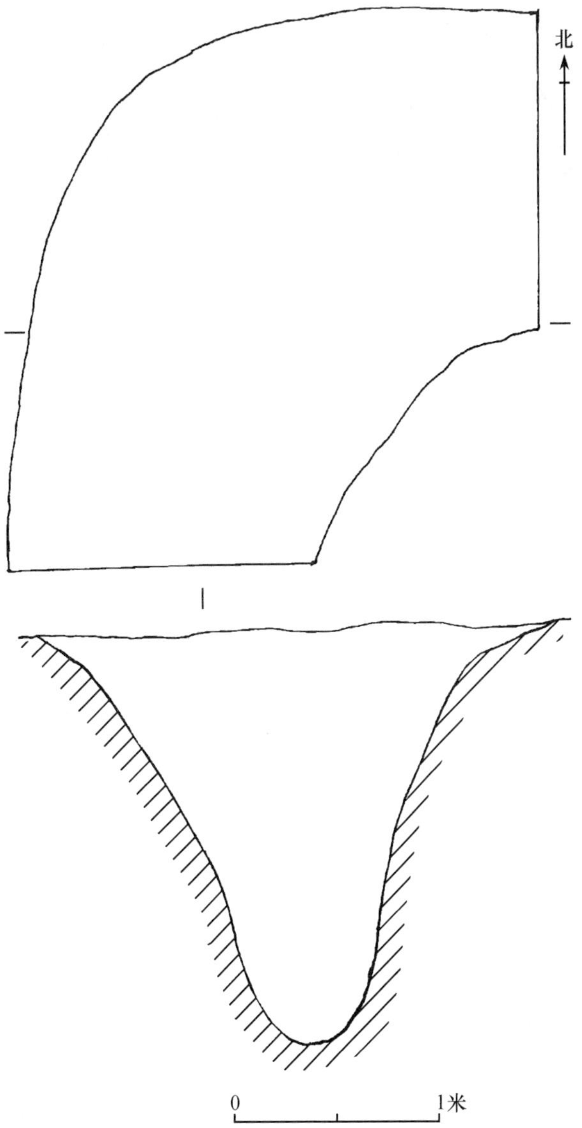

图四六 H3平、剖面图

青花瓷片 7件。白胎，青白釉，蓝彩。多为碗、杯残片。多绘饰花卉草叶纹，有的在内底饰花纹、书写文字，或在外底设置长方形款。T3623③：8，内底绘草叶纹，外底设“富贵长寿”款。底径10.4厘米（图四八，4）。T3623③：10，内底饰团龙纹，外底设“朱制”款。底径10.4厘米（图四八，6）。T3623③：7，碗内底书写“福”字。T3623③：9，碗内底书写“寿”字。

青瓷碗 2件。尖圆唇，敞口，弧腹内收，平底，矮直圈足。白胎，圈足及内底不施釉，余皆施暗青釉，釉色不光亮。T3623③：5，薄唇。口径13、圈足径6、高5.6厘米（图四八，8）。T3023③：1，厚唇。口径14.6、圈足径5.8、高7.7厘米（图四八，7；图版二七，4）。

青瓷盘 1件（T3523③：1）。花边方唇。敞口，浅盘。平底，矮直圈足。白胎，圈足不施釉，腹施青釉。釉色光亮。外壁素面，内壁饰刻花暗纹。口径19.8、圈足径9.8、高7.8厘米（图四八，5；图版二七，5）。

3. 石器

石器仅有1件石杵。

石杵　1件（T3623③：1）。似祖形，横截面呈圆形。两端一大一小，以一周凸棱为界，两端顶圆弧，顶面有舂捣痕迹。磨光。长24.2、凸棱径10.6、中径8.4厘米（图四九）。

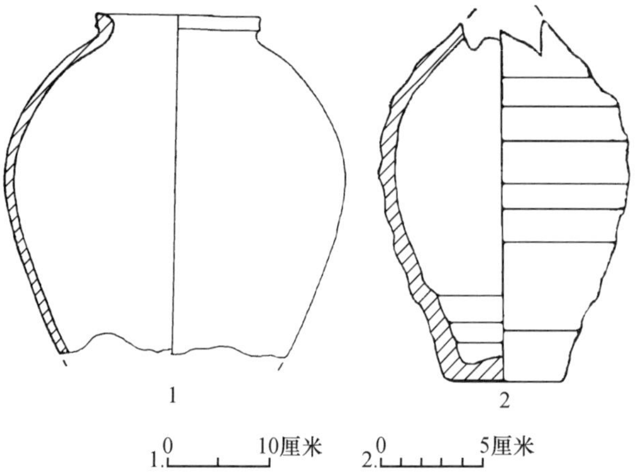

图四七　出土明清釉陶罐

1. T3224③：1　2. T3824③：1

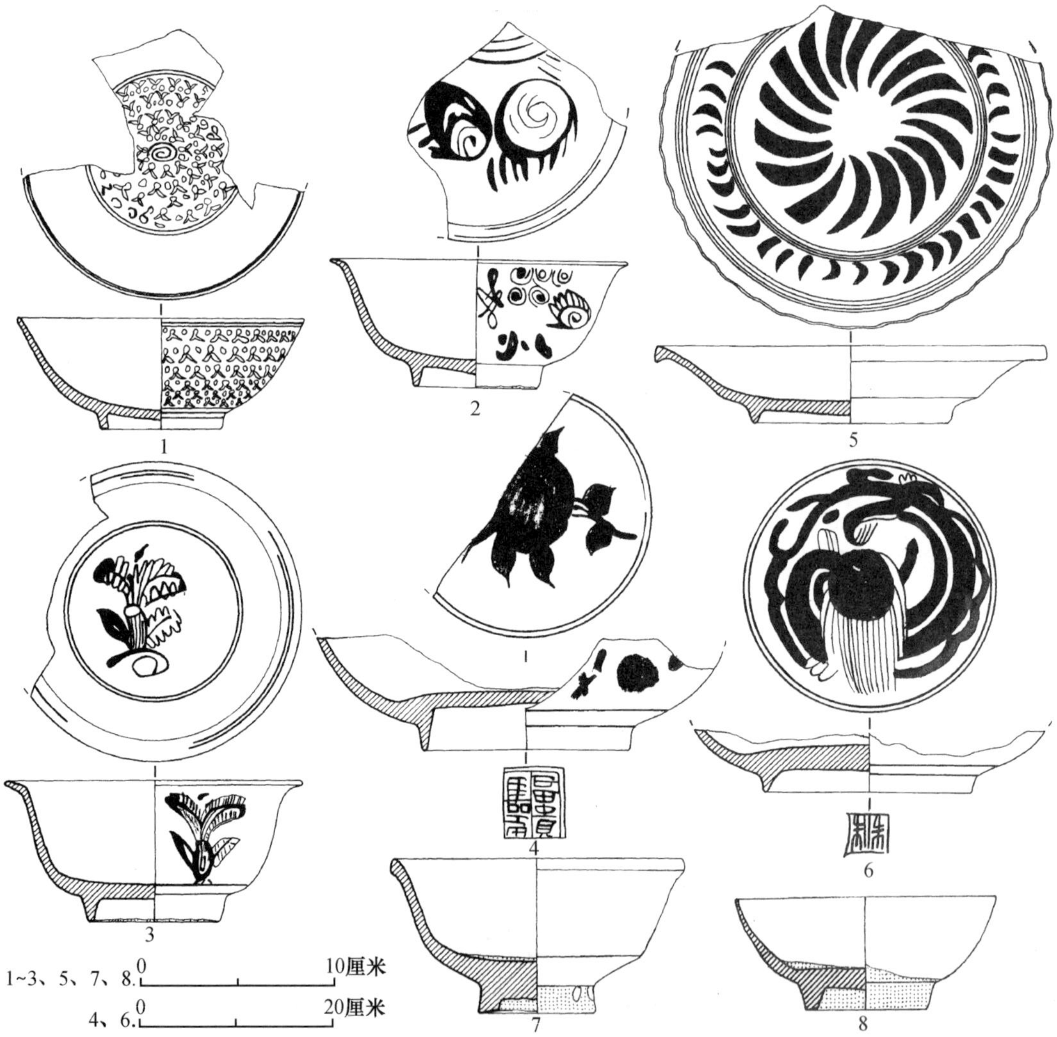

图四八　出土明清瓷器

1～3. 青花瓷碗（T3623③：3、T3623③：4、T3221③：1）　4、6. 青花瓷片（T3623③：8、T3623③：10）　5. 青瓷盘（T3523③：1）　7、8. 青瓷碗（T3023③：1、T3623③：5）

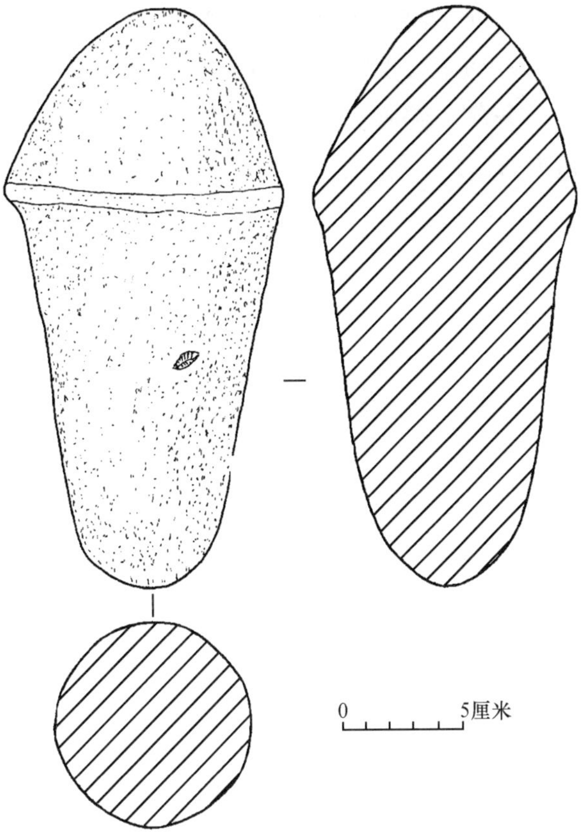

图四九　出土明清石杵（T3623③：1）

六、晚期地层、遗迹出土的早期遗物

有陶、石、铜、铁器，其时代分为新石器时代、东周、东汉，新石器时代的数量较多。限于篇幅，这里仅选介新石器时代和东汉时期的862件标本。

（一）新石器时代遗物

出自第5、4、3层及开口于第5、4、3层下的遗迹中，有陶器和石器，数量比新石器时代层位所出的多。以下仅选出845件介绍。

1．陶器

陶片量大，泥质陶少，夹砂陶多。泥质陶以红陶、红褐陶、橙黄陶居多，少量灰陶、灰褐陶、黑陶、磨光黑陶，夹砂陶仍以红陶、红褐陶为主，灰陶、灰褐陶次之，少量黑褐陶。以篮纹和素面为主，另有弦纹、划纹、叶脉纹、刻槽纹、镂孔、附加堆纹、锥刺纹、戳印纹、捺窝纹（图五〇～图五二）。以下仅选取828件介绍。

泥质陶器　有鬶、高领罐、折沿罐、大口罐、双耳罐、圈足碗、碗、杯、小瓶、澄滤器、器盖、盖钮、圈足、锉、纺轮。以下仅选鬶、圈足碗、平底碗、杯、小瓶、纺轮共25件介绍。

碗　1件（H41②：9）。灰陶。圆唇，敞口，斜腹，底内凹。素面。口径9、底径4.6、高3.3厘米（图五三，1；图版二八，1）。

圈足碗　1件（T3928⑤：2）。灰陶。圆唇，敞口，弧腹，圜底，圈足残。素面。口径16、残高6.8厘米（图五三，2；图版二八，2）。

小瓶　1件（T2620⑤：1）。红陶。细长颈，大平底，颈部有一个小穿孔。底径5、残高6.8厘米（图五三，3；图版二八，3）。

杯　2件。红陶。尖圆唇，敞口，斜腹。素面。H60：6，凹底。口径6、底径2.8、高9.1厘米（图五三，4；图版二八，4）。H61：13，平底。口径4.8、底径2.6、高7.6厘米（图五三，5；图版二八，5）。

鬶　6件。细泥红陶，薄胎。素面。T3526⑤：2，鬶口，半管状流。残长7.2、残高4.4厘米（图五三，16）。

纺轮　14件。泥质陶。扁平圆形。中心有一个小穿孔。依器形的不同，可分二式。

Ⅰ式　7件。薄体，弧边。素面。H78：1，红陶。直径2.9、孔径0.3、高0.4厘米（图五三，6）。T2417⑤：3，灰褐陶。直径4.2、孔径0.4、高0.4厘米（图五三，7）。

Ⅱ式　7件。体稍厚。T2416⑤：2，红褐陶。折棱边。素面。直径3.2、孔径0.45、高1厘米（图五三，8）。T2213⑤：1，黑褐陶。平边。轮侧局部有刻划符号。直径2.9、孔径0.3、高0.7厘米（图五三，9）。T3224④：1，红褐陶。半成品。凹弧边，其中心有盲孔。素面。直径3.6、盲孔径0.6、残高0.9厘米（图五三，10）。H15：2，黑褐陶。斜边，横截面呈梯形。素

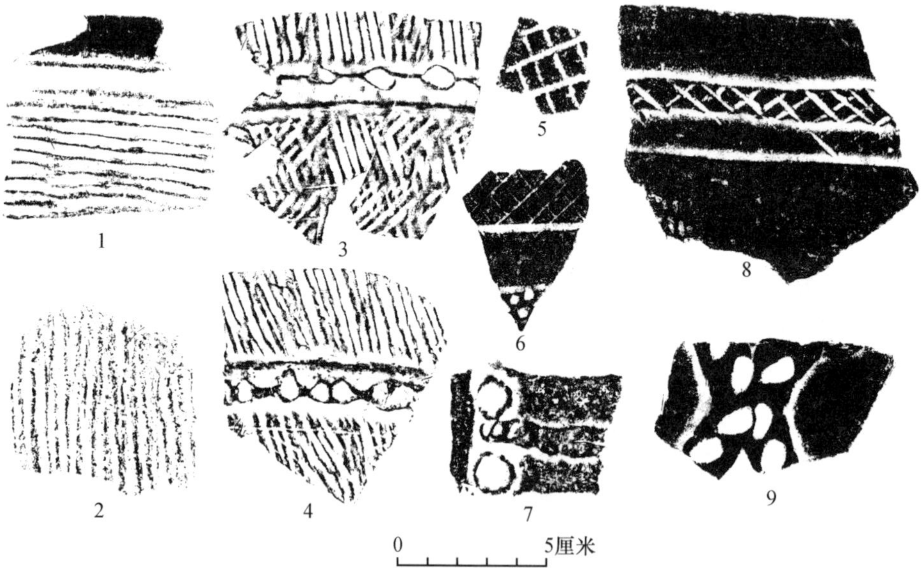

图五〇　陶器纹饰拓本

1、2. 篮纹（H83：1、H23：1）　3、4、7~9. 附加堆纹（T3326③：3、H60：22、T3927⑤：2、T3926⑤：4、T3426⑤：1）　5、6. 方格纹（H37：1、H75：1）

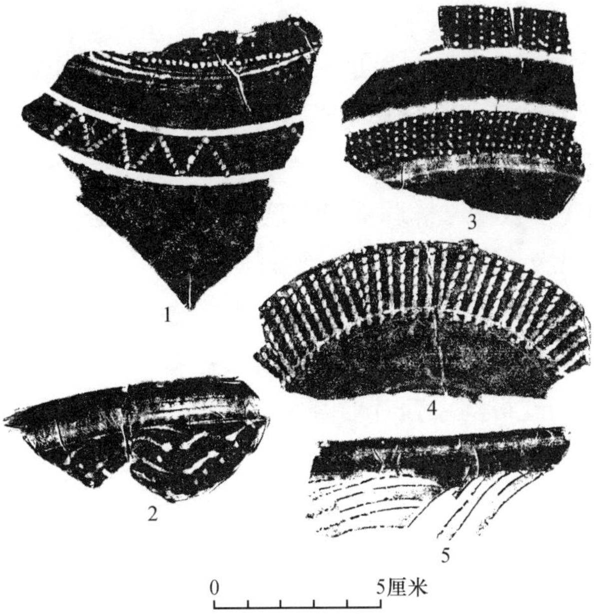

图五一 陶器锥刺纹拓本

1. H55：2 2. T3928⑤：4 3. H63：2 4. H37：6 5. H84：3

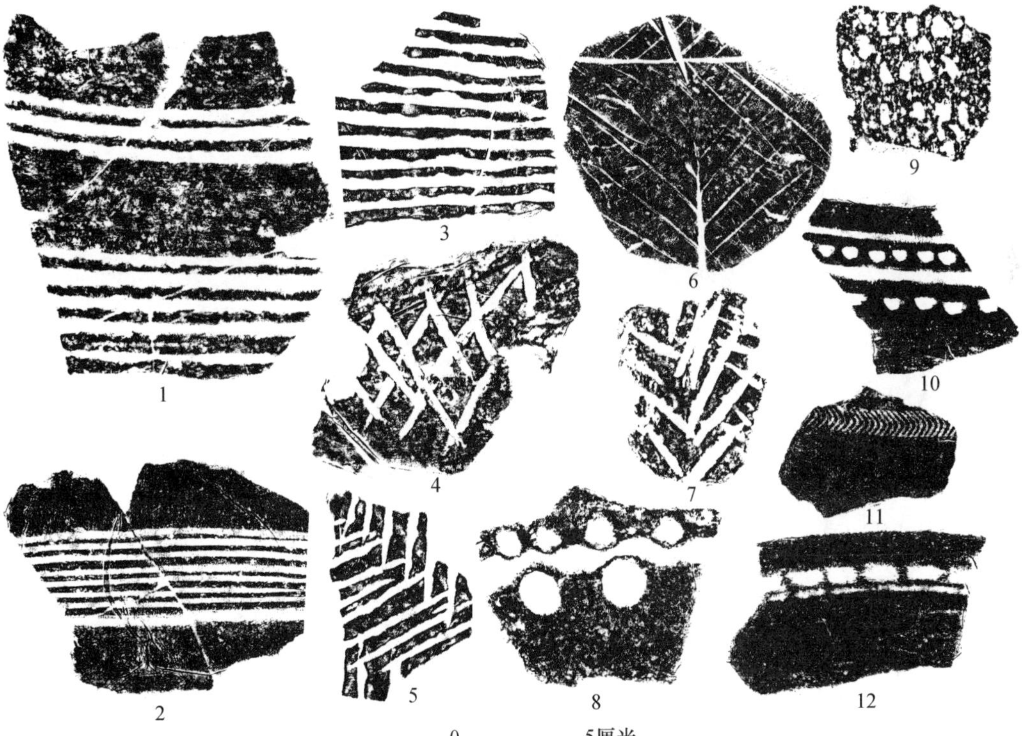

图五二 陶器纹饰拓本

1、2. 弦纹（T3225⑤：3、T3827⑤：2） 3～5. 刻槽纹（H88：2、T3928③：1、T2015⑤：3） 6、11. 叶脉纹（T3823⑤：7、T3425⑤：2） 7～10、12. 戳印纹（T3327⑤：4、T3123④—⑤：3、T2922⑤：2、T2925⑤：4、T2925⑤：3）

面。直径4.2、孔径0.8、高1.1厘米（图五三，11）。

夹砂陶器　有陶鼎、鼎足、鬶足、斝足、盆、缸、高领瓮、高领罐、折沿罐、双耳罐、小罐、罐底、盂形高足杯、澄滤器、圈足、筒形器底。以下仅选斝足、盂形高足杯、筒形器底共803件介绍。

斝足　1件（H60：1）。灰陶。椭圆锥形袋足，实足底。足根饰一周附加堆纹，足身饰被断续抹过的绳纹。足根纵径9、横径7、高11.4厘米。

盂形高足杯　2件。T3418⑤：3，红褐陶。圆唇，折沿，侈口，斜肩，折腹。圜底。素面。口径9.2、残高4.4厘米（图五三，15）。

筒形器底　800余件。红褐陶。残片。直腹或斜腹，内腹粗糙，厚胎，平底。饰绳纹。手制。T3725⑤：1，微斜腹。底径7.4、壁厚1～1.4、残高9.5厘米（图五三，12；图版二八，6）。T3928③：3，斜腹。底径12、厚1.3、残高9.2厘米（图五三，13）。G2：1，直腹，平底。厚1.5～2.2、残高9.7厘米（图五三，14）。

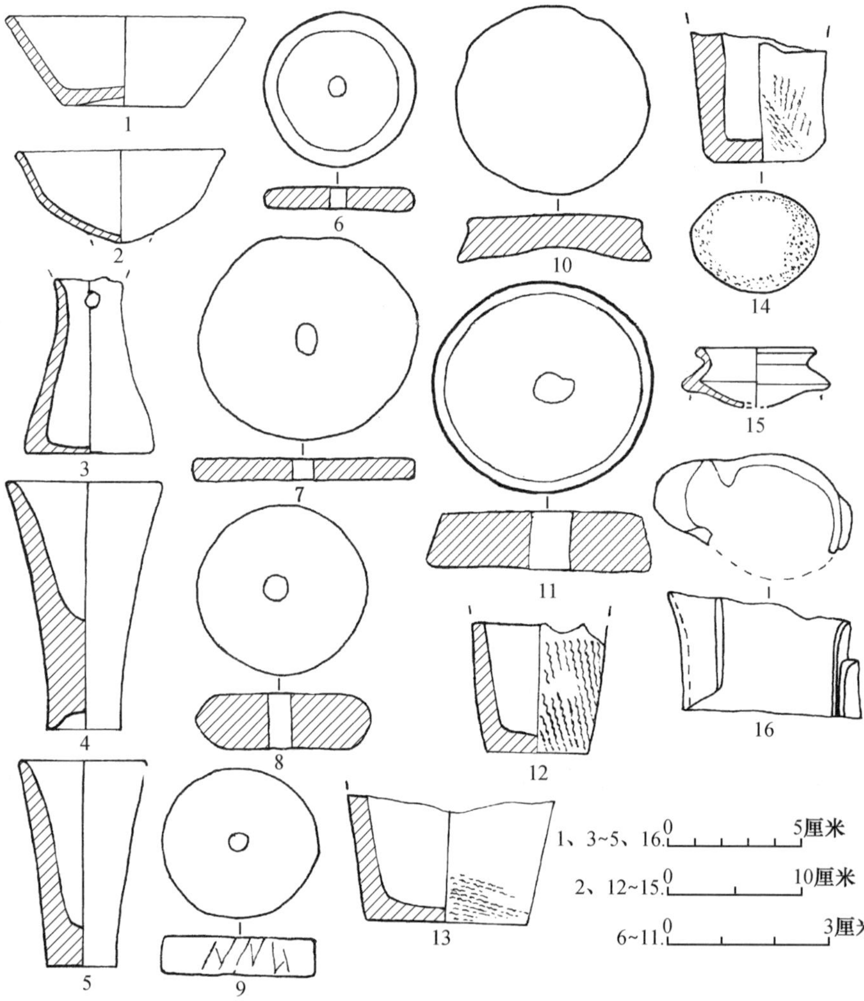

图五三　出土陶器

1. 碗（H41②：9）　2. 圈足碗（T3928⑤：2）　3. 小瓶（T2620⑤：1）　4、5. 杯（H60：6、H61：13）　6、7. Ⅰ式纺轮（H78：1、T2417⑤：3）　8～11. Ⅱ式纺轮（T2416⑤：2、T2213⑤：1、T3224④：1、H15：2）　12～14. 筒形器底（T3725⑤：1、T3928③：3、G2：1）　15. 盂形高足杯（T3418⑤：3）　16. 鬶（T3526⑤：2）

2. 石器

有斧、锛、凿、刀、锄、楔、楔形器、镞、残器。均素面，其中斧、锛、凿各有大小两类。以下仅选刀、锄、楔等。

刀 15件。2件残。通体磨光。依据器形的不同，可分三型。

A型 5件。长条形弧刃刀。依其刃部特征，可分二式。

Ⅰ式 4件。厚背，刃部有崩疤。T3223⑤：1，刀体中间较大、两端较小，平顶，正锋，顶面稍磨光，两端未磨，顶部及两端有破碴。长10.3、中宽3.4、背厚1厘米（图五四，1）。H82：1，有柄，柄端较大，另一端较小，平顶，正锋，柄端的刃部处经磨光，顶面磨光较好，其中段有一个卡口，卡口为半个穿孔，顶部及两端有破碴。长11.3、中宽3.9、背厚0.6厘米（图五四，2）。T3127⑤：2，一端稍大于另一端，弧顶，微弧刃，偏锋，两端面磨光较好，两端的中段各有一个卡口，卡口为半个穿孔。长7.7、中宽4、背厚0.6厘米（图五四，3）。

Ⅱ式 1件（T2119⑤：2）。单尖璋形，双刃。圆尖，柄下端残，背、侧均有刃，正锋，刃部有崩疤。残长10.8、中宽4.3、中厚0.4厘米（图五四，4）。

B型 4件。穿孔平刃刀。厚背，近背部穿一孔，刃部有崩疤。依器形的不同，分为二式。

Ⅰ式 2件。长方形。T3625⑤：1，较长，平顶，一端稍大、微弧边，另一端稍小、直边，偏锋，对穿孔。长10、中宽3.6、背厚0.65厘米（图五四，5；图版二九，1）。T3023⑤：1，较短，微弧顶，直边，正锋，单向穿孔。长7.4、中宽3.15、中厚0.6厘米（图五四，6；图版二九，2）。

Ⅱ式 2件。梯形。斜边，偏锋。T3927⑤：1，平顶，厚背，盲孔。刃长7.3、顶宽6.6、中高4.8、背厚0.4厘米（图五四，7；图版二九，3）。T3225⑤：1，弧顶，顶面和刃的一角有破碴，对穿孔。刃残长2.9、中高5、中厚0.5厘米（图五四，8；图版二九，4）。

C型 6件。斧锛形斜刃刀[2]。器体较厚。H58：1，梯形，微弧顶，斜边，偏锋，顶、边有破碴，刃的两个角被磨过。刃长6.8、顶宽3.8、中厚1.4、中高5.8厘米（图五四，9）。T2015⑤：1，平顶，两侧边一短一长。短边直而被磨薄，长边微斜而较厚，正锋，顶与边的侧缘有破碴，刃部有崩疤。刃长6、中厚1.3、中高5.3厘米（图五四，10）。T3324⑤：3，器体较小，梯形，微弧顶，两侧边一斜一直，顶与边的侧缘有破碴，刃部有崩疤。刃长6、中厚1、中高4.8厘米（图五四，11）。

锄 1件（T2317⑤：3）。窄柄，双肩，弧刃，一面留有原砾石面，刃部有使用痕迹。打制。刃长12.8、中厚2.2、中高15.8厘米（图五四，12；图版二九，5）。

楔 1件（H63：1）。长方形体，边缘较薄，使用痕迹明显。打制。长9.8、宽3.8、中厚1.6厘米（图五四，13；图版二九，6）。

（二）东汉遗物

出土于第3、2层及开口于第3、2层下的部分遗迹中，有陶砖、板瓦、筒瓦、瓦当。这里仅

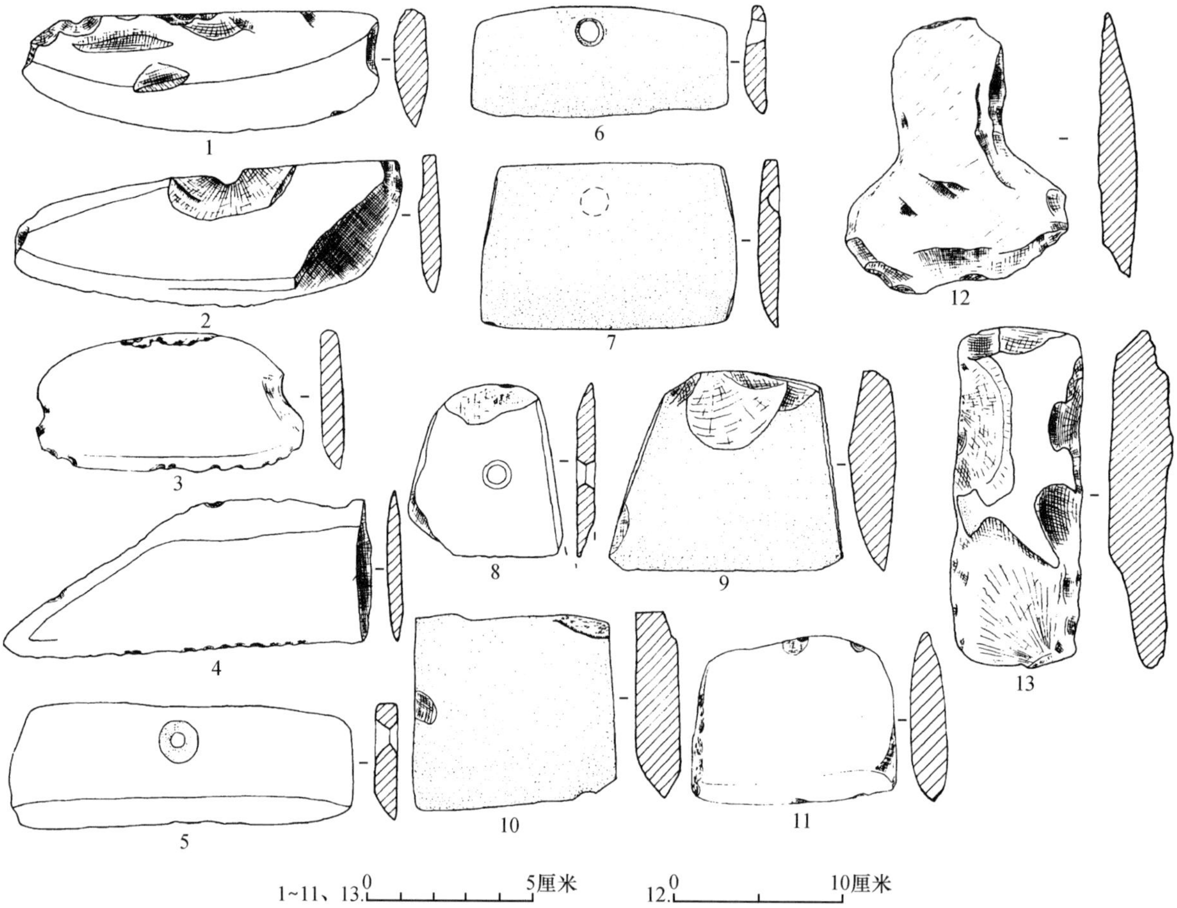

图五四　出土石器

1～3. A型Ⅰ式刀（T3223⑤：1、H82：1、T3127⑤：2）　4. A型Ⅱ式刀（T2119⑤：2）　5、6. B型Ⅰ式刀（T3625⑤：1、T3023⑤：1）　7、8. B型Ⅱ式刀（T3927⑤：1、T3225⑤：1）　9～11. C型刀（H58：1、T2015⑤：1、T3324⑤：3）　12. 锄（T2317⑤：3）　13. 楔（H63：1）

选17件板瓦、筒瓦为例叙述。

板瓦　5件。泥质灰陶。手制。依器形的不同，可分二型。

A型　4件。梯形。H3：14，头、尾端微上翘，表面饰纵绳纹，内、外面均有纵向拍印痕。中长42、头宽29、尾宽34、中厚2厘米（图五五，1）。

B型　1件（H3：13）。长方形体，头、尾端微下垂。表面饰稍粗的纵绳纹，内面有纵向拍印痕。长47、宽30.5、厚2.5～2.8厘米。

筒瓦　12件。泥质灰陶。模制，饰纵绳纹，有的在中段横向饰一道划纹。依器形的不同，可分二型。

A型　11件。梯形。H3：2，面饰抹过断续纵绳纹，中段横向加饰一道“八”字形划纹，头端中间有一方戳印文模糊不清。长46.8、舌宽11、头宽14.5、尾宽16.5、中厚1.5厘米（图五五，3）。

B型　1件（H3：7）。长方形。表面饰纵绳纹，尾端纹饰被抹过，另加饰二道划纹，长43、宽14.8、舌宽11、中厚1.3厘米（图五五，2）。

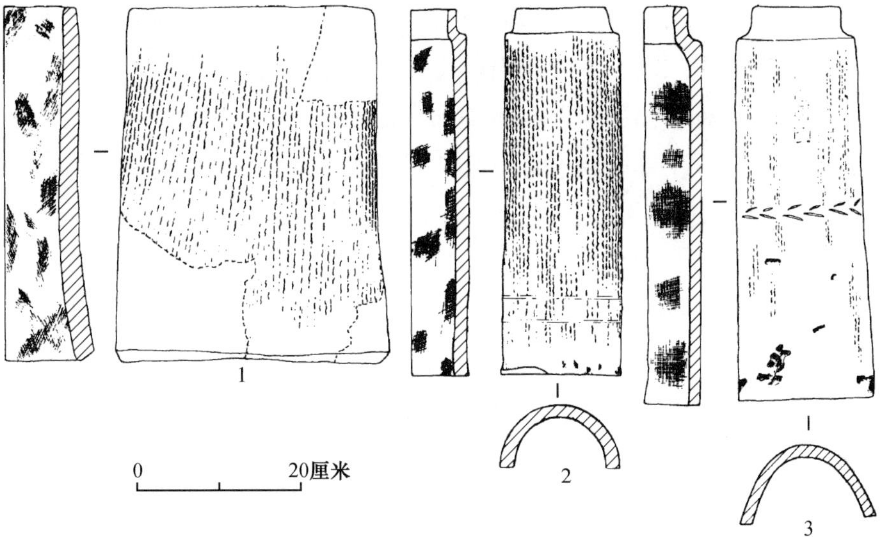

图五五　出土陶器
1. A型板瓦（H3：14）　2. B型筒瓦（H3：7）　3. A型筒瓦（H3：2）

七、结　　语

自20世纪50年代以来，考古工作者在鄂西北地区做了大量的考古发掘工作，其中新石器时代至两周时期的发现以郧县青龙泉与大寺、辽瓦店，房县七里河，均县朱家台、乱石滩等遗址，与鄂西北紧邻的河南淅川下王冈遗址为最。湖北襄樊、宜城、枣阳等地的一些同期遗址也有不少重要考古发现。庹家湾遗址处属鄂西北地区，其主体文化遗存是新石器和东周时期的，与上述区域遗址的同期文化遗存有着颇多相同或相似之处。

（一）各期文化遗存时代的推断

1. 新石器时代文化遗存

庹家湾遗址出土的新石器时代遗物只有陶、石器。陶器分泥质和夹砂两种，除生产工具类（锉、纺轮）和用途不明器（圆片）外，泥质陶器的基本组合是碗、盆、罐、圈足盘，属于饮食、盛贮器的组合；夹砂陶器的基本组合是鼎、鬶、甑、瓮、罐，属于炊煮、盛贮器组合。在各类陶器中，尤以罐类的形式多样。泥质陶器中的Ⅰ、Ⅱ式高领罐，与房县七里河遗址所出的石家河一期后段的泥质陶卷沿高领罐形制相近[3]，也与青龙泉三期的Ⅰ式泥质陶高领罐相近[4]；夹砂陶器中的B型Ⅰ式卷沿罐与乱石滩的仰韶文化的夹砂陶敛口罐相似[5]，陶瓮与房县七里河的石家河二期的夹砂陶瓮极相近[6]，陶瓶（口沿）则与大寺仰韶文化的泥质陶葫芦形尖底瓶口相同[7]。此外，在七里河、青龙泉、乱石滩等遗址中屡见陶锉，被认为是仰韶时期常见的陶器，庹家湾出有陶锉十多件；庹家湾还出土一些红顶碗残片，而红顶碗被认为是青龙泉仰韶文化和屈家岭文化的标准器[8]。

与陶器共存的石器是以斧、锛、凿类为主，A型Ⅰ式、A型Ⅱ式凿在郧县青龙泉与大寺遗址中的屈家岭早期、青龙泉三期、大寺龙山期均有发现[9]，沿用期较长。

由此可见，庹家湾遗址所出的新石器时期的陶器和石器，其时代虽有仰韶、青龙泉、石家河、大寺龙山时期的，但其主体应属于青龙泉三期（或石家河二期）。

以新石器时期地层、遗迹中出土的文化遗物为标尺，发现在第5、4、3层及开口于第5、4、3层下的遗迹中，还大量伴出新石器时期的遗物。其器类既有与前者相同的，也有为前者所无。如陶高领罐、纺轮，在新石器时期地层、遗迹中及晚期层位中均有出土，新石器时期的Ⅰ、Ⅱ式泥质陶高领罐，与第5层伴出的泥质陶高领罐在形制、纹饰上均相同；新石器时期的Ⅰ、Ⅱ式纺轮与第5层伴出的Ⅰ式及第4层伴出的Ⅱ式纺轮相同。又如泥质红陶杯、夹砂陶盂形高足杯均为东周地层和遗迹中的伴出品，却在新石器时期地层、遗迹中未见，它们与郧县青龙泉三期和房县七里河的石家河二期的同类陶杯、盂形高圈足杯或豆形杯的器形相同[10]。伴出的石器的种类较丰富、数量较多、形式多样，其中刀、锄、楔不见于新石器层位，但仍以斧、锛、凿为主。石锄仅有1件，其形制介于青龙泉三期与大寺龙山的之间[11]。因此，这批伴出遗物的时代仍可定在青龙泉三期（或石家河二期）。

2. 东周文化遗存

陶器的基本组合为鬲、盂、盆、罐、豆，是湖北东周时期常见的陶器组合。从陶质、陶色、器形、纹饰综合分析，庹家湾的A型Ⅰ式鬲、A型Ⅰ式盂、B型Ⅰ式盆、B型瓮与枣阳周台的Ⅳ和Ⅴ式鬲、B型Ⅰ式盂、B型Ⅲ式盆、A型Ⅲ式瓮较相似[12]；A 型Ⅰ式盂、B型瓮还与襄阳小马家的A 型Ⅰ式盂、Ⅰ式瓮相似，而A 型Ⅱ式鬲、A型Ⅱ式盂则与襄阳小马家的A型Ⅰ式鬲、A型Ⅱ式盂接近[13]；B型Ⅰ式鬲、A型Ⅰ式盆与宜城桐树园B型Ⅱ式鬲、A型盆相似[14]。

若再作进一步的分析，发现A型Ⅰ式鬲（H61：2）介于襄樊真武山的B型Ⅴ式鬲（H44③：3，春秋中期）与宜城郭家岗A型Ⅴ式鬲（T16H206：1，春秋晚期）之间；B型Ⅰ式鬲则介于襄樊真武山的B型Ⅵ式鬲（春秋晚期）与宜城郭家岗A型Ⅸb式鬲（战国中期）之间[15]。B型Ⅲ式罐介于宜城郭家岗A型Ⅱ式（T16H206：3，春秋晚期）与A型Ⅴ式（T2H28：15，战国中期）“瓮”之间[16]；而A型瓮则介于宜城肖家岭的瓮（H18③：35，春秋早期）与云梦楚王城的A型陶瓮（88T2604⑤：3，战国中期）之间[17]。

参考以上对比材料原报道的年代，庹家湾的A型Ⅰ式鬲、A型Ⅰ式盂、A型Ⅰ式盆、B型Ⅰ式盆、A型瓮约当春秋中、晚期，而B型Ⅰ式鬲、B型Ⅲ式罐、B型Ⅲ式盆则系战国早期。A型豆的黑皮、暗纹、矮柄特点，多见于春秋时期，而浅盘、高柄的B型Ⅱ、Ⅲ式豆，则在战国时期较流行。此外，庹家湾还出有较多的蹄形鼎足，却不见鼎身。这些蹄形鼎足，时代不晚于战国早期。因此，可以将庹家湾东周文化遗存的年代定在春秋中期至战国早期。

庹家湾东周文化遗存中，虽伴出有新石器时代遗物，但主要是春秋战国时期的遗物。在剔除伴出的新石器时代遗物后，发现H60、H61、G4只出A型I式鬲、A型Ⅰ式盂、A型Ⅰ式盆、B型Ⅰ式盆，G4还出有A型瓮，未见有晚至战国的遗物，因此，这三处遗迹可定为春秋时期。而第5层及其余81处遗迹所出的遗物，既有春秋的，也有战国的，因此将它们的年代定为春战之交或战国早期。

3. 两汉、明清文化遗存

庹家湾M1是土坑竖穴墓，出土陶小口瓮、带盖罐、釜甑、壶，由于该墓只保存约一半，陶器组合应视为不全。小口瓮介于云梦睡虎地A型Ⅲ式小口瓮（M47：1）和陕西紫阳白马石A型Ⅱ式陶罐（ⅡM15：4）之间，器形、纹饰与后者酷似，而器体大小、肩部刻铭则更接近于前者。此外，还与郧县徐家坪的“陶广肩罐”（M230：4）相似[18]。带盖罐与紫阳白马石的Ⅰ式“陶瓮”（ⅠM3：6）、郧西老观庙M3的“陶敛口瓮”相似[19]。釜甑与丹江金陂M59的釜甑相似[20]。以上对比材料的原报道年代不一致，有西汉初期（云梦睡虎地M47）、早期（郧县徐家坪M230；金陂M59）、中期（白马石ⅡM15、ⅠM3）、两汉之际（老观庙M3）。将这些对比材料作进一步分析，发现这些对比材料的地点同属汉江流域，云梦在汉江下游，陕西紫阳在汉江的最上游，郧西介于云梦和紫阳之间。云梦睡虎地M47、庹家湾M1和紫阳白马石ⅡM15都出有陶小口瓮，三者又都最为接近，庹家湾M1的是介于二者之间。因此，可将庹家湾M1的年代也定在二者之间，即西汉早期。

东汉的文化遗物主要是瓦类，陶容器极少且无复原者。筒瓦、板瓦多为A型，个别的为B型，内壁多饰布纹。这类瓦主要流行于东汉时期，如襄阳洪山头所出的筒瓦和板瓦即其例[21]。双耳罐只保存上半部，器形介于随州黄土台的A与B型罐之间[22]。盆只保存底或口沿，这种平底盆或卷沿盆，在汉代常见。

明清时期的文化遗物主要是瓷器、釉陶器。瓷器分为青花瓷和青瓷，青花瓷碗的器形与襄阳民主路的A型Ⅲ式、B型Ⅱ和Ⅲ式青花瓷碗相同，仅纹饰有所不同；青瓷碗的器形也与襄阳民主路的A型Ⅱ式“颜色釉”碗相同[23]。T3623⑧：10残碗底之内底所饰的团龙纹，与景德镇观音阁的Db型I式（YT03④：1）的相同[24]。此类团龙纹还见于襄阳民主路遗址中。上述对比材料的原报道，均认定其属明代。不过，庹家湾Ⅲ式青花瓷碗的碗壁稍直、饰蕉叶纹的特点多见于清代。因此，我们将它们的时代笼统地定在明清时期较为合适。

庹家湾遗址的文化遗存分为新石器时代、东周、两汉和明清时期，其中新石器时代文化遗存虽然出自三个地层（第6～8层）及三处遗迹（H21、H89、G9），但由于出土遗物不多，可复原的陶器少，因此对时代未能细分期别。东周文化遗存出自第5层及84处遗迹（灰坑78个、灰沟6条），遗物也较丰富，但经过仔细分析，除了H60、H61、G4属春秋时期外，其余的属战国早期或春战之交。

两汉文化遗存出自第4层和七处遗迹（灰坑4个、灰沟2条、墓葬1座），除了一座墓葬（M1）为西汉的外，其余的均为东汉。而东汉的出土遗物虽不少，但除了个别的残陶容器外，余皆系陶筒瓦、板瓦，无法再作分期。

明清时期的文化遗存出第3层和四个灰坑，从其出土遗物分析，同样不能再分期。

至于晚期层位伴出的早期遗物的分期，则参照其原生层的进行。

（二）各期文化遗存特点及其属性

庹家湾新石器时代文化遗存的时代虽然有早有晚，但其主体是青龙泉三期的。因此，文化属性应是青龙泉文化或石家河文化。

庹家湾东周时期的陶鬲、盂、盆、罐，从上节的对比材料可以看出，属于楚文化的器物。如鬲已脱离了瘪裆的周式风格，成为弧裆（连裆）的楚式风格，而它们的长方体、深腹、低裆、聚足则系其时代的特征。此外，庹家湾东周器物除了以楚式的为主体外，也有一些周式的器物，如簋、小罐等。

庹家湾遗址地处汉江上游，溯江而上不远便到达陕西省，它与郧县乔家院墓地隔江相望。根据已报道的乔家院四座春秋墓，报道者认为是春秋中期晚段至春秋晚期的楚墓，是楚灭麇后楚人入主麇地的楚墓[25]。庹家湾东周文化遗存的时代与之同期，也同属楚文化。楚文化的中心在江汉平原，即汉江的下游、长江的中游地带，庹家湾遗址和乔家院墓地是目前湖北省已发掘的最靠西北端的两处楚文化遗存地点。它们的发掘表明，至迟在春秋中期楚已逼近到了汉江的上游，从而为楚文化的研究增添了新资料。

云梦秦汉墓出土的陶器中常见有戳印文，如“安陆市亭”，以标志作坊名。庹家湾M1的小口瓮肩部刻写“史公”二字，秦时虽有“物勒工名”之制，人汉后也有“汉承秦制”之说，但汉初之时仍在陶容器上刻墓主、工匠名的则不多。庹家湾M1的“史公”不可能是作坊名，墓主、工匠名也难以确定，唯暂定为这件陶小口瓮的器主名。

庹家湾东汉时期的一件陶筒瓦（T3526④：1）头端的一侧，残留信手刻写的两个文字，内容也许是作坊或工匠名，可惜因其字迹较模糊而难以认定。

庹家湾明清时期的瓷器，从其釉色、烧制技术看，属于民窑产品。

庹家湾遗址历时新石器时代、东周、两汉、明清时期，发掘所见的遗迹只有灰坑、灰沟、墓葬，没有房址、水井、窖藏、窑址等；遗物主要是陶、石器，其中新石器时代、东周、明清时期遗物均为生活器具，而汉代的则是大量的建筑材料，少见生活器具。这些发现表明，庹家湾自新石器时代以来是一处较大的居民聚居点。但由于没有发现房址及与之紧密相关的水井、窖藏，说明我们发掘所及，只是这处居民点的废弃品堆积场，据此能说明的问题颇为有限。

附记：参加发掘的有梁柱、陶洋、王新柱、陈明惠、屈盛明、金汉程、陈方艺、盛祥伟、杨学安、王新发、杨柳、艾志忠、查逢志、彭锦绣、陈时清、吴申洪、王泽霞。插图由杨柳、孟军涛、怀修君、陈方艺绘制。拓片由陈翠阁、王娟、怀修君负责。修复由王新柱、彭锦绣、陈翠阁、王娟负责。照片由郝勤建拍摄。发掘与整理工作期间，得到了湖北省文物局及其专家组的具体指导，郧西县文体局、观音镇党委和政府、垭子湾村委会给予了大力支持，谨致谢意！

执笔：梁　柱

注 释

[1] 十堰市博物馆、郧西县文化馆：《“南水北调”工程丹江口水库郧西县淹没区考古调查简报》，《江汉考古》1996年第2期；十堰市博物馆：《鄂西北考古与研究》，长江出版社，2009年。

[2] 将这种斧锛形斜刃石器定名为石刀，是依据青龙泉三期的Ⅱ式石刀。见中国社会科学院考古研究所：《青龙泉与大寺》，科学出版社，1991年，第147页，图一二二，7。

[3] 湖北省文物考古研究所：《房县七里河》，文物出版社，2008年，第127页，图九二，8、10、11。

[4] 中国社会科学院考古研究所：《青龙泉与大寺》，科学出版社，1991年，第124页，图一〇五，1。

[5] 中国社会科学院考古研究所长江工作队：《湖北均县乱石滩遗址发掘报告》，《考古》1986年第7期，第589页，图六，23。

[6] 湖北省文物考古研究所：《房县七里河》，文物出版社，2008年，第183页，图一三〇，2。

[7] 中国社会科学院考古研究所：《青龙泉与大寺》，科学出版社，1991，第172页，图一三八，13。

[8] 中国社会科学院考古研究所：《青龙泉与大寺》，科学出版社，1991年，第204页。

[9] 中国社会科学院考古研究所：《青龙泉与大寺》，科学出版社，1991年。

[10] 中国社会科学院考古研究所：《青龙泉与大寺》，科学出版社，1991年，第119页，图一〇一，1～3；第126页，图一〇七，11。湖北省文物考古研究所：《房县七里河》，文物出版社，2008年，第161页，图一至三，2、3、6；第163页，图一至五，2。

[11] 中国社会科学院考古研究所：《青龙泉与大寺》，科学出版社，1991年，第142页，图一一九，9；第195页，图一四九，17。

[12] 襄樊市文物考古研究所、枣阳市文物考古队：《枣阳周台遗址发掘报告》，《襄樊考古文集》（第一辑），科学出版社，2007年。

[13] 襄樊市文物考古研究所、襄阳区文物管理处：《襄阳黄集小马家遗址发掘简报》，《襄樊考古文集》（第一辑），科学出版社，2007年。

[14] 湖北省文物考古研究所、宜城县博物馆：《宜城桐树园遗址发掘简报》，《江汉考古》1996年第1期。

[15] 湖北省文物考古研究所、襄樊市博物馆：《湖北襄樊真武山周代遗址》，《考古学集刊》第9集，科学出版社，1995年；武汉大学历史系考古教研室、湖北省宜城市博物馆：《湖北宜城郭家岗遗址发掘》，《考古学报》1997年第4期。

[16] 武汉大学历史系考古教研室、湖北省宜城市博物馆：《湖北宜城郭家岗遗址发掘》，《考古学报》1997年第4期。

[17] 湖北省文物考古研究所、宜城县博物馆：《湖北宜城县肖家岭遗址的发掘》，《文物》1999年第1期；湖北省文物考古研究所：《1988—1989年湖北云梦楚王城遗址发掘报告》，《考古学报》2012年第1期。

[18] 湖北省博物馆：《1978年云梦秦汉墓发掘报告》，《考古学报》1986年第4期；安康水电站库区考古队：《陕西紫阳白马石汉墓发掘报告》，《考古学报》1995年第2期；中国社会科学院考古研究所湖北工作队：《湖北郧县东周西汉墓》，《考古学集刊》第6集，中国社会科学出版社，1989年。

[19] 安康水电站库区考古队：《陕西紫阳白马石汉墓发掘报告》，《考古学报》1995年第2期；郧阳地区博物馆：《郧西县老观庙汉墓的清理》，《考古》1999年第7期。

［20］ 荆州博物馆、湖北省文物局南水北调办公室：《湖北丹江口市金陂墓群的发掘》，《考古》2008年第4期。

［21］ 襄樊市考古队：《襄阳东津洪山头遗址发掘简报》，《江汉考古》1999年第4期。

［22］ 湖北省文物考古研究所：《黄土台遗址2005年发掘报告》，《湖北考古报告集》，《江汉考古》增刊，2008年6月。

［23］ 襄樊市文物考古研究所：《襄阳城内民主路遗址明代遗存发掘简报》，《襄樊考古文集》（第一辑），科学出版社，2007年。

［24］ 北京大学考古文博院、江西省文物考古研究所、景德镇市陶瓷考古研究所：《江西景德镇观音阁明代窑址发掘简报》，《文物》2009年第12期。

［25］ 湖北省文物考古研究所、湖北省文物局南水北调办公室：《湖北郧县乔家院春秋殉人墓》，《考古》2008年第4期。

附表一　庹家湾遗址发掘探方编号表

发掘次序	探方编号
第一次（27个）	T2620、T2621、T2724、T2824、T2825、T2922、T2925、T2926、T3022、T3023、T3122～T3124、T3127、T3223～T3225、T3228、T3324 T3327、T3425～T3427、T3526、T3527
第二次（35个）	T3220、T3221、T3318～T3321、T3418～T3421、T3519、T3521～T3524、T3621～T3625、T3722～T3726、T3823 ～T3827、T3925～T3928、T4027
第三次（20个）	T1 716、T1815～T1817、T1915、T191 6、T2015、T2016、T2018、T2112、T2117～T2119、T2210、T2213、T2309、T2316、T2317、T241 6、T241 7

附表二　庹家湾遗址遗迹登记表　（长度单位：米）

编号	层位	形状与结构	尺寸（口长×宽-深）	遗物	时代
H1	⑤—H1→H3、H4→生土	近椭圆形口，弧壁，圜底	东西5.95×3.55-0.35	大量东周陶鼎、鬲、罐、豆等残片和少量新石器时代陶片和石器等	战国
H2	②—H2→③—④	近圆形口，弧壁，圜平底	南北1.25×0.8-0.4	零星东汉陶瓦及明清青花瓷碗等残片	明清
H3	②—H3→③—④—H66→H77→生土	不规则形口，弧壁，圜底	南北2.5×2.3-1.9	大量东汉陶筒瓦和板瓦残片及零星的明清瓷片	明清
H4	③—H4→④	近椭圆形口，弧壁，圜底	南北1.3×0.92-0.25	零星的东汉陶瓦残片及零星的东、周陶片、明清瓷片	明清
H5	⑤—H5→生土	近椭圆形口，弧壁，圜底	南北2.6×1.56-（0.14～0.21）	较多东周陶鼎、鬲、罐、豆等残片	战国
H6	⑤—H6→生土	近椭圆形口，弧壁，圜底	东西1.8×1.02-（0.1～0.24）	较多东周陶鼎、鬲、罐、豆等残片	战国
H7	⑤—H7→生土	近椭圆形口，弧壁，圜底	东西1.3×0.78-（0.2～0.27）	较多东周陶鼎、鬲、罐、豆等残片	战国
H8	⑤—H8→生土	近椭圆形口，弧壁，圜平底	东西0.6×0.5、坑底0.4×0.4-0.25	零星的东周陶罐、豆等残片	战国
H9	⑤—H9→生土	近椭圆形口，弧壁，圜底	南北2.14×1.25-（0.25～0.3）	少量的新石器时代陶片和石镞等以及一些东周陶鼎、鬲、罐、豆等残片	战国
H10	⑤—H10→生土	近椭圆形口，弧壁，圜底	南北1.69×1.34、坑底1.62×1-（0.16～0.2）	少量东周陶鬲、罐等残片	战国
H11	⑤—H11→生土	近椭圆形口，弧壁，圜底	东西0.76×0.76、坑底0.66×0.54-（0.16～0.2）	少量东周陶罐、豆等残片	战国
H12	⑤—H12→⑥—生土	近椭圆形口，弧壁，弧底，坑内堆积分五层	南北2.4×2-1.25	少量的新石器时代陶片和石器等以及大量的陶鼎、鬲、罐、豆等残片	战国

续表

编号	层位	形状与结构	尺寸（口长×宽–深）	遗物	时代
H13	⑤—H13→⑥—生土	近椭圆形口，弧壁，圜底，坑内堆积分二层	南北4.6×2.35、坑底南北2.4×1.1–0.5	少量的新石器时代石镞、斧、凿等以及大量的东周陶鼎、鬲、鬶、罐、盂、盆、豆等残片	战国
H14	⑤—H14→⑥—生土	平面近椭圆形口，弧壁，圜底	南北1.2×1、坑底南北1×0.8–0.35	少量陶罐、盂、豆、盆、杯等残片	战国
H15	⑤—H15→⑥—生土	近椭圆形口，弧壁，圜底	南北1.2×1、坑底南北1×0.8–0.35	少量新石器时代陶片和石器等，以及较多东周陶鼎、鬲、豆、罐、纺轮等残片	战国
H16	⑤—H16→G2→⑥—生土	近圆形口，弧壁，圜底	直径1.75×1.85–0.55	较多东周陶鬲、豆、罐、盆等残片及残石器等	战国
H17	⑤—H17→⑥—生土	近椭圆形口，弧壁，圜底	东西2×1.7–0.4	少量东周陶鼎、鬲、豆、罐等残片及石斧等	战国
H18	⑤—H18→⑥—生土	不规则形口，弧壁，圜底	东西1×0.75、坑底0.32×0.03–（0.23～0.25）	少量新石器时代陶片和石器等，以及较多东周陶鼎、鬲、豆、罐等残片	战国
H19	⑤—H19→⑥—生土，被G2打破	近椭圆形口，弧壁，圜底	东西1.66×0.75–0.35	少量东周陶鬲、豆、盆、罐等残片	战国
H20	③—H20→④—⑤—生土	近椭圆形口，弧壁，圜底	南北5.5×4.8–1.75	零星的明清瓷碗片等，较多东汉陶板瓦、筒瓦片及少量东周陶鬲、罐等残片	明清
H21	⑥—H21→生土	不规则形口，弧壁，圜底	东西3.5×2.3–0.8	少量新石器时代陶罐、鼎等残片	新石器时代
H22	④—H22→⑤—生土	近椭圆形口，弧壁，圜底	东西1.55×0.8–（0.15～0.3）	较多东周陶鬲、豆、盒、罐等残片	战国
H23	⑤—H23→生土	近椭圆形口，弧壁，圜底	东西2.25×1.25–（0.15～0.4）	较多的新石器时代筒形器等残片，以及较多的东周陶鬲、豆、罐残片	战国
H24	④—H24→⑤—⑥—生土	近椭圆形口，弧壁，圜底，坑内堆积分二层	东西3×2.75–0.7	少量的新石器时代陶片和石器等，较多的东周陶鬲、豆、罐等残片	战国
H25	⑤—H25→H29→⑥—生土	近椭圆形口，弧壁，圜底	南北2.5×1.6–（0.2～0.6）	一些新石器时代陶片和石器等，较多的东周陶鼎、鬲、豆、罐等残片	战国
H26	⑤—H26→生土	近椭圆形口，弧壁，圜底	南北1.2×1.08、坑底0.9×0.6–0.37	少量东周陶鬲、豆、罐等残片	战国

续表

编号	层位	形状与结构	尺寸（口长×宽-深）	遗物	时代
H27	⑤—H27→G4→⑥—生土	近椭圆形口，弧壁，圜底	南北1.45×1.15–0.45	较多东周陶鬲、豆、罐等残片	战国
H28	⑤—H28→H29→⑥—生土	不规则形口，弧壁，圜底	东西4.6×1.44–（1.6～0.46）	较多的新石器时代陶筒形器等残片，以及较多的东周陶鬲、罐残片	战国
H29	⑤—H29→⑥—生土，被H25和H28打破	近椭圆形口，弧壁，圜底	东西2×1.4–（0.1～0.4）	较多的新石器时代陶筒形器、罐等残片，以及较多的东周陶鼎、鬲、豆、罐、盂残片	战国
H30	⑤—H30→G6→⑥—生土，被G2打破	近椭圆形口，弧壁，圜底，坑底凹凸不平，有水旋洞	东西6.6×5.5–1.3	大量的新石器时代陶鬶、筒形器等残片，还有大量的东周陶鼎、鬲、盂、盆、豆、罐残片	战国
H31	③—H31→⑥—生土	近椭圆形口，弧壁，圜底	东西1.55×1.3–1	零星的汉代砖瓦及东周陶鬲、罐等残片	东汉
H32	⑤—H32→生土	近圆形口，弧壁，圜底	南北1.5×1.28–0.3	少量东周陶鬲、豆、罐等残片及新石器时代陶片、石器等	战国
H33	③—H33→⑤—⑥	近椭圆形口，弧壁，圜底	南北1.96×0.82–0.36	少量汉代砖瓦及东周陶鼎、鬲、罐等残片	东汉
H34	③—H34→⑤—⑥	近椭圆形口，弧壁，圜底	东西1.54×0.38–0.56	少量东周陶鼎、鬲、罐等残片	战国
H35	③—H35→⑤—⑥	近椭圆形口，弧壁，圜平底	南北1.9×0.9–（0.35～0.45）	少量东周陶鼎、鬲、罐等残片	战国
H36	⑤—H36→G7→⑥—生土	不规则形口，弧壁，圜底	东西2.7×1.3–0.49	少量东周陶鬲、罐等残片	战国
H37	⑤—H37→⑥—生土	近椭圆形口，弧壁，圜底	南北3.8×3.2–0.84	少量的新石器时代陶片和石器等，较多的东周陶鬲、盆、豆、罐等残片	战国
H38	③—H38→⑥—生土	近椭圆形口，弧壁，圜底	东西4.9×3–0.9	较多的新石器时代陶筒形器等残片，较多的东周陶盂、盆、罐残片	战国
H39	⑤—H39→⑥—生土	近椭圆形口，弧壁，圜底	东西1.38×0.9–0.6	少量东周陶鬲、罐等残片	战国
H40	⑤—H40→⑥—生土	近腰鼓形口，弧壁圜底	东西3.9×2.2–（0.1～0.47）、坑底东西1.9×0.5	少量东周陶鬲、罐等残片	战国

续表

编号	层位	形状与结构	尺寸（口长×宽–深）	遗物	时代
H41	⑤—H41→⑥—生土	近椭圆形口，弧壁，圜底坑内堆积分为两层	南北2.7×2.32–0.65	一些新石器时代陶片和石器等，以及大量东周陶鬲、盂、豆、罐、盆等残片	战国
H42	③—H42→⑤—⑥—生土	近椭圆形口，弧壁，圜底	南北4×3.4–0.5	少量东汉砖瓦及东周陶鬲、豆、罐等残片	东汉
H43	③—H43→⑤—⑥—生土	近椭圆形口，弧壁，圜底	东西3.7×2.34–0.62	较多的新石器时代陶筒形器等残片，另有较多的东周陶鬲、豆、罐、盂、盆残片	战国
H44	③—H44→⑤—⑥—生土	近椭圆形口，弧壁，圜底	东西4.58×3.39–0.39	较多的东周陶片以及较多的东汉陶板瓦、筒瓦、砖、罐等残片	东汉
H45	⑤—H45→⑥—生土	近长方形口，弧壁，圜底	南北4× 3–0.55	大量东周陶鬲、盂、豆、罐、壶等残片	战国
H47	⑤—H47→⑥—生土	不规则形口，弧壁，圜底	东西2.82×2.7–（0.5~0.53）	较多东周陶鬲、盂、豆、罐等残片	战国
H48	⑤—H48→生土，被H38打破	椭圆形口，弧壁，圜底	南北2.2×2–0.6	少量东周陶罐、盆、盂等残片	战国
H49	⑤—H49→⑥—生土	近椭圆形口，弧壁，圜底	东西1.16× 0.8–0.36	少量新石器时代陶鼎足等，还有少量的东周陶盂、罐等残片	战国
H50	③—H50→⑤—H51	近椭圆形口，弧壁，圜底	东西1.85×0.4–0.34	少量新石器时代陶片和石器等，并有大量东周陶鬲、盂、豆、罐等残片	战国
H51	⑤—H51→⑥—生土，被H50打破	近椭圆形口，弧壁，圜底	东西3.43×1.44–0.67	大量东周陶鬲、盂、豆、罐等残片	战国
H52	⑤—H52→⑥—生土	近椭圆形口，弧壁，圜底	南北1.9×1.7–0.82	少量新石器时代陶片和石器等，大量东周陶鬲、盂、豆、罐、盒等残片	战国
H53	⑤—H53→⑥—H55→生土	近椭圆形口，弧壁，圜底	东西2.5×1.8–0.24	大量东周陶鬲、盂、豆、罐等残片	战国
H54	⑤—H54→⑥—生土	椭圆形口，弧壁，圜底	南北2.3×1.47–0.33	少量新石器时代陶片和石器等，以及较多东周陶鬲、盂、盆、豆、罐等残片	战国
H55	H53—H55→生土，被H53叠压	近圆形口，弧壁，圜底	南北1.05×0.9–0.6	少量新石器时代陶片和石器等，以及大量东周陶鬲、盂、豆、罐等残片	战国

续表

编号	层位	形状与结构	尺寸（口长×宽-深）	遗物	时代
H56	⑤—H56→生土，被H38、H43打破	不规则形口，弧壁，圜底	东西1.8×1.5–0.52	少量东周陶盂、豆、罐等残片	战国
H57	⑤—H57→⑥—生土	不规则形口，弧壁，圜底，坑内堆积分两层	南北2.2×1.75–0.35	较多东周陶鬲、盂、豆、罐等残片	战国
H58	⑤—H58→⑥—生土	近长圆形，弧壁，圜底	南北1.5×1.1–0.45	一些新石器时代陶鬶足和石器等，另有较多东周陶鬲、盂、豆、罐等残片	战国
H59	⑤—H59→⑥—生土	近椭圆形口，弧壁，圜底	东西2.5×0.6–0.4	零星东周陶罐残片	战国
H60	⑤—H60→⑦	近椭圆形口，弧壁，圜底	南北7.1×4.55–0.55	较多的新石器时代陶杯、纺轮、鼎足和石器等，还有鹿角、猪、牛等动物骨头、牙齿，还有大量的东周陶鬲、盂、豆、罐等残片	春秋
H61	⑤—H61→⑦	近椭圆形口，弧壁，圜底	东西5.38×5.06–0.76	较多的新石器时代陶杯、纺轮、鼎足、鬶等，以及大量的东周陶鬲、盂、豆、罐、鼎足等残片	春秋
H63	⑤—H63→⑥—生土	长方形口，斜壁圜平底	东西（1.3～1.8）×0.98–0.58	较多的新石器时代陶片和石器等，以及较多的东周陶鬲、盂、豆、罐残片	战国
H64	⑤—H64→⑥—生土	长方形口，斜壁，圜平底	南北1.5×0.7–0.75	零星东周陶豆、罐残片	战国
H65	⑤—H65→H77→⑥—生土	不规则形口，弧壁，圜底	南北2.4×1.7–0.4	较多东周陶鬲、盂、豆、罐残片	战国
H66	⑤—H66→H77→⑥—生土	近椭圆形口，弧壁，圜底	南北2.7×0.55–0.55	较多东周陶鬲、盂、豆、罐残片	战国
H67	⑤—H67→⑥—生土	圆角长方形口，弧壁，圜底	东西8×1.1–0.5	少量东周陶鬲、盂、豆、罐残片	战国
H68	⑤—H68→⑥—H79→生土	近椭圆形口，弧壁，圜底	东西1.48×1.26–0.72	少量东周陶鬲、盂、豆、罐残片	战国
H69	⑤—H69→⑥—生土	近椭圆形口，弧壁，圜底	南北1.65×0.4–0.5	较多陶鬲、盂、豆、罐残片	战国
H70	⑤—H70→⑥—生土，被H58打破	近椭圆形口，弧壁，圜底	南北1.6×1.5–0.9	零星的新石器时代陶筒形器等残片，以及少量的东周陶盂、罐等残片	战国

续表

编号	层位	形状与结构	尺寸 （口长×宽-深）	遗物	时代
H71	⑤—H71→⑥—生土	近圆形口，弧壁，圜底	东西1.33×1.2–0.48	少量新石器时代陶筒形器等残片，以及少量的东周陶盂、罐等残片	战国
H72	⑤—H72→⑥—生土	不规则形口，弧壁，圜底	南北2.7×1.5–0.6	少量新石器时代陶筒形器等残片及纺轮，另有一些东周陶盂、罐等残片	战国
H73	⑤—H73→⑥—生土	坑外口近长方形、内口近椭圆形，弧壁，圜底	南北1.23×1.05–0.58	少量新石器时代陶筒形器等残片及少量东周陶盂、罐等残片	战国
H74	⑤—H74→⑥—生土	圆角三角形口，弧壁，圜底	东西2.13×1.98–0.71	大量新石器时代陶筒形器、圈足等残片，也有大量的东周陶鬲、盂、豆、罐等残片	战国
H75	⑤—H75→⑥—生土	不规则形口，弧壁，圜底	东西5.2×2.1–0.5	少量东周夹砂灰陶片	战国
H77	⑤—H77→⑥—生土，被H65、H66打破	不规则形口，弧壁，圜底	南北3.8×2.9–1.1	少量新石器时代陶鼎足、筒形器、缸、鬶等，以及少量东周陶鬲、盂、豆、罐等残片	战国
H78	⑤—H78→⑥—生土	不规则形口，弧壁，圜底	南北4×3.5–0.55	较多的新石器时代纺轮、鼎足、鬶足、缸片等，另有较多的东周陶鬲、盂、罐、豆等残片	战国
H79	⑤—H79→生土，被H68打破	椭圆形口，弧壁，圜底	东西1.36×0.8–0.4	大量新石器时代陶鼎等残片、石器等及少量的河蚌、猪牙等，还有大量的东周陶鬲、盂、罐、豆等残片	战国
H80	⑤—H80→生土	近圆形口，弧壁，圜底	东西1.5×1.44–0.54	少量东周陶盂、罐等残片	战国
H81	⑤—H81→⑦—生土	不规则形口，弧壁，圜底	东西1.72×0.95–0.6	少量东周陶鬲、罐残片	战国
H82	⑤—H82→⑥—生土	近椭圆形口，弧壁，圜底	南北2.7× 2.2–（0.1～0.4）	较多新石器时代的筒形器等残片和较多的东周陶鬲、盂、豆、罐等残片	战国

续表

编号	层位	形状与结构	尺寸 （口长×宽-深）	遗物	时代
H83	⑤—H83→⑥—生土	近椭圆形口，弧壁，圜底	南北6.4×2.3–0.5	较多新石器时代陶筒形器等残片和较多的东周陶鬲、盂、豆、罐等残片	战国
H84	⑤—H84→⑥—生土	不规则形口，弧壁，圜底	南北2.55×2.2–0.75	少量新石器时代陶片和大量东周陶罐等残片	战国
H85	⑤—H85→⑥—生土	椭圆形口，弧壁，圜底	南北2.1× 1.7–（0.35～0.55）	少量新石器时代陶片和石器等，大量东周陶盆、罐、缸等残片	战国
H86	⑤—H86→⑥—生土	椭圆形口，弧壁，圜底	南北2.5×1.4–1.64	大量东周陶罐、缸等残片	战国
H87	⑤—H87→⑥—生土	近椭圆形口，弧壁，圜底	南北1.5×0.7–0.5	较多新石器时代陶筒形器、圈足等残片和较多东周陶罐、盆等残片	战国
H88	⑤—H88→⑥—生土	近椭圆形口，弧壁，圜底	南北2.9×1.3–1.35	较多新石器陶筒形器、圈足等残片及较多东周陶盆、罐等残片	战国
H89	⑥—H89→⑦—生土	近椭圆形口，弧壁，圜底	南北1.6×1.4–0.56	个别陶片，器形难辨	新石器时代
H90	⑤—H90→⑥—生土	近椭圆形口，弧壁，圜底	东西1.56×1.3–0.5	少量东周陶鬲、豆、罐等残片	战国
H91	⑤—H91→⑥—生土	椭圆形口，弧壁，圜底	南北1.7×0.85–（0.3～0.4）	较多陶壶、盆、罐、筒形器等残片	战国
H92	⑤—H92→⑥—生土	近椭圆形口，弧壁，圜底	东西3.7×3–0.66	较多新石器陶筒形器、圈足等残片以及较多的东周陶盆、罐等残片	战国
G1	④—G1→⑤—生土	沟口长方形，弧壁，圜底，西南—东北流向，沟底坡度3度	沟口南北9.6×1.8–2、沟底1.7× 1.75–（0.6～0.7）	少量东周陶豆罐等残片和较多东汉砖瓦残片	东汉
G2	⑤—G2→H19、H20→⑥—生土，被H16打破	沟口长方形，直壁，圜底，东北—西南流向，沟底坡度5度	沟口南北7.8× 0.25–0.64、沟底5×0.6–（0.2～0.26）	少量的新石器时代陶筒形器等残片，东周陶鼎、鬲、罐、豆等残片及东汉砖瓦残片	战国
G3	④—G3→⑤—生土	沟口不规则形，直壁，圜底，北—南流向，沟底坡度7度	南北0.33×（0.1～0.8）–（0.05～0.2）	无	东汉

续表

编号	层位	形状与结构	尺寸 （口长×宽-深）	遗物	时代
G4	⑤—G4→⑥—生土	沟口呈弯曲的长条形，直壁，圜底，西北一东南向，沟底坡度20度	南北3.7×（0.4～0.7）-（0.2～0.5）	大量新石器时代陶筒形器、圈足等残片及大量东周陶鼎、鬲、罐、瓮、豆等残片	春秋
G5	⑤—G5→⑥—生土	沟口呈弯曲的长条形，直壁，圈底，北一南流向，沟底坡度10度	南北4×（0.1～0.4）-（0.35～0.4）	少量东周陶片	战国
G6	⑤—G6→⑥—生土，被H30打破	沟口呈弯曲的长条形，直壁，圜底，南一东北流向，沟底坡度5度	沟口南北2.5×0.45-1.1、沟底0.15×0.25-0.65	大量新石器时代陶筒形器等残片及较多东周陶鼎、鬲、罐、豆等残片	战国
G7	⑤—G7→⑥—生土，被H36打破	沟口长条形，直壁，圜底，西北一东南向，沟底坡度8度	南北3×0.46-0.18	零星的东周陶鬲、罐等残片	战国
G8	⑤—G8→⑥—生土	沟口不规则形口，弯曲，直壁，圜底，西北一东南流向，沟底坡度6度	南北4.65×（1～2.5）-（0.3～0.65）	少量陶鬲、盂、罐、筒形器等残片	战国
G9	⑦—G9→⑧—生土	沟口长方形，直壁，圜底，西南一东北流向，沟底坡度4度	沟口东西9.5×（1.7～2.8）-（0.8～0.9）、沟底9.2×（1.3～2.3）-（0.8～0.9）	零星的新石器时代陶片，可辨器形有陶钵、罐、锉等	新石器时代
M1	①—M1→生土	长方形土坑竖穴，填土为五花土，未夯，棺椁及人骨均腐朽无存	墓口东西长4.3、南北残宽1.8、墓底东西长4、南北宽1.6、墓口距地表深0.25～0.3、距墓底深2.7	陶小口瓮、带盖罐4、壶、釜甑，个别有红色彩绘	西汉

武当山月亮地墓群第三次发掘简报

襄阳市文物考古研究所

月亮地墓群位于武当山旅游经济特区寨沟村，西南与柳树沟墓群隔水相望，距离武当山旅游经济特区约15千米，中心地理坐标东经111° 09′ 09.88″，北纬32° 32′ 17.87″，海拔138～145米（图一）。

月亮地墓群前后共进行了三次发掘，2011年和2012年上半年襄阳市文物考古研究所对月亮地墓群进行了第一次、第二次发掘，并根据墓地地形地貌将发掘区划分为Ⅰ～Ⅴ区。第三次发掘接前两次发掘布方，主要在Ⅱ区、Ⅲ区的南部山坡高地，较前两次发掘地势高。发掘遗迹以

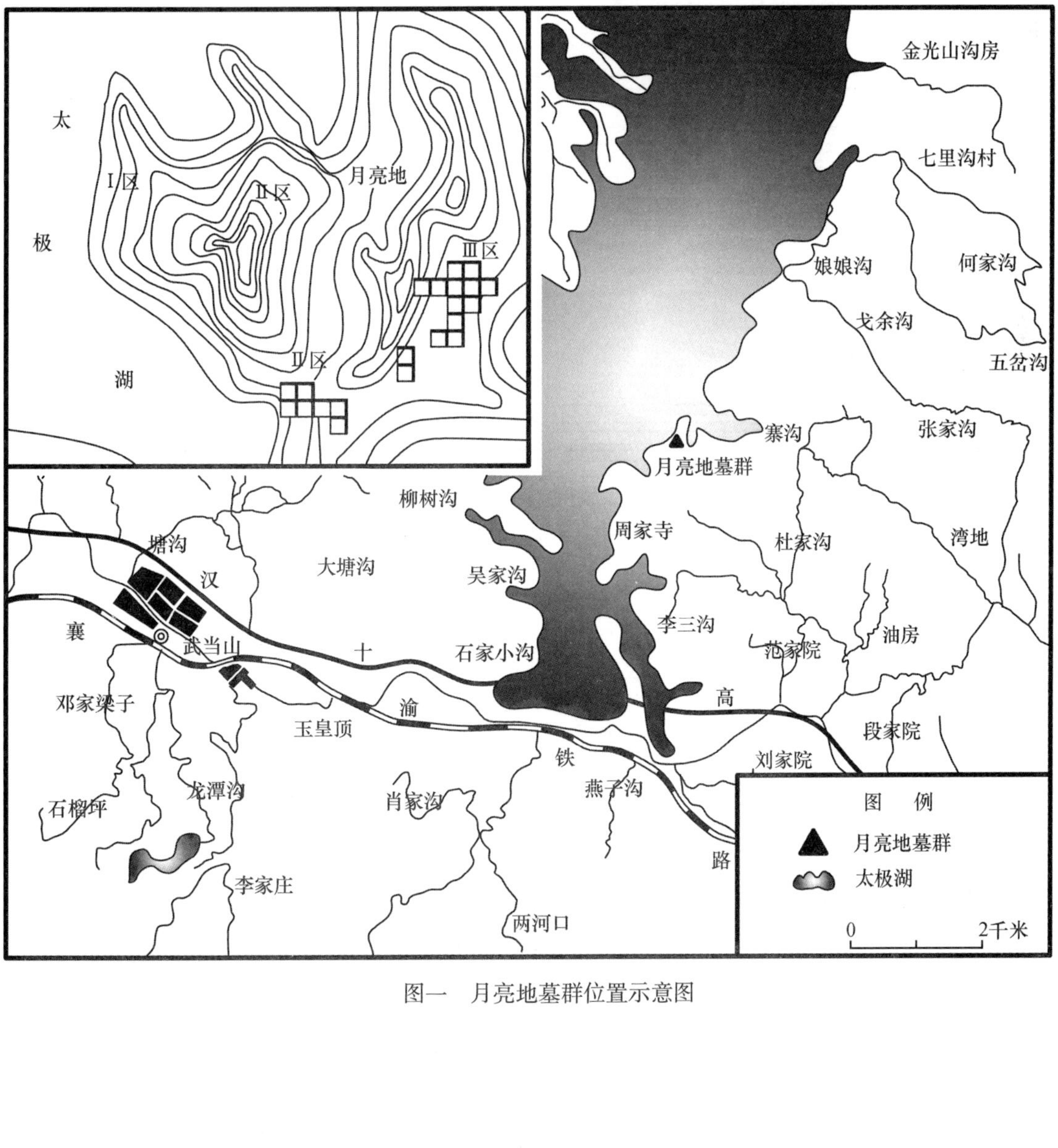

图一　月亮地墓群位置示意图

战国秦至西汉时期竖穴土坑墓为多，兼有部分明代砖室墓葬，共发掘墓葬12座，墓葬编号接前两期发掘顺编为M138～M149。

一、战国秦墓

战国秦墓和西汉墓主要集中在Ⅲ区，发掘墓葬8座。其中战国秦墓葬2座，M147、M149。

（一）墓葬形制

M147　方向30°。长方形竖穴土坑墓，墓室长3.2、宽2.2、深2.2米。单棺单椁，仅见椁腐朽痕迹，棺朽痕不明显，墓底散落一层黑漆皮，椁痕南北长2.7、东西宽1.76、厚0.1、高0.4米。墓壁陡直粗糙，填黄色夹灰白色花土，土质坚硬。人骨架无存。随葬器物均为陶器，放置于椁内西北角（图二）。

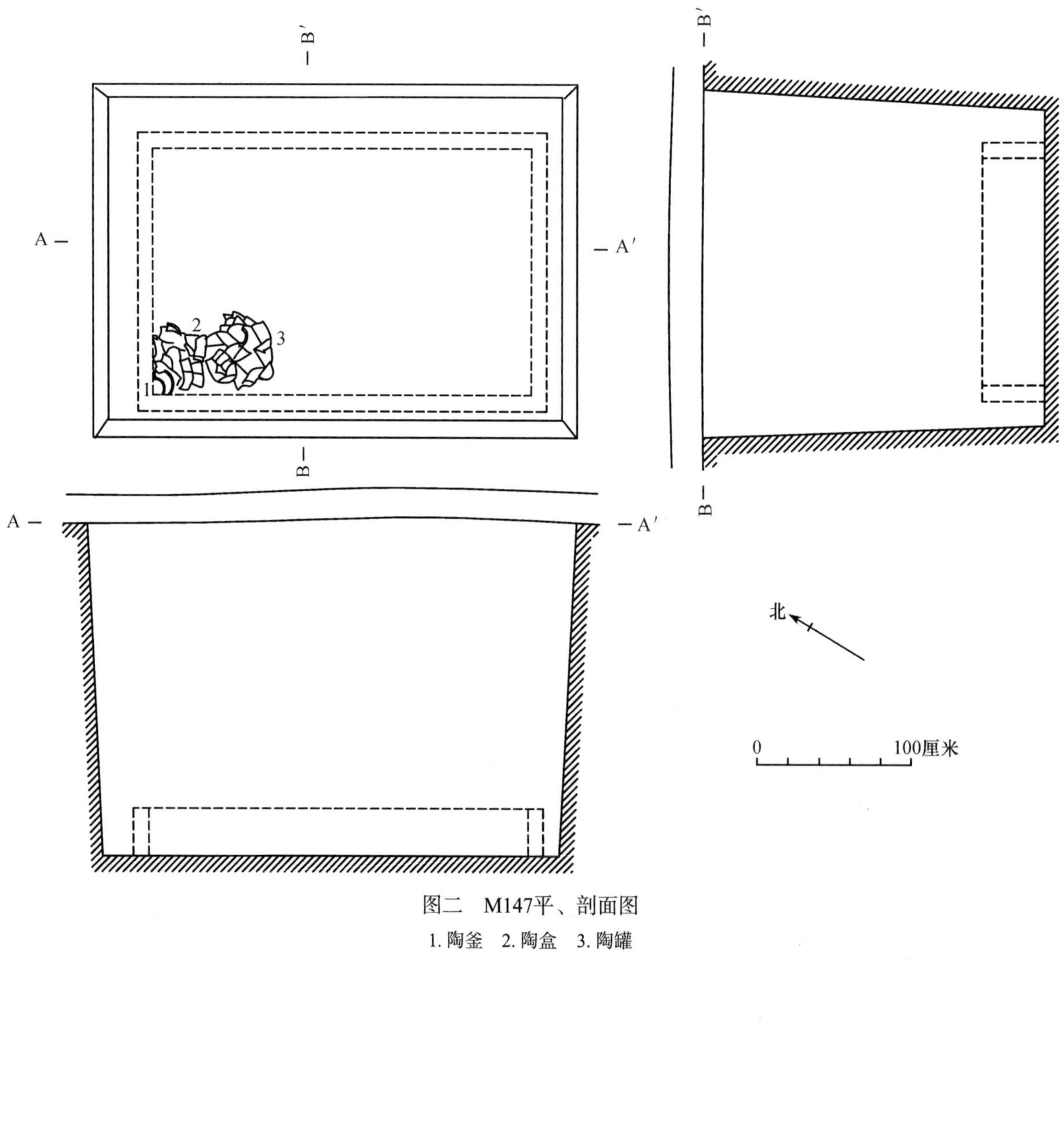

图二　M147平、剖面图

1. 陶釜　2. 陶盒　3. 陶罐

M149　方向25°。长方形竖穴土坑墓，墓室长3.2、宽1.8、深1.1米。墓壁陡直粗糙，填黄色夹灰白色花土。单棺单椁，棺椁已朽，椁朽痕长2.9、宽1.4、厚0.1、高0.2米，棺朽痕长2.26、宽0.74、厚0.06、高0.08米。人骨架已朽无存。随葬器物放置于墓室西部，均为陶器，多数器物饰有朱红彩绘，主要有鼎、壶、瓮、罐、鍪、盂、盒、盆、盘、豆、匜、杯（图三；图版三一，1）。

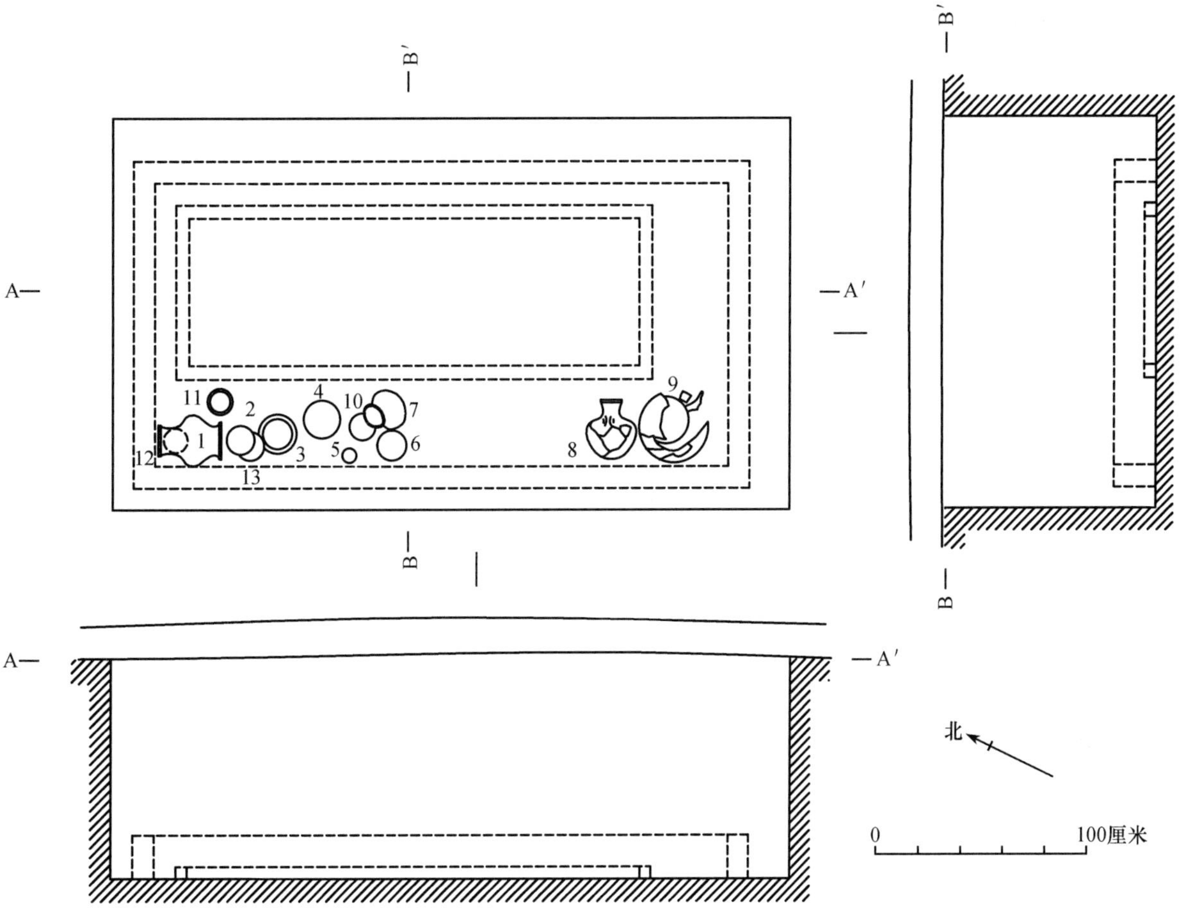

图三　M149平、剖面图

1. 陶壶　2、4. 陶盂　3. 陶鼎　5. 陶杯　6. 陶盒　7. 陶鍪　8. 陶罐　9. 陶瓮　10. 陶匜　11. 陶盒　12. 陶盘　13. 陶豆

（二）随葬器物

鼎　1件。M149：3，泥质褐灰陶。子母口，对称长方形附耳，圜底，三蹄足微外撇；隆顶盖，盖顶有喇叭形握手。素面，器表饰朱红纹饰，图案断续不清。口径14、通高19厘米（图五，2；图版三一，2）。

壶　1件。M149：1，泥质褐灰陶。圆唇，侈口，长束颈，圆鼓腹，喇叭形圈足。素面。口径13.5、腹径21.3、通高31、圈足径14.5厘米（图四，2）。

瓮　1件。M149：9，泥质褐灰陶。敛口，矮颈，广折肩，深弧腹，下腹折收，小凹底。肩饰一道棱纹，中腹饰有间断绳纹，下腹及底饰有交错绳纹。口径16.2、腹径32.5、通高26.1、底径10厘米（图四，1；图版三一，3）。

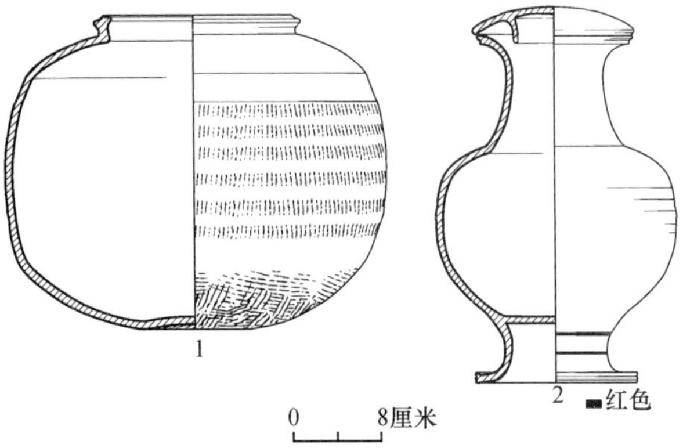

图四　战国秦墓出土陶器
1. 瓮（M149：9）　2. 壶（M149：1）

罐　2件，修复1件。M147：3，残破严重，未能修复。M149：8，泥质灰陶。敞口，圆唇，翻沿，束颈，圆肩，鼓腹下收，凹底，肩有对称双鼻耳。颈饰凹弦纹，肩至中腹饰间断绳纹，下腹及底饰交错绳纹。口径15、腹径24、通高25.5、底径8厘米（图五，5；图版三二，1）。

鍪　1件。M149：7，泥质灰陶。侈口，束颈，溜肩，鼓腹，圜底，肩有对称双弓耳。下腹及底饰有交错绳纹。口径13、腹径18.4、高14.5厘米（图五，1；图版三二，2）。

釜　1件。M147：1，泥质褐灰陶。圆唇，侈口，束颈，折肩，单鼻耳，弧腹下收，凹底。口径11.5、通高11.5、底径8厘米（图五，6；图版三二，3）。

豆　1件。M149：13，泥质灰陶。方唇，盘口，折腹，矮柄中空，喇叭形宽平圈足。器壁内外均饰几何纹朱红彩绘。口径13.2、高6、底径8厘米（图六，2；图版三二，4）。

盒　2件。M147：2，泥质灰陶。子母口，弧腹下收，平底微凹，腹部饰一道凹弦纹；缺盖。口径16.6、通高7.5、底径6.8厘米（图六，7）。M149：6，子母口，弧腹内收，矮圈足；隆顶盖，小喇叭形握手，盖顶饰两道连线红彩三角纹。口径17、高15、圈足径9.5厘米（图五，4；图版三，5）。

盂　2件。M149：2，泥质褐灰陶。口微敛，圆唇，口沿不水平，一边高一边低，弧腹内收，平底微内凹。素面。高3.1～3.5、口径14、底径7.5厘米（图六，4）。标本M149：4，高3.7、口径15、底径8厘米（图六，5）。

杯　1件。M149：5，圆唇，喇叭形敞口，斜直深腹，平底略凹。沿饰红彩，腹部满饰红彩连线三角纹，内壁饰一道红彩带纹。口径9、高6.2、底径5.5厘米（图六，3）。

匜　1件。M149：10，泥质灰陶。平面呈桃形，侈口，一端有流，平底。口外饰一周红彩带，上腹满饰红彩连线三角纹。口径11.5、高9.8、底径5厘米（图六，1）。

盆　1件。M149：11，泥质灰陶。敛口，圆唇，弧腹下收，平底微凹。口径23、高8、底径10.5厘米（图六，6）。

盘　1件。M149：12，泥质灰陶。敞口，方唇，平折沿，上腹圆弧，下腹折收，平底微内凹。沿面、内壁及内底饰朱红纹饰。口径16、高4、底径6厘米（图五，3）。

二、西　汉　墓

西汉墓6座，M142、M143、M144、M145、M146、M148，位于Ⅲ区北部。均为竖穴土坑墓，无墓道，多呈南北向，开口于耕土层下，口大底小，坑壁规整、粗糙，底平。墓口最大的长3.3、宽2.2、深2.1米，最小的长2.6、宽1.7、深1.2米。葬具仅存棺椁腐朽后的黑色和青灰色

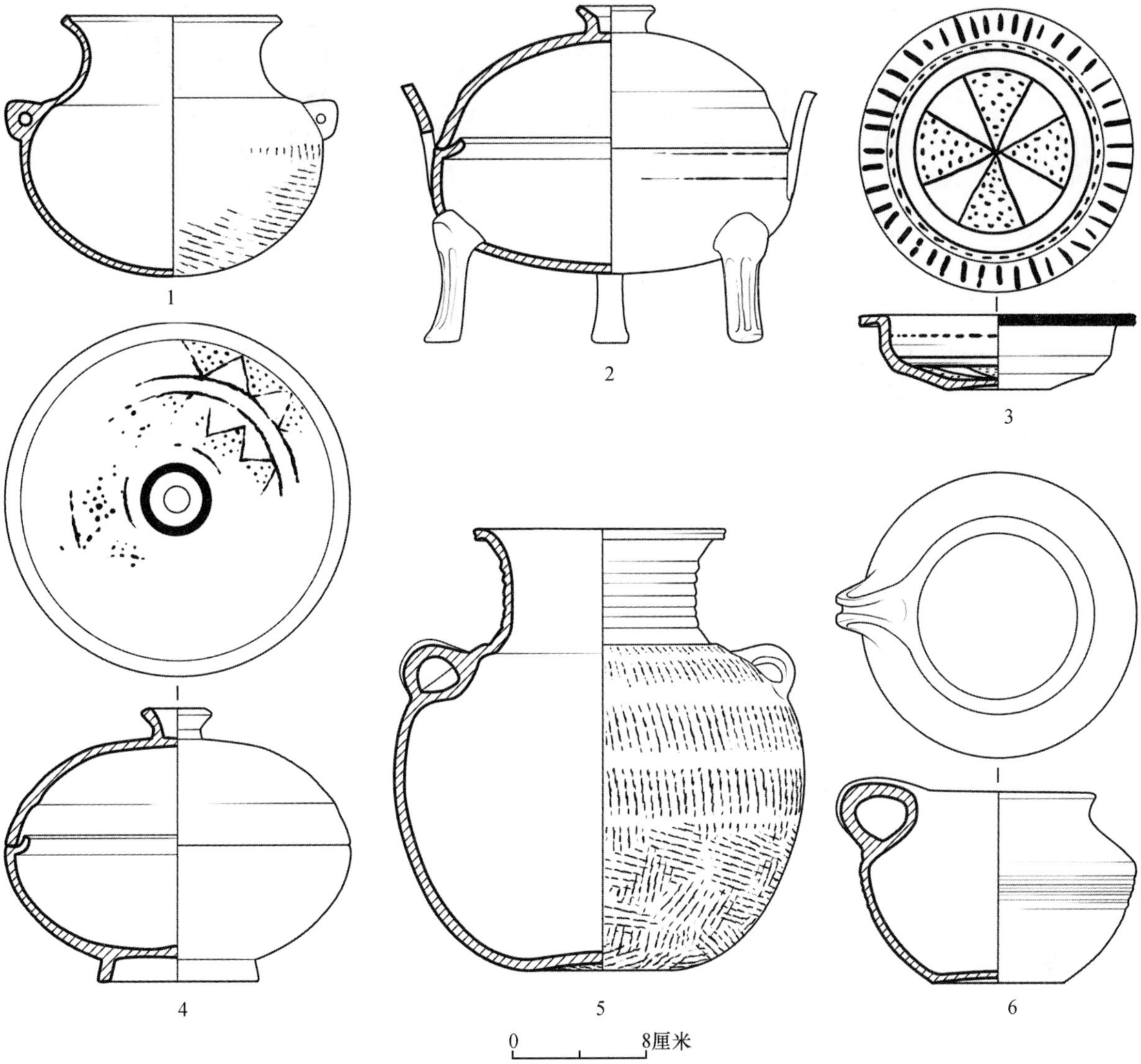

图五 战国秦墓出土陶器

1. 鍪（M149：7） 2. 鼎（M149：3） 3. 盘（M149：12） 4. 盒（M149：6） 5. 罐（M149：8） 6. 釜（M147：1）

痕迹，从腐朽残存痕迹可判明葬具多为一椁一棺，椁痕形状为长方形，均单人葬，人骨架无存，葬式不详。随葬器物放置在椁棺之间，无椁的置于棺外，多数在棺外边厢。出土随葬器物以陶器为主，铜器仅见带钩、铜钱。陶器均为泥质灰陶，器物纹饰多为绳纹、弦纹。陶器制作方法以轮制为主；主要为日用陶器、仿铜礼器，器形有鼎、壶、双耳罐、釜、豆、鍪、盒等。

现以M143、M145为例详细说明。

（一）墓葬形制

M143 方向10°。长方形竖穴土坑木椁墓，无墓道。墓室通长3.1、宽1.9、深1.2～1.6米。墓口东高西低，坑壁陡直、规整，墓室内填黄褐色夹白斑点花土，填土坚硬，未见夯筑迹象。棺椁腐朽痕清晰，人骨架腐朽无存，椁腐痕长2.5、宽1.4、高0.2米，棺腐痕长1.5、宽

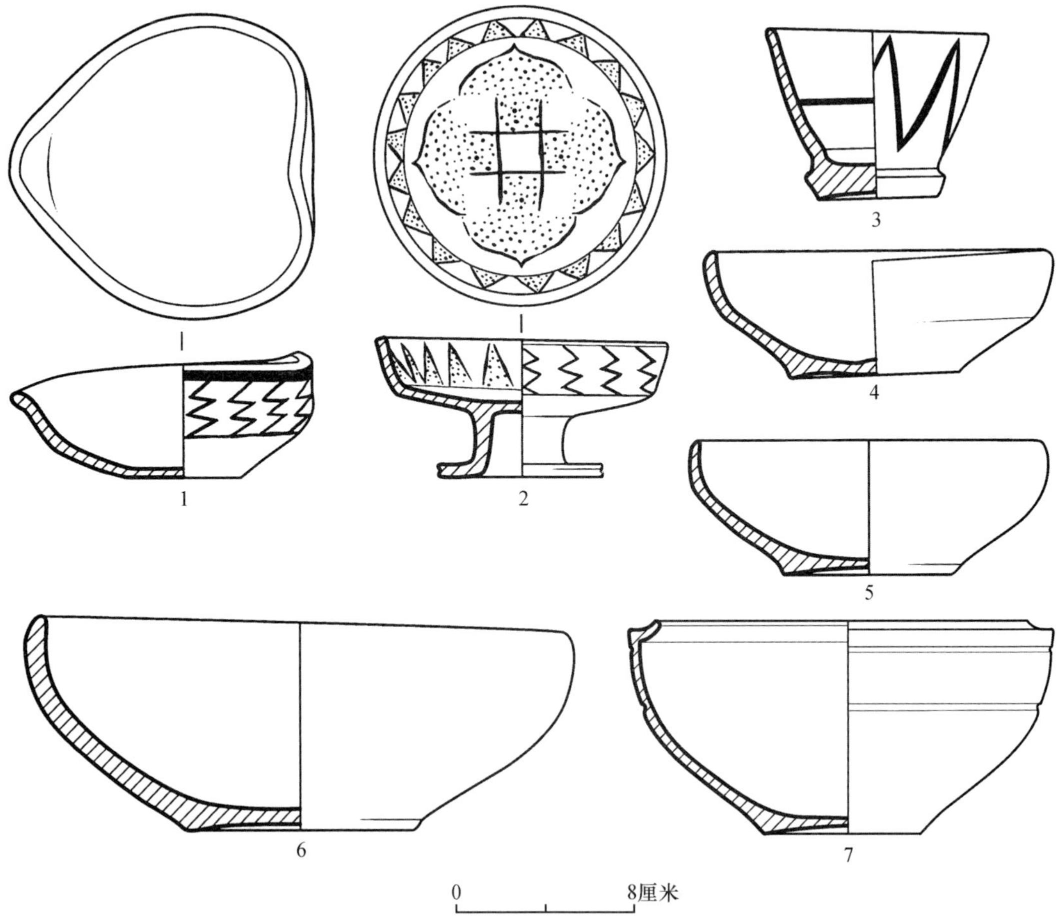

图六　战国秦墓出土陶器

1. 匜（M149：10）　2. 豆（M149：13）　3. 杯（M149：5）　4、5. 盂（M149：2、M149：4）　6. 盆（M149：11）　7. 盒（M147：2）

0.4、高0.06米。随葬品放置在墓室椁内东北，器物组合以鼎、罐、壶、盒为主（图七；图版三〇，1）。

M145　方向10°。长方形土坑竖穴木椁墓，无墓道。墓口长3.1、宽 2.4、深0.6～1米。坑壁规整、光滑，底平，填黄褐灰白花土。单棺单椁，椁室平面呈“Ⅱ”形，椁痕长2.42、宽1.38、厚0.1、高0.3米，棺痕长1.78、宽0.58、厚0.04、高0.06米。人骨架仅见头骨及肢骨，头向北。随葬品放置在墓室西边厢，器物组合为鼎、罐、壶（图八；图版三三，1）。

（二）随葬器物

1. 陶器

鼎　3件。根据整体形制变化，可分为二型。

A型　1件。M143：4，泥质褐灰陶。子母口，长方形附耳外撇较甚，耳孔对穿，平底，蹄形足；上承深弧盘状盖，盖面有三立鸟状钮。素面。口径15.5、腹径18.4、通高23厘米（图

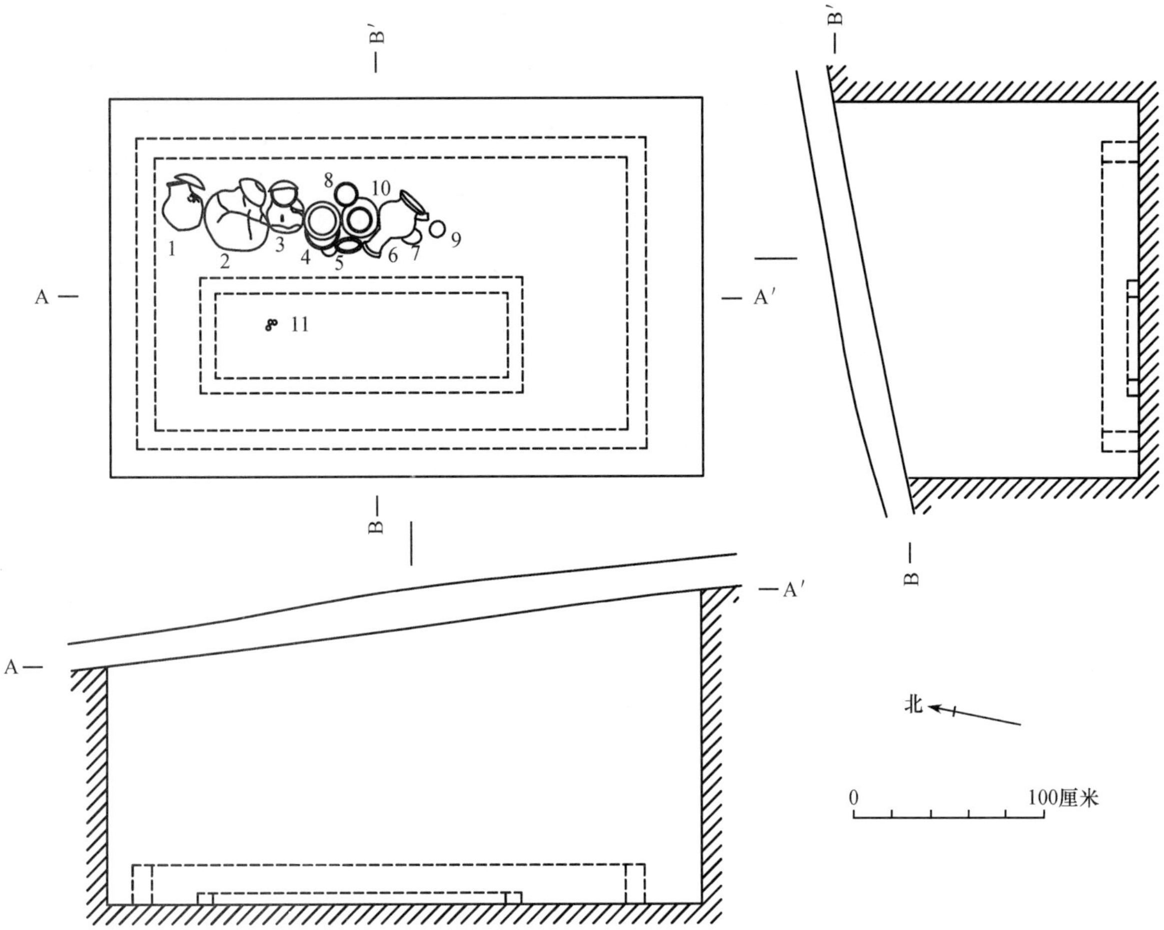

图七 M143平、剖面图

1、2. 陶罐 3. 陶鍪 4. 陶鼎 5. 陶杯 6. 陶壶 7. 陶盏 8. 陶模 9. 陶豆 10. 陶盒 11. 铜钱

九，3；图版三四，1）。

B型 2件。分二式。

Ⅰ式 1件。M145：5，泥质灰陶。子母口，圆唇，深弧腹，圜底，方形附耳，耳孔对穿，三足微外撇；上承浅弧盘形盖，盖面三立鸟状钮。口径19、腹径22.6、通高21厘米（图九，1；图版三三，2）。

Ⅱ式 1件。M145：4，泥质灰陶。子母口，肩有对称长方形耳，耳孔对穿，圜底，三蹄足微外撇；上承弧盘状盖，盖顶有三立钮。口径19、腹径23.5、通高22.5厘米（图九，2；图版三三，3）。

壶 3件。根据整体形制，分为二型。

A型 1件。M143：6，泥质褐灰陶。盘口，细长颈，圆鼓腹，盘口形圈足；子口承隆顶盖。口径12.5、腹径21、通高36、圈足径17厘米（图一〇，2；图版三四，2）。

B型 2件。形制、大小相同。M145：3，泥质褐灰陶。深盘口，束颈，溜肩，圆鼓腹，圜底，喇叭形圈足，肩有对称铺首衔环，肩饰一道宽弦纹，腹上饰有两道凸棱纹；承隆顶盖，盖面有三立鸟状钮。口径17.5、腹径31、通高41、圈足径19.5厘米（图一〇，1；图版三三，4）。

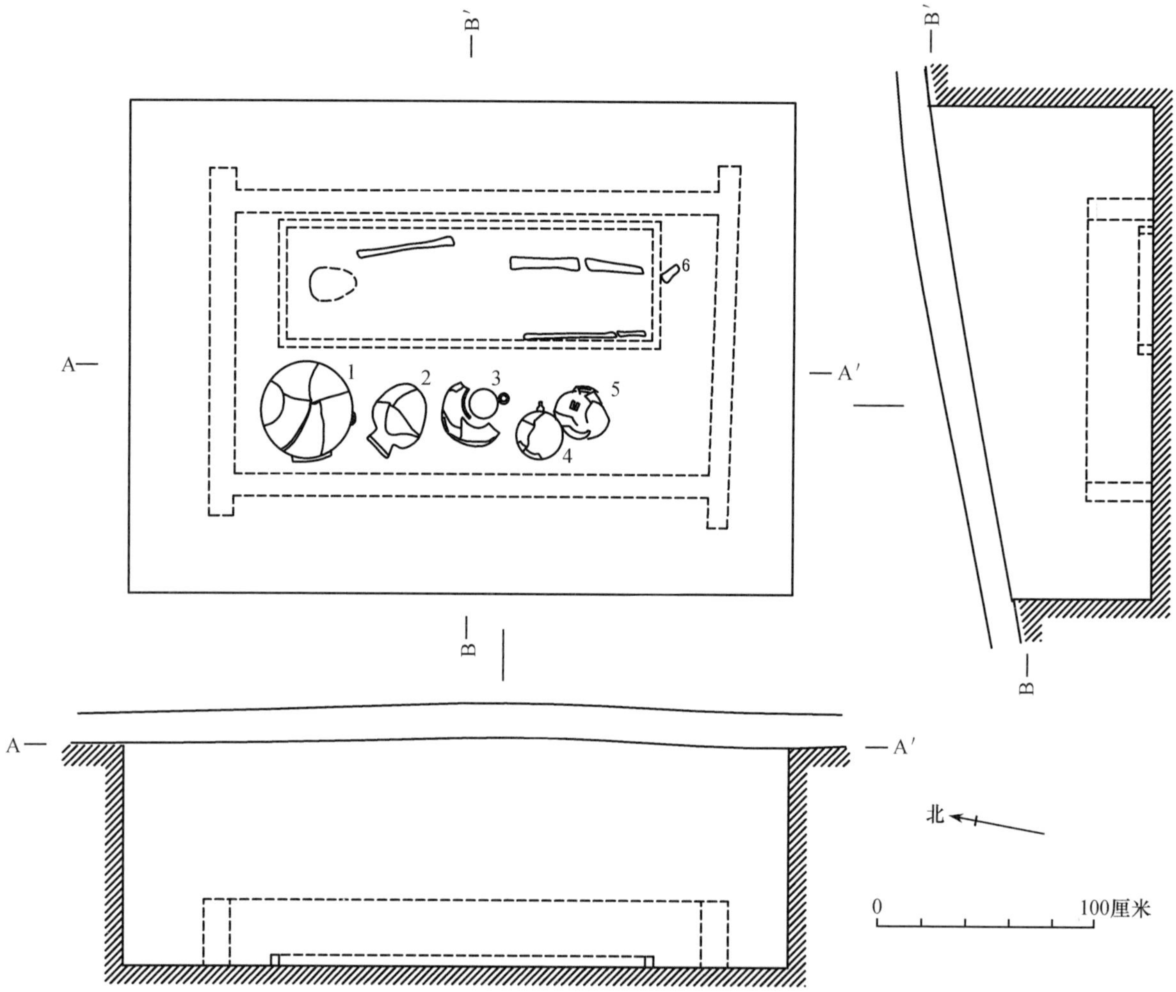

图八　M145平、剖面图

1. 陶罐　2、3. 陶壶　4、5. 陶鼎　6. 铁器

罐　8件。根据整体形制、口沿、颈部特征，可分为二型。

A型　5件。分二式。

Ⅰ式　1件。M145：1，泥质褐灰陶。口直微侈，矮束颈，溜肩，圆鼓腹，浅凹底，肩有对称双鼻耳，上腹饰有间断绳纹，下腹及底满饰交错绳纹；子口承隆顶盖。口径20、腹径35、通高34.6、底径13厘米（图一一，5；图版三三，5）。

Ⅱ式　4件。侈口，翻卷沿，束颈微细，溜肩，肩有对称双鼻耳，圆鼓腹，凹底小而浅。肩至中腹饰竖绳纹，下腹及底饰交错绳纹。M144：2，泥质灰陶。口径14、腹径27.8、高28.3、底径7厘米（图一一，8；图版三四，3）。M144：1，泥质褐灰陶。隆顶盖。口径14、腹径27.8、通高32.5、底径7厘米（图一一，7）。M148：2，泥质褐灰陶。圆弧腹，颈略粗。口径17.3、腹径28、高27.5、底径9厘米（图一一，4；图版三四，4）。M143：2，泥质褐灰陶。口径15.5、腹径29、高28、底径10厘米（图一一，1）。

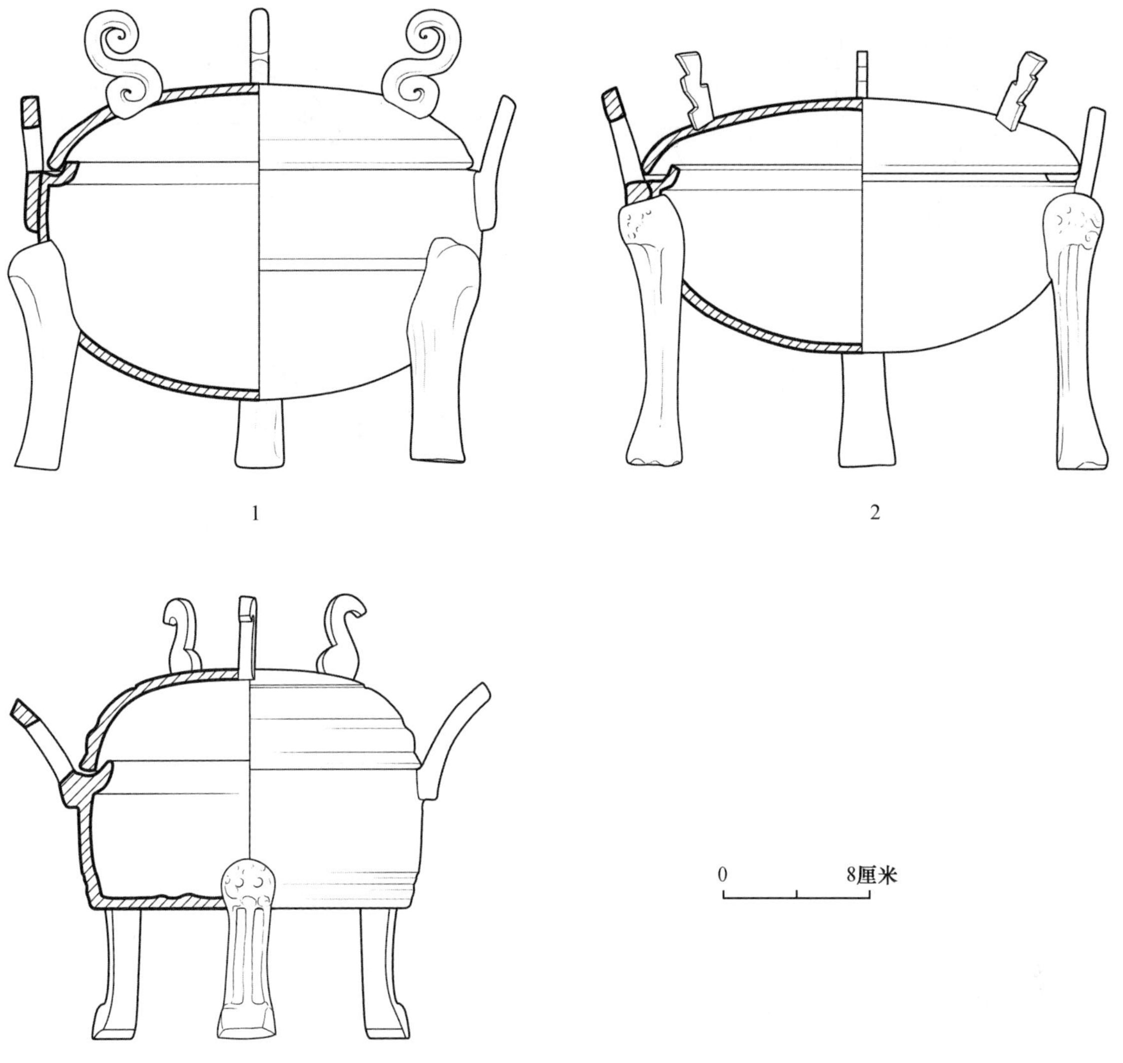

图九　西汉墓出土陶鼎

1. B型Ⅰ式（M145：5）　2. B型Ⅱ式（M145：4）　3. A型（M143：4）

B型　3件。1件口沿残，另2件侈口。颈显粗大，翻沿，双鼻耳，弧腹下收，小凹底。颈部一道道轮制手抹弦纹明显，上腹饰直细绳纹，下腹至底满饰交错绳纹。M143：1，泥质褐灰陶。口径14、腹径20、高20.5、底径5.5厘米（图一一，2，）。M142：2，泥质褐灰陶。覆碗形盖。口径14、腹径25.6、通高33.4、底径7厘米（图一一，3；图版三四，5）。M146：3，泥质褐灰陶。口残。口径12、腹径21、残高23、底径6厘米（图一一，6，）。

盒　1件。泥质灰陶。M143：10，子母口，深弧腹，平底微内凹，覆碗形盖。腹部有两道弦纹。口径15.5、通高13.5、底径10.5厘米（图版三四，6）。

鍪　3件。根据器物形制变化，可分二式。

Ⅰ式　1件。M148：1，泥质灰陶。侈口，翻沿，束颈，溜肩，肩部有对称双环耳，鼓腹下垂，圜底。下腹及底饰交错绳纹。口径14.8、腹径22.5、通高17.5厘米（图一二，5；图版三五，1）。

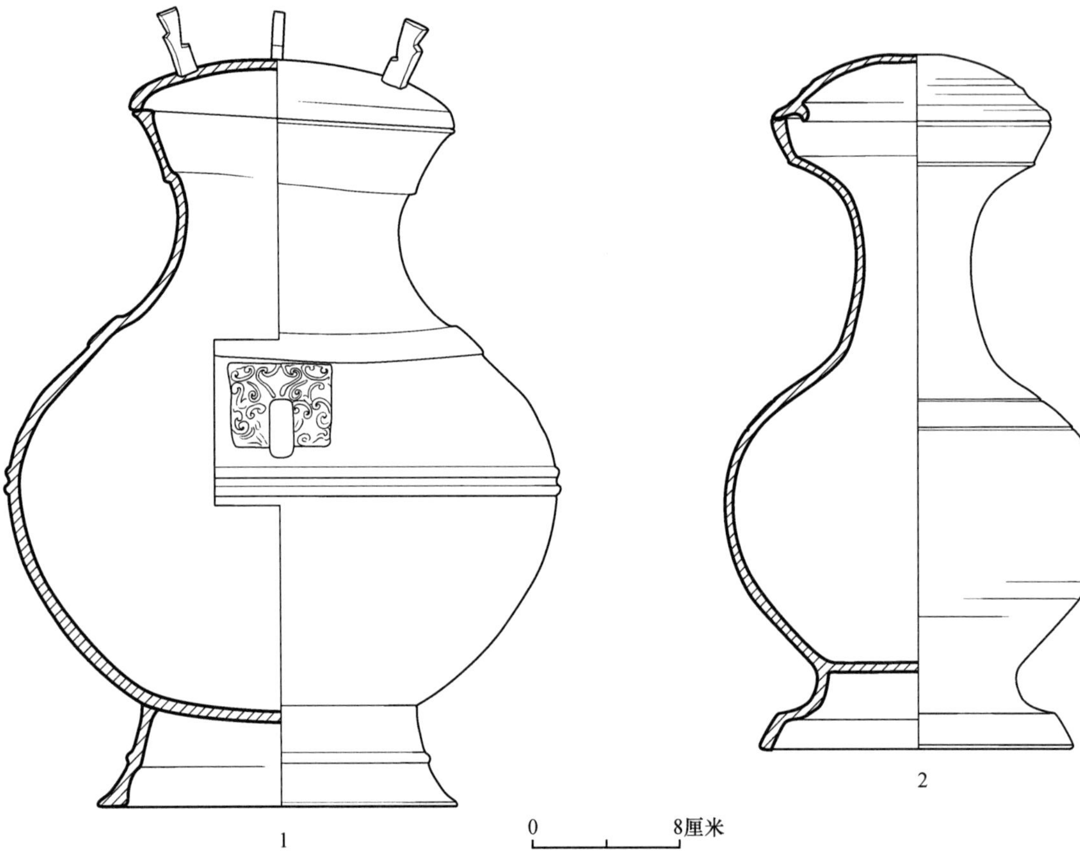

图一〇　西汉墓出土陶壶
1. B型（M145：3）　2. A型（M143：6）

Ⅱ式　2件。泥质灰陶。侈口，翻沿，束颈，溜肩，肩部有对称双环耳，圆鼓腹，圜底。下腹及底饰交错绳纹。M143：1，口径13.8、腹径20、高17厘米（图一二，1，）。M144：5，口径12.8、腹径26.4、高19厘米（图一二，4）。

釜　2件。敞口或侈口，圆唇，翻沿，溜肩，圆鼓腹，圜底。腹及底饰有绳纹。M146：2，口径13、腹径16.5、通高12.5厘米（图一二，2；图版三五，2）。M142：1，承覆碗形盖。口径16、腹径20、通高29.5厘米（图一二，3）。

盂　9件。根据整体形制变化，可分为二型。

A型　1件。M148：3，方唇，直口，沿内斜，折弧腹下收，平底微内凹。口径15、通高3.5、底径7厘米（图一三，1）。

B型　8件。分三式。

Ⅰ式　1件。M143：13，泥质灰陶。敞口，尖唇，斜腹内收，平底微内凹。口径17、高6、底径6厘米（图一三，4）。

Ⅱ式　3件。泥质灰陶。圆唇，弧腹下收，平底微内凹。M143：12，口径16、高6.2、底径7厘米（图一三，2）。M146：4，口径15.9、高5.8、底径7厘米（图一三，6）。M144：4，口径16、高6、底径6厘米（图一三，5）。

图一一　西汉墓出土陶罐

1、4、7、8. A型Ⅱ式（M143：2、M148：2、M144：1、M144：2）　2、3、6. B型（M143：1、M142：2、M146：3）
5. A型Ⅰ式（M145：1）

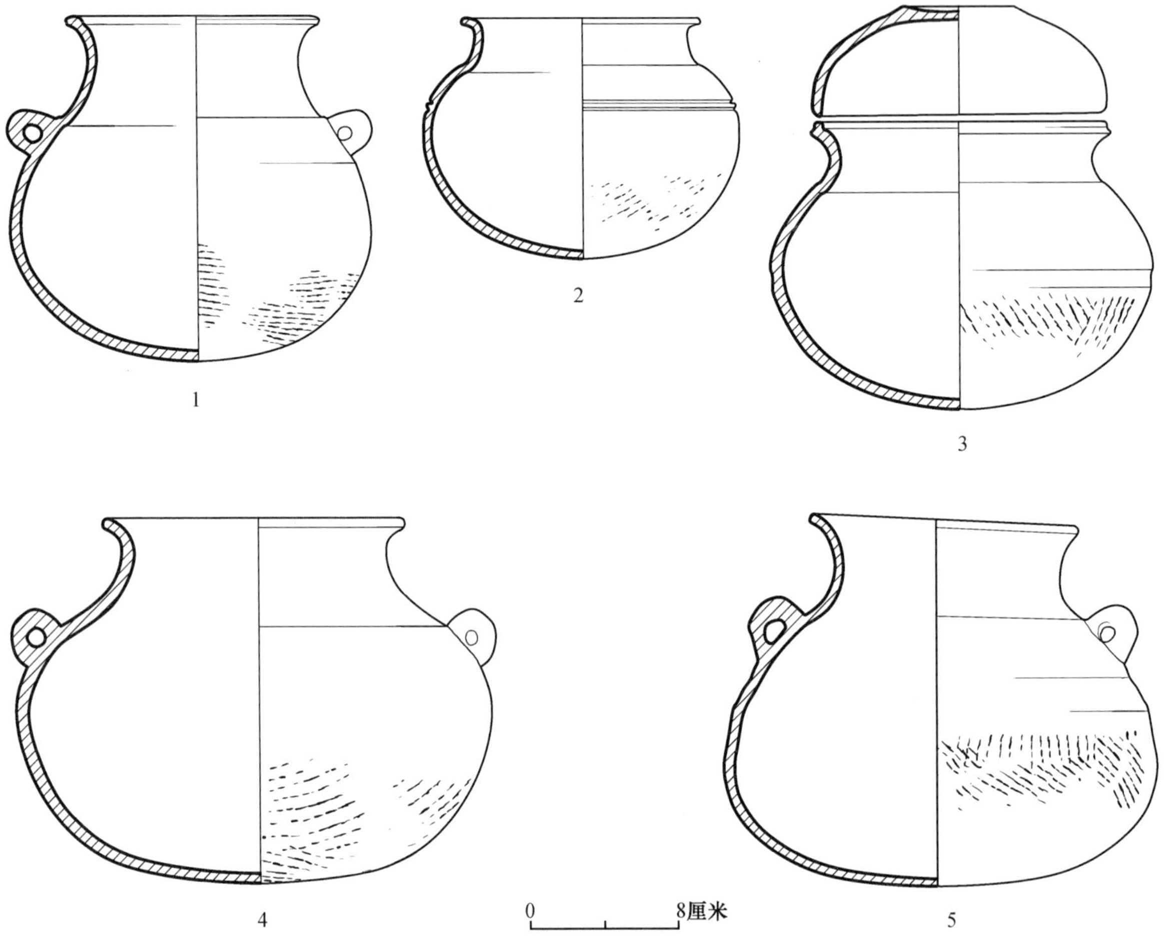

图一二　西汉墓出土陶鍪、陶釜

1、4. Ⅱ式鍪（M143：3、M144：5）　2、3. 釜（M146：2、M142：1）　5. Ⅰ式鍪（M148：1）

Ⅲ式　2件。泥质灰陶。圆唇，敞口，圆弧腹下收，平底微内凹。M143：14，口径17.1、高5.8、底径7厘米（图一三，3）。M144：6，口径22、高6.4、底径7.2厘米（图一三，7）。

杯　1件。M143：5，敞口，圆唇，深弧壁，矮柄，圆饼形底。素面。口径5、高5.7、底径3.2厘米（图一四，3）。

模　1件。M143：8，泥质褐灰陶。圆饼形，中部隆起，正反两面分别饰乳钉纹、水波蛙纹和壁虎纹。直径8.5、厚3.5厘米（图一四，6；图版三五，3）。

盏　1件。泥质灰陶。M143：7，圆唇，敞口，弧腹下收，小平底微内凹。口径7.5、高0.9、底径4.5厘米（图一四，2）。

豆　1件。M143：9，泥质灰陶。圆唇，浅弧盘，矮柄中空，喇叭形圈足。素面。口径12、高36、足径7厘米（图一四，5；图版三五，4）。

2. 铜器

带钩　1件。M142：3，鸭嘴形钩首，隆面，背面中部一圆形钮。长8.9厘米（图一四，1；

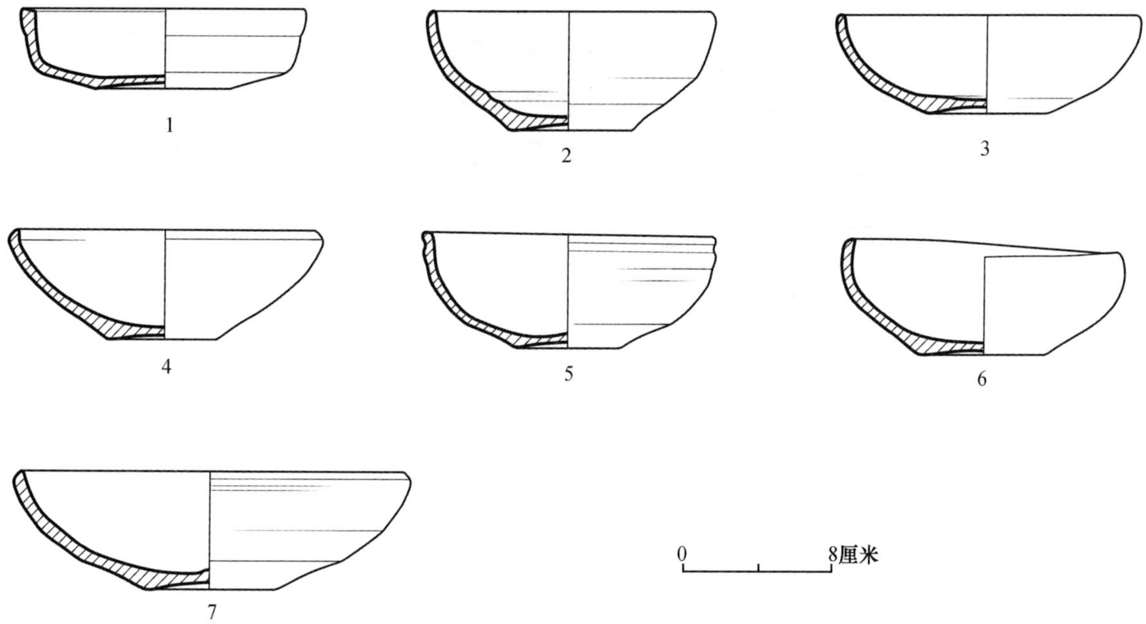

图一三　西汉墓出土陶盂

1. A型（M148：3）　2、5、6. B型Ⅱ式（M143：12、M144：4、M146：4）　3、7. B型Ⅲ式（M143：14、M144：6）　4. B型Ⅰ式（M143：13）

图版三五，5）。

铜钱　3枚，锈蚀严重，1枚残剩二分之一，另2枚周廓、穿廓不清，面平，未见文字。直径2～2.5厘米（图一五）。

三、明代墓葬

Ⅱ区发掘墓葬4座，均是明清墓葬，其中明代墓葬3座，清代墓葬1座。出土遗物以瓷器、钱币为主。

明代墓葬3座，M139、M140、M141。

（一）墓葬形制

M139　方向320°。长方形竖穴砖室墓，双室合葬，分为东室、西室，由墓道、墓室两部分组成。东室中部有0.6～1.1米不规则椭圆形盗洞直至墓室。

墓道位于墓室北部，平面呈梯形，长5.6、北宽2.9、南宽3.6米，坡底长4米。填灰黄色花土，土质坚硬，近墓门处填土内任意放置朱书镇墓石5件，自然砾石，表面有朱砂书写的文字，朱书文字漫漶不清，无法识读。

双墓室平面呈长方形，南北长3.2、东西宽3.6米，底距地表2.8米。墓室开口上有封土，封土平面呈不规则椭圆形，长10.2、宽4.1、厚0.2～0.8米。东、西二墓室大小相同，内长3.2、内宽1.26、高1.8米。墓室均用素面青砖错缝平砌，石灰勾缝。东、西二室内壁左右对称砖砌

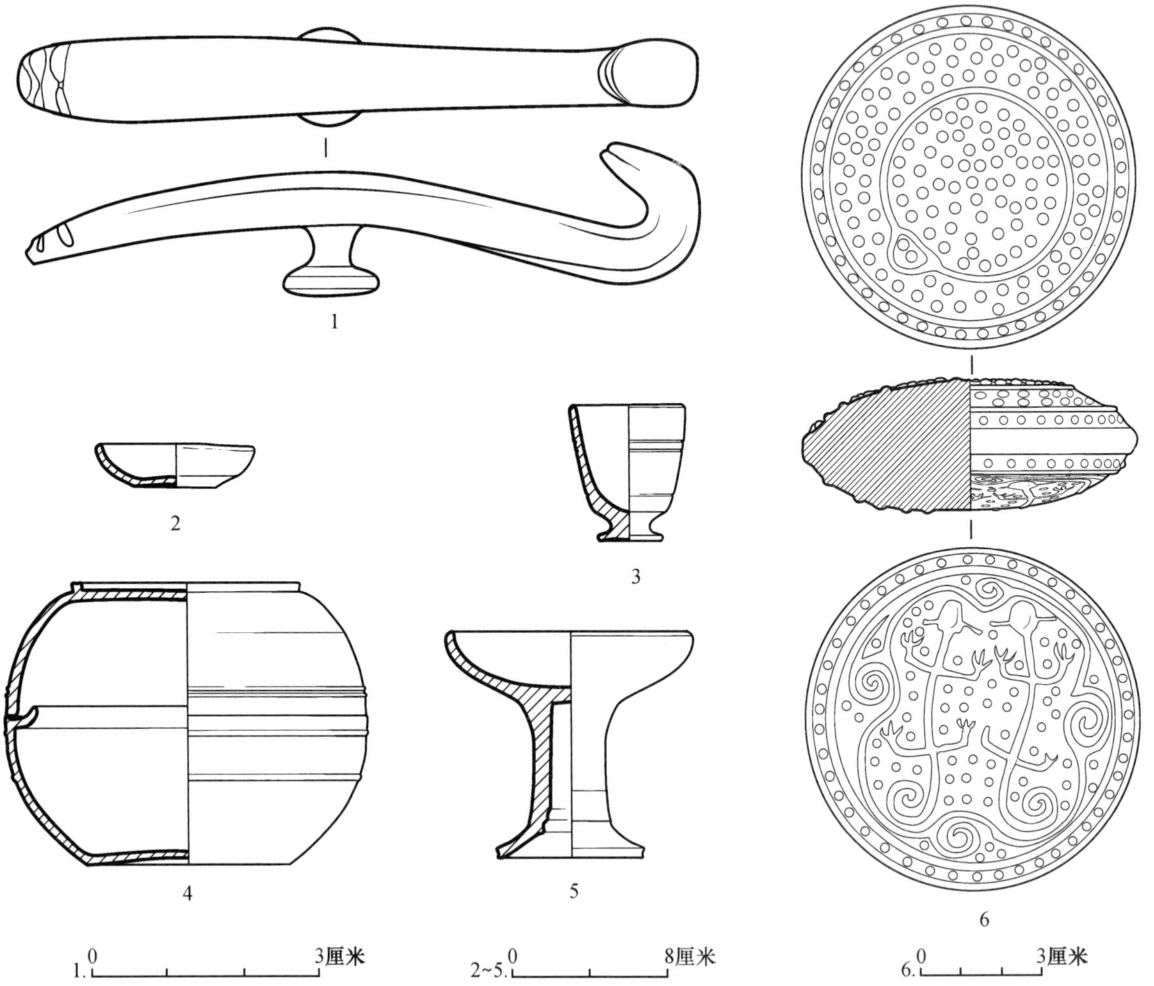

图一四　西汉墓出土器物

1. 铜带钩（M142∶3）　2. 陶盏（M143∶7）　3. 陶杯（M143∶5）　4. 陶盒（M143∶10）　5. 陶豆（M143∶9）　6. 陶模（M143∶8）

图一五　西汉墓出土铜钱

长110、高56厘米简易窗户造型，南回墙中部砖砌高45、宽40、深8厘米壁龛。用砖横行和直行交互平铺墓地，中央铺设一块透雕钱币纹方砖。券顶用内外双层砖砌成，内层用砖侧立错缝顺砌，外层用砖平铺错缝顺砌。券顶楔形砖规格长30、宽14、厚6～5厘米。壁砖规格有两种：一种长32、宽15、厚3.5厘米；另一种长32、宽13、厚6厘米。铺地砖规格有两种：一种长30、宽14、厚6厘米；另一种长34、宽34、厚6厘米。葬具、人骨架无存。随葬品放置于墓室南部，墓室四周散存铁棺钉（图一六；图版三〇，2）。

M140　方向330°。长方形竖穴单室砖墓，由墓道、墓室两部分组成。墓室开口上有封土，封土平面呈不规则椭圆形，长9.2、宽2.1、厚0.2～0.75米。

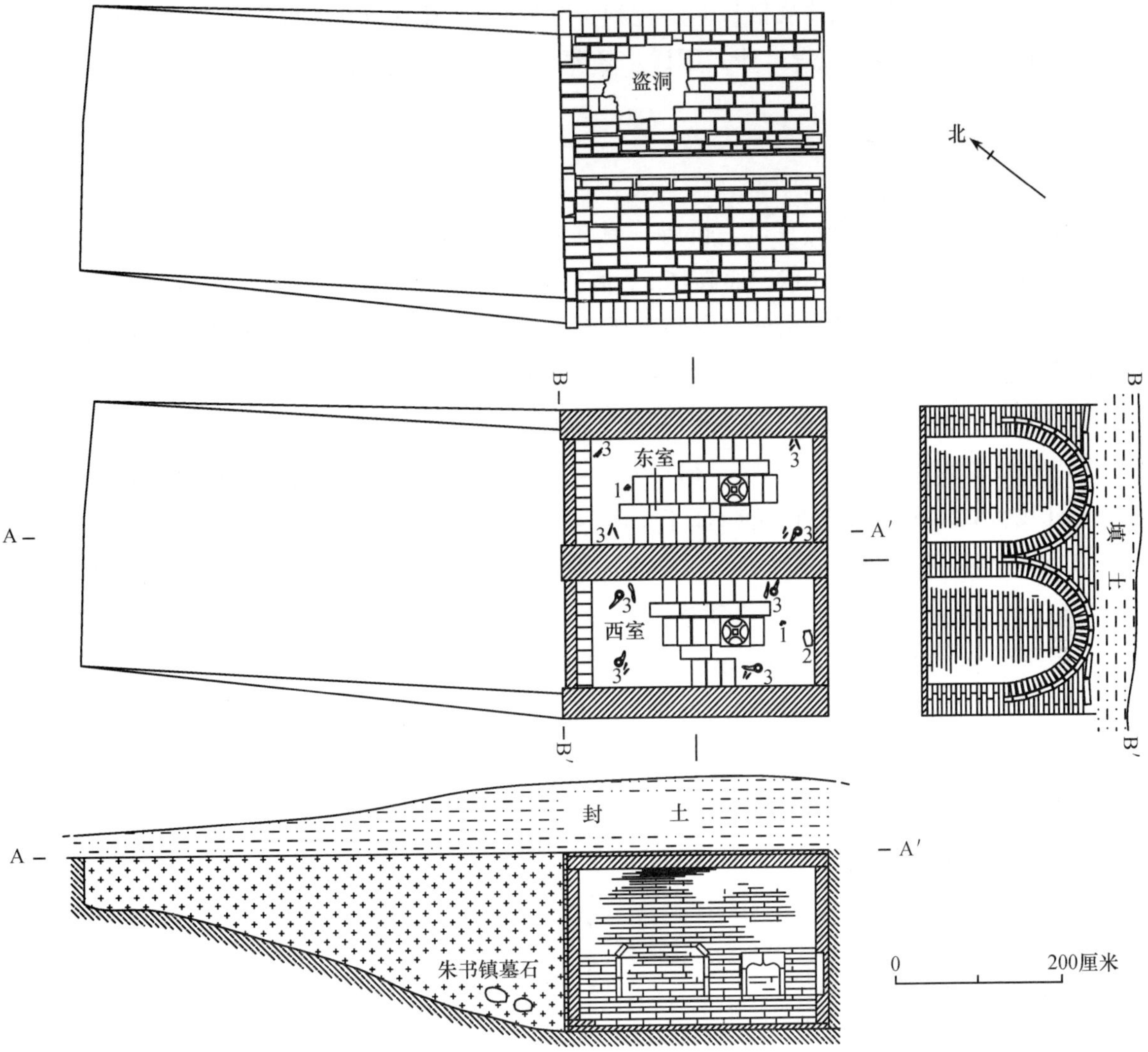

图一六　M139平、剖面图
1. 铜钱　2. 瓷罐　3. 铁棺钉

墓道位于墓室北部，平面呈梯形，上口长5.3、南宽1.8、北宽1.5米，坡底长5.3、北宽1.32、南宽1.7米。

墓室用素面青砖错缝顺砌，石灰勾缝，墓室东、西两壁对称砖砌宽85、高30厘米直棂窗造型，后回墙砖砌高30、宽40、深20厘米壁龛。铺地用砖横行和直行交互平铺，铺地正中偏南位置铺设一块透雕钱币纹方砖。弧形券顶，券顶西部有不规则圆形盗洞直通墓室。墓室通长3.1、宽1.8、高1.64米。素面青砖规格有两种：一种长30、宽16、厚5～6厘米；另一种长30、宽16、厚7厘米。透雕钱币纹方砖规格长34、宽34、厚6厘米（图一七；图版三〇，2）。

M141　方向110°。长方形竖穴砖室墓，无墓道。墓圹通长3.05、通宽1.5米。墓室通长2.36、通宽0.88米。顶（开口）距地表0.4米，墓底距地表1.2米。墓壁用素面青砖错缝平砌，用30厘米×30厘米方砖平行直缝铺地，铺地正中有一段长100、宽15厘米的空间未铺砖，疑为腰坑。墓室券顶早年破坏无存。墓壁砖有两种规格：一种长30、宽13、厚7厘米；另一种长26、宽13、厚5厘米。墓室铺地砖规格长34、宽34、厚5厘米。墓室南回墙设高宽各30、深20厘米的壁龛。人骨架一具，残存肢骨，葬式不详。随葬品放置在墓室南部（图一八）。

（二）出土遗物

瓷罐　1件。M139：2，直口，折肩，肩部饰对称环耳，弧腹下部内收，矮圈足。素面，腹部外施绛釉。口径9、腹径12、通高16.5、底径5.3厘米（图一九，3；图版三六，1）。

瓷碗　1件。M141：1，沿唇，侈口，弧腹下收，矮圈足，圜形底。外壁及内底饰青花。口径14.9、通高5.3、底径6厘米（图一九，4；图版三六，2）。

铁棺钉　19件。分无环钉和有环钉两种。M139：3-1，无环钉。方形，呈尖锥状，锈蚀严重。长4.8～6.8厘米（图一九，1）。M139：3-2，有环钉。钉、环为圆形，锈蚀严重，钉呈尖锥状。钉残长3.2～5.8、圆环直径8.1厘米（图一九，2）。

铜钱　34枚。部分钱币锈蚀黏结，文字辨识不清，仅能辨识的有政和通宝、元丰通宝、祥符元宝、元祐通宝、绍元通宝、洪武通宝、咸平元宝七类钱币出土于M140，开元通宝、景德元宝、咸平元宝、弘治通宝四类钱币出土于M139。

咸平元宝　7枚。M139、M140均有出土，楷书旋读，正背两面周廓、穿廓清晰，背面穿廓较正面穿廓宽。M139：1-1、M140：1-3，直径2.3厘米（图二〇，1；图二一，3）。

政和通宝　4枚。直读，分真书、篆书两类，篆书正背周廓、穿廓较窄、清晰；真书正面

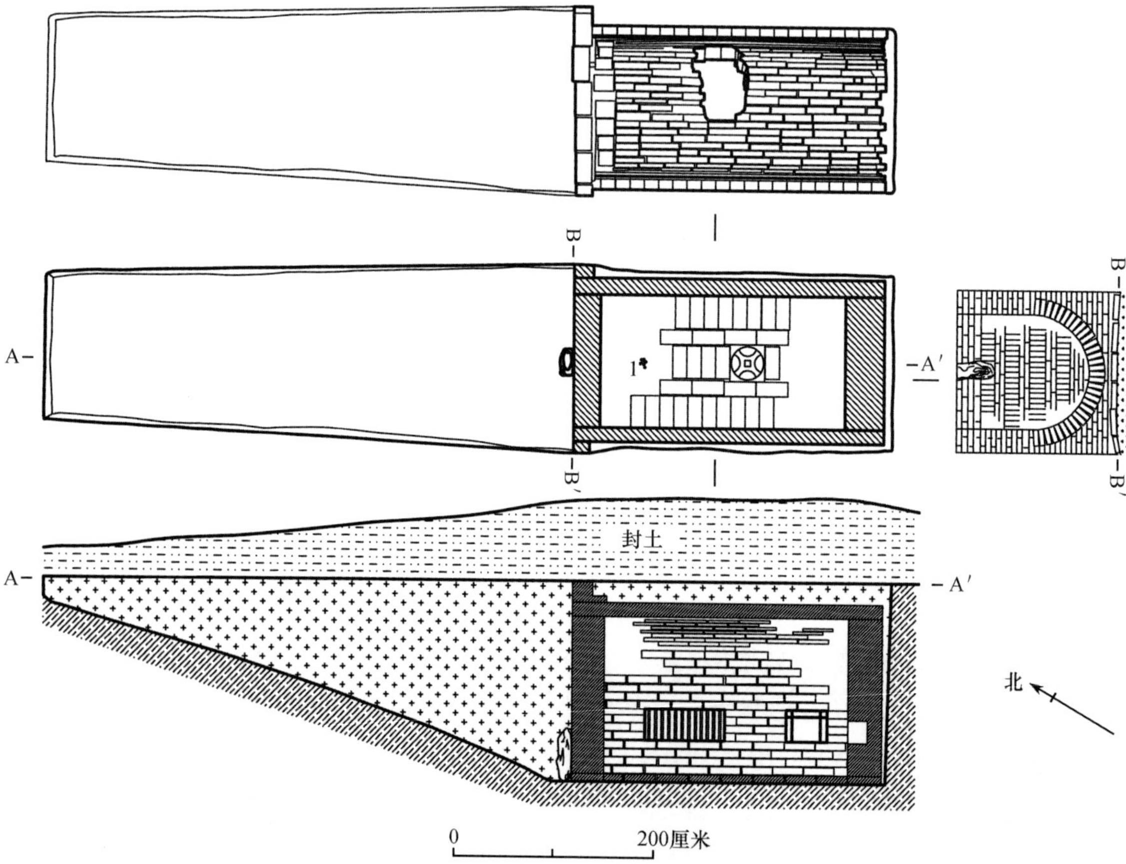

图一七　M140平、剖面图
1. 铜钱

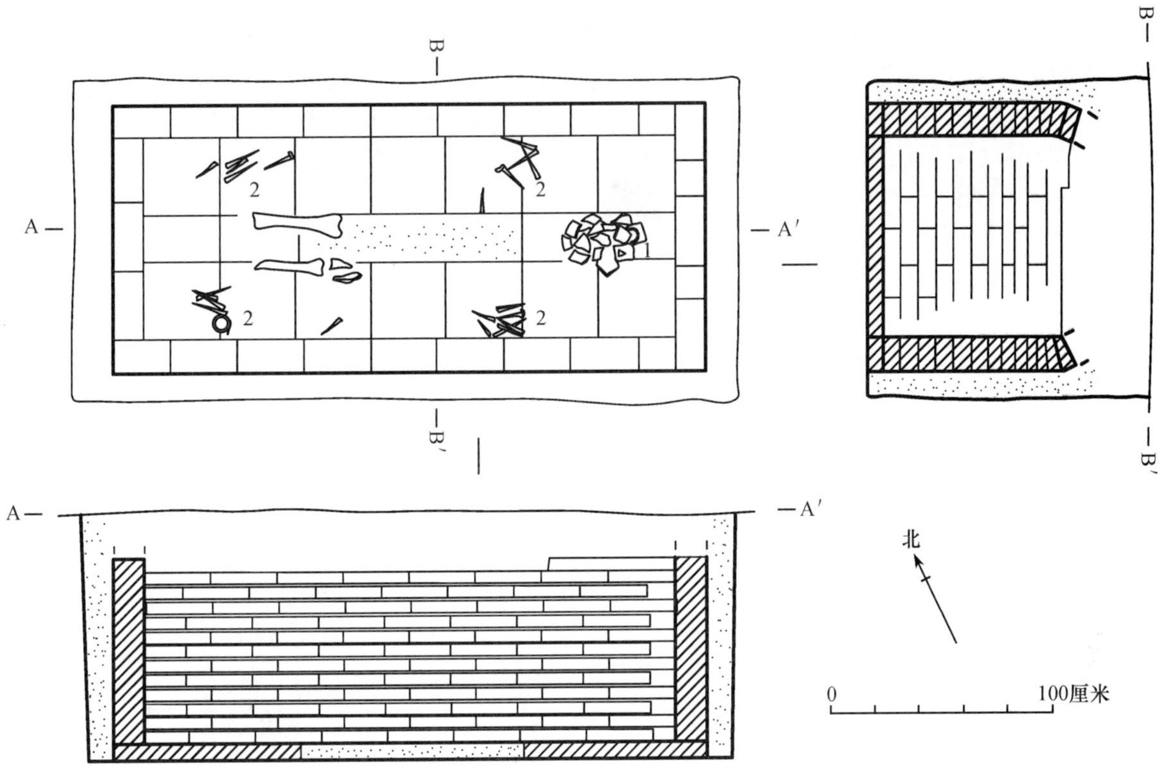

图一八　M141平、剖面图
1. 瓷碗　2. 铁棺钉

周廓较宽，穿廓窄，背平。M140：1-1、M140：1-2，直径2.4厘米（图二一，1、2）。

元丰通宝　3枚。行书旋读，正面周廓、穿廓清晰，周廓较宽，穿廓较窄，背平。M140：1-6，直径2.4厘米（图二一，6）。

祥符元宝　5枚。行书旋读，正面周廓、穿廓清晰，周廓较宽，穿廓窄，背面周廓宽窄不一，未见穿廓。M140：1-7，直径2.5厘米（图二一，7）。

元祐通宝　2枚。篆书旋读，正背周廓、穿廓清晰，周廓宽，穿廓窄。M140：1-5，直径2.4厘米（图二一，5）。

绍元通宝　3枚。篆书直读，面周廓、穿廓清晰，背周廓清晰，穿廓平。M140：1-4，直径2.4厘米（图二一，4）。

洪武通宝　3枚。真书直读，面背周廓、穿廓清晰。M140：1-8，直径2.3厘米（图二一，8）。

开元通宝　2枚。楷书直读，正背周廓、穿廓清晰，周廓宽，穿廓窄。M139：1-2，直径2.5厘米（图二〇，2）。

景德元宝　2枚。楷书旋读，正背周廓、穿廓清晰，周廓宽，穿廓窄。M139：1-3，直径2.4厘米（图二〇，3）。

弘治通宝　3枚。楷书直读，正面周廓、穿廓清晰，光背。M139：1-4，直径2.3厘米（图二〇，4）。

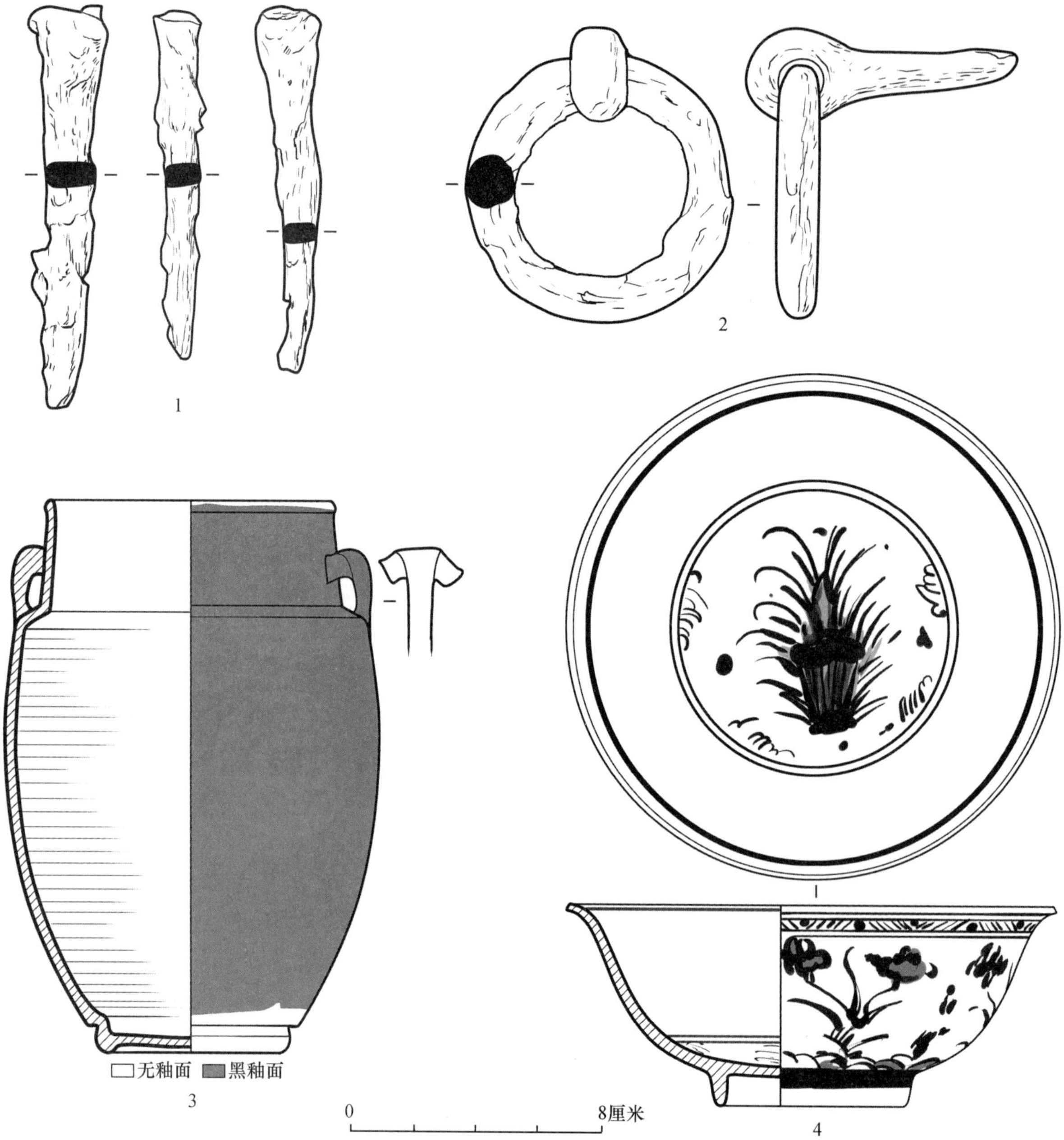

图一九　明墓出土器物

1、2. 铁棺钉（M139：3）　3. 瓷罐（M139：2）　4. 瓷碗（M141：1）

四、清代墓葬

清代墓葬1座，M138。

（一）墓葬形制

M138　方向330°。长方形竖穴土坑墓，墓室长2.2、宽0.9、深 0.7米。单棺无椁，人骨架仰身直肢，头部放置一块布瓦，随葬品放置墓室南壁壁龛。

（二）出土遗物

瓷碗　2件。青花。外饰缠枝花，口沿施一圈青釉，正中施两圈青釉，圈内饰花卉。侈口，圆唇，斜弧腹内收，圈足。M138：2，口径14、高4.5、圈足径5厘米（图二二，2）。M138：3，口径14.3、高4.6、圈足径4.5厘米（图二二，3；图版三六，3）。

陶罐　1件。M138：1，泥质褐灰陶。侈口，束颈，单耳带流，下腹轮制抹痕明显，弧腹下收，平底略凹。口径8、高14.5、底径8.3厘米（图二二，1）。

图二〇　M139出土铜钱

1. 咸平元宝（M139：1-1）　2. 开元通宝（M139：1-2）　3. 景德元宝（M139：1-3）　4. 弘治通宝（M139：1-4）

五、结　　语

月亮地墓群第三期发掘墓葬数量虽然不多，但是墓葬时代跨度长，从战国秦至西汉时期再延伸到明清时期。此墓地总的特点是以早期土坑竖穴墓为主，水位低的地段多是战国秦、西汉时期竖穴土坑墓葬，墓葬分布集中密集，而且未见打破关系，水位高的地段多是明清时期砖室墓葬。除M139、M140两座墓葬有封土外，其他墓葬在耕土层下即见墓室开口。

从墓葬形制、随葬器物组合综合判断分析，M147、M149具有战国晚期至秦代墓葬特征，如陶瓮（M149：9）、陶壶（M149：1）、陶鼎（M149：3）、陶盒（M149：6）、陶罐（M149：8）与老河口九里山秦墓[1]A型陶瓮（M135：1）、Ⅱ式陶壶（M55：2）、陶鼎（M5：11）、A型Ⅱ式陶盒（M33：10）、陶罐（M151：2）基本相同；陶盒（M147：2）与老河口九里山秦墓B型陶盒（M48：6）相近；陶罐（M149：8）、陶鍪（M149：7）、陶豆（M149：13）、陶盂（M149：2）与襄阳王坡东周秦汉墓[2]A型Ⅱ式陶罐（M99：3）、Ⅲ式陶鍪（M148：3）、B型Ⅰ式陶豆（M96：3）、B型Ⅰ式陶盂（M96：5）接近；陶匜（M149：10）与陕县东周秦汉墓[3]Ⅲ型陶匜（M2505：7）相同。据此，推断M147、M149是战国晚期至秦代墓葬。

根据现有材料对比分析，具有西汉墓葬特征的有M142、M143、M144、M145、M146、M148六座墓葬，以M142、M143、M145为代表，出土器物与老河口九里山汉墓[4]出土器物基本一致，如陶鼎（M145：5）、陶壶（M143：6）、陶罐（M142：2）与老河口九里山汉墓陶鼎（M56：10）、A型Ⅰ式陶壶（M56：5）、Ⅰ式陶罐（M32：3）整体形制差别不大，形体相同；陶罐（M142：2）与武当山柳树沟[5]墓群Ⅱ式陶罐（M4：2）近似；M143出土3枚具有断代重要依据的铜钱，虽然钱文锈蚀不清，根据钱币大小、形制可以认定为是汉代剪轮五铢和磨廓五铢。为此，推断上述6座墓葬为西汉时期。

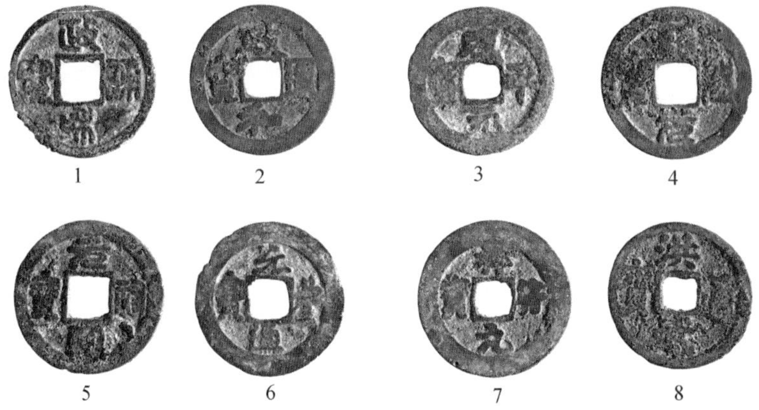

图二一　M140出土铜钱

1、2. 政和通宝（M140：1-1、M140：1-2）　3. 咸平元宝（M140：1-3）　4. 绍元通宝（M140：1-4）　5. 元祐通宝（M140：1-5）　6. 元丰通宝（M140：1-6）　7. 祥符元宝（M140：1-7）　8. 洪武通宝（M140：1-8）

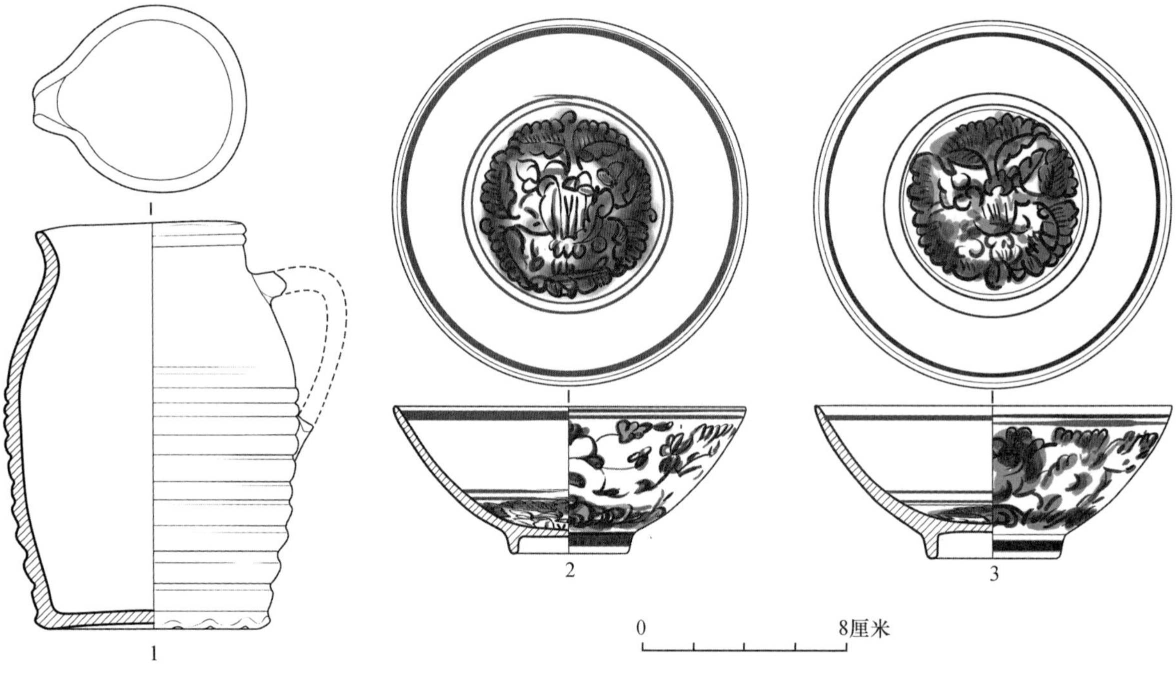

图二二　清墓出土器物

1. 陶罐（M138：1）　2、3. 瓷碗（M138：2、M138：3）

M139砖室墓出土有弘治通宝、景德元宝、咸平元宝、开元通宝四类铜钱，M140砖室墓出土有咸平元宝、绍元通宝、元祐通宝、洪武通宝、政和通宝、元丰通宝、祥符元宝七类铜钱，上述两座墓出土钱币以宋代时期为多，M139出土最晚的是明代弘治通宝，M140出土最晚的钱币是明代洪武通宝。M141砖室墓的墓葬形制，墓砖规格与M139、M140大同小异，区别不大。所以，推断M139、M140、M141是明代墓葬。

此次发掘的12座墓葬均为中小型墓，随葬品多为日用陶器、仿铜礼器，推测墓主人身份大多数是中下层平民，极少数墓主人身份等级偏高，如M149出土陶器多有彩绘，器物组合丰富；M139为双室合葬砖室墓，规模较其他墓葬大，出土瓷罐比较精致。为此，推断M139双室合葬砖室墓、M149竖穴土坑单棺单椁墓的墓主人身份较其他墓主人身份高，可能是当地一中小地主。

领队：孟华平
发掘：李广安　黄宗卫　李　勇　彭　雯　黄　莉
器物修复：任　挺　黄宗卫　曹永新
拓片：黄宗卫　黄　莉
摄影：杨　力
绘图：符德明　李广安
执笔：李广安　黄宗卫　黄　莉

注　释

［1］ 襄樊市文物考古研究所、武安铁路复线九里山考古队：《老河口九里山秦汉墓》，文物出版社，2009年。
［2］ 湖北省文物考古研究所、襄樊市考古队、襄阳区文物管理处：《襄阳王坡东周秦汉墓》，科学出版社，2005年。
［3］ 中国社会科学院考古研究所：《陕县东周秦汉墓》，科学出版社，1994年。
［4］ 襄樊市文物考古研究所、武安铁路复线九里山考古队：《老河口九里山秦汉墓》，文物出版社，2009年。
［5］ 湖北省文物考古研究所：《湖北武当山柳树沟墓群2010年发掘简报》，《江汉考古》2013年第2期。

1. Ⅳ级阶地砾石、粉砂层

2. Ⅳ级阶地下部粉砂层

3. 夷平面

1. 庹家湾遗址

2. 第二次发掘探方全景（右边小路旁梯田为第一次发掘点）

庹家湾遗址

1. H41

2. H61

3. H3坑口

图版二〇

1. Ⅱ式泥质陶高领罐（T3521⑥：2）

2. Ⅱ式泥质陶高领罐（T3521⑥：3）

3. 泥质陶罐底（T2016⑥：4）

4. 泥质陶锉（T3419⑦：1）

5. 泥质陶圆片（T3927⑥：1、T2621⑥：1）

6. 夹砂陶瓮（T2417⑥：2）

庹家湾遗址出土新石器时代陶器

1. A型Ⅰ式凿（T3723⑥：1）

2. B型凿（T2824⑥：1）

3. 杵（T2016⑥：1）

4. 砺石（T2016⑥：2）

庹家湾遗址出土新石器时代石器

图版二二

1. A型Ⅰ式鬲（H61：2）

2. A型Ⅰ式鬲（H40：3）

3. B型Ⅰ式鬲（H12：7）

4. B型Ⅲ式罐（T3725⑤：5）

5. A型Ⅰ式小罐（H74：1）

6. B型小罐（T2117⑤：8）

庹家湾遗址出土东周陶器

1. A型Ⅰ式盆（H37：2）

2. B型Ⅲ式盆（T3325⑤：1）

3. A型Ⅲ式盂（H30：35）

4. B型Ⅱ式盂（T3421⑤：3）

5. B型Ⅲ式盂（T2117⑤：7）

6. 小瓶（T3427⑤：4、T3327⑤：1）

庹家湾遗址出土东周陶器

图版二四

1. A型瓮（G4：2）

2. A型豆（H30：3）

3. B型Ⅰ式豆（T3427⑤：1）

4. B型Ⅱ式豆（T3725⑤：2）

5. B型Ⅲ式豆（T3726⑤：3）

6. 簋盖（H30：4）

庹家湾遗址出土东周陶器

1. 陶纺轮（T2117⑤：2）

2. 陶纺轮（T2117⑤：2）

3. 陶纺轮（T2117⑤：2）

4. 陶拍（H45：1）

5. 石网坠（T2018⑤：1）

6. 铜带钩（T3327⑤：2、H40：1、T2117⑤：3）

庹家湾遗址出土东周器物

图版二六

1. 带盖罐（M1：1）

2. 带盖罐（M1：3）

3. 小口瓮（M1：5）

4. 小口瓮（M1：5）

5. 甑釜（M1：4）

6. 甑釜（M1：4）

庹家湾遗址西汉M1出土陶器

1. 青花瓷碗（T3623③：3）

2. 青花瓷碗（T3623③：4）

3. 青花瓷碗（T3221③：1）

4. 青瓷碗（T3023③：1）

5. 青瓷盘（T3523③：1）

庹家湾遗址出土明清器物

图版二八

1. 泥质陶碗（H41②：9）

2. 泥质陶圈足碗（T3928⑤：2）

3. 泥质陶小瓶（T2620⑤：1）

4. 泥质陶杯（H60：6）

5. 泥质陶杯（H61：13）

6. 夹砂陶筒形器底（T3725⑤：1）

庹家湾遗址晚期地层、遗迹出土新石器时代陶器

图版二九

1. B型Ⅰ式刀（T3625⑤：1）

2. B型Ⅰ式刀（T3023⑤：1）

3. B型Ⅱ式刀（T3927⑤：1）

4. B型Ⅱ式刀（T3225⑤：1）

5. 锄（T2317⑤：3）

6. 楔（H63：1）

庹家湾遗址晚期地层、遗迹出土新石器时代石器

图版三〇

1. M143（西—东）

2. M139、M140（西—东）

月亮地墓群

1. M149随葬陶器组合

2. 鼎（M149：3）

3. 瓮（M149：9）

月亮地墓群战国秦墓M149出土陶器

图版三二

1. 罐（M149：8）

2. 鍪（M149：7）

3. 釜（M147：1）

4. 豆（M149：13）

5. 盒（M149：6）

月亮地墓群战国秦墓M149出土陶器

1. M145随葬陶器组合

2. B型Ⅰ式鼎（M145：5）

3. B型Ⅱ式鼎（M145：4）

4. B型壶（M149：3）

5. A型Ⅰ式罐（M145：1）

月亮地墓群西汉墓M145出土陶器

图版三四

1. A型鼎（M143：4）

2. A型壶（M143：6）

3. A型Ⅱ式罐（M144：2）

4. A型Ⅱ式罐（M148：2）

5. B型罐（M142：2）

6. 盒（M143：10）

月亮地墓群西汉墓出土陶器

1. Ⅰ式陶鍪（M148：1）

2. 陶釜（M146：2）

3. 陶模（M143：8）

4. 陶豆（M143：9）

5. 铜带钩（M142：3）

西汉墓出土器物

图版三六

1. 罐（M139：2）

2. 碗（M141：1）

3. 碗（M138：3）

月亮地墓群明清墓出土瓷器

（1、2. 明墓；3. 清墓）